KB212547

디가 니까야

길게 설하신 경[長部]

제1권 계온품

디가 니까야

Dīgha Nikāya

길게 설하신 경[長部]

제1권 계온품

초기불전연구원

법왕의 곁에서
모든 괴로움 제거하기를
모든 행복 가져오기를
죽음 없는 안은(安隱) 증득하기를!

pahātuṁ sakalaṁ dukkhaṁ
viñituṁ sakalaṁ sukhaṁ
pappotuṁ amataṁ khemaṁ
dhammarājassa santike

그분
부처님
공양 올려 마땅한 분
바르게 깨달으신 분께 귀의합니다.

Namo tassa Bhagavato Arahato Sammāsambuddhassa

제1권 목차

약어

A.   Aṅguttara Nikāya(증지부)
AA.   Aṅguttara Nikāya Aṭṭhakathā = Manorathapūraṇī(증지부 주석서)
AAṬ.   Aṅguttara Nikāya Aṭṭhakathā Ṭīkā(증지부 복주서)

BG.   Bhagavadgīta(바가왓 기따)
BHD   Buddhist Hybrid Sanskrit Dictionary
BPS   Buddhist Publication Society
BvA.   Buddhavaṁsa Aṭṭhakathā

D.   Dīgha Nikāya(장부)
DA.   Dīgha Nikāya Aṭṭhakathā = Sumaṅgalavilāsinī(장부 주석서)
DAṬ.   Dīgha Nikāya Aṭṭhakathā Ṭīkā(장부 복주서)
Dhp.   Dhammapada(법구경)
DhpA.   Dhammapada Aṭṭhakathā(법구경 주석서)
Dhs.   Dhammasaṅgaṇi(法集論)
DhsA.   Dhammasaṅgaṇi Aṭṭhakathā = Aṭṭhasālinī(법집론 주석서)
DPPN.   *G. P. Malalasekera's Dictionary of Pali Proper Names*
Dv.   Dīpavaṁsa(島史), edited by Oldenberg

It.   Itivuttaka(如是語)
ItA.   Itivuttaka Aṭṭhakathā(여시어 주석서)

J .   Jātaka(本生譚)
J A   Jātaka Aṭṭhakathā(본생담 주석서)

KhpA. Khuddakapāṭha Aṭṭhakathā(小誦經 주석서)

M. Majjhima Nikāya(중부)
MA. Majjhima Nikāya Aṭṭhakathā(중부 주석서)
Miln. Milindapañha(밀린다왕문경)
Mtu. Mahāvastu(Edited by Senart)
Mhv. Mahāvaṁsa(大史), edited by Geiger

Nd1. Mahā Niddesa(大義釋)
Nd2. Cūla Niddesa(소의석)
Netti. Nettippakara a(指道論)
NMD Ven. Ñāamoli's *Pali-English Glossary of Buddhist Terms*

Pe. Peṭakopadesa(藏釋論)
PED *Pāli-English Dictionary*(PTS)
Pm. Paramatthamañjūsā = Visuddhimagga Mahāṭīkā(청정도론 복주서)
Ps. Paṭisambhidāmagga(무애해도)
Ptn. Paṭṭhāna(發趣論)
PTS Pāli Text Society
Pug. Puggalapaññatti(人施設論)
PugA. Puggalapaññatti Aṭṭhakathā(인시설론 주석서)
Pv. Petavatthu(아귀사)

Rv. Ṛgveda(리그베다)

S.   Saṁyutta Nikāya(상응부)

SA.   Saṁyutta Nikāya Aṭṭhakathā = Sāratthappakāsinī(상응부 주석서)

SAṬ.   Saṁyutta Nikāya Aṭṭhakathā Ṭīkā(상응부 복주서)

Sn.   Suttanipāta(經集)

SnA.   Suttanipāta Aṭṭhakathā(경집 주석서)

Thag. Theragāthā(장로게)

ThagA. Theragāthā Aṭṭhakathā(장로게 주석서)

ThigA. Therīgāthā Aṭṭhakathā(장로니게 주석서)

Ud.   Udāna(감흥어)

UdA.   Udāna Aṭṭhakathā(감흥어 주석서)

Vbh.   Vibhaṅga(分別論)

VbhA. Vibhaṅga Aṭṭhakathā = Sammohavinodanī(분별론 주석서)

Vin.   Vinaya Piṭaka(율장)

VinA. Vinaya Piṭaka Aṭṭhakathā = Samantapāsādikā(율장 주석서)

Vis.   Visuddhimagga(청정도론)

V   Abhidhammaṭṭha Vibhavinī Ṭīkā(위바위니 띠까)

Vv.   Vimānavatthu(천궁사)

VvA.   Vimānavatthu Aṭṭhakathā(천궁사 주석서)

Yam.   Yamaka(쌍론)

YamA. Yamaka Aṭṭhakathā = Pañcappakaraṇa(야마까 주석서)

냐나몰리	*The Midddele Length Discourses of the Buddha.*
리즈 데이빗	*Dialogues of the Buddha*
월슈	*Thus Have I Heard - The Long Discourse of the Buddha*
청정도론	대림 스님 옮김, 초기불전연구원, 2004.

⊙ 일러두기

(1) 삼장(Tipitaka)과 주석서(Aṭṭhakathā)들과 『장부 복주서』(DAṬ)는 별다른 언급이 없는 한 모두 PTS본임. 그 외의 복주서(Ṭīkā)들은 미얀마 6차결집본이고 『청정도론』은 HOS본임.

D16/ii.145는 『디가 니까야』 16번 경으로 PTS본 『디가 니까야』 제2권 145쪽을, D16은 『디가 니까야』 16번 경을, D.ii.145는 『디가 니까야』 제2권 145쪽을 나타냄.

(2) 본문의 단락번호는 PTS본의 단락번호를 따랐음.

(3) 『숫따니빠따』 『법구경』 『장로게』 『장로니게』 등은 PTS본의 게송번호이고 『청정도론 복주서』(Pm)의 숫자는 미얀마 6차결집본의 단락번호임.

역자 서문

1. 들어가는 말

'부처님께서 돌아가셨다. 이제 우리는 어떻게 해야 하나!' — 부처님의 직계 제자들이 아무리 아라한과를 증득하였거나 예류과 이상을 증득한 성자들이었다 할지라도 부처님의 입멸은 그분들에게 맑은 하늘의 날벼락과도 같은 것이었을 것이다. 자, 남은 제자들은 부처님의 입멸에 어떻게 대처해야할 것인가? 이것은 비단 부처님 당시의 제자들에게만 해당되는 문제가 아니라, 부처님이 계시지 않는 시대에 살고 있는 지금의 우리에게 적용되는 문제이기도 하다.

역자는 인도에 유학 중이었던 96년에 『디가 니까야』를 초역하면서 본서 제2권 「대반열반경」(D16)의 부처님 입멸에 관한 부분을 번역하고서는 한동안 맥이 빠져 다음 경을 읽을 수가 없어 애를 먹었던 적이 있다. 그 뒤부터 '부처님께서 돌아가셨다. 이제 나는 어떻게 해야 하나!'는 것은 빠알리 삼장의 국역불사에 임하는 역자의 기본 마음가짐이 되었다.

2. 법과 율이 그대들의 스승이 될 것이다

부처님께서는 부처님 입멸 후에 겪게 될 제자들의 억장이 무너지는 슬픔을 충분히 예견하셨다. 그래서 제자들이 가져야 할 태도를 이미 마지막 유훈으로 말씀해 주셨다. 부처님께서는 마지막 유훈으로 다섯 가지를 말씀하셨는데, 그중 첫 번째가 바로 이것과 관계된 것이다. 세존께서는 말씀하셨다.

"아난다여, 그런데 아마 그대들에게 '스승의 가르침은 이제 끝나 버렸다. 이제 스승은 계시지 않는다.'라는 이런 생각이 들지도 모른다. 아난다여, 그러나 그렇게 봐서는 안된다. 아난다여, 내가 가고난 후에는 내가 그대들에게 가르치고 천명한 법과 율이 그대들의 스승이 될 것이다." (「대반열반경」 (D16) §6.1)

부처님은 가셨다. 그러나 그분이 가르치고 천명하신 법(dhamma)과 율(vinaya)이 있었다. 그것이야말로 참다운 부처님의 존체(尊體, sarīra, 舍利)요, 인류 만대의 진정한 스승이 될 것이다. 부처님의 직계 제자들은 정신을 가다듬고 마하깟사빠(대가섭) 존자를 수장으로 하여 세세생생 인류가 해탈·열반이라는 최고의 이상을 실현하도록 길잡이가 되고 진정한 스승이 될 법과 율을 함께 노래해서[合誦, saṅgīta] 진정한 부처님의 몸[法身, dhamma-kāya]을 이 땅 위에 구현해 내었다. 이를 후대 사람들은 일차합송(一次合誦, paṭhama-saṅgīti) 혹은 일차결집(一次結集)이라 부른다. 부처님이 입멸하신 뒤 일차합송을 완성하기까지 있었던 일화는 본서 제3권의 부록으로 번역 소개하고 있는 『장부 주석서』 서문에 잘 나타나있으니 참조하기 바란다.

물론 이러한 합송 작업은 부처님이 살아계실 때에 이미 충분한 기초를 다져두었다. 부처님께서는 29세에 출가하셔서 6년간 수행을 하셨고 35세에 보리수 아래서 깨달음을 성취하셨다. 그 뒤 45년간 인도 중원을 다니면서 설법하시고 사람들을 교화하시다가 80세에 꾸시나라의 한 쌍의 살라 나무 사이에서 반열반하셨다.(「대반열반경」 (D16) §5.27 참조)

부처님이 깨달음을 증득하신 후 보내신 이 45년의 기간은 다시 크게 전반부와 후반부의 둘로 나누어 볼 수 있다. 이 기준은 아나타삔디까

(Anāthapiṇḍika, 給孤獨) 장자가 사왓티에 급고독원(給孤獨園)을 지어서 승가에 기증한 것이 된다. 세존께서는 성도 후 21년째 되던 해부터 급고독원에 머무셨는데 그 기간은 모두 19년이라고 한다.(본서「뽓타빠다 경」(D9) §1의 주해 참조) 사왓티의 동원림(東園林) 녹자모 강당(본서 제3권「세기경」(D27) §1의 주해 참조)에 머무신 것을 합치면 세존께서는 사왓티에만 24년을 머무셨다고 한다. 물론 해제 때에는 유행(遊行)을 하셨을 것이다. 녹자모 강당이 완공된 후에는 낮에는 녹자모 강당에 머무시고 밤에는 급고독원에 머무시는 등으로 번갈아가면서 계시기도 하였다고 한다. 세존께서 아난다 존자를 시자로 삼으신 것도 여기 계시기 시작할 무렵이었다.

그러므로 불교 교단사로 본다면 세존께서 45년 간 설법하신 기간의 절반이 넘는 시간을, 특히 말년을 이곳 한 군데서 머무셨다는 것은 의미심장한 일이 아닐 수 없다. 세존께서는 성도 후 21년째 되던 해부터 43년이 되던 해까지 24년을 이곳 사왓티에서 머무셨다고 하는데 세존이 성도하실 무렵을 35세 정도로 본다면 기원정사에 머물기 시작하실 때가 57세쯤이고 환갑이 되실 연세셨다.

많은 초기불교 경들이 이 기원정사에서 설해진 것으로 나타나는데, 특히『중부』와『상응부』경들은 반에 가까운 정도가 이곳에서 설해졌다.『상응부』경들이 부처님 가르침을 주제별로 모아서(saṁyutta) 교리의 체계화에 중점을 둔 짧은 경들이고,『중부』가 특히 비구들에게 중점적으로 법을 설하신 경들을 모은 것이라고 본다면 참으로 세존께서는 말년에 사리뿟따(사리불)와 목갈라나(목련)와 깟짜야나(가전연) 등의 큰 제자들과 함께 이곳에서 법을 체계화하는 작업을 하셨다고 봐야 할 것이다. 그리고 이때를 전후해서 뛰어난 암기력을 가졌으며 부처님의 사촌 동생인 아난다 존자가 부처님의 시자로 지명이 되어 부처님이 반열반하실 때까지 대략 25년 동안을 시자로 있었는데 이 또한 우연은 결코 아닐 것이다.

　즉 깨달으신 후 세존의 45년 간의 삶 가운데서 전반부 20여 년은 법의 전도에 역점을 두셨다면 나머지 20여 년은 부처님과 같은 해, 같은 날에 태어났다고 하며, 그래서 부처님과는 흉금을 터놓고 이야기하는 사이였다고 하는, 부처님의 가장 유력한 후원자였던 빠세나디 꼬살라 왕이 통치하는 사왓티의 기원정사와 녹자모 강당에 머무시면서, 사리뿟따 존자를 위시한 제자들과 교법을 체계화하여 불법대계(佛法大計)를 도모하셨다고 봐야 할 것이다. 20여 년이 넘는 이러한 법체계화의 큰 초석이 있었기 때문에 부처님이 입멸하신지 두 달 뒤에 가진[1] 일차합송은 별다른 무리 없이 7개월 만에 무난히 회향되었을 것이다.

　그리고 우리는 본서 제3권의 마지막에 나타나는 「합송경」(D33)과 「십상경」(D34)을 통해서도 부처님 재세 시에 이미 부처님 법에 대한 세밀한 분류가 진행되어 대중들이 함께 노래하고 있었음을 볼 수 있다. 이 두 개의 경은 부처님의 상수제자요 법의 대장군이라 불리던 사리뿟따 존자에 의해서 설해진 경인데 사리뿟따 존자가 부처님을 향해서 가진 확고부동한 믿음은 본서 제3권 「확신경」(D28)에 멋지게 표현되어 있다. 어찌 사리뿟따 존자만이 세존에 대한 이러한 절대적인 믿음을 가졌겠는가? 부처님의 직계제자들은 모두 다 세존께 대한 부동의 믿음을 가졌을 것이다. 그러기에 그들은 세존이 입멸하신 뒤 가장 먼저 해야 할 작업으로 부처님 가르침을 결집하는 일이라고 서로 완전히 공감을 하였을 것이고, 그래서 장장 일곱 달 동안 합송에 매달려서 세존이 남기신 법과 율을 결집하였던 것이다.

---

1)　　본서 제3권 부록 『장부 주석서』 서문 §18의 주해를 참조할 것.

3. 법과 율의 합송

부처님께서는 "법과 율이 그대들의 스승이 될 것이다."라고 하셨다. 그래서 그들은 일단 법의 바구니(Dhamma-Pitaka = Sutta-Pitaka, 經藏)와 율의 바구니(Vinaya-Pitaka, 律藏)라는 두 개의 바구니를 먼저 설정하였다. 그 가운데서 율의 바구니부터 먼저 채우기로 결의하였는데 합송에 참석한 아라한들은 "마하깟사빠 존자시여, 율은 부처님 교법의 생명(āyu)입니다. 율이 확립될 때 교법도 확립됩니다. 그러므로 율을 첫 번째로 합송해야 합니다."[2]라고 결정하였기 때문이다.

그런 다음 법의 바구니를 채우기 시작하였는데 법의 바구니는 다시 다섯 개의 부분(Nikāya)으로 나누어서 합송하였다. 길게 설하신 가르침은 『디가 니까야』(長部)에, 중간 길이로 설하신 가르침은 『맛지마 니까야』(中部)에, 주제별로 모은 가르침은 『상윳따 니까야』(相應部)에, 숫자[法數]별로 모은 가르침은 『앙굿따라 니까야』(增支部)에 합창으로 노래를 불러 채워 넣었다. 법과 율을 율장과 경장과 논장의 삼장(三藏, Ti-piṭaka)으로 조직한 상세한 내용은 본서 제3권의 부록으로 번역 소개하고 있는 『장부 주석서』 서문의 §§30~48에 잘 나타나 있으니 참조하기 바란다. 이 부분은 상좌부 전통에서 본 삼장의 조직체계를 분명하게 밝히고 있기 때문에 역자의 보충 설명은 더 이상 필요하지 않을 것이다.

역자가 여기서 합송을 노래라고 자꾸 표현하는 데는 그만한 이유가 있다. 노래는 한 번 가사와 운율이 정해져서 대중화가 되고난 후에 누군가가 틀리게 부르면 바로 잘못 노래되었음을 알게 된다. 이것이 노래의 중요성이다. 역자는 지금도 학창시절에 즐겨 부르던 어니언스의 '편지'를 누가 부르면, 틀렸는지 옳게 불렀는지 가사와 음정과 박자를 정확히 알 수 있다. 이처럼 일단 합송을 거쳐서 함께 노래되어 공인된 경들은

---

2)　　*Ibid* §30.

누가 잘못 노래하면 그 즉시 알아챌 수가 있었을 것이다.

이렇게 합송하여 공인된 『디가 니까야』(장부)는 아난다 존자의 제자들에게 부촉해서 그분들이 계승해 가도록 하였으며, 『맛지마 니까야』(중부)는 사리뿟따 존자의 제자들에게, 『상윳따 니까야』(상응부)는 마하깟사빠 존자의 제자들에게, 『앙굿따라 니까야』(증지부)는 아누룻다 존자의 제자들에게 각각 부촉해서 전승하도록 하였다 한다.3)

불교 역사를 살펴보면 아난다 존자의 역할이 너무나 중요하였음은 주지의 사실이다. DPPN에 의하면 그는 부처님과 같은 해에 태어났다고 하며,4) 부처님의 사촌 동생으로 태어나서(아누룻다 존자와 마하나마와는 형제 혹은 이복형제였음) 부처님께서 성도 후 2년 뒤에 까삘라왓투를 방문하셨을 때 아누룻다, 데와닷다 등 다른 사꺄의 청년들과 함께 출가하였고, 세존께서 성도하신지 20년쯤 뒤부터 부처님 시자의 소임을 맡아서 부처님이 입멸하실 때까지 25년(Thag.1039)을 그림자처럼 한결같이 곁에서 모셨고, 세존이 하신 설법을 기억하여 일차합송에서 부처님 말씀을 경장으로 확정짓는데 주도적인 역할을 했던 인물이다. 주석서들에 의하면 그가 임석하지 않아서 듣지 못한 가르침은 개인적으로 부처님께 여쭈어서 부처님이 하신 말씀은 빼놓지 않고 모두 기억하고 있었다고 한다. 물론 그는 너무 오래 부처님을 모셨기 때문에 부처님 입멸 후에 승단의 일부 스님들로부터 10가지 문제 때문에 비난을 듣기도 하였다.

그런데 그의 역할은 일차합송으로 끝나지 않는다. 그는 초기교단에서도 장수했던 인물로 잘 알려져 있다. 『법구경 주석서』 등에 의하면 아난다 존자는 무려 120세까지 살았다고 한다.(DhpA.99)5) 그러므로 그는

---

3) *Ibid* §39. 『쿳다까 니까야』(소부)에 대해서는 §40을 참조할 것.

4) DPPN은 출처 없이 이렇게 적고 있다. 일반적으로 아난다 존자는 세존보다 훨씬 연하였던 것으로 알고 있지만 일단 DPPN의 권위를 인정하여 세존과 같은 연배로 적는다.

부처님께서 입멸하신 후에도 무려 40년을 더 생존해 있었다는 말이 된다. 만일 아난다 존자가 부처님과 같은 연배가 아니라 10년 이상 더 늦게 태어났다면 부처님 입멸 후 그의 생존 기간은 50년 이상으로 더 늘어난다. 부처님의 직계제자가, 그것도 부처님을 25여 년간 시봉했었던 사람이, 그것도 부처님의 사촌으로 같은 언어와 같은 사유체계와 같은 문화 속에서 성장했고, 부처님의 말씀을 모두 기억하여 경장으로 결집해 내는데 주도적 역할을 했던 사람이 부처님 입멸 뒤에 40년을 더 생존했다는 것은 초기불교의 교단이 부처님 가르침에 대한 이론(異論)이나 이설(異說)이 끼어들 여지를 최대로 줄이게 되었다는 말이 된다.

이처럼 불교 교단은 사리뿟따와 같은 대천재를 통해서 일찍부터 부처님 가르침을 체계적으로 결집하는데 큰 성공을 거두었으며, 마하깟사빠 존자와 같은 보수적인 인물을 통해서 부처님 입멸 후에 부처님 말씀을 결집해 내는 성과를 거두게 되어 동요 없이 교단이 안정되고 뿌리내리게 되었으며, 아난다 존자와 같은 부처님 직설(直說)에 관한 한 최고의 권위요 부처님 입적 후에도 적어도 40년을 더 생존한 분에 의해서 교단과 교법은 인류 역사의 흐름과 함께 할 기틀을 완전하게 닦은 것이다.

4. 『디가 니까야』의 구성

『디가 니까야』는 이처럼 부처님 직설에 관한 한 최고의 권위를 가졌던 아난다 존자와 그의 제자들이 함께 노래해서 후대로 전승시킨 부처님 말씀들이다. 아난다 존자가 가진 이러한 권위를 일차합송에 참석

---

5)   한편 『증지부 주석서』는 초기교단에서 장수한 인물로 마하깟사빠 존자, 바꿀라 존자, 아난다 존자를 들고 있는데 모두 120세까지 사신 분들로 알려져 있다.(AA.iii.243~244) 이처럼 일차합송을 주도한 마하깟사빠 존자와 아난다 존자가 120세까지 사셨다는 것은 초기불교 교단사에서 아주 의미가 크다.

한 500명의 아라한들이 모두 인정했기 때문에 그는 니까야 가운데서도 제일 처음이 되는 『디가 니까야』를 전승할 책임을 맡게 되었을 것이라는 추론이 자연스럽게 가능하다.

『디가 니까야』는 길게 설하신 경들을 모은 것이다. 그래서 일본에서는 『장부』(長部)라고 옮겼고 우리에게도 익숙하다. 이처럼 『디가 니까야』를 결집한 기본 기준은 오직 "길다"는 것뿐이다. 길게 설하신 것이라는 이 기준으로 모아서 『디가 니까야』에 포함된 경들은 모두 34개이다. 이 34개의 경들은 다시 『계온품』과 『대품』과 『빠띠까 품』으로 불리는 세 개의 품으로 나누어져서 전승되어 온다. 첫 번째인 『계온품』에는 13개의 경들이 포함되어 있고, 두 번째인 『대품』에는 10개의 경들이, 세 번째인 『빠띠까 품』에는 나머지 11개의 경들이 포함되어 있다.

역자가 전체 3권으로 옮긴 본서는 『디가 니까야』의 각 품을 각 권으로 하여 출판하고 있는 PTS본을 위시한 각 나라의 판본을 따라서 『계온품』을 제1권으로, 『대품』을 제2권으로, 『빠띠까 품』을 제3권으로 번역·출간한 것이다. 이 각 품의 명칭 등에 대한 설명은 해당하는 권의 해제를 참조하기 바란다.

『디가 니까야』 34개의 경을 정리해 보면 다음의 도표와 같다. 도표에 나타난 내용은 다음의 몇 가지로 정리해 볼 수 있다.

먼저 경을 설한 곳으로는 마가다가 열네 번, 꼬살라가 열 번, 삭까가 두 번, 꾸루가 두 번, 짬빠가 두 번, 말라가 두 번, 그리고 웨살리와 왐사(꼬삼비)가 각각 한 번씩 나타난다.

그리고 경을 설한 사람을 중심으로 살펴보면, 28개의 경이 세존이 설하신 것이고, 사리뿟따 존자가 세 군데, 아난다 존자가 한 군데, 꾸마라깟사빠 존자가 한 군데, 그리고 신들이 한 군데(빠짜시카 간답바)이다.

번호	품	경	설법처	설법자	청법자	비고
1	계	범망경	마가다	세존	비구대중	비구
2		사문과경	마가다	세존	아자따	왕
3		암밧타 경	꼬살라	세존	암밧타	바라문
4		소나단다 경	짬빠	세존	소나단다	바라문
5		꾸따단따 경	마가다	세존	꾸따단따	바라문
6	온	마할리 경	웨살리	세존	마할리	태수
7		잘리야 경	꼬삼비	세존	잘리야 외	외도
8		깟사빠 사. 경	꼬살라	세존	깟사빠	외도
9	품	뽓타빠다 경	꼬살라	세존	뽓타빠다	외도
10		수바 경	꼬살라	아난다	수바	바라문
11		께왓다 경	마가다	세존	께왓다	장자
12		로힛짜 경	꼬살라	세존	로힛짜	바라문
13		삼명경	꼬살라	세존	와셋타 외	바라문
14	대	대전기경	꼬살라	세존	비구대중	비구
15		대인연경	꾸루	세존	비구대중	비구
16		대반열반경	마가다	세존	비구대중	비구
17		마하수닷사나경	마가다	세존	아난다	비구
18		자나와사바경	마가다	세존	아난다	비구
19	품	마하고윈다경	마가다	빤짜시카	세존	세존
20		대회경	삭까	세존	비구대중	비구
21		제석문경	마가다	세존	삭까	신

22		대념처경	꾸루	세존	비구대중	비구
23		빠야시 경	꼬살라	꾸.깟사빠	빠야시	태수
24		빠띠까 경	말라	세존	박가와곳따	외도
25		우둠.사.경	마가다	세존	니그로다	외도
26		전륜성왕사.경	마가다	세존	비구대중	비구
27	빠	세기경	꼬살라	세존	와셋타 외	바라문
28	띠	확신경	마가다	사리뿟따	세존	세존
29	까	정신경	삭까	세존	쭌다	비구
30		삼십이상경	꼬살라	세존	비구대중	비구
31	품	교계싱갈라 경	마가다	세존	싱갈라	장자
32		아따나띠야 경	마가다	세존	비구대중	비구
33		합송경	말라	사리뿟따	비구대중	비구
34		십상경	짬빠	사리뿟따	비구대중	비구

＊ 사. = 사자후, 우둠. = 우둠바리까, 꾸. = 꾸마라깟사빠

그리고 경을 들은 사람은 비구대중이나 비구가 14군데, 바라문이 7군데, 외도 수행자가 5군데, 왕 혹은 태수가 세 군데, 장자가 두 군데, 신(삭까, 인드라)이 한 군데이고, 세존이 경을 들은 사람으로 나타나는 곳이 두 군데이다.

좀 더 구체적으로 살펴보면, 비구들이 청법자(聽法者)가 된 곳은 『대품』이 일곱 군데고, 『빠띠까 품』이 여섯 군데인 반면, 제1품인 『계온품』에는 오직 한번뿐이다. 바라문들은 『계온품』의 다수 청법자들이 되는데 『계온품』에만 여섯 군데가 되고, 나머지는 『빠띠까 품』의 「세기경」뿐인데 「세기경」에서 이미 와셋타와 바라드와자라는 두 바라문

학도는 비구승단에서 비구가 되기 위한 견습 기간을 가지는 중이었으므로 꼭 바라문 신분이라고도 할 수 없는 단계였다.

그리고 주목해 볼 필요가 있는 사람들은 바로 외도 수행자(유행승과 나체 수행자 등)들이다. 『디가 니까야』의 다섯 개의 경들이 세존께서 이들 외도 수행자들에게 하신 법문인데 모두 상당한 수준의 법문들이며, 불교와 외도의 가르침의 차이점을 분명하게 드러내고 있다. 특히 현재 우리나라 수행자들이 외도들이 가지는 이러한 견해에 붙들려 있지는 않은지 반드시 점검해 볼 필요가 있다고 본다. 그러므로「잘리야 경」(D7), 「깟사빠 사자후경」(D8), 「뽓타빠다 경」(D9), 「빠띠까 경」(D24), 「우둠바리까 사자후경」(D25)은 외도 사문들의 주장과 부처님의 가르침을 정확하게 대비해 볼 수 있는 경들이기에 깊이 음미해 보기 바라는 마음 간절하다.

이제 『디가 니까야』의 특징을 몇 가지로 적어보는 것으로 역자 서문을 마무리하고자 한다.

5. 『디가 니까야』의 특징

(1) 대기설법

경장(經藏, Sutta Piṭaka)에서 전승되어 오는 부처님 말씀의 가장 큰 특징이 무엇일까? 논장의 주석서들은 주저하지 않고 경장에 전승되어 오는 부처님의 말씀은 대기설(對機說, pariyāya-desanā)이라고 적고 있다.6) 그래서 중국에서는 일반적으로 대기설법(對機說法)이라는 표현을 사용한다. 대기설법이란 문자 그대로 '듣는 사람의 근기(根機)에 맞추어 하신

---

6)   "경의 방법에 따르면 … 이것은 대기설(방편설)이다. 그러나 아비담마의 설명은 비대기설(비방편설)이다.(suttantikapariyāyena … pariyāya-desanā hesā. abhidhammakathā pana nippariyāyadesanā)"(DhA. 222 등)

설법'이라는 뜻이다. 이 대기설[법]에 해당하는 원어 pariyāya-desanā 가운데 pariyāya는 pari(둘레에, 원만히)+√i(to go)에서 파생된 명사로, 기본 의미는 '일이 경우에 맞게 원만히 잘 되어 가는 것'을 뜻하며, 그런 의미에서 '방편, 방법, 순서, 차례, 습관' 등의 의미로 쓰인다. 부처님의 말씀은 항상 듣는 사람의 이해 정도나 여러 여건에 따라 적절하게 설해 지므로 이렇게 표현한 것이다. 특히 dhamma와 합성되어 dhamma-pariyāya라는 단어는 초기경에서도 많이 나타나는 술어인데 문자 그대로 '법을 [설하신] 방법, 차례'라는 뜻이며 한역에서 '법에 들어가는 문'으로 이해해서 법문(法門)으로 옮겨서 지금까지 절집에서 보편적으로 쓰이고 있다.

본서의 여러 경들에서 보듯이 부처님께서는 처음부터 법을 잘 이해할 수 없는 사람들(주로 재가자들)에게는 보시와 지계와 천상에 나는 것[施·戒·生天]을 설하셨고, 법을 알아들을 수 있는 사람들에게도 그 사람의 근기에 맞게 다양하게 법을 설하셨다. 그리고 같은 내용도 상황에 따라서 사성제로 설하시기도 하고 팔정도로 설하시기도 하고 12연기로 설하시기도 하고 무아를 강조해서 설하시기도 하며, 수행에 관계된 말씀도 어떤 때는 오근/오력으로 설하시기도 하고 어떤 때는 칠각지를 강조해서 설하시기도 하고 사념처를 강조하기도 하고 37보리분법 전체를 설하시기도 한다. 그 외에도 많은 경우를 들 수 있다. 이처럼 부처님께서는 듣는 사람의 처한 상황이나 문제의식이나 이해 정도나 수행 정도나 기질이나 성향에 따라서 다양한 방법을 동원해서 설법을 하셨다. 이런 것을 우리는 대기설법이라 한다. 반면 논장(論藏, Abhidhamma Pitaka)에서는 이러한 특징을 가진 경장과 비교해서 논장의 가르침은 비대기설(非對機說, nippariyāya-desanā) 혹은 비방편설(非方便說)이라고 강조하고 있다. 여기에 대해서는 『아비담마 길라잡이』 서문 §3을 참조하기 바란다.

따라서 대기설법은 『디가 니까야』만의 특징이라고는 할 수 없다. 대기설법은 모든 부처님의 말씀, 특히 경장에 전승되어 오는 가르침 전체를 특징짓는 술어이다. 그러나 역자가 『디가 니까야』의 특징을 정리하면서 제일 먼저 대기설법을 언급하는 것은 『디가 니까야』가 특히 대기설법의 진수를 보여주고 있다고 판단하기 때문이다. 나아가서 부처님 말씀이 대기설 혹은 방편설이라는 이 가장 중요한 전제를 망각해 버리면 『디가 니까야』는 자칫 큰 혼란과 오해를 불러올 수 있기 때문이다.

아래에서 설명하겠지만 『디가 니까야』에는 많은 신비적이고 신화적인 이야기가 나타나고 특히 인도에서 아주 중요한 가치로 인정되는 베다와 제사와 고행에 관한 대화가 많이 실려 있다. 대기설법이라는 방법론을 잊어버리고 이런 신화화되고 인도에 토착화된 말씀들을 인도와는 전혀 다른 문화적인 배경을 가지고 있는 한국에서, 그것도 과학의 시대에 IT 강국이라는 현대의 한국에 사는 우리의 시각으로만 『디가 니까야』를 판단하게 되면, 자칫 부처님이 그 시대의 인도사회를 통해서 인류 전체에게 주시고자 한 메시지를 오해하게 될 것이다. 그래서 대기설법이라는 경장 전체의 특징을 가져와서 『디가 니까야』의 가장 큰 특징으로 먼저 들고 있는 것이다.

(2) 대화의 정수

『디가 니까야』는 가히 대화의 정수를 보여주고 있다. 대화는 듣는 사람의 기틀을 먼저 생각하는 대기설법의 가장 강력한 수단이다. 그러므로 대화는 비단 『디가 니까야』뿐만 아니라 대기설법을 전개하는 다른 니까야들에도 공통적으로 적용되는 특징이다. 그러나 『디가 니까야』는 더욱더 대화를 중시하는 경들로 구성되어 있다.

『디가 니까야』 34개의 경들 가운데서 대화가 없이 부처님께서 하시고자 하는 말씀을 직접 비구대중에게 하시는 상단법문식의 가르침은

「대념처경」(D22)과 「전륜성왕 사자후경」(D26)과 「삼십이상경」(D30) 밖에 없다. 물론 사리뿟따 존자가 비구대중에게 행한 「합송경」(D33)과 「십상경」(D34)도 이 범주에 넣을 수 있을 것이다.

반면에, 예를 들면, 『맛지마 니까야』(중부)는 모두 152개의 경들 가운데 대략 47개 정도가 세존께서 비구대중에게 대화 없이 법을 설하시는 형태의 경이다.[7] 이것은 드물게 사리뿟따 존자 등이 비구대중에게 대화 없이 법을 설한 경우(M15, M28)도 포함시킨 숫자이다. 이처럼 『맛지마 니까야』를 구성하고 있는 거의 삼분의 일에 가까운 경들이 대화의 형식이 아닌 상단법문식의 가르침이다. 『상응부』도 경선의 숫자가 너무 많아서 일일이 점검하기는 힘들지만 대략적으로만 살펴보아도 『중부』와 크게 다르지 않음을 알 수 있다.

이러한 단순한 비교만으로도 『장부』에 결집된 경들이 얼마나 대화를 중시하고 있는가 드러난다. 특히 당대 인도의 대표적인 지식인이라 할 수 있는 소나단다 바라문(D4)이나 꾸따단따 바라문(D5), 그리고 암밧타(D3)와 와셋타와 바라드와자(D13)로 대표되는 젊은 지성인이라 할 수 있는 바라문 학도들과의 심도 깊은 담론은 가히 대화의 정수를 보여주고 있다고 해도 과언이 아닐 것이다.

『디가 니까야』에서 부처님께서 전개해 가시는 대화의 특징은 다음과 같이 몇 가지로 정리해 볼 수 있다.

첫째, 진지하고 자상하시다. 연로한 바라문들(D4, D5)이나 왕(D2)이나 삭까와 같은 신(D21)에게는 참으로 고요하면서도 자상하게 대화를 하신다. 「교계 싱갈라 경」(D31)에서는 세속적인 삶에 있어서 귀중한 것들을 모두 다 드러내 보여주시는 자상함이 있으시다.

---

7)   M1; 2; 3; 5; 6; 7; 9; 10; 11; 15; 16; 17; 19; 20; 25; 28; 33; 34; 39; 40; 45; 46; 47; 49; 64; 65; 101; 102; 103; 106; 111; 112; 113; 114; 115; 116; 117; 120; 129; 130; 132; 137; 138; 139; 141; 148; 149.

둘째, 상대를 배려하신다. 세존께서는 연로한 소나단다 바라문이 세존과의 대화에서 실수할까 두려워하는 것을 아시고는 소나단다 바라문이 가장 자신 있게 답할 수 있는 것을 대화의 주제로 택하신다.(D4) 「우둠바리까 사자후경」(D25)에서도 외도 수행자들이 자신 있게 대화할 수 있는 고행과 금욕을 대화 주제로 택하신다.

셋째, 무뢰한 자에게는 엄하고 단호하게 대하신다. 암밧타와 같은 무례하고 건방을 떠는 젊은 바라문에게는 강력하고 질풍노도와 같은 권위와 엄격함을 갖춘 대화를 하신다.(D3) 세존이 하시는 이적(異蹟)의 두 배를 해내겠노라고 지껄이던 나체수행자 빠띠까뿟따에게는 그런 견해를 버리지 않고 내 앞에 오면 "머리가 떨어질 것"이라고 지엄하게 말씀하신다.(D24)

넷째, 전하고자 하는 말씀을 분명하게 하신다. 논점을 흐리지 않으신다. 바라문만이 최고라는 당대의 억지 논리에 대해서는 한 치의 양보도 없이 엄정한 기준과 논리를 제시하신다.(D3, D13, D27) 그리고 반드시 결론에 도달하신다. 그리고 그것을 진리로 천명하신다.

참으로 부처님이야말로 진정 대화를 할 줄 아는 분이시며, 대화로 상대방을 대자유의 세계로, 깨달음의 세계로, 열반의 세계로 인도하시는 분이시다.

그래서 리즈 데이빗 교수는 100여 년 전에 이미 인류 최고의 스승임에 틀림없는 부처님이 자신의 가르침을 일방통행식으로 드러내지 않고 대화를 통해서 말씀하셨다는 이 사실에 감격한 나머지 아예 『디가 니까야』를 "*Dialogue of the Buddha*"라는 제목을 붙여서 영역을 하였다. 역자도 이 책을 읽는 모든 분들이 이러한 부처님의 대화에 깊이 들어가서 부처님이 인도 동시대인들을 통해서 모든 인류에게 전하시고자 한 고구정녕한 메시지를 캐내어서 그분이 설하신 방법대로 진지하게 삶과 대면해서 지고의 행복[至福, parama-sukha]을 실현하시기를 기원하는 마음 간절하다.

(3) 거대담론

역자는 『디가 니까야』만이 가지는 중요한 특징을 들라면 거대담론을 들고 싶다. 『장부』는 길게 설하신 가르침을 모은 것이다. 그렇다고 해서 여기서 길다는 말을 단순히 그 길이가 길다는 것만으로 해석해서는 곤란하다. 여기서 길다는 말은 거대담론으로 이해해야 할 것이다. 우주와 인간과 삶과 역사와 윤회에 대한 거대담론이 『디가 니까야』의 중요한 특징이다. 『중부』와 『상응부』와 『증지부』는 그 길이에 제한 받고 그 주제에 제한 받아서 거대담론을 펼치지 못하는 측면이 많다. 그러나 『장부』는 일단 길이의 제한이 없으므로 특정 주제나 특정 사건을 놓고 여러 측면에서 상세한 분석과 설명과 해명을 할 수 있다. 이것이 『장부』의 가장 큰 장점이다.

그래서 「사문과경」(D2)에서는 출가자들이 출가수행을 통해서 얻게 되는 결실을 논하면서 육사외도(六師外道)로 표현되는 동시대 여섯 스승들의 사상을 살펴보고, 이어서 부처님이 가르치는 핵심을 계·정·혜에 초점을 맞추어 상세한 비유와 함께 23가지로 자세히 정리하고 있다. 이는 출가란 무엇인가, 출가해서 무엇을 해야 하는가, 출가의 결실은 무엇인가 하는 출가적 삶의 방식에 대한 거대담론이다. 여기서는 오직 불교식 출가만을 취급하지 않는다. 육사외도로 대표되는 당대 인도의 출가자 즉 사문들의 가르침도 논의되고 있다. 그러므로 이는 모든 출가인들의 삶의 방식을 다루는 거대담론이라 불러야 마땅하다.

그리고 칠불(七佛)의 유래와 위빳시불의 행적을 다룬 「대전기경」(D14)도 광대한 스케일의 불교 역사를 설하고 있다. 「대전기경」에 해당하는 『장부 주석서』는 이러한 「대전기경」이야말로 경들의 왕(sutanta-rāja)이라고 표현하고 있다. 현존하는 「대전기경」은 3바나와라 분량이지만 위빳시불의 행적을 칠불 모두의 행적으로 확장하면 21바나와라가 되고, 이를 설하는 자도 석가모니 부처님 외에 다섯 정거천의 다섯 천신들을 포함시키면 모두 126바나와라 분량의 방대한 스케일[의 거대담론]이 되기 때문이라는 것이 주석서의 설명이다.

특히 「범망경」(D1)에서는 인류가 가질 수 있는 견해를 과거에 관한 것 18가지와 미래에 관한 것 44가지로 분류해서 상세하게 담론하고 있다. 인류가 가질 수 있는 견해는 사실 이 62가지를 넘어설 수 없다. 그래서 이를 견해의 그물이라 부르고 범천의 그물이라 부르는 것이다. 그런데 「범망경」이 단순히 인류가 가질 수 있는 견해들만 나열하고 있다면 이를 두고 거대담론이라고 하기는 힘들지도 모른다. 「범망경」에는 견해에 대한 담론만이 있지 않다. 「범망경」은 이러한 견해의 그물에서 벗어나는 방법으로 연기의 가르침을 구체적으로 명명백백하게 천명하고 있다. 그러므로 이야말로 거대담론의 표본이라 할 수 있을 것이다.

그리고 「전륜성왕 사자후경」(D26)과 「세기경」(D27)은 우주의 수축과 팽창의 진행과정 속에서 함께 부침하는 인류의 타락과 향상의 역사를 담담하게 서술하면서, 인류가 어떻게 타락해가고, 어떻게 진지한 반성을 통해서 다시 향상해 가는가를 밝히고 있다. 이렇게 해서 다시 인류의 수명이 8만 살이 되었을 때 전륜성왕이 다시 탄생하는 것과 메떼야(미륵) 부처님이 출현하시는 것까지 참으로 거대한 담론을 전개하고 있다.

세존께서는 이러한 도도한 인간의 삶의 흐름에는 단 한 가지 중요한 것이 있으니 그것은 다름 아닌 법(dhamma)이라고 강조하신다. 법을 따를 때 인간은 향상하고 법을 거스를 때 인간은 타락한다. 그러면 그 법이란 무엇인가? 제일 보편적이고 기본적인 법으로 본경에서는 살생, 도둑질, 삿된 음행, 거짓말을 금함과 열 가지 유익한 업의 길[十善業道]을 실천하는 것을 들고 있다. 이런 가장 기본적인 인류 도덕을 무시하고 이를 예사롭지 않게 여길 때 이 우주의 질서도 같이 퇴보하고 타락한다고 부처님께서는 이 경들을 통해서 밝히고 계신다. 물론 부처님 가르침이 이러한 인류 도덕에만 머무는 것은 결코 아니다. 「전륜성왕 사자후경」 (D26)은 자귀의 · 법귀의(自歸依 · 法歸依)로 결론을 맺고 있으며 그 구체적인 실천 방법으로 네 가지 마음챙기는 공부[四念處]를 들고 계신다. 이것이 장대한 우주의 팽창 · 수축과 인간의 타락 · 향상을 대면하는 인류가 궁극적으로 의지할 곳이라고 결론지으시는 것이다.

그리고 부처님이 반열반하시기 전해부터 시작하여 부처님의 입멸 과정을 담담하게 묘사하면서 부처님이 가신 뒤 남은 비구들이 무엇을 의지해서 어떻게 살아야 하는지를 기술하고 있는 「대반열반경」 (D16) 또한 또 다른 불교식 거대담론의 모습을 보여주고 있다.

(4) 계 · 정 · 혜 — 불교의 큰 틀

『디가 니까야』는 불교의 큰 틀을 완성하고 있다. 이는 특히 『장부』 제1권의 핵심 주제이다. 『장부』 제1권의 「사문과경」 (D2)부터 「삼명경」 (D13)까지를 통해서 부처님께서는 불교의 큰 틀을 계 · 정 · 혜 삼학으로 설정하고 계시는데, 이를 모두 23개의 상세한 정형구를 통해서 전개하고 계신다.(여기에 대해서는 본서 제1권 해제를 참조할 것) 물론 『맛지마 니까야』 등의 다른 니까야에서도 부처님 가르침을 계 · 정 · 혜나 계 · 정 · 혜 · 해탈, 혹은 계 · 정 · 혜 · 해탈 · 해탈지견으로 분류하여 설하시기도 하지만, 『디가 니까야』에서처럼 계와 정과 혜의 항목을 3계-4선-8통[8])

---

8) 이하 본문에 사용된 술어의 내용은 다음과 같다.
    3계(戒, sīla): 짧은 길이의 계, 중간 길이의 계, 긴 길이의 계.
    4선(禪, jhāna): 초선, 제2선, 제3선, 제4선.
    4처(處, āyatana): 공무변처, 식무변처, 무소유처, 비상비비상처.
    3명(明, vijjā): 숙명통, 천안통, 누진통.
    6통(通, abhiññā): 신통변화[신족통], 천이통, 타심통, 숙명통, 천안통, 누진통.
    8통(通, abhiññā): 위 6통의 앞에 지와 견, 마음으로 이루어진 몸의 둘이으로 상세하게, 그것도 비유와 함께 모두를 다 집대성해서 23가지로 망라해서 설하는 경은 없다.

이처럼 『디가 니까야』는 불교의 큰 틀을 완성해서 이것이야말로 사문이 따라야 하고 완성해야 할 출가자의 도닦음이요, 이렇게 해서 얻어지는 4선-8통이 진정한 사문됨의 결실이라고 천명하시기도 하고(D2), 이것을 바라문들의 삼명과 비교하시기도 하고(D3), 진정한 바라문이 갖추어야할 덕목으로 제시하시기도 하고(D4), 이것이야말로 진정한 제사의 완성이라고 설하시기도 하고(D5), 사문된 자가 고행을 넘어서서 모든 이론이나 억측이나 가설을 극복하고 실현해야 할 것이라고도 하신다. (D7, D8, D9)

그런데 여기서 고찰해 보고 넘어가야 할 것은 "4선-8통만이 부처님의 정설인가?"하는 점이다. 『장부』제1권에서는 이렇게 4선-8통을 통한 깨달음의 완성을 불교의 큰 틀로 설하고 계시지만 다른 니까야에 포함된 경들은 그렇지 않은 경우가 더 많음을 우리는 인정해야한다. 『중부』등의 다른 니까야들에는 4선-3명으로 깨달음을 설하는 경들도 많고, 4선-6통으로 설하는 경들도 많이 있다. 그리고 4선-4처-상수멸을 통한 깨달음도 적지 않게 나타나며, 특히 禪의 경지가 없이 오온이나 12처나 18계의 무상・고・무아의 통찰을 통한 염오-이욕-소멸-해탈을 설한 경들은 아주 많다.[9] 그리고 연기의 통찰을 통한 해탈・열반을 설한 경도 있다.

불교의 깨달음 혹은 해탈・열반은 오온의 무상・고・무아나 사성제의 통찰이나 연기의 통찰이라는 통찰지(반야) 혹은 지혜가 없이는 불가능하

첨가된 경우.

상수멸(想受滅, saññāvedayita-nirodha): 인식과 느낌까지 완전히 소멸된 경지 = 멸진정(滅盡定).

9)   여기에 대해서는 본서 제1권 「뽓타빠다 경」(D9) §30 주해를 참조할 것.

다. 禪은 사문이 누리는 중요한 결실이기는 하지만 해탈·열반·깨달음이 없는 禪은 그 자체만으로는 완성된 경지라고는 할 수 없다.

이처럼 다른 니까야의 다른 경들에서는 다양한 방법으로 깨달음의 실현을 설하고 계신다. 그러므로 꼭 4선-8통을 해야 해탈·열반을 실현한다거나 깨달음을 완성한다고만 주장할 수는 없다. 단지 『장부』 제1권은 4선-8통의 체계로 이 문제를 정리하여 불교의 큰 틀을 완성하고 있을 뿐이라고 표현하는 것이 적절할 것이다.

거듭 부연하거니와, 어떤 경우에도 사성제를 철견하고 번뇌를 완전히 끊는 누진(漏盡, 번뇌 다함)의 체험이 없이는 깨달음의 완성으로 간주할 수는 없다. 그러므로 4선-8통의 체계에서도 8통의 마지막인 누진통이 바로 깨달음을 뜻한다. 적어도 유신견, 계금취, 의심으로 표현되는 세 가지 족쇄를 풀어버린 예류자 이상이 되어야만 최소한 깨달음을 논할 수 있을 것이다. 그렇지 않고서는 제 아무리 4선과 4처의 선정체험을 깊이 해도 그것은 부처님이 설하신 깨달음과는 관계없다.

물론 계율(건전한 삶)과 선정(삼매)이 없는 통찰지(반야)의 실현은 있을 수 없다. 그래서 『디가 니까야』는 부처님의 일대시교를 계·정·혜 삼학으로, 그것도 3계-4선-8통의 큰 틀로 완성해 내고 있는 것이다.

(5) 신화적 기법의 채용

인도 혹은 인도 종교를 표현하는 말로 흔히들 만신전(萬神殿)이라는 말을 쓴다. 말 그대로 수만의 신들이 존재하는 종교 혹은 종교의 나라라는 표현이다. 베다 문헌에서부터 시작해서 『마하바라따』와 『뿌라나』 문헌들을 거치면서 인도 신들의 수는 더욱더 많아지고 확장되어 가는데 후대 인도 신들은 모두 인도의 진리관과 세계관을 상징하는 브라흐마·위슈누·쉬와의 삼신(三神)으로 계통이 정리된다. 그리고 나머지 수많은 신들은(물론 부처님도 그들에게는 신이다) 모두 이 삼신의 화신들이나 수많은 아내들이나 장군들이나 장수들이나 마부들이나 하인들이나 하녀들 등등으로 받아들여져서 계급과 직책 등이 부여된다. 이렇게 신들도 삼신을 중심으로 카스트화가 되어버린다. 신들의 카스트화는 이미 『리그베다 본집』에서부터 나타나기 시작하는데 제의서에서부터 베다에 등장하는 신들은 모두 카스트가 부여된다. 이런 전통을 이어받아 후대에 인도에 나타나는 모든 신들은 하다못해 조그마한 마을의 수문장격인 지방신에 이르기조차 모두 카스트화되어 삼신의 계열에 포함된다. 이것이 인도의 제신(諸神)을 이해하는 하나의 중요한 관점이다.

아무튼 신이 없는 인도, 신이 없는 인도 종교는 의미가 없어지고 또한 재미도 없어진다. 이것은 부처님 당시에도 별반 다르지 않았을 것이다. 인도 기층 민중의 성향이 이러하기 때문에 인도에서 생긴 불교도 당연히 이러한 심성의 영향을 받을 수밖에 없었을 것이고, 이들의 심성을 어루만져주는 신화를 창조해내지 않으면 안 되었을 것이다.

『디가 니까야』는 한층 종교화된 불교의 모습을 제시한다. 그것은 인도 기층민들의 이와 같은 성향과 절대로 무관하지 않다. 그래서 『디가 니까야』는 신화적 기법을 즐겨 쓰고 있다. 「대전기경」(D14)을 통해서 부처님 혹은 깨달은 분은 석가모니 부처님 한 분만 존재하는 것이 아니며, 이미 위빳시 부처님을 위시한 과거 여섯 부처님이 계셨고, 「전륜성왕 사자후경」(D26)에서는 다시 멧떼야(미륵) 부처님이라는 미래의 부처님이 계실 것을 신화적인 기법으로 드러내신다. 이러한 말씀은 후대 대승불교에 큰 자극을 주어서 대승 전적에서는 여러 부처님의 존재를 설하고 있으며, 마침내는 일체중생 개유불성(一切衆生 皆有佛性), 중생즉불(衆生卽佛)의 사상으로까지 발전된다.

신들과 신화를 이야기 하면서 빼놓을 수 없는 것이 바로 본서의 「대회경」(D20)과 「아따나띠야 경」(D32)이다. 이 두 경은 불자들을 악한

정령이나 힘으로부터 보호하는 보호주[護呪, paritta]로 설하신 경이다.10) 이러한 주문은 이미 인도 사회에는 아주 익숙한 종교 현상이었다. 『리그베다』 전체는 신들에게 헌공하는 주문을 모은 것이며, 특히 『아타르와베다』에는 상대를 해코지하고 파멸시키는 흑마술(黑魔術, black magic)에 관계된 주문도 많이 나타나고 있다. 보호주는 이미 초기부터 불교에도 나타나는데 『숫따니빠따』의 자애경과 길상경과 보경은 이러한 보호주로 설해진 것이라고 주석서들은 설명하고 있다. 이렇게 신비화한 종교적 성향이 자연스럽게 만뜨라의 암송을 중시하는 밀교로 발전하게 되는 것은 주지의 사실이다.

그리고 「마하수닷사나 경」(D17)과 「자나와사바 경」(D18)의 신화적인 서술을 통해서 불교 신도들에게 한층 종교화된 가르침으로 신심을 불러일으키고 있으며, 특히 「마하고윈다 경」(D19)에서는 고윈다라는 인도 끄리슈나 신의 이름을 통해서 부처님이 오랜 전생에 마하고윈다였을 때는 인류를 오직 범천에 태어나는 것으로 밖에 인도하지 못했지만 이제 금생에는 완전한 깨달음을 성취하셨기에 팔정도의 실천을 통해서 "전적으로 [속된 것들을] 역겨워함으로 인도하고, 욕망이 빛바램으로 인도하고, 소멸로 인도하고, 고요함으로 인도하고, 최상의 지혜로 인도하고, 바른 깨달음으로 인도하고, 열반으로 인도한다."(D19. §61)고 선언하고 계신다. 이를 통해서 불교야말로 인도의 기층 종교 체계보다 완전히 업그레이드된 최고의 가치 체계요 최고의 신념 체계요 최고의 실천 체계임을 천명하셔서 불교의 위대성을 종교적이고 신화적인 표현을 통해 완성하고 계신다.

『디가 니까야』의 적지 않은 경들이 이처럼 신화화되고 종교화된 가르침을 설하고 있지만 그렇다고 해서 너무 의심스러운 눈초리로 대할

---

10)   보호주에 대해서는 본서 제3권 「아따나띠야 경」(D32) §2의 주해를 참조할 것.

필요는 없다. 이미 살펴보았듯이 「마하고윈다 경」(D19)은 팔정도로 회향하고 있으며, 우주의 기원을 설하시는 「세기경」(D27)도 깨달음의 편에 있는 법[菩提分法, 37조도품]을 닦아서 "끄샤뜨리야도 … 바라문도 … 와이샤도 … 수드라도 … 사문도 몸으로 단속을 하고 말로 단속을 하고 마음으로 단속을 하여 일곱 가지 깨달음의 편에 있는 법들을 닦아서 바로 지금여기에서 [오염원들을] 완전히 적멸하게 하여 열반을 얻는다."(D27 §30)고 결론짓고 있기 때문이다. 그리고 「전륜성왕 사자후경」(D26)은 "자신을 섬으로 삼고[自燈明] 자신을 귀의처로 삼아[自歸依] 머물고 남을 귀의처로 삼아 머물지 말라. 법을 섬으로 삼고[法燈明] 법을 귀의처로 삼아[法歸依] 머물고 다른 것을 귀의처로 삼아 머물지 말라."(D26 §27)는 자귀의 · 법귀의와 그 방법론으로 네 가지 마음챙기는 공부[四念處]를 강조하시는 것으로 경을 시작하고 끝맺고 있다.

이처럼 신화적인 표현을 사용하고 있는 경들에서 신화를 빼면 모두 부처님의 핵심 가르침인 팔정도와 37보리분법과 사념처 등이 골격으로 남게 되는 것이 신화적 표현을 사용하는 모든 경들의 한결같은 구조이다. 역자의 말에 의심이 드는 분들은 「마하수닷사나 경」(D17)과 「자나와사바 경」(D18)과 「마하고윈다 경」(D19)에서 신화적인 표현을 모두 삭제하고 나면 무엇이 남는지를 시험 삼아 관찰해 보기를 권한다. 역자의 말이 전적으로 옳음을 발견하게 될 것이다.

인도는 신비의 나라이고 신화로 가득한 나라이다. 그러므로 이런 신비와 신화로 가득한 나라에서 생겨난 불교가 신화적 기법을 채용하지 않는다는 것은 오히려 이상할 뿐이다. 그리고 만일 불교가 끝까지 신화적 기법을 사용하기를 거부했더라면 아마 불교는 진작 인도 땅에서 사라지고 말았을 것이다. 그러므로 본서에 신화적인 표현이 많이 나타난다고 해서 의아해 하거나 거부 반응을 보이기보다는, 이러한 신화적인 구도를 통해서 부처님이 드러내시고자 하는 메시지가 무엇인가를 파악하려는 태도로 정독해야 할 것이다.

(6) 불교의 인도화

부처님은 깨달으신 분이다. 물론 그 깨달음은 언설을 넘어선 것이고, 역사(시간)를 넘어선 것이며, 문화를 넘어선 것이고, 지역을 넘어선 것임에 틀림이 없을 것이다. 그러나 그러한 깨달음도 언어와 역사와 문화와 지역이라는 기틀과 기반이 없이는 전개될 수 없는 숙명을 가지고 있다.

불교는 인도에서 탄생하였다. 그러므로 당연히 인도의 기존 사상과 수행과 종교와 문화를 적극적으로 수용하게 되고 아울러 그것을 강하게 비판하게 되고 서로 많은 영향을 주고받게 되었다. 이처럼 불교는 세존께서 해탈·열반을 성취하신 그 순간부터 이미 인도화의 길을 걷지 않으면 안되게 되었는지도 모른다.

불교는 수동적으로 인도 문화 현상의 영향을 받는데 머물지 않고, 적극적으로 인도 문화에 개입하면서 인도의 기존 문화를 비판하고 그것을 합리적이고 공명정대하고 법다운 방향으로 전환시키려고 노력하면서 전개되었다. 우리는 『디가 니까야』를 통해서, 특히 『디가 니까야』의 『계온품』과 『빠띠까 품』에 실린 경들을 통해서 불교가 얼마나 적극적으로 인도의 문화 현상을 비판하면서 개입하고 있는가를 알 수 있다. 인도에 대한 초기불교의 이러한 태도를 역자는 불교의 인도화라고 표현하고 있다.

먼저 계급주의와 바라문 제일주의에 대한 비판을 들 수 있는데 「암밧타 경」(D3)과 「소나단다 경」(D4)과 「삼명경」(D13)과 「세기경」(D27) 등이 대표적이다. 특히 끄샤뜨리야, 바라문, 와이샤, 수드라의 네 집단과 사문의 집단은 모두 "중생들로부터 생겨났으며, 다른 것들로부터 생겨난 것이 아니다. 그들은 같은 자들에 의해서 생겨났으며, 다른 자들에 의해서 생겨난 것이 아니다. 그들은 법에 의해서 생겨났으며 비법(非法)

에 의해서가 아니다."(D27. §21)라고 강조하시는데, 이들은 결코 범천이나 어떤 다른 절대자나 다른 권위가 만든 것이 아니라 사람들의 필요에 의해서 사람들 사이에서 자연스럽게 생겨났다는 말씀이다. 이것은 사성 계급이 뿌루샤라는 우주적 진인의 몸에서 생겨났다고 설하는 『리그베다』의 「뿌루샤 숙따」(RV.x.90)의 권위를 철저히 부정하고 있다. 특히 인류 최초의 왕은 많은 사람들(mahājana)이 뽑았기(sammata) 때문에 마하삼마따(Mahāsammata) 왕이라 이름하였다고 소개하시면서 선거와 민주주의를 천명하신다.(D27. §20 참조)

그리고 바라문들이 최고의 가치로 여기는 삼베다(삼명)를 불교식으로 해석해서 새로운 삼명을 제시하신다.(D3) 「꾸따단따 경」(D5)에서는 동물 희생을 기본으로 하는 인도의 제사를 강하게 비판하면서 이러한 동물을 죽이는 제사 대신에 깨달은 분이나 수행자 집단에 공양하고 오계를 지키는 등의 쉬우면서도 많은 공덕을 가져다주는 새로운 형태의 제사를 제시하신다. 인도학자들은 불교가 이처럼 복잡하고 어렵고 비용이 많이 드는 바라문교의 제사 대신에 보시를 하고 계를 지키며 팔정도를 실천하는 쉬운 수행법을 제시하였기 때문에 삽시간에 인도 중원에 퍼질 수 있었다고 말한다.

그리고 고행을 중시하는 전통적인 인도 사문 집단을 향해서는 진정한 고행이 무엇인가를 천명하신다.(D8, D25) 이러한 비판을 통해서 부처님 가르침은 인도에 뿌리를 내리면서 인도화의 길을 걷게 된다.

물론 위에서 설명한 보호주도 당연히 불교의 인도화에 넣어서 설명할 수 있다. 그리고 특히 앞에서 언급한 신화적 기법의 도입도 인도화라는 큰 틀 속에 포함시킬 수 있을 것이다. 인도야말로 신들의 나라요, 신화의 나라요, 신비의 나라이기 때문이다. 그러므로 만일 불교에 신화가 없었다면 이처럼 신비적이고 종교적인 성향이 강한 인도 땅에 불교가 그 뿌리를 내리기란 엄청나게 힘들었을 것이다.

불교는 한편으로는 신들의 이야기를 좋아하는 인도의 기층민들에게는 이처럼 신화적인 기법을 많이 채용하면서 다가갔지만, 다른 한편으로 바라문 등의 지식인 집단이나 사문 등의 수행자 집단에게는 불교를 그들의 사상 체계나 수행 체계와 비교해서, 비판할 것은 강력히 비판하고 인정할 것은 인정해주면서 그들이 더 넓은 사상 체계와 수행 체계를 이해하고 받아들이도록 하였다. 이렇게 하면서 불교는 인도화하여 인도 땅에 뿌리를 내리고 전개되어 왔다. 우리는 『디가 니까야』를 통해서 불교가 어떻게 인도화되어 왔는가를 발견할 수 있다.

사실 부처님께서 무아를 극력 천명하신 것도 이러한 바라문 중심의 인도 기층 사상이 자아(아뜨만)에 함몰되어 그와 하나 되고 그것의 위대함을 적극적으로 드러내는 방향으로만 나아가게 되면서 그러한 합일[梵我一如]을 최고의 이상으로 여기고 최고의 경지로 여겼기 때문일 것이다. 만일 바라문들을 중심에 둔 당시 인도의 사상계나 종교계가 자아와 하나 되는 것을 적극적으로 설하지 않았다면 부처님께서는 분명 다른 술어를 사용해서 연기의 이치를 설명하셨을 것이다.

그러나 다른 측면에서 고찰해 보면 이러한 사실은 왜 부처님께서 인도에 태어나셔서 깨달음을 성취하셨는가하는 것에 대한 대답도 된다. 당시 인도 사상과 종교와 수행 체계는 자아와의 합일이라는 나름대로 아주 정교한 체계를 갖추고 있었기 때문이다. 이러한 기존의 사상과 수행 체계를 완전히 섭렵했기 때문에 고따마 싯닷타는 자아와의 합일이라는 미세하고 세련된 경지(sukuma-sacca-saññā, D9)를 척파하고 무아와 연기의 도리를 철견하여 이를 사성제와 팔정도의 체계로 살려내어 명실상부한 인류 최고의 가치 체계로 완성할 수 있었을 것이다. 아무튼 불교는 인도 사회에 대한 비판과 훈습이라는 영향을 주고받으면서 뿌리내리고 전개되어 왔다는 것을 『디가 니까야』를 통해서 분명하게 알 수 있다.

(7) 진정한 도(道)의 천명

『디가 니까야』가 아무리 신화적인 기법을 도입하여 한층 종교화된 모습으로 세인들에게 다가가고, 인도의 기존 수행자들과 지식인들과 정치인들과 재력가들과의 대화를 통해서 인도화된 모습을 진하게 드러낸다고 하더라도, 부처님이나 직계제자들이 이러한 여러 방법을 채택해서 드러내고 보여주고 천명하고자 하신 것은 진정한 도, 진정한 출가의 길, 진정한 청정범행, 진정한 해탈, 진정한 대자유, 진정한 깨달음이다.

이러한 문제의식이 없었다면 세존의 깨달음은 실현될 수 없었을 것이고 그러므로 불교는 애초에 이 세상에 존재할 수도 없었고 존재할 필요도 없었다. 사실 세존께서는 진정한 도를 드러내고자 하는 이 하나를 위해서 앞의 여섯 가지 방법을 동원하신 것이라고 우리는 이해할 수밖에 없다. 그러므로 이것을 잃어버리는 순간 불교는 세상에 존재할 의미가 없어져버린다. 인도에서 8세기 이후에 쇠퇴일로를 걸은 불교가 12세기쯤에는 완전히 인도에서 자취를 감추게 되는 가장 큰 이유도 이런 것에서 찾아야 할 것이다. 후대로 올수록 인도불교는 베단따 학파, 냐야 학파, 요가 학파, 딴뜨라 체계 등과 너무 많은 영향을 주고받으면서 한편으로는 초기경들에서 부처님께서 제시하신 인류 만대를 위한 메시지를 거의 잊어가게 되고, 한편으로는 흡인력이 강한 인도 토착 종교나 토착 사상 속으로 흡수되어 버렸다.

그러면 『디가 니까야』를 통해서 부처님께서 천명하신 진정한 도는 무엇일까?

먼저 신화적인 기법이 강하게 배어있는 「마하고윈다 경」(D19)이 이것을 분명하게 천명하고 있다. 이 경에서 세존께서는 빤짜시카 간답바가 들려준 마하고윈다의 일대기를 다 들으신 뒤에 그때의 마하고윈다 바라문이 바로 지금의 세존이라고 하시면서 그때의 "나의 그런 청정범행은 [속된 것들을] 역겨워함으로 인도하지 못했고, 욕망이 빛바램으로 인도하지 못했고, 소멸로 인도하지 못했고, 고요함으로 인도하지 못했고, 최상의 지혜로 인도하지 못했고, 바른 깨달음으로 인도하지 못했고, 열반으로 인도하지 못했다. 그것은 단지 범천의 세상에 태어남으로 인도하는 것이었다."라고 회고하신다.(§61)

그리고 다시 말씀하신다.

"그러나 지금 나의 이러한 청정범행은 전적으로 [속된 것들을] 역겨워함으로 인도하고, 욕망이 빛바램으로 인도하고, 소멸로 인도하고, 고요함으로 인도하고, 최상의 지혜로 인도하고, 바른 깨달음으로 인도하고, 열반으로 인도한다. 그것은 바로 이 여덟 가지 구성요소로 된 성스러운 도[八支聖道]이니 그것은 곧 바른 견해[正見], 바른 사유[正思惟], 바른 말[正語], 바른 행위[正業], 바른 생계[正命], 바른 정진[正精進], 바른 마음챙김[正念], 바른 삼매[正定]이니라."(Ibid)

이처럼 부처님께서는 마하고윈다(고윈다는 힌두교에서 위슈누의 8번째 화신으로 여기는 끄리슈나의 이름이다)로 상징되는 기존의 인도 사상과 수행체계는 범천에 태어나는 것만을 가르치지만, 세존이 천명하시는 팔정도는 염오, 이욕, 소멸, 고요, 지혜, 깨달음, 열반을 실현하는 것이라고 부처님 가르침의 핵심을 천명하신다.

그리고 빼놓을 수 없는 것이 역시 제1권의 「범망경」(D1)이다. 「범망경」은 62가지 견해를 과거에 관한 것과 미래에 관한 것으로 대별해서 상세하게 설명하신 뒤 견해란 아무리 다양해도 경험된 것(vidita, 느껴진 것)일 뿐이고, 그 경험된 것(느껴진 것)은 여섯 감각장소-여섯 감각접촉에서 기인한 것이며, 그래서 다시 느낌-갈애-취착-존재(업지음)-생-노사 우비고뇌로 전개될 수밖에 없다고 8지 연기를 말씀하신 뒤, 이들의 일어남과 사라짐, 달콤함과 위험함과 벗어남을 철견하는 것이 바로 모든 견해의 그물을 벗어나는 길이라고 연기의 가르침을 설하신다. 이것이야말로 인류가 이전에는 들어보지 못한 진정한 해탈의 길이다.

그리고 제1권의 「사문과경」(D2)부터 「삼명경」(D13)까지는 23가지로 정리된 계·정·혜 삼학의 실천을 진정한 도닦음으로 설하고 계신다.

제2권의 「대전기경」(D14)과 「대인연경」(D15)에서는 10지 연기와 9지 연기의 순관과 역관, 그리고 오취온의 일어남과 사라짐을 통찰함으로 해서 인도인들이 아등바등 거머쥐고 있는 자아라는 실체론을 척파하는 길을 제시하신다.

그리고 「대반열반경」(D16)에 의하면 "방일하지 말고 [해야 할 바를 모두] 성취하라."는 것이 여래의 마지막 유훈이시다.(§6.7) 주석서에서는 이 말씀을 "마음챙김의 현전(sati-avippavāsa)을 통해서 해야 할 바를 모두(sabbakiccāni) 성취하라는 말씀이다. 이와 같이 세존께서는 반열반하시는 침상에 누우셔서 45년 동안 주셨던 교계(敎誡, ovāda) 모두를 불방일(不放逸, appamāda)이라는 단어에 담아서 주셨다."(DA.ii.593)라고 풀이하고 있다. 한편 복주서에서는 "그런데 이것은 뜻으로는 지혜를 수반한(ñāṇūpasañhitā) 마음챙김이다. 여기서 마음챙김의 작용은 굉장한 것(sātisaya)이기 때문에 마음챙김의 현전이라고 설명하였다. 전체 부처님의 말씀을 다 포괄하고 있기 때문에 '불방일(appamāda)이라는 단어에 담아서 주셨다."(DAṬ.ii.239)고 설명하고 있다. 여기서도 보듯이 불방일과 동의어인 마음챙김(sati)의 현전이야말로 부처님 45년 설법을 마무리하는 굉장한(sātisaya) 가르침이라고 복주서와 주석서는 강조하고 있다. (D16. §6.7의 주해에서 인용)

그리고 「전륜성왕 사자후경」(D26)에서는 경의 처음과 마지막에서 "자신을 섬으로 삼고[自燈明] 자신을 귀의처로 삼아[自歸依] 머물고 남을 귀의처로 삼아 머물지 말라. 법을 섬으로 삼고[法燈明] 법을 귀의처로 삼아[法歸依] 머물고 다른 것을 귀의처로 삼아 머물지 말라."는 유명한 말씀을 하시고 그 방법으로 몸·느낌·마음·법의 네 가지 마음챙기는 공부[四念處]를 설하신다. 이처럼 『디가 니까야』에서 마음챙기는 공부는 계속 강조되고 있는데, 사실 마음챙김(sati)은 인도의 기존 수행체계에서는 나타나지 않는 불교 특유의 수행체계이다.(여기에 대해서는 『네 가지 마음챙기는 공부』 서문을 참조할 것)

그리고 「세기경」(D27)과 「확신경」(D28)과 「정신경」(D29)에서는 불교의 실천도로서 37가지 깨달음의 편에 있는 법[菩提分法, 助道品]이 제시되고 있다.

이처럼 『장부』 전체에서 계·정·혜 삼학과 팔정도와 37보리분법과 사념처, 그리고 연기(緣起)의 통찰이 설해지고 있다. 특히 그 가운데서도 바른 마음챙김[正念]의 천명이 부처님께서 제시하시는 새로운 도, 진정한 도의 핵심이라 할 수 있다. 더군다나 4념처를 그 내용으로 하는 바른 마음챙김은 여러 경에서 자귀의·법귀의 실천의 구체적인 방법으로 제시되고 있다.

고행을 통한 금욕과 삼매 수행을 통한 신통을 구족하려는 사문의 길과, 제사와 베다 공부와 삼매 체험을 통해서 범천에 태어나기를 갈망하는 바라문의 가르침을 넘어서서 부처님께서는 이러한 팔정도로 대표되는 도닦음을 통해서 완성되는 예류자, 일래자, 불환자, 아라한이라는 새로운 개념의 성자의 경지를 드러내신다. 그래서 마음의 해탈[心解脫]과 지혜의 해탈[慧解脫]을 완성한 아라한을 정점으로 하는 이러한 성자는 태생이나 계급에 의해서 결정되는 것이 아니라, 자신의 도덕성[戒]과 깊고 평화롭고 고결한 인품[定]과 투철한 통찰지[慧]에 의해서 실현된다고 『디가 니까야』는 여러 경들을 통해서 천명하고 있으며, 이것이 『디가 니까야』가 제시하는 완성된 인간의 모습이기도 하다.

6. 번역에 임하는 몇 가지 태도

(1) 주석서를 중시하였다

경은 단순한 전기가 아니고 더군다나 소설도 수필도 아니다. 경은 부처님의 말씀이요, 해탈·열반을 실현하는 체계를 고스란히 담고 있는 정전(正典)이다. 경에 대한 이해는 단순한 언어학적 소양만으로는 결코 성취되지 않는다. 경은 부처님의 직계제자들로부터 비롯된 경의 안목을 빌지 않고서는 결코 심도 깊게 이해될 수 없다. 그러면 어떻게 부처님 말씀을 이해해야 할 것인가? 경에 나타나는 특정한 술어와 특정한 구문과 특정한 배경과 특정한 문맥은 어떻게 이해해야 할 것인가?

이 문제를 철저하게 고민한 것이 바로 주석서 문헌(Aṭṭhakathā)이다. 그러므로 주석서는 삼장(Tipiṭaka)에 대한 가장 오래된 권위이다. 혹자는 주석서를 단순히 붓다고사라는 주석가의 견해 정도로 치부하려 한다. 그러나 『청정도론』 서문에서 정리하였듯이 주석서는 결코 붓다고사 스님의 개인 작품이 아니다. 붓다고사 스님은 각 주석서의 서시와 후기 등에서 이러한 사실을 누차 강조하고 있다. 붓다고사 스님 이전에 이미 싱할리로 전승되어오던 마하앗타까타(대주석서)라는 방대한 문헌이 있었고, 학자들의 연구에 의하면 이 마하앗타까타는 이미 아소까 대왕 때 마힌다 장로가 스리랑카로 불교를 전파하기 이전의 인도 스님들의 일화 등을 아주 많이 간직하고 있다고 한다.

붓다고사 스님이 각 주석서의 후기에서 거듭 밝히듯이 주석서는 부처님 직계제자들로부터 비롯한 부처님 말씀에 대한 정통적인 견해를 바탕으로 해서 스리랑카의 대사(大寺, Mahāvihāra)가 정통적 견해로 인정한 상좌부 교단의 공식적인 견해이다. 그러므로 경을 번역하면서 이러한 주석서를 일방적으로 무시하는 것은 번역가의 무지를 드러내는 것에 지나지 않는다. 단순한 문법적 지식이나 서구 언어학자들이 판단한 불교

술어에 대한 이해만을 가지고 경을 옮기려 드는 것이야말로 번역가의 치기가 아니고 무엇이겠는가.

역자는 경의 원문을 옮기면서 원문만으로 이해하기 힘들고 애매한 부분은 가급적이면 많이 주석서를 주해에서 인용하고 있다. 독자들이 부처님 말씀을 정확하게 이해하는데 많은 도움이 될 것이라 확신한다.

(2) 정형구의 주해와 찾아보기

경은 문자로 전승된 것이 아니다. 경은 일차합송 때부터 합송(合誦, saṅgīti, 함께 노래함)으로 전승되었다. 그러므로 중요한 가르침은 전부 정형화 되어서 니까야들 전반에서 꼭 같은 형태로 전승되어 온다. 이것은 예나 지금이나 노래 가사에 후렴구를 반복해서 넣어서 그 노래가 전하고자 하는 가장 중요한 주제나 감정을 듣는 사람들에게 강하게 호소하는 방법과 같은 것이다. 그래서 중요한 가르침은 거의 대부분 정형구로 나타난다. 이것이 빠알리 삼장이 가지는 가장 큰 특징이다. 그러므로 이 정형구 안에 나타나는 술어와 내용에는 부처님 가르침의 골수가 들어 있다.

『디가 니까야』에도 수많은 정형구가 같은 경 안에서도 반복해서 나타나고 다른 경들에서도 거듭 반복해서 나타난다. 그러므로 앞 경에서 나타났던 정형구가 다음 경에서 또 나타날 때 그 정형구에 포함된 중요 술어들에 같은 주해를 다음 경에서 또 달아 줄 수는 없다. 그러나 이 정형구 안에 나타나는 술어들은 매우 중요하기 때문에, 앞의 경을 읽지 않고 뒤에 나타나는 특정한 경만을 선택하여 읽는 사람은 그 정형구의 중요 술어에 대한 주해가 없는 번역을 읽게 되고, 그렇게 되면 경의 이해가 어렵게 된다.

이런 문제를 해결하기 위해서 본서 제3권 말미에 수록하고 있는 찾아보기에서는 역자가 주해를 한 술어들에 대한 색인을 중점적으로 밝히고 있다. 그러므로 특정한 경만을 읽는 분들은 이 찾아보기를 통해서 특정 술어에 대한 주해가 나타나는 곳을 찾아서 이해를 도울 수 있을 것이다.

(3) 『청정도론』과 『아비담마 길라잡이』를 중시하였다

이미 『청정도론』 해제에서 밝혔듯이 『청정도론』은 그 성격상 4부 니까야 전체에 대한 주석서이다.(본서 제3권 부록 『장부 주석서』 서문 §3 참조) 그러므로 4부 니까야 전체에서 나타나는 중요한 술어와 개념은 거의 대부분 『청정도론』에 설명되어 있다. 그리고 이러한 중요한 술어들은 『청정도론』에서 설명되었기 때문에 각 니까야의 주석서에서는 더 이상 설명하지 않고 "『청정도론』에서 상세하게 설명하였다."라고 적고 넘어가버린다. 그런 만큼 『청정도론』 없는 주석서는 생각할 수 없으며 『청정도론』을 이해하지 못하고서는 초기경의 체계를 제대로 이해할 수 없다. 그리고 『청정도론』은 다시 『아비담맛타 상가하』(『아비담마 길라잡이』)가 없이는 그 핵심이 되는 술어와 가르침을 파악하기가 결코 쉽지 않다. 이런 이유로 초기불전연구원에서는 먼저 『아비담마 길라잡이』를 상·하로 출간하였고 이를 토대로 『청정도론』을 세 권으로 출간한 것이다.

그러므로 역자도 본서를 번역 출간하면서 『청정도론』과 『아비담마 길라잡이』를 토대로 하였으며 주해에서 『청정도론』과 『아비담마 길라잡이』의 해당 부분을 지적하여 참고하도록 하였다. 물론 아주 중요하다고 판단되는 부분은 본서의 주해에서 그대로 옮겨 적었다. 그러므로 본서를 읽는 분들은 항상 옆에 『청정도론』과 『아비담마 길라잡이』를 두고 참조하실 것을 권한다. 그렇게 하면 부처님의 메시지를 파악하는 데 큰 도움이 되리라 확신한다.

(4) 술어를 한글화하려 하였다

이미 『청정도론』 해제와 『아비담마 길라잡이』 서문에서도 밝혔듯이 초기불전연구원에서는 모든 술어들을 가급적이면 한글로 풀어 적는다는 원칙을 세웠다. 그 원칙은 『디가 니까야』의 번역에서도 철저하게 유지되고 있다. 물론 이것은 우리에게 익숙한 용어들도 마찬가지다.

그래서 짝쿠윈냐나(cakkhu-viññāṇa, 眼識)는 '눈의 알음알이' 등으로 옮겼다. 그리고 초기불교의 기본 법수가 되는 칸다(khandha, 蘊)는 '무더기'로, 다뚜(dhātu, 界)는 '요소'로, 인드리야(indriya, 根)는 '기능' 혹은 '감각기능'으로, 아야따나(āyatana, 處)는 '장소' 혹은 '감각장소'로 옮겼다.

물론 이렇게 하다보면 한문 용어에 익숙한 분들은 당황스럽고 짜증나기 마련일 것이다. 그래서 한문 불교 용어에 익숙한 분들을 위해서 많은 곳에서 눈의 알음알이[眼識], 무더기[蘊], 기능[根] 등으로 한문을 병기했다. 그리고 무리하게 한글식 표기만을 고집하지는 않았다. 오히려 지금 절집에서 통용되는 한자말들은 그대로 사용하려 하였다. 예를 들면, 국집(局執), 철견(徹見), 실참실수(實參實修), 배대(配對), 반연(攀緣) 등이다.

(5) 존칭 문제

본서 제3권에 부록으로 번역하여 수록한 『장부 주석서』 서문에서 밝히고 있듯이(§68) 초기경에서 정리된 8만 4천의 가르침 가운데 8만 2천은 부처님으로부터 전승된 것이고 2천은 비구들이 설한 것이다. 이처럼 삼장은 거의 대부분 부처님의 말씀을 합송한 것이다. 부처님이 대화를 나눈 상대는 비구를 비롯한 부처님 제자들, 유행승과 나체수행자를 비롯한 외도 수행자들, 범천과 인드라와 같은 신들, 120살이 된 연로한 바라문, 20살이 안된 바라문 학도, 연로하거나 젊은 왕, 여러 상인들, 평민들 등 아주 다양하였다. 인도어는 일차적으로 인도-유럽어족에 속하기 때문에 존칭법이 발달되어 있지 않다. 그래서 영어로 옮기는 데는 존칭 표기에 큰 문제가 없다. 그러나 문제는 한글로 옮길 때 이들에 대한 존칭을 어떻게 사용하여 옮길 것인가 하는 것이 중요한 사안이 된다는 것이다. 부처님은 삼계의 도사요 사생의 자부이시기 때문에 모두 평어체로 옮겨야 한다고도 주장할 수 있겠지만, 이렇게 하여 부처님께서 연로한 사람들에게나 왕들에게 평어체로 말씀하신 것으로 옮기면 이것이 오히려 부처님을 무례한 분으로 비치게 하지는 않을까 역자는 많이 고심하였다. 그래서 다음과 같은 원칙을 정하였다.

① 모든 사람들(신들 포함)이 부처님께 말씀을 드릴 때는 모두 경어체로 표기한다.

② 부처님이 아주 연장자임이 분명한 사람에게 말씀하실 때는 존칭어로 옮긴다.

③ 그 외 부처님의 말씀은 모두 평어체로 옮긴다.

④ 그 외 비구가 비구들에게, 비구가 재가자들에게, 재가자가 재가자들에게 등의 경우에는 상호 존칭어로 옮긴다.

④ 부처님과 신들이나 왕들과의 대화는 상호 경어체로 하였다.

(6) 전체 해제 대신에 『디가 니까야 주석서』 서문을 실었다

역자는 본서에서 『디가 니까야』 전체를 아우르는 해제는 준비하지 않았다. 대신에 각 품별로 해제를 준비하여 각권의 서두에 포함시켰다. 그리고 전체 해제는 상좌부의 정통 견해를 살펴보는 것으로 대신하고자 하여 『디가 니까야 주석서』 서문(nidānakathā)을 본서 제3권의 말미에 부록으로 실었다.

『디가 니까야 주석서』 서문은 부처님 입멸 후에 진행된 일차대합송이 있기까지의 일화를 상세하게 기록하고 있고 특히 일차대합송에서 확정된 율장, 경장, 논장의 내용을 정확하게 드러내고 있는 중요한 자료이다. 그리고 부처님 말씀을 ① 맛으로는 한 가지 ② 법과 율에 의해서는 두 가지 ③ 처음과 중간과 마지막에 의해서는 세 가지 ④ 삐따까(藏)에 의해서도 세 가지 ⑤ 니까야에 의해서는 다섯 가지 ⑥ 구성요소에 의해서는 아홉 가지 ⑦ 법의 무더기[法蘊]에 의해서는 8만 4천 가지라는 일곱 가지 방법으로 심도깊이 살펴보고 있다.

그러므로 빠알리 삼장과 『디가 니까야』에 대한 역자의 개인적인 이해보다는 빠알리 삼장의 결집 과정과 삼장의 전체 구성에 대한 상좌부의 정통 견해를 있는 그대로 파악하는 것이 더 중요하다고 생각해서 전체 해제 대신에 『디가 니까야 주석서』 서문을 번역하였다.

(7) 각 경들에 대한 해제는 싣지 않았다

역자는 『디가 니까야』를 옮기면서 독자들이 본서를 제대로 이해하는데 최대의 도움을 주고 싶었다. 그래서 『디가 니까야』34개의 경들 각각에 대한 해제를 모두 만들었다. 이것을 모두 합하면 원고지 900매가 넘는 많은 분량이었고 그만큼 어려운 작업이기도 하였다. 그러나 책을 출판하면서 다시 한 번 고심하였다. 아무래도 역자가 이해한 것이 될 수밖에 없는 각 경의 해제를 각 경의 앞에 달아야하는가를 두고 고심에 고심을 거듭한 뒤 대림 스님과 상의하여, 결국은 각 경의 개별적인 해제는 출간하지 않는 쪽으로 의견을 모았다. 역자의 견해가 담긴 해제가 독자들의 경전 이해에 걸림돌로 작용하지 않을까 두려워서이다. 그리고 2천 개가 넘는 각 경의 주해에서 이미 경들에 대한 역자의 견해를 충분히 밝혔기 때문이기도 하다.

100여 년 전(1900년)에 『디가 니까야』를 처음으로 영어로 옮긴 리즈 데이빗(T. W. Rhys Davids) 교수님은 각 경의 앞에 멋진 해제를 달았다. 그러나 1987년에 새로운 번역을 한 월슈(M. Walshe) 거사님은 각 경의 개별적인 해제는 붙이지 않았다. 월슈는 초기불교에 대한 이해가 이미 서양에서도 나름대로 깊어졌다고 생각했기 때문에 군이 각 경에 대한 자신의 해제를 실을 필요가 없다고 판단하였을 것이다. 이런 점을 참고하여 역자도 해제를 싣지 않고 출간하기로 결심하였다. 그리고 역자가

준비한 각 경의 해제는 추후에 초기불전연구원 홈페이지에 모두 올려서
공개할 예정임을 밝힌다. 각 경에 대한 역자의 해제를 기대했던 독자제
위의 양해를 구한다.

7. 맺는 말

역자는 『청정도론』발간사에서 빠알리 삼장을 제대로 역출해내기 위
해서는 언어학적 소양, 경에 대한 안목, 수행의 뒷받침이라는 세 가지
기본 장비들이 있어야 한다고 밝힌 적이 있다. 경전 번역을 계속하면서
'나에게는 과연 이러한 기본 장비들이 충실히 갖추어져 있는가?'를 줄곧
되물어보았다. 그럴 때마다 두려움은 더 커져갔다. 작년 말이나 올해 초
에 출간되었어야 할 본서를 이제야 출간하는 데는 이러한 두려움이 많
았기 때문이다.

이제 『디가 니까야』한글번역을 세상에 내어 놓게 되었다. 나름대로
최선을 다했지만 역자가 오역을 하고 탈역을 한 부분과 오자와 탈자가
계속 나타날 것이다. 교정의 최종 점검을 해주신 대림 스님과 2차 교정
과 3차 교정을 해주신 김성경 거사님, 정양숙 불자님, 박정선(법등명) 불
자님과 그리고 1차 교정에 자원봉사를 해주신 28분의 스님들과 불자님
들이 정성을 다해서 교정을 해주셨다. 그래도 잘못된 부분이 있다면 그
것은 모두 역자가 우치한 이유 때문이다. 읽는 도중 잘못된 부분을 발견
한 독자제위께서는 반드시 이것을 지적해주시어 다른 니까야의 출간에
는 모두 반영될 수 있도록 도와주시기를 바란다.

제1권 계온품 해제(解題)

1. 계의 무더기[戒蘊]를 중심에 둔 품

『디가 니까야』는 모두 34개의 경들로 구성되어 있다. 이들은 다시 『계온품』과 『대품』과 『빠띠까 품』의 세 품으로 나누어지며 이들은 각각 13개, 10개, 11개의 경들을 포함하고 있다. 『디가 니까야』 제1권은 『계온품』(戒蘊品)이라 한다. 이는 빠알리어 실라칸다왁가(Sīlakhandha-vagga)를 sīla(계)-khandha(온)-vagga(품)로 이해해서 직역한 말인데 '계의 무더기를 [중심에 둔] 품'이라고 이해하면 된다.

왜 계의 무더기를 '중심에 둔' 품이라고 풀이했는가 하면, 『디가 니까야』의 세 품 가운데 첫째 품을 구성하고 있는 13개의 경은 공통적으로 계의 무더기를 포함하고 있어서 본 품의 이름을 『계온품』으로 지었기 때문이다. 여기서 말하는 계의 무더기[戒蘊]란 본 품의 첫 번째 경인 「범망경」에 정형화되어 나타나는 '짧은 길이의 계'(§§1.8~1.10, 모두 26가지)와 '중간 길이의 계'(§§1.11~1.20, 모두 10가지)와 '긴 길이의 계'(§§1.21~1.27, 모두 7가지)를 말한다. 『디가 니까야』의 제1품에 속하는 13개의 경들은 모두 예외 없이 계의 무더기로 불리는 이 정형구를 포함하고 있다는 말이다. 그래서 특별히 이 품을 『계온품』이라 이름한 것이다.

2. 계·정·혜 삼학(三學)의 공유

그러면 제1품의 13개 경은 『계온품』을 공유한다는 특징 외에 다른 사항은 없는가? 그렇지 않다. 오히려 제1품 가운데 「범망경」(D1)을 제외한 나머지 12개의 경은 모두 더 중요한 특징을 서로 공유한다. 그것은 다름이 아닌 계·정·혜 삼학(三學)이다.

『디가 니까야』 제1권의 「사문과경」(D2)은 출가자가 닦아야 할 것으로 3가지 계의 무더기와 감각대문의 단속 등의 공부지음을 들고, 이것을 통해서 4가지 禪과 8가지 지혜를 실현하는 것을 사문됨의 결실이라고 정리하고 있다. 이것을 정리해 보면 모두 23가지가 되는데 그것을 요약하면 다음과 같다.

① 여래가 이 세상에 출현한다 … 그는 법을 설하여 더할 나위 없이 완벽하고 지극히 청정한 범행(梵行)을 드러낸다.

② 이런 법을 장자나 장자의 아들이나 다른 가문에 태어난 자가 듣는다 … 머리와 수염을 깎고 물들인 옷을 입고 집을 떠나 출가한다.

③ 이와 같이 출가하여 계목의 단속으로 단속하면서 머문다 …

④ <짧은 길이의 계 – 모두 26가지로 계를 지님>

⑤ <중간 길이의 계 – 모두 10가지로 잘못된 행위를 멀리함>

⑥ <긴 길이의 계 – 모두 7가지로 삿된 생계를 멀리함>

⑦ 이와 같이 계를 구족한 비구는 어느 곳에서도 두려움을 보지 못한다 …

⑧ 비구는 감각의 대문을 잘 지킨다 …

⑨ 비구는 마음챙김과 알아차림을 잘 갖춘다 …

⑩ 비구는 [얻은 필수품으로] 만족한다 …

⑪ 그는 세상에 대한 욕심을 제거하여 욕심을 버린 마음으로 … 악의

가 없는 마음으로 … 해태와 혼침을 버려 … 들뜸과 후회를 제거하여 … 의심을 건너서 머문다.(다섯 가지 장애의 극복)

⑫ 초선(初禪)을 구족하여 머문다 …

⑬ 제2선을 구족하여 머문다 …

⑭ 제3선을 구족하여 머문다 …

⑮ 제4선을 구족하여 머문다 …

⑯ 지(知)와 견(見)으로 마음을 향하게 하고 기울게 한다 …

⑰ 마음으로 이루어진 몸으로 마음을 향하게 하고 기울게 한다 …

⑱ 신통변화[神足通]로 마음을 향하게 하고 기울게 한다 …

⑲ 신성한 귀의 요소[天耳界, 天耳通]로 마음을 향하게 하고 기울게 한다 …

⑳ [남의] 마음을 아는 지혜[他心通]로 마음을 향하게 하고 기울게 한다 …

㉑ 전생을 기억하는 지혜[宿命通]로 마음을 향하게 하고 기울게 한다 …

㉒ 중생들의 죽음과 다시 태어남을 [아는] 지혜[天眼通]로 마음을 향하게 하고 기울게 한다 …

㉓ 모든 번뇌를 소멸하는 지혜[漏盡通]로 마음을 향하게 하고 기울게 한다 … '태어남은 다했다. 청정범행은 성취되었다. 할 일을 다 해 마쳤다. 다시는 어떤 존재로도 돌아오지 않을 것이다.'라고 꿰뚫어 안다.

이렇게 모두 23가지로 정리할 수 있다. 본서 「수바 경」(D10)에서 아난다 존자는 이 가운데 ①부터 ⑦까지를 계의 무더기[戒蘊, sīlakkhandha]라고 정리하고 있고, ⑧부터 ⑮까지를 삼매의 무더기[定蘊, samādhi-khandha]라고 정리하고 있으며, ⑯부터 ㉓까지를 통찰지의 무더기[慧蘊,

paññā-khandha]라고 정리하고 있다. 이렇게 계온과 정온과 혜온은 「사문과경」(D2)에서 모두 23가지로 정리되어 나타난다. 물론 보는 입장에 따라서 예를 들면 오개(五蓋)의 극복에 대한 정형구를 초선에 포함시킨다든지 하여 23가지보다 더 적게 정리할 수도 있을 것이다. 그러나 역자는 이렇게 23가지로 파악하는 것이 『디가 니까야』의 다른 경들이나 다른 니까야의 경들에 나타나는 정형구들과 비교해 볼 때 가장 적절한 분류라고 생각한다.

이렇게 정리된 23가지 계·정·혜의 정형구들은 세 번째인 「암밧타경」(D3)부터 본 품의 마지막인 「삼명경」(D13)까지 모두 적용되고 있다. 물론 적용하는 데는 각 경의 주안점에 따라서 조금씩의 차이는 있다. 그러나 전체 골격은 모두 이 23가지 계·정·혜의 정형구를 바탕으로 하고 있다. 이것을 좀 더 자세히 살펴보자.

「암밧타 경」(D3)에서는 영지와 실천 즉 명(明, vijjā)과 행(行, caraṇa)에 각각 8통과 4선11)이 배대(配對)되어 설명된다. 물론 이러한 명과 행을 갖추기 위해서 기본으로 닦아야 하는 계의 무더기의 정형구(①부터 ⑦까지)와 나머지 공부지음의 정형구(⑧부터 ⑪까지)도 당연히 설해지고 있다.

「소나단다 경」(D4)에서는 참된 바라문이 갖추어야 할 요소로 계행이 청정함과 지혜로움의 두 가지로 결론을 짓고 이 둘을 각각 「사문과경」(D2)의 계의 무더기와 8가지 통찰지의 무더기로 배대해서 설명한다. 물론 여기서도 삼매의 무더기는 언급이 되고 있는데 이는 8가지 통찰지를 실현하기 위한 토대가 되기 때문이다.

「꾸따단따 경」(D5)에서는 전통적인 제사보다 더 수승한 제사로 다섯 가지를 언급하는데 그 가운데 제일 마지막으로 계·정·혜 삼학을 언급하고 있다. 여기서는 4선과 8통이 전통적인 제사보다 덜 번거롭고 덜

---

11)   역자는 ⑫부터 ⑮까지의 네 가지 禪의 정형구를 4선이라 부르고, ⑯부터 ⑫까지 8가지 신통지의 정형구를 8통이라 부른다.

어려우면서도 더 많은 과보와 더 많은 이익을 주는 제사로 언급이 되며 23가지 정형구 가운데 ①부터 ⑪까지는 이러한 삼매와 통찰지를 얻는 토대로서 언급이 되고 있다.

「마할리 경」(D6)에서 부처님께서는 신통보다 더 높고 더 수승한 법들로 예류자, 일래자, 불환자, 아라한을 언급하시고 이러한 성자의 경지를 체득하는 도닦음으로 8정도를 천명하신다. 그런 뒤에 이 팔정도를 다시 본 품의 기본 주제인 계·정·혜 삼학의 23가지 정형구로 설명하신다.

「잘리야 경」(D7)은 「마할리 경」의 후반부와 같은 내용이므로 언급을 생략한다.

「깟사빠 사자후경」(D8)은 "참으로 비구가 적의가 없고 악의가 없는 자애로운 마음을 닦고, 모든 번뇌가 다하여 아무 번뇌가 없는 마음의 해탈[心解脫]과 통찰지의 해탈[慧解脫]을 바로 지금여기에서 스스로 초월지에 의해 실현하고 구족하여 머무는 것"을 참된 사문이요 참된 비구라고 설명하는데, 이것을 실현하는 방법으로 계·정·혜 삼학의 23가지 정형구를 천명하신다.

「뽓타빠다 경」(D9)은 인식이 일어나고 소멸하는 공부지음을 설명하면서 먼저 4선-3처[12]의 특별한 인식을 일어나게 하는 과정으로 ①부터 ⑪까지를 든 뒤에 ⑫부터 ⑮까지의 4선의 정형구를 들고 다시 「사문과경」(D2)에는 나타나지 않는 3처의 정형구를 들고 있다. 본경은 그 주제가 인식의 일어남과 소멸이기 때문에 8통이라는 통찰지의 구족 대신에 이처럼 4선과 3처로 설명하고 있으며, 인식이 완전히 소멸된 경지로 상수멸(想受滅)을 언급하고 있다.

「수바 경」(D10)은 아난다 존자가 23가지 정형구 가운데 ①부터 ⑦까지를 계의 무더기로, ⑧부터 ⑮까지를 삼매의 무더기로, ⑯부터 ㉓까

---

12) 3처는 공무변처와 식무변처와 무소유처를 뜻한다.

지를 통찰지의 무더기로 정리하고 있는 중요한 경이다.

「께왓다 경」(D11)은 본 품에서 정리하고 있는 계·정·혜 23가지 정형구야말로 진정한 신통이라고 설명하고 있다.

「로힛짜 경」(D12)은 본 품에서 정리하고 있는 계·정·혜 23가지 정형구를 가르치는 스승은 세상에서 질책받지 않아야 할 스승이라고 천명한다.

「삼명경」(D13)은 범천에 태어나는 길로 본 품에서 정리하고 있는 23가지 정형구 가운데 ①부터 ⑪까지 즉 다섯 가지 장애를 제거함까지를 언급한 뒤에 자애, 연민, 같이 기뻐함, 평온의 네 가지 거룩한 마음가짐[四梵住, 四無量]을 비유와 함께 설하고 있다. 자애, 연민, 같이 기뻐함, 평온의 네 가지야말로 범천에 태어나는 길이라는 말씀이시다. 이처럼 「삼명경」은 삼매[定]와 통찰지[慧]에 해당하는 정형구를 언급하지 않는데 본경의 주제가 해탈·열반의 실현이 아니라 범천에 이르는 방법이기 때문이다.

이처럼 경의 특성상 「뽓타빠다 경」(D9)과 「삼명경」(D13)에서만 23가지 정형구가 모두 언급되지 않을 뿐이지, 이 둘과 「범망경」(D1)을 제외한 『계온품』의 나머지 10개의 경들은 모두 23가지 정형구를 각 경의 특성에 맞게 모두 언급하고 있다. 이처럼 「범망경」과 「뽓타빠다 경」과 「삼명경」을 제외한 나머지 10개의 경들은 계·정·혜 삼학을 23가지로 정리한 정형구를 서로 공유하고 있는 체계로 『계온품』은 구성되어 있다.

3. 인도와의 대화

『계온품』의 또 다른 중요한 특징을 들면 '인도와의 대화' 혹은 '불교의 인도화'라고 말할 수 있을 것이다. 이를 살펴보기 위해서 먼저 『계온품』에 포함되어 있는 경들을 청법자(聽法者)의 측면에서 고찰해 볼 필요가 있다. 『계온품』의 13개 경을 청법자의 측면에서 분류해 보면, 바라문이 6군데, 외도 수행자가 3군데, 왕이 2군데, 비구 대중이 한 군데, 장자가 한 군데이다. 이처럼 본 품은 거의 전부가 당대의 지식인(바라문), 수행자(나체 수행자, 유행승), 정치인(왕, 태수), 재력가(장자)에게 설하신 경들로 구성되어 있다. 비구들에게 설하신 경은 오직 한 군데뿐이다. 이것은 『디가 니까야』 제2품인 『대품』에서는 7개의 경이, 제3품인 『빠띠까품』에서는 6개의 경이 비구들에게 설해진 것과는 큰 대조를 이룬다.

이런 점을 통해서 볼 때 본 품은 비구들을 대상으로 하여 부처님의 기본 사상과 도닦음을 가르치려는 측면을 드러낸다고 하기 보다는, 인도의 기층 지식인과 수행자와 정치인과 재력가들을 상대로 심도 깊은 대화를 나누면서 이들 사이에서 뿌리를 내려가는 과정, 즉 인도화 되어가는 과정을 아주 잘 드러내고 있다고 밖에 볼 수 없을 것이다. 그래서 역자는 '인도와의 대화'니 '불교의 인도화'니 하는 표현을 해본 것이다.

본 품에 실려 있는 경들을 대화를 나눈 대상에 따라서 다시 정리해 보면 다음과 같다. 먼저 지식인(바라문)이다. 세존께서는 본 품에서 바라문들과의 대화를 통해서 불교야말로 진정한 삼명(三明, 삼베다)을 실현하는 가르침이요(D3), 불교야말로 바라문이 갖추어야 할 진정한 덕목을 갖추는 길이요(D4), 불교야말로 참다운 제사를 올리는 길이요(D5), 불교는 계 ·정 ·혜를 근본으로 하는 가르침이요(D10, 아난다 존자의 설명임), 불교야말로 진정으로 이웃에게 이익을 나누는 길이요(D12), 불교야말로 진정으로 범천에 태어나는 길임을 역설하신다.(D13) 그리고 당대의 수행자들에게는 불교야말로 진정한 고행과 금욕의 길이요(D8), 불교야말로 육체와 영혼이 같으냐, 다르냐 하는 희론을 넘어서서 진정한 대자유인, 진정한 대장부가 되는 길이며(D7), 불교야말로 자아라는 존재론적 가설

을 척파하고 지금여기에서 해탈·열반을 실현하는 길이라고 역설하신
다.(D9) 정치인들(왕)에게는 불교의 진면목을 계·정·혜의 삼학과(D2)
팔정도로 설명해 주신다.(D6)

이처럼 인도의 지식인, 수행자, 정치인, 재력가들에게 불교의 근본을
천명하면서 불교는 인도에 자신의 의미 있는 고유 영역을 굳히면서 토
착이 되었다. 이를 바탕으로 아쇼까 대왕 때는 인도 주위 열 곳으로 전
파가 되었고, 다시 히말라야를 넘어 중앙아시아로, 다시 중국으로, 다시
한국과 일본으로 전해졌으며, 미얀마, 태국, 캄보디아, 베트남 등지로 퍼
져나갔고, 요즘은 유럽과 미주 대륙에 이르기까지 전파가 되어서 인류
를 계·정·혜의 삼학과 팔정도의 길로 인도하고 있으며, 인류에게 참다
운 행복을 일깨워 주고 있다. 이런 불법(佛法)의 전파에는 인도 토착민들
과의 대화를 통한 불교의 인도화가 선행하고 있는 것이다. 본 품을 통해
서 우리는 불교가 인도화 되어가는 과정을 의미 있게 살펴볼 수 있다.

4. 견해의 그물을 뚫기

물론 「범망경」(D1)은 계의 무더기(계온)를 다른 경들과 함께 공유하
면서도, 인류가 가질 수 있는 견해를 과거에 대한 것 18가지와 미래에
대한 것 44가지로 나누어 모두 62가지 견해로 정리한 뒤, 감각장소-감
각접촉-느낌-갈애-취착-존재-생-노사의 8지 연기로 62견이 일어나는
구조를 밝히고 있으며, 이렇게 견해는 조건 발생이기 때문에 견해의 그
물을 뚫고 나오는 구체적인 방법으로 연기의 발생 구조와 소멸 구조의
이해를 통한 견해의 극복을 천명하는 너무도 중요한 경이다. 그래서
「범망경」이야말로 다양한 견해를 표출하면서 동시에 그러한 견해의
노예로 전락해가는 인류에게 던지시는 부처님의 가장 중요한 메시지이
다. 그래서 부처님 제자들은 본경을 『장부』를 대표하는 경으로 간주하

여 첫 번째 경으로 결집하였을 것이다.

아무튼 『장부』의 제1권 『계온품』(실라칸다왁가)은 「범망경」(D1)을 제외하고는 모두 「사문과경」(D2)에서 정리한 계·정·혜를 여러 문맥에 적용시키면서 부처님 가르침의 핵심을 세상에 천명하고 있다. 참으로 계·정·혜라는 법의 바퀴가 인도라는 땅을 만나서 인도의 수행자들(나체 수행자, 유행승 등), 지식인들(바라문), 정치인들(왕과 대신들), 재력가들(장자)과의 대화를 통해서 굴러가는 모습을 잘 보여 주고 있으며, 이렇게 해서 법의 바퀴[法輪]는 지금까지 쉬지 않고 사바세계에서 굴러가고 있다. 그래서 법륜은 전륜성왕의 윤보(輪寶, 바퀴 보배)에 비유되는 것이다.

5. 『계온품』 각 경들에 대한 간략한 소개

(1) 「범망경」(梵網經, Brahmajāla Sutta, D1)

인간은 견해의 동물이다. 인간은 매순간 대상과 조우하면서 수많은 인식을 하게 되고 그런 인식은 항상 견해로 자리잡기 때문이다. 그런데 인간이 가지는 견해는 너무도 다양할 수밖에 없기 때문에 견해는 항상 무엇이 바른 견해인가라는 질문을 수반한다. 견해란 무엇인가? 아니 바른 견해란 도대체 무엇인가? 바른 견해란 도대체 가능한 것일까? 인간은 견해 없이 살 수 있는가? 여기에 대해서 부처님께서는 어떻게 말씀하고 계실까?

견해의 문제에 대한 고뇌를 누구보다 많이 하신 분이 바로 부처님이시다. 그래서 부처님께서는 『디가 니까야』의 첫 번째가 되는 「범망경」에서 인간이 가질 수 있는 다양한 견해를 과거에 관한 것 18가지와 미래에 관한 것 44가지로 나누어서 모두 62가지로 분류해서 심도 있게 설명하고 계신다. 이를 분류해 보면 다음과 같다.

㈎ 18가지 과거를 모색하는 자들

    I-1. 영속론자들 - 4가지

    I-2. 일부영속 일부비영속론자들 - 4가지

    I-3. 유한함과 무한함을 설하는 자들 - 4가지

    I-4. 애매모호한 자들 - 4가지

    I-5. 우연발생론자들 - 2가지

㈏ 44가지 미래를 모색하는 자들

    II-1. 사후에 자아가 인식과 함께 존재한다고 설하는 자들 -
        16가지

    II-2. 사후에 자아가 인식 없이 존재한다고 설하는 자들 - 8가지

    II-3. 사후에 자아가 인식을 가지는 것도 아니고 인식을 가지지
        않은 것도 아닌 것으로 존재한다고 설하는 자들 - 8가지

    II-4. 단멸론자들 - 7가지

    II-5. 지금여기에서 열반을 실현한다고 주장하는 자들 - 5가지

그러나 「범망경」이 중요한 것은 단순히 인간이 가질 수 있는 견해를 모두 62가지로 정리하고 있기 때문만은 아니다. 「범망경」은 오히려 왜 이렇게 다양한 견해가 생길 수밖에 없느냐하는 구조적인 문제를 연기(緣起)의 관점으로 명쾌하게 설명해주기 때문에 중요하다. 견해란 조건이 있기 때문에 발생한 것이다. 본경에서 견해는 '느껴진 것(vedayita)'으로 표현되고 있다. 이것을 복주서는 "체험되고(anubhūta) 경험된 것(anu-bhavana)"으로 설명한다.

중요한 것은 이 경험된 것은 대상과 감각기능과 알음알이의 세 가지가 서로 조우할 때 일어나는 감각접촉[觸, phassa]에 조건 지워진 조건발생의 산물이라는 점이다. 이러한 조건 발생을 불교에서는 연기(緣起)라고 말한다. 이렇게 부처님께서는 견해를 감각기능·감각대상·알음알이

[根·境·識]의 삼사화합(三事和合)에서 기인한 감각접촉의 산물이라고 불교의 연기 구조로 명쾌하게 정의하신다. 이렇게 하여 견해의 문제는 마침내 괴로움의 발생 구조[流轉門]와 소멸 구조[還滅門]를 적나라하게 밝힌 연기의 가르침으로 회통이 되고, 이것은 괴로움[苦]과 괴로움의 원인[集]과 괴로움의 소멸[滅]과 괴로움의 소멸에 이르는 길[道]로 정리된 불교 만대의 진리인 사성제(四聖諦)의 가르침으로 귀결이 될 수밖에 없다.

한편 이런 연기의 가르침이야말로 무아의 가르침이요 무아의 가르침은 바로 존재론적인 실체인 자아를 해체하는 가르침이다. 이처럼 연기-무아로 존재론적인 실체인 자아가 있다는 견해를 떨쳐버릴 때 그것이 바로 견해의 그물에 걸리지 않는 것이라고 부처님께서는 설하신다. 그러므로 62견은 연기-무아를 철견할 때 극복된다는 것이 본경의 결론이라 할 수 있겠다. 이처럼 본경은 팔정도의 첫 번째인 바른 견해[正見]와 바른 견해의 내용인 연기의 가르침을 천명한 가르침이다. 그러므로 4부 니까야의 첫 번째인 『디가 니까야』를 대표하는 첫 번째 경으로 결집이 되었을 것이다.

(2) 「**사문과경**」(沙門果經, Sāmaññaphala Sutta, D2)
출가란 말 그대로 집을 떠나는 행위이다. 집을 떠난다 함은 단순히 물질적인 집을 떠나는 것이 아니라, 집으로 표현되는 세상의 모든 의무나 권리나 욕망이나 희망을 모두 접는다는 뜻이기도 하다. 「사문과경」이 드러내고자 하는 것은 경의 제목처럼 이러한 출가 즉 사문됨(출가생활)의 결실이다. 본경에서 출가생활의 결실을 세존께 질문하는 사람은 아자따삿뚜라는 당대에 제일 막강했던 마가다를 통치하는 왕이다. 그는 그 시대를 풍미하던 여섯 종교 지도자들의 사상과 비교하면서 불교 수행자들이 부처님 가르침을 통해서 실현하게 되는 결과를 구체적으로 살펴보고 있다.

그는 세존께 "세상에는 여러 가지 기술 분야들이 있습니다 … 그런 기술의 결실은 지금여기에서 스스로 보아 알 수 있으며 그들은 그런 결실로 살아갑니다. 그들은 그것으로 자신을 행복하게 하고 만족하게 하고, 부모를 행복하게 하고 만족하게 하고, 처자식을 행복하게 하고 만족하게 하고, 친구와 동료를 행복하게 하고 만족하게 하며, 사문·바라문들에게 많은 보시를 합니다. 그러한 보시는 고귀한 결말을 가져다주고 신성한 결말을 가져다주며 행복을 익게 하고 천상에 태어나게 합니다. 세존이시여, 세존께서도 이와 같이 지금여기에서 스스로 보아 알 수 있는 출가생활의 결실을 천명하실 수 있습니까?"라고 질문 드린다.

이러한 왕의 질문에 대해서 세존께서는 23가지로 정리된 계·정·혜 삼학의 정형구로 대답하시는 것이 본경의 전체 구조이다. 이 정형구는 이미 앞에서 요약해서 정리했기 때문에 여기서는 생략한다.

그리고 본경은 우리에게 육사외도(六師外道)로 알려진 부처님 시대의 여섯 명의 종교 지도자의 사상을 서로 비교해서 살펴볼 수 있는 경이다. 육사외도 가운데 불가지론(不可知論)으로 알려진 산자야를 제외한 나머지 5명은 적취설(積聚說)로 대표되는 인도 사문 전통의 가르침에 기초하고 있음을 알 수 있다.

(3) 「**암밧타 경**」(Ambaṭṭha Sutta, D3)

인도 최고(最古)요 최고(最高)의 권위인 『리그베다』의 「뿌루샤 숙따」(Pruṣa Sūkta, 原人에 대한 찬미가)는 노래한다. "바라문은 그(뿌루샤)의 입이고/ 그의 팔로부터 끄샤뜨리야가 만들어졌고/ 그의 넓적다리로부터 와이샤가/ 발로부터 수드라가 태어났다."(Rv.x.90:12) 이것이 인도의 정통적인 계급관이다. 그런데 만일 어떤 사람이 말하기를 "너는 나쁜 놈이다. 왜냐하면 내 일기장에 너는 나쁜 놈이라고 적혀있기 때문이다."라고 한다면 이 진술은 과연 타당성을 확보할 수 있을까? 비천함과 고귀함을 논하려면 최소한의 객관적인 기준은 있어야 하는 것이 아닌가? 본경은 이런 존귀함이란 도대체 무엇인가? 최고로 존귀한 사람이라고 일컫는 바라문이란 도대체 무엇인가? 등에 대해서 암밧타라는 바라문 학도와 세존의 긴장감 감도는 대화로 진행되고 있다.

뽁카라사띠라는 연로하고 유명한 바라문의 제자인 암밧타라는 바라문 학도는 스승의 분부를 받고 많은 바라문 학도들과 함께 세존을 뵈러 온다. 그러나 그는 스승의 당부를 잊기라도 한 것처럼 아주 거만한 태도로 세존과 대면하였다. 그러자 세존께서는 그러한 거만한 태도는 자신의 인격이 아직 완성되지 못한 것을 드러내는 것일 뿐이라고 암밧타를 타이르신다. 이에 격분한 암밧타가 바라문에 대한 선민의식을 본격적으로 드러내면서 경은 점점 긴장감이 감돌게 된다.

본경은 세존과 암밧타 간에 긴장감 감도는 대화를 통해서 세존께서는 참으로 존귀한 사람, 진정한 바라문, 참답게 삼베다에 통달한 삼명(三明, tevijja) 바라문이 되기 위해서는 도덕성, 고귀한 인품, 높은 식견으로 일단 쉽게 풀이해 볼 수 있는 계·정·혜 삼학을 닦지 않으면 안된다는 강한 메시지를 전달하고 계신다.

이런 자질을 갖추어야 세상 사람들은 그를 객관적인 입장에서 존귀한 사람이라고 인정할 것이고, 만일 그렇지 않으면 옛 바라문 선조들을 팔아서 일꾼 노릇이나 하면서, 삼명의 타락의 입구에조차 미치지 못하는, 단지 생계유지를 위한 직업 바라문이 되고 만다고 엄히 꾸짖으신다.

이 경을 통해서 세존께서는 참으로 베다(Veda)의 달인이 되기 위해서는 계율과 삼매와 통찰지의 삼학을 닦아야 한다는 메시지를 동시대 바라문들에게 권고하신다. 즉 참된 바라문은 계·정·혜 삼학을 닦는 자이지 베다 만뜨라를 외는 자가 아니라는 말씀이다.

(4) 「**소나단다 경**」(Soṇadaṇḍa Sutta, D4)

인도 문화는 계급 문화이다. 이러한 문화를 선도해 오고 지켜온 집단
이 바로 바라문 집단이다. 이미 앞의 「암밧타 경」을 통해서도 살펴보았
지만 바라문 계급의 선민의식은 참으로 강하였다. 그러면 이제 묻지 않
을 수 없다. 도대체 참된 바라문이란 무엇인가? 순수 혈통을 가진 자가
진정한 바라문인가? 삼베다에 통달한 자가 진정한 바라문인가? 멋진 외
모를 갖춘 자가 바라문인가? 바른 품행을 갖춘 자가 바라문인가? 현명
하고 슬기롭고 학식이 있는 자가 진정한 바라문인가?

본경은 세존과 소나단다라는 연로하고 유명한 바라문 사이에 있었던
참된 바라문이라고 인정하는 요인에 대한 대화로 구성되어 있다. 소나
단다는 참된 바라문이 되는 요소로 모두 다섯 가지를 든다. 그리고 그
다섯 가지 가운데서 버릴 수 있는 것을 하나씩 버리면서 최종적으로는
계행이 청정함과 지혜로움의 두 가지가 가장 중요한 요인이라고 확정한
다.(§20)

이처럼 본경은 소나단다 바라문이 참된 바라문이 되기 위해서 가장
중요한 요소로 꼽은 계행과 지혜에 대해서 「사문과경」에서 정리한 계
의 정형구와 8가지 지혜야말로 진정한 계행과 지혜임을 천명하고 있다.

앞의 「암밧타 경」이 젊은 바라문 학도와의 설전을 바탕으로 바라문
들의 타락에 대한 준엄한 비판을 하면서 진정한 바라문의 길을 보여준
경이라면, 본경은 도대체 어떤 기준을 가지고 바라문이라 하는가에 대
해서 소나단다라는 연로하고 학식 있는 바라문과 합리성과 이성에 바탕
한 진지하고 격조 높은 대화를 통해 심도 있게 점검해 보고 있다.

(5) 「**꾸따단따 경**」(Kūṭadanta Sutta, D5)

인류는 일찍부터 우주와 자연의 섭리를 찾고 아울러 그 섭리와 적극
적으로 대화하고 교류를 하고자 하였던 듯하다. 그러한 현상으로 여러

문화권에 공통적으로 나타나고 있는 것이 바로 제사라는 문화 현상이다. 이런 제사 문화는 고대 인도문화의 가장 큰 특징 가운데 하나였다. 특히 바라문들은 베다의 찬미가를 바탕으로 방대한 분량의 제의서를 만들어 가면서 실로 다양한 제사 의식을 만들고 제사를 지내왔다. 그러므로 제사 없는 바라문교란 생각조차 할 수 없다.

세존께서도 이러한 인도의 가장 중요한 문화 현상인 제사에 대해서 진정한 제사란 무엇인가에 대해서 답하지 않으면 안되었다. 제사에 대한 불교식 대답이 바로 본경이다. 그러므로 본경은 인도 사회와 문화의 입장에서 볼 때 그만큼 중요한 경이다.

본경에서는 꾸따단따라는 유명한 바라문이 세존을 친견하고, "세 가지 제사의 성취와 열여섯 가지 제사의 필수품들"에 대해서 질문을 드린다. 꾸따단따의 질문에 먼저 세존께서는 전생 일화를 통해서 동물을 죽이고 나무를 베고 하는 대신에 16가지 덕을 갖추어 널리 보시하는 제사를 설하신다. 그리고 그것보다 더 수승한 것으로 ① 계를 갖춘 출가자들을 위해서 보시하는 것 ② 사방승가를 위해서 승원을 짓는 것 ③ 깨끗한 믿음을 가진 마음으로 부처님께 귀의하고 법에 귀의하고 승가에 귀의하는 것 ④ 깨끗한 믿음을 가진 마음으로 오계를 받아 지니는 것 ⑤ 그리고 본 품에서 23가지로 정리하고 있는 계·정·혜 삼학을 갖추는 것을 설하신다. 이처럼 이상적인 제사를 궁극적으로는 계·정·혜 삼학의 실천으로 설하시는 것이 본경이다.

많은 인도학자들은 불교가 인도대중에게 크게 어필할 수 있었던 것으로 의례·의식의 단순명료화를 든다. 바라문 제사는 거행하기 어렵다. 제사는 큰 공장의 기계(yantra)에 비유되었다. 대기업의 공장에서 복잡한 공정으로 이루어져 있고 수많은 부품으로 이루어진 큰 기계는 한 곳이라도 고장 나면 제품을 생산해 내지 못한다. 그와 마찬가지로 복잡한 제사의 절차 가운데 한 부분이라도 잘못 거행되면 천상이라는 과보를 생산할 수 없다고 제의서들은 설명한다. 무엇보다도 이런 복잡한 공정으로 이루어진 제사는 엄청난 경비가 든다. 보통사람들은 제사의 주인이 될 수가 없다. 그래서 꾸따단따 바라문도 덜 번거롭고 덜 어려우면서도 더 많은 과보와 이익을 주는 방법을 부처님께 여쭙고 있다.

불교는 의례·의식을 중시하지 않으며 오히려 의례·의식에 집착하는 것[戒禁取]은 해탈을 방해하는 족쇄라고 가르친다. 본경에서 설명하듯이 10선업도 등의 계행과 선정과 지혜 등 실제생활 속에서의 실천을 중시하였다. 초기부터 불교는 제사 등의 복잡한 의례 의식을 통해서가 아니라 보시하고 계를 잘 지니면 천상에 태어난다[施·戒·生天]고 가르친다.

(6) 「마할리 경」 (Mahāli Sutta, D6)

여기 일상적인 삶의 방식으로 삶의 의미를 찾지 못하는 부류의 사람들이 있다. 그래서 그들은 일상적인 삶의 방식과 구조를 과감히 버리고 집을 나와 독신으로 살면서 자기 내면의 문제를 전면적으로 궁구하면서 살아간다. 우리는 그들을 일러서 출가자라고 한다.

그러면 이러한 출가자들의 목적은 무엇일까? 우리는 「사문과경」을 통해서 이미 그 전체 구조를 살펴보았다. 이제 다시 본경에서는 삼매 수행을 통한 신통이라는 하나의 문제에 초점을 맞추어 과연 그것이 출가의 궁극적인 목적이 되는가를 점검하고 계신다.

본경은 마할리라 불리는 릿차위의 옷탓다에게 설하신 것이다. 환속한 수낙캇따가 옷탓다에게 말하기를, 세존 아래서 삼매 수행을 통해서 천상의 모습들은 보았지만 천상의 소리들은 듣지 못했다고 하자, 그 원인을 말씀해 주신 뒤에 이런 삼매 수행이 출가의 목적이 아니라고 하시고, 출가는 네 가지 성자가 되는 것이며 이것은 팔정도를 닦아서 실현하는 것이라고 말씀하신다.

이처럼 삼매와 삼매를 통한 신통은 분명히 가능하지만 이것은 출가의 궁극이 아님을 천명하시고 팔정도를 통한 해탈의 실현이 출가의 궁극이라 설하시는 것이 본경의 핵심이다. 이것은 삼매 수행이나 좌선 지상주의에 잘못 빠져드는 요즘 일부 수행자들이 깊이 새겨봐야 할 가르침이다.

그런 뒤 다시 두 유행승의 예로써 계·정·혜를 설하시는데 팔정도를 『장부』제1권『계온품』의 주제인 계·정·혜 삼학과 배대(配對)하기 위한 것이다. 그리고 이 부분은 다음 제7경의 내용이기도 하다.(아래「잘리야 경」편을 참조할 것)

(7)「잘리야 경」(Jāliya Sutta, D7)

인간은 자신의 존재에 대해서 많은 의문을 가진다. 그중의 하나가 소위 말하는 육체와 영혼의 관계이다. 이 문제를 집중적으로 천착해 보고 있는 경이 바로「잘리야 경」이다. 세존께서 꼬삼비의 고시따 원림(園林)에 머물고 계실 때 만딧사와 잘리야라는 두 유행승이 세존을 뵈러왔다. 그들은 세존께 "참으로 생명이 바로 몸입니까, 아니면 생명과 몸은 다릅니까?"라고 질문을 드린다. 이 질문에 대한 대답으로 부처님께서는「사문과경」(D2)에서 정리하신 계·정·혜 삼학의 정형구를 설하시는 것이 경의 전체 내용이다.

그들은 4선의 정형구와 7가지 통찰지의 정형구를 말씀하실 때까지는 육체와 영혼이 같은가 다른가라는 그들의 의문 자체가 무의미한 것임을 깨닫지 못한다. 그러다가 번뇌가 완전히 소멸하는 경지 즉 누진통의 경지에 이르러서야 드디어 자아와 몸이 같은가, 다른가 하는 질문이 애초부터 잘못된 것임을 알고 "이와 같이 알고 이와 같이 보는 비구에게 '참으로 생명이 바로 몸이다.'라거나 '생명과 몸은 다르다.'라는 그러한 주장은 타당하지 않습니다."라고 대답한다. 물론 '생명이 바로 몸입니까, 아니면 생명과 몸은 다릅니까?'라는 이러한 질문은 저 유명한「작은 말룽꺄 경」(M63, 한역『중아함』의「전유경」) 등(D9, M72)에서 부처님께서 설명하시지 않은 열 가지 문제[十事無記]에 속한다. 수행에 아무런 도움이 되지 못하는 존재론적인 단정에 지나지 않기 때문이다.

이처럼 우리에게 「독화살 비유경」(箭喩經)으로 잘 알려진 「작은 말룽꺄 경」(M63)과 「뽓타빠다 경」(D9) 등에서는 십사무기에 대해서는 설명을 하지 않으시고 고·집·멸·도의 사성제를 설하셨지만 여기서는 일단 그들의 질문을 물리치지 않고 인정하고 받아들여서 그것을 바탕으로 본 품에서 23가지로 정리한 계·정·혜의 경지를 설해 들어가시면서 최종적으로 번뇌의 소멸[漏盡通]을 설하셔서 그들의 질문 자체가 의미가 없음을 깨닫게 하신다는 뜻이다.

존재론적 실체에 대한 수행자들의 끈질긴 집착은 무섭다. 본경이 그렇고 특히 「뽓타빠다 경」(D9)이 그러하다. 이것은 지금의 우리나라 수행자들에게도 그대로 해당되는 말이라 생각된다. 우리는 성불을 이야기하고 돈오를 이야기하고 살불살조(殺佛殺祖)를 이야기 하지만 기실은 여래장, 불성, 주인공, 마음을 모두 존재론적 실체로 이해해서, 이러한 자아나 대아와 하나 되고 계합되는 것쯤으로 불교를 이해하고 그것을 최상승인 양 떠벌리니 참으로 두려운 일이 아닐 수 없다.

(8) 「깟사빠 사자후경」(Kassapasīhanāda Sutta, D8)

출가란 세속 생활방식의 포기이다. 그러면 출가자의 삶은 어떻게 세속적인 삶과 달라야 하는가? 인도의 오래된 사문 전통에서는 출가자가 밟아야 할 길로 고행을 주장해 왔다. 고행이 아니라면 도대체 출가와 세속적 삶이 다를 수가 없지 않은가라고 생각했기 때문이었을 것이다. 그래서 본경에서도 고행주의자 깟사빠는 고행이야말로 사문의 본업이요 바라문의 본업이라고 강하게 주장하고 있다.

과연 그런가? 과연 이러한 고행이 출가자의 삶의 방식이어야 하고 출가의 궁극적 목적이 되어야 하는가? 부처님께서는 이러한 고행에 대해서 어떻게 생각하고 계실까? 이 문제에 대한 대답이 바로 본경의 내용이다.

결론적으로 말해서 고행이 출가자의 목표가 아니라고 세존께서는 본경을 통해서 말씀하신다. 출가는 계·정·혜 삼학을 완성해서 마음의 해탈[心解脫]과 통찰지의 해탈[慧解脫]로 표현되는 해탈과 열반을 실현하기 위한 것이지, 단지 고행을 위한 것은 결코 아니라는 말씀이다.

세존의 말씀을 제대로 이해하게 된 나체 수행자 깟사빠는 마침내 계의 구족과 마음의 구족과 통찰지의 구족에 대해서 질문을 드리고, 세존께서는 「사문과경」(D2)에서 23가지로 정리하여 설하신 계·정·혜 삼학으로 대답하신다.(§§18~20) 그리고 계속되는 부처님의 사자후를 듣고 크나큰 환희심이 생긴 나체 수행자 깟사빠는 세존 아래로 출가해서 아라한이 되었다고 한다.(§23)

(9) 「뽓타빠다 경」(Poṭṭhapāda Sutta, D9)

인간의 정신 영역에서 가장 중요한 역할을 하는 것은 인식이라 할 수 있다. 그래서 세존께서는 인간을 설명하시면서 심리현상들[行, 상카라] 가운데서 인식[想, 산냐]을 따로 독립시켜 오온에다 따로 인식의 항목[想蘊]을 넣으셨다. 그러면 도대체 이러한 인식은 어디서부터 비롯된 것인가? 인식이 있다면 인식하는 주체가 반드시 있어야 하는 것 아닌가? 아니면 적어도 영원한 인식이 있어서 그것을 자아라고 불러야 하지 않는가?

이런 미묘하면서도 중요한 문제에 대한 부처님의 답변이 바로 본경이다. 본경에서는 이러한 인식과 인식을 하는 자는 도대체 어떻게 해서 존재하는가를 두고 뽓타빠다라는 유행승과 여러 측면에서 다양하고 심도 깊은 대화가 전개된다. 역자는 본서 제1권의 중요한 경 세 가지만을 들라면 주저하지 않고 「범망경」(D1)과 「사문과경」(D2)과 본경을 들고 싶다.

본경에서 부처님께서는 다음과 같은 사실을 밝혀주신다.

① 인식은 수행의 정도에 따라 바뀐다.

② 무소유처가 인식의 구경이다.

③ 인식의 완전한 소멸도 가능하다. 그것을 상수멸이라 한다.

④ 무엇보다 중요한 것은 인식은 그것이 아무리 미묘하고 섬세하다 하더라도 존재론적 실체인 자아가 아니다.

⑤ 어떤 방식으로 자아를 상정하든 그것은 바뀔 수밖에 없다. 존재란 흐름 자체이기 때문이다. 마치 우유가 응유(curd)로, 생 버터로, 정제된 버터(ghee)로, 최상의 버터[醍醐]로 바뀌어 가는 것과 같다. 자아라는 것은 흐름의 특정한 기간의 특정한 상태를 인습적으로 이름붙인 것일 뿐 고정불변의 실체는 없다.

이처럼 본경에서 말하는 인식은 단순히 대상을 무엇이라고 아는 것만을 말하는 것이 아니다. 본경에서 말하는 인식은 매순간 출렁대는 그런 종류의 인식을 말하는 것이 아니라 적어도 수행을 통해서 실현되는 삼매의 경지 혹은 경계에서 드러나는 고상한 인식(sukhuma-saññā)을 말하고, 이는 사문들이 삼매 수행을 통해서 실현하고자 하는 일종의 이념이나 이상향 등을 나타내는 술어이다. 그러므로 본경에서 말하는 인식[想, 산냐]은 자아라는 인식[我相], 중생이라는 인식[衆生相], 영혼이라는 인식[壽者相], 개아(個我)라는 인식[人相]으로 대표되는 금강경의 4상(相, 想, 산냐)과 일맥상통한다.

본경이 주는 가장 중요한 메시지는 이처럼 '존재론적 실체, 즉 자아란 결코 없다.'는 것이다. 그러나 세존의 고구정녕하신 말씀을 전혀 이해하지 못하는 뽓타빠다는 안타깝게도 계속 존재론적인 실체를 상정하고 그것을 세존께 질문한다.

본경은 무언가 궁극적 실재를 상정하는 그런 관념과 관심을 버리지 못하는 한 결코 부처님의 메시지를 이해할 수 없다는 것을 분명히 하고 있다. 이것은 현재 우리 불교 수행자들도 깊이 새겨볼 말씀이라 생각된다. 우리는 이름만 불교를 하고 있지 어쩌면 대아, 진아, 주인공, 불성, 여래장이라는 존재론적인 실재를 상정하고 그것을 추구하고 그것을 깨치고 그것과 하나 되거나, 아니면 그것의 은총과 광명으로 살려는 발상을 굳게 움켜쥐고 놓지 못하고 있지나 않는가? 참으로 이런 다른 발상을 가지고 있다면 그는 부처님의 제자가 아니라 다른 수행, 다른 스승, 다른 가르침을 불교라는 이름으로 거머쥐고 있는 것이리라. 그런 자는 부처님의 고구정녕한 메시지를 결코 알 수 없을 것이다.

뿟타빠다는 세존의 말씀을 공감하고 세존을 존경하였기에 세존의 신도는 되었지만 자아라는 존재론적인 단정에 대한 집착을 완전히 버리지는 못했다. 그래서 세존 문하로 출가하지는 못했다. 이런 점에서 그는 본서 제8경의 나체 수행자 깟사빠와 대조가 된다. 깟사빠는 계·정·혜 삼학의 길이야말로 사문이 닦아야 할 본업이라는 세존의 말씀을 완전히 이해해서, 고행이야말로 사문의 본업이라는 그의 견해를 버리고 세존의 문하로 출가하여 아라한이 되었다.

그러나 본경의 후반부에 등장하는 찟따는 자아와 세상에 대한 형이상학적인 관심이 괴로움으로부터 완전히 벗어나는 해탈·열반의 실현과는 아무 상관이 없음을 분명히 파악하고 부처님 문하에 여덟 번째로 출가를 결심한다. 그는 이전에 일곱 번이나 출가와 환속을 거듭했지만, 본경을 통해서 부처님의 이와 같은 심심미묘한 가르침을 정확히 파악하였기에 다시 여덟 번째로 출가를 감행하여 다시는 환속하지 않았고 아라한이 되었다. 존재론적인 가설을 끝까지 버리지 못했던 유행승 뿟타빠다와는 큰 대조를 이룬다.

⑽ 「**수바 경**」(Subha Sutta, D10)

세존께서 돌아가셨다. 세존께서는 성도하신 뒤 45년 간을 인류를 위해서 많은 가르침을 주셨다. 세존이 반열반하신 지금 우리는 도대체 세존의 가르침을 어떻게 정리해서 이해해야 하는가? 이것은 세존 입멸 직후의 불제자들뿐만 아니라 현대를 살아가는 재가와 출가를 망라한 우리 불자들에게도 가장 중요한 관심일 것이다. 이러한 중차대한 사항을 수바라는 바라문 학도는 25년 가까이 세존을 시봉했으며 세존의 임종을 지켜보았고 다문제일(多聞第一)이라는 칭호로 우리에게 잘 알려진 아난다 존자에게 질문하고 있다.

수바의 이러한 질문에 대해서 아난다 존자는 "성스러운 계의 무더기[戒蘊], 성스러운 삼매의 무더기[定蘊], 성스러운 통찰지의 무더기[慧蘊]를 그분 세존께서는 칭송하여 말씀하셨으며 그 안에서 사람들을 격려하고 분발하게 하고 기쁘게 하셨다."라고 먼저 대답한다.(§1.6) 그리고 수바가 이를 구체적으로 말씀해 달라고 요청하자, 아난다 존자는 이 각각의 무더기를 「사문과경」(D2)에서 정리한 계·정·혜 삼학의 정형구로 대답을 하는 것이 본경 전체의 구성이다.(§§1.7~2.37)

본경은 아난다 존자가 세존의 가르침을 어떻게 이해하고 있는가를 볼 수 있는 경이다. 아난다 존자는 부처님 일대시교(一大示教)를 계·정·혜 삼학으로 파악하고 있다. 아난다 존자가 이렇게 파악하고 있기 때문에 일차합송에서 아난다 존자의 제자들에게 전승의 책임이 맡겨진 이 『디가 니까야』의 첫째 품인 『계온품』은 계·정·혜 삼학의 정형구가 핵심이 될 수밖에 없을 것이다.

아무튼 계·정·혜는 불교의 전부이다. 부처님 가르침의 핵심을 한 마디로 말하라면 연기·무아라 할 수 있고, 이것을 진리 체계로 구성한 것이 사성제이며, 이것을 실천 체계로 완성한 것이 팔정도요, 이것을 확대하면 37조도품이 되고, 팔정도를 다시 간추린 것이 계·정·혜며, 이것을 다시 3戒-4禪-8通의 정형구로 상세하게 정리하고 있는 것이 『장부』 제1권인 『계온품』의 기본 골격이라고 이해하면 될 것이다.

⑾ 「**께왓다 경**」(Kevaddha Sutta, D11)

예나 지금이나 범부 중생의 지대한 관심 중의 하나는 신통이나 기적이다. 특정 종교 교단의 어떤 성직자나 수행자가 신통을 나투면 삽시간에 많은 신도들이 생길 것이고 그 교단은 탄탄하게 뿌리를 내릴 것이라는 생각은 예나 지금이나 많은 범부들을 유혹하고 있다. 본경은 께왓다라는 재가 신도의 간청을 통해서 불교 신도가 가지고 있는 그러한 유혹을 드러내고 있다. 이에 대해서 세존께서는 그러한 신통이 쓸모없음을 설하신 뒤에 이 『계온품』의 주제인 계·정·혜의 가르침이야말로 진정한 신통이요 진정한 기적임을 드러내 보이신다.

본경을 통해서 세존께서는 신통의 기적과 [남의 마음을 알아] 드러내는 기적[觀察他心神變]과 가르침의 기적[敎誡神變]이라는 세 가지 신통이 있다고 말씀하신 뒤(§3) 앞의 두 가지 신통에는 좋지 않은 여러 사항이 있으므로 이러한 신통의 기적을 탐탁하지 않게 생각하고 멀리하고 좋아하지 않는다고 결론지으신다. 그리고 나서 가르침의 기적[敎誡神變]에 대해서 본 품에서 23가지로 정리한 계·정·혜의 정형구로 길게 설명하신다.(§§8~66)

그런 뒤 어떤 비구가 신통으로 사대천왕부터 시작하여 13번째로 대범천에게까지 가서 "도대체 어디서 이 네 가지 근본물질[四大], 즉 땅의 요소[地界], 물의 요소[水界], 불의 요소[火界], 바람의 요소[風界]는 남김없이 소멸하는가?"라는 질문을 던지지만 아무도 해결을 해주지 못하고, 마침내 세존께로 돌아와서 질문을 드리고 해탈·열반에 관한 궁극의 말씀을 듣는 일화를 소개하는데, 계·정·혜 삼학을 통한 해탈이 신들을 찾아다니는 신통보다 더 수승하고 더 귀중함을 일깨워주는 말씀이다.

아무튼 본경도 삼학의 중요성을 거듭 강조하는 경이다.

⑿ 「로힛짜 경」(Lohicca Sutta, D12)

깨달은 자는 무엇을 해야 하나? 깨달은 자라 할지라도 남에게 그것을 드러내어 가르치는 것은 쓸데없는 짓이 아닌가? 서울 지하철과 서울역 앞에서 공공연히 해대는 전도단들의 광적인 행위를 너무나 많이 목격한 대한민국의 보통 사람들은 아마 대부분 이런 생각을 가지고 있을 것이다. 여기에 대해서 부처님께서는 어떻게 말씀하시는가? 본경은 이처럼 전도단들의 집요한 종교공세에 짜증난 분들에게 전하는 부처님의 말씀이다.

로힛짜라는 연로하고 유명한 바라문이 있었다. 그는 마음속으로 "여기서 어떤 사문이나 바라문이 유익한 법을 증득했다 할지라도 유익한 법을 증득한 뒤 남에게 전해 주어서는 안 된다. 참으로 남이 남에게 무엇을 할 수 있단 말인가? 그것은 마치 이전의 속박을 자른 뒤 다른 새로운 속박을 만드는 것과 같다. [남에게 전하는] 이것은 사악하고 탐욕스런 법이 되고 만다고 나는 말한다. 참으로 남이 남에게 무엇을 할 수 있단 말인가?"라는 견해를 품고 있었다고 한다.(§2)

세존께서는 질책받을 만한 스승들을 질책하는 것은 사실이고 옳고 법다워서 비난받지 않는다고 분명히 말씀하신다. 그러나 계·정·혜를 실현한 스승이 그러한 궁극의 길을 드러내지 않는 것은 마치 왕이 왕국의 모든 생산품을 혼자 독식하려는 것과 같은 지극히 이기적이고 개인적인 발상이라고 말씀하신다. 세상을 위한 구세대비(救世大悲)가 없는 스승은 진정한 스승이 아니라는 단호한 말씀이다.

깨닫고 나서는 나무 등걸이나 돌덩이처럼 그냥 멍하니 있는 것이 아니다. 깨달은 분들은 세상의 이익을 위해서 바른 법을 설한다. 그것이 성자들의 무연(無緣)의 자비이다. 이웃과 바른 법과 바른 도를 함께 나누는 자가 진정한 불자다.

⒀ **「삼명경」** (三明經, Tevijja Sutta, D13)

부처님 당시 인도 바라문들의 유일한 염원은 그들의 신인 범천(브라흐마)이 거주하는 범천의 세상에 태어나는 것이었다. 그러면 당연히 따라오는 의문이 어떻게 하면 범천의 세상에 태어나게 되느냐는 것이다. 본경에서 세존께서는 누구든지 합리적이고 이성적인 사람이라면 받아들일 수밖에 없는, 범천으로 서술되고 있는 천상(하늘나라)에 태어나는 길을 설하고 계신다.

와셋타와 바라드와자라는 두 바라문 학도가 서로 각각 자기 학파에서 가르치는 도만이 진정으로 범천에 이르게 하는 길이라고 주장하지만 서로를 설득시킬 수가 없어서 세존께 찾아와서 이 뜻을 여쭙는다. 세존께서는 그들이 바라문들의 가르침은 벗어남으로 인도한다고 말하는 것을 들으시고, 장님 줄서기 비유(§15)와 달과 태양에 가는 길에 대한 가르침(§§16~18)과 나라의 제일가는 미녀의 비유(§19)와 사다리의 비유(§21)와 아찌라와띠 강의 비유(§24)와 범천과 소유물의 가르침(§31) 등으로 그들의 가르침의 부당함을 말씀하신다.

그러자 마침내 두 바라문 학도는 "고따마 존자시여, 저는 '사문 고따마께서는 범천의 일원이 되는 길을 알고 계신다.'라고 들었습니다."라고 말씀드리면서 범천의 일원이 되는 길을 가르쳐주시기를 간청한다.(§39) 그러자 세존께서는 「사문과경」(D2)의 계의 구족과 다섯 가지 장애를 제거함까지 설하시고(§§40~75) 뒤이어 자애, 연민, 같이 기뻐함, 평온의 네 가지 거룩한 마음가짐[四梵住, 四無量]을 비유와 함께 설하신다.(§§76~79) 본경에서는 본서 「사문과경」(D2)에 정리된 삼매[定]와 통찰지[慧]에 해당하는 정형구가 나타나지 않는다. 와셋타의 관심과 질문이 범천에 이르는 방법이기 때문이다.

세존의 이러한 확신에 찬 말씀을 듣고 두 바라문 학도는 세존의 재가 신도로 귀의하는 것으로 경은 끝을 맺는다.(§82) 본서 제3권 「세기경」(D27)에 의하면 그들은 그 후에 세존 문하로 출가하여 견습 기간을 가지고 있었고, 마침내 구족계를 받고 아라한이 되었다고 한다.

범망경(梵網經)

범천의 그물

Brahmajāla Sutta(D1)

범망경(梵網經)13)

범천의 그물, 견해의 그물

Brahmajāla Sutta(D1)

---

13)　본경의 빠알리어 제목은 브라흐마잘라 숫따(Brahmajāla Sutta)이다. 이
　　　것은 범천(梵天) 혹은 거룩함을 뜻하는 brahma와 그물을 뜻하는 jāla와
　　　실이나 책을 뜻하는 sutta의 세 단어가 합성된 것이다. 그래서 「범망경」
　　　(梵網經)이라고 직역하여 옮겼다.
　　　본경을 「범망경」이라고 부르는 이유는 본경의 말미에 잘 나타나 있다. 세
　　　존께서 본경을 설해 마치시자 아난다 존자가 세존께 여쭙기를 "경이롭습
　　　니다, 세존이시여. 놀랍습니다, 세존이시여. 세존이시여, 이 법문의 이름은
　　　무엇입니까?"라고 하자, 세존께서는 "아난다여, 그렇다면 그대는 이 법문
　　　을 뜻의 그물[義網]이라고 받아 지녀라. 법의 그물[法網]이라고도 받아
　　　지녀라. 범천의 그물[梵網]이라고도 받아 지녀라. 견해의 그물[見網]이라
　　　고도 받아 지녀라. 전쟁에서의 위없는 승리[無上戰勝]라고도 받아 지녀
　　　라."라고 말씀하신다. 이 말씀에서 본경의 제목은 유래 된 것이다.
　　　한편 본경은 「범동경」(梵動經)으로 한역되어 『장아함』의 21번째 경으
　　　로 중국에 소개되었다. 그리고 별도로 지겸(支謙)에 의해서 「불설범망육
　　　십이견경」(佛說梵網六十二見經)으로도　옮겨졌다. 『장아함』에서 「범
　　　망경」으로 옮기지 않고 「범동경」으로 옮긴 것을 볼 때 『장아함』의 역자
　　　가 사용한 범어원본에는 brahmajāla 대신에 brahmacāla로 표기되어 있
　　　었던 듯하다. cāla는 움직임을 뜻하기 때문이다. 이것은 「범동경」의 본문
　　　안에서 법의 그물[法網]에 해당하는 부분을 법동(法動)으로, 견해의 그물
　　　[見網]에 해당하는 부분을 견동(見動)으로 옮긴 것을 보아도 알 수 있다.

서언

1.1. 이와 같이 나는 들었다.[14) 한때 세존[15)께서는 500명 정도의 많은 비구 승가[16)와 함께 라자가하[17)와 날란다[18) 사이에 난 대

---

14) 주석서에서는 '이와 같이 나는 들었다.'의 의미를 여러 측면에서 상세하게 설명하고 있다. 여기서 '나는'이란 일차결집에서 경을 암송한 아난다 존자를 말하며, '이와 같이'란 본경에서 설해진 것과 같은 형태대로라는 뜻이다. 그러므로 제일 기본이 되는 뜻은 '본경에서 설해진 이러한 형태의 세존의 말씀을 아난다 존자가 직접 들었다.'는 것이다.

한편 원문 evaṁ me suttaṁ은 수동태로서 '이와 같이(evaṁ) 나에 의해서(me) 들리어졌다(suttaṁ)'는 의미이다. 수동태 문장은 범어 일반에서 아주 많이 쓰이는 표현법이다. 그리고 주석서에서는 경에 나타나는 evaṁ(이와 같이)은 비유(upama) 등의 9가지 뜻으로 쓰인다고 말하면서 그 예를 하나하나 든 뒤 여기서는 ākāra(형태)라는 의미라고 설명하고 있다. 즉 "이런 하나의 형태로(ekena ākārena) 나는 들었다."(DA.i.27)는 의미로 사용되고 있다는 뜻이다.

15) '세존'으로 옮긴 원어는 Bhagavan의 역어이다. 원어의 의미는 '바가(bhaga)를 가진 분(-vat)'이며 주격 단수로 쓰였다. 여기서 바가란 '복', '행운'을 뜻하는데 베다에서부터 사용되던 말이다. 중국의 역경사들이 世尊으로 옮기고 있는데 원의미는 복자(福者)로 이해하면 좋을 듯하다. 지금 인도에서는 인도의 여러 신들을 bhagavan으로 부르는데 신들에 대한 존칭어로 쓰이고 있다. 그리고 자이니교에서도 그들의 교주 마하위라를 바가완으로 부르고 있다. 중국에서는 세존으로 뜻 번역을 하였고 박가범(薄伽梵)으로 음역하였다. 세존에 대한 상세한 설명은 『청정도론』 VII.53 이하를 참조할 것.

16) '비구 승가'는 bhikkhu-saṅgha를 음역한 것이다. '비구'로 음역한 bhik-khu(Sk. bhikṣu)는 √bhikṣ(to beg)에서 파생된 술어로 '걸식자'를 말하며 일절 생업에는 종사하지 않고 세상을 떠나서 수행이나 종교생활에만 전념하는 자라는 뜻이다. 그래서 한문으로는 '걸사(乞士)'라 번역된다. 『청정도론』에서는 "윤회에서(saṁsāre) 두려움을(bhayaṁ) 보기(ik-khati) 때문에 비구(bhikkhu)라 한다."(Vis.I.7)고 정의하고 주석서에서는 문맥에 따라 "도를 닦는 자는 누구나 비구라고 이름한다. … 도를 닦는 자는 신이든 인간이든 모두 비구라는 명칭을 가지게 된다."(DA.iii.756)라

로를 따라가고 계셨다. 그때 유행승[19] 숩삐야[20]도 역시 브라흐마닷

고도 설명한다. 그리고 자이나교에서도 그들 수행자를 부르는 여러 술어
중의 하나로 쓰이고 있다. 중국에서 比丘로 옮긴 것은 빠알리 bhikkhu를
음역한 듯하고 苾芻(필추)는 산스끄리뜨 bhikṣu를 음역한 듯하다.
'승가'로 음역한 상가(saṅgha)는 saṁ(함께)+ √hṛ(to carry)에서 파생
된 술어로 같은 목적을 가지고 함께 모인 집단을 뜻하며 불교에서는 좁게
는 비구·비구니의 승단, 넓게는 비구·비구니·청신사·청신녀의 사부대
중의 모임을 뜻한다. 자이나교에서는 상가라는 말 대신 무리를 뜻하는 가
나(gaṇa, √gaṇ, to count)라는 술어를 그들의 승단을 나타내는 술어로
사용한다. 중국에서는 衆으로 옮겼으며 僧伽로 음역되었고 이를 줄여 일
반적으로 僧이라고 통용되었다.

17) 지금의 인도 비하르(Bhihar)주의 라즈기르(Rājgir)이다. 부처님 당시에
인도는 16개 나라가 있었는데 그 중에 가장 강성했던 곳이 마가다와 꼬살
라였다. 마가다의 수도가 바로 이 라자가하였으며 꼬살라의 수도는 사왓
티였다. 16개 나라는 부처님 말년에 이 두 나라로 통일이 되었고 다시 부
처님 열반 후에는 마가다가 인도를 통일하였다. 16개 나라에 대해서는 본
서 「소나단다 경」(D4) §1의 주해를 참조할 것.

18) 후에 유명한 불교 유적지인 날란다 대학이 생긴 곳이다. 왕사성에서 불과
20여 Km 떨어진 곳에 있으며 사리뿟따 존자가 태어난 곳이기도 하다.

19) '유행승(遊行僧)'으로 옮긴 paribbājaka는 pari(around)+ √vraj(to
proceed, to wander)에서 파생된 명사이다. 초기경에서 많이 나타나며
집을 떠나 수행하는 부처님 제자를 제외한 출가자들을 통칭하는 말이다.
그래서 『중부 주석서』에서는 "재가의 속박을 버리고 출가한 자(gihi-
bandhanaṁ pahāya pabbajjūpagata)"(MA.ii.7)라고 설명하고 있다.
한편 아지와까, 니간타, 나체수행자의 무리 등은 유행승이라 표현하지 않
고 그들에 해당하는 이름인 아지와까, 니간타, 나체수행자 등으로 각각 부
르고 있으며 그 외에 별다른 특징이나 큰 집단을 이루지 않은 일반 출가자
들은 유행승이라는 용어로 부르고 있는 듯하다. 본서 제3권 「우둠바리까
사자후경」(D25)에 의하면 니그로다(Nigrodha) 유행승은 3000명의 무
리를 거느리기도 했다. 주석서와 복주서에 의하면 유행승에도 옷을 입는
유행승(channa-paribbājaka)과 옷을 입지 않는 유행승(nagga-pari-
bbājaka)이 있었으며 옷을 입지 않는 유행승을 나체수행자(acela)라 부
른다.(DA.ii.349f.; DAṬ.i.472 등)

따[21]라는 바라문 학도[22] 제자[23]와 함께 라자가하와 날란다 사이에 난 이 대로를 따라가고 있었다. 거기서 유행승 숩삐야는 여러 가지 방법[24]으로 부처님을 비방하고 법[25]을 비방하고 승가를 비방했다.

본서에서는 '이리저리(pari) 방랑하다(√vraj)'라는 원어에 충실하여 유행승으로 옮겼다. 한편 경에서는 비구들의 출가를 빱빧자(pabbajjā, pra+√vraj, pabbajati)라 표현하여 일반 유행승에 관계된 빠리바자라는 이 용어와 구분지어 사용하고 있다.

20) 주석서에 의하면 숩삐야는 유행승 산자야(Sañjaya)의 제자였으며 옷을 입는 유행승이었다고 한다.(sañjayassa antevāsī channaparibbājako - DA.i.35) 산자야는 사리뿟따(사리불) 존자와 목갈라나(목련) 존자가 출가하기 이전의 스승이었으며 본서 「사문과경」(D2)에 그의 가르침이 요약되어 나타난다.

21) 원어는 Brahmadatta이다. 문자적인 의미는 '범천(brahma)에게 바친(datta)'이란 뜻이다. 인도 문헌에는 이런 어법의 이름이 아주 많이 등장한다. 우리에게 잘 알려진 데와닷따(Devadatta)는 '신(deva)에게 바친'이란 뜻이며 지금도 남방에서 스님들의 이름으로 많이 나타나는 붓다닷따(Buddhadatta)는 '부처님께 바친'이란 뜻이다. 비슷한 어법의 이름으로는 붓다락키따(Buddharakkhita), 담마락키따, 상가락키따 등을 들 수 있는데 각각 부처님과 법과 승가의 보호를 받는(rakkhita) 이라는 뜻이다.

22) māṇava를 옮긴 말이다. 바라문 학도에 대해서는 본서 「암밧타 경」(D3) §1.3의 주해를 참조할 것.

23) '제자'의 원어는 antevāsī이다. 문자적으로 '[집]안에서(ante) 함께 머무는 자(vāsī)'라는 뜻이다. 즉 스승의 집에서 함께 지내면서 스승으로부터 학문과 기술을 연마하는 인도의 전통적인 학문 방법이다. 본서에서도 많이 등장하는 술어인데 학문을 배우는 경우는 '제자'로 옮겼으며 일반 기술을 배우는 경우는 '도제'로 옮겼다.

24) '방법'으로 옮긴 원어 pariyāya는 pari(둘레에, 원만히)+√i(to go)의 명사로서 기본의미는 '일이 경우에 맞게 잘 되어 가는 것'을 뜻하며 그런 의미에서 '방편, 방법, 순서, 차례, 습관, 문' 등의 의미로 쓰이고 있다. 중국에서는 門, 異門, 言說, 差別 등으로 다양하게 옮겼다. 특히 dhamma와 합성어로 쓰여 dhamma-pariyāya로 나타나면 법의 가르침이라는 뜻이며

그러나 유행승 숩삐야의 제자인 바라문 학도 브라흐마닷따는 여러 가지 방법으로 부처님을 칭송하고 법을 칭송하고 승가를 칭송하였다. 이처럼 스승과 제자 두 사람은 서로 정반대되는 말을 하면서 세존과 비구 승가의 뒤를 계속해서 따라갔다.

1.2. 그러자 세존께서는 비구 승가와 더불어 암발랏티까 정원[26]에 있는 왕의 객사에서 하룻밤을 묵으셨다. 유행승 숩삐야 역시 제자인 바라문 학도 브라흐마닷따와 더불어 암발랏티까 정원에 있는 왕의 객사에서 하룻밤을 묵었다. 거기서도 역시 유행승 숩삐야는 여러 가지 방법으로 부처님을 비방하고 법을 비방하고 승가를 비방했다. 그러나 유행승 숩삐야의 제자인 바라문 학도 브라흐마닷따는 여러 가지 방법으로 부처님을 칭송하고 법을 칭송하고 승가를 칭송하였다. 이처럼 스승과 제자 두 사람은 서로 정반대되는 말을 하면서 머물렀다.

1.3. 그때 많은 비구들이 밤이 지나고 새벽이 되었을 때 일어나

한역에서 법에 들어가는 문, 즉 방편이나 방법이라는 뜻에서 법문(法門)으로 옮겨서 지금까지 절집에서 보편적으로 쓰이고 있다.

25) 초기경에서 법(dhamma)은 크게 두 가지 의미로 쓰인다. 부처님 가르침(desanā) 혹은 교학(pariyatti)으로서의 법과 존재일반(물질적 정신적 현상)으로서의 법이다. 여기에 대해서는 『아비담마 길라잡이』 서문 §3을 참조할 것.

26) 주석서에 의하면 암발랏티까는 왕의 정원(rañño uyyāna)이었으며 이 정원의 정문 근처에 어린 망고나무(ambarukkha)가 있었기 때문에 암발랏티까라고 부른다고 소개하고 있다.(DA.i.41) 그러나 복주서에서는 "어떤 마을(ekagāma)이라고 하는 자들도 있다."(DAṬ.i.66)고 다른 견해도 소개하고 있다.

서 원형천막에 모여 앉아 이런 말들을 하였다. "경이롭습니다, 도반들이여. 놀랍습니다, 도반들이여. 그분, 아시는 분, 보시는 분,27) 세존, 아라한, 정등각28)께서는 중생들의 다양한 의향29)을 잘 알고 계십니다. 그런데 이 유행승 숩삐야는 여러 가지 방법으로 부처님을 비방하고 법을 비방하고 승가를 비방합니다. 그러나 유행승 숩삐야의 제자인 바라문 학도 브라흐마닷따는 여러 가지 방법으로 부처님을 칭송하고 법을 칭송하고 승가를 칭송합니다. 이처럼 스승과 제자 두 사람은 서로 정반대되는 말을 하면서 세존과 비구 승가의 뒤를 계속해서 따라오고 있습니다."

---

27) jānati(알다) - passati(보다) 구문으로 초기경에 무수히 등장하는 어법이다. 여기서는 이것의 현재분사 도구격 단수(jānatā passatā)로 나타난다. 한편 이 구문의 명사인 ñāna-dassana도 무수히 등장하며 이는 중국에서 知見으로 정착이 되었고 선종에서도 중시하는 것이다.
바라문교에서는 vedeti(veda)라는 동사와 명사를 사용하여(예를 들면 제의서와 우빠니샤드 문헌에서 yo evaṁ vedaḥ라는 어법이 아주 많이 나타난다) 그들이 터득한 이치나 지혜나 경지를 표현하지만 사문 전통에서는 이 jānāti - passati 구문을 사용하여 그들의 경지를 표현하였다. 이 구문은 자이나 경들에서도 많이 나타나며 아지와까[邪命外道]들도 이 구문을 사용한 것으로 자이나 경에 언급되고 있다. 이런 용어가 불교에 받아들여져서 직접 알고 직접 본 것을 표현하는 술어로 정착이 되었다. 여기에 대해서는 『청정도론』 해제 §16의 (3)을 참조할 것.

28) 세존, 아라한, 정등각에 대한 상세한 설명은 『청정도론』 VII.3 이하를 참조할 것.

29) 원어는 nāna-adhimuttikatā이다. adhimutti는 결의, 결심, 신해(信解) 등으로 옮기는 술어이다. 주석서에서 nāna-ajjhāsayatā라고 설명하고 있다.(DA.i.44) 그래서 '다양한 의향'이라 옮겼다.

세존께서 비구들에게로 오심

1.4. 그때 세존께서는 비구들이 이러한 말을 하고 있는 것을 아시고[30] 원형천막으로 가셨다. 가셔서는 마련해드린 자리에 앉으셨다. 자리에 앉으신 후 세존께서는 비구들을 불러서 말씀하셨다. "비구들이여, 무슨 이야기를 하기 위해 지금 여기에 모였는가? 그리고 그대들이 하다만 이야기는 무엇인가?"

이렇게 말씀하시자 비구들은 세존께 말씀드렸다. "세존이시여, 저희들은 밤이 지나고 새벽이 되었을 때 일어나서 원형천막에 모여들어서 이런 말들을 하였습니다. '경이롭습니다, 도반들이여. 놀랍습니다, 도반들이여. 그분, 아시는 분, 보시는 분, 세존, 아라한, 정등각께서는 중생들의 다양한 의향을 잘 알고 계십니다. 그런데 이 유행승 숩삐야는 여러 가지 방법으로 부처님을 비방하고 법을 비방하고 승가를 비방합니다. 그러나 그의 제자인 바라문 학도 브라흐마닷따는 여러 가지 방법으로 부처님을 칭송하고 법을 칭송하고 승가를 칭송합니다. 이처럼 스승과 제자 두 사람은 서로 정반대되는 말을 하면서 세존과 비구 승가의 뒤를 계속해서 따라오고 있습니다.' 세존이시여, 저희들은 이런 이야기를 하다가 중단하였고 그때 세존께서 오셨습니다."

비방에 분노하거나 싫어하지 말라

1.5. "비구들이여, 그대들은 남들이 나를 비방하고 법을 비방하고 승가를 비방하더라도 거기서 적대감을 가져서는 안되고 기분 나

---

30) 주석서에서는 모든 것을 다 아는 지혜(sabbaññuta-ññāṇa, 一切知智)로 아셨다고 설명하고 있다.(*Ibid*)

빠해서도 안되고 마음으로 싫어해서도 안된다. 비구들이여, 남들이 나를 비방하고 법을 비방하고 승가를 비방한다고 해서 만일 그대들이 거기에 자극받아서 분노하고 싫어하는 마음을 낸다면 그것은 그대들에게 장애가 된다. 비구들이여, 남들이 나를 비방하고 법을 비방하고 승가를 비방한다고 해서 그대들이 거기에 자극받아서 분노하고 싫어하는 마음을 낸다면 그대들은 남들이 말을 잘했는지 말을 잘못했는지 제대로 알 수 있겠는가?"

"알 수 없습니다, 세존이시여."

"비구들이여, 남들이 나를 비방하거나 법을 비방하거나 승가를 비방한다면 거기서 그대들은 사실이 아닌 것은 사실이 아니라고 설명해 주어야 한다. '이러하기 때문에 이것은 사실이 아닙니다. 이러하기 때문에 이것은 그렇지 않습니다. 우리에게는 이러한 것이 없습니다. 이것은 우리에게는 알려지지 않은 것입니다.'라고"

칭송에 즐거워하거나 기뻐하지 말라

1.6. "비구들이여, 남들이 나를 칭송하거나 법을 칭송하거나 승가를 칭송하더라도 거기서 그대들은 즐거워해서도 안되고 기뻐해서도 안되며 의기양양해서도 안된다. 비구들이여, 남들이 나를 칭송하고 법을 칭송하고 승가를 칭송한다고 해서 만일 그대들이 거기에 자극받아서 즐거워하고 기뻐하고 의기양양하게 되면 그것은 그대들에게 장애가 된다. 비구들이여, 남들이 나를 칭송하거나 법을 칭송하거나 승가를 칭송하면 그대들은 거기서 사실인 것은 사실이라고 인정해 주어야 한다. '이러하기 때문에 이것은 사실입니다. 이러하기 때문에 이것은 옳습니다. 우리에게는 이러한 것이 있습니다. 이것은 우

리에게 알려진 것입니다.'라고"

계를 통한 칭송

1.7. "비구들이여, 범부31)는 다만 제한되고 세속적인 계32)에만
국한하여33) 여래34)를 칭송하는 말을 한다. 비구들이여, 그러면 어떤

---

31) 범부로 옮긴 puthujjana의 산스끄리뜨는 pṛthagjana이며 이는 pṛthag
과 jana의 합성어이다. pṛthag은 √pṛth(*to expand*)에서 파생된 형용사
로서 '분리된, 개개의'의 뜻으로 쓰인다. jana는 √jan(*to generate*)에서
파생된 명사로서 '사람' 일반을 나타낸다. 그래서 pṛthagjana는 '개개의
인간'이란 뜻이며 구마라즙은 금강경에서 凡夫之人으로 옮겼다.
주석서에서는 "개개인의(puthūnaṁ) 여러 가지 형태의 오염원(kilesa)
등을 생기게(janana) 하기 때문에 범부라 한다."(DA.i.59)라고 정의한다.
여기서 오염원 등이라고 표현한 '등'에는 여러 가지 유신견(有身見)을 버
리지 못하고 여러 가지 업을 형성하는 것 등을 들고 있다.(*Ibid*) 유신견은
자아가 있다는 견해이므로 제 아무리 신통이 자재하다 하더라도 자아 등
의 존재론적인 실체를 인정하는 소견을 척파하지 못하는 한 그는 범부에
지나지 않는다. 이러한 존재론적인 단정을 버리게 하려는 의도로 설하고
계신 경이 바로 이 「범망경」이기도 하다.
초기경과 주석서에서는 신과 인간, 출가와 재가를 막론하고 예류자 이상
의 성자(ariya)의 경지에 들지 못한 모든 중생을 범부라고 정확하게 정의
한다. 그리고 예류자부터 불환자는 유학(有學, sekha/sekkha)이라 부르
고 아라한은 무학(無學, asekha/asekkha)이라고 구분해서 부르고 있다.
주석서에서는 범부를 다시 눈먼 범부(andhaputhujjana)와 선한 범부
(kalyāṇaputhujjana)로 나누고 있는데 무더기[蘊], 장소[處], 요소[界]
등을 파악하고 질문하고 배우고 호지하고 반조하지 못하는 자를 눈먼 범
부라 하고, 그렇지 않은 자를 선한 범부라고 한다고 설명하고 있
다.(DA.i.59)

32) 계(戒)는 sīla의 역어이다. 『청정도론』에서는 "① 의도(cetanā)가 계다.
② 마음부수(cetasika)가 계다. ③ 단속(saṁvāra)이 계다. ④ 범하지 않
음(avītikkama)이 계다."(Ps.i.44)라고 『무애해도』를 인용한 뒤 이 각각
을 설명하고 있다. 계는 『청정도론』 I.16 이하에서 상세하게 설명되어 있
으므로 참조할 것.

것이 범부가 다만 제한되고 세속적인 계에만 국한하여 여래를 칭송
하여 말하는 것인가?"

짧은 길이의 계

1.8. "⑴ '사문 고따마는 생명을 죽이는 것을 버리고 생명을 죽
이는 것을 멀리 여의었다. 그분은 몽둥이를 내려놓고 칼을 내려놓았
다. 겸손하고 자비로운 자가 되어 일체 생명의 이익을 위하여 연민하
며35) 머문다.' — 비구들이여, 이처럼 범부는 여래를 칭송하는 말을
한다.

⑵ '사문 고따마는 주지 않은 것을 가지는 것을 버리고 주지 않은

---

33)   즉 [삼매나 통찰지 등의] 더 높은 덕(guṇa)을 제외하고 단지 더 낮고 제
      한되고 하열한 계만을 가지고 칭송하는 것이라고 주석서는 설명하고 있
      다.(*Ibid*) 이렇게 말문을 여시고 중생들이 부처님을 칭송하는 계의 항목
      을 상세하게 열거하신 후에 이것을 넘어서서 세상에 존재하는 모든 견해
      나 학설을 62가지 견해로 분류해서 설하신다.

34)   "여덟 가지 이유 때문에 세존께서는 여래(tathāgata)이시다. ① 여여하게
      (tathā) 오셨다(āgata)고 해서 여래이시다. ② 여여하게 가셨다(gata)고
      해서 여래이시다. ③ 사실대로의 특징으로(tathalakkhaṇaṁ) 오셨다고
      해서 여래이시다. ④ 사실대로의 법들을 확실하게(yāthāvato) 정등각
      (abhisambuddha)하셨기 때문에 여래이시다. ⑤ 사실대로 보시기
      (tathadassitā) 때문에 여래이시다. ⑥ 사실대로 말씀하시기
      (tathavāditā) 때문에 여래이시다. ⑦ 여여하게 행하시기(tathākāritā)
      때문에 여래이시다. ⑧ 지배(abhibhavana)의 뜻에서 여래이시
      다."(DA.i.59~60) 지배에 대해서는 본서 제2권 「대반열반경」(D16)
      §3.24 이하의 '여덟 가지 지배의 경지'를 참조할 것.

35)   원어는 sabbapāṇabhūta-hitānukampī라는 합성어인데 이를 주석서는
      'sabbe(일체) pāṇabhūte(생명 있는 것들의) hitena(이익을 위해서)
      anukampako(연민하는 자)'로 분석하여 설명하고 있다.(DA.i.70)

것을 가지는 것을 멀리 여의었다. 그분은 준 것만을 받고 준 것만을 받으려고 하시며 스스로 훔치지 않아 청정하게 머문다.' — 비구들이여, 이처럼 범부는 여래를 칭송하는 말을 한다.

(3) '사문 고따마는 금욕적이지 못한 삶을 버리고 청정범행36)을 닦는다. 그분은 독신자가 되어 성행위의 저속함을 멀리 여의었다.' — 비구들이여, 이처럼 범부는 여래를 칭송하는 말을 한다.''

1.9. "(4) '사문 고따마는 거짓말37)을 버리고 거짓말을 멀리 여의었다. 그분은 진실을 말하며 진실에 부합하고 굳건하고 믿음직하여 세상을 속이지 않는다.' — 비구들이여, 이처럼 범부는 여래를 칭송하는 말을 한다.

(5) '사문 고따마는 중상모략38)하는 말을 버리고 중상모략하는 말을 멀리 여의었다. 여기서 듣고서 이들을 이간39)하려고 저기서 말하지 않는다. 저기서 듣고서 저들을 이간하려고 여기서 말하지 않는다. 오히려 그분은 이와 같이 이간된 자들을 합치고 우정을 장려하며 화합을 좋아하고 화합을 기뻐하고 화합을 즐기며 화합하게 하는 말을 한다.' — 비구들이여, 이처럼 범부는 여래를 칭송하는 말을 한다.

---

36) '청정범행'에 대해서는 본서 「사문과경」(D2) §20의 주해를 참조할 것.

37) 원어 musāvāda는 musā(거짓된)+vāda(말)로 분석되며 중국에서는 망어(妄語)로 옮겼다.

38) 원어 pisuṇāvācā는 pisuṇā와 vācā의 합성어이다. pisuṇa는 도깨비나 악령을 뜻하는 pisāca와 같은 어원(√piś, *to hate*)을 가진 형용사로 *backbiting*(뒤에서 험담함, 중상)으로 영역한다. 이 전체를 중국에서는 양설(兩舌)로 옮겼다.

39) 원어 bheda는 √bhid(*to break*)에서 파생된 명사로 '분열, 파멸, 부서짐'의 뜻이다.

(6) '사문 고따마는 욕하는 말40)을 버리고 욕하는 말을 멀리 여의었다. 그분은 유순하고 귀에 즐겁고 사랑스럽고 가슴에 와 닿고 예의 바르고 대중이 좋아하고 대중의 마음에 드는 그런 말을 하는 자이다.' — 비구들이여, 이처럼 범부는 여래를 칭송하는 말을 한다.

(7) '사문 고따마는 잡담41)을 버리고 잡담을 멀리 여의었다. 그분은 시기에 맞는 말을 하고, 있는 것을 말하고, 유익한 것을 말하고, 법을 말하고, 율을 말하는 자이며, 담아둘 만하며 이유가 있고 의미가 분명하며 이익을 줄 수 있는 말을 시의 적절하게 말하는 자이다.' — 비구들이여, 이처럼 범부는 여래를 칭송하는 말을 한다."42)

1.10. "(8) '① 사문 고따마는 씨앗류와 초목류를 손상시키는 것을 멀리 여의었다.

② 사문 고따마는 하루 한 끼만 먹는 자다. 그는 밤에 [먹는 것을] 그만두고 때 아닌 때에 먹는 것을 멀리 여의었다.

---

40) 원어는 pharusā-vācā인데 pharusa는 베다에서부터 나타나는 paruṣa (√pṝ, *to fill*)의 빠알리어로 '거친, 가혹한' 등의 뜻이다. 이 전체를 중국에서는 악구(惡口)로 옮겼다.

41) 원어 samphappalāpa는 sampha+palāpa(pra+√lap, *to prattle*)로 분석된다. 쓸데없는 잡담이나 숙덕대는 말이며 영어 *gossip*이 여기에 해당된다. 중국에서는 기어(綺語)로 옮겼다.

42) 이상, 열 가지 해로운 업의 길[十不善業道] 가운데서 '일곱 가지 근본이 되는 학습계목(satta mūlasikkhāpadāni)'을 설하셨다. 10불선업도 가운데 마지막 세 가지인 탐욕과 성냄과 삿된 견해[邪見]는 제외하고, 중생들이 칭송하는 세속적인 계를 이다음에서 더 열거하고 계신다. 여기서는 주제가 중생들이 부처님을 칭송하는 제한되고 세속적인 계이기 때문에, 더 높은 덕목에 해당되는 탐욕과 성냄과 사견을 근원적으로 단속하는 계목은 세속 사람들의 영역이 아니라서 제외 되었다고 복주서는 설명하고 있다. (DAṬ.i.157)

③ 사문 고따마는 춤, 노래, 음악, 연극을 관람하는 것을 멀리 여의었다.

④ 사문 고따마는 화환을 두르고 향수를 바르고 화장품으로 꾸미는 것을 멀리 여의었다.

⑤ 사문 고따마는 높고 큰 침상을 멀리 여의었다.

⑥ 사문 고따마는 금과 은을 받는 것을 멀리 여의었다.

⑦ 사문 고따마는 [요리하지 않은] 날곡식을 받는 것을 멀리 여의었다.

⑧ 사문 고따마는 생고기를 받는 것을 멀리 여의었다.

⑨ 사문 고따마는 여자나 동녀를 받는 것을 멀리 여의었다.

⑩ 사문 고따마는 하인과 하녀를 받는 것을 멀리 여의었다.

⑪ 사문 고따마는 염소와 양을 받는 것을 멀리 여의었다.

⑫ 사문 고따마는 닭과 돼지를 받는 것을 멀리 여의었다.

⑬ 사문 고따마는 코끼리, 소, 말, 암말을 받는 것을 멀리 여의었다.

⑭ 사문 고따마는 농토나 토지를 받는 것을 멀리 여의었다.

⑮ 사문 고따마는 남의 심부름꾼이나 전령으로 가는 것을 멀리 여의었다.

⑯ 사문 고따마는 사고파는 것을 멀리 여의었다.

⑰ 사문 고따마는 저울을 속이고 금속을 속이고 치수를 속이는 것을 멀리 여의었다.

⑱ 사문 고따마는 악용하고 속이고 횡령하고 사기하는 것을 멀리 여의었다.

⑲ 사문 고따마는 상해, 살상, 포박, 약탈, 노략질, 폭력을 멀리 여의었다.'

— 비구들이여, 이처럼 범부는 여래를 칭송하는 말을 한다."

짧은 길이의 계가 끝났다.

중간 길이의 계

1.11. "⑴ '어떤 사문이나 바라문 존자들43)은 [재가자들이] 신심으로 가져온44) 음식으로 살면서 씨앗류와 초목류를 해치면서 살아간다. 즉 뿌리로 번식하는 것, 줄기로 번식하는 것, 마디로 번식하는 것, 싹으로 번식하는 것, 다섯 번째로 종자로 번식하는 것이다.45) 그러나 사문 고따마는 이러한 씨앗류와 초목류를 해치는 것을 멀리 여의었다.' — 비구들이여, 이처럼 범부는 여래를 칭송하는 말을 한다."

1.12. "⑵ 혹은 '어떤 사문이나 바라문 존자들은 [재가자들이] 신심으로 가져온 음식으로 살면서 축적해두고 즐기는데46) 빠져 지낸

---

43)   bhonto. 2인칭 존칭대명사인 bhavant의 주격 복수형이다. 이를 살려서 '존자들'이라고 옮겼다. 여기서 사문·바라문들에게 존칭을 써서 이렇게 표현하는 것은, 그들은 존귀하여 잘 먹고 잘 살지만 실은 사문답지 못하고 바라문답지 못하게 생계를 유지하고 있는 것을 반어법적으로 표현하는 것인 듯하다.

44)   "업과 과보와 금생과 내생에 대한 확고한 마음으로 재가자들이 출가자들에게 음식을 가져온다는 뜻이다."(DA.i.81)

45)   특히 자이나교에서는 식물(Am. vaṇassai, Sk. vanaspati)을 그들의 육대원소에 포함시키고 있다. 그들은 지·수·화·풍·식물·동물을 생명을 가진 가장 기본원소로 취급한다. 그러므로 자이나교에서는 생명이 있는 맨흙 위에 앉는 것도 계율로써 금하고 있으며, 생명이 있는 생수를 마시는 것도 금한다.(Jacobi, 3~14)

46)   '축적해두고 즐기기'로 옮긴 원문은 sannidhikāra-paribhoga인데 주석

다. 즉 음식을 축적하고, 마실 것을 축적하고, 옷을 축적하고, 탈것을 축적하고, 침구와 좌구를 축적하고, 향을 축적하고, 재산을 축적하여, 그 축적한 것을 즐기는데 빠져 지낸다. 그러나 사문 고따마는 축적해 두고 즐기는 이런 것을 멀리 여의었다.' — 비구들이여, 이처럼 범부는 여래를 칭송하는 말을 한다."

1.13. "(3) 혹은 '어떤 사문이나 바라문 존자들은 [재가자들이] 신심으로 가져온 음식으로 살면서 구경거리를 보는데 빠져 지낸다. 즉 춤, 노래, 연주, 연극, 낭송, 박수치며 하는 공연, 심벌즈로 하는 공연47), 북치며 하는 공연, 예술품 전람회, 쇠공놀이, 죽봉놀이, 곡예, 코끼리싸움, 말싸움, 물소싸움, 황소싸움, 염소싸움, 숫양싸움, 닭싸움, 메추리싸움, 봉술, 권투, 레슬링, 모의전투, 군대의 행진, 군대의 집합, 열병이다. 그러나 사문 고따마는 구경거리를 보는 이런 것을 멀리 여의었다.' — 비구들이여, 이처럼 범부는 여래를 칭송하는 말을 한다."

1.14. "(4) 혹은 '어떤 사문이나 바라문 존자들은 [재가자들이] 신심으로 가져온 음식으로 살면서 노름이나 놀이에 빠져 지낸다. 즉 팔목(八目) 체스장기48), 십목 체스장기, 허공에 판이 있는 양 가정하고

서에서는 'sannidhikatassa(축적한 것을) paribhogam(즐김)'으로 해석하고 있다.(DA.i.81) 그래서 이렇게 옮겼다.

47)   주석서에서는 박수치기(ghana-tāḷa)라고 설명한 뒤 "어떤 자들은 주문을 읊어서 시체를 일으켜 세우기라고 한다.(mantena matasarīruṭṭhāpanan ti eke)"(DA.i.84)라고 소개하고 있다.

48)   "팔목 체스장기(aṭṭhapada)란 한 줄(panti)에 여덟 개씩의 장기를 놓는 곳(pada)을 가진 것이다."(DA.i.85)

하는 체스장기, 돌차기 놀이, 쌓기 놀이, 주사위놀이, 자치기, 맨손으로 벽에 그리는 놀이, 공놀이, 풀피리 불기, 장난감 쟁기질놀이, 재주 넘기, 잎사귀 접어서 돌리기, 장난감 저울놀이, 장난감 수레놀이, 장난감 활쏘기, 글자 맞히기, 생각 맞히기, 불구자 흉내 내기이다. 그러나 사문 고따마는 노름이나 놀이에 빠지는 이런 일을 멀리 여의었다.' — 비구들이여, 이처럼 범부는 여래를 칭송하는 말을 한다."

1.15. "(5) 혹은 '어떤 사문이나 바라문 존자들은 [재가자들이] 신심으로 가져온 음식으로 살면서 높고 큰 [호사스런] 침구와 좌구를 사용하면서 지낸다. 즉 아주 큰 침상, 다리에 동물 형상을 새긴 자리, 긴 술을 가진 이불, 울긋불긋한 천 조각을 덧댄 이불, 흰색 양털이불, 꽃들을 수놓은 양털이불, 솜으로 채운 누비이불, 동물을 수놓은 양털이불, 한쪽이나 양쪽에 술을 가진 양털이불, 보석을 박은 이불, 비단이불, 무도장의 양탄자, 코끼리 등덮개, 말 등덮개, 수레 깔개, 사슴가죽 깔개, 영양가죽 깔개, 차양 있는 양탄자, 붉은 베개와 붉은 발 받침이 있는 긴 의자이다. 그러나 사문 고따마는 이러한 높고 큰 [호사스런] 침구와 좌구를 멀리 여의었다.' — 비구들이여, 이처럼 범부는 여래를 칭송하는 말을 한다."

1.16. "(6) 혹은 '어떤 사문이나 바라문 존자들은 [재가자들이] 신심으로 가져온 음식으로 살면서 치장하고 장엄하는 일에 몰두한다. 즉 몸에 향 가루 바르기, 기름으로 안마하기, 향수로 목욕하기, 사지를 안마하기, 거울보기, 속눈썹 검게 칠하기, 화환과 향과 화장품으로 치장하기, 얼굴에 분칠하기, 화장, 팔찌, 머리띠, 장식용 지팡이, 장식한 약통, 긴 칼, 일산, 수놓은 신발, 터번, 보석으로 만든 관모, 야

크꼬리로 만든 불자(拂子)49), 긴 술로 장식된 흰옷을 입는 것이다. 그러나 사문 고따마는 이러한 치장하고 장엄하는 일을 멀리 여의었다.' — 비구들이여, 이처럼 범부는 여래를 칭송하는 말을 한다."

1.17. "(7) 혹은 '어떤 사문이나 바라문 존자들은 [재가자들이] 신심으로 가져온 음식으로 살면서 쓸데없는 이야기50)에 몰두한다. 즉 왕의 이야기, 도둑 이야기, 대신들 이야기, 군대 이야기, 재난 이야기, 전쟁 이야기, 음식 이야기, 음료수 이야기, 옷 이야기, 침대 이야기, 화환 이야기, 향 이야기, 친척 이야기, 탈것에 대한 이야기, 마을에 대한 이야기, 성읍에 대한 이야기, 도시에 대한 이야기, 나라에 대한 이야기, 여자 이야기, 영웅 이야기, 거리 이야기, 우물 이야기, 전에 죽은 자에 관한 이야기, 하찮은 이야기, 세상의 [기원]에 대한 이야기, 바다에 관련된 이야기, 번영과 불운에 관한 이야기이다. 그러나 사문 고따마는 이러한 이야기를 멀리 여의었다.' — 비구들이여, 이처럼 범부는 여래를 칭송하는 말을 한다."

1.18. "(8) 혹은 '어떤 사문이나 바라문 존자들은 [재가자들이] 신심으로 가져온 음식으로 살면서 논쟁에 몰두한다.

---

49) 먼지 따위를 털거나 파리나 모기 등을 떨어내기 위해서 만든 총채 모양의 도구.

50) tiracchānakathā. 경에서는 이처럼 모두 27가지 쓸데없는 이야기가 언급되고 있다. 『청정도론』 등의 주석서 문헌에서는 모두 32가지 쓸데없는 이야기(Vis.IV.38)를 언급하고 있는데 『청정도론 복주서』(Pm)에 의하면 이 27가지에다 산, 강, 섬에 대한 이야기와 천상과 해탈에 대한 것도 쓸데없는 이야기에 포함시켜서 모두 32가지라고(Pm.59) 설명하고 있다. 말로만 해탈을 논하는 것도 쓸데없는 이야기에 포함시키고 있는 것에 주목해야 한다.

즉 '그대는 이 법과 율51)을 제대로 모른다. 나야말로 이 법과 율을 제대로 안다.'

'어찌 그대가 이 법과 율을 제대로 알겠는가?'

'그대는 그릇된 도52)를 닦는 자이고 나는 바른 도를 닦는 자이다.'

'[내 말은] 일관되지만 그대는 일관되지 않는다.'

'그대는 먼저 설해야 할 것을 뒤에 설했고 뒤에 설해야 할 것을 먼저 설했다.'

'그대가 [오랫동안] 주장해오던 것은 [한 마디로] 논파되었다.'53)

'나는 그대의 [교설의] 허점을 지적했다. 그대는 패했다. 비난으로부터 도망가라.54) 혹은 만약 할 수 있다면 [지금] 설명해 보라.'라고.

그러나 사문 고따마는 이러한 논쟁을 멀리 여의었다.' ― 비구들이여, 이처럼 범부는 여래를 칭송하는 말을 한다."

---

51) 불교에서 규정하는 법(dhamma)과 율(vinaya)에 대해서는 본서 제2권 「대반열반경」(D16) §6.1의 주해를 참조할 것.

52) 본서에서 나타나는 '도(道)'는 모두 magga를 옮긴 것이다. 불교에서 설하는 도(magga)는 초기경에서 크게 두 문맥에서 나타나는데 하나는 팔정도의 도로 나타나고 다른 하나는 예류도부터 아라한도까지의 도로 나타난다. 도(magga)와 도닦음(paṭipāda)에 대해서는 본서 「마할리 경」(D6) §14의 주해를 참조할 것.

53) 원문은 avicinṇaṇ te viparāvattaṁ인데 그냥 이해하기에는 무리가 따른다. 주석서는 "그대가 오랫동안 익숙하여(dīgharattācinṇa) 능수능란하게(suppaguṇa) 주장해오던 것을 우리는 단 한마디로 역전(viparāvatta)시켜 버리고 머문다. 그대는 아무것도 모른다는 뜻이다."(DA.i.91)라고 설명하고 있다.

54) 원어는 cara vādappamokkhāya인데 주석서에서는 "비난으로부터 벗어나기 위해 여기저기 가서 배우라는 뜻이다.(dosamocanatthaṁ cara, vicara; tattha tattha gantvā sikkhāti attho)"(Ibid)라고 풀이하고 있다.

1.19. "⑼ 혹은 '어떤 사문이나 바라문 존자들은 [재가자들이] 신심으로 가져온 음식으로 살면서 전령이나 심부름꾼 노릇을 하며 살아간다. 즉 왕, 대신, 왕족, 바라문, 장자, 젊은이들이 '여기에 가시오, 저기에 가시오. 이것을 저기로 가지고 가시오. 저것을 여기로 가지고 오시오.'라는 것에 대해서이다. 그러나 사문 고따마는 이러한 전령이나 심부름꾼 노릇을 멀리 여의었다.' — 비구들이여, 이처럼 범부는 여래를 칭송하는 말을 한다."

1.20. "⑽ 혹은 '어떤 사문이나 바라문 존자들은 [재가자들이] 신심으로 가져온 음식으로 살면서 계략하고, 쓸데없는 말을 하고, 암시를 주고, 비방하고, 이득으로 이득을 추구한다.55) 그러나 사문 고따마는 이러한 계략과 쓸데없는 말을 멀리 여의었다.' — 비구들이여, 이처럼 범부는 여래를 칭송하는 말을 한다."

중간 길이의 계가 끝났다.

긴 길이의 계

1.21. "⑴ 혹은 '어떤 사문이나 바라문 존자들은 [재가자들이] 신심으로 가져온 음식으로 살면서 하천(下賤)한 지식56)을 통한 삿된 생

---

55) 계략, 쓸데없는 말, 암시, 비방, 이득으로 이득을 추구함의 각각에 대해서는 『청정도론』 I.61~82의 생계의 청정에 관한 계에 상세히 설명되어 있으므로 참조할 것.

56) 원어는 tiracchāna-vijjā이다. vijjā는 일반적으로는 전문지식이라는 뜻으로 많이 쓰인다. 이것과 대가 되는 용어로 sippa가 있는데 이것은 전문기술이라는 의미이다.(「사문과경」(D2)에서는 기술로 옮겼다) vijjā는

계수단으로 생계를 꾸린다. 즉 몸의 특징으로 예언하기, 예감이나 징조로 예언하기, 벼락이나 하늘의 조짐에 따라 점치기, 해몽, 관상, 쥐가 파먹은 옷의 구멍에 따라서 점치기, 불을 섬김, 주걱으로 헌공함, 벼 헌공, 쌀가루 헌공, 쌀 헌공, 버터 헌공, 기름 헌공, 입으로 하는 헌공, 피의 헌공, 수상(手相)보기, 집터보기, 대지보기, 묘지의 귀신 물리치기, 망령 물리치기, 흙집에 사는 자의 주술, 뱀 부리는 주술, 독극물 제조술, 전갈 부리는 기술, 쥐 부리는 기술, 새 부리는 기술, 까마귀 부리는 기술, 수명 예언하기, 화살에 대항하는 주문, 동물들의 울음을 아는 주문이다. 그러나 사문 고따마는 이러한 하천한 지식을 통한 삿된 생계수단을 멀리 여의었다.' — 비구들이여, 이처럼 범부는 여래를 칭송하는 말을 한다."

1.22. "(2) 혹은 '어떤 사문이나 바라문 존자들은 [재가자들이] 신심으로 가져온 음식으로 살면서 하천한 지식을 통한 삿된 생계수단으로 생계를 꾸린다. 즉 보석, 옷감, 지팡이, 칼, 긴 칼, 화살, 활, 다른 무기, 여자, 남자, 소년, 소녀, 남녀 노비, 코끼리, 말, 물소, 황소, 암소, 염소, 양, 닭, 메추리, 큰 도마뱀, 귀걸이(혹은 집의 박공), 거북이, 다른 동물들 — 이런 것들의 색깔이나 모양이나 다른 특징들을 보고 점을 친다. 그러나 사문 고따마는 이러한 하천한 지식을 통한 삿된

넓은 의미로는 여러 학문분야나 여러 직업의 전문지식을 말한다. 물론 베다에 대한 지식도 vijjā라고 하며 특히 삼베다에 대한 지식을 tevijjā(三明)라고 한다.(본서 「암밧타 경」(D3) 참조) 그러나 여기서는 하천한 (tiracchāna) 지식이라는 이름으로 특히 여러 가지 점치기, 예언, 주술 등 종교인들이 빠지기 쉬운 나쁜 생계수단들이 언급되고 있다. 출가자는 이러한 하천한 지식을 통해서 생계를 유지해서는 안되며 걸식으로 생계를 유지해야 함을 강조하고 있다.

생계수단을 멀리 여의었다.' — 비구들이여, 이처럼 범부는 여래를 칭송하는 말을 한다."

1.23. "(3) 혹은 '어떤 사문이나 바라문 존자들은 [재가자들이] 신심으로 가져온 음식으로 살면서 하천한 지식을 통한 삿된 생계수단으로 생계를 꾸린다. 즉 '왕들의 진격이 있을 것이다. 왕들의 퇴각이 있을 것이다. 우리 쪽 왕들의 공격이 있을 것이고 저쪽 왕들의 후퇴가 있을 것이다. 저쪽 왕들의 공격이 있을 것이고 우리 쪽 왕들의 후퇴가 있을 것이다. 우리 쪽 왕들이 승리할 것이고 저쪽 왕들이 패배할 것이다. 저쪽 왕들이 승리할 것이고 우리 쪽 왕들이 패배할 것이다. 이와 같이 이편이 승리할 것이고 저편이 승리할 것이다.'라고. 그러나 사문 고따마는 이러한 하천한 지식을 통한 삿된 생계수단을 멀리 여의었다.' — 비구들이여, 이처럼 범부는 여래를 칭송하는 말을 한다."

1.24. "(4) 혹은 '어떤 사문이나 바라문 존자들은 [재가자들이] 신심으로 가져온 음식으로 살면서 하천한 지식을 통한 삿된 생계수단으로 생계를 꾸린다. 즉 '월식이 있을 것이다. 일식이 있을 것이다. 행성의 합삭이 있을 것이다. 해와 달이 올바른 항로로 운행할 것이다. 혹은 잘못된 항로로 운행할 것이다. 유성이 떨어질 것이다. 짙은 노을이 낄 것이다. 지진이 있을 것이다. 천둥이 칠 것이다. 해와 달과 별들이 뜨거나 지거나 흐리거나 깨끗할 것이다. 월식은 이러한 결과를 가져올 것이다. 일식은 저러한 결과를 가져올 것이다. 별이 가려지는 일은 다시 저러한 결과를 가져올 것이다. 해와 달이 올바른 항로로 운행함은 이러한 결과를 가져올 것이고, 잘못된 항로로 운행함

은 또 다른 결과를 가져올 것이다. 별들이 올바른 항로로 운행함은 이러한 결과를 가져올 것이고, 잘못된 항로로 운행함은 또 다른 결과를 가져올 것이다. 유성이 떨어짐은 이러한 결과를 가져올 것이고, 짙은 노을은 저러한 결과를 가져올 것이고 천둥은 또 다른 결과를 가져올 것이다. 그리고 해와 달과 별의 뜨고 지고 흐리고 깨끗함도 각각 여러 가지 결과를 가져올 것이다.'라고. 그러나 사문 고따마는 이러한 하천한 지식을 통한 삿된 생계수단을 멀리 여의었다.' — 비구들이여, 이처럼 범부는 여래를 칭송하는 말을 한다."

1.25. "(5) 혹은 '어떤 사문이나 바라문 존자들은 [재가자들이] 신심으로 가져온 음식으로 살면서 하천한 지식을 통한 삿된 생계수단으로 생계를 꾸린다. 즉 '비가 내릴 것이다. 가뭄이 들 것이다. 풍년이 들 것이다. 흉년이 들 것이다. 민심이 안정될 것이다. 민심이 흉흉할 것이다. 질병이 들 것이다. 건강하게 될 것이다.'라거나 계산법, 암산법, 셈법, 시작(詩作)법, 처세술이다. 그러나 사문 고따마는 이러한 하천한 지식을 통한 삿된 생계수단을 멀리 여의었다.' — 비구들이여, 이처럼 범부는 여래를 칭송하는 말을 한다."

1.26. "(6) 혹은 '어떤 사문이나 바라문 존자들은 [재가자들이] 신심으로 가져온 음식으로 살면서 하천한 지식을 통한 삿된 생계수단으로 생계를 꾸린다. 즉 결혼할 때에 신부 집에 들어가는 날 또는 떠나는 날을 택일하고, 약혼이나 이혼의 길일을 택해 주고, 돈을 모으거나 지출하는 날을 택해 주고, 불행이나 행운을 가져오게 하는 주문을 외우고, 발육부진인 태아의 원기를 회복하도록 주문을 외우고, 말더듬이나 벙어리가 되도록 주문을 외우고, 손에 풍이 들도록 주문을

외우고, 귀머거리가 되도록 주문을 외우고, 거울에 [신을 모셔 와서] 물어 보는 점57)을 치고, 소녀의 몸에 [신을 모셔 와서] 물어 보는 점을 치고, 하녀의 몸에 [신을 모셔 와서] 물어 보는 점을 치고, 태양을 숭배하고, 대범천을 숭배하고, 입에서 불을 내뿜고, 행운의 여신을 부르는 것이다. 그러나 사문 고따마는 이러한 하천한 지식을 통한 삿된 생계수단을 멀리 여의었다.' — 비구들이여, 이처럼 범부는 여래를 칭송하는 말을 한다."

1.27. "(7) 혹은 '어떤 사문이나 바라문 존자들은 [재가자들이] 신심으로 가져온 음식으로 살면서 하천한 지식을 통한 삿된 생계수단으로 생계를 꾸린다. 즉 신의 축복을 비는 의식, 귀신을 부르는 의식, 흙집에 들어가서 주문을 외우는 의식, 정력을 왕성하게 하는 의식, 성불구자가 되게 하는 의식, 집 지을 땅을 마련하는 의식, 집 지을 땅을 신성하게 하는 의식을 거행한다. 의식을 위해 입을 씻고 목욕재계하고 불에 제사지낸다.58) 구토제와 하제(下劑)와 거담제와 점액제거제를 주고, 귀약과 안약과 코약과 연고와 연고 제거제를 주고, 안과의사, 외과의사, 소아과의사의 일을 하고, 이전에 처방한 약의 부작용을 없애기 위해서 정화제59)를 사용한다. 그러나 사문 고따마는 이

---

57) 여기서 '거울에 [신을 모셔 와서] 물어 보는 점'과 '소녀의 몸에 [신을 모셔 와서] 물어 보는 점'과 '하녀의 몸에 [신을 모셔 와서] 물어 보는 점'으로 옮긴 원어는 각각 ādāsapañha와 kumārikapañha와 devapañha인데 주석서에서는 이들을 각각 "거울에다 신을 모셔 와서(devataṁ otāretvā) 물어 보는(pañhapucchanaṁ) 점"(DA.i.97) "소녀의 몸에다(kumārikāya sarīre) 신을 모셔 와서 물어 보는 점"(Ibid) "하녀의 몸에 신을 모셔 와서 물어 보는 점"(Ibid)라고 설명하고 있어서 이렇게 옮겼다.

58) 제사 때 만드는 불 피우는 제단에 대해서는 본서 제3권 「합송경」(D33) §1.10.(32)의 주해를 참조할 것.

러한 하천한 지식을 통한 삿된 생계수단을 멀리 여의었다.' — 비구
들이여, 이처럼 범부는 여래를 칭송하는 말을 한다."

긴 길이의 계가 끝났다.

법을 통한 칭송

1.28. "비구들이여, 또60) 다른 법들61)이 있어서 그것은 심오하고,
보기도 힘들고, 깨닫기도 힘들고, 평화롭고 숭고하며, 단순한 사유의
영역을 넘어서 있고, 미묘하여, 오로지 현자들만이 알아볼 수 있으며,
그것은 여래가 스스로 최상의 지혜로 알고,62) 실현하여,63) 드러낸

---

59) 정화제는 paṭimokkha의 역어인데 '풀려나게 하는 것'이라는 뜻이다. 이
     단어에서 파생된 것이 중국에서 바라제목차로 음역한 pāṭimokkha(계목)
     이다. 비구계목, 비구니계목 등의 빠띠목카는 잘못을 범한 것으로부터 풀
     려나게 한다는 의미가 담겨있다.

60) "지금까지는 유행승의 제자 브라흐마닷따가 칭송한 세속적인 측면에서의
     여래에 대한 칭송을 짧은 길이의 계와 중간 길이의 계와 긴 길이의 계로
     설명하였다. 이제부터는 비구 승가가 칭송하는 것을 바탕으로 설명한
     다."(DA.i.98)

61) 본경의 주석서에서 붓다고사는 dhamma(법)는 guṇa(德), desanā(가르
     침), pariyatti(교학), nissatta(구경법)의 네 가지 의미로 쓰이는데 여기
     서는 구나(덕)의 뜻이라고 설명하고 있다.(DA.i.99) 한편 『앗타살리니』
     에서는 가르침(desanā)대신에 원인(hetu)을 들고 있다.(DhsA.38)
     dhamma(법)의 다양한 용법에 대해서는 『아비담마 길라잡이』 서문 §3을
     참조할 것.

62) '최상의 지혜로 알고'라고 옮긴 원어는 abhiññā이다. 주석서에서는 abhi-
     ññā를 abhivisiṭṭhena ñāṇena(특별한 지혜로)라고 설명하기도 하고
     (DA.i.99) adhikena ñāṇena ñatvā(뛰어난 지혜로 안 뒤에)라고도 설명
     한다.(DA.i.175) 그래서 이 문맥에 나타나는 abhiññā를 동명사 abhi-
     ññāya의 축약된 형태로 간주하여 '최상의 지혜로 알고'라고 본서 전체에

것이다. [사람들이 만약 이러한 법들을 보고나서] 여래를 있는 그대로 칭송한다면 그제야 그들은 참으로 바르게 말한 것이라 할 수 있을 것이다. 비구들이여, 그러면 심오하고, 보기 힘들고, 깨닫기 힘들고, 평화롭고 숭고하며, 단순한 사유의 영역을 넘어서 있고, 미묘하여, 오로지 현자들만이 알아볼 수 있으며, 여래가 스스로 최상의 지혜로 알고, 실현하여, 드러내었으며, 이것을 본 후에야 여래를 있는 그대로 칭송하는 자들이 참으로 바르게 말한 것이라 할 수 있는 그 법들은 어떤 것인가?"64)

서 통일해서 옮겼다.

한편, 명사 abhiññā는 『청정도론』과 『아비담마 길라잡이』에서는 초월지나 신통지로 옮겼다. 주로 육신통을 나타내는 문맥에서 사용되기 때문이다. 그러나 본서에서는 주석서의 설명을 중시하여 거의 대부분 '최상의 지혜'로 옮기고 있으며 동명사 등으로 나타날 때는 '최상의 지혜로 알고' 등으로 옮겼다.

63) 원어 sacchikatvā는 sa+akṣa(눈)+i+√kṛ(to do)로 분석이 되는 쯔위 형태의 동사이다. '-i+√kṛ'를 사용하면 '[~ 아닌 것을] ~로 만들다'는 의미이며 이것을 산스끄리뜨 문법용어로 쯔위(cvi)라고 한다. 그러므로 이것은 '드러나지 않던 것을 눈앞에 분명하게 드러나게 하다'는 의미이다. 그래서 주석서에서는 paccakkhaṁ katvā(눈앞에 드러내다, 직접 보게 만들다)로 설명하고 있으며(Ibid) "이것을 통해서 추론지(anumāna) 등을 배제하였다."(DA.i.175)고 부연하고 있다. 열반의 실현(nibbānassa sacchikiriya)으로도 쓰이는 단어이며 생각이나 논리가 아닌 직접적인 체득을 강조하는 어법이다. 그래서 '실현하다'로 옮겼다.

64) 이하 §3.31까지 62가지 견해를 과거에 관한 것 18가지와 미래에 관한 것 44가지로 분류해서 설하신다. 그래서 여래가 이처럼 인간이 가질 수 있는 견해를 정교하게 설명하는 것을 본 후에야 여래를 있는 그대로 칭송하는 자들이 참으로 바르게 말한 것이라 할 수 있다고 말씀하신다.
그런 뒤 다시 §3.32부터 이러한 62견이 어디서 비롯되었는가를 명확하게 제시하시면서 이런 것을 꿰뚫어 알기 때문에 여래는 견해의 그물에 걸리지 않는다고 천명하시는 것이 본경의 대의이다.

I. 18가지 과거를 모색하는 자들

1.29. "비구들이여, 어떤 사문·바라문들은 18가지[65] 이유로[66] 과거를 모색하고[67], 과거에 대한 견해를 가지고, 과거에 대한 여러 가지 교리를 선언한다. 그러면 무엇을 근거로 하고 무엇에 의거해서 그 사문·바라문 존자들은 18가지 이유로 과거를 모색하고, 과거에 대한

본경이 중요한 이유는 62견을 상세하게 나열하기 때문이 아니라 어떻게 이런 견해의 그물에 걸리지 않고 이를 잘라 버리고 벗어나서 해탈·열반을 실현하는가를 기술하고 있다는 점에 있으며 그것을 세존께서는 명쾌하게 보여 주신다. 그러므로 일차합송에서 장로들은 본경을 『장부』를 대표하여 제1경으로 자리매김하였을 것이다.

마치 『중부』의 제1경인 물라빠리야야 숫따(Mūlapariyāyasutta, 근본에 대한 법문, M1)가 23가지 근본이 되는 요소들을 설정하고 범부, 유학, 아라한, 여래는 어떻게 이를 대처하는가를 보이시는 것으로 부처님 가르침의 핵심을 천명하듯이 『장부』의 제1경인 본경도 62견의 극복을 천명하는 것으로 부처님 가르침의 핵심을 천명하고 있다.

65) 18가지 과거를 모색하는 자들(pubbantakappikā)은 다음과 같다.
　　I-1. 영속론자들(sassatavādā) - 4가지
　　I-2. 일부영속 일부비영속론자들(ekaccasassatikā ekaccāsassatikā) - 4가지
　　I-3. 유한함과 무한함을 설하는 자들(antānantikā) - 4가지
　　I-4. 애매모호한 자들(amarāvikkhepikā) - 4가지
　　I-5. 우연발생론자들(adhiccasamuppannikā) - 2가지

66) 여기서 '이유'로 옮긴 원어는 vatthu(토대)인데 주석서에서 kāraṇa(이유)로 옮기고 있기 때문에(DA.i.104) 이렇게 옮겼다.

67) "여기서는 갈애(taṇhā)와 견해(diṭṭhi, 邪見)에 의한 두 가지가 있다고 알아야 한다. "모색(kappa)이란 두 가지 모색이니 갈애에 의한 모색과 견해에 의한 모색이다."(Nd1.97)라고 하셨다. 그러므로 갈애와 견해를 통해서 과거의 무더기들[蘊]을 거듭해서 모색하여 성립된 것이라고 해서 과거를 모색함이라 한다고 그 뜻을 알아야 한다."(DA.i.103)

견해를 가지고, 과거에 대한 여러 가지 교리를 선언하는가?"

I-1. 영속론자들

1.30. "비구들이여, 어떤 사문·바라문들은 영속론자[68]들인데 네 가지 이유로 영속하는 자아와 세상[69]을 천명한다. 그러면 무엇을 근거로 하고 무엇에 의거해서 그 사문·바라문 존자들은 영속론자가 되어 네 가지 이유로 영속하는 자아와 세상을 천명하는가?"

1.31. "비구들이여, 여기 어떤 사문이나 바라문은 애를 쓰고 노력하고 몰두하고 방일하지 않고 바르게 마음에 잡도리함[70]을 닦아서 거기에 걸맞는[71] 마음의 삼매를 얻는다.[72] 그는 마음이 삼매에 들어

---

68) 원어 sassatavāda는 바후위리히 합성어이다. 그래서 주석서는 '영원함을 설하는 자들(sassato vādo etesaṁ)'로 풀이하고 있다.(DA.i.104) 그리고 주석서는 vāda를 diṭṭhin(견해를 가진 자)으로 설명하며 이하 모든 경우에 다 적용된다고 밝히고 있다.(*Ibid*) 그래서 '영속론자들'로 옮겼다.

69) "영속하는 자아와 세상(sassataṁ attānañ ca lokañ ca)이란 물질 등의 [오온]에 대해서 자아라거나 세상이라고 거머쥔 뒤 그것을 영속하고 죽지 않고 견고하다고 천명하는 것이다."(*Ibid*)

70) '바르게 마음에 잡도리함'의 원어는 sammāmanasikāra이다. 주석서에서는 "무상에서 무상이라는 등의 방법으로 생겨나는 마음에 잡도리함이다."(DA.iii.888)라고 설명하고 있다. 복주서에서는 "지혜로운 주의(yoniso manasikāra, 如理作意)란 무상(無常) 등을 통해서 마음에 잡도리함이다."(DAṬ.iii.307)라고 설명하고 있으므로 바르게 마음에 잡도리함은 지혜로운 주의[如理作意, yoniso manasikāra]와 동의어로 봐도 무방하다. manasikāra의 번역에 대한 설명은 본서 제2권 「대전기경」 (D14) §2.18의 주해를 참조할 것.

71) "거기에 걸맞는(tathārūpaṁ)이란 거기에서 생긴(tathājātikaṁ)이다."(DA.i.104) 즉 노력하고 애쓰고 방일하지 않고 마음에 잡도리함에서 생긴 [마음의 삼매]라는 뜻이다.

수많은 전생의 갖가지 삶들을 기억한다[宿命通][73]. 즉 한 생, 두 생, 세 생, 네 생, 다섯 생, 열 생, 스무 생, 서른 생, 마흔 생, 쉰 생, 백 생, 천 생, 십만 생, 수백 생, 수천 생, 수십만 전생을 기억한다. '어느 곳에서 이런 이름을 가졌고, 이런 종족이었고, 이런 용모를 가졌고, 이런 음식을 먹었고, 행복과 고통을 경험했고, 이런 수명의 한계를 가졌고, 그곳에서 죽어 다른 어떤 곳에 다시 태어나 그곳에서는 이런 이름을 가졌고, 이런 종족이었고, 이런 용모를 가졌고, 이런 음식을 먹었고, 이런 행복과 고통을 경험했고, 이런 수명의 한계를 가졌고, 그곳에서 죽어 여기 다시 태어났다.'라고. 이처럼 한량없는 전생의 갖가지 모습들을 그 특색과 더불어 상세하게 기억해낸다.

그는 이렇게 말한다. '자아와 세계는 영속하나니 그것은 생산함이 없고[74] 산꼭대기처럼 움직이지 않고[75] 성문 앞의 기둥처럼 견고하

---

72)   원어는 ceto-samādhi이다.
      옛날에는 이처럼 마음의 삼매로 표현되는 정신적인 능력이 과거를 보는 중요한 수단이었다. 삼매의 힘은 주관적인 것이라서 객관성이 없는 것이 흠이지만 수행자들의 권위가 뒷받침되어 그들의 주장은 통용되었을 것이다. 물론 이런 주관적인 권위는 객관성이 결여되었고 그래서 그들의 권위를 지탱시키기 위해서 힘, 즉 폭력을 수반해온 것이 인류역사다. 세속의 정치적 힘을 능가한 서양 종교의 권위와 힘은 교황을 만들어 내었고 천년 넘게 서양을 지배해 왔다. 이런 주관적 권위를 극복하고자 서양 지성인들은 많은 노력을 하였고 그래서 과학(science)이라는 방법론을 개발하였다. 과학은 무어라 해도 객관적인 자료가 중요하다. 이런 객관적 자료를 토대로 한 합리적인 사고를 통해서 그들은 과거 즉 세상의 기원에 대해서 많은 연구를 하여왔음은 주지의 사실이다.

73)   이하 §§1.31~33까지는 여러 곳에서 전생을 기억하는 지혜[宿命通]의 정형구로 정형화되어 나타난다. 여기에 대해서는 본서 「사문과경」(D2) §93과 『청정도론』 XIII.13 이하를 참조할 것.

74)   "생산함이 없음(vañjha)이란 새끼 가지지 못하는 가축이나 열매 맺지 못하는 야자나무 등과 같이 열매를 맺지 못하고 아무것도 생산하지 못한다

게 서있다. 중생들은 [이곳에서 저곳으로] 치달리고 윤회하고 죽고
태어나지만 이 [자아와 세계]는 영속 그 자체인 것처럼 존재한다. 그
것은 무엇 때문인가? 참으로 나는 애를 쓰고 노력하고 몰두하고 방
일하지 않고 바르게 마음에 잡도리함을 닦아서 거기에 걸맞는 마음
의 삼매를 얻기 때문이다. 나는 마음이 삼매에 들어 수많은 전생의
갖가지 삶들을 기억한다. 즉 한 생, 두 생, 세 생, 네 생, 다섯 생, 열
생, 스무 생, 서른 생, 마흔 생, 쉰 생, 백 생, 천 생, 십만 생, 수백 생,
수천 생, 수십만 전생을 기억한다. '어느 곳에서 이런 이름을 가졌고,
이런 종족이었고, 이런 용모를 가졌고, 이런 음식을 먹었고, 행복과
고통을 경험했고, 이런 수명의 한계를 가졌고, 그곳에서 죽어 다른
어떤 곳에 다시 태어나 그곳에서는 이런 이름을 가졌고, 이런 종족이
었고, 이런 용모를 가졌고, 이런 음식을 먹었고, 이런 행복과 고통을
경험했고, 이런 수명의 한계를 가졌고, 그곳에서 죽어 여기 다시 태
어났다.'라고. 이처럼 나는 한량없는 전생의 갖가지 모습들을 그 특
색과 더불어 상세하게 기억해내기 때문이다. 이것에 의해서 나는 '자

(ajanaka)는 뜻이다."(DA.i.105) 생산함이 있다는 것은 결국 소멸함이
있다는 뜻이므로 영속의 개념과는 어긋나게 된다. 그러므로 이 자아와 세
상은 생산함이 없다고 설명하고 있다.

75) '움직이지 않는'의 원어는 kūṭaṭṭha이다. 이 단어의 산스끄리뜨 kūṭastha
는 힌두의 성전 『바가왓기따』(Bhagavadgīta)에 다음과 같이 나타나는
데 그들의 자아 이론을 살펴볼 수 있는 좋은 자료라서 인용한다.
"세상에는 이들 두 인간(puruṣa)이 있나니
멸하는 것과 멸하지 않는 것이다.
모든 존재들은 멸하는 것이고
움직이지 않는 것(kūṭastha)은 멸하지 않는 것이라고 말한다.
그런데 다른 최상의 인간이 있나니
이를 일러서 궁극의 자아(paramātmā)라고 일컫는다."(BG xv.16~17)

아와 세계는 영속하나니 그것은 생산함이 없고 산꼭대기처럼 움직이
지 않고 성문 앞의 기둥처럼 견고하게 서있다. 중생들은 [이곳에서
저곳으로] 치달리고 윤회하고 죽고 태어나지만 이 [자아와 세계]는
영속 그 자체인 것처럼 존재한다.'라고 안다.'라고.

비구들이여, 이것이 첫 번째 경우이니, 이것을 근거로 하고 이것에
의거해서 어떤 사문·바라문 존자들은 영속론자가 되어 영속하는 자
아와 세상을 천명한다."

1.32. "비구들이여, 그러면 두 번째 사문·바라문 존자들은 무엇을
근거로 하고 무엇에 의거해서 영속론자가 되어 영속하는 자아와 세
상을 천명하는가?

비구들이여, 여기 어떤 사문이나 바라문은 애를 쓰고 노력하고 몰
두하고 방일하지 않고 바르게 마음에 잡도리함을 닦아서 거기에 걸
맞는 마음의 삼매를 얻는다. 그는 마음이 삼매에 들어 수많은 전생의
갖가지 삶들을 기억한다.76) 즉 하나의 수축하고 팽창하는77) [겁],

---

76) 첫 번째 영속론자는 수십만 생까지 기억했지만 여기 두 번째는 수축하고
     팽창하는 겁을 열 겁까지 기억하며 다음 §1.33에 나타나는 세 번째는 수축
     하고 팽창하는 겁을 마흔 겁까지 기억하는 경우이다. 더 이상은 언급하지
     않는다.

77) saṁvaṭṭa-vivaṭṭa. 『청정도론』XIII.28에서는 "멸하는 겁을 수축하는
     겁[壞劫]이라 하고, 늘어나는 겁을 팽창하는 겁[成劫]이라 한다고 알아야
     한다."라고 정의하고 있다. 그리고 XIII.29 이하에서 세계의 수축과 팽창
     에 대해서 상세하게 기술하고 있다.
     현대는 과학이라는 방법론을 동원하여 우주의 기원과 생성과 미래에 대해
     서 연구하고 있다. 자연과학적 자료는 관찰(관측)과 실험이 중요한 방법이
     다. 이를 통해서 현대의 물리학이나 지구과학, 천문학 등에서는 과거를 규
     명해 들어가고 있다. 지금의 과학적인 방법으로 보자면 우주는 대폭발(빅
     뱅) 이후 팽창하고 있다고 하며 요즘은 팽창 후에 수축할 것이라는 가설이

두 개의 수축하고 팽창하는 [겁], 세 개의 수축하고 팽창하는 [겁], 네 개의 수축하고 팽창하는 [겁], 다섯 개의 수축하고 팽창하는 [겁], 열 개의 수축하고 팽창하는 [겁]을 기억한다. '어느 곳에서 이런 이름을 가졌고, 이런 종족이었고, 이런 용모를 가졌고, 이런 음식을 먹었고, 행복과 고통을 경험했고, 이런 수명의 한계를 가졌고, 그곳에서 죽어 다른 어떤 곳에 다시 태어나 그곳에서는 이런 이름을 가졌고, 이런 종족이었고, 이런 용모를 가졌고, 이런 음식을 먹었고, 이런 행복과 고통을 경험했고, 이런 수명의 한계를 가졌고, 그곳에서 죽어 여기 다시 태어났다.'라고. 이처럼 한량없는 전생의 갖가지 모습들을 그 특색과 더불어 상세하게 기억해낸다.

그는 이렇게 말한다. '자아와 세계는 영속하나니 그것은 생산함이 없고 산꼭대기처럼 움직이지 않고 성문 앞의 기둥처럼 견고하게 서 있다. 중생들은 [이곳에서 저곳으로] 치달리고 윤회하고 죽고 태어나지만 이 [자아와 세계]는 영속 그 자체인 것처럼 존재한다. 그것은 무엇 때문인가? 참으로 나는 애를 쓰고 노력하고 몰두하고 방일하지 않고 바르게 마음에 잡도리함을 닦아서 거기에 걸맞는 마음의 삼매를 얻기 때문이다. 나는 마음이 삼매에 들어 수많은 전생의 갖가지 삶들을 기억한다. 즉 하나의 수축하고 팽창하는 [겁], 두 개의 수축하고 팽창하는 [겁], 세 개의 수축하고 팽창하는 [겁], 네 개의 수축하고 팽창하는 [겁], 다섯 개의 수축하고 팽창하는 [겁], 열 개의 수축하고 팽창하는 [겁]을 기억한다. '어느 곳에서 이런 이름을 가졌고,

---

큰 힘을 얻고 있다 한다. 이렇게 보자면 현재의 자연과학은 팽창하는 겁은 인정하는 셈이고 팽창 후에 수축할 것이라는 팽창수축설을 가정하고 있으니 이것이 반복된다고 한다면 수축하고 팽창하는 겁의 이론에 접근한다 할 수 있을 것이다.

이런 종족이었고, 이런 용모를 가졌고, 이런 음식을 먹었고, 행복과 고통을 경험했고, 이런 수명의 한계를 가졌고, 그곳에서 죽어 다른 어떤 곳에 다시 태어나 그곳에서는 이런 이름을 가졌고, 이런 종족이 었고, 이런 용모를 가졌고, 이런 음식을 먹었고, 이런 행복과 고통을 경험했고, 이런 수명의 한계를 가졌고, 그곳에서 죽어 여기 다시 태어났다.'라고. 이처럼 나는 한량없는 전생의 갖가지 모습들을 그 특색과 더불어 상세하게 기억해내기 때문이다. 이것에 의해서 나는 '자아와 세계는 영속하나니 그것은 생산함이 없고 산꼭대기처럼 움직이지 않고 성문 앞의 기둥처럼 견고하게 서있다. 중생들은 [이곳에서 저곳으로] 치달리고 윤회하고 죽고 태어나지만 이 [자아와 세계]는 영속 그 자체인 것처럼 존재한다.'라고 안다.'라고.

비구들이여, 이것이 두 번째 경우이니, 이것을 근거로 하고 이것에 의거해서 어떤 사문·바라문 존자들은 영속론자가 되어 영속하는 자아와 세상을 천명한다."

1.33. "비구들이여, 그러면 세 번째 사문·바라문 존자들은 무엇을 근거로 하고 무엇에 의거해서 영속론자가 되어 영속하는 자아와 세상을 천명하는가?

비구들이여, 여기 어떤 사문이나 바라문은 애를 쓰고 노력하고 몰두하고 방일하지 않고 바르게 마음에 잡도리함을 닦아서 거기에 걸맞는 마음의 삼매를 얻는다. 그는 마음이 삼매에 들어 수많은 전생의 갖가지 삶들을 기억한다. 즉 열 개의 수축하고 팽창하는 [겁], 스무 개의 수축하고 팽창하는 [겁], 서른 개의 수축하고 팽창하는 [겁], 마흔 개의 수축하고 팽창하는 [겁]을 기억한다. '어느 곳에서 이런 이름을 가졌고, 이런 종족이었고, 이런 용모를 가졌고, 이런 음식을 먹었고, 행복과 고통을 경험했고, 이런 수명의 한계를 가졌고, 그곳에서 죽어 다른 어떤 곳에 다시 태어나 그곳에서는 이런 이름을 가졌고, 이런 종족이었고, 이런 용모를 가졌고, 이런 음식을 먹었고, 이런 행복과 고통을 경험했고, 이런 수명의 한계를 가졌고, 그곳에서 죽어 여기 다시 태어났다.'라고 이처럼 한량없는 전생의 갖가지 모습들을 그 특색과 더불어 상세하게 기억해낸다.

그는 이렇게 말한다. '자아와 세계는 영속하나니 그것은 생산함이 없고 산꼭대기처럼 움직이지 않고 성문 앞의 기둥처럼 견고하게 서 있다. 중생들은 [이곳에서 저곳으로] 치달리고 윤회하고 죽고 태어나지만 이 [자아와 세계]는 영속 그 자체인 것처럼 존재한다. 그것은 무엇 때문인가? 참으로 나는 애를 쓰고 노력하고 몰두하고 방일하지 않고 바르게 마음에 잡도리함을 닦아서 거기에 걸맞는 마음의 삼매를 얻기 때문이다. 나는 마음이 삼매에 들어 수많은 전생의 갖가지 삶들을 기억한다. 즉 열 개의 수축하고 팽창하는 [겁], 스무 개의 수축하고 팽창하는 [겁], 서른 개의 수축하고 팽창하는 [겁], 마흔 개의 수축하고 팽창하는 [겁]을 기억한다. '어느 곳에서 이런 이름을 가졌고, 이런 종족이었고, 이런 용모를 가졌고, 이런 음식을 먹었고, 행복과 고통을 경험했고, 이런 수명의 한계를 가졌고, 그곳에서 죽어 다른 어떤 곳에 다시 태어나 그곳에서는 이런 이름을 가졌고, 이런 종족이었고, 이런 용모를 가졌고, 이런 음식을 먹었고, 이런 행복과 고통을 경험했고, 이런 수명의 한계를 가졌고, 그곳에서 죽어 여기 다시 태어났다.'라고 이처럼 나는 한량없는 전생의 갖가지 모습들을 그 특색과 더불어 상세하게 기억해내기 때문이다. 이것에 의해서 나는 '자아와 세계는 영속하나니 그것은 생산함이 없고 산꼭대기처럼 움직이지 않고 성문 앞의 기둥처럼 견고하게 서있다. 중생들은 [이곳에서 저곳으로] 치달리고 윤회하고 죽고 태어나지만 이 [자아와 세계]는 영속 그 자체인 것처럼 존재한다.'라고 안다.'라고.

비구들이여, 이것이 세 번째 경우이니, 이것을 근거로 하고 이것에 의거해서 어떤 사문·바라문 존자들은 영속론자가 되어 영속하는 자아와 세상을 천명한다."

1.34. "비구들이여, 그러면 네 번째 사문·바라문 존자들은 무엇을 근거로 하고 무엇에 의거해서 영속론자가 되어 영속하는 자아와 세상을 천명하는가?

비구들이여, 여기 어떤 사문이나 바라문은 논리가요 해석가78)이다. 그는 [갖가지 방법으로] 추론하고 해석을 수반하며 자신이 스스로 규명하여 이렇게 말한다. '자아와 세계는 영속하나니 그것은 생산함이 없고 산꼭대기처럼 움직이지 않고 성문 앞의 기둥처럼 견고하게 서있다. 중생들은 [이곳에서 저곳으로] 치달리고 윤회하고 죽고 태어나지만 이 [자아와 세계]는 영속 그 자체인 것처럼 존재한다.'라고.79)

---

78) '논리가'로 옮긴 원어는 takkī이고 '해석가'로 옮긴 원어는 vīmaṁsī이다. "그는 논리한다고 해서 논리가이다. 논리하고 사량한 뒤에(takketvā vitakketvā) 견해를 취하는 자(diṭṭhigāhī)들을 두고 하는 말이다. 해석한다고 해서 해석가이다. 해석이란 재고(tulana) 선택하고(ruccana) 결정하는 것(khamana)이다. 마치 사람이 장대로 물을 재어본 뒤에 건너는 것처럼 재어서 선택하여 결정한 뒤에 견해를 취한다. 그가 바로 해석가라고 알아야 한다."(DA.i.106)
한편 복주서(DAṬ.i.188~189)에서는 논리를 일으킨 생각(vitakka, 尋)에, 해석을 지속적 고찰(vicāra, 伺)에 배대(配對)하고 있다.

79) 주석서는 [남들로부터] 들은 것을 [바탕한] 논리가(anussutiko), [전]생

비구들이여, 이것이 네 번째 경우이니, 이것을 근거로 하고 이것에 의거해서 어떤 사문·바라문 존자들은 영속론자가 되어 영속하는 자아와 세상을 천명한다."

1.35. "비구들이여, 그들 사문·바라문들은 이런 네 가지 경우로 영속론자가 되어 영속하는 자아와 세상을 천명한다. 비구들이여, 사문·바라문들이 영속론자가 되어 영속하는 자아와 세상을 천명하는 것은 모두 이 네 가지 방법으로 하거나 혹은 이 넷 중 한 가지 방법으로 한다. 이것 이외에는 없다."

1.36. "비구들이여, 이와 같이 취하고 이와 같이 거머쥔 확정적인 견해80)들을 [가진 자들의] 태어날 곳81)은 어딘지, 다음 생82)에는 어

을 기억하는 것을 [바탕한] 논리가(jātissaratakkika), 체험한 것을 [바탕한] 논리가(lābhītakkika), 순수한 논리가(suddhatakkika)의 네 가지 논리가를 들고 있다.(DA.i.106)

80) '확정적인 견해'로 옮긴 원어는 diṭṭhiṭṭhāna이다. 주석서에서는 "견해들이 바로 확정적인 견해들이다. 그리고 견해들의 원인도 확정적인 견해이다."(DA.i.108)라고 설명하면서 이러한 확정적인 견해가 일어나는 원인과 조건으로 『무애해도』에 나타나는 여덟 가지를 들고 있다. 즉 "오온, 무명, 감각접촉, 인식, 일으킨 생각, 지혜롭지 못한 주의[非如理作意], 나쁜 도반, 남의 말"이다.(*Ibid*; Ps.i.138)

81) '태어날 곳'으로 옮긴 gati는 취(趣)나 도(道)로 한역되었다. 주석서들에서는 지옥, 아귀, 축생, 아수라, 인간, 천상의 여섯 가지 태어날 곳[六道, 六趣], 혹은 아수라를 뺀 다섯 가지 태어날 곳[五道, 五趣]을 설하고 있다. 대승경전에서도 초기에는 오취로 많이 나타나는데 후대로 갈수록 육취 혹은 육도로 많이 나타나며, 최종적으로 육도윤회로 정착이 되어서 우리에게 잘 알려져 있다. 한편 본경에 해당하는 『장부 주석서』에서는 이러한 확정적인 견해를 가진 자의 태어날 곳은 "지옥, 축생, 아귀 가운데 어떤 태어날 곳"(DA.i.108)이라고 설명하고 있다.

디로 인도될 것인지 여래는 꿰뚫어 안다.83) 여래는 이것을 꿰뚫어 알고 이것을 넘어선 것84)도 꿰뚫어 안다. [이것을 넘어선 것]도 꿰뚫어 알지만 [갈애와 견해와 자만으로]85) 집착하지 않는다. 집착하지 않기 때문에 스스로86) 완전한 평화87)를 분명하게 안다.88) 느낌들89)

의 일어남90)과 사라짐91)과 달콤함92)과 위험93)과 벗어남94)을 있는

에서 파생된 명사로 '불어서 꺼짐, 소멸, 가라앉음' 등의 뜻이며 열반 (nibbāna)과 같은 동사에서 파생되었다. 주석서에서 "오염원이 가라앉음 (kilesa-vūpasama)"(MA.ii.401) 혹은 "오염원의 적멸(kilesa-nibbāna a)"(DA.iii.830)로 설명하고 있듯이 열반을 뜻하는 술어이다. 한편 아비담 마에서는 ① 탐욕 ② 성냄 ③ 어리석음 ④ 자만 ⑤ 사견(邪見) ⑥ 의심 ⑦ 해태 ⑧ 들뜸 ⑨ 양심 없음 ⑩ 수치심 없음의 열 가지 오염원을 들고 있다.(『아비담마 길라잡이』7장 §12 참조)

88) '분명하게 안다'로 옮긴 원어는 viditā인데 √vid(to know, vedeti)의 과 거분사이다. √vid는 √jñā(to know)와 같은 의미로 쓰이는 어근이지만 초기경에서는 '직접 체험하여 안다, 체득하다'는 뜻이 강하다. 느낌(受, vedanā)도 여기서 파생된 명사인데, 그러므로 viditā는 그냥 아는 것이 아니라 즐겁거나 괴로운 것을 생생하게 '겪는다, 체험한다, 느낀다'는 의미 이다. 그래서 '분명하게 안다'로 옮겼다.

89) 주석서에서는 완전한 평화(nibbuti)를 실현하는 방법으로 바로 이 느낌의 일어남과 사라짐과 달콤함과 위험과 벗어남을 설하셨다고 한다.(Ibid) 그래서 본경 §3.32 등에서 "그 사문·바라문들이 [62가지 견해를] 천명하 는 것은 단지 느낀 것에 지나지 않으며, 갈애에 빠져 있고 고뇌하고 안절 부절 못하는 것에 지나지 않는다."라고 하신다. 거듭 강조하거니와 본경 전체에서 부처님께서는 견해의 그물에 걸리지 않 는 방법으로 느낌을 있는 그대로 분명하게 알 것을 거듭해서 강조하고 계 시는데 실참수행의 입장에서 깊이 새겨봐야 할 것이다. 제 아무리 고결하 고 고상한 견해를 가졌다 할지라도 본문에서 설하시는 느낌의 이러한 다 섯 가지 측면을 여실지견하지 못하면 그것은 해탈·열반의 실현에는 아무 런 도움이 되지 못하며 오히려 견해의 그물에 걸려버려 마치 그물에 걸린 물고기처럼 세세생생 생사의 그물에서 퍼덕거리는 꼴이 되고 말 것이다.

90) "무명(avijjā)이 일어남, 갈애(taṇhā)가 일어남, 업(kamma)이 일어남, 감각접촉(phassa)이 일어남이라는 조건을 보고, 태어나는 특징(nibbatti -lakkhaṇa)을 보는 이러한 다섯 가지를 통해서 느낌의 일어남을 있는 그 대로(여실히) 보게 된다."(Ps.i.178; DA.i.108)

91) "무명(avijjā)이 소멸함, 갈애(taṇhā)가 소멸함, 업(kamma)이 소멸함, 감각접촉(phassa)이 소멸함이라는 조건을 보고, 변하는 특징(vipari- ṇāma-lakkhaṇa)을 보는 이러한 다섯 가지를 통해서 느낌의 사라짐을

그대로 분명하게 안 뒤 여래는 취착없이 해탈한다."

1.37. "비구들이여, 참으로 이런 법들이야말로 심오하고, 보기도 힘들고, 깨닫기도 힘들고, 평화롭고 숭고하며, 단순한 사유의 영역을 넘어서 있고, 미묘하여, 오로지 현자들만이 알아볼 수 있으며, 이것은 여래가 스스로 최상의 지혜로 알고, 실현하여, 드러낸 것이다. [사람들이 만약 이러한 법들을 보고나서] 여래를 있는 그대로 칭송한다면 그제야 그들은 참으로 바르게 말한 것이라 할 수 있을 것이다."

첫 번째 바나와라[95]가 끝났다.

있는 그대로 보게 된다."(Ps.i.178~79; DA.i.109)

92) "느낌을 조건으로 생긴 육체적 즐거움(sukha)과 정신적 즐거움(so-manassa)이 느낌의 달콤함이다."(S.iv.222; DA.i.109)

93) "느낌의 무상함(anicca), 괴로움(dukkha), 변하기 마련인 법(vipariṇāma-dhamma)이 느낌의 위험이다."(DA.i.109)

94) "느낌에 대한 열렬한 욕망(chandarāga)을 다스리고(vinaya) 열렬한 욕망을 제거하는 것(pahāna)이 [느낌으로부터] 벗어남이다."(DA.i.109)

95) '바나와라(bhāṇavāra)'란 '쉬지 않고 계속해서 외울 수 있는 만큼의 분량'을 말한다. 바나와라는 문자 그대로 '암송(bhāṇā)의 전환점(vāra)'이라는 말인데 경전을 외워 내려가다가 한 바나와라가 끝나면 쉬었다가 다시 외우는 것이 반복되고 그 다음 바나와라가 끝나면 또 다시 쉬었다가 시작한다. 한 바나와라는 8음절로 된 사구게(四句偈)로 250게송의 분량이라 한다. 그래서 총 4×8×250=8,000음절이 된다. 한편 삼장은 모두 2,547개에 해당되는 바나와라를 가진다고 한다.(『청정도론』 3권 427쪽 주해에서 재인용)

I-2. 일부영속 일부비영속론자들

2.1. "비구들이여, 어떤 사문·바라문들은 일부영속 일부비영속을 설하는 자96)들인데 네 가지 경우로 자아와 세상이 일부는 영속하고 일부는 영속하지 않는다고 천명한다. 그러면 무엇을 근거로 하고 무엇에 의거해서 그 사문·바라문 존자들은 네 가지 경우로 일부영속 일부비영속을 설하는 자가 되어 자아와 세상이 일부는 영속하고 일부는 영속하지 않는다고 천명하는가?"

2.2. "비구들이여, 참으로 긴 세월이 지난 그 어느 때, 어느 곳에서 이 세상은 수축한다. 세상이 수축할 때 대부분의97) 중생들은 광

---

96) "일부영속과 일부비영속론자들에는 두 가지가 있다. 중생(satta)에 대한 일부영속 일부비영속론자들과 상카라에 대한 일부영속 일부비영속론자들이다."(DA.i.109)
    여기서는 특정한 세상에서 이곳에 온 자들이 그 세상에 자기보다 먼저 있었던 신이 자기를 창조한 것이라 믿고 그렇게 주장하는 견해를 3가지로 적고 있다. 그래서 그 세상에 먼저 있었던 신은 영속한다고 주장하고 그 다음에 거기 태어난 신들은 영속하지 않는다고 주장한다.
    이것은 소위 말하는 절대자설과 창조설에 대한 부처님의 분명한 설명이라 할 수 있겠다. 부처님은 그들의 말이 결코 틀렸다고 단정하지는 않으신다. 그들이 본 것에 한해서는 사실이기 때문이다. 그러나 그것은 불교의 입장에서 보면 특정 시점까지일 뿐 그 이전은 알지 못하는 경우에 속할 뿐이다. 그러므로 그러한 견해를 국집(局執)하고 있는 그들은 견해의 그물에 걸려서 벗어날 기약이 없으니 불교의 입장에서 보면 안타까울 뿐이다.

97) "대부분의(yebhuyyena)라는 것은 범천보다 위의 세상(uparibrahma-loka)이나 무색계(arūpa)에 태어난 자들을 제외한 신들을 두고 한 말이다."(DA.i.110) 주석서(DA.i.380 등)에서는 禪을 닦아서 도달하는 색계와 무색계를 범천의 세상(brahma-loka)이라고 표현하기도 한다. 이러한 수승한 신들은 우주의 팽창과 수축에 영향을 받지 않는다는 말이다.

음천98)에 나게 된다. 그들은 거기서 마음으로 이루어지고99) 희열을 음식으로 삼고 스스로 빛나고 허공을 다니고 천상에 머물며 길고 긴 세월을 산다."

2.3. "비구들이여, 참으로 긴 세월이 지난 그 어느 때, 어느 곳에 서 이 세상은 [다시] 팽창한다. 세상이 팽창할 때 텅 빈 범천의 궁전100)이 출현한다. 그때 어떤 중생이 수명이 다하고 공덕이 다하여 광음천의 무리에서 떨어져서 텅 빈 범천의 궁전에 태어난다. 그는 거기서도 역시 마음으로 이루어지고 희열을 음식으로 삼고 스스로 빛나고 허공을 다니고 천상에 머물며 길고 긴 세월을 살게 된다."

2.4. "그는 그곳에서 오랜 세월 홀로 살았기 때문에 싫증과 초조함101)이 생겨, '오, 다른 중생들이 여기에 온다면 얼마나 좋을까?'라

---

98) 광음천(Ābhassarā)은 색계 2선천(二禪天)의 세 번째 천상이다. 『아비 담마 길라잡이』5장 §6의 해설 1과 본서 제2권 「대인연경」(D15) §33의 주해를 참조할 것.

99) "禪에 든 마음으로 태어났기 때문에 마음으로 이루어졌다(manomaya) 고 한다."(DA.i.110)

100) "텅 빈(suñña) 범천의 궁전(brahmavimāna)이란 아직 태어난 중생들이 아무도 없는 자연적(pakati)으로 생긴 곳이기 때문에 텅 빈 범중천 (brahmakāyika)의 세상(bhūmi)이 생겼다는 뜻이다. 이곳을 만들었거 나 만들게 한 자는 아무도 없다. 『청정도론』(XX.29)에서 설명한 대로 업 을 조건한 온도에서 생긴 보배로 된 곳(ratana-bhūmi)이다."(DA.i.110) 즉 이 범천의 궁전은 누가 창조한 것이 아니라 업을 조건한 온도에서 생긴 것이라는 설명이다. 아비담마에 의하면 모든 물질은 업, 마음, 온도, 영양 분에서 생긴다고 한다.(『아비담마 길라잡이』6장 §§9~13을 참조할 것.)

101) "초조함(paritassana)이란 혼란스러움과 안절부절 못함을 뜻한다. 이것 은 네 가지가 있다. 초조함에 의한 초조함, 갈애에 의한 초조함, 사견(邪 見)에 의한 초조함, 지혜에 의한 초조함이다. … 여기서는 갈애에 의한 초

고 [갈망하였다]. 그러자 다른 중생들이 수명이 다하고 공덕이 다해서 광음천의 무리에서 떨어져 범천의 궁전에 태어나 그 중생의 동료가 되었다. 그들도 역시 거기서 마음으로 이루어지고 희열을 음식으로 삼고 스스로 빛나고 허공을 다니고 천상에 머물며 길고 긴 세월을 살게 된다."

2.5. "비구들이여, 그러자 그곳에 먼저 태어난 중생에게 이와 같은 생각이 들었다.102) '나는 범천이요 대범천이고 지배자요 지배되지 않는 자요 전지자요 전능자요 최고자요 조물주요 창조자요 최승자요 서품을 주는 자요 자재자요 존재하는 것과 존재할 것의 아버지이다. 나야말로 이 중생들의 창조자이다. 무슨 이유 때문인가? 전에 내게 '오, 다른 중생들이 여기에 온다면 얼마나 좋을까?'라는 생각이 일어났고 그러한 내 마음의 염원 때문에 이 중생들이 여기에 생겨났기 때문이다.'103)

뒤에 그곳에 태어난 중생들에게도 이런 생각이 들었다. '이 존자는 범천이요 대범천이고 지배자요 지배되지 않는 자요 전지자요 전능자요 최고자요 조물주요 창조자요 최승자요 서품을 주는 자요 자재자요 존재하는 것과 존재할 것의 아버지이시다. 이 존귀하신 범천이야말로 우리들의 창조자이시다. 무슨 이유 때문인가? 우리는 이분이 여기에 먼저 계신 것을 보았고 우리는 후에 생겨났기 때문이다.'라고"

조함과 사건에 의한 초조함을 말한다."(DA.i.111)

102) 원문은 tassa evaṁ hoti로 직역하면 '그에게 이러한 것이 있었다.'이다. 여기에 대해서는 본서 「뽓타빠다 경」(D9) §2의 주해를 참조할 것.

103) 여기서 보다시피 창조자라는 것은 그곳에 먼저 태어나서 혼자됨에 싫증이 나고 초조하던 신이 스스로 만들어낸 착각일 뿐이다.

2.6. "비구들이여, 거기서 먼저 태어난 그 중생은 수명이 더 길고 더 아름답고 더 힘이 세었으며 뒤에 태어난 중생들은 수명이 더 짧았고 더 못생겼으며 더 힘이 약하였다.

비구들이여, 그런데 그 중 어떤 중생이 그 무리로부터 죽어서 이곳에 태어나는 경우가 있다. 여기에 태어나서는 집을 떠나 출가한다. 집을 떠나 출가하여 애를 쓰고 노력하고 몰두하고 방일하지 않고 바르게 마음에 잡도리함을 닦아서 마음이 삼매에 들어 바로 그 전생의 삶은 기억하지만 그 이상은 기억하지 못하는 그러한 마음의 삼매를 얻는다.104)

그는 이렇게 말한다. '이 존자는 범천이요 대범천이고 지배자요 지배되지 않는 자요 전지자요 전능자요 최고자요 조물주요 창조자요 최승자요 서품을 주는 자요 자재자요 존재하는 것과 존재할 것의 아버지이시다. 이 존귀하신 범천이 우리들의 창조자이시다. 그는 항상하고 견고하고 영원하며 변하지 않기 마련이며 영속 그 자체인 것처럼 그렇게 계신다. 그러나 우리는 그분 존자 범천에 의해서 창조되었다. 그런 우리는 무상하고 견고하지 않으며 수명이 짧고 죽기 마련이며 이곳에 태어났다.'라고.

비구들이여, 이것이 첫 번째 경우이니, 이것을 근거로 하고 이것에 의거해서 어떤 사문·바라문 존자들은 일부영속 일부비영속을 설하는 자가 되어 자아와 세상이 일부는 영속하고 일부는 영속하지 않는다고 천명한다."

---

104) 앞의 영속론자들보다 삼매의 힘으로 기억하는 정도가 현저하게 떨어져서 단지 한 생 앞만 기억하고 있다.

$2.7.$ "비구들이여, 그러면 두 번째 사문·바라문 존자들은 무엇을 근거로 하고 무엇에 의거해서 일부영속 일부비영속을 설하는 자가 되어 자아와 세상이 일부는 영속하고 일부는 영속하지 않는다고 천명하는가?

비구들이여, '유희로 타락해 버린 자'라는 신들이 있다.105) 그들은 오랜 세월 웃고 유희하는데 빠져 지냈기 때문에 마음챙김106)을 놓아버렸다. 마음챙김을 놓아버렸기 때문에 그 신들은 그 무리에서 죽게 되었다."

$2.8.$ "비구들이여, 그런데 그 중 어떤 중생이 그 무리로부터 죽어서 이곳에 태어나는 경우가 있다. 여기에 태어나서는 집을 떠나 출가한다. 집을 떠나 출가하여 애를 쓰고 노력하고 몰두하고 방일하지 않고 바르게 마음에 잡도리함을 닦아서 마음이 삼매에 들어 바로 그 전생의 삶은 기억하지만 그 이상은 기억하지 못하는 그러한 마음의 삼매를 얻는다."

$2.9.$ "그는 이렇게 말한다. '유희로 타락하지 않은 그분 신들은

---

105) 이 신들은 본경에 나타나듯이 놀이에 빠진 신들이다. 본서 제2권 「대회경」(D20)에도 나타나는 신들인데 사대왕천의 영역에 속한다고 한다. 『증지부 주석서』에 의하면 그들은 천상의 정원에서 노는데 빠져서 먹고 마시는 것조차 잊어 버려 마치 화환이 시들듯이 죽는다고 한다. 그리고 이 신들은 [지나치게] 자기 자신을 의식하기 때문에(attasañcetanāhetu) 죽는다고 한다.(AA.iii.147) 사대왕천에 대해서는 『아비담마 길라잡이』 5장 §5의 두 번째 해설을 참조할 것.

106) '마음챙김'의 원어는 sati이다. 여기에 대해서는 본서 「사문과경」(D2) §65의 주해와 본서 제2권 「대념처경」(D22)의 여러 주해들을 참조할 것.

오랜 세월 웃고 유희하는데 빠져 지내지 않았다. 오랜 세월 웃고 유
희하는데 빠져 지내지 않았기 때문에 그분들은 마음챙김을 놓아 버
리지 않았다. 마음챙김을 놓아 버리지 않았기 때문에 그분 신들은 그
무리에서 죽지 않았고 항상하고 견고하고 영원하며 변하지 않기 마
련이며 영속 그 자체인 것처럼 그렇게 계신다. 그러나 우리는 유희로
타락해 버려서 오랜 세월 웃고 유희하는데 빠져 지냈다. 오랜 세월
웃고 유희하는데 빠져 지냈기 때문에 우리는 마음챙김을 놓아버렸
다. 마음챙김을 놓아버렸기 때문에 우리는 그 무리에서 떨어졌고 무
상하고 견고하지 않으며 수명이 짧고 죽기 마련이며 이곳에 태어났
다.'라고.

비구들이여, 이것이 두 번째 경우이니, 이것을 근거로 하고 이것에
의거해서 어떤 사문·바라문 존자들은 일부영속 일부비영속을 설하는
자가 되어 자아와 세상이 일부는 영속하고 일부는 영속하지 않는다
고 천명한다."

2.10. "비구들이여, 그러면 세 번째 사문·바라문 존자들은 무엇을
근거로 하고 무엇에 의거해서 일부영속 일부비영속을 설하는 자가
되어 자아와 세상이 일부는 영속하고 일부는 영속하지 않는다고 천
명하는가?

비구들이여, '마음이 타락해 버린 자'라는 신들이 있다.107) 그들은
오랜 세월 [분노로] 서로를 응시한다. 그들은 오랜 세월 [분노로] 서

---

107)   주석서에 의하면 이들은 사대왕천의 신들인데 축제에서 마차를 타고 가다
        가 서로 분노(kodha)하여 경쟁하고 다투는 일화를 소개하고 있
        다.(DA.i.114) 『증지부 주석서』에 의하면 이 신들은 [지나치게] 남들을
        의식하기 때문에(parasañcetanāhetu) 죽는다고 한다.(AA.iii.147)

로를 응시하였기 때문에 서로의 마음을 타락하게 하였다. 그들은 서로의 마음을 타락하게 하였기 때문에 몸도 피곤하고 마음도 피곤하였다. 그래서 그 신들은 그 무리에서 죽게 되었다."

2.11. "비구들이여, 그런데 그 중 어떤 중생이 그 무리로부터 죽어서 이곳에 태어나는 경우가 있다. 여기에 태어나서는 집을 떠나 출가한다. 집을 떠나 출가하여 애를 쓰고 노력하고 몰두하고 방일하지 않고 바르게 마음에 잡도리함을 닦아서 마음이 삼매에 들어 바로 그 전생의 삶은 기억하지만 그 이상은 기억하지 못하는 그러한 마음의 삼매를 얻는다."

2.12. "그는 이렇게 말한다. '마음이 타락하지 않은 그분 신들은 오랜 세월 [분노로] 서로를 응시하지 않았다. 그들은 오랜 세월 [분노로] 서로를 응시하지 않았기 때문에 서로의 마음을 타락하게 하지 않았다. 그들은 서로 마음이 타락하지 않았기 때문에 몸도 피곤하지 않고 마음도 피곤하지 않았다. 그래서 그분 신들은 그 무리에서 떨어지지 않았고 항상하고 견고하고 영원하며 변하지 않기 마련이며 영속 그 자체인 것처럼 그렇게 계신다. 그러나 우리는 마음이 타락하여 오랜 세월 [분노로] 서로를 응시하였다. 그런 우리는 오랜 세월 [분노로] 서로를 응시하였기 때문에 서로의 마음을 타락하게 하였다. 그런 우리는 서로의 마음을 타락하게 하였기 때문에 몸도 피곤하고 마음도 피곤하였다. 그래서 우리는 그 무리에서 떨어졌고 무상하고 견고하지 않으며 수명이 짧고 죽기 마련이며 이곳에 태어났다.'라고

비구들이여, 이것이 세 번째 경우이니, 이것을 근거로 하고 이것에 의거해서 어떤 사문·바라문 존자들은 일부영속 일부비영속을 설하는

자가 되어 자아와 세상이 일부는 영속하고 일부는 영속하지 않는다
고 천명한다.”

2.13. “비구들이여, 그러면 네 번째 사문·바라문 존자들은 무엇을
근거로 하고 무엇에 의거해서 일부영속 일부비영속을 설하는 자가
되어 자아와 세상이 일부는 영속하고 일부는 영속하지 않는다고 천
명하는가?

비구들이여, 여기 어떤 사문이나 바라문은 논리가요 해석가이다.
그는 [갖가지 방법으로] 추론하고 해석을 수반하며 스스로 자신이
규명하여 이렇게 말한다. ‘눈이라 하고 귀라 하고 코라 하고 혀라 하
고 몸이라 부르는 이런 자아는 무상하고 견고하지 않으며 변하기 마
련인 것이다. 그러나 마음[心]108)이라 하고 마노[意]109)라 하고 알음
알이[識]110)라 부르는 이런 자아는 항상하고 견고하고 영원하며 변

---

108) 마음(citta, 心)에 대해서는 『아비담마 길라잡이』 서문 §11과 1장 첫 번째
   해설과 1장 §3의 해설 1을 참조할 것.

109) 마노(mano, 意)에 대해서는 본서 제2권 「제석문경」(D21) §2.5의 주해
   를 참조할 것.

110) 알음알이(viññāṇa, 識)에 대해서는 『아비담마 길라잡이』 1장 §3의 해설
   1을 참조할 것. 『청정도론』에서 “마음과 마노와 알음알이[心·意·識]는
   뜻에서는 하나이다.”(Vis.XIV.82)라고 정의하고 있듯이 남·북의 모든
   불교에서 이 셋은 같은 의미로 간주한다.
   여기서 외도 논리가는 이러한 마음(citta)과 마노(mano)와 알음알이
   (viññāṇa)를 영원한 것으로 여겨서 자아라고 부르고 있지만 초기불교와
   후대의 모든 불교에서 예외 없이 심·의·식은 찰나생·찰나멸하는 순간적
   인 현상으로 이해한다. 우리의 정신영역은 이러한 심·의·식과, 심·의·
   식과 함께 일어나고 사라지는 심리현상(cetasika, 心所法, 마음부수법)들
   의 흐름(santati, 相續)으로 파악하고 있다. 이것을 놓쳐버리면 이미 불교
   가 아니다.

하지 않기 마련이며 영속 그 자체인 것처럼 그렇게 존재한다.'111)라고,

비구들이여, 이것이 네 번째 경우이니, 이것을 근거로 하고 이것에 의거해서 어떤 사문·바라문 존자들은 일부영속 일부비영속을 설하는 자가 되어 자아와 세상이 일부는 영속하고 일부는 영속하지 않는다고 천명한다."

2.14. "비구들이여, 사문·바라문들은 이런 네 가지 경우로 일부영속 일부비영속을 설하는 자가 되어 자아와 세상이 일부는 영속하고 일부는 영속하지 않는다고 천명한다. 비구들이여, 사문·바라문들이 일부영속 일부비영속을 설하는 자가 되어 자아와 세상이 일부는 영속하고 일부는 영속하지 않는다고 천명하는 것은 모두 이 네 가지 방법으로 하거나 혹은 이 넷 중 한 가지 방법으로 한다. 이것 이외에는 없다."

2.15. "비구들이여, 이와 같이 취하고 이와 같이 거머쥔 확정적인 견해들을 [가진 자들의] 태어날 곳은 어딘지, 다음 생에는 어디로 인도될 것인지 여래는 꿰뚫어 안다. 여래는 이것을 꿰뚫어 알고 이것을

---

111) "논리가(takkīvāda)는 이러한 눈 등이 부서지는 것을 본다. 그러나 마음은 각각 앞의 마음(citta)이 각각 뒤의 마음에게 조건이 되어 주고 멸하면서 [끊임없이 상속하기] 때문에 그는 눈 등이 부서지는 것(bheda)보다도 더 강하게(즉 더 잘 부서짐을 뜻함 – DAṬ.i.208) 부서지는 마음의 부서짐은 보지 못한다. 그래서 그는 마치 새가 한 나무를 버리고 다른 나무에 내려앉듯이 자기 자신(attabhāva)이 부서지면 마음은 다른 곳으로 간다고 움켜쥐고 이렇게 주장하는 것이다."(DA.i.114)

요즘 한국의 많은 불자들은 몸뚱이는 무상하지만 마음 혹은 참 나 혹은 자아 혹은 정신 혹은 불성 혹은 여래장 혹은 주인공은 영원하여 나고 죽음이 없다고 한다. 부처님께서는 이러한 견해는 단지 일부영속 일부비영속론일 뿐이라고 여기서 설파하고 계신다. 우리가 뼈저리게 점검해 볼 일이다.

넘어선 것도 꿰뚫어 안다. [이것을 넘어선 것]도 꿰뚫어 알지만 [갈애와 견해와 자만으로] 집착하지 않는다. 집착하지 않기 때문에 스스로 완전한 평화를 분명하게 안다. 느낌들의 일어남과 사라짐과 달콤함과 위험과 벗어남을 있는 그대로 분명하게 안 뒤 여래는 취착없이 해탈한다.

비구들이여, 참으로 이런 법들이야말로 심오하고, 보기도 힘들고, 깨닫기도 힘들고, 평화롭고 숭고하며, 단순한 사유의 영역을 넘어서 있고, 미묘하여, 오로지 현자들만이 알아볼 수 있으며, 그것은 여래가 스스로 최상의 지혜로 알고, 실현하여, 드러낸 것이다. [사람들이 만약 이러한 법들을 보고나서] 여래를 있는 그대로 칭송한다면 그제야 그들은 참으로 바르게 말한 것이라 할 수 있을 것이다."

I-3. 유한함과 무한함을 설하는 자들

2.16. "비구들이여, 어떤 사문·바라문들은 유한함과 무한함을 설하는 자[12]들인데 네 가지 경우로 세상이 유한하거나 무한하다고 천명한다. 그러면 무엇을 근거로 하고 무엇에 의거해서 그 사문·바라문 존자들은 유한함과 무한함을 설하는 자가 되어 네 가지 경우로 세상이 유한하거나 무한하다고 천명하는가?"

---

112)   여기서는 세상의 "유한함, 무한함, 유한하기도 하고 무한하기도 함, 유한하지도 무한하지도 않음의 넷을 들고 있다."(DA.i.115) 앞의 경우들처럼 여기서도 삼매의 힘으로 세상의 유한함과 무한함을 관찰한다. 그러나 그런 관찰에는 항상 지금여기에서(아래 §3.19의 주해 참조) 삼매에 드는 관찰자 자신의 체험이 개재되어 있다. 이러한 체험을 본경 §3.32에서는 '느낀 것(vedayita)'이라 표현하고 있다.

2.17. "비구들이여, 여기 어떤 사문이나 바라문은 애를 쓰고 노력하고 몰두하고 방일하지 않고 바르게 마음에 잡도리함을 닦아서 마음의 삼매를 얻는다. 그는 마음이 삼매에 들어 유한하다는 인식을 가지고 세상에 머문다. 그는 이렇게 말한다. '이 세상은 유한하고 한정되어 있다. 그것은 무슨 이유 때문인가? 나는 애를 쓰고 노력하고 몰두하고 방일하지 않고 바르게 마음에 잡도리함을 닦아서 마음의 삼매를 얻었다. 마음이 삼매에 들어 유한하다는 인식을 가져113) 세상에 머물기 때문이다. 그래서 나는 이 세상은 유한하고 한정되어 있다라고 안다.'라고.

비구들이여, 이것이 첫 번째 경우이니, 이것을 근거로 하고 이것에 의거해서 어떤 사문·바라문 존자들은 유한함과 무한함을 설하는 자가 되어 세상이 유한하거나 무한하다고 천명한다."

2.18. "비구들이여, 그러면 두 번째 사문·바라문 존자들은 무엇을 근거로 하고 무엇에 의거해서 유한함과 무한함을 설하는 자가 되어 세상이 유한하거나 무한하다고 천명하는가?

비구들이여, 여기 어떤 사문이나 바라문은 애를 쓰고 노력하고 몰두하고 방일하지 않고 바르게 마음에 잡도리함을 닦아서 마음의 삼매를 얻는다. 그는 마음이 그 삼매에 들어 무한하다는 인식을 가지고114) 세상에 머문다. 그는 이렇게 말한다. '이 세상은 무한하고 한

---

113) "여기서는 닮은 표상(paṭibhāga-nimitta)을 우주의 끝까지 확장하지 않고(avaḍḍhetvā) 단지 그 [표상 자체]를 세상이라고 거머쥐기 때문에 유한하다는 인식을 가져서(antasaññī) 세상에 머문다."(DA.i.115)
닮은 표상은 『청정도론』 IV.31 이하를, 표상의 확장은 『청정도론』 IV.127 이하와 III.109 이하를 참조할 것.

정되지 않았다. 이 세상은 유한하고 한정되어 있다고 말하는 사문·바라문들은 거짓이다. 이 세상은 무한하고 한정되지 않았다. 그것은 무슨 이유 때문인가? 나는 애를 쓰고 노력하고 몰두하고 방일하지 않고 바르게 마음에 잡도리함을 닦아서 마음의 삼매를 얻는다. 나는 마음이 그 삼매에 들어 무한하다는 인식을 가지고 세상에 머물기 때문이다. 그래서 나는 이 세상은 무한하고 한정되지 않았다.'라고 안다라고.

비구들이여, 이것이 두 번째 경우이니, 이것을 근거로 하고 이것에 의거해서 어떤 사문·바라문 존자들은 유한함과 무한함을 설하는 자가 되어 세상이 유한하거나 무한하다고 천명한다."

2.19. "비구들이여, 그러면 세 번째 사문·바라문 존자들은 무엇을 근거로 하고 무엇에 의거해서 유한함과 무한함을 설하는 자가 되어 세상이 유한하거나 무한하다고 천명하는가?

비구들이여, 여기 어떤 사문이나 바라문은 애를 쓰고 노력하고 몰두하고 방일하지 않고 바르게 마음에 잡도리함을 닦아서 마음의 삼매를 얻는다. 그는 마음이 그 삼매에 들어 위아래로는 유한하고 옆으

---

114) "까시나를 우주의 끝까지 확장하여(vaḍḍhitakasiṇa) 무한하다는 인식을 가진다."(DA.i.115)
까시나(kasiṇa)는 산스끄리뜨 끄릇스나(kṛtsna)에 해당하는 빠알리어인데 '전체의, 모든'을 뜻하는 형용사이다. 이것이 사마타를 닦는 열 가지 대상을 기술하는 전문술어로 정착되었다. 까시나에는 (1) 흙의 까시나 (2) 물의 까시나 (3) 불의 까시나 (4) 바람의 까시나 (5) 푸른색의 까시나 (6) 노란색의 까시나 (7) 붉은 색의 까시나 (8) 흰색의 까시나 (9) 허공의 까시나 (10) 광명의 까시나의 열 가지 까시나가 있다. 10가지 까시나는 『아비담마 길라잡이』 9장 §6에 잘 요약되어 있고 까시나 수행은 『청정도론』 IV장과 V장에 상세하게 설명되어 있으니 참조할 것.

로는 무한하다는 인식을 가져 세상에 머문다. 그는 이렇게 말한다. '이 세상은 무한하기도 하고 유한하기도 하다. 이 세상은 유한하고 한정되어 있다고 말하는 사문·바라문들은 거짓이다. 이 세상은 무한하고 한정되지 않았다고 말하는 사문·바라문들도 역시 거짓이다. 이 세상은 무한하기도 하고 유한하기도 하다. 그것은 무슨 이유 때문인가? 나는 애를 쓰고 노력하고 몰두하고 방일하지 않고 바르게 마음에 잡도리함을 닦아서 마음의 삼매를 얻는다. 나는 마음이 그 삼매에 들어 위아래로는 유한하고 옆으로는 무한하다는 인식을 가져[115] 세상에 머물기 때문이다. 그래서 나는 이 세상은 무한하기도 하고 유한하기도 하다라고 안다.'라고.

비구들이여, 이것이 세 번째 경우이니, 이것을 근거로 하고 이것에 의거해서 어떤 사문·바라문 존자들은 유한함과 무한함을 설하는 자가 되어 세상이 유한하거나 무한하다고 천명한다."

2.20. "비구들이여, 그러면 네 번째 사문·바라문 존자들은 무엇을 근거로 하고 무엇에 의거해서 유한함과 무한함을 설하는 자가 되어 세상이 유한하거나 무한하다고 천명하는가?

비구들이여, 여기 어떤 사문이나 바라문은 논리가요 해석가이다. 그는 [갖가지 방법으로] 추론하고 해석을 수반하며 자신이 스스로 규명하여 이렇게 말한다. '이 세상은 유한한 것도 아니고 무한한 것도 아니다. 이 세상은 유한하고 한정되어 있다고 말하는 사문·바라문들은 거짓이다. 이 세상은 무한하고 한정되지 않았다고 말하는 사문·바라문들도 역시 거짓이다. 이 세상은 무한하기도 하고 유한하

---

115) "[닦은 표상을] 위로는 확장하지 않고 옆으로만 확장하여 위아래로는 유한하고 옆으로는 무한하다는 인식을 가진다."(*Ibid*)

기도 하다고 말하는 사문·바라문들도 역시 거짓이다. 이 세상은 유한한 것도 아니고 무한한 것도 아니다.'라고

비구들이여, 이것이 네 번째 경우이니, 이것을 근거로 하고 이것에 의거해서 어떤 사문·바라문 존자들은 유한함과 무한함을 설하는 자가 되어 세상이 유한하거나 무한하다고 천명한다."

2.21. "비구들이여, 사문·바라문들은 이런 네 가지 경우로 유한함과 무한함을 설하는 자가 되어 세상이 유한하거나 무한하다고 천명한다. 비구들이여, 사문·바라문들이 유한함과 무한함을 설하는 자가 되어 세상이 유한하거나 무한하다고 천명하는 것은 모두 이 네 가지 방법으로 하거나 혹은 이 넷 중 한 가지 방법으로 한다. 이것 이외에는 없다."

2.22. "비구들이여, 이와 같이 취하고 이와 같이 거머쥔 확정적인 견해들을 [가진 자들의] 태어날 곳은 어딘지, 다음 생에는 어디로 인도될 것인지 여래는 꿰뚫어 안다. 여래는 이것을 꿰뚫어 알고 이것을 넘어선 것도 꿰뚫어 안다. [이것을 넘어선 것]도 꿰뚫어 알지만 [갈애와 견해와 자만으로] 집착하지 않는다. 집착하지 않기 때문에 스스로 완전한 평화를 분명하게 안다. 느낌들의 일어남과 사라짐과 달콤함과 위험과 벗어남을 있는 그대로 분명하게 안 뒤 여래는 취착없이 해탈한다.

비구들이여, 참으로 이런 법들이야말로 심오하고, 보기도 힘들고, 깨닫기도 힘들고, 평화롭고 숭고하며, 단순한 사유의 영역을 넘어서 있고, 미묘하여, 오로지 현자들만이 알아볼 수 있으며, 그것은 여래가 스스로 최상의 지혜로 알고, 실현하여, 드러낸 것이다. [사람들이

만약 이러한 법들을 보고나서] 여래를 있는 그대로 칭송한다면 그제 야 그들은 참으로 바르게 말한 것이라 할 수 있을 것이다.”

I-4. 애매모호한 자들

2.23. “비구들이여, 어떤 사문·바라문들은 애매모호한 자들116)인 데, 이런저런 것에 대해서 질문을 받으면 네 가지 경우로 얼버무리거 나 애매모호하게 늘어놓는다. 그러면 무엇을 근거로 하고 무엇에 의 거해서 그 사문·바라문 존자들은 애매모호한 자가 되어 이런저런 것 에 대해서 질문을 받으면 네 가지 경우로 얼버무리거나 애매모호하 게 늘어놓는가?”

2.24. “비구들이여, 여기 어떤 사문이나 바라문은 ‘이것은 유익함 [善]이다.’라고 있는 그대로 꿰뚫어 알지 못하고, ‘이것은 해로움[不善] 이다.’라고 있는 그대로 꿰뚫어 알지 못한다. 그에게 이런 생각이 든

---

116) 원어는 amarāvikkhepikā이다. 일반 불교개론서에서는 불가지론(不可知 論)이나 회의론으로 옮기기도 한다. 역자는 주석서의 의미를 살려서 ‘애매 모호한 자들’로 풀어서 옮겼다. 주석서에서는 다음과 같이 두 가지로 아마 라위케삐까를 설명한다.
“끝남이 없다고 해서 아마라(amarā)이다. 이것은 무엇을 말하는가? 나에 게는 이러하다는 것이 없다는 식으로 삿된 견해를 가진 자의 끝이 없는 견 해와 주장을 말한다. 여러 곳으로 던짐이 위케삐이다. 끝이 없는 견해와 주장으로 이리저리 던진다고 해서 아마라위케삐(애매모호하게 늘어놓음) 이다. 이런 것을 가진 자들이 애매모호한 자들(amarāvikkhepikā)이다. 다른 설명은 이러하다. ‘아마라는 어떤 물고기(뱀장어)이다. 이것은 물속 에서 [매끄럽게] 위로 움직이고 아래로 움직이며 가기 때문에 잡을 수가 없다. 그와 같이 이런 주장도 이리저리로 치달리기 때문에 거머쥐지 못한 다.’라고 해서 아마라위케삐(애매모호하게 늘어놓음)라 한다. 이런 것을 가진 자들이 애매모호한 자들(amarāvikkhepikā)이다.”(DA.i.115)

다. '나는 이것은 유익함이라고 있는 그대로 꿰뚫어 알지 못하고, 이 것은 해로움이라고 있는 그대로 꿰뚫어 알지 못한다. 만일 내가 이것은 유익함이라고 있는 그대로 꿰뚫어 알지 못하고 이것은 해로움이라고 있는 그대로 꿰뚫어 알지 못하면서도 이것은 유익함이라고 설명하거나, 이것은 해로움이라고 설명한다면, 내가 거짓말을 하는 것이다. 내가 거짓말을 하는 것은 곤혹스러운 것117)이고, 곤혹스러운 것은 나에게 장애가 된다.'라고

이처럼 그는 거짓말을 두려워하고 거짓말을 혐오하여,118) '이것은 유익함이다.'라고도 설명하지 않고, '이것은 해로움이다.'라고도 설명하지 않는다. 다만 이런저런 것에 대해서 질문을 받으면 얼버무리거나 애매모호하게 늘어놓아서, '나는 이러하다고도 하지 않으며, 그러하다고도 하지 않으며, 다르다고도 하지 않으며, 아니라고도 하지 않으며, 아니지 않다고도 하지 않는다.'라고 대답한다.

비구들이여, 이것이 첫 번째 경우이니, 이것을 근거로 하고 이것에 의거해서 어떤 사문·바라문 존자들은 애매모호한 자가 되어 이런저런 것에 대해서 질문을 받으면, 얼버무리거나 애매모호하게 늘어놓는다."

2.25. "비구들이여, 그러면 두 번째 사문·바라문 존자들은 무엇을 근거로 하고 무엇에 의거해서 애매모호한 자가 되어, 이런저런 것에

---

117) '곤혹스러운 것'으로 옮긴 원어는 vighāta인데 주석서에서는 "거짓말을 했다는 생각 때문에 후회가 생겨(vippaṭisāruppatti) 괴롭다(dukkha)는 뜻이다."(DA.i.115)라고 설명하고 있다.

118) 이 첫 번째 경우는 자기 자신이 알지도 못하면서 안다고 거짓말을 하는 것을 두려워하고 혐오하지만, 모른다고 하기에는 자존심이 상해서 애매모호하게 말을 늘어놓는 경우다.

대해서 질문을 받으면 얼버무리거나 애매모호하게 늘어놓는가?

비구들이여, 여기 어떤 사문이나 바라문은 '이것은 유익함이다.'라고 있는 그대로 꿰뚫어 알지 못하고, '이것은 해로움이다.'라고 있는 그대로 꿰뚫어 알지 못한다. 그에게 이런 생각이 든다. '나는 이것은 유익함이라고 있는 그대로 꿰뚫어 알지 못하고 이것은 해로움이라고 있는 그대로 꿰뚫어 알지 못한다. 만일 내가 이것은 유익함이라고 있는 그대로 꿰뚫어 알지 못하고, 이것은 해로움이라고 있는 그대로 꿰뚫어 알지 못하면서도, 이것은 유익함이라고 설명하거나 이것은 해로움이라고 설명한다면, 그것은 나에게 열의나 욕망이나 성냄이나 아니면 적개심을 가져올 것이다.119) 나에게 열의나 욕망이나 성냄이나 적개심을 가져오는 것은 나에게 취착이 될 것이요, 나에게 취착이 되는 것은 곤혹스러운 것이고, 곤혹스러운 것은 나에게 장애가 된다.'라고.

이처럼 그는 취착을 두려워하고 취착을 혐오하여,120) '이것은 유

---

119) "어떤 사문·바라문들은 그것이 유익함인지 해로움인지 꿰뚫어 알지 못하는 상태에서 유익한 것에 대해 유익하다고 대답하고, 해로운 것에 대해 해로운 것이라고 대답한다. 어떤 박식한 자가 그것을 보고 대답을 잘했다고 하면 나와 같은 현자가 없다고 열의와 욕망이 일어난다. 유익한 것에 대해 해로운 것이라고 대답하고, 해로운 것에 유익한 것이라고 대답할 때 박식한 자가 대답을 잘못했다고 하면 나는 이 정도도 모른다고 하면서 성냄과 적개심이 일어난다. 여기서 열의(chanda)는 약한 욕망이고, 욕망(rāga)은 강한 욕망이다. 또한 성냄(dosa)은 약하게 화냄(khoda)이고 적개심(paṭigha)은 강하게 화냄이다."(DA.i.116)

120) 두 번째는 취착(upādāna)을 두려워하여 애매모호하게 말하는 경우이다. 주석서에서는 열의와 욕망(chanda-rāga)의 둘은 취착(upādāna)이고 성냄과 적개심(dosa-paṭigha)의 둘은 곤혹스러운 것(vighāta)이라고 설명한 뒤 그러나 이 모두는 강하게 거머쥐면 취착이요 없애려고 하면 곤혹스러운 것이라고 설명한다.(DA.i.116~17)

익함이다.'라고 설명하지 않고, '이것은 해로움이다.'라고도 설명하지 않는다. 다만 이런저런 것에 대해서 질문을 받으면 얼버무리거나 애매모호함을 늘어놓아서, '나는 이러하다고도 하지 않으며, 그러하다고도 하지 않으며, 다르다고도 하지 않으며, 아니라고도 하지 않으며, 아니지 않다고도 하지 않는다.'라고 대답한다.

비구들이여, 이것이 두 번째 경우이니, 이것을 근거로 하고 이것에 의거해서 어떤 사문·바라문 존자들은 애매모호한 자가 되어, 이런저런 것에 대해서 질문을 받으면 얼버무리거나 애매모호하게 늘어놓는다."

2.26. "비구들이여, 그러면 세 번째 사문·바라문 존자들은 무엇을 근거로 하고 무엇에 의거해서 애매모호한 자가 되어, 이런저런 것에 대해서 질문을 받으면 얼버무리거나 애매모호하게 늘어놓는가?

비구들이여, 여기 어떤 사문이나 바라문은 '이것은 유익함이다.'라고 있는 그대로 꿰뚫어 알지 못하고, '이것은 해로움이다.'라고 있는 그대로 꿰뚫어 알지 못한다. 그에게 이런 생각이 든다. '나는 이것은 유익함이라고 있는 그대로 꿰뚫어 알지 못하고, 이것은 해로움이라고 있는 그대로 꿰뚫어 알지 못한다. 만일 내가 이것은 유익함이라고 있는 그대로 꿰뚫어 알지 못하고 이것은 해로움이라고 있는 그대로 꿰뚫어 알지 못하면서도, 이것은 유익함이라고 설명하거나 이것은 해로움이라고 설명한다고 하자. 그러면 어떤 학식 있는 사문·바라문들은 영리하고, 다른 자들의 교리에 정통하고, 머리털을 쪼갤 수 있는 능숙한 궁수처럼 [요점을 지적하고], 예리한 통찰지로써 다른 견해들을 단번에 잘라버린다고 생각되는데, 이 [유익함과 해로움에 대해] 그들은 나에게 계속해서 질문을 던지고 집요하게 이유를 물어서,

[내가 말한 이유 가운데서 허점을 발견하여] 나를 논파해 버릴 것이다. 그들이 나에게 계속해서 질문을 던지고 집요하게 이유를 물어 나를 논파하면, 나는 그들에게 대꾸하지 못할 것이다. 내가 그들에게 대답하지 못한다면 그것은 나에게 곤혹스러운 것이고, 곤혹스러운 것은 나에게 장애가 된다.'라고.

이처럼 그는 계속된 질문121)을 두려워하고 계속된 질문을 혐오하여, '이것은 유익함이다.'라고 설명하지 않고, '이것은 해로움이다.'라고도 설명하지 않는다. 다만 이런저런 것에 대해서 질문을 받으면 얼버무리거나 애매모호하게 늘어놓아서, '나는 이러하다고도 하지 않으며, 그러하다고도 하지 않으며, 다르다고도 하지 않으며, 아니라고도 하지 않으며, 아니지 않다고도 하지 않는다.'라고 한다.

비구들이여, 이것이 세 번째 경우이니, 이것을 근거로 하고 이것에 의거해서 어떤 사문·바라문 존자들은 애매모호한 자가 되어 이런저런 것에 대해서 질문을 받으면 얼버무리거나 애매모호하게 늘어놓는다."

2.27. "비구들이여, 그러면 네 번째 사문·바라문 존자들은 무엇을 근거로 하고 무엇에 의거해서 애매모호한 자가 되어, 이런저런 것에 대해서 질문을 받으면 얼버무리거나 애매모호하게 늘어놓는가?

비구들이여, 여기 어떤 사문이나 바라문은 멍청하고 대단히 어리석다.122) 그는 멍청하고 대단히 어리석어서, 이런저런 것에 대해서

---

121) 세 번째는 지자들 즉 남들이 계속해서 질문하고 따지는 것(anuyoga)을 두려워하여 애매모호하게 말하는 경우이다.

122) 복주서에서는 이 네 번째 경우를 두고 멍청하고 특히 대단히 어리석다고 하는 이유를 이렇게 설명한다. "앞의 세 경우도 선법·불선법 등의 고유성

질문을 받으면, 얼버무리거나 애매모호하게 늘어놓는다.

① '만일 그대가 '저 세상이 있소?'라고 내게 묻고, 내가 '저 세상은 있다.'고 생각한다면, 나는 '저 세상은 있다.'고 대답해야 할 것이다. 그러나 나는 이러하다고도 하지 않으며, 그러하다고도 하지 않으며, 다르다고도 하지 않으며, 아니라고도 하지 않으며, 아니지 않다고도 하지 않는다.123)

② 만일 그대가 '저 세상은 없소?'라고 …

③ 만일 그대가 '저 세상은 있기도 하고 없기도 하오?'라고 …

질(sabhāva)을 제대로 깨닫지 못했기 때문에 멍청하기는 하지만 그들의 경우에는 자신이 선법·불선법 등을 깨닫지 못했다는 사실은 자각(avabodha)하고 있다. 그러나 이 네 번째의 경우에는 그러한 자각조차도 없기 때문에 멍청하고 크게 어리석다(manda-momūhabhāva)고 한다."(DAȚ.i.214)

123) 여기서 언급되는 16가지 질문은 네 개씩 네 개 조로 나누어진다. 이들 넷에 대해서 복주서는 다음과 같이 설명한다.
"① '저 세상은 있소?'라는 것은 상견(常見, sassata-dassana)을 가져 묻는 것이기도 하고 바른 견해(sammādiṭṭhi)로 [상대의 견해를 듣기 위해서] 묻는 것이기도 하다.
② '저 세상은 없소?'라는 것은 본래 없다는 견해를 가져(natthika-dassana) 묻는 것이기도 하고 바른 견해로 [상대의 견해를 듣기 위해서] 묻는 것이기도 하다.
③ '저 세상은 있기도 하고 없기도 하오?(즉 있었다가 없어진다는 뜻)'라는 것은 단견(斷見, uccheda-dassana)을 가져 묻는 것이기도 하고 바른 견해로 [상대의 견해를 듣기 위해서] 묻는 것이기도 하다.
④ '저 세상은 있는 것도 아니고 없는 것도 아니오?'라는 것은 앞에서 말한 세 가지 경우 이외에는 다른 것이 없기 때문에 있다·없다(atthitāna-tthitā)로 설할 수 없는 형태의 저 세상에 대해서 애매모호함을 전제로 하여 묻는 것이기도 하고 바른 견해로 [상대의 견해를 듣기 위해서] 묻는 것이기도 하다.
⑤-⑯ 나머지에도 이 방법이 적용된다."(DAȚ.i.215)

④ 만일 그대가 '저 세상은 있는 것도 아니고 없는 것도 아니오?'라고 …

⑤ 만일 그대가 '화생124)은 있소?'라고 …

⑥ 만일 그대가 '화생은 없소?'라고 …

⑦ 만일 그대가 '화생은 있기도 하고 없기도 하오?'라고 …

⑧ 만일 그대가 '화생은 있는 것도 아니고 없는 것도 아니오?'라고 …

⑨ 만일 그대가 '잘 지은 업과 잘못 지은 업의 결실[果]과 과보[異熟]는 있소?'라고 …

⑩ 만일 그대가 '잘 지은 업과 잘못 지은 업의 결실과 과보는 없소?'라고 …

⑪ 만일 그대가 '잘 지은 업과 잘못 지은 업의 결실과 과보는 있기도 하고 없기도 하오?'라고 …

⑫ 만일 그대가 '잘 지은 업과 잘못 지은 업의 결실과 과보는 있는 것도 아니고 없는 것도 아니오?'라고 …

⑬ 만일 그대가 '여래는 사후에도 존재하오?'라고 …

⑭ 만일 그대가 '여래는 사후에는 존재하지 않소?'라고 …

⑮ 만일 그대가 '여래는 사후에 존재하기도 하고 존재하지 않기도 하오?'라고 …

⑯ 만일 그대가 '여래는 사후에 존재하는 것도 아니고 존재하지 않는 것도 아니오?'라고 내게 묻고, 내가 '여래는 사후에 존재하는 것도

---

124) '화생(化生)'은 opapātika의 역어인데 upa(위로)+√pad(to go)의 명사형으로 문자 그대로 '그 위로 가서 바로 태어나는 것'이란 의미이다. 모태 등의 태어나는 곳을 빌리지 않고 그대로 다음 생을 받는 것을 뜻한다. 천상의 신들과 지옥 중생과 아귀 등이 화생으로 태어난다고 하겠다.

아니고 존재하지 않는 것도 아니다.'라고 생각한다면, 나는 '여래는 사후에 존재하는 것도 아니고 존재하지 않는 것도 아니다.'라고 대답해야 할 것이다. 그러나 나는 이러하다고도 하지 않으며, 그러하다고도 하지 않으며, 다르다고도 하지 않으며, 아니라고도 하지 않으며, 아니지 않다고도 하지 않는다.'

비구들이여, 이것이 네 번째 경우이니, 이것을 근거로 하고 이것에 의거해서 어떤 사문·바라문 존자들은 애매모호한 자가 되어 얼버무리거나 애매모호하게 늘어놓는다."

2.28. "비구들이여, 사문·바라문들은 이런 네 가지 경우로 애매모호한 자가 되어 이런저런 것에 대해서 질문을 받으면, 얼버무리거나 애매모호하게 늘어놓는다. 비구들이여, 사문·바라문들이 애매모호한 자가 되어, 이런저런 것에 대해서 질문을 받으면 얼버무리거나 애매모호하게 늘어놓는 것은 모두 이 네 가지 방법으로 하거나 혹은 이 넷 중 한 가지 방법으로 한다. 이것 이외에는 없다."

2.29. "비구들이여, 이와 같이 취하고 이와 같이 거머쥔 확정적인 견해들을 [가진 자들의] 태어날 곳은 어딘지, 다음 생에는 어디로 인도될 것인지 여래는 꿰뚫어 안다. 여래는 이것을 꿰뚫어 알고 이것을 넘어선 것도 꿰뚫어 안다. [이것을 넘어선 것]도 꿰뚫어 알지만 [갈애와 견해와 자만으로] 집착하지 않는다. 집착하지 않기 때문에 스스로 완전한 평화를 분명하게 안다. 느낌들의 일어남과 사라짐과 달콤함과 위험과 벗어남을 있는 그대로 분명하게 안 뒤 여래는 취착없이 해탈한다.

비구들이여, 참으로 이런 법들이야말로 심오하고, 보기도 힘들고,

깨닫기도 힘들고, 평화롭고 숭고하며, 단순한 사유의 영역을 넘어서 있고, 미묘하여, 오로지 현자들만이 알아볼 수 있으며, 그것은 여래가 스스로 최상의 지혜로 알고, 실현하여, 드러낸 것이다. [사람들이 만약 이러한 법들을 보고나서] 여래를 있는 그대로 칭송한다면 그제야 그들은 참으로 바르게 말한 것이라 할 수 있을 것이다."

I-5. 우연발생론자들

2.30. "비구들이여, 어떤 사문·바라문들은 우연발생론자들[125]인데 두 가지 경우로 자아와 세상은 우연히 발생한다고 천명한다. 그러면 무엇을 근거로 하고 무엇에 의거해서 그 사문·바라문 존자들은 우연발생론자가 되어 두 가지 경우로 자아와 세상은 우연히 발생한다고 천명하는가?"

2.31. "비구들이여, 무상유정(無想有情)[126]이라는 신들이 있다. 그

---

125) '우연발생론자들'로 옮긴 adhiccasamuppannikā는 adhicca(우연히)+samuppanna(발생)로 분석 된다. adhicca는 a(부정접두어)+√dhṛ(to hold)의 동명사형으로 문자 그대로 '토대가 없이, 이유가 없이'라는 뜻이다. 그래서 주석서는 adhicca(우연히)를 akarāra(이유 없음, 無因)로 설명한다.(DA.i.118) 그래서 '무인론자들'이라고 옮기는 경우도 있다.

126) 무상유정천(無想有情天, asaññā-satta)은 색계의 제4선천(四禪天)의 두 번째로 광과천의 위이다. 이 무상유정천 위는 정거천이고 정거천은 불환자들이 태어나는 곳이기 때문에 무상유정천은 중생으로 태어나는 경지로는 색계에서 최고로 높은 천상이다. 수행자의 마음이 제4선에 들어서 인식을 없애 버리려는 의도로 가득 배어 있기 때문에 그들은 무상유정천에 태어난다고 하는데 인식에 대해서 혐오하기 때문에(saññā-virāga) 이곳에 태어난다고 한다.(여기에 대해서는 『아비담마 길라잡이』 5장 §31의 해설과 5장 §6의 해설 등과 『청정도론』 XVII.197 등을 참조할 것)

들은 인식이 생겨나면 그 무리로부터 죽게 된다. 그런데 그 중 어떤 중생이 그 무리로부터 죽어서 이 세상에 태어나는 경우가 있다. 여기에 태어나서는 집을 떠나 출가한다. 집을 떠나 출가하여 애를 쓰고 노력하고 몰두하고 방일하지 않고 바르게 마음에 잡도리함을 닦아서 마음이 삼매를 얻는다. 마음이 그 삼매에 들어 [재생연결의] 인식127)이 생겨난 것은 기억하지만 그 이상은 기억하지 못한다. 그는 이렇게 말한다. '자아와 세상은 우연히 발생한다. 그것은 무슨 이유 때문인가? 나는 전에는 존재하지 않았지만 지금 존재하기 때문이다. 존재하지 않았지만 실제로 존재하기 때문이다.'라고.

비구들이여, 이것이 첫 번째 경우이니, 이것을 근거로 하고 이것에 의거해서 어떤 사문·바라문 존자들은 우연발생론자가 되어 자아와 세상은 우연히 발생한다고 천명한다."

2.32. "비구들이여, 그러면 두 번째 사문·바라문 존자들은 무엇을 근거로 하고 무엇에 의거해서 우연발생론자가 되어 자아와 세상은 우연히 발생한다고 천명하는가?

비구들이여, 여기 어떤 사문이나 바라문은 논리가요 해석가이다. 그는 [갖가지 방법으로] 추론하고 해석을 수반하며 자신이 스스로

무상유정천에는 마음은 일어나지 않고 오직 물질로 된 몸만이 있다.(acittuppādā rūpamattakāttabhāva - DA.i.118) 그래서 마음이 없었던 경지 즉 무상유정천을 기억하는 자는 우연발생론자가 되는 것이다. 그러나 그는 무상유정천에 태어나기 전의 마음의 상태에 대해서는 무지하다. 무상유정천과 상수멸(想受滅, 滅盡定)의 경지는 유사한 점이 많지만 전자는 아직 중생의 경지고 상수멸은 불환자와 아라한이 들 수 있는 경지이므로 이 둘은 이런 점에서 완전히 다르다.

127) 주석서에서 재생연결의 인식(paṭisandhisaññā)이라고 설명하고 있다. (*Ibid*)

규명하여 이렇게 말한다. '자아와 세상은 우연히 발생한다.'라고.

비구들이여, 이것이 두 번째 경우이니, 이것을 근거로 하고 이것에 의거해서 어떤 사문·바라문 존자들은 우연발생론자가 되어 자아와 세상은 우연히 발생한다고 천명한다."

2.33. "비구들이여, 사문·바라문들은 이런 두 가지 경우로 우연발생론자가 되어 자아와 세상은 우연히 발생한다고 천명한다. 비구들이여, 사문·바라문들이 우연발생론자가 되어 자아와 세상은 우연히 발생한다고 천명하는 것은 모두 이 두 가지 방법으로 하거나 혹은 이둘 중 한 가지 방법으로 한다. 이것 이외에는 없다."

2.34. "비구들이여, 이와 같이 취하고 이와 같이 거머쥔 확정적인 견해들을 [가진 자들의] 태어날 곳은 어딘지, 다음 생에는 어디로 인도될 것인지 여래는 꿰뚫어 안다. 여래는 이것을 꿰뚫어 알고 이것을 넘어선 것도 꿰뚫어 안다. [이것을 넘어선 것도] 꿰뚫어 알지만 [갈애와 견해와 자만으로] 더럽혀지지 않는다. 더럽혀지지 않기 때문에 스스로 완전한 평화를 분명하게 안다. 느낌들의 일어남과 사라짐과 달콤함과 위험과 벗어남을 있는 그대로 분명하게 안 뒤 여래는 취착 없이 해탈한다.

비구들이여, 참으로 이런 법들이야말로 심오하고, 보기도 힘들고, 깨닫기도 힘들고, 평화롭고 숭고하며, 단순한 사유의 영역을 넘어서 있고, 미묘하여, 오로지 현자들만이 알아볼 수 있으며, 그것은 여래가 스스로 최상의 지혜로 알고, 실현하여, 드러낸 것이다. [사람들이 만약 이러한 법들을 보고나서] 여래를 있는 그대로 칭송한다면 그제야 그들은 참으로 바르게 말한 것이라 할 수 있을 것이다."

2.35. "비구들이여, 그 사문·바라문들은 이들 18가지 경우로 과거를 모색하고, 과거에 대한 견해를 가지고, 과거에 대한 여러 가지 교리를 선언한다. 비구들이여, 사문·바라문들이 과거를 모색하고, 과거에 대한 견해를 가지고, 과거에 대한 여러 가지 교리를 선언하는 것은 모두 이 18가지 방법으로 하거나 혹은 이 18가지 중 한 가지 방법으로 한다. 이것 이외에는 없다."

2.36. "비구들이여, 이와 같이 취하고 이와 같이 거머쥔 확정적인 견해들을 [가진 자들의] 태어날 곳은 어딘지, 다음 생에는 어디로 인도될 것인지 여래는 꿰뚫어 안다. 여래는 이것을 꿰뚫어 알고 이것을 넘어선 것도 꿰뚫어 안다. [이것을 넘어선 것도 꿰뚫어 알지만 [갈애와 견해와 자만으로] 더럽혀지지 않는다. 더럽혀지지 않기 때문에 스스로 완전한 평화를 분명하게 안다. 느낌들의 일어남과 사라짐과 달콤함과 위험과 벗어남을 있는 그대로 분명하게 안 뒤 여래는 취착 없이 해탈한다.

비구들이여, 참으로 이런 법들이야말로 심오하고, 보기도 힘들고, 깨닫기도 힘들고, 평화롭고 숭고하며, 단순한 사유의 영역을 넘어서 있고, 미묘하여, 오로지 현자들만이 알아볼 수 있으며, 그것은 여래가 스스로 최상의 지혜로 알고, 실현하여, 드러낸 것이다. [사람들이 만약 이러한 법들을 보고나서] 여래를 있는 그대로 칭송한다면 그제야 그들은 참으로 바르게 말한 것이라 할 수 있을 것이다."

II. 44가지 미래를 모색하는 자들

2.37. "비구들이여, 어떤 사문·바라문들은 44가지[128) 경우로 미래를 모색하고, 미래에 대한 견해를 가지고, 미래에 대한 여러 가지 교리를 단언한다. 그러면 무엇을 근거로 하고 무엇에 의거해서 어떤 사문·바라문 존자들은 44가지 경우로 미래를 모색하고, 미래에 대한 견해를 가지고, 미래에 대한 여러 가지 교리를 단언하는가?"

II-1. 사후에 자아가 인식과 함께 존재한다고 설하는 자들

2.38. "비구들이여, 어떤 사문·바라문들은 사후에 [자아가] 인식과 함께 존재한다고 설하는 자들[129)인데 16가지 경우로 사후에 자

---

128) 44가지 미래를 모색하는 자들(aparantakappikā)은 다음과 같다.
　　II-1. 사후에 자아가 인식과 함께 존재한다고 설하는 자들
　　　　(uddhamāghātanikā saññivādā) - 16가지
　　II-2. 사후에 자아가 인식 없이 존재한다고 설하는 자들
　　　　(uddhamāghātanikā asaññivādā) - 8가지
　　II-3. 사후에 자아가 인식을 가지는 것도 아니고 인식을 가지지 않은 것도
　　　아닌 것으로 존재한다고 설하는 자들
　　　　(uddhamāghātanikā nevasaññināsaññivādā) - 8가지
　　II-4. 단멸론자들(ucchedavādā) - 7가지
　　II-5. 지금여기에서 열반을 실현한다고 주장하는 자들
　　　　(diṭṭhadhammanibbānavādā) - 5가지

129) '사후에 [자아는] 인식과 함께 존재한다고 설하는 자들'에 해당하는 원어
　　는 uddhamāghātanikā saññivādā이다. 주석서를 참조해서 정확히 옮기
　　자면 '사후에 [자아는] 인식을 가진 채로 존재한다고 주장하는 자들'이
　　된다.
　　이 16가지는 네 개씩 네 개 조로 나누어진다. 첫 번째 네 개 조에서는 자아
　　가 물질을 가졌는가 아닌가 하는 것에 따라 분류하였고, 두 번째 네 개 조

아는 인식을 가진 채 존재한다고 천명한다. 그러면 무엇을 근거로 하고 무엇에 의거해서 그들 사문·바라문 존자들은 사후에 자아가 인식과 함께 존재한다고 설하는 자가 되어 16가지 경우로 사후에 자아는 인식을 가지고 존재한다고 천명하는가?

① 그들은 '자아는 물질[色]을 가진다.130) 죽고 난 후에도 병들지 않는다.131) 인식을 가진다.'라고 천명한다.

② '자아는 물질을 갖지 않는다.132) 죽고 난 후에도 병들지 않는

에서는 자아는 유한한가 무한한가 하는 것에 따라 분류하였고, 세 번째 네 개 조는 자아는 어떠한 인식을 가졌는가에 따라서 분류하였고, 마지막 네 개 조는 고락에 따라서 분류하였다. 물론 이 모든 것은 자아는 인식을 가졌다고 주장하는 경우에 속한다.

한편 본 문단의 자아에 대한 견해는 연기를 심도 깊게 드러내고 있는 본서 제2권 「대인연경」(D15) §23에 4가지로 정리되어 나타나고 있으므로 참조할 것.

130) 여기서 물질은 보통의 물질로 봐서는 곤란하다. 그렇게 되면 육신도 죽지 않고 다음 세상으로 영원히 지속되는 것이 되기 때문이다. 그래서 주석서에서는 여기서 비록 '자아는 물질을 가졌다.'라고 표현했지만 자아는 일반적인 물질을 가졌다는 것이 아니라 색계 선정의 대상인 까시나의 물질(kasiṇa-rūpa)에서 생긴 닮은 표상을 자아라고 거머쥐거나 혹은 [까시나의 물질]을 통해서 생긴 인식(tattha pavattasañña)을 인식이라고 거머쥐고서 자아는 물질을 가졌다고 주장한다고 설명한다. 아지와까[邪命外道] 등(Ājīvakādayo)이 이 경우에 해당한다고 한다.(DA.i.119)

여기에 대해서 복주서는 다시 '물질을 가진(rūpī)'을 '변하는 성질을 가진 것이 물질을 가진 것(ruppanasīlo rūpī)'이라고 해석해야 한다고 덧붙이고 있다. 왜냐하면 닮은 표상은 확장하기 전에는 작았고, 확장한 뒤에는 크기 때문이다.(DAṬ.i.222)

131) "병들지 않음(aroga)이란 항상함(nicca, 常)을 말한다."(DA.i.119)

132) "무색계 증득[等至]의 표상(arūpa-samāpatti-nimitta)을 자아라고 거머쥐거나 증득의 인식(samāpatti-sañña)을 인식이라고 거머쥐는 것을 말하며 니간타 등(Nigaṇṭhādayo)이 여기에 해당한다."(Ibid)

다. 인식을 가진다.'라고 천명한다.

③ '자아는 물질을 가지기도 하고 물질을 가지지 않기도 한다.[133] 죽고 난 후에도 병들지 않는다. 인식을 가진다.'라고 천명한다.

④ '자아는 물질을 가지는 것도 아니고 물질을 가지지 않는 것도 아니다. 죽고 난 후에도 병들지 않는다. 인식을 가진다.'라고 천명한다.[134]

⑤ '자아는 유한하다. 죽고 난 후에도 병들지 않는다. 인식을 가진다.'라고 천명한다.[135]

⑥ '자아는 무한하다. 죽고 난 후에도 병들지 않는다. 인식을 가진다.'라고 천명한다.

⑦ '자아는 유한하기도 하고 무한하기도 하다. 죽고 난 후에도 병들지 않는다. 인식을 가진다.'라고 천명한다.

⑧ '자아는 유한하지도 않고 무한하지도 않다. 죽고 난 후에도 병

이것도 삼매체험을 통해서 주장하는 것이다. 즉 까시나를 제거한 뒤에 전개되는 허공[空], 알음알이[識], 존재하지 않음[無所有] 등의 표상을 자아라거나 인식이라고 거머쥐는 경지를 말한다. 무색계의 경지는 『청정도론』 X장에서 상세하게 설명되어 있으며 『아비담마 길라잡이』 1장 §22와 9장 §12에 정리되어 있다.

133) 복주서에 의하면 처음에는 색계 선정에 들어 그것의 대상인 까시나의 물질(kasiṇa-rūpa)에서 생긴 닮은 표상을 자아라고 거머쥐고, 더 나아가 무색계 선정에 들어 무색계 선정의 대상인 허공 등 추상적인 표상을 자아라고 여기는 자들이 여기에 해당한다.(DAṬ.i.223)

134) 이것은 단지 논리적인 것일 뿐(takkagāheneva)이라고 주석서는 말한다. (DA.i.119)

135) 이하 두 번째의 네 개 조는 앞의 §§2.16~2.20에서 나타난 유한함과 무한함을 설하는 자들(antānantikā)의 네 가지 경우와 같다고 주석서는 말한다.(*Ibid*)

들지 않는다. 인식을 가진다.'라고 천명한다.

⑨ '자아는 단일한 인식을 가진다.136) 죽고 난 후에도 병들지 않는다.'라고 천명한다.

⑩ '자아는 다양한 인식을 가진다.137) 죽고 난 후에도 병들지 않는다.'라고 천명한다.

⑪ '자아는 제한된 인식을 가진다.138) 죽고 난 후에도 병들지 않는다.'라고 천명한다.

⑫ '자아는 무량한 인식을 가진다.139) 죽고 난 후에도 병들지 않는다.'라고 천명한다.

⑬ '자아는 전적으로 행복한 것이다.140) 죽고 난 후에도 병들지 않

---

136) 주석서에서는 증득의 경지(samāpannaka)를 통해서 단일한 인식이 생긴 다고 설명한다.(*Ibid*) 여기에 대해서 복주서에서는 "증득(samāpatti)이란 여덟 가지가 있다. 그 증득이 다르므로 인식도 다를 것이기 때문에 그 증득의 경지를 통해서도 자아가 다양한 인식을 얻을(nānattasaññī) 수 있겠지만 그렇더라도 증득은 하나의 인식으로 확립되기 때문에 증득의 경지를 통해서는 자아는 단일한 인식을 얻는다(ekattasaññī)고 했다."(DAṬ.i.224)

137) 주석서에서는 증득의 경지가 아닌 것(asamāpannaka)을 통해서 다양한 인식이 생긴다고 한다.(DA.i.119) 복주서에서는 증득이 다르므로 인식도 다르지만 여기서는 밖의 보통의 여러 가지 거친 대상을 통해서 다양한 인식이 생긴다고 설명한다.(DAṬ.i.224)

138) 주석서에서는 작은 까시나(parittakasiṇa)를 통해서 생긴 인식이라고 설명한다.(DA.i.119) 작은 까시나란 아직 확장하지 않은 표상을 뜻한다. 『청정도론』 III.101~102를 참조할 것.

139) 주석서에서는 큰 까시나(vipulakasiṇa)를 통해서 생긴 인식이라고 설명한다.(DA.i.119) 큰 까시나란 확장한 표상을 말한다.

140) "천안통을 얻어서 그 하늘 눈[天眼]으로 중생들이 사종선의 제3선에 들어 행복을 느끼는 것을 보고 자아는 전적으로 행복한 것(ekantasukhī)이라고 거머쥔다."(*Ibid*)

는다. 인식을 가진다.'라고 천명한다.

⑭ '자아는 전적으로 괴로운 것이다.141) 죽고 난 후에도 병들지 않는다. 인식을 가진다.'라고 천명한다.

⑮ '자아는 행복한 것이기도 하고 괴로운 것이기도 하다.142) 죽고 난 후에도 병들지 않는다. 인식을 가진다.'라고 천명한다.

⑯ '자아는 행복한 것도 괴로운 것도 아니다.143) 죽고 난 후에도 병들지 않는다. 인식을 가진다.'라고 천명한다."

2.39. "비구들이여, 그 사문·바라문들은 사후에 자아가 인식과 함께 존재한다고 설하는 자들인데 이들 16가지 경우로 사후에 자아가 인식을 가진 채 존재한다고 천명한다. 비구들이여, 사문·바라문들이 사후에 자아가 인식과 함께 존재한다고 설하는 자가 되어 사후에 자아는 인식을 가진 채 존재한다고 천명하는 것은 모두 이 16가지 방법으로 하거나 혹은 이 16가지 중 한 가지 방법으로 한다. 이것 이외에는 없다."

2.40. "비구들이여, 이와 같이 취하고 이와 같이 거머쥔 확정적인 견해들을 [가진 자들의] 태어날 곳은 어딘지, 다음 생에는 어디로 인

---

141) "지옥(niraya)에 태어나서 괴로움을 겪는 중생들을 보고서 자아는 전적으로 괴로운 것이라고 거머쥔다."(*Ibid*)

142) "인간 세상에 태어나서 중생들이 [즐거움과 괴로움]을 보고서 이렇게 거머쥔다."(*Ibid*)

143) 행복도 괴로움도 없이 오직 평온하게 머무는 광과천(Vehapphaladeva)의 범천들을 보고서 이렇게 거머쥔다.(*Ibid*) 광과천(廣果天)은 색계 4선천의 첫 번째 천상인데 이 천상은 다른 천상보다 그 과보가 수승하기 때문에 광과천이라 부른다고 한다. 색계 천상에 대해서는 『아비담마 길라잡이』5장 §6의 해설을 참조할 것.

도될 것인지 여래는 꿰뚫어 안다. 여래는 이것을 꿰뚫어 알고 이것을 넘어선 것도 꿰뚫어 안다. [이것을 넘어선 것]도 꿰뚫어 알지만 [갈애와 견해와 자만으로] 더럽혀지지 않는다. 더럽혀지지 않기 때문에 스스로 완전한 평화를 분명하게 안다. 느낌들의 일어남과 사라짐과 달콤함과 위험과 벗어남을 있는 그대로 분명하게 안 뒤 여래는 취착 없이 해탈한다.

비구들이여, 참으로 이런 법들이야말로 심오하고, 보기도 힘들고, 깨닫기도 힘들고, 평화롭고 숭고하며, 단순한 사유의 영역을 넘어서 있고, 미묘하여, 오로지 현자들만이 일아볼 수 있으며, 그것은 여래가 스스로 최상의 지혜로 알고, 실현하여, 드러낸 것이다. [사람들이 만약 이러한 법들을 보고나서] 여래를 있는 그대로 칭송한다면 그제야 그들은 참으로 바르게 말한 것이라 할 수 있을 것이다."

두 번째 바나와라가 끝났다.

II-2. 사후에 자아가 인식 없이 존재한다고 설하는 자들

3.1. "비구들이여, 어떤 사문·바라문들은 사후에 자아가 인식 없이 존재한다고 설하는 자인데 8가지 경우로 사후에 자아는 인식 없이 존재한다고 천명한다.[144] 그러면 무엇을 근거로 하고 무엇에 의거해서 그들 사문·바라문 존자들은 사후에 자아가 인식 없이 존재한다고 설하는 자가 되어 8가지 경우로 사후에 자아는 인식 없이 존재

---

144) 여기서는 앞의 16가지 인식을 가진 자아의 사후존재 가운데서 처음의 8가지만이 언급되고 있다. 왜냐하면 뒤의 여덟 가지에는 이미 단일한 인식 등과 즐거움 등의 인식의 문제가 개재되어 있기 때문이다.

한다고 천명하는가?"

3.2. "그들은 ① '자아는 물질[色]을 가진다. 죽고 난 후에도 병들지 않는다. 인식을 가지지 않는다.'라고 천명한다.

② '자아는 물질을 가지지 않는다. 죽고 난 후에도 병들지 않는다. 인식을 가지지 않는다.'라고 천명한다.

③ '자아는 물질을 가지기도 하고 물질을 가지지 않기도 한다. 죽고 난 후에도 병들지 않는다. 인식을 가지지 않는다.'라고 천명한다.

④ '자아는 물질을 가지는 것도 아니고 물질을 가지지 않는 것도 아니다. 죽고 난 후에도 병들지 않는다. 인식을 가지지 않는다.'라고 천명한다.

⑤ '자아는 유한하다. 죽고 난 후에도 병들지 않는다. 인식을 가지지 않는다.'라고 천명한다.

⑥ '자아는 무한하다. 죽고 난 후에도 병들지 않는다. 인식을 가지지 않는다.'라고 천명한다.

⑦ '자아는 유한하기도 하고 무한하기도 하다. 죽고 난 후에도 병들지 않는다. 인식을 가지지 않는다.'라고 천명한다.

⑧ '자아는 유한하지도 않고 무한하지도 않다. 죽고 난 후에도 병들지 않는다. 인식을 가지지 않는다.'라고 천명한다."

3.3. "비구들이여, 그 사문·바라문들은 사후에 자아가 인식 없이 존재한다고 설하는 자들인데 이들 8가지 경우로 사후에 자아가 인식 없이 존재한다고 천명한다. 비구들이여, 사문·바라문들이 사후에 자아가 인식 없이 존재한다고 설하는 자가 되어 사후에 자아가 인식 없이 존재한다고 천명하는 것은 모두 이 8가지 방법으로 하거나 혹은

이 8가지 중 한 가지 방법으로 한다. 이것 이외에는 없다."

3.4. "비구들이여, 이와 같이 취하고 이와 같이 거머쥔 확정적인 견해들을 [가진 자들의] 태어날 곳은 어딘지, 다음 생에는 어디로 인도될 것인지 여래는 꿰뚫어 안다. 여래는 이것을 꿰뚫어 알고 이것을 넘어선 것도 꿰뚫어 안다. [이것을 넘어선 것도 꿰뚫어 알지만 [갈애와 견해와 자만으로] 더럽혀지지 않는다. 더럽혀지지 않기 때문에 스스로 완전한 평화를 분명하게 안다. 느낌들의 일어남과 사라짐과 달콤함과 위험과 벗어남을 있는 그대로 분명하게 안 뒤 여래는 취착 없이 해탈한다.

비구들이여, 참으로 이런 법들이야말로 심오하고, 알기도 힘들고, 깨닫기도 힘들고, 평화롭고 숭고하며, 단순한 사유의 영역을 넘어서 있고, 미묘하여, 오로지 현자들만이 알아볼 수 있으며, 그것은 여래가 스스로 최상의 지혜로 알고, 실현하여, 드러낸 것이다. [사람들이 만약 이러한 법들을 보고나서] 여래를 있는 그대로 칭송 한다면 그제야 그들은 참으로 바르게 말한 것이라 할 수 있을 것이다."

II-3. 사후에 자아가 인식을 가지는 것도 아니고 인식을 가지지 않은 것도 아닌 것으로 존재한다고 설하는 자들

3.5. "비구들이여, 어떤 사문·바라문들은 사후에 자아가 인식을 가지는 것도 아니고 인식을 가지지 않은 것도 아닌 것[145]으로 존재

---

145) 인식을 가지는 것도 아니고 인식을 가지지 않은 것도 아닌 것이 구체적으로 무엇인가는 『청정도론』에 잘 설명되어 있다. 『청정도론』 X.49~52를 참조할 것.

한다고 설하는 자인데 8가지 경우로 사후에 자아가 인식을 가지는 것도 아니고 인식을 가지지 않은 것도 아닌 것으로 존재한다고 천명한다. 그러면 무엇을 근거로 하고 무엇에 의거해서 그들 사문·바라문 존자들은 사후에 자아가 인식을 가지는 것도 아니고 인식을 가지지 않은 것도 아닌 것으로 존재한다고 설하는 자가 되어 8가지 경우로 사후에 자아가 인식을 가지는 것도 아니고 인식을 가지지 않은 것도 아닌 것으로 존재한다고 천명하는가?"

3.6. "그들은 ① '자아는 물질[色]을 가진다. 죽고 난 후에도 병들지 않는다. 인식을 가진 것도 아니고 인식을 가지지 않은 것도 아니다.'라고 천명한다.

② '자아는 물질을 가지지 않는다. 죽고 난 후에도 병들지 않는다. 인식을 가진 것도 아니고 인식을 가지지 않은 것도 아니다.'라고 천명한다.

③ '자아는 물질을 가지기도 하고 물질을 가지지 않기도 한다. 죽고 난 후에도 병들지 않는다. 인식을 가진 것도 아니고 인식을 가지지 않은 것도 아니다.'라고 천명한다.

④ '자아는 물질을 가지는 것도 아니고 물질을 가지지 않는 것도 아니다. 죽고 난 후에도 병들지 않는다. 인식을 가진 것도 아니고 인식을 가지지 않은 것도 아니다.'라고 천명한다.

⑤ '자아는 유한하다. 죽고 난 후에도 병들지 않는다. 인식을 가진 것도 아니고 인식을 가지지 않은 것도 아니다.'라고 천명한다.

⑥ '자아는 무한하다. 죽고 난 후에도 병들지 않는다. 인식을 가진 것도 아니고 인식을 가지지 않은 것도 아니다.'라고 천명한다.

⑦ '자아는 유한하기도 하고 무한하기도 하다. 죽고 난 후에도 병

들지 않는다. 인식을 가진 것도 아니고 인식을 가지지 않은 것도 아니다.'라고 천명한다.

⑧ '자아는 유한하지도 않고 무한하지도 않다. 죽고 난 후에도 병들지 않는다. 인식을 가진 것도 아니고 인식을 가지지 않은 것도 아니다.'라고 천명한다."

3.7. "비구들이여, 그 사문·바라문들은 사후에 자아가 인식을 가지는 것도 아니고 인식을 가지지 않은 것도 아닌 것으로 존재한다고 설하는 자인데 이들 8가지 경우로 사후에 자아가 인식을 가지는 것도 아니고 인식을 가지지 않은 것도 아닌 것으로 존재한다고 천명한다. 비구들이여, 사문·바라문들이 사후에 자아가 인식을 가지는 것도 아니고 인식을 가지지 않은 것도 아닌 것으로 존재한다고 설하는 자가 되어 사후에 자아가 인식을 가지는 것도 아니고 인식을 가지지 않은 것도 아닌 것으로 존재한다고 천명하는 것은 모두 이 8가지 방법으로 하거나 혹은 이 8가지 중 한 가지 방법으로 한다. 이것 이외에는 없다."

3.8. "비구들이여, 이와 같이 취하고 이와 같이 거머쥔 확정적인 견해들을 [가진 자들의] 태어날 곳은 어딘지, 다음 생에는 어디로 인도될 것인지 여래는 꿰뚫어 안다. 여래는 이것을 꿰뚫어 알고 이것을 넘어선 것도 꿰뚫어 안다. [이것을 넘어선 깃도 꿰뚫어 알지만 갈애와 견해와 자만으로] 더럽혀지지 않는다. 더럽혀지지 않기 때문에 스스로 완전한 평화를 분명하게 안다. 느낌들의 일어남과 사라짐과 달콤함과 위험과 벗어남을 있는 그대로 분명하게 안 뒤 여래는 취착 없이 해탈한다.

비구들이여, 참으로 이런 법들이야말로 심오하고, 알기도 힘들고, 깨닫기도 힘들고, 평화롭고 숭고하며, 단순한 사유의 영역을 넘어서 있고, 미묘하여, 오로지 현자들만이 알아볼 수 있으며, 그것은 여래가 스스로 최상의 지혜로 알고, 실현하여, 드러낸 것이다. [사람들이 만약 이러한 법들을 보고나서] 여래를 있는 그대로 칭송한다면 그제야 그들은 참으로 바르게 말한 것이라 할 수 있을 것이다."

II-4. [사후]단멸론자들

3.9. "비구들이여, 어떤 사문·바라문들은 [사후]단멸론자들[146] 인데 7가지 경우로 중생의 단멸과 파멸과 없어짐을 천명한다. 그러면 무엇을 근거로 하고 무엇에 의거해서 그들 사문·바라문 존자들은 단멸론자가 되어 7가지 경우로 중생의 단멸과 파멸과 없어짐을 천명하는가?"

---

146) '단멸'로 옮긴 원어 uccheda는 ud(위로)+√chid(*to cut*)에서 파생된 명사로 '끊어짐, 멸절'을 뜻한다. 죽고나면 아무 것도 없다는 말이다. 그래서 uccheda-vāda를 '[사후]단멸론'이라 옮겼다.

우리는 일반적으로 단멸론이라 하면 금생에 이 몸이 죽으면 모든 것이 끝난다는 한 가지만을 생각한다. 그러나 부처님께서는 본문에서 7가지로 단멸론을 설명하신다. 이 일곱 가지는 각각 인간, 욕계 천상, 색계 천상, 무색계의 공무변처, 식무변처, 무소유처, 비상비비상처를 뜻한다. 여기에 태어난 중생들이 각각 그 세상에서 죽으면 모든 것이 끝난다는 견해를 국집(局執)하는 경우이다.

이렇게 본다면 금생 다음에 천국이 있고 그 이상을 언급하지 못하는 유일신교적인 발상도 결국은 단멸론의 일종이라고 할 수 있다. 왜냐하면 천국 다음에는 아무것도 없다는 입장이기 때문이다. 그리고 인간만이 영혼이 있어서 천국이나 지옥에 가지만 동물들은 영혼이 없다는 발상도 일종의 단멸론적 발상이라고 할 수 있겠다.

3.10. "① 비구들이여, 여기 어떤 사문이나 바라문은 이와 같이 설하고 이와 같은 견해를 가진다. '존자여, 이 자아는 물질을 가졌고, 사대(四大)147)로 이루어졌으며, 부모에서 생겨났기 때문에 몸이 무너지면 단멸하고 파멸하여 죽은 후에는 더 이상 존재하지 않습니다. 존자여, 이런 까닭에 이 자아는 실로 철저하게 단멸합니다.'라고, 이와 같이 어떤 자들은 중생의 단멸과 파멸과 없어짐을 천명한다."148)

3.11. "② 이것을 두고 다른 사람은 이와 같이 말한다. '존자여, 그대가 말한 자아는 참으로 존재합니다. 나는 그것이 없다고 말하지 않습니다. 존자여, [그대가 설한] 자아가 실로 그렇게 철저하게 단멸하는 것은 아닙니다. 존자여, 참으로 다른 자아가 존재합니다. 그것은 천상에 있고 물질을 가졌고 욕계에 있고 음식을 먹습니다.149) 그것을 그대는 알지도 못하고 보지도 못합니다. 그러나 나는 그것을 알고 봅니다. 존자여, 바로 이런 자아야말로 몸이 무너지면 단멸하고 파멸하고 죽은 후에는 더 이상 존재하지 않습니다. 존자여, 이런 까닭에 이 자아는 실로 철저하게 단멸합니다.'라고, 이와 같이 어떤 자들은

---

147) 사대(四大)는 『아비담마 길라잡이』 6장 §2를 참조할 것.

148) "물질적인 몸(rūpa-kāya)을 두고 인간의 자아(manussattabhāva)라고 하며 이것이 바로 자아라고 주장하는 경우이다."(DA.i.120) 그리고 이 자아는 이 몸이 죽으면 끝장이라고 하는 것이 첫 번째 단멸론이다. 인간들이 가지는 유물론적인 사고를 대변한다 할 수 있다.

149) "두 번째 경우는 천상의 자아(dibbattabhāva)를 주장한다. 여기서 천상이란 신들의 세상(deva-loka)에 태어난 것을 말하며 욕계에 있다는 것은 여섯 가지 욕계 천상[六欲天]에 난 것을 말한다."(Ibid) 즉 욕계 천상에 태어난 중생들이 이런 천상에서의 목숨이 다하면 모든 것이 끝난다는 견해를 가지는 것이 두 번째 단멸론이다.

중생의 단멸과 파멸과 없어짐을 천명한다.”

3.12. “③ 이것을 두고 다른 사람은 이와 같이 말한다. ‘존자여, 그대가 말한 자아는 참으로 존재합니다. 나는 그것이 없다고 말하지 않습니다. 존자여, [그대가 설한] 자아가 실로 그렇게 철저하게 단멸하는 것은 아닙니다. 존자여, 참으로 다른 자아가 존재합니다. 그것은 천상에 있고 형상을 가졌고 마음으로 이루어졌고 모든 수족이 다 갖추어졌으며 감각기능[根]이 구족합니다.150) 그것을 그대는 알지도 못하고 보지도 못합니다. 그러나 나는 그것을 알고 봅니다. 존자여, 바로 이런 자아야말로 몸이 무너지면 단멸하고 파멸하고 죽은 후에는 더 이상 존재하지 않습니다. 존자여, 이런 까닭에 이 자아는 실로 철저하게 단멸합니다.’라고. 이와 같이 어떤 자들은 중생의 단멸과 파멸과 없어짐을 천명한다.”

3.13. “④ 이것을 두고 다른 사람은 이와 같이 말한다. ‘존자여, 그대가 말한 자아는 참으로 존재합니다. 나는 그것이 없다고 말하지 않습니다. 존자여, [그대가 설한] 자아가 실로 그렇게 철저하게 단멸하는 것은 아닙니다. 존자여, 참으로 다른 자아가 존재합니다. 그것은 물질[色]에 대한 인식(산냐)을 완전히 초월하고 부딪힘의 인식151)을

---

150) “마음으로 이루어졌고(manomaya)라는 것은 禪의 마음(jhāna-mano)에 의해서 태어났음을 뜻한다. … 범천의 세상에 존재하는 자들과 다른 경지 즉 [색계 천상]에 있는 자를 두고 한 말이다.”(*Ibid*) 이것은 색계 천상에 태어난 중생들이 색계 천상에서 죽으면 모든 것은 끝난다는 견해를 가지는 경우이다.

151) 부딪힘의 인식에서 부딪힘으로 옮긴 paṭigha는 보통 ‘적의’ 혹은 ‘적대감’으로 옮기는 술어이다. 그러나 이 공무변처의 문맥에서 나타날 때는 prati(대하여)+√han(*to strike, to kill*)이라는 어원에 입각해서 ‘부딪힘’

소멸하고 갖가지 인식을 마음에 잡도리하지 않기 때문에 '무한한 허공'이라고 하는 공무변처(空無邊處)152)를 얻은 자의 자아입니다. 그것을 그대는 알지도 못하고 보지도 못합니다. 그러나 나는 그것을 알고 봅니다. 존자여, 바로 이런 자아야말로 몸이 무너지면 단멸하고 파멸하고 죽은 후에는 더 이상 존재하지 않습니다. 존자여, 이런 까닭에 이 자아는 실로 철저하게 단멸합니다.'라고. 이와 같이 어떤 자들은 중생의 단멸과 파멸과 없어짐을 천명한다."

3.14. "⑤ 이것을 두고 다른 사람은 이와 같이 말한다. '존자여, 그대가 말한 자아는 참으로 존재합니다. 나는 그것이 없다고 말하지 않습니다. 존자여, [그대가 설한] 자아가 실로 그렇게 철저하게 단멸하는 것은 아닙니다. 존자여, 참으로 다른 자아가 존재합니다. 그것은 공무변처를 완전히 초월하여 '무한한 알음알이[識]'라고 하는 식무변처(識無邊處)를 얻은 자의 자아입니다. 그것을 그대는 알지도 못하고 보지도 못합니다. 그러나 나는 그것을 알고 봅니다. 존자여, 바로 이런 자아야말로 몸이 무너지면 단멸하고 파멸하고 죽은 후에는 더 이상 존재하지 않습니다. 존자여, 이런 까닭에 이 자아는 실로 철저하게 단멸합니다.'라고. 이와 같이 어떤 자들은 중생의 단멸과 파멸과 없어짐을 천명한다."

으로 옮긴다. 왜냐하면 물질이 있을 때에는 반드시 부딪힘 즉 접촉이 있지만 물질이 제거되면 부딪힘 즉 접촉도 없기 때문이다. 냐나몰리 스님도 『청정도론』에서 'sensory impingement'로 옮기고 있다.

152) 이하 공부변처에서부터 비상비비상처까지의 사처(四處)에 대한 설명은 『아비담마 길라잡이』 1장 §22와 9장 §12에 정리되어 있으며 이것을 증득하는 방법은 『청정도론』 X장에 상세하게 나타난다.

3.15. "⑥ 이것을 두고 다른 사람은 이와 같이 말한다. '존자여, 그대가 말한 자아는 참으로 존재합니다. 나는 그것이 없다고 말하지 않습니다. 존자여, [그대가 설한] 자아가 실로 그렇게 철저하게 단멸하는 것은 아닙니다. 존자여, 참으로 다른 자아가 존재합니다. 그것은 식무변처를 완전히 초월하여 '아무 것도 없다.'라고 하는 무소유처(無所有處)를 얻은 자의 자아입니다. 그것을 그대는 알지도 못하고 보지도 못합니다. 그러나 나는 그것을 알고 봅니다. 존자여, 바로 이런 자아야말로 몸이 무너지면 단멸하고 파멸하고 죽은 후에는 더 이상 존재하지 않습니다. 존자여, 이런 까닭에 이 자아는 실로 철저하게 단멸합니다.'라고. 이와 같이 어떤 자들은 중생의 단멸과 파멸과 없어짐을 천명한다."

3.16. "⑦ 이것을 두고 다른 사람은 이와 같이 말한다. '존자여, 그대가 말한 자아는 참으로 존재합니다. 나는 그것이 없다고 말하지 않습니다. 존자여, [그대가 설한] 자아가 실로 그렇게 철저하게 단멸하는 것은 아닙니다. 존자여, 참으로 다른 자아가 존재합니다. 그것은 무소유처를 완전히 초월하여 '이것은 평화롭고 이것은 수승하다.'라고 하는 비상비비상처(非想非非想處)를 얻은 자의 자아입니다. 그것을 그대는 알지도 못하고 보지도 못합니다. 그러나 나는 그것을 알고 봅니다. 존자여, 바로 이런 자아야말로 몸이 무너지면 단멸하고 파멸하고 죽은 후에는 더 이상 존재하지 않습니다. 존자여, 이런 까닭에 이 자아는 실로 철저하게 단멸합니다.'라고. 이와 같이 어떤 자들은 중생의 단멸과 파멸과 없어짐을 천명한다."

3.17. "비구들이여, 그 사문·바라문들은 단멸론자들인데 이들 7가지 경우로 중생의 단멸과 파멸과 없어짐을 천명한다. 비구들이여, 사문·바라문들이 단멸론자가 되어 중생의 단멸과 파멸과 없어짐을 천명하는 것은 모두 이 7가지 방법으로 하거나 혹은 이 7가지 중 한 가지 방법으로 한다. 이것 이외에는 없다."

3.18. "비구들이여, 이와 같이 취하고 이와 같이 거머쥔 확정적인 견해들을 [가진 자들의] 태어날 곳은 어딘지, 다음 생에는 어디로 인도될 것인지 여래는 꿰뚫어 안다. 여래는 이것을 꿰뚫어 알고 이것을 넘어선 것도 꿰뚫어 안다. [이것을 넘어선 것도] 꿰뚫어 알지만 [갈애와 견해와 자만으로] 더럽혀지지 않는다. 더럽혀지지 않기 때문에 스스로 완전한 평화를 분명하게 안다. 느낌들의 일어남과 사라짐과 달콤함과 위험과 벗어남을 있는 그대로 분명하게 안 뒤 여래는 취착 없이 해탈한다.

비구들이여, 참으로 이런 법들이야말로 심오하고, 알기도 힘들고, 깨닫기도 힘들고, 평화롭고 숭고하며, 단순한 사유의 영역을 넘어서 있고, 미묘하여, 오로지 현자들만이 알아볼 수 있으며, 그것은 여래가 스스로 최상의 지혜로 알고, 실현하여, 드러낸 것이다. [사람들이 만약 이러한 법들을 보고나서] 여래를 있는 그대로 칭송을 한다면 그제야 그들은 참으로 바르게 말한 것이라 할 수 있을 것이다."

II-5. 지금여기에서 열반을 실현한다고 주장하는 자들

3.19. "비구들이여, 어떤 사문·바라문들은 지금여기에서[現法]에서 열

반을 실현한다고 주장하는 자들153)인데 5가지 경우로 지금여기에서

---

153) 원어는 diṭṭhadhamma-nibbānavāda인데 한문으로는 현법열반론자(現法涅槃論者)로 직역할 수 있다. 그러나 이렇게 옮기면 뜻이 통하지 않으므로 '지금여기에서 열반을 실현한다고 주장하는 자들'로 풀어서 옮겼다. '지금 여기서'로 띄어쓰기를 하지 않고 '지금여기에서'로 옮긴 이유는 '지금 여기서'로 옮길 경우 자칫 부사로 읽힐 수 있기 때문에 지금여기를 합성어로 옮겼다.

주석서에서는 "지금여기(diṭṭhadhamma, 現法)란 눈앞에(paccakkha) [직접 보이는] 법(dhamma, 현상)을 말한다. 여기저기서 자아의 상태를 얻는 것(paṭiladdhattabhāva)을 두고 하는 말이다."(DA.i.121)라고 설명하고 있다.

다시 복주서에서는 "지금여기(diṭṭhadhamma)란 봄(dassana)이라는 지혜를 통해서 얻어진 법(dhamma)이다. 여기서 감각기능[根]의 대상[境]이 아닌 [禪의 경지 등]도 분명하게 드러나기 때문에 감각기능의 대상처럼 간주될 수가 있다. 그래서 지금여기를 두고 '눈앞에 [직접 보이는] 법'이라고 했다."(DAṬ.i.230)고 덧붙인다.

'지금여기'로 옮긴 diṭṭha(現)-dhamma(法)를 중국에서는 現法으로 직역하기도 하고 現今으로도 옮겼다. 그리고 서양에서는 here and now로 정착이 되고 있고 우리나라에서는 '지금여기'로 정착이 되어간다.

불교의 바른 삼매로 일컬어지는 4선이 여기서 '지금여기에서 열반을 실현한다고 주장하는 자들'의 견해로 언급되고 있음에 주목해야 한다. 본문을 잘 살펴보면 여기서 주장하는 이러한 현법열반론자들의 견해는 어떤 존재론적인 자아가 있어서 그 자아가 이런 삼매 혹은 선의 경지를 구족하여 머문다고 하는 주장이다. 그러므로 자아에 대한 견해, 초기불교에서 거듭 강조하는 유신견이 극복되지 않는 한 아무리 지고한 선정의 경지에 머물러도 그것은 견해의 그물에 걸린 것일 뿐이라는 설명이다.

우리는 이미 앞에서 과거와 미래에 대한 견해들 가운데 등장하는 많은 삼매의 경지를 보았다. 이 이전에 등장한 삼매 체험은 주로 인식(산냐)과 연관된 것이었고 그 인식은 모두 자아가 있다는 견해로 귀결되고 있음을 보았다. 그와 마찬가지로 지금여기[現法]에서 자아라는 인식이 남아 있는 한 고귀한 禪의 경지도 현법열반론이라는 견해의 그물에 걸리고 만다는 것을 우리는 명심해야 한다.

달리 표현하자면 통찰지로써 제법의 무상·고·무아를 통찰해서 자아에 대한 모든 고정관념을 극복하지 못하면 결국은 있다·없다, 영속한다·단

구경의 열반을 실현한다고 천명한다. 그러면 무엇을 근거로 하고 무엇에 의거해서 그들 사문·바라문 존자들은 지금여기에서 열반을 실현한다고 주장하는 자가 되어 5가지 경우로 지금여기에서 구경의 열반54)을 실현한다고 천명하는가?"

3.20. "① 비구들이여, 여기 어떤 사문이나 바라문은 이런 주장을 하고 이런 견해를 가진다. '존자여, 이 자아는 다섯 가닥의 감각적 욕망55)을 마음껏 충분히 즐깁니다. 존자여, 이런 까닭에 이 자아는 지금여기에서 구경의 열반을 실현한 것입니다.' 이와 같이 어떤 자들은 지금여기에서 구경의 열반을 실현한다고 천명한다."156)

멸한다는 견해의 그물에 걸리고 만다는 것이다. 삼매나 선은 그 자체로써는 결코 목적이 될 수 없다. 그것은 통찰지로 해탈·열반을 실현하기 위한 도구일 뿐이다. 무상이나 고나 무아를 꿰뚫는 통찰지가 없는 삼매나 禪은 지금여기에서 열반을 실현한다는 현법열반론이라는 견해의 그물에 걸린 것에 지나지 않는다. 우리가 삼매나 禪을 열심히 닦는 이유는 바로 이런 통찰지를 구족하여 견해의 그물을 뚫고 참다운 해탈·열반을 실현하기 위한 것임을 잊어서는 안된다.

154) '지금여기에서 구경의 열반'으로 옮긴 원어는 parama-diṭṭhadhamma-nibbāna이다. 한문으로 직역하자면 구경현법열반(究竟現法涅槃)이 되겠다.

155) 흔히 오욕락(五慾樂)이라고도 부르는데 눈과 귀와 코와 혀와 몸으로 좋고 마음에 드는 대상을 향유하는 것을 말한다. 다섯 가닥의 감각적 욕망에 대한 정형구는 본서 「삼명경」(D13) §27을 참조할 것.

156) 이것은 인간들이 눈·귀·코·혀·몸으로 경험되는 세속적인 행복을 전부로 삼고 그것의 획득과 유지와 즐김을 위해서 모든 것을 다 바치고 사는 것을 제일로 삼는 것과 같은 견해이다. 열반을 지복(至福, parama-sukha)이라고도 부르는데 지금여기에서 다섯 가닥의 감각적 욕망을 마음껏 충분히 즐기는 것이야말로 구경의 열반이요 최상의 행복[至福]이라고 주장하는 것을 말한다.

3.21. "② 이것을 두고 다른 사람은 이와 같이 말한다. '존자여, 그대가 말한 자아는 참으로 존재합니다. 나는 결코 부정하지 않습니다. 존자여, 그러나 [그대가 설한] 자아가 실로 그것으로 지금여기에서 구경의 열반을 실현한 것은 아닙니다. 그것은 무슨 이유 때문인가요? 존자여, 참으로 감각적 욕망이란 무상하고 괴로우며 변하기 마련이며 변하고 바뀌는 성질이기 때문에 근심·탄식·육체적 고통·정신적 고통·절망이 생기기 때문입니다. 존자여, 그래서 이 자아는 감각적 욕망을 완전히 떨쳐버리고 해로운 법[不善法]들을 떨쳐버린 뒤 일으킨 생각[尋]과 지속적인 고찰[伺]이 있고, 떨쳐버렸음에서 생겼으며, 희열[喜]과 행복[樂]이 있는 초선(初禪)을 구족하여 머뭅니다.157) 존자여, 바로 이런 자아야말로 지금여기에서 구경의 열반을 실현한 것입니다.' 이와 같이 어떤 자들은 지금여기에서 구경의 열반을 실현한다고 천명한다."

3.22. "③ 이것을 두고 다른 사람은 이와 같이 말한다. '존자여, 그대가 말한 자아는 참으로 존재합니다. 나는 결코 부정하지 않습니다. 존자여, 그러나 [그대가 설한] 자아가 실로 그것으로 지금여기에서 구경의 열반을 실현한 것은 아닙니다. 그것은 무슨 이유 때문인가요? 일으킨 생각과 지속적인 고찰이 있는 한 초선은 거칠다고 일컬어지기 때문입니다. 존자여, 그래서 이 자아는 일으킨 생각[尋]과 지속적인 고찰[伺]을 가라앉혀 [더 이상 존재하지 않으며], 자기 내면의 것이고, 확신이 있으며, 마음의 단일한 상태이고, 일으킨 생각과 지속

---

157) 초선부터 4선까지의 정형구에 나타나는 술어들은 『청정도론』 IV.74 이하에 상세하게 설명되어 있으니 참조할 것.

적인 고찰이 없고, 삼매에서 생긴 희열과 행복이 있는 제2선(二禪)을 구족하여 머뭅니다. 존자여, 바로 이런 자아야말로 지금여기에서 구경의 열반을 실현한 것입니다.' 이와 같이 어떤 자들은 지금여기에서 구경의 열반을 실현한다고 천명한다."

3.23. "④ 이것을 두고 다른 사람은 이와 같이 말한다. '존자여, 그대가 말한 자아는 참으로 존재합니다. 나는 결코 부정하지 않습니다. 존자여, 그러나 [그대가 설한] 자아가 실로 그것으로 지금여기에서 구경의 열반을 실현한 것은 아닙니다. 그것은 무슨 이유 때문인가요? 희열에 의지한 의기양양함이 있는 한 제2선(二禪)은 거칠다고 일컬어지기 때문입니다. 존자여, 그래서 이 자아는 희열이 사라졌기 때문에 평온하게 머물고 마음챙기고 알아차리며[正念正知] 몸으로 행복을 경험합니다. 이 때문에 성자들이 그를 두고 '평온하게 마음 챙기며 행복에 머문다.'라고 일컫는 제3선(三禪)을 구족하여 머뭅니다. 존자여, 바로 이런 자아야말로 지금여기에서 구경의 열반을 실현한 것입니다.' 이와 같이 어떤 자들은 지금여기에서 구경의 열반을 실현한다고 천명한다."

3.24. "⑤ 이것을 두고 다른 사람은 이와 같이 말한다. '존자여, 그대가 말한 자아는 참으로 존재합니다. 나는 결코 부정하지 않습니다. 존자여, 그러나 [그대가 설한] 자아가 실로 그것으로 지금여기에서 구경의 열반을 증득한 것은 아닙니다. 그것은 무슨 이유 때문인가요? 행복이라는 내적인 관심이 남아 있는 한 제3선(三禪)은 거칠다고 일컬어지기 때문입니다. 존자여, 그래서 이 자아는 행복도 버렸고 괴로움도 버렸고 아울러 그 이전에 이미 기쁨과 슬픔이 사라졌기 때문에

괴롭지도 행복하지도 않으며, 평온으로 인해 마음챙김의 청정함이 있는[捨念淸淨] 제4선(四禪)을 구족하여 머뭅니다. 존자여, 바로 이런 자아야말로 지금여기에서 구경의 열반을 실현한 것입니다.' 이와 같이 어떤 자들은 지금여기에서 구경의 열반을 천명한다."

3.25. "비구들이여, 그 사문·바라문들은 지금여기에서 열반을 실현한다고 주장하는 자들인데 이들 5가지 방법으로 지금여기에서 구경의 열반을 실현한다고 천명한다. 비구들이여, 사문·바라문들이 지금여기에서 열반을 실현한다고 주장하는 자가 되어 지금여기에서 구경의 열반을 실현한다고 천명하는 것은 모두 이 5가지 방법으로 하거나 혹은 이 5가지 중 한 가지 방법으로 한다. 이것 이외에는 없다."

3.26. "비구들이여, 이와 같이 취하고 이와 같이 거머쥔 확정적인 견해들을 [가진 자들의] 태어날 곳은 어딘지, 다음 생에는 어디로 인도될 것인지 여래는 꿰뚫어 안다. 여래는 이것을 꿰뚫어 알고 이것을 넘어선 것도 꿰뚫어 안다. [이것을 넘어선 것도] 꿰뚫어 알지만 [갈애와 견해와 자만으로] 더럽혀지지 않는다. 더럽혀지지 않기 때문에 스스로 완전한 평화를 분명하게 안다. 느낌들의 일어남과 사라짐과 달콤함과 위험과 벗어남을 있는 그대로 분명하게 안 뒤 여래는 취착 없이 해탈한다.

비구들이여, 참으로 이런 법들이야말로 심오하고, 알기도 힘들고, 깨닫기도 힘들고, 평화롭고 숭고하며, 단순한 사유의 영역을 넘어서 있고, 미묘하여, 오로지 현자들만이 알아볼 수 있으며, 그것은 여래가 스스로 최상의 지혜로 알고, 실현하여, 드러낸 것이다. [사람들이 만약 이러한 법들을 보고나서] 여래를 있는 그대로 칭송을 한다면 그제야 그들은 참으로 바르게 말한 것이라 할 수 있을 것이다."

3.27. "비구들이여, 그 사문·바라문들은 이들 44가지 경우로 미래를 모색하고, 미래에 대한 견해를 가지고, 미래에 대한 여러 가지 교리를 단언한다. 비구들이여, 사문·바라문들이 미래를 모색하고, 미래에 대한 견해를 가지고, 미래에 대한 여러 가지 교리를 단언하는 것은 모두 이 44가지 방법으로 하거나 혹은 이 44가지 중 한 가지 방법으로 한다. 이것 이외에는 없다."

3.28. "비구들이여, 이와 같이 취하고 이와 같이 거머쥔 확정적인 견해들을 [가진 자들의] 태어날 곳은 어딘지, 다음 생에는 어디로 인도될 것인지 여래는 꿰뚫어 안다. 여래는 이것을 꿰뚫어 알고 이것을 넘어선 것도 꿰뚫어 안다. [이것을 넘어선 것]도 꿰뚫어 알지만 [갈애와 견해와 자만으로] 더럽혀지지 않는다. 더럽혀지지 않기 때문에 스스로 완전한 평화를 분명하게 안다. 느낌들의 일어남과 사라짐과 달콤함과 위험과 벗어남을 있는 그대로 분명하게 안 뒤 여래는 취착 없이 해탈한다.

비구들이여, 참으로 이런 법들이야말로 심오하고, 알기도 힘들고, 깨닫기도 힘들고, 평화롭고 숭고하며, 단순한 사유의 영역을 넘어서 있고, 미묘하여, 오로지 현자들만이 알아볼 수 있으며, 그것은 여래가 스스로 최상의 지혜로 알고, 실현하여, 드러낸 것이다. [사람들이 만약 이러한 법들을 보고나서] 여래를 있는 그대로 칭송을 한다면 그제야 그들은 참으로 바르게 말한 것이라 할 수 있을 것이다."

62가지 견해에 대한 결론

3.29. "비구들이여, 그 사문·바라문들은 이들 62가지 경우로 과거를 모색하고 미래를 모색하고 과거와 미래를 모색하며, 과거와 미래에 대한 견해를 가지고, 과거와 미래에 대한 여러 가지 교리를 단언한다. 비구들이여, 사문·바라문들이 과거를 모색하고 미래를 모색하고 과거와 미래를 모색하며, 과거와 미래에 대한 견해를 가지고, 과거와 미래에 대한 여러 가지 교리를 단언하는 것은 모두 이 62가지 방법으로 하거나 혹은 이 62가지 중 한 가지 방법으로 한다. 이것 이외에는 없다."

3.30. "비구들이여, 이와 같이 취하고 이와 같이 거머쥔 확정적인 견해들을 [가진 자들의] 태어날 곳은 어딘지, 다음 생에는 어디로 인도될 것인지 여래는 꿰뚫어 안다. 여래는 이것을 꿰뚫어 알고 이것을 넘어선 것도 꿰뚫어 안다. [이것을 넘어선 것도 꿰뚫어 알지만 [갈애와 견해와 자만으로] 더럽혀지지 않는다. 더럽혀지지 않기 때문에 스스로 완전한 평화를 분명하게 안다. 느낌들의 일어남과 사라짐과 달콤함과 위험과 벗어남을 있는 그대로 분명하게 안 뒤 여래는 취착 없이 해탈한다.

3.31. "비구들이여, 참으로 이런 법들이야말로 심오하고, 알기도 힘들고, 깨닫기도 힘들고, 평화롭고 숭고하며, 단순한 사유의 영역을 넘어서 있고, 미묘하여, 오로지 현자들만이 알아볼 수 있으며, 그것은 여래가 스스로 최상의 지혜로 알고, 실현하여, 드러낸 것이다. [사람들이 만약 이러한 법들을 보고나서] 여래를 있는 그대로 칭송을

한다면 그제야 그들은 참으로 바르게 말한 것이라 할 수 있을 것이다."

62견은 단지 느낀 것이요 동요된 것일 뿐이다

3.32. "비구들이여, 여기서 영속론자인 그 사문·바라문들이 네 가지 경우로 영속하는 자아와 세상을 천명하는 것은, 알지 못하고 보지 못하고158) 갈애에 빠져 있는 그 사문·바라문 존자들이 단지 느낀 것159)에 지나지 않으며, 그 느낌이 [견해와 갈애에] 의해 동요된 것일 뿐이다."160)

---

158) 앞 §1.3에서 부처님은 아시고 보시는 분이라고 하였다. 주석서에서는 그 사문·바라문들은 법들의 고유성질(sabhāva)을 있는 그대로(yathābhū-taṁ) 알지 못하고 보지 못한다고 설명하고 있다.(DA.i.123)

159) 원문은 vedayita인데 '느껴진'이라는 뜻이다. 그러나 여기서 느껴진 것을 감정이나 정서적인 느낌(vedanā, 受)만으로 국한시켜서는 곤란하다. 그래서 복주서에서도 "느껴진 것이란 자아와 세상은 영속한다라는 견해를 천명함(diṭṭhi-paññāpana)을 통해서 드러난 견해(diṭṭhi)에 의해서 체험되고(anubhūta) 경험된 것(anubhavana)이다."(DAṬ.i.236)라고 설명하고 있다.

160) 「범망경」전체에서 이 문단이 가장 극적이면서도 중요한 구절이라고 역자는 파악한다. 아무리 과거와 미래에 대한 굉장한 견해를 늘어놓는다 하더라도 그것은 지금여기에서의 체험이나 경험의 문제로 귀결되고 만다는 의미이다. 과거와 미래에 대한 견해의 토대로 부처님 당시에는 삼매체험이 중시되었다. 삼매에 들어서 먼 과거를 보고 과거에 대해서 단언을 하지만 그것은 어디까지나 그가 지금여기에서 삼매에 들어서 그렇게 봤기 때문이다. 미래는 예측의 문제인데 이것도 역시 지금 그가 그렇게 예측하기 때문이다. 그러므로 과거와 미래에 관한 모든 견해는 자기 자신이 바로 지금여기에서 경험하고 체득하고 느낀 것(vedayita)을 넘어서지 못한다.
시대가 바뀌어 지금은 과학적 방법론으로 과거와 미래를 판단한다. 과학적 방법론이 지향하는 것은 객관화이다. 객관화의 방법은 바로 자료이다. 정확한 자료에 근거할 때 우리는 그것을 정설로, 객관적인 것으로 인정한다. 그래서 과학은 신빙성 있는 자료의 확보에 심혈을 기울인다. 이처럼

3.33. "비구들이여, 여기서 일부영속 일부비영속을 설하는 그 사문·바라문들이 네 가지 경우로 자아와 세상이 일부는 영속하고 일부는 영속하지 않는다고 천명하는 것은, 알지 못하고 보지 못하고 갈애에 빠져 있는 그 사문·바라문 존자들이 단지 느낀 것에 지나지 않으며, 그 느낌이 [견해와 갈애에] 의해 동요된 것일 뿐이다."

과학이 가설이나 학설(견해)을 주장하는 근거는 자료이다. 그러므로 지금여기에서 실험이나 관측 등을 통한 자료가 없으면 과거와 미래에 대한 견해는 있을 수 없다.

관측이나 실험에 의한 자료를 통해서 보면 우주는 팽창한다고 한다. 다른 관측과 실험을 통해서 요즘은 우주는 팽창한 뒤에 다시 수축하고 그래서 팽창·수축을 거듭한다고도 주장한다. 이것은 부처님 당시의 수행자들이 삼매에 들어서 판단하던 것이 자료에 의한 견해로 바뀌었을 뿐이다. 엄밀히 말하자면 모두 현재 바로 지금여기에서 어떤 자료를 어떻게 판독하고 어떤 실험을 어떻게 하고 어떤 관측을 어떻게 하느냐의 문제로 되돌아온다. 이 문제를 부각시켜 말씀하시는 것이 바로 vedayita(느껴진 것, 체험한 것)이다. 지금여기에서 그들이 느끼고 체험한 것을 넘어서는 아무런 견해도 가질 수 없다는 부처님의 명쾌하신 지적이다.

초기불전을 통해서 우리가 반드시 통달해야 하는 가장 큰 인식의 전환이 바로 이것이다. 그래서 부처님께서는 이렇게 말씀하신다.

"과거를 되새기지 말고 미래를 바라지 마라.
과거는 제거되었고 미래는 닥치지 않았다.
현재에 [일어나는] 법(dhamma)을 바로 여기서 통찰하라."

(Bhaddekaratta Sutta, M131/iii.187)

이것이 부처님께서 제자들에게 주시는 가장 강력한 메시지라고 역자는 파악한다. 그리고 이것은 임제 스님이 "바로 지금여기일 뿐 별다른 시절이 없다.(卽是現今 更無時節)"라고 천명하였듯이 중국 선종에서도 가장 중시하는 태도이다. 그리고 지금여기에서 일어나고 사라짐을 분명하게 보는 사람은 있다·없다는 유무·단상(有無·斷常)의 견해를 가지지 않는다. (『가전연경』 S12:15) 거기에는 법의 일어나고 사라짐이 있을 뿐이요, 이것을 정형화한 것이 무상·고·무아의 삼특상인 것이다. 삼특상 중의 하나를 꿰뚫어 알면 그는 해탈·열반을 성취한다.(『아비담마 길라잡이』 9장 §35 이하 참조)

3.34. "비구들이여, 여기서 유한함과 무한함을 설하는 그 사문·바라문들이 네 가지 경우로 세상이 유한하거나 무한하다고 천명하는 것은, 알지 못하고 보지 못하고 갈애에 빠져 있는 그 사문·바라문 존자들이 단지 느낀 것에 지나지 않으며, 그 느낌이 [견해와 갈애에] 의해 동요된 것일 뿐이다."

3.35. "비구들이여, 여기서 애매모호한 그 사문·바라문들이 이런 저런 것에 대해서 질문을 받으면 네 가지 경우로 얼버무리거나 애매모호하게 늘어놓는 것은, 알지 못하고 보지 못하고 갈애에 빠져 있는 그 사문·바라문 존자들이 단지 느낀 것에 지나지 않으며, 그 느낌이 [견해와 갈애에] 의해 동요된 것일 뿐이다."

3.36. "비구들이여, 여기서 우연발생론자인 그 사문·바라문들이 두 가지 경우로 자아와 세상은 우연히 발생한다고 천명하는 것은, 알지 못하고 보지 못하고 갈애에 빠져 있는 그 사문·바라문 존자들이 단지 느낀 것에 지나지 않으며, 그 느낌이 [견해와 갈애에] 의해 동요된 것일 뿐이다."

3.37. "비구들이여, 여기서 그 사문·바라문들이 18가지 경우로 과거를 모색하고, 과거에 대한 견해를 가지고, 과거에 대한 여러 가지 교리를 단언하는 것은, 알지 못하고 보지 못하고 갈애에 빠져 있는 그 사문·바라문 존자들이 단지 느낀 것에 지나지 않으며, 그 느낌이 [견해와 갈애에] 의해 동요된 것일 뿐이다."

3.38. "비구들이여, 여기서 사후에 [자아가] 인식과 함께 존재한

다고 설하는 그 사문·바라문들이 16가지 경우로 사후에 자아가 인식을 가지고 존재한다고 천명하는 것은, 알지 못하고 보지 못하고 갈애에 빠져 있는 그 사문·바라문 존자들이 단지 느낀 것에 지나지 않으며, 그 느낌이 [견해와 갈애에] 의해 동요된 것일 뿐이다."

3.39. "비구들이여, 여기서 사후에 [자아가] 인식 없이 존재한다고 설하는 그 사문·바라문들이 8가지 경우로 사후에 자아가 인식 없이 존재한다고 천명하는 것은, 알지 못하고 보지 못하고 갈애에 빠져 있는 그 사문·바라문 존자들이 단지 느낀 것에 지나지 않으며, 그 느낌이 [견해와 갈애에] 의해 동요된 것일 뿐이다."

3.40. "비구들이여, 여기서 사후에 [자아가] 인식을 가지는 것도 아니고 인식을 가지지 않은 것도 아닌 것으로 존재한다고 설하는 그 사문·바라문들이 8가지 경우로 사후에 자아가 인식을 가진 것도 아니고 인식을 가지지 않은 것도 아닌 것으로 존재한다고 천명하는 것은, 알지 못하고 보지 못하고 갈애에 빠져 있는 그 사문·바라문 존자들이 단지 느낀 것에 지나지 않으며, 그 느낌이 [견해와 갈애에] 의해 동요된 것일 뿐이다."

3.41. "비구들이여, 여기서 단멸론자인 그 사문·바라문들이 7가지 경우로 중생의 단멸과 파멸과 없어짐을 천명하는 것은, 알지 못하고 보지 못하고 갈애에 빠져 있는 그 사문·바라문 존자들이 단지 느낀 것에 지나지 않으며, 그 느낌이 [견해와 갈애에] 의해 동요된 것일 뿐이다."

3.42. "비구들이여, 여기서 지금여기에서 열반을 실현한다고 주장하는 그 사문·바라문들이 5가지 경우로 지금여기에서 구경의 열반을 실현한다고 천명하는 것은, 알지 못하고 보지 못하고 갈애에 빠져 있는 그 사문·바라문 존자들이 단지 느낀 것에 지나지 않으며, 그 느낌이 [견해와 갈애에] 의해 동요된 것일 뿐이다."

3.43. "비구들이여, 여기서 그 사문·바라문들이 44가지 경우로 미래를 모색하고, 미래에 대한 견해를 가지고, 미래에 대한 여러 가지 교리를 단언하는 것은, 알지 못하고 보지 못하고 갈애에 빠져 있는 그 사문·바라문 존자들이 단지 느낀 것에 지나지 않으며, 그 느낌이 [견해와 갈애에] 의해 동요된 것일 뿐이다."

3.44. "비구들이여, 여기서 그 사문·바라문들이 62가지 경우로 과거를 모색하고 미래를 모색하고 과거와 미래를 모색하며, 과거와 미래에 대한 견해를 가지고, 과거와 미래에 대한 여러 가지 교리를 단언하는 것은 알지 못하고 보지 못하고 갈애에 빠져 있는 그 사문·바라문 존자들이 단지 느낀 것에 지나지 않으며, 그 느낌이 [견해와 갈애에] 의해 동요된 것일 뿐이다."

62견은 단지 감각접촉[觸]을 조건한 것일 뿐이다

3.45. "비구들이여, 여기서 영속론자인 그 사문·바라문들이 네 가지 경우로 자아와 세상이 영속한다고 천명하는 것은 단지 감각접촉[觸]을 조건한 것이다.161)"

---

161) 이제 이런 과거와 미래에 대한 모든 견해가 바로 지금여기에서 체험하는

3.46. "비구들이여, 여기서 일부영속 일부비영속을 설하는 자인 그 사문·바라문들이 네 가지 경우로 자아와 세상이 일부는 영속하고 일부는 영속하지 않는다고 천명하는 것은 단지 감각접촉[觸]을 조건한 것이다."

3.47. "비구들이여, 여기서 유한함과 무한함을 설하는 자인 그 사문·바라문들이 네 가지 경우로 세상이 유한하거나 무한하다고 천명하는 것은 단지 감각접촉[觸]을 조건한 것이다."

3.48. "비구들이여, 여기서 애매모호한 그 사문·바라문들이 이런 저런 것에 대해서 질문을 받으면 네 가지 경우로 얼버무리거나 애매모호하게 늘어놓는 것은 단지 감각접촉[觸]을 조건한 것이다."

3.49. "비구들이여, 여기서 우연발생론자인 그 사문·바라문들이 두 가지 경우로 자아와 세상은 우연히 발생한다고 천명하는 것은 단지 감각접촉[觸]을 조건한 것이다."

3.50. "비구들이여, 여기서 그 사문·바라문들이 18가지 경우로 과거를 모색하고, 과거에 대한 견해를 가지고, 과거에 대한 여러 가지 교리를 단언하는 것은 단지 감각접촉[觸]을 조건한 것이다."

것 혹은 체험한 것(vedayita)에 바탕한 것일 뿐이라는 사실을 명쾌하게 꿰뚫어 본 사람은 연기법적으로 고찰할 수밖에 없다. 체험이란 것이 도대체 무엇인가? 체험이란 감각기능[根]-대상[境]-알음알이[識]의 삼사화합(三事和合)에 바탕하고 있다. 삼사화합이란 다름 아닌 감각접촉(phassa, 觸)이다. 그러므로 과거와 미래에 대한 견해와 교설은 모두 감각접촉을 조건한 것이다.

3.51. "비구들이여, 여기서 사후에 [자아가] 인식과 함께 존재한다고 설하는 그 사문·바라문들이 16가지 경우로 사후에 자아는 인식을 가지고 존재한다고 천명하는 것은 단지 감각접촉[觸]을 조건한 것이다."

3.52. "비구들이여, 여기서 사후에 [자아가] 인식 없이 존재한다고 설하는 그 사문·바라문들이 8가지 경우로 사후에 자아가 인식 없이 존재한다고 천명하는 것은 단지 감각접촉[觸]을 조건한 것이다."

3.53. "비구들이여, 여기서 사후에 [자아가] 인식을 가지는 것도 아니고 인식을 가지지 않은 것도 아닌 것으로 존재한다고 설하는 그 사문·바라문들이 8가지 경우로 사후에 자아가 인식을 가지는 것도 아니고 인식을 가지지 않은 것도 아닌 것으로 존재한다고 천명하는 것은 단지 감각접촉[觸]을 조건한 것이다."

3.54. "비구들이여, 여기서 단멸론자인 그 사문·바라문들이 7가지 경우로 중생의 단멸과 파멸과 없어짐을 천명하는 것은 단지 감각접촉[觸]을 조건한 것이다."

3.55. "비구들이여, 여기서 지금여기에서 열반을 실현한다고 주장하는 그 사문·바라문들이 5가지 경우로 지금여기에서 구경의 열반을 실현한다고 천명하는 것은 단지 감각접촉[觸]을 조건한 것이다."

3.56. "비구들이여, 여기서 그 사문·바라문들이 44가지 경우로 미래를 모색하고, 미래에 대한 견해를 가지고, 미래에 대한 여러 가지 교리를 단언하는 것은 단지 감각접촉[觸]을 조건한 것이다."

3.57. "비구들이여, 여기서 그 사문·바라문들이 62가지 경우로 과거를 모색하고 미래를 모색하고 과거와 미래를 모색하며, 과거와 미래에 대한 견해를 가지고, 과거와 미래에 대한 여러 가지 교리를 단언하는 것은 단지 감각접촉[觸]을 조건한 것이다."

62견은 감각접촉 없이 경험 될 수 없다

3.58. "비구들이여, 여기서 영속론자인 그 사문·바라문들은 네 가지 경우로 자아와 세상이 영속한다고 천명하는데, 감각접촉[觸] 없이도 그런 [느낌]을 경험할 수 있다[162]고 한다면 그것은 불가능하다."

3.59. "비구들이여, 여기서 일부영속 일부비영속을 설하는 그 사문·바라문들은 네 가지 경우로 자아와 세상이 일부는 영속하고 일부는 영속하지 않는다고 천명하는데, 감각접촉[觸] 없이도 그런 [느낌]을 경험할 수 있다고 한다면 그것은 불가능하다."

3.60. "비구들이여, 여기서 유한함과 무한함을 설하는 그 사문·바라문들은 네 가지 경우로 세상이 유한하거나 무한하다고 천명하는데, 감각접촉[觸]이 없이도 그런 [느낌]을 경험할 수 있다고 한다면 그것은 불가능하다."

3.61. "비구들이여, 여기서 애매모호한 그 사문·바라문들은 이런

---

162) '경험할 수 있다'로 옮긴 원어는 paṭisaṁvedissanti이다. 그러면 무엇을 경험하는가? 주석서에서는 "견해의 느낌(diṭṭhi-vedana)을 경험한다." (DA.i.125)라고 구체적으로 표현하고 있다. 견해의 느낌이라는 표현은 다른 주석서에서는 나타나지 않는다.

저런 것에 대해서 질문을 받으면 네 가지 경우로 얼버무리거나 애매모호하게 늘어놓는데, 감각접촉[觸] 없이도 그런 [느낌]을 경험할 수 있다고 한다면 그것은 불가능하다.”

3.62. “비구들이여, 여기서 우연발생론자인 그 사문·바라문들은 두 가지 경우로 자아와 세상은 우연히 발생한다고 천명하는데, 감각접촉[觸] 없이도 그런 [느낌]을 경험할 수 있다고 한다면 그것은 불가능하다.”

3.63. “비구들이여, 여기서 그 사문·바라문들은 18가지 경우로 과거를 모색하고, 과거에 대한 견해를 가지고, 과거에 대한 여러 가지 교리를 단언하는데 감각접촉[觸] 없이도 그런 [느낌]을 경험할 수 있다고 한다면 그것은 불가능하다.”

3.64. “비구들이여, 여기서 사후에 [자아가] 인식과 함께 존재한다고 설하는 그 사문·바라문들은 16가지 경우로 사후에 자아가 인식과 함께 존재한다고 천명하는데, 감각접촉[觸] 없이도 그런 [느낌]을 경험할 수 있다고 한다면 그것은 불가능하다.”

3.65. “비구들이여, 여기서 사후에 [자아가] 인식 없이 존재한다고 설하는 그 사문·바라문들은 8가지 경우로 사후에 자아가 인식 없이 존재한다고 천명하는데, 감각접촉[觸] 없이도 그런 [느낌]을 경험할 수 있다고 한다면 그것은 불가능하다.”

3.66. “비구들이여, 여기서 사후에 [자아가] 인식을 가지는 것도 아니고 인식을 가지지 않은 것도 아닌 것으로 존재한다고 설하는 그

사문·바라문들은, 8가지 경우로 사후에 자아가 인식을 가지는 것도 아니고 인식을 가지지 않은 것도 아닌 것으로 존재한다고 천명하는데, 감각접촉[觸] 없이도 그런 [느낌]을 경험할 수 있다고 한다면 그 것은 불가능하다."

3.67. "비구들이여, 여기서 단멸론자인 그 사문·바라문들은 7가지 경우로 중생의 단멸과 파멸과 없어짐을 천명하는데, 감각접촉[觸] 없이도 그런 [느낌]을 경험할 수 있다고 한다면 그것은 불가능하다."

3.68. "비구들이여, 여기서 지금여기에서 열반을 실현한다고 주장하는 그 사문·바라문들은 5가지 경우로 지금여기에서 구경의 열반을 실현한다고 천명하는데, 감각접촉[觸] 없이도 그런 [느낌]을 경험할 수 있다고 한다면 그것은 불가능하다."

3.69. "비구들이여, 여기서 그 사문·바라문들은 44가지 경우로 미래를 모색하고, 미래에 대한 견해를 가지고, 미래에 대한 여러 가지 교리를 단언하는데, 감각접촉[觸] 없이도 그런 [느낌]을 경험할 수 있다고 한다면 그것은 불가능하다."

3.70. "비구들이여, 여기서 그 사문·바라문들은 62가지 경우로 과거를 모색하고 미래를 모색하고 과거와 미래를 모색하며, 과거와 미래에 대한 견해를 가지고, 과거와 미래에 대한 여러 가지 교리를 단언하는데, 감각접촉[觸] 없이도 그런 [느낌]을 경험할 수 있다고 한다면 그것은 불가능하다."

62견은 조건발생[緣而生]이요 괴로움을 생기게 한다

3.71. "비구들이여, 여기서 영속론자인 사문·바라문들도, 일부영속 일부비영속을 설하는 사문·바라문들도, 유한함과 무한함을 설하는 사문·바라문들도, 애매모호하게 설하는 사문·바라문들도, 우연발생론자인 사문·바라문들도, 사후에 [자아가] 인식과 함께 존재한다고 설하는 사문·바라문들도, 사후에 [자아가] 인식 없이 존재한다고 설하는 사문·바라문들도, 사후에 [자아가] 인식을 가지는 것도 아니고 인식을 가지지 않은 것도 아닌 것으로 존재한다고 설하는 사문·바라문들도, 단멸론자인 사문·바라문들도, 지금여기에서 열반을 실현한다고 주장하는 사문·바라문들도, 과거를 모색하는 사문·바라문들도, 미래를 모색하는 사문·바라문들도, 62가지 경우로 과거를 모색하고 미래를 모색하고 과거와 미래를 모색하며, 과거와 미래에 대한 견해를 가지고, 과거와 미래에 대한 여러 가지 교리를 단언하는 사문·바라문들도 — 그들 모두는 여섯 가지 감각장소들[入, 處]163)을 통해 [갖가지 대상과 맞닿아] 계속해서 일어나는 감각접촉으로 인해 [사견의 느낌을] 경험한다. 그런 느낌이 그들에게 갈애를 생기게 하고, 갈애는 취착을 생기게 하고, 취착은 존재를 생기게 하고, 존재는 태어남을 생기게 하고, 태어남은 늙음·죽음과 근심·탄식·육체적 고통·정신적 고통·절망을 생기게 한다.164)

---

163) '감각장소[入, 處]'의 원어는 āyatana이다. 눈·귀·코·혀·몸·마노[眼·耳·鼻·舌·身·意]를 여섯 가지 감각장소[六處, 六入]라고 부른다. 감각장소에 대해서는 『청정도론』 XV.1~16을 참조할 것.

164) 이렇게 세존께서는 감각장소-감각접촉-느낌-갈애-취착-존재-생-노사의 8지 연기로 62견이 일어남을 밝히고 계신다. 이렇게 62견은 고정불변된 것이 아니라 모두 조건 따라 생긴 것임을 설파하시면서 견해의 그물을

비구들이여, 비구는 여섯 가지 감각접촉이 일어나는 감각장소들의 일어남165)과 사라짐과 달콤함과 위험과 벗어남을 있는 그대로 꿰뚫어 안다.166) 이것이 이들 모든 [견해들]을 넘어서는 것이라고 꿰뚫어 안다."

뚫고 나오는 구체적인 방법으로 연기법을 천명하고 계신다. 62가지의 촘촘해서 도무지 벗어날 수 없을 것 같은 견해의 그물도 바로 지금여기에서의 체험(sabba-diṭṭhi-vedayita, DA.i.124)으로 귀결되고, 이것은 다시 감각장소-감각접촉…생-노사의 연기구조로 귀착되며, 이런 이치를 체득하여 이런 연기의 사슬을 풀어 버리면 그것이 해탈이요 그것이 바로 견해의 그물을 뚫은 것이다. 그래서 아래 §3.73에서 세존은 이러한 사슬(netti)을 끊어 버렸다고 표현하고 계신다.

165) 여기서 설하시는 감각접촉이 일어나는 감각장소들의 일어남과 사라짐과 달콤함과 위험과 벗어남의 다섯 가지는 §1.36의 주해들에서 설명된 느낌의 일어남 등에서 주해한 대로 알면 된다. 단지 거기서 감각접촉이 일어남, 감각접촉이 소멸함으로 설한 것을 여기서는 음식이 일어남(āhāra-samudaya)과 음식이 소멸함(āhāra-nirodha)으로 대체해야 하고 마노의 감각장소(manāyatana, 意處)는 정신·물질(nāmarūpa)의 일어남과 소멸함으로 대체해야 한다고 주석서는 설명하고 있다.(DA.i.126)
복주서는 "여기서 음식이란 [네 가지 음식 가운데] 덩어리로 된 음식(kabaḷikāra-āhāra, 먹는 음식)이라고 알아야 한다. "덩어리로 된 음식은 이 몸에 대해서 음식의 조건으로 조건이 된다."(Ptn.i.16)라는 말씀 때문에 업에서 생긴 [물질]들을 지탱하는(upatthambhaka) 조건이 되기 때문이다."(DAṬ.i.242)라고 부연하고 있다. 네 가지 음식은 ① 덩어리로 된 음식(段食) ② 촉식(觸食) ③ 의사식(意思食) ④ 식식(識食)인데 『아비담마 길라잡이』 7장 §21을 참조할 것.

166) 62견은 결국 지금여기에서 여섯 가지 안의 감각장소[六內處]와 여섯 가지 밖의 감각장소[六外處]와 이들의 감각접촉[觸]에 기인한 것이라는 결론에 도달한다. 그러므로 이러한 감각접촉들을 일어남 등의 다섯 가지 방법으로 있는 그대로 파악하는 것이 62견을 극복하는 방법이라고 제시하신다.

62가지 견해의 그물에 걸림

3.72. "비구들이여, 과거를 모색하고 미래를 모색하고 과거와 미래를 모색하며, 과거와 미래에 대한 견해를 가지고, 과거와 미래에 대한 여러 가지 교리를 단언하는 사문·바라문들은 모두 이 62가지의 그물에 걸린 것이다. 그들은 위로 오르고자 하나 그물에 걸린 채 오르게 된다. 그들은 참으로 그물에 완전히 갇혀서 오를 뿐이다.

비구들이여, 예를 들어 숙련된 어부나 어부의 도제가 아주 미세한 구멍을 가진 그물로 작은 호수의 물에 펼친다고 하자. 그에게 이런 생각이 들 것이다. '이 호수에 있는 [그물 구멍보다] 큰 생명체들은 모두 이 그물에 걸렸다. 그들은 [표면] 위로 오르고자 하나 여기에 걸린 채 오르게 된다. 참으로 그물에 완전히 갇혀서 오를 뿐이다.'라고. 비구들이여, 그와 같이 과거를 모색하고 미래를 모색하고 과거와 미래를 모색하며, 과거와 미래에 대한 견해를 가지고, 과거와 미래에 대한 여러 가지 교리를 단언하는 사문·바라문들은 모두 이 62가지의 그물에 걸린 것이다. 그들은 위로 오르고자 하나 그물에 걸린 채 오르게 된다. 그들은 참으로 그물에 완전히 갇혀서 오를 뿐이다."167)

---

167) 여기서도 알 수 있듯이 62견은 나름대로 깊은 삼매체험을 경험한 사문·바라문으로 표현되는 수행자들이 걸려 있는 견해의 그물들이다. 존재론적인 실체로서의 자아를 천명하는 모든 사상이나 종교는 바로 이런 그물에 걸려 있다. 그러나 이런 견해라는 것은 체험된 것(vedayita)이고 그 체험은 근-경-식의 삼사화합이라는 감각접촉에 기인한 것이고 감각접촉은 다시 느낌-갈애-취착-존재-생-노사로 전개되어간다고 꿰뚫어 알 때 견해의 그물을 뚫고 나올 수가 있다고 세존께서는 결론짓고 계신다.
이런 연기의 가르침이야말로 무아의 가르침이요 무아의 가르침은 바로 존재론적인 실체인 자아를 해체하는 가르침이다. 이처럼 연기-무아로 존재론적인 실체인 자아가 있다는 견해를 떨쳐버릴 때 그것이 바로 견해의 그물에 걸리지 않는 것이라고 부처님께서는 설하신다. 그러므로 62견은 무

3.73. "비구들이여, 여래의 몸은 존재에 묶어두는 사슬168)을 끊어 버린 채 머물러 있다. 그런 몸이 머무는 동안에 신과 인간들은 그를 보게 된다. 그러나 몸이 멸하여 생명이 다하면 신과 인간들은 더 이상 그를 보지 못한다. 비구들이여, 예를 들면 망고 열매들이 달려있는 가지가 있다 하자. 만일 그 가지가 끊어지면 그 가지에 달려있는 망고는 모두 떨어지기 마련인 것과 같다. 비구들이여, 그와 같이 여래의 몸은 존재에 묶어두는 사슬을 끊어 버린 채 머물러 있다. 그런 몸이 머무는 동안에 신과 인간들은 그를 보게 된다. 그러나 몸이 멸하여 생명이 다하면 신과 인간들은 더 이상 그를 보지 못한다."

맺는 말169)

3.74. 이렇게 말씀하시자 아난다 존자는 세존께 이렇게 여쭈었다.

아 - 연기를 철견할 때 극복된다는 것이 본경의 결론이라 할 수 있겠다.

한편 본서 제3권 「정신경」(D29)의 결론 부분인 §40에서 세존께서는 "쭌다여, 이러한 과거에 대한 견해의 국집들과 이러한 미래에 대한 견해의 국집들을 제거하고 뛰어넘기 위해서 나는 네 가지 마음챙김의 확립을 가르치고 천명하였다."라고 말씀하시면서 네 가지 마음챙김의 확립을 통해서 세상과 자아에 대한 견해를 극복할 것을 강조하시고 있다. 「정신경」의 해당 부분 주해를 참조할 것.

168) '사슬'로 옮긴 원어 netti는 동물을 묶어두는 밧줄(rajju)과 같은 것이라고 주석서는 설명하며 그것은 다름 아닌 존재에 대한 갈애(bhava-taṇhā)라고 설명한다.(DA.i.128)

169) 이 부분은 유통분(流通分)에 해당한다. 본경은 아난다 존자가 경의 이름을 묻고 세존께서 그에 대해서 대답하시는 것으로 끝나기 때문에 유통분이라 이름 붙여도 무방하지만 다른 경들은 유통분이라 할 수 없다. 그래서 맺는 말이라고 본서 전체에서 통일하고 있다.

"경이롭습니다, 세존이시여. 놀랍습니다, 세존이시여. 세존이시여, 이 법문의 이름은 무엇입니까?"170)

"아난다여, 그렇다면 그대는 이 법문을 뜻의 그물[義網]171)이라고 받아 지녀라. 법의 그물[法網]이라고도 받아 지녀라. 범천의 그물[梵網]이라고도 받아 지녀라. 견해의 그물[見網]이라고도 받아 지녀라. 전쟁에서의 위없는 승리[無上戰勝]라고 받아 지녀라."172)

---

170) 본경의 결론 부분은 『금강경』 등의 초기 대승경전의 결론 부분과 일치한다. 초기경들 가운데 이렇게 경의 이름을 묻고 세존께서 그것을 말씀해 주시는 방법으로 마무리되는 경들로는 본서 제3권 「정신경」(D29), 『중부』의 「대사자후경」(M12)과 「밀환유경」(蜜丸喩經, M18)과 「다계경」(多界經, M115) 등을 들 수 있다.

171) 원어는 attha-jāla이다. 빠알리의 attha는 많은 뜻을 가지고 있는데 주석서에서는 "이 법문에서 금생에 이익이 되는 것(idhattha)과 내생에 이익이 되는 것(parattha)을 구족했기 때문에 이 법문을 뜻의 그물(atthajala)이라고 받아 지녀라."(DA.i.129)고 설명하고 있다. 그리고 복주서에서는 이 attha를 hita(이익)라고 설명하고 있다.(DAṬ.i.243) 그러므로 이익의 그물이라고 옮겨야 하겠지만 attha를 義로 옮긴 한역을 살려서 넓은 의미로 뜻의 그물이라고 옮긴다.
그리고 다음에 나타나는 '법의 그물(dhammajāla)'을 복주서는 "표현(byañjana)을 구족했고 계 등의 비난받지 않는 법에 대한 설명(niddesa)"(DAṬ.i.243)이라고 주석하고 있기 때문에 '의미(뜻)'와 '표현'으로 일반적으로 옮기는 attha와 byañjana를 여기서는 각각 attha와 dhamma로 간주하고 있기 때문에 attha-jala를 '뜻의 그물'이라고 살려서 옮겼다.

172) "이 법문에는 많은 전승되어 오는 법(tantidhamma)들이 설해졌기 때문에 '법의 그물'이라 한다. 여기에서 수승하다는 뜻을 가진 거룩한(brahma) 일체지지(一切知智, sabbaññutaññāṇa)를 분석하셨기 때문에 '범천의 그물'이라 한다. 여기에서 62가지 견해를 분석하셨기 때문에 '견해의 그물'이라 한다. 이 법문을 듣고 신으로서의 마라도, 무더기[蘊]로서의 마라도, 죽음으로서의 마라도, 오염원으로서의 마라도 분쇄할 수 있다고 해서 '전쟁에서의 위없는 승리'라고 한다."(DA.i.129)

세존께서는 이렇게 말씀하셨다. 비구들은 마음이 흡족해져서 세존의 말씀을 크게 기뻐하였다. 이러한 상세한 설명[記別, 授記][173]이 설해졌을 때 일만의 세계가 진동하였다.

「범망경」이 끝났다.

마라(Māra)의 여러 의미에 대해서는 본서 제2권 「대반열반경」(D16) §3.4의 주해를 참조할 것.

한편 복주서에서는 '법의 그물'을 다음과 같이 설명하고 있다. "계 등의 비난받지 않는 법을 설명하셨기 때문에 '법의 그물'이라 한다."(DAṬ.i.243)

173) '상세한 설명'으로 옮긴 원어는 veyyākaraṇa이다. 이것은 9분교에서 세 번째로 나타나는데 주석서에서는 "게송이 없는 경(niggāthaka-sutta)" (DA.i.130)을 웨야까라나라고 정의하고 있으며 "게송 부분이 없기 때문에 이것은 웨야까라나라 불리운다."(*Ibid*)라고 설명하고 있다.

대승 경전들에서는 다분히 "부처님이 수행자에게 내리는 깨달음의 약속"으로 설명하는 듯하지만 초기경과는 관계가 없는 해석이다. 중국에서는 이를 화가라나(和伽羅那) 또는 화라나(和羅那)로 음역하기도 하였고, 기별(記別), 기설(記說), 기(記), 수결(受決), 수기(授記), 수기(受記), 수결(授決) 등으로도 번역하였다. 역자는 veyyākaraṇa가 산스끄리뜨로는 '문법'이라는 의미로도 사용되고 '설명, 해설' 등의 뜻으로도 쓰이기 때문에 본서에서 '상세한 설명'으로 옮기고 있다.

구분교(九分敎)에 대해서는 본서 제3권 부록 『장부 주석서』 서문 §67을 참조할 것.

사문과경(沙門果經)

출가생활의 결실

Sāmaññaphala Sutta(D2)

사문과경(沙門果經)174)

출가생활의 결실

Sāmaññaphala Sutta(D2)

서언

1. 이와 같이 나는 들었다. 한때 세존께서는 1250명175)의 많은 비구 승가와 함께 라자가하(왕사성)에서 지와까 꼬마라밧짜의 망고 숲176)에 머무셨다. 그때 마가다의 왕 아자따삿뚜 웨데히뿟따177)는

---

174) 본경의 빠알리어 제목은 사만냐팔라 숫따(Sāmaññaphala Sutta)이다. 여기서 sāmañña는 중국에서 사문으로 음역한 sāmaṇa의 곡용을 취하여 추상명사화한 것으로 '사문에 속하는 것, 사문됨'이라는 뜻이고 phala는 과일[果]이나 결실을 뜻한다. 그래서 전체는 '사문됨의 결실'이라 직역할 수 있다. 그래서 중국에서는 사문과(沙門果)로 옮겼으며 본경에서는 모두 출가생활의 결실이라고 옮겼다. 본경은 중국에서 「사문과경」(沙門果經) 으로 옮겨져서 『장아함』의 27번째 경으로 전해오고 있다.

175) 원어는 aḍḍhatelasehi bhikkhusatehi이다. 직역하면 반(aḍḍha)이 [모자라는(ūna)] 13(telasa) 비구(bhikkhu) 백 명(sata)이다. 다시 말하면 13-0.5=12.5에다 100을 곱하여 1250이 되는 것이다. 이것은 범어 일반에서 널리 쓰이는 셈법이다.

176) 지와까 꼬마라밧짜(Jīvaka Komārabhacca)는 부처님의 주치의로 잘 알려진 부처님 당시의 명의(名醫)이다. 중국에서는 지와까를 기구(耆舊)로

음역하기도 하였고 꼬마라밧짜를 수명(壽命)이나 수명동자(壽命童子)로 의역하기도 하였다.

『증지부 주석서』에 의하면 그는 라자가하의 기녀였던 살라와띠(Sāla-vati)의 아들로 태어났으며 나자마자 광주리에 담아서 쓰레기 더미 위에 버려졌다고 한다. 빔비사라(Bimbisāra) 왕의 아들이며 아자따삿뚜와는 이복형제인 아바야(Abhaya) 왕자가 이를 발견하고 사람들에게 살아 있는가 묻자, '그는 아직 살아 있습니다(jīvati)'라고 대답하여서 그의 이름이 지와까가 되었으며, '왕자(kumāra)에 의해서 양육되었다(posāpita)'고 해서 꼬마라밧짜라고 불리게 되었다고 한다.(AA.i.216) 다른 설명에 의하면 그는 소아과 전문의(Kaumārabhṛtya)였다고 한다.(VT.ii.174) 그는 자라서 그의 출신에 대해서 알게 되자 아바야 왕자 몰래 딱까실라(Takkasilā)로 가서 칠 년 동안 의술을 배웠다고 한다. 공부를 마치고 라자가하로 돌아와서는 빔비사라왕의 고질병을 치료하여 유명해졌다고 한다. 그래서 왕과 궁중의 주치의로 임명이 되었고 부처님과 승가의 주치의 역할도 하였다. 아버지 빔비사라왕을 시해하고 왕위를 찬탈한 아자따삿뚜도 지와까를 주치의로 삼아서 가까이에 두었으며 그래서 본경에서도 아버지를 시해한 괴로움에 시달리던 아자따삿뚜 왕이 지와까를 통해서 부처님을 뵙고 참회하기를 바라고 있는 것이다. 빔비사라 왕에 대해서는 본서 「소나단다 경」(D4) §1의 주해를 참조할 것.

지와까가 부처님을 치료한 일화는 율장과 주석서 등에서 나타나고 있다. 부처님께서는 지와까를 사람들로부터 가장 사랑받는 사람(aggaṁ pug-gala-ppasannānaṁ)이라고 칭찬하셨다.(A.i.26)

지와까는 수다원과를 증득한 뒤 항상 하루에 두 번씩 세존께 인사드리러 갔으며 세존께서 머무시는 왕사성의 죽림정사(Veluvana)가 너무 멀어서 그가 소유하고 있던 망고 숲을 승가에 기증하여 부처님과 승가가 머물게 하였다고 한다. 그곳이 바로 여기에 나타나는 지와까의 망고 숲이다.

177) 아자따삿뚜 왕은 여러 경에서 항상 rāja Māgadho Ajātasattu Vedehi-putto로 정형화 되어 나타난다. 아자따삿뚜(ajātasattu)라는 이름은 '왕의 적은 태어나지 않을 것이다'라고 점성가들이 예언했기 때문에 그렇게 불린다.(DA.i.133) 이름만으로도 그 권세를 알 수 있다. 고층 우빠니샤드에 속하는 『브르하다란야까 우빠니샤드』(Bṛhadāraṇyaka Upaniṣad, ii.i.1~17)에도 아자따사뜨루(Ajātaśatru)라는 왕의 이름이 나타나는데 여러 정황으로 봐서 같은 사람으로 보는 것이 타당할 것이다.

그리고 주석서에는 그가 웨데히뿟따(Vedehiputta, 위데하의 여인의 아

[우기철의] 네 번째 달인 꼬무디 달178)의 보름 포살일179) 밤에 대신

들)라고 불린다고 해서 그의 어머니가 위데하 출신이라고 봐서는 안 된다. 그의 어머니는 꼬살라 왕의 딸이라고 밝히고 있다. 그리고 웨데히는 현자 (paṇḍita-adhivacana)와 동의어라고 설명한다.(DA.i.139)

아자따삿뚜는 빔비사라 왕의 아들이었으며 『중부』「지와까 경」(M55) 등에 나타나는 아바야(Abhaya) 왕자와는 이복형제 사이다. 본경의 주석서에는 그가 데와닷따와 역모를 꾸며서 그는 부친을 시해하고 데와닷따는 부처님을 시해하려 했던 사실이 상세하게 나타난다.(DA.i.135~137)

그는 아버지를 시해하고 왕이 되었기 때문에 그도 그의 아들 우다이밧다 (Udāyībhadda)에 의해서 시해당할까 항상 두려워했다고 하며 그래서 아들이 출가하기를 바랐다고 한다.(DA.i.153) 그러나 결국은 그의 아버지 빔비사라왕이 처참하게 죽던 날에 태어난(DA.i.137) 그의 아들 우다이밧다(Udāyibhadda)에 의해서 그도 시해당하고 말았다고 한다.(Mv.iv. 1.26)

주석서에 의하면 부친을 시해하고 잠을 제대로 이루지 못하던 왕은 본경에서 보이는 바와 같이 지와까를 통해서 부처님을 뵙고 법문을 들어 잘못을 참회한 후에야 제대로 잠을 이룰 수 있었다고 한다.

그는 32년 간 왕위에 있었다고 하며(Mv.ii.31) 그가 왕으로 있을 때 왓지 (Vajjī)를 정복하고 꼬살라를 병합했다.(본서 제2권 「대반열반경」(D16) §1.5의 주해를 참조할 것) 그는 빠딸리뿟따(지금 인도 비하르 주의 주도인 빠뜨나)를 큰 도시로 만들게 하였으며 나중에 이는 마가다국의 수도가 되었다. 그는 인도를 통일국가로 만들 튼튼한 기초를 닦은 왕임에 틀림없다.

178) 원어는 Komudiyā cātumāsiniyā이다. 여기서 '네 번째 달(cātumāsi-niyā)'이란 우기철의 네 번째 달을 말한다. 일반적으로 인도의 우기철은 넉 달 혹은 다섯 달로 구성된다. 그것은 ① 아살하(Āsāḷha) ② 사와나 (Sāvaṇa) ③ 밧다라(Bhaddara 혹은 Poṭṭhapāda) ④ 앞의 깟띠까(Pu-bba-kattikā, 혹은 앗사유자, Assayuja) ⑤ 뒤의 깟띠까(Pacchima-kattika)이다. 그래서 여기서는 앞의 깟띠까 달의 보름이라는 말이다. 그리고 이 깟띠까 달은 다시 꼬무디라고도 불린다. 그래서 '[우기철의] 네 번째 달인 꼬무디'가 되는 것이다.

『중부 주석서』에서는 "이것은 '[우기철의] 마지막 네 번째 달인 깟띠까 달의 보름에'란 뜻이다. 왜냐하면 [이 즈음에] 수련(kumuda)이 피기 때문에 꼬무디(komudī)라 불리고, 우기인 넉 달의 마지막이기 때문에 네 번째 달(catumasinī)이다. 그러므로 '네 번째 달의 [보름인] 꼬무디'라 불린

「사문과경」(D2) *187*

들에 둘러싸여 궁궐의 누각에 앉아 있었다. 그때 마가다의 왕 아자따
삿뚜 웨데히뿟따는 감흥어를 읊었다.180)

"달빛 교교한 밤은 참으로 즐겁도다. 달빛 교교한 밤은 참으로 멋
지도다. 달빛 교교한 밤은 참으로 편안하도다. 달빛 교교한 밤은 참
으로 상서롭도다. 오늘 같은 밤에 참으로 어떤 사문이나 바라문을 친
견하면 마음에 깨끗한 믿음이 생길까?"181)

다."(MA.iv.138)라고 설명하고 있다.

한편 지금 인도를 비롯한 남방에서는 우리의 음력 3월에 해당하는 쩟따
달을 한 해의 시작으로 간주한다. 12달의 이름은 다음과 같다. 쩟따(Citta,
Citra, 음3월), 웨사카(Vesākha), 젯타(Jeṭṭha), 아살하(Āsāḷha, 음6월),
사와나(Sāvaṇa), 뽓타빠다(Poṭṭhapāda), 앗사유자(Assayuja, 음9월),
깟띠까(Kattika), 마가시라(Māgasira), 풋사(Phussa, 음12월), 마가
(Māgha), 팍구나(Phagguna).

179) '포살'은 uposatha의 음역이다. 『상응부 주석서』에서는 "이 날에 준수한
다(upavasati)고 해서 포살이라 한다. 준수한다는 것은 계(sīla)나 금식
(anasana)을 지키면서 머문다는 뜻이다. 이 포살일(uposathadivaso)은
8일, 14일, 15일의 세 가지가 있기 때문에 여기서는 다른 두 가지를 제외
한다는 뜻으로 '보름 포살일'이라고 하였다."라고(SA.i.276) 설명하는데
이 문맥에서도 그대로 적용된다.

한편 우뽀사타(Sk. upavasatha)는 브라흐마나(祭儀書) 등의 베딕 문헌
에서도 제사를 지내기 전에 지키는 금식일로 나타나고 있으며, 자이나교
등의 다른 사문·바라문 전통에서도 이미 준수하던 것이었다. 그래서 자연
스럽게 일찍부터 불교교단에 채용되었다.

180) '감흥어'로 옮긴 udāna는 ud(위로)+√an(to breathe)에서 파생된 명사
로 [감격하고 기뻐서] 토해내는 즉각적이고 즉흥적인 말을 뜻한다. 그래서
주석서는 다음과 같이 설명한다.

"희열에 찬 말(pītivacana)은 가슴에 담아둘 수 없다. 넘쳐서 안에 넣어두
지 못하고 밖으로 뛰쳐나온다. 그것을 감흥어라 한다."(DA.i.141)

181) 주석서에서는 이런 감흥어를 통해서 왕은 지와까에게 세존을 친견하고 싶
다는 의중을 드러낸 것이라고 설명한다. 왕은 부친이었던 빔비사라 왕을
시해하여 왕위를 찬탈하였고 자신과 모의를 한 데와닷따는 승가를 분열하

대신들의 진언(進言)

2. 이렇게 말하자 어떤 대신이 마가다의 왕 아자따삿뚜 웨데히 뿟따에게 이렇게 말하였다. "폐하,182) 뿌라나 깟사빠183)라는 분이 있는데, 그는 승가를 가졌고 무리를 가졌고 무리의 스승이며 지자요 명성을 가졌고 교단의 창시자요 많은 사람에 의해서 사두184)로 인정 되며 노련하고 출가한 지 오래되었으며 연로하고 삶의 완숙기에 이 르렀습니다. 폐하, 그분 뿌라나 깟사빠를 친견하십시오. 폐하께서 뿌 라나 깟사빠를 친견하시면 마음에 깨끗한 믿음이 생길 것입니다."

이렇게 말했지만 마가다의 왕 아자따삿뚜 웨데히뿟따는 침묵하고 있었다.

3. 그러자 어떤 대신이 마가다의 왕 아자따삿뚜 웨데히뿟따에

려 하였기 때문에 큰 죄의식(mahāparādhatā)을 가지고 있었다. 그래서 세존을 직접 찾아뵙지 못하고 이런 감흥어를 통해서 세존의 주치의요 신심 깊은 재가신도인 지와까에게 세존을 알현하고 싶다는 의중을 드러낸 것이라고 설명한다.(*Ibid*)

182) 원어는 deva이다. deva는 √div(*to shine*)에서 파생된 명사로 일반적으로 신들을 통칭하는 말로 사용된다. 그리고 또 하나의 용법이 여기서처럼 왕(rāja)에 대한 호격으로 쓰이는 것이다. 즉 주격 등의 일반명사로 쓰이면 신을 뜻하고 호격으로 쓰이면 신하나 측근들이나 백성들이 왕을 부르는 단어가 된다. 그래서 '폐하'라고 옮겼다.

183) 이하 우리에게 육사외도(六師外道)로 알려진 여섯 명의 사상에 대해서는 본경 §16 이하에 정리되어 있다.

184) 주석서에서는 사두(sādhu)를 멋진 사람(sundara) 좋은 사람(sappurisa) 이라고 설명하고 있다.(DA.i.142) 요즘 인도에서 힌두 종교지도자를 사두 (Sādhu)라고 부르고 있어서 그냥 사두로 음역을 하였다.

게 이렇게 말하였다. "폐하, 막칼리 고살라라는 분이 있는데, 그는 승가를 가졌고 무리를 가졌고 무리의 스승이며 지자요 명성을 가졌고 교단의 창시자요 많은 사람에 의해서 사두로 인정되며 노련하고 출가한 지 오래되었으며 연로하고 삶의 완숙기에 이르렀습니다. 폐하, 그분 막칼리 고살라를 친견하십시오. 폐하께서 막칼리 고살라를 친견하시면 마음에 깨끗한 믿음이 생길 것입니다."

이렇게 말했지만 마가다의 왕 아자따삿뚜 웨데히뿟따는 침묵하고 있었다.

4. 그러자 어떤 대신이 마가다의 왕 아자따삿뚜 웨데히뿟따에게 이렇게 말하였다. "폐하, 아지따 께사깜발리라는 분이 있는데, 그는 승가를 가졌고 무리를 가졌고 무리의 스승이며 지자요 명성을 가졌고 교단의 창시자요 많은 사람에 의해서 사두로 인정되며 노련하고 출가한 지 오래되었으며 연로하고 삶의 완숙기에 이르렀습니다. 폐하, 그분 아지따 께사깜발리를 친견하십시오. 폐하께서 아지따 께사깜발리를 친견하시면 마음에 깨끗한 믿음이 생길 것입니다."

이렇게 말했지만 마가다의 왕 아자따삿뚜 웨데히뿟따는 침묵하고 있었다.

5. 그러자 어떤 대신이 마가다의 왕 아자따삿뚜 웨데히뿟따에게 이렇게 말하였다. "폐하, 빠꾸다 깟짜야나라는 분이 있는데, 그는 승가를 가졌고 무리를 가졌고 무리의 스승이며 지자요 명성을 가졌고 교단의 창시자요 많은 사람에 의해서 사두로 인정되며 노련하고 출가한 지 오래되었으며 연로하고 삶의 완숙기에 이르렀습니다. 폐하, 그분 빠꾸다 깟짜야나를 친견하십시오. 폐하께서 빠꾸다 깟짜야

나를 친견하시면 마음에 깨끗한 믿음이 생길 것입니다."

이렇게 말했지만 마가다의 왕 아자따삿뚜 웨데히뿟따는 침묵하고 있었다.

6. 그러자 어떤 대신이 마가다의 왕 아자따삿뚜 웨데히뿟따에게 이렇게 말하였다. "폐하, 산자야 벨랏티뿟따라는 분이 있는데, 그는 승가를 가졌고 무리를 가졌고 무리의 스승이며 지자요 명성을 가졌고 교단의 창시자요 많은 사람에 의해서 사두로 인정되며 노련하고 출가한 지 오래되었으며 연로하고 삶의 완숙기에 이르렀습니다. 폐하, 그분 산자야 벨랏티뿟따를 친견하십시오. 폐하께서 산자야 벨랏티뿟따를 친견하시면 마음에 깨끗한 믿음이 생길 것입니다."

이렇게 말했지만 마가다의 왕 아자따삿뚜 웨데히뿟따는 침묵하고 있었다.

7. 그러자 어떤 대신이 마가다의 왕 아자따삿뚜 웨데히뿟따에게 이렇게 말하였다. "폐하, 니간타 나따뿟따라는 분이 있는데, 그는 승가를 가졌고 무리를 가졌고 무리의 스승이며 지자요 명성을 가졌고 교단의 창시자요 많은 사람에 의해서 사두로 인정되며 노련하고 출가한 지 오래되었으며 연로하고 삶의 완숙기에 이르렀습니다. 폐하, 그분 니간타 나따뿟따를 친견하십시오. 폐하께서 니간타 나따뿟따를 친견하시면 마음에 깨끗한 믿음이 생길 것입니다."

이렇게 말했지만 마가다의 왕 아자따삿뚜 웨데히뿟따는 침묵하고 있었다.

지와까 꼬마라밧짜의 진언

8. 그러나 그때 지와까 꼬마라밧짜는 마가다의 왕 아자따삿뚜 웨데히뿟따와 멀지 않은 곳에 묵묵히 앉아만 있었다. 그러자 마가다의 왕 아자따삿뚜 웨데히뿟따는 지와까 꼬마라밧짜에게 이와 같이 말했다.

"여보게 지와까여, 왜 그대는 침묵하고만 있는가?"

"폐하, 세존·아라한·정등각께서 지금 1250분의 많은 비구 승가와 함께 저의 망고 숲에 머물고 계십니다. 그분 세존께는 이러한 좋은 명성이 따릅니다. '이런 [이유로]185) 그분 세존께서는 아라한[應供]이시며, 바르게 깨달은 분[正等覺, 正遍智]이시며, 영지(靈知)와 실천을 구족한 분[明行足]이시며, 피안으로 잘 가신 분[善逝]이시며, 세상을 잘 아는 분[世間解]이시며, 가장 높은 분[無上士]이시며, 사람을 잘 길들이는 분[調御丈夫]이시며, 신과 인간의 스승[天人師]이시며, 부처님[佛]이시며, 세존(世尊)이시다.'라고, 폐하, 그분 세존을 친견하십시오. 폐하께서 세존을 친견하시면 마음에 깨끗한 믿음이 생길 것입니다."

"여보게 지와까여, 그렇다면 타고 갈 코끼리들을 준비하게 하여라."

---

185) 주석서에 의하면 '이런 [이유로]'라고 옮긴 itipi는 여래십호 각각에 다 적용되어 '그분 세존은 이러한 이유(karaṇa)로 아라한이시고 이러한 이유로 정등각이시고 …'라고 해석해야 한다고 말한다.(DA.i.146) 물론 이 정형구에는 '이런 [이유]'에 대해서 구체적인 언급이 없다. 그러나 불제자들은 그 이유를 알고 있다. 그래서 itipi라는 지시사로 이미 제자들은 잘 알고 있는 그 이유를 지칭한다. 이런 어법은 범어 일반에 널리 통용되어 나타난다.
한편 『청정도론』VII.2 이하에는 여래십호를 상세하게 설명하고 있다. 이것이 '이런 [이유로]'에 대한 구체적인 설명인 셈이다.

왕의 행차

9. "그렇게 하겠습니다, 폐하."라고 지와까 꼬마라밧짜는 마가다의 왕 아자따삿뚜 웨데히뿟따에게 대답하고서 500마리의 암코끼리와 왕이 탈 코끼리를 준비하게 한 뒤 마가다의 왕 아자따삿뚜 웨데히뿟따에게 보고하였다.

"폐하, 탈 코끼리들이 준비되었습니다. 이제 [가실] 시간이 되었습니다.186)"

그러자 마가다의 왕 아자따삿뚜 웨데히뿟따는 준비된 500마리의 암코끼리 각각에 여인들을 오르게 한 뒤 자신은 왕의 코끼리에 오른 후 [주위에] 횃불을 들게 하여 왕의 위엄을 크게 갖추어 라자가하를 나서서 지와까 꼬마라밧짜의 망고 숲에 다다랐다.

10. 마가다의 왕 아자따삿뚜 웨데히뿟따는 망고 숲이 멀지 않은 곳에서 두려움과 공포와 털이 곤두섬을 느꼈다. 그러자 마가다의 왕 아자따삿뚜 웨데히뿟따는 두렵고 떨리고 털이 곤두선 상태에서 지와까 꼬마라밧짜에게 이렇게 말했다.

"여보게 지와까여, 그대가 나를 속이는 것은 아니겠지? 여보게 지

---

186) 원어는 yassa dāni kālaṁ maññasi인데 직역하면 '그것에 대해서(yassa) 지금(dāni) [당신은] 시간을(kālaṁ) 고려해도 좋습니다(maññasi)'가 된다. 어떤 준비를 마무리한 뒤 상대방에게 보고하여 그것을 시행할 것을 알릴 때 많이 나타나는 정형구이다. 본서에서도 도처에 나타나고 있다.

주석서에서는 "당신이 명령(āṇatta)하신 대로 저는 준비하였습니다. 이제는 당신이 갈 것인지 가지 않을 것인지 그 시간을 고려하여 자신이 좋아하는 대로 행하십시오.(tadeva attano ruciyā karohi)"(DA.i.148)라는 뜻이라고 풀이하고 있다.

와까여, 그대가 나를 기만하는 것은 아니겠지? 여보게 지와까여, 그대가 나를 적들에게 넘기는 것은 아니겠지? 어째서 1250명의 많은 비구 승가가 머무는데 기침소리도 없고 목을 가다듬는 소리도 없고 아무런 인기척이 없는가?"

"두려워 마십시오, 대왕이시여. 두려워 마십시오, 대왕이시여. 폐하, 저는 폐하를 속이지 않습니다. 폐하, 저는 폐하를 기만하지 않습니다. 폐하, 저는 폐하를 적들에게 넘기지 않습니다. 조금 더 나아가십시오, 대왕이시여. 조금 더 나아가십시오, 대왕이시여. 저기 둥근 천막에 불빛이 비치고 있습니다."

세존을 친견하고 출가생활의 결실을 질문함

11. 그러자 마가다의 왕 아자따삿뚜 웨데히뿟따는 코끼리로 갈 수 있는 곳까지 코끼리로 가서 코끼리에서 내린 뒤 걸어서 둥근 천막의 문으로 들어갔다. 들어가서는 지와까 꼬마라밧짜에게 이렇게 말했다. "여보게 지와까여, 그런데 어느 분이 세존이신가?"

"대왕이시여, 가운데 기둥을 의지하여 동쪽으로 비구 승가를 마주보고 앉아계신 저 분이 세존이십니다."

12. 그러자 마가다의 왕 아자따삿뚜 웨데히뿟따는 세존께 다가 갔다. 가서는 한 곁에 섰다. 마가다의 왕 아자따삿뚜 웨데히뿟따는 한 곁에 서서 침묵하고 침묵하며 호수처럼 맑은 비구 승가를 둘러본 뒤 감흥어를 읊었다.

"지금 이 비구 승가가 고요함을 구족하고 있는 것처럼, 우다이밧다 왕자도 그런 고요함을 구족했으면 좋으련만."187)

"대왕이여, 당신은 사랑하는 사람을 생각합니까?"

"세존이시여, 저는 우다이밧다 왕자를 사랑합니다. 지금 이 비구 승가가 고요함을 구족하고 있는 것처럼, 우다이밧다 왕자도 그런 고요함을 구족했으면 좋겠습니다."

13. 그러자 마가다의 왕 아자따삿뚜 웨데히뿟따는 세존께 큰 절을 올리고 비구 승가에게 합장인사를 한 뒤 한 곁에 앉았다. 한 곁에 앉아서 마가다의 왕 아자따삿뚜 웨데히뿟따는 세존께 이와 같이 여쭈었다.

"세존이시여, 만일 세존께서 제가 여쭙는 것에 대해서 상세한 설명을 해주실 그런 기회를 마련해 주신다면 사소한 것이나마 저는 세존께 질문을 드리고자 합니다."

"대왕이여, 그대가 원하는 대로 물어 보십시오."

14. "세존이시여, 세상에는 여러 가지 기술 분야들188)이 있습니다. 즉 코끼리몰이꾼, 말몰이꾼, 전차병, 궁수, 기수, 군대참모, 보급병, 고위관리, 왕자, 정찰병, 영웅, 용사, 동체갑옷 입은 자, 하인의 아들, 요리사, 이발사, 목욕 보조사, 제과인, 정원사, 염색인, 직공, 바구니 만드는 자, 항아리 만드는 자, 경리인, 반지 만드는 자, 그 외에 여

---

187) 주석서는 왕이 '오, 참으로 나의 아들도 출가하여 이 비구들처럼 고요하게 되었으면.'하고 바라면서 읊은 감흥어(udāna)라고 설명하고 있다.(DA.i. 153) 우다이밧다 왕자에 대해서는 본경 §1의 아자따삿뚜 왕에 대한 주해를 참조할 것.

188) 원어는 puthusippāyatanāni이다. puthu(여러)-sippa(기술)-āyatana (분야)의 복수이다. sippa는 여러 직업의 전문기술을 뜻한다. 본서 「범망경」(D1) §1.21의 주해를 참조할 것.

러 가지 기술 분야들이 있습니다. 그런 기술의 결실은 지금 여기서 스스로 보아 알 수 있으며 그들은 그런 결실로 살아갑니다. 그들은 그것으로 자신을 행복하게 하고 만족하게 하고, 부모를 행복하게 하고 만족하게 하고, 처자식을 행복하게 하고 만족하게 하고, 친구와 동료를 행복하게 하고 만족하게 하며, 사문·바라문들에게 많은 보시를 합니다. 그러한 보시는 고귀한 결말을 가져다주고 신성한 결말을 가져다주며 행복을 익게 하고 천상에 태어나게 합니다. 세존이시여, 세존께서도 이와 같이 지금여기에서 스스로 보아 알 수 있는 출가생활의 결실을 천명하실 수 있습니까?"189)

15. "대왕이여, 그대는 이런 질문을 다른 사문·바라문들에게도 한 적이 있습니까?190)"

"세존이시여, 저는 다른 사문·바라문들에게 이런 질문을 한 적이 있습니다."

---

189) 세상 사람들은 모두 이런 기술을 익혀서 직업을 가지고, 그런 직업으로 돈을 벌어 그것으로 자기성취도 이루고 사회에 기여도 하고 그렇게 해서 번 돈으로 가족을 부양하고 수행자들에게 보시하여 공덕을 쌓으며 산다. 이런 것이 재가자들이 열심히 노력하여 직접 얻는 재가생활의 결실이다. 그처럼 출가자들이 출가를 결행하여 수행하면 무슨 결실을 가져다주는가를 묻고 있다.

190) '한 적이 있다'로 옮긴 원어는 abhijānāti인데 abhi(대하여)+√jñā(to know)의 3인칭 동사이다. 이 동사는 전문술어로 쓰이지 않을 때는 '넘어서 알다'는 문자적인 뜻 그대로 지나간 사실을 넘어가서 알다라는 의미로 '~한 것을 인정하다, ~한 적이 있다, ~한 것을 기억하다'는 뜻으로 쓰인다. 그래서 이렇게 옮겼다. 물론 이 동사에서 파생된 명사 abhiññā는 전문술어로 '신통지, 초월지, 최상의 지혜'를 뜻하고 동명사 abhiññāya 등도 이런 전문적인 의미로 사용되고 있다. 여기에 대해서는 본서 「범망경」(D1) §1.28의 주해를 참조할 것.

"대왕이여, 만일 그대에게 부담스럽지 않다면 그들이 대답한 대로 말해줄 수 있겠습니까?"

"세존이시여, 세존께서 앉아계시거나 세존과 같으신 분이 앉아계시는 한 그것은 제게 부담스럽지 않습니다."

"대왕이여, 그렇다면 말해주십시오."

(1) 뿌라나 깟사빠 — 도덕부정(akiriya)

16. "세존이시여, 어느 때 저는 뿌라나 깟사빠를 만나러 갔습니다. 만나러 가서 뿌라나 깟사빠와 함께 환담을 나누었습니다. 유쾌하고 기억할 만한 이야기로 서로 담소를 한 뒤 한 곁에 앉았습니다. 세존이시여, 한 곁에 앉아서 저는 뿌라나 깟사빠에게 이렇게 말했습니다. '깟사빠 존자여, 세상에는 여러 가지 기술 분야들이 있습니다. … <§14와 같은 내용> … 그러한 보시는 고귀한 결말을 가져다주고 신성한 결말을 가져다주며 행복을 익게 하고 천상에 태어나게 합니다. 깟사빠 존자여, 당신도 이와 같이 지금여기에서 스스로 보아 알 수 있는 출가생활의 결실을 천명할 수 있습니까?'"

17. "세존이시여, 이와 같이 묻자 뿌라나 깟사빠191)는 제게 이

---

191) 여기서는 육사외도의 사상들이 정형구로 표현되고 있다. 육사외도의 정확한 사상에 대해서는 이러한 정형구 외에는 알아볼 길이 없다. 외도들의 사상이기 때문에 주석서에서도 제대로 주석하지 않으며 단지 비판만 할 뿐이다.

주석서에 의하면 뿌라나 깟사빠(Pūraṇa Kassapa)는 어떤 가문의 노비들 가운데서 99명을 채워서(pūraṇa, 뿌라나) 100번째로 태어났기 때문에 뿌라나라는 이름을 가졌다고 한다.(DA.i.142) 깟사빠는 그의 족성(gotta)이다. 그러나 역사적으로 깟사빠 족성은 유명한 바라문 가문이며 지금도

렇게 대답했습니다. '대왕이여, [자기 손으로 직접] 행하고 [명령하여] 행하게 하고 [남의 손 등을] 자르고 자르게 하고 [막대기로] 고문하고 고문하게 하고 [재물을 뺏는 등으로] 슬프게 하고 [다른 이들에게 시켜서]슬퍼하게 하고 억압하고 억압하게 하고 생명을 죽이고 주지 않은 것을 가지고 문을 부수어 도둑질하고 약탈하고 주거침입을 하고 노상강도질을 하고 남의 아내를 범하고 거짓말을 하더라도 그 사람은 죄악을 범한 것이 아닙니다. 만일 날카로운 원반을 가진 바퀴로 이 땅의 생명들을 모두 하나의 고깃덩어리로 만들고 하나의 고기 무더기로 만들지라도 그로 인한 어떤 죄악도 없으며 죄악이 생기지도 않습니다. 강가 강의 남쪽 기슭에[192] 가서 죽이고 죽게 하고 자르고 자르게 하고 고문하고 고문하게 하더라도 그로 인한 어떤 죄악도 없으며 죄악이 생기지도 않습니다. 강가 강의 북쪽 기슭에 가서 보시하고 보시하게 하고 공양하고 공양하게 하더라도 그로 인한 어떤 공덕도 없으며 공덕이 생기지도 않습니다. 보시하고 자신을 길들이고 제어하고 바른 말을 하더라도 공덕이 없으며 공덕이 생기지도 않습

남아 있다. 그 가문의 노비들도 같은 족성을 사용했는지는 알 수 없지만 노비출신이라는 주석서의 설명은 그가 도덕부정론자이기 때문에 내린 부정적인 설명인 듯하다. 그는 500명의 제자를 거느렸다고 하며(DA.i.143) 그의 제자 데와뿟따 아사마가 『상응부』(S.i.65)에 언급되고 있다. 릿차위 족의 아바야 왕자와 마할리와 왓차곳따 유행승도 그와 교분이 있었던 것으로 나타난다.(각각 S.v.126; S.iii.68; S.iv.398) 그리고 『증지부』에 의하면 그는 신통력을 가지고 있었다고 한다.(A.iv.428)
뿌라나 깟사빠의 사상은 본경에서 akiriya로 표현되고 있듯이 도덕부정론으로 정리된다.(아래 주해를 참조할 것)

192) "강가 강의 남쪽 기슭에 사는 사람들은 거칠고 난폭했기 때문에 그들에 관해서 이렇게 말했다. 대신에 북쪽 기슭에 사는 사람들은 신심이 있고 맑고 불·법·승을 존경했기 때문에 그들에 관해서는 보시하는 것 등으로 말했다."(DA.i.160)

니다.'라고."

18. 193) "세존이시여, 참으로 저는 뿌라나 깟사빠에게 지금여기에서 스스로 보아 알 수 있는 출가생활의 결실을 물었는데 그는 [업]지음이 없음194)을 설명했습니다. 세존이시여, 예를 들면 망고에 대해서 물었는데 빵나무를 설명하고 빵나무에 대해서 물었는데 망고를 설명하는 것과 같습니다. 그와 마찬가지로 참으로 저는 뿌라나 깟사빠에게 지금여기에서 스스로 보아 알 수 있는 출가생활의 결실을 물었는데 그는 [업]지음이 없음을 설명했습니다. 세존이시여, 그렇지만 제게는 '어찌 나 같은 왕이 나의 영토에 거주하고 있는 사문이나 바라문을 경시할 수 있겠는가.'라는 이런 생각이 들었습니다.195) 세존이시여, 그래서 저는 뿌라나 깟사빠의 말을 기뻐하지도 않았고 비난하지도 않았습니다. 기뻐하지도 비난하지도 않은 채, 마음이 언짢았

---

193) PTS본에는 §18이 없고 §17 다음에 바로 §19가 나타난다. 역자가 이 부분을 §17에서 분리하여 §18로 만들었다.

194) akiriya는 a(부정접두어)+√kṛ(*to do*)에서 파생된 명사로 '행위 없음'이란 일차적인 뜻을 가진다. 주석서와 복주서에 의하면 나쁘거나 공덕이 되는 업지음(행위, kiriya, kamma)과 그 과보(vipāka)를 부정하는(paṭikkhipati) 것(pāpapuññānaṁ kiriyameva paṭikkhipati – DA.i.160. yo hi kammaṁ paṭikkhipati, tena atthato vipākopi paṭikkhitto eva nāma hoti – DAṬ.i.287)으로 설명되어 있다. 그래서 그의 사상은 도덕부정론이라고 정리된다.

195) 인도 역대 모든 왕조의 큰 특징들 가운데 하나를 들라면 종교인을 숭상하는 것이다. 종교인들이 어떤 사상을 가지고 어떤 종교의식을 집행해도 왕들은 그들에게 관대했다. 아자따삿뚜 왕의 이런 말 속에서도 왕들의 종교인에 대한 예우 정신을 엿볼 수 있다. 그에 비해 국가가 종교를 관리해온 중국불교는 국가불교라는 틀을 벗어나서 이해할 수 없다. 이것이 인도 왕조와 중국 왕조의 큰 차이점이다.

지만 언짢은 것에 대한 어떤 말도 내뱉지 않고, 그의 말을 받아들이지도 않고 냉소하지도 않으면서 자리에서 일어나 나왔습니다."

(2) 막칼리 고살라 - 윤회를 통한 청정(samsāra-suddhi)

19. "세존이시여, 한번은 막칼리 고살라196)를 만나러 갔습니다.

---

196) 막칼리 고살라(Makkhaligosāla)의 사상은 본경에서 윤회를 통한 청정 (samsāra-suddhi)으로 정리되고 있다. 그러나 본문을 통해서 보면 그의 사상은 한마디로 운명론(niyati)으로 정리할 수 있다. 본문에서는 이미 결정된 것을 여러 가지로 나열하고 있다. 모든 것은 이미 운명으로 결정되어 있기 때문에 어떤 노력으로도 이를 바꿀 수 없다. 그렇기 때문에 어떤 선행이나 악행을 저질러도 그것 때문에 운명이 바뀌지 않는다고 주장한다. 그래서 세존께서는 『증지부』에서 그는 업지음(kiriya)도 노력(viriya)도 업의 결과(vipāka)도 모두 부정하기 때문에 그의 사상이 가장 위험하다고 경고하시며(A.i.33) 그의 사상이 가장 천박하다고 꾸짖으신다.(A.i.286) 주석서에서는 막칼리도 역시 그의 이름으로 비하하고 있다. 그는 하인으로 있으면서 기름통을 가지고 흙탕길을 가는데 그의 주인이 절대로 넘어지지 말라(mā khali, 마 칼리)고 했는데도 넘어졌기 때문에 막칼리라는 이름을 가졌다고 한다.(DA.i.143; MA.i.422) 그리고 그는 소 외양간 (go-sāla, 고살라)에서 태어났기 때문에 고살라라고 한다고 한다. 그는 아지와까(Ājīvaka, 邪命外道) 가운데 가장 유명한 스승이었다고 한다. 그래서 DPPN은 그의 교설을 아지와까의 교설과 동일시하고 있다.(DPPN s.v. ājīvaka)
자이나 문헌에 의하면 그는 고살라 망칼리뿟따(Gosāla Mankhaliputta, 혹은 Ghosāla Mankhamiputta)로 알려졌으며 아버지는 망칼리였고 어머니는 밧다였다고 한다. 자이나 문헌에서는 mankha를 '다니면서 그림을 보여 주면서 구걸을 하는 자(*A wandering beggar earning his livelihood by showing pictures*)'라고 설명하고 있다. 그러므로 그의 아버지는 일종의 광대였던 것 같으며 고살라는 그가 사문이 되기 전에 가졌던 소치는 직업을 뜻한다. 이처럼 자이나 문헌에서도 그를 하시(下視)하여 설명한다.
그러나 바루아 교수(Barua 298)에 의하면 빠알리어 Makkhali와 아르다

만나러 가서 막칼리 고살라와 함께 환담을 나누었습니다. 유쾌하고 기억할 만한 이야기로 서로 담소를 한 뒤 한 곁에 앉았습니다. 세존이시여, 한 곁에 앉아서 저는 막칼리 고살라에게 이렇게 말했습니다. '고살라 존자여, 세상에는 여러 가지 기술 분야들이 있습니다. … <§14와 같은 내용> … 그러한 보시는 고귀한 결말을 가져다주고 신성한 결말을 가져다주며 행복을 익게 하고 천상에 태어나게 합니다. 고살라 존자여, 당신도 이와 같이 지금여기에서 스스로 보아 알 수 있는 출가생활의 결실을 천명할 수 있습니까?'"

20. "세존이시여, 이와 같이 묻자 막칼리 고살라는 제게 이렇게 대답했습니다. '대왕이여, 중생들이 오염되는 것에는 어떤 원인도 어떤 조건도 없습니다. 어떤 원인도 어떤 조건도 없이 중생들은 오염됩니다. 중생들이 청정하게 되는 어떤 원인도 어떤 조건도 없습니다. 어떤 원인도 어떤 조건도 없이 중생들은 청정하게 됩니다. 자신의 행위도 남의 행위도 인간의 행위도 없습니다.197) 힘도 없고 정진력도

마가디어(자이나교의 경전언어)의 Maṅkhali가 산스끄리뜨 Maskarin에서 파생된 것이며 이를 대문법가 빠니니는 '대나무 지팡이(maskara)를 지니고 있는 자'로 해석하며 Maskarin은 '하나의 지팡이를 지니고 있는 자(Ekadaṇḍin)'라고 설명한다.(Pāṇini.VI.i.154) 그러나 문법가 빠딴잘리는 마스까린은 유행승의 한 집단인데, 그들은 대나무 지팡이를 지니고 있기 때문에 Maskarin이 아니라 그들은 자유의지를 부정하기 때문에 그렇게 불린다고 설명한다.(Mahābhāṣya.iii.96) 이것은 본문에서 나열하고 있는 그의 운명론(niyati)과도 일치한다.
흥미롭게도 자이나 문헌에 의하면 막칼리 고살라도 지와 견(知見, ñāṇa-dassana)을 가진 자로 묘사되고 있다.(uppannañāṇadaṁsaṇadhāre jine arahā kevalī sabbaññū sabbadarisī. - Bhag 15.1) 그리고 여러 문헌에 의하면 아지와까(사명외도)는 아소까(Asoka) 대왕 때까지도 번창하고 있었다고 한다.

없고 근력도 없고 분발도 없습니다. 모든 중생들과 모든 생명들과 모든 존재들과 모든 영혼들은 [자신의 운명을] 지배하지 못하고 힘도 없고 정진력도 없이 운명과 우연의 일치와 천성의 틀에 짜여서 여섯 종류의 생에서198) 즐거움과 괴로움을 겪습니다.

그런데 대왕이여, 1백4십만 가지의 주요한 모태가 있고, 그리고 다시 육천육백 가지 [모태]가 있습니다. 오백 가지의 업이 있고, 다섯 가지, 세 가지의 업이 있고, 완전한 업이 있고 반쯤의 업이199) 있습니다. 62가지 길이 있고 62가지 중간 겁이 있습니다. 여섯 가지 종 (種)이 있고 8가지 인간계가 있고 4900의 생명체가 있고 4900의 유행승이 있고 4900의 용이 있습니다. 2천의 감각기관이 있고, 3천의 지옥이 있고, 36가지의 티끌의 요소가 있고, 일곱 가지 인식이 있는 모태와 일곱 가지 인식이 없는 모태가 있고, 일곱 가지 신, 일곱 가지 인간, 일곱 가지 유령, 일곱 가지 호수, 일곱 가지 [큰] 융기물200), 7

---

197) 원문은 natthi attakāre, natthi parakāre, natthi purisakāre이다. 그러나 『중부』 60경과 76경의 정형구에는 이 구절이 빠져 있다. 주석서에서는 행위(kāra)를 업지음(kata-kamma)으로 설명하고 있다.(DA.i.160)

198) 원어는 cha abhijāti이다. 이 여섯 부류가 지옥, 아귀, 축생, 아수라, 인간, 천상의 불교에서 설하는 육도(六道)와 같은가는 불분명하다. 그러나 복주서에서 abhijāti를 gati(행처, 道, 趣)로 설명하고 있기 때문에(DAṬ.i. 289) 일단 같은 것으로 이해하면 되겠다.

199) "몸으로 짓는 업과 말로 짓는 업은 완전한 업이고, 마음으로 짓는 업은 반쯤의 업이라는 것이 그들의 신조라고 한다."(DA.i.162)

200) 원어는 pavuṭa인데 주석서에는 gaṇṭhika(매듭, 옹이, 토막)라고만 적고 있다.(DA.i.164) 그러나 복주서에서는 pabba(山)-gaṇṭhika로 이해하고 있으며(DAṬ.i.291) 월슈는 protuberances(돌출부, 융기부)로 옮겼다. 그래서 역자도 융기물이라 옮겼다. 아무튼 그는 물질적이거나 정신적이거나 생명체거나 비생명체거나 간에 이 우주에 존재하는 모든 것은 이미 다 결정되어 있다는 주장을 하고 있다.

백 가지 [작은] 융기물, 일곱 가지 갈라진 틈, 7백 가지 [작은] 갈라진 틈, 일곱 가지 [중요한] 꿈, 7백 가지 [사소한] 꿈이 있습니다. 그리고 8백4십만의 대겁(大劫)이 있습니다. 어리석은 자나 현자나 같이 그것을 모두 치달리고 윤회하고 나서야 괴로움의 끝을 냅니다.201) 그러므로 여기에 '나는 계나 서계(誓戒)나 고행이나 청정범행202)으로 [아직] 익지 않은 업을 익게 하겠다.'라거나 '익은 업을 점차로 없애겠다.'는 것은 있을 수 없습니다. 즐거움과 괴로움의 크기가 정해져 있는 이 윤회에서는 아무것도 줄이거나 늘일 수 없으며 아무것도 증가시키거나 감소시킬 수 없습니다. 마치 감긴 실타래를 던지면 [실이 다 풀릴 때 까지] 굴러가는 것처럼203) 그와 마찬가지로 어리석은 자나 현자나 같이 치달리고 윤회하고 나서야 괴로움의 끝을 냅니다.'라고."

21.   "세존이시여, 참으로 저는 막깔리 고살라에게 지금여기에서 스스로 보아 알 수 있는 출가생활의 결실을 물었는데 그는 윤회를 통한 청정204)을 설명했습니다. 세존이시여, 예를 들면 망고에 대해서

---

201) 이 세상의 모든 것은 이미 이렇게 정해져있다는 것이다. 그러므로 그의 사상은 운명론(niyati)이다. 모든 것은 이미 정해져있기 때문에 어떠한 업지음(kiriya)도 노력(viriya)도 업의 결과(vipāka)도 있을 수 없다고 이 모두 부정하고 있다.

202) 원어는 brahmacāriya인데 이를 직역하여 중국에서는 梵(brahma)行(cāriya)이라 옮겼고 우리에게도 익숙한 말이다. 그러나 자칫 犯行으로 오해될 소지가 있어서 역자는 본서 전체에서 청정범행(淸淨梵行)으로 옮기고 있다.

203) "산이나 나무 꼭대기에서 던진 실타래는 그것이 다 풀릴 때 까지 굴러가다가 실이 다 풀리면 멈추고 더 이상 나아가지 않듯이 지금 설한 그 시간보다 더 달리지 않는다는 뜻이다."(DA.i.164)

물었는데 빵나무를 설명하고 빵나무에 대해서 물었는데 망고를 설명하는 것과 같습니다. 그와 마찬가지로 참으로 저는 막칼리 고살라에게 지금여기에서 스스로 보아 알 수 있는 출가생활의 결실을 물었는데 그는 윤회를 통한 청정을 설명했습니다. 세존이시여, 그렇지만 제게는 '어찌 나와 같은 왕이 나의 영토에 거주하고 있는 사문이나 바라문을 경시할 수 있겠는가.'라는 이런 생각이 들었습니다. 세존이시여, 그래서 저는 막칼리 고살라의 말을 기뻐하지도 않았고 비난하지도 않았습니다. 기뻐하지도 비난하지도 않은 채, 마음이 언짢았지만 언짢은 것에 대한 어떤 말도 내뱉지 않고, 그의 말을 받아들이지도 않고 냉소하지도 않으면서 자리에서 일어나 나왔습니다."

(3) 아지따 께사깜발리 - [사후]단멸론(uccheda-vāda)

22. "세존이시여, 한번은 아지따 께사깜발리[205]를 만나러 갔습니다. 만나러 가서 아지따 께사깜발리와 함께 환담을 나누었습니다.

---

204) saṁsāra-suddhi. 주석서에서는 "많이 윤회한 뒤 청정하게 된다.(bahu-kaṁ saṁsaritvā sujjhanti)"(MA.ii.51)라고 설명하고 있다. 모든 것은 이미 다 결정되어 있기 때문에 결정되어 있는 대로 윤회할 만큼 윤회한 뒤에 해탈한다는 의미이다.

205) 아지따 께사깜발리(Ajito Kesakambalī)는 많은 제자들을 거느렸고 도덕적이었고 사람들에게서 높은 명성을 가졌다고 한다.(S.i.68) 그가 께사깜발리라고 불리는 이유를 주석서는 인간의 머리털(kesa)로 만든 외투(kambala)를 두르고 다니기 때문이라고 한다.(DA.i.144; MA.i.422~423.) 주석서에서는 인간의 머리털로 만든 외투를 가장 나쁜 옷이라고 설명하는데 추울 때는 차갑고 더울 때는 뜨거워지며 냄새가 고약하다고 한다.(*Ibid*) 그의 사상은 본경에서 [사후]단멸론(ucchedavāda)으로 정리되고 있다.(아래 주해를 참조할 것)

유쾌하고 기억할 만한 이야기로 서로 담소를 한 뒤 한 곁에 앉았습니다. 세존이시여, 한 곁에 앉아서 저는 아지따 께사깜발리에게 이렇게 말했습니다. '아지따 존자여, 세상에는 여러 가지 기술 분야들이 있습니다. … <§14와 같은 내용> … 그러한 보시는 고귀한 결말을 가져다 주고 신성한 결말을 가져다주며 행복을 익게 하고 천상에 태어나게 합니다. 아지따 존자여, 당신도 이와 같이 지금여기에서 스스로 보아 알 수 있는 출가생활의 결실을 천명할 수 있습니까?'"

23. "세존이시여, 이와 같이 묻자 아지따 께사깜발리는 제게 이렇게 대답했습니다. '대왕이여, 보시한 것도 없고 제사지낸 것도 없고 헌공(獻供)한 것도 없습니다. 선행과 악행의 업들에 대한 열매도 과보도 없습니다. 이 세상도 없고 저 세상도 없습니다. 어머니도 없고 아버지도 없습니다. 화생하는 중생도 없고 이 세상과 저 세상을 스스로 최상의 지혜로 알고, 실현하여, 드러내는 바른 도를 구족한 사문·바라문들도 이 세상에는 없습니다. 이 인간이란 것은 사대(四大)로 이루어진 것이어서 임종하면 땅은 땅의 몸으로 들어가고 돌아가고, 물은 물의 몸으로 들어가고 돌아가고, 불은 불의 몸으로 들어가고 돌아가고, 바람은 바람의 몸으로 들어가고 돌아가고, 감각기능들은 허공으로 건너갑니다. 관을 다섯 번째로 한 [네] 사람206)이 시체를 메고 갑니다. 송덕문(頌德文)은 화장터까지만 읊어질 뿐입니다. 뼈다귀는 잿빛으로 변하고 헌공은 재로 끝날 뿐입니다. 보시란 어리석은 자의 교설일 뿐이니 누구든 [보시 등의 과보가] 있다고 설하는 자

---

206) 네 사람이 시체를 메고 가는 것을 이렇게 표현하고 있다. 관을 멘 네 사람과 그 관이 다섯 번째가 되어 시체를 메고 간다는 뜻이다. '무엇을 몇 번째로 하는 것'이란 표현은 빠알리어에 자주 나타난다.

들의 교설은 공허하고 거짓되고 쓸데없는 말에 지나지 않습니다. 어리석은 자도 현자도 몸이 무너지면 단멸하고 멸절할 뿐이라서 죽고 난 다음이라는 것은 없습니다.'라고"

24. "세존이시여, 참으로 저는 아지따 께사깜발리에게 지금여기에서 스스로 보아 알 수 있는 출가생활의 결실을 물었는데 그는 [사후]단멸론207)을 설명했습니다. 세존이시여, 예를 들면 망고에 대해서 물었는데 빵나무를 설명하고 빵나무에 대해서 물었는데 망고를 설명하는 것과 같습니다. 그와 마찬가지로 참으로 저는 아지따 께사깜발리에게 지금여기에서 스스로 보아 알 수 있는 출가생활의 결실을 물었는데 그는 사후단멸론을 설명했습니다. 세존이시여, 그렇지만 제게는 '어찌 나와 같은 왕이 나의 영토에 거주하고 있는 사문이나 바라문을 경시할 수 있겠는가.'라는 이런 생각이 들었습니다. 세존이시여, 그래서 저는 아지따 께사깜발리의 말을 기뻐하지도 않았고 비난하지도 않았습니다. 기뻐하지도 비난하지도 않은 채, 마음이 언짢았지만 언짢은 것에 대한 어떤 말도 내뱉지 않고, 그의 말을 받

---

207) [사후]단멸론(uccheda-vāda)은 본서 「범망경」(D1) §§3.9~3.17에서 7가지로 정리되어 있다. 아지따 께사깜발리의 이러한 사후단멸론은 그 가운데 제일 낮은 단멸론이라 할 수 있는 첫 번째에 해당한다 하겠다.
한편 주석서에서는 이상에서 나타난 뿌라나 깟사빠와 막칼리 고살라와 아지따 께사깜발리의 사상을 다음과 같이 평가하고 있다.
"이 가운데서 뿌라나 깟사빠는 '행해도 죄악을 범한 것이 아니다.'라고 주장하여 업(kamma)을 부정한다(paṭibāhati). 아지따 께사깜발리는 '몸이 무너지면 단멸한다.'고 주장하여 과보(vipāka)를 부정한다. 막칼리 고살라는 '원인도 없다.'고 주장하여 둘 다를 부정한다. 여기서 업을 부정하면 과보도 부정하는 것이고 과보를 부정하면 업도 부정하는 것이다. 그러므로 이들 모두는 뜻으로는 둘 다를 부정하므로 무인론자(ahetuka-vāda)요, 도덕부정론자(akiriya-vāda)요, 허무론자(natthika-vāda)이다."(DA.i.166)

아들이지도 않고 냉소하지도 않으면서 자리에서 일어나 나왔습니다."

(4) 빠꾸다 깟짜야나 — 결정론

25. "세존이시여, 한번은 빠꾸다 깟짜야나[208]를 만나러 갔습니다. 만나러 가서 빠꾸다 깟짜야나와 함께 환담을 나누었습니다. 유쾌하고 기억할 만한 이야기로 서로 담소를 한 뒤 한 곁에 앉았습니다.

---

208) 주석서에 의하면 빠꾸다 깟짜야나(Pakudha Kaccāyana)의 빠꾸다는 이름이고 깟짜야나는 족성이다. 깟짜야나는 바라문 족성이다. 그리고 그는 찬물을 사용하지 않고 항상 더운 물을 사용했으며, 물을 건너는 것을 죄악으로 여겼는데 물을 건넜을 경우에는 흙으로 무덤(더미)을 쌓아서 참회하였다고 한다.(DA.i.144) 본문을 통해서 보면 그는 땅의 몸, 물의 몸, 불의 몸, 바람의 몸, 즐거움, 괴로움, 영혼의 일곱 가지를 궁극적 실재로 인정하고 있는데 이는 자이나교에서 땅, 물, 불, 바람, 식물, 동물의 여섯 가지 생명을 인정하는 것과 유사하다. 여기 육사외도 가운데 산자야 벨랏티뿟따를 제외한 다섯 명의 외도들은 거의 대부분 특정한 실재들을 인정하고 있는데 이는 오래된 사문의 전통을 계승하고 있다 할 수 있다.
아리야족들이 인도로 이주해 들어오기 전에 가졌던 인도사상은 다원론에다 일종의 물활론(物活論)이라 할 수 있는데 이처럼 외도들은 우주를 구성하고 있는 기본 실재들을 생명을 가진 것으로 여겼다. 그래서 찬물을 사용하지 않고 흙 위에 앉지 않는다. 왜냐하면 그것은 생명이기 때문이다. 이것은 자이나 수행자들에게도 엄격하게 남아 있다.
한편 이처럼 여러 기본 실재들의 적집으로 우주와 인간은 구성되어 있다는 이러한 사문 전통의 사상을 학자들은 적취설(積取說)이라고 정리하고 있으며, 이것과 반대로 하나의 궁극적인 실재가 전변하여 세상이 이루어졌다고 하는 바라문 전통의 학설을 전변설(轉變說)이라 부르고 있다.
빠꾸다 깟짜야나도 업과 업의 과보를 인정하지 않기 때문에 도덕부정론 가운데 하나이다. 그러나 그가 이런 것을 부정하는 이유는 아래 §26에서 보듯이 일곱 가지 실재는 죽일 수도, 자를 수도, 없앨 수도 없는 본래 존재하는 실재라는 것을 극단적으로 부각시키는 것으로 간주해야 한다. 중생이라는 여러 요소들로 이루어진 생명체는 죽일 수 있지만 일곱 가지 기본 요소들은 본래 존재하기 때문에 죽일 수도 없앨 수도 없다는 말이다.

세존이시여, 한 곁에 앉아서 저는 빠꾸다 깟짜야나에게 이렇게 말했습니다. '깟짜야나 존자여, 세상에는 여러 가지 기술 분야들이 있습니다. … <§14와 같은 내용> … 그러한 보시는 고귀한 결말을 가져다주고 신성한 결말을 가져다주며 행복을 익게 하고 천상에 태어나게 합니다. 깟짜야나 존자여, 당신도 이와 같이 지금여기에서 스스로 보아 알 수 있는 출가생활의 결실을 천명할 수 있습니까?'"

26. "세존이시여, 이와 같이 묻자 빠꾸다 깟짜야나는 제게 이렇게 대답했습니다. '대왕이여, 일곱 가지 몸들이 있나니, 만들어지지 않았고, 만들어진 것에 속하지 않고, 창조되지 않았고, 창조자가 없으며, 생산함이 없고, 산꼭대기처럼 움직이지 않고, 성문 앞의 기둥처럼 견고하게 서있습니다. 그들은 움직이지 않고 변하지 않고 서로를 방해하지 않습니다. 서로서로에게 즐거움도 괴로움도 그 둘 모두도 주지 못합니다. 무엇이 일곱인가요? 땅의 몸, 물의 몸, 불의 몸, 바람의 몸, 즐거움, 괴로움, 그리고 일곱 번째로 영혼입니다. 이들 일곱 가지 몸들이 있나니, 만들어지지 않았고, 만들어진 것에 속하지 않고, 창조되지 않았고, 창조자가 없으며, 생산함이 없고, 산꼭대기처럼 움직이지 않고, 성문 앞의 기둥처럼 견고하게 서있습니다. 그들은 움직이지 않고 변하지 않고 서로를 방해하지 않습니다. 서로서로에게 즐거움도 괴로움도 그 둘 모두도 주지 못합니다. 그러므로 여기서 죽이는 자도 없고 죽이게 하는 자도 없고 듣는 자도 없고 말하는 자도 없고 아는 자도 없고 알게 하는 자도 없습니다. 날카로운 칼로 머리를 자른다고 해도 누구도 누구의 생명을 빼앗은 것이 아닙니다. 다만 칼이 이 일곱 가지 몸들의 가운데로 통과한 것에 지나지 않습니다.'라고."

27. "세존이시여, 참으로 저는 빠꾸다 깟짜야나에게 지금여기에서 스스로 보아 알 수 있는 출가생활의 결실을 물었는데 그는 다른 것으로 다른 것209)을 설명했습니다. 세존이시여, 예를 들면 망고에 대해서 물었는데 빵나무를 설명하고 빵나무에 대해서 물었는데 망고를 설명하는 것과 같습니다. 그와 마찬가지로 참으로 저는 빠꾸다 깟짜야나에게 지금여기에서 스스로 보아 알 수 있는 출가생활의 결실을 물었는데 그는 다른 것으로 다른 것을 설명했습니다. 세존이시여, 그렇지만 제게는 '어찌 나와 같은 왕이 나의 영토에 거주하고 있는 사문이나 바라문을 경시할 수 있겠는가.'라는 이런 생각이 들었습니다. 세존이시여, 그래서 저는 빠꾸다 깟짜야나의 말을 기뻐하지도 않았고 비난하지도 않았습니다. 기뻐하지도 비난하지도 않은 채, 마음이 언짢았지만 언짢은 것에 대한 어떤 말도 내뱉지 않고, 그의 말을 받아들이지도 않고 냉소하지도 않으면서 자리에서 일어나 나왔습니다."

(5) 니간타 나따뿟따 – 네 가지 제어로 단속함

28. "세존이시여, 한번은 니간타 나따뿟따210)를 만나러 갔습니

---

209) 원어는 aññena aññaṁ이다. 일종의 동문서답이다. 『중부』 제76경에는 이 빠꾸다 깟짜야나의 교설의 정형구와 앞의 아지따 께사감발리의 교설의 정형구가 혼합되어 나타난다. 본서를 통해서 비교해 보면, 아지따는 지수화풍의 물질만을 인정하나 빠꾸다는 지수화풍에다 고(苦), 락(樂), 영혼을 인정하여서 정신적인 실재도 인정한다. 그리고 아지따는 사후단멸론에 무게를 두지만 빠꾸다는 일곱 가지 실재가 본래 결정되어 있다는 것을 강조하는 듯하다. 즉 일곱 가지는 실재로 이미 결정되어 있을 뿐 인간이 선업이나 불선업을 지어서 자기 의지로 자기 삶을 바꾸고 향상하거나 타락하거나 해탈하거나 속박되거나 할 수는 없다는 결정론적인 태도이다.

다. 만나러 가서 니간타 나따뿟따와 함께 환담을 나누었습니다. 유쾌
하고 기억할 만한 이야기로 서로 담소를 한 뒤 한 곁에 앉았습니다.
세존이시여, 한 곁에 앉아서 저는 니간타 나따뿟따에게 이렇게 말했

---

210) 니간타 나따뿟따(Nigaṇṭha Nātaputta)는 자이나교의 교주인 마하위라
(Mahāvīra, 大雄)를 뜻한다. 물론 학자에 따라서는 이 둘은 다르다고 하
는 자들도 있지만 초기경에 나타나는 니간타들과 자이나교에 대한 설명이
자이나교의 가르침과 같다는 점에서 같은 인물임이 분명하다. 예를 들면
『중부』「우빨리 경」(M56)에서 니간타는 몽둥이(daṇḍa)라는 표현에
익숙하다고 그의 제자 디가따빳시(Dīghatapassi)가 부처님께 말씀드리
는데 여러 자이나 문헌 특히 최초기 자이나 문헌인 『아야랑가 숫따』
(Āyaraṅga-sutta, Āyaro, Sk. Ācaryaṅga-sutta)에 몽둥이(daṇḍa)를
금하는 구절이 많이 나타난다.

니간타(nigaṇṭha, Sk. nirgrantha)는 nis(out)+√granth(to bind)에서
파생된 명사로 문자 그대로 '묶임 혹은 집착으로부터 풀려난 자'라는 뜻이
다. 니간타 나따뿟따의 제자들을 통칭하여 니간타들이라 한다. 본경에서
그들은 네 가지 제어로 단속하는 자(cātuyāmasaṁvara)들이라고 요약
되는데 이런 제어를 통해서 묶임(gantha, 간타)으로부터 풀려나기 때문
에 니간타(묶임이 없는 자)라고 불린다.

니간타 나따뿟따는 와르다마나(Vardhamāna)라고 알려졌으며 나따
(Nāta)는 웨살리에 사는 종족의 이름이라 한다. 『숫따니빠따 주석서』
(SnA.ii.423)에서는 그의 아버지 이름이라고 한다. 자이나교의 설명에 따
르면 그의 아버지는 싯다르타(Siddhartha)이고 끄샤뜨리야 계급이며 어
머니는 뜨리샬라라고 한다.(Barua, 372ff.) 경들(M.ii.31; A.i.220; M.i.
92f.; M.ii.214f. 등)을 통해서 사람들이 그를 두고 지와 견(知見, ñāṇa-
dassana)을 가진 자로 인정하고 있었음을 알 수 있으며 이는 자이나 경들
에서도 한결같이 강조하고 있다.

육사외도 가운데서 불교 문헌에 가장 많이 나타나는 자들이 니간타들이다.
그의 제자들인 닝까 나따뿟따(Niṅka Nātaputta, S.i.66), 디가 따빳시
(Dīgha Tapassī, M56/i.373f.), 아시반다까뿟따(Asibandhakaputta,
S.iv.317f.), 아바야 왕자(Abhayarājakumāra, M58/i.392ff.), 시하(Sī-
ha, A.iv.180ff.) 등이 부처님과 만나서 대화하는 일화가 경에 나타나며,
특히 그의 신도인 우빨리 장자(Upāli gahapati)가 부처님의 신도가 된 것
은 잘 알려져 있다.(M56/i.373f.)

습니다. '악기웨사나211) 존자여, 세상에는 여러 가지 기술 분야들이 있습니다. … <§14와 같은 내용> … 그러한 보시는 고귀한 결말을 가져다주고 신성한 결말을 가져다주며 행복을 익게 하고 천상에 태어나게 합니다. 악기웨사나 존자여, 당신도 이와 같이 지금여기에서 스스로 보아 알 수 있는 출가생활의 결실을 천명할 수 있습니까?'"

29. "세존이시여, 이와 같이 묻자 니간타 나따뿟따는 제게 이렇게 대답했습니다. '대왕이여, 니간타는 네 가지 제어로 단속합니다. 대왕이여, 니간타는 어떻게 네 가지 제어로 단속할까요? 대왕이여, 여기 니간타는 모든 찬물을 금하고, 모든 악을 금하고, [모든 악을] 철저하게 금하여 모든 악을 제거하고, 모든 악을 금하여 [해탈을] 얻습니다.212) 대왕이여, 이와 같이 니간타는 네 가지 제어로 단속합

---

211) 니간타 나따뿟따가 악기웨사나(Aggivesana)로 호칭되는 것에 유의할 필요가 있다. 『중부』(M35, M36, M74, M125)에서도 악기웨사나라는 호칭이 나타나는데 특히 「짧은 삿짜까 경」(M35)과 「긴 삿짜까 경」(M36)에서 웨살리에 거주하는 삿짜까가 니간타의 후예라고 불리고 있다. 그러므로 악기웨사나는 웨살리 지방에 사는 왓지 족들에게 사용되던 족성의 호칭이었다. 이것을 보더라도 마하위라가 웨살리 출신이요 끄샤뜨리야라는 자이나 문헌과 일치하고 있다.

212) 원문은 sabbavārivārito ca hoti sabbavāriyutto ca sabbavāridhuto ca sabbavāriphuto이다. 여기서 '금함'으로 옮긴 vāri는 물이라는 뜻으로도 쓰이는데 이 문장에는 동음이의(同音異議)의 표현(pun)이 들어 있다. 자이나는 물에 대한 계율을 중시하는데 이것과 그들의 고행(억제)이 pun으로 표현되고 있는 것이다.
한편 자이나교의 공의파(空衣派, Digambara)와 백의파(白衣派, Śvetāmbara)에서 다 같이 경전으로 인정하는 유일한 문헌이며 그만큼 중요하게 취급하는 『땃뜨와아르타 아디가마 수뜨라』(Tattvārthādhigāma Sūtra)에 의하면 자이나 교리는 다음의 7가지 명제로 함축된다.
① jīva(지와, 영혼) ② ajīva(아지와, 비영혼, 물질) ③ āsrava(아스라와, 영혼이 물질로 흘러듦) ④ bandha(반다, 영혼이 거기에 묶임) ⑤ saṁ-

니다. 대왕이여, 이를 일러 니간타 나따뿟따는 자아에 도달했고 자아에 계합했고 자아에 머문다고 합니다.'라고"

30. "세존이시여, 참으로 저는 니간타 나따뿟따에게 지금여기에서 스스로 보아 알 수 있는 출가생활의 결실을 물었는데 그는 네 가지 제어로 단속함을 설명했습니다. 세존이시여, 예를 들면 망고에 대해서 물었는데 빵나무를 설명하고 빵나무에 대해서 물었는데 망고를 설명하는 것과 같습니다. 그와 마찬가지로 참으로 저는 니간타 나따뿟따에게 지금여기에서 스스로 보아 알 수 있는 출가생활의 결실을 물었는데 그는 네 가지 제어로 단속함을 설명했습니다. 세존이시여, 그렇지만 제게는 '어찌 나와 같은 왕이 나의 영토에 거주하고 있는 사문이나 바라문을 경시할 수 있겠는가.'라는 이런 생각이 들었습니다. 세존이시여, 그래서 저는 니간타 나따뿟따의 말을 기뻐하지도 않았고 비난하지도 않았습니다. 기뻐하지도 비난하지도 않은 채, 마음이 언짢았지만 언짢은 것에 대한 어떤 말도 내뱉지 않고, 그의 말을

---

vāra(삼와라, 제어, 단속 — 영혼이 물질에 속박되는 것을 제어하는 것으로 그 방법으로는 고행을 중시함) ⑥ nirjarā(니르자라, 풀려남 — 영혼이 물질의 속박에서 풀려남) ⑦ mokṣa(목샤, 해탈)가 그것이다. 이 지와가 아지와(물질계)에 흘러들어 윤회전생(輪廻轉生)하는데, 어떻게 이 지와(영혼)를 아지와(물질)로부터 분리하여 홀로 우뚝 존재하게[獨尊, 께왈라 kevala] 할 것인가 하는 것이 자이나 수행과 교리의 중심체계이다. 본경에서 금함(vāri, 제어)이나 단속(saṁvāra)으로 언급되고 있는 것이 바로 그 방법을 뜻하며 ⑤번의 삼와라(제어, 단속)와 같은 의미이다.
그리고 자이나교가 지와와 아지와로 존재를 양분해서 상정하는 것은 상캬학파에서 존재의 구성 원리를 뿌루샤(眞人)와 쁘라끄르띠(自然)로 설명하는 것과 유사하다. 산자야를 제외한 다섯 명의 외도가 여러 가지 실재를 인정하고 있다. 이처럼 사문 전통은 적취설(積取說)에 기반하고 있는데 이런 가르침 체계는 아리야족들이 인도로 이주하기 이전의 사문들의 사상을 전승하고 있다.

받아들이지도 않고 냉소하지도 않으면서 자리에서 일어나 나왔습니다."

(6) 산자야 벨랏티뿟따 – 애매모호함(vikkhepa)

31. "세존이시여, 한번은 산자야 벨랏티뿟따213)를 만나러 갔습니다. 만나러 가서 산자야 벨랏티뿟따와 함께 환담을 나누었습니다. 유쾌하고 기억할 만한 이야기로 서로 담소를 한 뒤 한 곁에 앉았습니다. 세존이시여, 한 곁에 앉아서 저는 산자야 벨랏티뿟따에게 이렇게 말했습니다. '산자야 존자여, 세상에는 여러 가지 기술 분야들이 있습니다. … <§14와 같은 내용> … 그러한 보시는 고귀한 결말을 가져다

---

213) 산자야 벨랏티뿟따(Sañjayena Belaṭṭhiputta)는 – 애매모호함(vikkhepa)으로 잘 알려졌으며 본서 「범망경」(D1) §2.27에 나타나는 네 번째 아마라위케삐까(Amarāvikkhepika, 애매모호함을 설하는 자)에 해당한다. 일반 불교개론서에는 산자야의 교설을 불가지론(不可知論)이나 회의론으로 명명하고 있는데 역자는 원의미를 살려서 애매모호함으로 옮겼다.
그는 사리뿟따(Sāriputta, 사리불) 존자와 목갈라나(Moggallāna, 목련) 존자의 옛 스승이었음이 분명하다.(Vin.i.39) 두 사람이 산자야를 떠나자 그는 뜨거운 피를 토했다고 한다.(Vin.i.42) 본서 「범망경」(D1)의 숩삐야도 산자야의 제자였다고 한다. 『증지부』에 나타나는 아위룻다까(Aviruddhaka)들도 아마라위케삐까(애매모호함을 설하는 자)로 언급되기 때문에 그의 제자였을 것이다.(A.iii.276)
비록 본서 「범망경」(D1) §2.27에서 아마라위케삐까들은 아주 멍청한 사람들이라고 언급되었지만 정형구에서 보듯이 그는 형이상학적인 문제에 대해서는 답을 회피했으며 다른 외도들과는 달리 존재론적인 실재를 상정하지 않는다는 점에서 주목할 만하다. 그리고 이러한 영향을 받았기 때문에 사리뿟따 존자와 목갈라나 존자가 형이상학적인 존재론보다는 연기연멸(緣起緣滅)을 바탕한 고(苦)의 완전한 소멸을 통한 해탈·열반을 힘주어 강조하시는 부처님의 가르침을 즉시에 이해하고 부처님의 제자가 되었다고 생각된다.

주고 신성한 결말을 가져다주며 행복을 익게 하고 천상에 태어나게 합니다. 산자야 존자여, 당신도 이와 같이 지금여기에서 스스로 보아 알 수 있는 출가생활의 결실을 천명할 수 있습니까?'"

32. "세존이시여, 이와 같이 묻자 산자야 벨랏티뿟따는 제게 이렇게 대답했습니다.214) '대왕이여, ① 만일 당신이 '저 세상이 있소?'라고 내게 묻고 내가 '저 세상은 있다.'고 생각한다면 나는 '저 세상은 있다.'고 대답해야 할 것입니다. 그러나 나는 이러하다고도 하지 않으며, 그러하다고도 하지 않으며, 다르다고도 하지 않으며, 아니라고도 하지 않으며, 아니지 않다고도 하지 않습니다.

② 만일 당신이 '저 세상은 없소?'라고 …

③ 만일 당신이 '저 세상은 있기도 하고 없기도 하오?'라고 …

④ 만일 당신이 '저 세상은 있는 것도 아니고 없는 것도 아니오?'라고 …

⑤ 만일 당신이 '화생(化生)은 있소?'라고 …

⑥ 만일 당신이 '화생은 없소?'라고 …

⑦ 만일 당신이 '화생은 있기도 하고 없기도 하오?'라고 …

⑧ 만일 당신이 '화생은 있는 것도 아니고 없는 것도 아니오?'라고 …

⑨ 만일 당신이 '잘 지은 업과 잘못 지은 업의 결실[果]과 과보[異熟]는 있소?'라고 …

⑩ 만일 당신이 '잘 지은 업과 잘못 지은 업의 결실과 과보는 없소?'라고 …

---

214) 이하 산자야의 교설은 본서 「범망경」(D1) §2.27에 나타나고 있다. 이하 16가지 질문에 대한 설명은 「범망경」의 해당 부분 주해를 참조할 것.

⑪ 만일 당신이 '잘 지은 업과 잘못 지은 업의 결실과 과보는 있기도 하고 없기도 하오?'라고 …

⑫ 만일 당신이 '잘 지은 업과 잘못 지은 업의 결실과 과보는 있는 것도 아니고 없는 것도 아니오?'라고 …

⑬ 만일 당신이 '여래는 사후에도 존재하오?'라고 …

⑭ 만일 당신이 '여래는 사후에는 존재하지 않소?'라고 …

⑮ 만일 당신이 '여래는 사후에 존재하기도 하고 존재하지 않기도 하오?'라고 …

⑯ 만일 당신이 '여래는 사후에 존재하는 것도 아니고 존재하지 않는 것도 아니오?'라고 내게 묻고 내가 '여래는 사후에 존재하는 것도 아니고 존재하지 않는 것도 아니다.'라고 생각한다면 나는 '여래는 사후에 존재하는 것도 아니고 존재하지 않는 것도 아니다.'라고 대답해야 할 것입니다. 그러나 나는 이러하다고도 하지 않으며, 그러하다고도 하지 않으며, 다르다고도 하지 않으며, 아니라고도 하지 않으며, 아니지 않다고도 하지 않습니다.'라고"

33. "세존이시여, 참으로 저는 산자야 벨랏티뿟따에게 지금여기에서 스스로 보아 알 수 있는 출가생활의 결실을 물었는데 그는 애매모호함215)을 설명했습니다. 세존이시여, 예를 들면 망고에 대해서 물었는데 빵나무를 설명하고 빵나무에 대해서 물었는데 망고를 설명하는 것과 같습니다. 그와 마찬가지로 참으로 저는 산자야 벨랏티뿟따에게 지금여기에서 스스로 보아 알 수 있는 출가생활의 결실을 물었는데 그는 애매모호함을 설명했습니다. 세존이시여, 그렇지만 제게는 '어찌 나와 같은 왕이 나의 영토에 거주하고 있는 사문이나 바

---

215) 원어는 vikkhepa이다. 「범망경」(D1) §2.27의 해설을 참조할 것.

라문을 경시할 수 있겠는가.'라는 이런 생각이 들었습니다. 세존이시여, 그래서 저는 산자야 벨랏티뿟따의 말을 기뻐하지도 않았고 비난하지도 않았습니다. 기뻐하지도 비난하지도 않은 채, 마음이 언짢았지만 언짢은 것에 대한 어떤 말도 내뱉지 않고, 그의 말을 받아들이지도 않고 냉소하지도 않으면서 자리에서 일어나 나왔습니다."

첫 번째 출가생활의 결실

34. "세존이시여, 그런 저는 세존께도 역시 같은 질문을 드립니다. 세존이시여, 세상에는 여러 가지 기술 분야들이 있습니다. 즉 코끼리몰이꾼, 말몰이꾼, 전차병, 궁수, 기수, 군대참모, 보급병, 고위관리, 왕자, 정찰병, 영웅, 용사, 동체갑옷 입은 자, 하인의 아들, 요리사, 이발사, 목욕 보조사, 제과인, 정원사, 염색인, 직공, 바구니 만드는 자, 항아리 만드는 자, 경리인, 반지 만드는 자, 그 외에 여러 가지 기술 분야들이 있습니다.

그런 기술의 결실은 지금여기에서 스스로 보아 알 수 있으며 그들은 그런 결실로 살아갑니다. 그들은 그것으로 자신을 행복하게 하고 만족하게 하고, 부모를 행복하게 하고 만족하게 하고, 처자식을 행복하게 하고 만족하게 하고, 친구와 동료를 행복하게 하고 만족하게 하며, 사문·바라문들에게 많은 보시를 합니다. 그러한 보시는 고귀한 결말을 가져다주고 신성한 결말을 가져다주며 행복을 익게 하고 천상에 태어나게 합니다. 세존이시여, 세존께서도 이와 같이 지금여기에서 스스로 보아 알 수 있는 출가생활의 결실을 천명하실 수 있습니까?"

"대왕이여, 할 수 있습니다. 대왕이여, 그렇다면 이제 그대에게 다시 물어 보리니 그대가 옳다고 생각하는 대로 설명해주십시오."

35. "대왕이여, 이를 어떻게 생각합니까? 여기에 그대의 일을 하는 하인이 있어서216) 그 사람은 일찍 일어나고 늦게 자며, '무엇을 할까요?'하고 경청하며, 그대의 마음에 들게 하고, 듣기 좋은 말을 하며, 그대의 [심기를 헤아리기 위해서] 얼굴을 항상 살펴볼 것입니다. 그런 그에게 이런 생각이 들 것입니다. '공덕의 행처(行處)217)와 공덕의 과보란 참으로 경이롭고 참으로 놀랍구나. 이분 마가다의 왕 아자따삿뚜 웨데히뿟따도 인간이고 나도 역시 인간이다. 그러나 마가다의 왕 아자따삿뚜 웨데히뿟따는 신(神, 폐하)처럼218) 다섯 가닥의 감각적 욕망이 가져다주고 부여하는 것들을 즐긴다. 그러나 나는 그의 일을 하는 하인이어서 일찍 일어나고 늦게 자며, '무엇을 할까요?'하고 경청하며, 그의 마음에 들게 하고, 듣기 좋은 말을 하며, 그의 [심기를 헤아리기 위해서] 얼굴을 항상 살펴본다. 그런 나도 이제 공덕을 지어야 하겠다. 그러니 나도 머리와 수염을 깎고 물들인 옷을 입고 집을 떠나 출가하리라.'라고

그는 나중에 머리와 수염을 깎고 물들인 옷을 입고 집을 떠나 출가를 할 것입니다. 그는 이와 같이 출가하여 몸으로 단속하면서 머물고 말로 단속하면서 머물고 마음으로 단속하면서 머물 것입니다. 먹

---

216) 세존께서는 이처럼 먼저 세속적인 측면에서 출가의 이익을 설명하신다.

217) 원어는 gati이다. 일반적으로는 지옥, 아귀 등의 여섯 가지 혹은 다섯 가지 태어날 곳을 의미하며 그래서 다른 곳에서는 '태어날 곳'이라 옮겼다.(본서「범망경」D1 §1.36의 주해를 참조할 것) 여기서는 공덕이 가져다주는 미래를 뜻하기 때문에 행처(行處)로 옮겼다.

218) 본경 §2의 주해를 참조할 것.

고 입는 것을 절제하여 지족하고 한거(閑居)를 기뻐할 것입니다.

그러면 어떤 자들이 그를 두고 그대에게 고할 것입니다. '폐하, 폐하의 일을 하던 하인이 있었는데 그는 일찍 일어나고 늦게 자며, '무엇을 할까요?'하고 경청하며, 폐하의 마음에 들게 하고, 듣기 좋은 말을 하며, 폐하의 [심기를 헤아리기 위해서] 얼굴을 항상 살피던 사람이었습니다. 그 사람을 아십니까? 폐하, 그가 이제 머리와 수염을 깎고 물들인 옷을 입고 집을 떠나 출가하였습니다. 그는 이와 같이 출가하여 몸으로 단속하면서 머물고 말로 단속하면서 머물고 마음으로 단속하면서 머물고, 먹고 입는 것을 질제하여 지족하고 한거를 기뻐한답니다.'라고.

그러면 그대는 '여보게, 그 사람을 다시 내게 오게 하라. 그래서 나의 하인이 되어 일찍 일어나고 늦게 자며, '무엇을 할까요?'하고 경청하며, 나의 마음에 들게 하고, 듣기 좋은 말을 하며, 나의 [심기를 헤아리기 위해서] 얼굴을 항상 살피게 하라.'라고 그렇게 말하겠습니까?"

36. "세존이시여, 그렇지 않습니다. 오히려 우리는 그에게 절을 하고 자리에서 일어나 [영접하고] 자리에 앉기를 권하고 의복과 음식과 거처와 병구완을 위한 약품을 마련하여 그를 초대하고 그를 법답게 살피고 감싸고 보호를 해드릴 것입니다."

"대왕이여, 이를 어떻게 생각합니까? 만일 그렇다면 이것이야말로 지금여기에서 스스로 보아 알 수 있는 출가생활의 결실이 아니고 무엇이겠습니까?"

"세존이시여, 참으로 그러합니다. 만일 그렇다면 이것이야말로 참으로 지금여기에서 스스로 보아 알 수 있는 출가생활의 결실입니다."

"대왕이여, 이것이 내가 그대에게 천명하는 지금여기에서 스스로 보아 알 수 있는 첫 번째 출가생활의 결실입니다."

두 번째 출가생활의 결실

37. "세존이시여, 그런데 다른 것을 통해서도 지금여기에서 스스로 보아 알 수 있는 출가생활의 결실을 천명하실 수 있습니까?"

"대왕이여, 할 수 있습니다. 대왕이여, 그렇다면 이제 그대에게 다시 물어 보리니 그대가 옳다고 생각하는 대로 설명해 보십시오.

대왕이여, 이를 어떻게 생각합니까? 여기에 그대에게 세금을 바치고 그대의 부를 증장시켜 주는 농사짓는 장자 한 사람이 있다 합시다. 그에게 이런 생각이 들 것입니다. '공덕의 행처와 공덕의 과보란 참으로 경이롭고 참으로 놀랍구나. 이분 마가다의 왕 아자따삿뚜 웨데히뿟따도 인간이고 나도 역시 인간이다. 그러나 마가다의 왕 아자따삿뚜 웨데히뿟따는 신(神, 폐하)처럼 다섯 가닥의 감각적 욕망이 가져다주고 부여하는 것들을 즐긴다. 그러나 나는 그에게 세금을 바치고 그의 부를 증장시켜 주는 농사짓는 장자이다. 그런 나도 이제 공덕을 지어야 하겠다. 그러니 나도 머리와 수염을 깎고 물들인 옷을 입고 집을 떠나 출가하리라.'라고.

그는 나중에 재산이 적건 많건 간에 모두 다 버리고 일가친척도 적건 많건 간에 다 버리고 머리와 수염을 깎고 물들인 옷을 입고 집을 떠나 출가할 것입니다. 그는 이와 같이 출가하여 몸으로 단속하면서 머물고 말로 단속하면서 머물고 마음으로 단속하면서 머물 것입니다. 먹고 입는 것을 절제하여 지족하고 한거를 기뻐할 것입니다.

그러면 어떤 자들이 그를 두고 그대에게 고할 것입니다. '폐하, 폐하께 세금을 바치고 폐하의 부를 증장시켜 주는 농사짓는 장자 한 사람이 있었던 것을 아십니까? 폐하, 그가 나중에 재산이 적건 많건 간에 모두 다 버리고 일가친척도 적건 많건 간에 다 버리고 머리와 수염을 깎고 물들인 옷을 입고 집을 떠나 출가하였습니다. 그는 이와 같이 출가하여 몸으로 단속하면서 머물고 말로 단속하면서 머물고 마음으로 단속하면서 머물며, 먹고 입는 것을 절제하여 지족하고 한거를 기뻐한답니다.'라고

그러면 그대는 '여보게, 그 사람을 다시 내게 오게 하라. 그래서 나에게 세금을 바치고 나의 부를 증상시켜 주는 농사짓는 장자가 되게 하라.'라고 그렇게 말하겠습니까?"

38. "세존이시여, 그렇지 않습니다. 오히려 우리는 그에게 절을 하고 자리에서 일어나 [영접하고] 자리에 앉기를 권하고 의복과 음식과 거처와 병구완을 위한 약품을 마련하여 그를 초대하고 그를 법답게 살피고 감싸고 보호를 해드릴 것입니다."

"대왕이여, 이를 어떻게 생각합니까? 만일 그렇다면 이것이야말로 지금여기에서 스스로 보아 알 수 있는 출가생활의 결실이 아니고 무엇이겠습니까?"

"세존이시여, 참으로 그러합니다. 만일 그렇다면 이것이야말로 참으로 지금여기에서 스스로 보아 알 수 있는 출가생활의 결실입니다."

"대왕이여, 이것이 내가 그대에게 천명하는 지금여기에서 스스로 보아 알 수 있는 두 번째 출가생활의 결실입니다."

더욱 수승한 출가생활의 결실

39. "세존이시여, 그런데 더 뛰어나고 더 수승한 다른 것을 통해서도 지금여기에서 스스로 보아 알 수 있는 출가생활의 결실을 천명하실 수 있습니까?"[219]

"대왕이여, 할 수 있습니다. 대왕이여, 이제 들으십시오. 그리고 마음에 잘 새기십시오.[220] 이제 설하겠습니다."

"세존이시여, 그렇게 하겠습니다."라고 마가다의 왕 아자따삿뚜 웨데히뿟따는 세존께 대답했다. 세존께서는 이렇게 말씀하셨다.

40. "대왕이여, 여기 여래가 이 세상에 출현합니다. 그는 아라한 [應供]이며, 완전히 깨달은 분[正等覺]이며, 영지와 실천이 구족한 분[明行足]이며, 피안으로 잘 가신 분[善逝]이며, 세간을 잘 알고 계신 분[世間解]이며, 가장 높은 분[無上士]이며, 사람을 잘 길들이는 분[調御丈夫]이며, 하늘과 인간의 스승[天人師]이며, 깨달은 분[佛]이며, 세존(世尊)입니다.[221] 그는 신을 포함하고 마라[222]를 포함하고 범천을 포함한

---

219) 왕은 이런 세속적인 이익이 아닌 출가생활의 근본적인 결실에 대해서 묻고 세존께서는 왕의 마음이 이제 준비가 되었음을 아시고 출가해서 얻는 결실을 이제 본격적으로 설하신다.

220) '마음에 잘 새기다'로 옮긴 원어는 동사 manasikaroti이다. 이것은 마음에 잡도리함(manasikāra)이나 지혜로운 주의(yoniso manasikāra, 여리작의)와 같은 어원을 가지고 있다. 그러므로 마음에 잘 잡도리하다로도 옮길 수 있다. 본서 제2권 「대전기경」 (D14) §2.18의 주해를 참조할 것.

221) 여래 십호에 대해서는 『청정도론』 VII.2 이하에 상세하게 설명되어 있으므로 참조할 것.

222) 마라(Māra)에 대해서는 본서 제2권 「대반열반경」 (D16) §3.4의 주해를 참조할 것.

이 세상을 스스로 최상의 지혜로 알고, 실현하여, 드러냅니다. 그는 법을 설합니다. 그는 시작도 훌륭하고 중간도 훌륭하고 끝도 훌륭하게 [법을 설하고],223) 의미와 표현을 구족하여 법을 설하여, 더할 나위 없이 완벽하고 지극히 청정한224) 범행(梵行)을 드러냅니다."

41. "이런 법을 장자나 장자의 아들이나 다른 가문에 태어난 자가 듣습니다. 그는 이 법을 듣고서 여래에게 믿음을 가집니다. 그는 이런 믿음을 구족하여 이렇게 숙고합니다. '재가의 삶이란 막혀있고

---

223) 법의 정형구에 대한 설명은 『청정도론』 VII.68 이하에 상세하게 설명되어 있다.

224) 주석서는 '더할 나위 없이 완벽하고 지극히 청정한'을 법(dhammaṁ)을 수식하는 어구로 해석하고 있다. 법이 더할 나위 없이 완벽하다는 것 (kevalaparipuṇṇa)은 모자라지도 더하지도 않은(anūnādhikavacana) 것으로 설명하고, 법이 지극히 청정하다는 것(parisuddha)은 세속적인 이익과 명성을 구하기 위해서 법을 설하지 않음을 뜻한다고 주석서는 설명하고 있다.(DA.i.177)

이처럼 다르게 이해할 수 있는 이유는 원문에서 법(dhammaṁ)과 범행 (brahmacariyaṁ)은 각각 목적격 단수로 나타나기 때문에 본문에 등장하는 여러 형용사들이 이 둘 중 어떤 것과 연결되는지를 문법적으로 정확하게 판단할 수가 없기 때문이다.

그러나 본서 제3권 「합송경」(D33) §3.3의 (1)②에는 "법들은 시작도 훌륭하고 중간도 훌륭하고 끝도 훌륭하나니, 이러한 법들은 의미와 표현을 구족하고 더할 나위 없이 완벽하며 지극히 청정한 범행을 확실하게 드러냅니다." 라고 나타나는데 여기서 법들은 dhammā로 주격 복수로 나타나고 범행은 brahmacariyaṁ으로 목적격 단수로 나타난다. 그리고 '시작도 훌륭하고 중간도 훌륭하고 끝도 훌륭한'은 모두 주격 복수로, '의미와 표현을 구족하고 더할 나위 없이 완벽하며 지극히 청정한'은 모두 목적격 단수로 나타난다. 그래서 문법적으로 위와 같이 정확하게 옮길 수 있다.

그렇지만 역자는 본서 전체에서 본경의 본 문맥처럼 나타나는 문장을 보다 부드러운 의미가 되도록 하기 위해서 모두 본문과 같이 옮기고 있는데 리즈 데이빗과 월슈도 이렇게 옮기고 있다.

때가 낀 길이지만 출가의 삶은 열린 허공과 같다. 재가에 살면서 더할 나위 없이 완벽하고 지극히 청정한 소라고동처럼 빛나는 청정범행을 실천하기란 쉽지 않다. 그러니 나는 이제 머리와 수염을 깎고물들인 옷을 입고 집을 떠나 출가하리라.'라고, 그는 나중에 재산이적건 많건 간에 모두 다 버리고, 일가친척도 적건 많건 간에 다 버리고, 머리와 수염을 깎고, 물들인 옷을 입고 집을 떠나 출가합니다."

42. "그는 이와 같이 출가하여 계목225)의 단속으로 단속하면서머뭅니다. 바른 행실과 행동의 영역을 갖추고, 작은 허물에 대해서도 두려움을 보며, 학습계목226)들을 받아지녀 공부짓습니다.227) 유익한 몸의 업과 말의 업을 잘 갖추고, 생계를 청정히 하고, 계를 구족

---

225) '계목(戒目)'으로 옮긴 원어는 pātimokkha이다. 『청정도론』에서는 다음과 같이 설명한다. "여기서 계목이란 학습계목의 계율(sikkhāpada-sīla)을 뜻한다. 이것은 이것을 보호하고(pāti) 지키는 사람을 해탈케 하고(mokkheti), 악처 등의 고통으로부터 벗어나게 한다. 그래서 계목(pātimokkha)이라고 한다."(Vis.I.43)
한편 '계목의 단속'으로 옮기고 있는 pātimokkha-saṁvara는 의미상'계목을 통한 단속'의 뜻이 되겠는데 『청정도론』에서는 "빠띠목카삼와라(pātimokkha-saṁvara, 계목의 단속)라는 합성어는 계목이 바로 단속이라고 풀이된다."(*Ibid*)라고 설명하고 있다. 그래서 그냥 '계목의 단속'으로 옮기고 있음을 밝힌다. 본문에 나타나는 계목의 단속에 대한 정형구는『청정도론』I.43 이하에 상세하게 설명되어 있으므로 참조할 것.

226) "배워야 할 조목이라 해서 학습계목(sikkhāpada)이라 한다. 학습하는 항목(koṭṭhāsa)이라는 뜻이다. 혹은 학습하기 위한 조목이라 해서 학습계목이라 한다. 높은 마음의 공부[增上心學]와 높은 통찰지의 공부[增上慧學]를 위해서 획득해야 할 수단(upāya)이라는 뜻이다."(DA.iii.1026)
이것은 부처님의 제자라면 반드시 받아 지녀야 할 계의 항목들로 비구계,비구니계, 사미계, 사미니계, 오계, 8계, 10계 등이 여기에 해당한다.

227) 이 정형구는 『청정도론』I.43 이하에 상세히 설명되어 있으니 참조할 것.

하고, 감각기능들의 문을 보호하고, 마음챙김과 알아차림[正念正知]을 잘 갖추고, [얻은 필수품으로] 만족합니다.228)

짧은 길이의 계229)

43. "대왕이여, 그러면 비구는 어떻게 계를 구족합니까? 대왕이여, (1) 여기 비구는 생명을 죽이는 것을 버리고 생명을 죽이는 것을 멀리 여읩니다. 몽둥이를 내려놓고 칼을 내려놓습니다. 겸손하고 자비로운 자가 되어 일체 생명의 이익을 위하고 연민하며 머뭅니다. 이것이 이 비구의 계입니다.230)

(2) 그는 주지 않은 것을 가지는 것을 버리고 주지 않은 것을 가지는 것을 멀리 여읩니다. 준 것만을 받고 준 것만을 받으려고 하며 스스로 훔치지 않아 청정하게 머뭅니다. 이것이 이 비구의 계입니다.

(3) 그는 금욕적이지 못한 삶을 버리고 청정범행을 닦습니다. 독신자가 되어 성행위의 저속함을 멀리 여읩니다. 이것이 이 비구의 계입니다."

44. "(4) 그는 거짓말을 버리고 거짓말을 멀리 여읩니다. 그는 진실을 말하며 진실에 부합하고 굳건하고 믿음직하여 세상을 속이지

---

228) 계를 구족함은 아래 §§43~62에 짧은 길이의 계, 중간 길이의 계, 긴 길이의 계로 구체적으로 설명되어 있고 감각기능들의 문을 보호함은 §64에, 마음챙김과 알아차림[正念正知]을 잘 갖추는 것은 §65에, [얻은 필수품으로] 만족함은 §66에 설명되어 있다.

229) 이하 §62까지의 짧은 길이의 계, 중간 길이의 계, 긴 길이의 계는 본서 「범망경」(D1) §§1.8~1.27과 같다.

230) 원문의 sīlasmiṁ은 주격의 뜻으로 사용된 처소격이다.(DA.i.182)

않습니다. 이것이 이 비구의 계입니다.

(5) 그는 중상모략하는 말을 버리고 중상모략하는 말을 멀리 여읩니다. 여기서 듣고서 이들을 이간하려고 저기서 말하지 않습니다. 저기서 듣고서 저들을 이간하려고 여기서 말하지 않습니다. 오히려 그는 이와 같이 이간된 자들을 합치고 우정을 장려하며 화합을 좋아하고 화합을 기뻐하고 화합을 즐기며 화합하게 하는 말을 합니다. 이것이 이 비구의 계입니다.

(6) 그는 욕하는 말을 버리고 욕하는 말을 멀리 여읩니다. 그는 유순하고 귀에 즐겁고 사랑스럽고 가슴에 와 닿고 예의 바르고 대중이 좋아하고 대중의 마음에 드는 그런 말을 하는 자입니다. 이것이 이 비구의 계입니다.

(7) 그는 잡담을 버리고 잡담을 멀리 여읩니다. 그는 시기에 맞는 말을 하고, 있는 것을 말하고, 유익한 것을 말하고, 법을 말하고, 율을 말하는 자이며, 담아둘 만하며 이유가 있고 의미가 분명하며 이익을 줄 수 있는 말을 시의 적절하게 말하는 자입니다. 이것이 이 비구의 계입니다.”

45. “(8) ① 그는 씨앗류와 초목류를 손상시키는 것을 멀리 여읩니다.

② 하루 한 끼만 먹는 자입니다. 그는 밤에 [먹는 것을] 그만두고 때 아닌 때에 먹는 것을 멀리 여읩니다.

③ 춤, 노래, 음악, 연극을 관람하는 것을 멀리 여읩니다.

④ 화환을 두르고 향수를 바르고 화장품으로 꾸미는 것을 멀리 여읩니다.

⑤ 높고 큰 침상을 멀리 여읩니다.

⑥ 금과 은을 받는 것을 멀리 여읩니다.

⑦ [요리하지 않은] 날곡식을 받는 것을 멀리 여읩니다.

⑧ 생고기를 받는 것을 멀리 여읩니다.

⑨ 여자나 동녀를 받는 것을 멀리 여읩니다.

⑩ 하인과 하녀를 받는 것을 멀리 여읩니다.

⑪ 염소와 양을 받는 것을 멀리 여읩니다.

⑫ 닭과 돼지를 받는 것을 멀리 여읩니다.

⑬ 코끼리, 소, 말, 암말을 받는 것을 멀리 여읩니다.

⑭ 농토나 토지를 받는 것을 멀리 여읩니다.

⑮ 심부름꾼이나 전령으로 가는 것을 멀리 여읩니다.

⑯ 사고파는 것을 멀리 여읩니다.

⑰ 저울을 속이고 금속을 속이고 치수를 속이는 것을 멀리 여읩니다.

⑱ 악용하고 속이고 횡령하고 사기하는 것을 멀리 여읩니다.

⑲ 상해, 살상, 포박, 약탈, 노략질, 폭력을 멀리 여읩니다.
이것이 이 비구의 계입니다."

짧은 길이의 계가 끝났다.

중간 길이의 계

46. "(1) 어떤 사문이나 바라문 존자들은 [재가자들이] 신심으로 가져온 음식으로 살면서 씨앗류와 초목류를 해칩니다. 즉 뿌리로 번식하는 것, 줄기로 번식하는 것, 마디로 번식하는 것, 싹으로 번식하는 것, 다섯 번째로 종자로 번식하는 것입니다. 그러나 그는 이러한 씨앗류와 초목류를 해치는 것을 멀리 여읩니다. 이것이 이 비구의 계

입니다."

47. "(2) 혹은 어떤 사문이나 바라문 존자들은 [재가자들이] 신심으로 가져온 음식으로 살면서 음식을 축적하고, 마실 것을 축적하고, 옷을 축적하고, 탈것을 축적하고, 침구와 좌구를 축적하고, 향을 축적하고, 재산을 축적하여, 그 축적한 것을 즐기는데 빠져 지냅니다. 그러나 그는 축적해두고 즐기는 이런 것을 멀리 여읩니다. 이것이 이 비구의 계입니다."

48. "(3) 혹은 어떤 사문이나 바라문 존자들은 [재가자들이] 신심으로 가져온 음식으로 살면서 구경거리를 보는데 빠져 지냅니다. 즉 춤, 노래, 연주, 연극, 낭송, 박수치며 하는 공연, 심벌즈로 하는 공연, 북치며 하는 공연, 예술품 전람회, 쇠공놀이, 죽봉놀이, 곡예, 코끼리싸움, 말싸움, 물소싸움, 황소싸움, 염소싸움, 숫양싸움, 닭싸움, 메추리싸움, 봉술, 권투, 레슬링, 모의전투, 군대의 행진, 군대의 집합, 열병입니다. 그러나 그는 구경거리를 보는 이런 것을 멀리 여읩니다. 이것이 이 비구의 계입니다."

49. "(4) 혹은 어떤 사문이나 바라문 존자들은 [재가자들이] 신심으로 가져온 음식으로 살면서 노름이나 놀이에 빠져 지냅니다. 즉 팔목(八目) 체스장기, 십목 체스장기, 허공에 판이 있는 양 가정하고 하는 체스장기, 돌차기 놀이, 쌓기 놀이, 주사위놀이, 자치기, 맨손으로 벽에 그리는 놀이, 공놀이, 풀피리 불기, 장난감 쟁기질놀이, 재주넘기, 잎사귀 접어서 돌리기, 장난감 저울놀이, 장난감 수레놀이, 장난감 활쏘기, 글자 맞히기, 생각 맞히기, 불구자 흉내 내기입니다. 그

러나 그는 노름이나 놀이에 빠지는 이런 것을 멀리 여읩니다. 이것이 이 비구의 계입니다."

50. "(5) 혹은 어떤 사문이나 바라문 존자들은 [재가자들이] 신심으로 가져온 음식으로 살면서 높고 큰 [호사스런] 침구와 좌구를 사용하면서 지냅니다. 즉 아주 큰 침상, 다리에 동물 형상을 새긴 자리, 긴 술을 가진 이불, 울긋불긋한 천 조각을 덧댄 이불, 흰색 양털이불, 꽃들을 수놓은 양털이불, 솜으로 채운 누비이불, 동물을 수놓은 양털이불, 한쪽이나 양쪽에 술을 가진 양털이불, 보석을 박은 이불, 비단이불, 무도장의 양탄자, 코끼리 등덮개, 말 등덮개, 수레 깔개, 사슴가죽 깔개, 영양가죽 깔개, 차양 있는 양탄자, 붉은 베개와 붉은 발 받침이 있는 긴 의자입니다. 그러나 그는 이러한 높고 큰 [호사스런] 침구와 좌구를 멀리 여읩니다. 이것이 이 비구의 계입니다."

51. "(6) 혹은 어떤 사문이나 바라문 존자들은 [재가자들이] 신심으로 가져온 음식으로 살면서 치장하고 장엄하는 일에 몰두합니다. 즉 몸에 향 가루 바르기, 기름으로 안마하기, 향수로 목욕하기, 사지를 안마하기, 거울보기, 속눈썹 검게 칠하기, 화환과 향과 화장품으로 치장하기, 얼굴에 분칠하기, 화장, 팔찌, 머리띠, 장식용 지팡이, 장식한 약통, 긴 칼, 일산, 수놓은 신발, 터번, 보석으로 만든 관모, 야크꼬리로 만든 불자, 긴 술로 장식된 흰옷을 입는 것입니다. 그러나 그는 치장하고 장엄하는 이런 것을 멀리 여읩니다. 이것이 이 비구의 계입니다."

52. "(7) 혹은 어떤 사문이나 바라문 존자들은 [재가자들이] 신

심으로 가져온 음식으로 살면서 쓸데없는 이야기에 몰두하면서 지냅니다. 즉 왕의 이야기, 도둑 이야기, 대신들 이야기, 군대 이야기, 재난 이야기, 전쟁 이야기, 음식 이야기, 음료수 이야기, 옷 이야기, 침대 이야기, 화환 이야기, 향 이야기, 친척 이야기, 탈것에 대한 이야기, 마을에 대한 이야기, 성읍에 대한 이야기, 도시에 대한 이야기, 나라에 대한 이야기, 여자 이야기, 영웅 이야기, 거리 이야기, 우물 이야기, 전에 죽은 자에 관한 이야기, 하찮은 이야기, 세상의 [기원]에 대한 이야기, 바다에 관련된 이야기, 번영과 불운에 관한 이야기입니다.231) 그러나 그는 이러한 이야기들을 멀리 여읩니다. 이것이 이 비구의 계입니다."

53. "(8) 혹은 어떤 사문이나 바라문 존자들은 [재가자들이] 신심으로 가져온 음식으로 살면서 논쟁에 몰두하면서 살아갑니다.

즉 '그대는 이 법과 율을 제대로 모른다. 나야말로 이 법과 율을 제대로 안다.'

'어찌 그대가 이 법과 율을 제대로 알겠는가?'

'그대는 그릇된 도를 닦는 자이고 나는 바른 도를 닦는 자이다.'

'[내 말은] 일관되지만 그대는 일관되지 않는다.'

'그대는 먼저 설해야 할 것을 뒤에 설했고 뒤에 설해야 할 것을 먼저 설했다.'

'그대가 [오랫동안] 주장해오던 것은 [한 마디로] 논파되었다.'

'나는 그대의 [교설의] 허점을 지적했다. 그대는 패했다. 비난으로

---

231) 『청정도론』 등의 주석서 문헌에는 여기에다 다섯 가지를 더 넣어 모두 32 가지 쓸데없는 이야기들을 들고 있다. 본서 「범망경」(D1) §1.17의 주해 와 『청정도론』IV.38의 주해를 참조할 것.

부터 도망가라. 혹은 만약 할 수 있다면 [지금] 설명해 보라.'라고.

그러나 그는 이러한 논쟁을 멀리 여읩니다. 이것이 이 비구의 계입니다."

54. "(9) 혹은 어떤 사문이나 바라문 존자들은 [재가자들이] 신심으로 가져온 음식으로 살면서 전령이나 심부름꾼 노릇을 하며 살아갑니다. 즉 왕, 대신, 왕족, 바라문, 장자, 젊은이들이 '여기에 가시오. 저기에 가시오. 이것을 저기로 가지고 가시오. 저것을 여기로 가지고 오시오.'라는 것에 대해서 입니다. 그러나 그는 이러한 전령이나 심부름꾼 노릇을 멀리 여읩니다. 이것이 이 비구의 계입니다."

55. "(10) 혹은 어떤 사문이나 바라문 존자들은 [재가자들이] 신심으로 가져온 음식으로 살면서 계략하고, 쓸데없는 말을 하고, 암시를 주고, 비방하고, 이득으로 이득을 추구합니다. 그러나 그는 이러한 계략과 쓸데없는 말을 멀리 여읩니다. 이것이 이 비구의 계입니다."

중간 길이의 계가 끝났다.

긴 길이의 계

56. "(1) 혹은 어떤 사문이나 바라문 존자들은 [재가자들이] 신심으로 가져온 음식으로 살면서 하천(下賤)한 기술을 통한 삿된 생계수단으로 생계를 꾸립니다. 즉 몸의 특징으로 예언하기, 예감이나 징조로 예언하기, 벼락이나 하늘의 조짐에 따라 점치기, 해몽, 관상, 쥐가 파먹은 옷의 구멍에 따라서 점치기, 불을 섬김, 주걱으로 헌공함, 벼 헌공, 쌀가루 헌공, 쌀 헌공, 버터 헌공, 기름 헌공, 입으로 하는

헌공, 피의 헌공, 수상(手相)보기, 집터보기, 대지보기, 묘지의 귀신 물리치기, 망령 물리치기, 흙집에 사는 자의 주술, 뱀 부리는 주술, 독극물 제조술, 전갈 부리는 기술, 쥐 부리는 기술, 새 부리는 기술, 까마귀 부리는 기술, 수명 예언하기, 화살에 대항하는 주문, 동물들의 울음을 아는 주문입니다. 그러나 그는 이러한 하천한 기술을 통한 삿된 생계수단을 멀리 여윕니다. 이것이 이 비구의 계입니다.”

57. "(2) 혹은 어떤 사문이나 바라문 존자들은 [재가자들이] 신심으로 가져온 음식으로 살면서 하천한 기술을 통한 삿된 생계수단으로 생계를 꾸립니다. 즉 보석, 옷감, 지팡이, 칼, 긴 칼, 화살, 활, 다른 무기, 여자, 남자, 소년, 소녀, 남녀 노비, 코끼리, 말, 물소, 황소, 암소, 염소, 양, 닭, 메추리, 큰 도마뱀, 귀걸이(혹은 집의 박공), 거북이, 다른 동물들 — 이런 것들의 색깔이나 모양이나 다른 특징들을 보고 점을 칩니다. 그러나 그는 이러한 하천한 기술을 통한 삿된 생계수단을 멀리 여윕니다. 이것이 이 비구의 계입니다.”

58. "(3) 혹은 어떤 사문이나 바라문 존자들은 [재가자들이] 신심으로 가져온 음식으로 살면서 하천한 기술을 통한 삿된 생계수단으로 생계를 꾸립니다. 즉 '왕들의 진격이 있을 것입니다. 왕들의 퇴각이 있을 것입니다. 우리 쪽 왕들의 공격이 있을 것이고 저쪽 왕들의 후퇴가 있을 것입니다. 저쪽 왕들의 공격이 있을 것이고 우리 쪽 왕들의 후퇴가 있을 것입니다. 우리 쪽 왕들이 승리할 것이고 저쪽 왕들이 패배할 것입니다. 저쪽 왕들이 승리할 것이고 우리 쪽 왕들이 패배할 것입니다. 이와 같이 이편이 승리할 것이고 저편이 승리할 것입니다.'라고. 그러나 그는 이러한 하천한 기술을 통한 삿된 생계수

단을 멀리 여읩니다. 이것이 이 비구의 계입니다."

59. "(4) 혹은 어떤 사문이나 바라문 존자들은 [재가자들이] 신심으로 가져온 음식으로 살면서 하천한 기술을 통한 삿된 생계수단으로 생계를 꾸립니다. 즉 '월식이 있을 것이다. 일식이 있을 것이다. 행성의 합삭이 있을 것이다. 해와 달이 올바른 항로로 운행할 것이다. 혹은 잘못된 항로로 운행할 것이다. 유성이 떨어질 것이다. 짙은 노을이 낄 것이다. 지진이 있을 것이다. 천둥이 칠 것이다. 해와 달과 별들이 뜨거나 지거나 흐리거나 깨끗할 것이다. 월식은 이러한 결과를 가져올 것이다. 일식은 저러한 결과를 가져올 것이다. 행성의 합삭은 다시 저러한 결과를 가져올 것이다. 해와 달이 올바른 항로로 운행함은 이러한 결과를 가져올 것이고, 잘못된 항로로 운행함은 또 다른 결과를 가져올 것이다. 별들이 올바른 항로로 운행함은 이러한 결과를 가져올 것이고, 잘못된 항로로 운행함은 또 다른 결과를 가져올 것이다. 유성이 떨어짐은 이러한 결과를 가져올 것이고, 짙은 노을은 저러한 결과를 가져올 것이고 천둥은 또 다른 결과를 가져올 것이다. 그리고 해와 달과 별의 뜨고 지고 흐리고 깨끗함도 각각 여러 가지 결과를 가져올 것이다.'라고. 그러나 그는 이러한 하천한 기술을 통한 삿된 생계수단을 멀리 여읩니다. 이것이 이 비구의 계입니다."

60. "(5) 혹은 어떤 사문이나 바라문 존자들은 [재가자들이] 신심으로 가져온 음식으로 살면서 하천한 기술을 통한 삿된 생계수단으로 생계를 꾸립니다. 즉 '비가 내릴 것이다. 가뭄이 들 것이다. 풍년이 들 것이다. 흉년이 들 것이다. 민심이 안정될 것이다. 민심이 흉흉할 것이다. 질병이 들 것이다. 건강하게 될 것이다.'라거나 계산법,

암산법, 셈법, 시작(詩作)법, 처세술입니다. 그러나 그는 이러한 하천한 기술을 통한 삿된 생계수단을 멀리 여읩니다. 이것이 이 비구의 계입니다."

61. "(6) 혹은 어떤 사문이나 바라문 존자들은 [재가자들이] 신심으로 가져온 음식으로 살면서 하천한 기술을 통한 삿된 생계수단으로 생계를 꾸립니다. 즉 결혼할 때에 신부 집에 들어가는 날 또는 떠나는 날을 택일하고, 약혼이나 이혼의 길일을 택해 주고, 돈을 모으거나 지출하는 날을 택해 주고, 불행이나 행운을 가져오게 하는 주문을 외우고, 발육부진의 태아의 원기를 회복하도록 주문을 외우고, 말더듬이나 벙어리가 되도록 주문을 외우고, 손에 풍이 들도록 주문을 외우고, 귀머거리가 되도록 주문을 외우고, 거울에 [신을 모셔 와서] 물어 보는 점을 치고, 소녀의 몸에 [신을 모셔 와서] 물어 보는 점을 치고, 하녀의 몸에 [신을 모셔 와서] 물어 보는 점을 치고, 태양을 숭배하고, 대범천을 숭배하고, 입에서 불을 내뿜고, 행운의 여신을 부르는 것입니다. 그러나 그는 이러한 하천한 기술을 통한 삿된 생계수단을 멀리 여읩니다. 이것이 이 비구의 계입니다."

62. "(7) 혹은 어떤 사문이나 바라문 존자들은 [재가자들이] 신심으로 가져온 음식으로 살면서 하천한 기술을 통한 삿된 생계수단으로 생계를 꾸립니다. 즉 신의 축복을 비는 의식, 귀신을 부르는 의식, 흙집에 들어가서 주문을 외우는 의식, 정력을 왕성하게 하는 의식, 성불구자가 되게 하는 의식, 집 지을 땅을 마련하는 의식, 집 지을 땅을 신성하게 하는 의식을 거행합니다. 의식을 위해 입을 씻고 목욕재계하고 불에 제사지냅니다. 구토제와 하제와 거담제와 점액제

거제를 주고, 귀약과 안약과 코약과 연고와 연고 제거제를 주고, 안과의사, 외과의사, 소아과의사의 일을 하고, 이전에 처방한 약의 부작용을 없애기 위해서 진통제를 사용합니다. 그러나 그는 이러한 하천한 기술을 통한 삿된 생계수단을 멀리 여읩니다. 이것이 이 비구의 계입니다."

긴 길이의 계가 끝났다.

계의 구족(sīla-sampanna)

63. "대왕이여, 이와 같이 계를 구족한 비구는 계로써 잘 단속하기 때문에 어느 곳에서도 두려움을 보지 못합니다. 대왕이여, 예를 들면 관정(灌頂)232)한 끄샤뜨리야 왕은 적을 정복하였기 때문에 어느 곳에서도 두려움을 보지 못하는 것과 같습니다. 대왕이여, 그와 마찬가지로 계를 구족한 비구는 계로써 잘 단속하기 때문에 어느 곳에서도 두려움을 보지 못합니다. 그는 이러한 성스러운 계의 조목[戒蘊]을 구족하여 안으로 비난받지 않는 행복을 경험합니다. 대왕이여, 이와 같이 비구는 계를 구족합니다."

---

232) '관정한'으로 옮긴 원어는 muddhāvasitta인데 muddhā(머리)-avasitta (ava+√sic, *to anoint*의 과거분사)로 분석 된다. 문자 그대로 머리에 물을 뿌리는 관정의식을 뜻한다. 미얀마본에는 avasitta대신에 abhisitta로 나타나는데 이는 관정의식을 뜻하는 아비세까(abhiseka, *Sk.* abhiṣeka, abhi+√sic)와 같은 어원이다. 관정의 의미에 대해서는 본서 「암밧타 경」(D3) §1.24의 주해를 참조할 것.

감각기능의 단속(indriya-saṁvara)

64. "대왕이여, 그러면 어떻게 비구는 감각의 대문을 잘 지키는 가? 대왕이여, 여기 비구는 눈으로 형상을 봄에 그 표상[全體相]을 취하지 않으며, 또 그 세세한 부분상[細相]을 취하지도 않습니다.233) 만약 그의 눈의 감각기능[眼根]이 제어되어 있지 않으면 욕심과 싫어하는 마음234)이라는 나쁘고 해로운 법[不善法]들이 그에게 [물밀듯이] 흘러들어 올 것입니다. 따라서 그는 눈의 감각기능을 잘 단속하기 위해 수행하며235), 눈의 감각기능을 잘 방호하고 눈의 감각기능을 잘 단속하기에 이릅니다. 귀로 소리를 들음에…, 코로 냄새를 맡음에…, 혀로 맛을 봄에…, 몸으로 감촉을 느낌에…, 마노[意]로 법236)을 지

---

233) "그 표상[全體相, nimitta]을 취하지 않으며라는 것은 여자라든지 남자라든지 하는 표상이나 아름답다는 표상 등 오염원의 바탕이 되는 표상을 취하지 않는 것이다. 단지 본 것에서만 그친다. 세세한 부분상[細相, anubyañjana]을 취하지도 않는다는 것은 손, 발, 미소, 웃음, 이야기, 앞으로 봄, 옆으로 봄 등의 형태를 취하지 않는 것이다. 그런 형태는 오염원들을 더 상세하게 하기 때문에, 분명히 드러나게 하기 때문에 세세한 부분상이라는 이름을 얻는다. 그는 단지 있는 그대로 그것을 취한다."(『청정도론』 I.54)

234) '욕심과 싫어하는 마음'의 원어는 abhijjhā-domanassa이다. 역자는 본서 전체에서 domanassa가 욕심(abhijjhā)과 함께 쓰일 때는 욕심이나 탐착과 대가 되는 '싫어하는 마음'으로 옮기고, domanassa가 somanassa(정신적 즐거움)와 함께 쓰일 때는 정신적 즐거움과 반대가 되는 '정신적 고통'으로 옮긴다.

235) '수행하다'로 옮긴 원어는 paṭipajjati이다. 다른 문맥에서는 주로 '도닦다'로 옮기고 특히 명사형인 paṭipatti나 paṭipāda는 모두 '도닦음'으로 옮기고 있다. 여기서는 문맥상 수행하다가 편하기 때문에 수행하다로 옮기고 있다. 도닦음(paṭipatti)과 도(magga)에 대해서는 본서 「마할리 경」(D6) §14의 주해를 참조할 것.

각함에 그 표상을 취하지 않으며, 그 세세한 부분상을 취하지도 않습니다. 만약 그의 마노의 기능[意根]이 제어되어 있지 않으면 욕심과 싫어하는 마음이라는 나쁘고 해로운 법[不善法]들이 그에게 [물밀듯이] 흘러들어 올 것입니다. 따라서 그는 마노의 감각기능을 잘 단속하기 위해 수행하며, 마노의 감각기능을 잘 방호하고 마노의 감각기능을 잘 단속하기에 이릅니다. 그는 이러한 성스러운 감각기능의 단속을 구족하여 안으로 더럽혀지지 않는 행복237)을 경험합니다. 대왕이여, 이와 같이 비구는 감각의 대문을 잘 지킵니다."

마음챙김과 알아차림[正念正知, sati-sampajañña]

65. "대왕이여, 그러면 어떻게 비구는 마음챙김과 알아차림[正念正知]238)을 잘 갖춥니까? 대왕이여, 여기 비구는 나아갈 때도 물러날 때도 [자신의 거동을] 분명히 알면서[正知] 행합니다. 앞을 볼 때도 돌아볼 때도 분명히 알면서 행합니다. 구부릴 때도 펼 때도 분명히

---

236) 아비담마에서는 마노(mano, 意)의 대상인 법을 구체적으로 감성의 물질, 미세한 물질, 이전의 마음, 마음부수들, 열반, 개념의 여섯을 들고 있다. 『아비담마 길라잡이』 7장 <도표 7.4>를 참조할 것. 미세한 물질은 『아비담마 길라잡이』 6장 §7의 해설 5를 참조할 것.

237) '더럽혀지지 않는 행복'으로 옮긴 원어는 abyāseka-sukha이다. 한편 앞의 계의 구족에서는 비난받지 않는 행복(anavajjasukha)이라 달리 표현하고 있는데 잘 대비가 된다.

238) '마음챙김과 알아차림'은 sati-sampajañña의 역어이며 한문으로는 正念正知로 정착이 되고 있다. 마음챙김(sati, 念)에 대해서는 『네 가지 마음챙기는 공부』 서문을 참조할 것. 그리고 '마음챙김과 알아차림'이라는 주제어로 나타나는 본 문단의 내용은 본서 제2권 「대념처경」 (D22) §4에서는 '알아차림'이라는 주제어로 나타나고 있다. 이에 대한 설명은 『네 가지 마음챙기는 공부』 134쪽 이하에 상세하게 설명되어 있으므로 참조할 것.

알면서 행합니다. 가사·발우·의복을 지닐 때도 분명히 알면서 행합니다. 먹을 때도 마실 때도 씹을 때도 맛볼 때도 분명히 알면서 행합니다. 대소변을 볼 때도 분명히 알면서 행합니다. 걸으면서·서면서·앉으면서·잠들면서·잠을 깨면서·말하면서·침묵하면서도 분명히 알면서 행합니다. 대왕이여, 이와 같이 비구는 마음챙김과 알아차림을 잘 갖춥니다."

만족[少欲知足, santosa]

66. "대왕이여, 그러면 어떻게 비구는 [얻은 필수품만으로] 만족하는가?239) 대왕이여, 여기 비구는 몸을 보호하기 위한 옷과 위장을 지탱하기 위한 음식으로 만족합니다. 어디를 가더라도 이것을 지키며 갑니다. 대왕이여, 예를 들면 새가 어디를 날아가더라도 자기 양 날개만을 짐으로 하여 날아가는 것과 같습니다. 대왕이여, 그와 마찬가지로 비구는 몸을 보호하기 위한 옷과 위장을 지탱하기 위한 음식으로 만족합니다. 어디를 가더라도 이것을 지키며 갑니다. 대왕이여, 이와 같이 비구는 [얻은 필수품만으로] 만족합니다."

외딴 처소를 의지함

67. "그는 이러한 성스러운 계의 조목을 잘 갖추고 이러한 성스러운 감각기능의 단속을 잘 갖추고 이러한 마음챙김과 알아차림[正念正知]을 잘 갖추어 숲 속이나 나무 아래나 산이나 골짜기나 산속 동굴이나 묘지나 밀림이나 노지나 짚더미와 같은 외딴 처소를 의지합니

---

239) "만족(santuṭṭha)이란 어떠한 필수품(paccaya)을 [얻든] 그것으로 만족하는 것을 말한다."(DA.i.204)

다. 그는 탁발하여 공양을 마치고 돌아와서 가부좌를 틀고 상체를 곧추 세우고 전면에 마음챙김을 확립하여240) 앉습니다."

다섯 가지 장애[五蓋]를 제거함

68. "그는 세상241)에 대한 욕심242)을 제거하여 욕심을 버린 마

---

240) 원어는 parimukhaṁ satiṁ upaṭṭhapetvā이다. 이것은 수행에 관계된 중요한 구문이다. 여기서 문제는 parimukhaṁ을 어떻게 해석하느냐는 것이다. 먼저 접두어 pari는 '주위에, 철저히'라는 뜻이 기본이고 mukha는 '얼굴'이라는 뜻으로도 '입'이라는 뜻으로도 쓰이는 것을 알고 주석서를 살펴보자. 주석서에서는 다음과 같이 설명하고 있다.
"명상주제(kammaṭṭhāna)를 대면하여(abhimukhaṁ) 마음챙김을 확립한 뒤 혹은 입(얼굴)의 근처에(mukhasamīpe) [마음챙김을] 둔 뒤라는 뜻이다. 그래서 위방가에서는 '이 마음챙김은 확립되었다. 코끝이나 입(얼굴)의 표상에 잘 확립되었다. 그래서 전면에 마음챙김을 확립한 뒤라고 하였다.'라고 말씀하셨다. 혹은 "pari(주위에)라는 것은 파지(pariggaha, 파악, 거머쥠)의 뜻이다. 얼굴(입)이란 출구(niyyāna, 벗어남)라는 뜻이다. 마음챙김이란 확립(upaṭṭhāna)의 뜻이다. 그래서 parimukhaṁ satiṁ이라고 하였다."라고 『무애해도』에서 설하신 방법으로 그 뜻을 알아야 한다. 이제 요약하면 '파지하여 출구(벗어남)가 되는 마음챙김을 만든 뒤'라는 말이다."(DA.i.210~211)
한편 복주서에서는 다음과 같이 나타난다.
이것은 대상(ārammmaṇa)을 파지(pariggaha, 파악)하는 방법이다. pari(주위에)라는 것은 파지의 뜻이다. 얼굴(입)이란 출구의 뜻이며 반대가 되는 것으로부터 벗어남의 뜻이다. 그러므로 파지된(pariggahita) 출구라고 [불리는], 모든 곳에서 혼란스러움이 없고 혼란스러움이 제거된 마음챙김을 만든 뒤, 즉 최상의 마음챙김과 영민함(sati-nepakka)을 확립한 뒤라는 뜻이다.(DAṬ.i.335)

241) 주석서에서는 [나 등으로] 취착하는 다섯 가지 무더기[五取蘊]가 바로 세상이라고 설명한다.(pañcupādānakkhandhā loko - DA.i.211). 여기서뿐만 아니라 수행의 문맥에서 나타나는 세상(loka)은 항상 몸(kāya)을 위시한 오취온을 뜻한다고 주석서들은 밝히고 있다. 예를 들면 「대념처경」(D22)의 주석서에서도 세상은 몸 혹은 오취온을 뜻한다고 설명하고

음으로 머무릅니다. 욕심으로부터 마음을 청정하게 합니다. 악의의 오점을 제거하여 악의가 없는 마음으로 머무릅니다. 모든 생명의 이익을 위하여 연민하여 악의의 오점으로부터 마음을 청정하게 합니다. 해태와 혼침을 제거하여 해태와 혼침이 없이 머무릅니다. 광명상(光明想)을 가져243) 마음챙기고 알아차리며 해태와 혼침으로부터 마음을 청정하게 합니다. 들뜸과 후회를 제거하여 들뜨지 않고 머무릅니다. 안으로 고요히 가라앉은 마음으로 들뜸과 후회로부터 마음을 청정하게 합니다. 의심을 제거하여 의심을 건너서 머무릅니다. 유익한 법들에 아무런 의문이 없어서 의심으로부터 마음을 청정하게 합니다."244)

69. "대왕이여, 예를 들면 어떤 사람이 빚을 내어 장사를 하는 것과 같습니다. 그 사람은 장사에서 성공하여 옛 빚을 갚을 수 있을 것입니다. 그뿐만 아니라 부인을 한 명 부양할 수 있는 여분이 생길 것입니다. 그에게 이런 생각이 들 것입니다. '나는 전에 빚을 내어 장

있다.(『네 가지 마음챙기는 공부』 228쪽 이하 참조)

242) '욕심'은 abhijjhā의 역어이다. 대부분의 문맥에서 다섯 가지 장애(오개)의 처음은 abhijjhā 대신에 kāmacchanda(욕탐, 감각적 욕망)가 나타난다. 이 두 단어는 동의어이다.

243) "'광명상을 가져(ālokasaññī)'라는 것은 밤에도 낮에 보이는 광명을 인식할 수 있어서 장애가 없고 청정한 인식을 구족한다는 [뜻이다]."(DA.i. 211)

244) 여기서 언급되는 욕심(abhijjhā), 악의(vyāpāda), 해태 · 혼침(thīna-middha), 들뜸 · 후회(uddhacca-kukkucca), 의심(vicikiccha)의 다섯을 다섯 가지 장애(pañca nīvaraṇāni, 五蓋)라고 한다.(아래 §74참조) 오개는 『네 가지 마음챙기는 공부』 214쪽 이하와 『아비담마 길라잡이』 2장 §4의 해로운 마음부수법들에 잘 설명되어 있으므로 참조할 것.

사를 했다. 그런 나는 장사에서 성공하여 이제 옛 빚을 다 갚았다. 그 뿐만 아니라 부인을 한 명 부양할 수 있는 여분이 생겼다.'라고. 그로 인해 그는 환희롭고 마냥 행복하기만 할 것입니다."

70. "대왕이여, 예를 들면 중병에 걸려 아픔과 고통에 시달리는 사람과도 같습니다. 그 사람은 식욕도 잃어버릴 것이고 그의 몸에 힘이라곤 하나도 없을 것입니다. 그런데 며칠 후 그는 병에서 회복할 것입니다. 식욕도 왕성하고 힘도 다시 생겨날 것입니다. 그에게 이런 생각이 들 것입니다. '나는 전에 중병에 걸려 아픔과 고통에 시달렸다. 식욕도 잃어버렸고 나의 몸에 힘이라곤 하나도 없었다. 그런 나는 이제 병에서 회복하였다. 식욕도 왕성하고 힘도 다시 생겨났다.'라고. 그로 인해 그는 환희롭고 마냥 행복하기만 할 것입니다."

71. "대왕이여, 예를 들면 어떤 사람이 옥에 갇혔다가 얼마 뒤 옥에서 풀려난 것과도 같습니다. 그 사람은 이제 안전하고 두려울 것도 없고 또 재산도 축나지 않았습니다. 그에게 이런 생각이 들 것입니다. '나는 전에 옥에 갇혔다. 그런 나는 이제 옥에서 풀려났다. 나는 안전하고 두려울 것도 없고 또 재산도 축나지 않았다.'라고. 그로 인해 그는 환희롭고 마냥 행복하기만 할 것입니다."

72. "대왕이여, 예를 들면 어떤 사람이 종이 되어 자기 생각대로 행동하지도 못하고 남에게 매여서, 가고 싶은 곳에도 갈 수 없이 지내다가 얼마 뒤 종살이에서 풀려난 것과도 같습니다. 그 사람은 이제 독립하여 더 이상 남에게 매이지 않고, 제 가고 싶은 대로 갈 수 있는 자유인이 되었습니다. 그에게 이런 생각이 들 것입니다. '나는

전에 종이 되어 내 생각대로 행동하지도 못하고 남에게 매여서, 가고 싶은 곳에도 갈 수 없이 지내다가 이제 종살이에서 풀려났다. 이제 나는 독립하여 더 이상 남에게 매이지 않고, 가고 싶은 대로 갈 수 있는 자유인이 되었다.'라고. 그로 인해 그는 환희롭고 마냥 행복하기만 할 것입니다."

73. "대왕이여, 예를 들면 어떤 부유하고 번창한 사람이 먹을 것도 없고 위험이 도사리는 사막을 걷는 것과 같습니다. 그 사람은 얼마 뒤 그 사막을 다 건너서 위험이 없는 안전한 처소인 마을 주변에 무사히 다다랐고 또 재산도 축나지 않았습니다. 그에게 이런 생각이 들 것입니다. '나는 전에 부유하고 번창했는데 먹을 것도 없고 위험이 도사리는 사막을 걸었다. 이제 나는 그 사막을 다 건너서 위험이 없는 안전한 처소인 마을 주변에 무사히 다다랐고 또 재산도 축나지 않았다.'라고. 그로 인해 그는 환희롭고 마냥 행복하기만 할 것입니다."

74. "대왕이여, 그와 마찬가지로 자신에게서 이들 다섯 가지 장애[五蓋]가 제거되지 못한 것을 관찰할 때 비구는 스스로를 빚진 사람, 환자, 옥에 갇힌 사람, 종, 사막을 걷는 여행자로 여깁니다. 그러나 자신에게서 이들 다섯 가지 장애가 제거되었음을 관찰할 때, 비구는 스스로를 빚에서 벗어난 사람, 병이 쾌유한 사람, 감옥의 굴레에서 풀려난 사람, 자유인, 그리고 안전한 곳에 다다른 사람으로 여깁니다."

초선(初禪)

75. "대왕이여, 그와 마찬가지로 자신에게서 이들 다섯 가지 장애가 제거되었음을 관찰할 때 환희가 생깁니다. 환희로운 자에게 희열이 생깁니다. 희열을 느끼는 자의 몸은 경안(輕安)합니다. 몸이 경안한 자는 행복을 느낍니다. 행복한 자의 마음은 삼매에 듭니다. 그는 감각적 욕망들을 완전히 떨쳐버리고 해로운 법[不善法]들을 떨쳐버린 뒤, 일으킨 생각[尋]과 지속적인 고찰[伺]이 있고, 떨쳐버렸음에서 생겼으며, 희열[喜]과 행복[樂]이 있는 초선(初禪)을 구족하여 머무릅니다. 그는 떨쳐버렸음에서 생긴 희열과 행복으로 이 몸을 흠뻑 적시고 충만하게 하고 가득 채우고 속속들이 스며들게 합니다. 온몸 구석구석 떨쳐버렸음에서 생긴 희열과 행복이 스며들지 않은 데가 없습니다."[245]

76. "대왕이여, 예를 들면 솜씨 좋은 때밀이나 그의 조수가 금속 대야에 목욕가루를 가득 담아 놓고는 물을 알맞게 부어가며 계속 이기면 그 목욕가루덩이 [반죽]에 물기가 젖어들고 스며들어 물기가 안팎으로 흠뻑 스며들 뿐, 그 덩이가 물기를 흘려보내지 않는 것과 같습니다. 대왕이여, 그와 마찬가지로 비구는 떨쳐버렸음에서 생긴 희열과 행복으로 이 몸을 흠뻑 적시고 충만하게 하고 가득 채우고 속속들이 스며들게 합니다. 온몸 구석구석 떨쳐버렸음에서 생긴 희열과 행복이 스며들지 않은 데가 없습니다.

대왕이여, 이것 역시 스스로 보아 알 수 있는 출가생활의 결실[246]

---

245) 이하 초선부터 4선까지의 정형구 속에 나타나는 중요한 술어들에 대한 설명은 『청정도론』 IV.74 이하에 자세하게 설명되어 있으므로 참조할 것.

이니 앞에서 설명한 스스로 보아 알 수 있는 출가생활의 결실들보다 더 뛰어나고 더 수승한 것입니다."

제2선(二禪)

77. "대왕이여, 다시 비구는 일으킨 생각[尋]과 지속적인 고찰 [伺]을 가라앉혔기 때문에 [더 이상 존재하지 않으며], 자기 내면의 것이고, 확신이 있으며, 마음의 단일한 상태이고, 일으킨 생각과 지속적인 고찰은 없고, 삼매에서 생긴 희열과 행복이 있는 제2선(二禪)을 구족하여 머무릅니다. 그는 삼매에서 생긴 희열과 행복으로 이 몸을 흠뻑 적시고 충만하게 하고 가득 채우고 속속들이 스며들게 합니다. 온몸 구석구석 삼매에서 생긴 희열과 행복이 스며들지 않은 데가 없습니다."

78. "대왕이여, 예를 들면 밑바닥에서 솟아나는 물로 채워지는 호수가 있다 합시다. 그런데 그 호수에는 동쪽에서 흘러들어오는 물도 없고, 서쪽에서 흘러들어오는 물도 없고, 북쪽에서 흘러들어오는 물도 없고, 남쪽에서 흘러들어오는 물도 없으며, 또 하늘에서 때때로 소나기마저도 내리지 않는다면 그 호수의 밑바닥에서 차가운 물줄기가 솟아올라 그 호수를 차가운 물로 흠뻑 적시고 충만케 하고 가득 채우고 속속들이 스며들게 할 것입니다. 그러면 온 호수의 어느 곳도 이 차가운 물이 스며들지 않은 곳이 없을 것입니다. 대왕이여, 그와

---

246) 여기서부터 출가생활의 결실이라고 말씀하고 계신 것을 유념해서 봐야 한다. 다시 말하지만 4선 - 8통, 즉 초선부터 4선까지의 禪(본삼매), 지와 견 (위빳사나의 지혜), 마음으로 이루어진 몸, 육신통(여섯 가지 신통지/초월 지)이 진정한 출가생활의 결실이라고 설하시는 것이 본 「사문과경」의 핵심이다.

마찬가지로 비구는 삼매에서 생긴 희열과 행복으로 이 몸을 흠뻑 적시고 충만하게 하고 가득 채우고 속속들이 스며들게 합니다. 온몸 구석구석 삼매에서 생긴 희열과 행복이 스며들지 않은 데가 없습니다.

대왕이여, 이것 역시 스스로 보아 알 수 있는 출가생활의 결실이니 앞에서 설명한 스스로 보아 알 수 있는 출가생활의 결실들보다 더 뛰어나고 더 수승한 것입니다."

제3선(三禪)

79. "대왕이여, 다시 비구는 희열이 빛바랬기 때문에 평온하게 머물고, 마음챙기고 알아차리며[正念正知] 몸으로 행복을 경험합니다. [이 禪 때문에] 성자들이 그를 두고 '평온하고 마음챙기며 행복하게 머문다.'고 묘사하는 제3선(三禪)을 구족하여 머무릅니다. 그는 희열이 사라진 행복으로 이 몸을 흠뻑 적시고 충만하게 하고 가득 채우고 속속들이 스며들게 합니다. 온몸 구석구석 희열이 사라진 행복이 스며들지 않은 데가 없습니다."

80. "대왕이여, 예를 들면 청련이나 홍련이나 백련이 피어 있는 호수에 어떤 청련이나 홍련이나 백련들이 물속에서 생기고 자라서 물 밖으로 나오지 않고 물속에 잠긴 채 무성하게 어우러져 있는데, 차가운 물이 그 꽃들을 꼭대기에서 뿌리까지 흠뻑 적시고 충만하게 하고 가득 채우고 속속들이 스며든다면 그 청련이나 홍련이나 백련의 어떤 부분도 물이 스며들지 않은 곳이 없을 것입니다. 대왕이여, 그와 마찬가지로 비구는 희열이 사라진 행복으로 이 몸을 흠뻑 적시고 충만하게 하고 가득 채우고 속속들이 스며들게 합니다. 온몸 구석

구석 희열이 사라진 행복이 스며들지 않은 데가 없습니다.

대왕이여, 이것 역시 스스로 보아 알 수 있는 출가생활의 결실이니 앞에서 설명한 스스로 보아 알 수 있는 출가생활의 결실들보다 더 뛰어나고 더 수승한 것입니다."

제4선(四禪)

81. "대왕이여, 다시 비구는 행복도 버리고 괴로움도 버리고, 아울러 그 이전에 이미 기쁨과 슬픔을 소멸하였으므로 괴롭지도 즐겁지도 않으며, 평온으로 인해 마음챙김이 청정한[捨念淸淨] 제4선(四禪)을 구족하여 머무릅니다. 그는 이 몸을 지극히 청정하고 지극히 깨끗한 마음으로 속속들이 스며들게 하고서 앉아 있습니다. 온몸 구석구석 지극히 청정하고 지극히 깨끗한 마음이 스며들지 않은 데가 없습니다."

82. "대왕이여, 예를 들면 사람이 머리까지 온몸에 하얀 천을 덮어쓰고 앉아 있다면 그의 몸 어느 부분도 하얀 천으로 덮이지 않은 곳이 없을 것입니다. 대왕이여, 그와 마찬가지로 비구는 이 몸을 지극히 청정하고 지극히 깨끗한 마음으로 속속들이 스며들게 하고서 앉아 있습니다. 온몸 구석구석 지극히 청정하고 지극히 깨끗한 마음이 스며들지 않은 데가 없습니다.

대왕이여, 이것 역시 스스로 보아 알 수 있는 출가생활의 결실이니 앞에서 설명한 스스로 보아 알 수 있는 출가생활의 결실들보다 더 뛰어나고 더 수승한 것입니다."

위빳사나의 지혜(vipassanā-ñāṇa)

83. "그가 이와 같이 마음이 삼매에 들고, 청정하고, 깨끗하고, 흠이 없고, 오염원이 사라지고, 부드럽고, 활발발(活潑潑)하고,247) 안정되고, 흔들림이 없는 상태에 이르렀을 때248) 지(知)와 견(見)249)으

---

247) '활발발(活潑潑)하고'로 의역을 한 원어는 kammaniya인데 문자적으로는 '일에 적합한, 수행하기에 적합한'이란 뜻이다. 『청정도론』에서는 "신통의 기초(iddhipāda, 如意足, 성취수단)가 되는 상태에 다가갔기 때문에 일에 적합하다."라고 설명하고 있다.(Vis.XII.19)

248) 이 '마음이 삼매에 들고' 등의 여덟 가지는 『청정도론』 XII.13~19에 잘 설명되어 있다. 『청정도론』에 의하면 여기서 말하는 마음은 색계 마음이고 삼매에 든다는 말은 제4선으로써 삼매에 든다고 설명한다.(『청정도론』 XII.13) 왜냐하면 제4선은 신통지(초월지)를 위한 기초가 되는 선(padakajjhāna)이기 때문이다.(기초가 되는 선은 신통지를 이해하는데 가장 중요한 개념이다. 여기에 대해서는 『청정도론』 XII.57 이하를 참조할 것)
『청정도론 복주서』(Pm)는 다음과 같이 설명하고 있다.
"삼매에 들고, 청정하고, 깨끗하고, 흠이 없고, 오염원이 사라지고, 부드럽고, 활발발하고, 흔들림이 없는 상태를 [신통지의] 여덟 가지 구성요소라고 한다. 혹은 이들이 삼매에 든 마음의 구성요소이기 때문에 '삼매에 들고'를 구성요소로 취하는 대신 마지막의 안정된 상태와 흔들림이 없는 상태를 분리하여 여덟 가지 구성요소가 된다.(Pm.368)"

249) 주석서에서는 지와 견(ñāṇa-dassana)을 다음의 다섯으로 설명한 뒤에 여기서는 위빳사나의 지혜를 말한다고 설명하고 있다.
"도의 지혜도 지와 견이라 말씀하셨고, 과의 지혜와 일체를 아는 지혜[一切知智]와 반조하는 지혜와 위빳사나의 지혜도 지와 견이라 말씀하셨다. ① '도반이여, 그러면 지와 견의 청정을 위해서 세존 아래서 청정범행을 닦으십니까?(M24)'라는 데서는 도의 지혜(magga-ñāṇa)를 지와 견이라고 말씀하셨다. ② '인간의 법을 능가하는 성자에게 어울리는 특별한 지와 견을 증득하여 편히 머무는 것입니다.(M31)'라는 데서는 과의 지혜(phala-ñāṇa)를 지와 견이라고 말씀하셨다. ③ '세존에게도 알라라 깔라

로 마음을 향하게 하고 기울게 합니다.250) 그는 이와 같이 꿰뚫어 압니다. '나의 이 몸은 물질로 된 것이고, 네 가지 근본물질[四大]로 이루어진 것251)이며, 부모에서 생겨났고, 밥과 죽으로 집적되었으며, 무상하고 파괴되고 분쇄되고 해체되고 분해되기 마련이다. 그런데 나의 이 알음알이는 여기에 의지하고 여기에 묶여 있다.'라고."252)

마는 칠 일 전에 임종을 했구나라는 지와 견이 일어났다.'라는 데서는 일체를 아는 지혜(sabbaññutañ-ñāṇa)를 말씀하셨다. ④ '나에게는 나의 해탈은 확고부동하다. 이것이 나의 마지막 태어남이며, 이제 더 이상의 다시 태어남[再生]은 없다라는 지와 견이 일어났다.'라는 데서는 반조의 지혜(paccavekkhaṇa-ñāṇa)를 말씀하셨다. ⑤ 그러나 여기서 '지와 견으로 마음을 [향하게 하고]'라고 설하신 것은 위빳사나의 지혜(vipassanā-ñāṇa)를 지와 견이라고 말씀하시는 것이다."(DA.i.220)
일반적으로 주석서와 아비담마에서는 열 가지 위빳사나의 지혜를 언급한다. 여기에 대해서는 『아비담마 길라잡이』 9장 §25와 §§32~33, 그리고 『청정도론』 XX와 XXI에서 상세하게 설명되어 있다. 그리고 도의 지혜와 과의 지혜는 『청정도론』 XXII장에서 상세하게 설명되어 있으며 반조의 지혜는 『청정도론』 XXII.19 이하와 『아비담마 길라잡이』 9장 §34의 해설을 참조하면 된다.

250) 마음을 지와 견을 향해서 기울인다는 뜻이다. 이하 다른 신통의 문맥에서도 같은 의미이다.

251) '네 가지 근본물질로 이루어진 것'은 cātummahābhūtika의 역어인데 네 가지 근본물질을 뜻하는 catu-mahābhūta에서 파생된 단어이며 四大로 한역 되었다. 불교에서는 (1) 땅의 요소(paṭhavī-dhātu, 地界) (2) 물의 요소(āpo-dhātu, 水界) (3) 불의 요소(tejo-dhātu, 火界) (4) 바람의 요소(vāyo-dhātu, 風界)를 네 가지 근본물질이라 부른다. 이것은 물질을 구성하는 가장 기본적인 요소들인데 이들은 서로 분리될 수 없으며 이들이 여러 형태로 조합되어 작은 것은 미진에서부터 큰 것으로는 큰 산에 이르기까지 모든 물질을 구성한다.

252) 이 문장은 『청정도론』 XX.13 이하에 상세하게 설명되어 있는 '깔라빠에 대한 명상'과 XX.76 이하에 설명되어 있는 '정신의 칠개조를 통한 명상'에 견주어 볼 수 있다. 이런 점을 들어 주석서에서는 여기서 언급되는 지

84. "대왕이여, 예를 들면 깨끗하고 최상품인 유리 보석이 팔각형이고 아주 잘 가공되고 맑고 투명하여 모든 특질을 다 갖추었으며 푸르고 누르고 붉고 흰 실이나 갈색의 실로 묶여 있다 합시다. 그것을 눈이 있는 사람이 손에 놓고서 '이 유리 보석은 깨끗하고 최상품이며 팔각형이고 아주 잘 가공되고 맑고 투명하여 모든 특질을 다 갖추었는데 푸르고 누르고 붉고 흰 실이나 갈색의 실로 묶여 있구나.'라고 살펴보는 것과 같습니다.

대왕이여, 그와 마찬가지로 그는 이와 같이 마음이 삼매에 들고, 청정하고, 깨끗하고, 흠이 없고, 오염원이 사라지고, 부드럽고, 활발발하고, 안정되고, 흔들림이 없는 상태에 이르렀을 때 지와 견으로 마음을 향하게 하고 기울게 합니다. 그는 이와 같이 꿰뚫어 압니다. '나의 이 몸은 물질로 된 것이고, 네 가지 근본물질[四大]로 이루어진 것이며, 부모에서 생겨났고, 밥과 죽으로 집적되었으며, 무상하고 파괴되고 분쇄되고 해체되고 분해되기 마련이다. 그런데 나의 이 알음알이는 여기에 의지하고 여기에 묶여 있다.'라고

대왕이여, 이것 역시 스스로 보아 알 수 있는 출가생활의 결실이니 앞에서 설명한 스스로 보아 알 수 있는 출가생활의 결실들보다 더 뛰어나고 더 수승한 것입니다."

마음으로 만든 신통의 지혜(manomayiddhi-ñāṇa)

85. "그는 이와 같이 마음이 삼매에 들고, 청정하고, 깨끗하고, 흠이 없고, 오염원이 사라지고, 부드럽고, 활발발하고, 안정되고, 흔

와 견을 위빳사나의 지혜라고 설명하고 있는 것이다.

들림이 없는 상태에 이르렀을 때 마음으로 만든 몸253)으로 마음을 향하게 하고 기울게 합니다. 그는 이 몸으로부터 형상을 가지고, 마음으로 이루어지고, 모든 수족이 다 갖추어지고, 감각기능[根]이 결여되지 않은 다른 몸을 만들어냅니다."

86. "대왕이여, 예를 들면 사람이 문자 풀로부터 갈대를 골라내는 것과 같습니다. 그에게 이런 생각이 들 것입니다. '이것은 문자 풀이고 이것은 갈대이다. 문자 풀과 갈대는 다르다. 문자 풀로부터 갈대가 제거되었다.'라고. 대왕이여, 다시 예를 들면 사람이 칼을 칼집에서 끄집어내는 것과 같습니다. 그에게 이런 생각이 들 것입니다. '이것은 칼이고 이것은 칼집이다. 칼과 칼집은 다르다. 칼집으로부터 칼은 끄집어내졌다.'라고. 대왕이여, 다시 예를 들면 사람이 뱀을 개미집으로부터 끄집어내는 것과 같습니다. 그에게 이런 생각이 들 것입니다. '이것은 뱀이고 이것은 개미집이다. 뱀과 개미집은 다르다. 개미집으로부터 뱀은 끄집어내졌다.'라고.

대왕이여, 그와 마찬가지로 그는 마음이 삼매에 들고, 청정하고, 깨끗하고, 흠이 없고, 오염원이 사라지고, 부드럽고, 활발발하고, 안정되고, 흔들림이 없는 상태에 이르렀을 때 마음으로 만든 몸으로 마음을 향하게 하고 기울게 합니다. 그는 이 몸으로부터 형상을 가지

---

253) 『청정도론』 XII.25에서는 "[자기의] 몸 안에서 마음으로 만든 [다른] 몸을 생기게 하기 때문에 마음으로 [다른 몸을] 만드는(manomaya) 신통이라 한다."고 설명하고 있다. 그리고 『청정도론』 XII.135에서는 이 정형구에 나타나는 단어들을 다음과 같이 설명하고 있다.
"마음으로 이루어지고: 결의하는 마음(『청정도론』 XII.57 이하 참조)으로 만들어졌기 때문에 마음으로 이루어진 것이다. 감각기능[根]이 결여되지 않은: 이것은 눈, 귀 등의 형상으로 설했다. 그러나 창조된 형상에 감성(感性, 『아비담마 길라잡이』 6장 §3의 해설 2 참조)은 없다."

고, 마음으로 이루어지고, 모든 수족이 다 갖추어지고, 감각기능[根]
이 결여되지 않은 다른 몸을 만들어냅니다.

대왕이여, 이것 역시 스스로 보아 알 수 있는 출가생활의 결실이니
앞에서 설명한 스스로 보아 알 수 있는 출가생활의 결실들보다 더 뛰
어나고 더 수승한 것입니다."

신통변화의 지혜[神足通, iddhividha-ñāṇa]

87. "그는 이와 같이 마음이 삼매에 들고, 청정하고, 깨끗하고,
흠이 없고, 오염원이 사라지고, 부드럽고, 활발발하고, 안정되고, 흔
들림이 없는 상태에 이르렀을 때 신통변화[神足通][254]로 마음을 향하
게 하고 기울게 합니다. 하나인 채 여럿이 되기도 하고, 여럿이 되었
다가 하나가 되기도 합니다. 나타났다 사라졌다 하고, 벽이나 담이나
산을 아무런 장애 없이 통과하기를 마치 허공에서처럼 합니다. 땅에
서도 떠올랐다 잠겼다 하기를 물속에서처럼 합니다. 물 위에서 빠지
지 않고 걸어가기를 땅 위에서처럼 합니다. 가부좌한 채 허공을 날아
가기를 날개 달린 새처럼 합니다. 저 막강하고 위력적인 태양과 달을
손으로 만져 쓰다듬기도 하며, 심지어는 저 멀리 범천의 세상에까지
도 몸의 자유자재함을 발합니다."

88. "대왕이여, 예를 들면 숙련된 도기공이나 도기공의 제자가
잘 준비된 진흙으로부터 그릇을 원하는 대로 만들고 빚어내는 것과

---

254) 이하 본 문단의 신통변화부터 §98의 누진통까지를 일반적으로 육신통(줄
여서 육통) 혹은 여섯 가지 신통지(chaḷabhiññā)라고 부른다.
그리고 여기 본문에 나타나는 신통변화[神足通, iddhividha]의 정형구는
『청정도론』XII장 전체에 상세하게 설명되어 있다.

같습니다. 대왕이여, 다시 예를 들면 숙련된 상아 세공자나 그의 제자가 잘 준비된 상아로부터 어떤 상아 제품이든 원하는 대로 만들고 빚어내는 것과 같습니다. 대왕이여, 다시 예를 들면 숙련된 금세공자나 그의 제자가 잘 준비된 금으로부터 어떤 금제품이든 원하는 대로 만들어내고 빚어내는 것과 같습니다.

대왕이여, 그와 마찬가지로 그는 마음이 삼매에 들고, 청정하고, 깨끗하고, 흠이 없고, 오염원이 사라지고, 부드럽고, 활발발하고, 안정되고, 흔들림이 없는 상태에 이르렀을 때 신통변화[神足通]로 마음을 향하게 하고 기울게 합니다. 하나인 채 여럿이 되기도 하고 여럿이 되었다가 하나가 되기도 합니다. 나타났다 사라졌다 하고 벽이나 담이나 산을 아무런 장애 없이 통과하기를 마치 허공에서처럼 합니다. 땅에서도 떠올랐다 잠겼다 하기를 물속에서처럼 합니다. 물 위에서 빠지지 않고 걸어가기를 땅 위에서처럼 합니다. 가부좌한 채 허공을 날아가기를 날개 달린 새처럼 합니다. 저 막강하고 위력적인 태양과 달을 손으로 만져 쓰다듬기도 하며 심지어는 저 멀리 범천의 세상에까지도 몸의 자유자재함을 발합니다.

대왕이여, 이것 역시 스스로 보아 알 수 있는 출가생활의 결실이니 앞에서 설명한 스스로 보아 알 수 있는 출가생활의 결실들보다 더 뛰어나고 더 수승한 것입니다.”

신성한 귀의 지혜[天耳通, dibbasota-ñāṇa]

89. “그는 이와 같이 마음이 삼매에 들고, 청정하고, 깨끗하고, 흠이 없고, 오염원이 사라지고, 부드럽고, 활발발하고, 안정되고, 흔들림이 없는 상태에 이르렀을 때 신성한 귀의 요소[天耳界]로 마음을

향하게 하고 기울게 합니다. 그는 인간의 능력을 넘어선 청정하고 신성한 귀의 요소로 천상이나 인간의 소리 둘 다를 멀든 가깝든 간에 다 듣습니다.[天耳通]"255)

90. "대왕이여, 예를 들면 먼 길을 여행하는 자가 큰북소리, 무딩가 북소리, 고동소리, 빠나와 북소리, 딘디마 북소리를 듣는 것과 같습니다. 그에게 이런 생각이 들 것입니다. '이것은 큰북소리다. 이것은 무딩가 북소리다. 이것은 고동소리다. 이것은 빠나와 북소리다. 이것은 딘디마 북소리다.'라고.

대왕이여, 그와 마찬가지로 그는 마음이 삼매에 들고, 청정하고, 깨끗하고, 흠이 없고, 오염원이 사라지고, 부드럽고, 활발발하고, 안정되고, 흔들림이 없는 상태에 이르렀을 때 신성한 귀의 요소[天耳界]로 마음을 향하게 하고 기울게 합니다. 그는 인간의 능력을 넘어선 청정하고 신성한 귀의 요소로 천상이나 인간의 소리 둘 다를 멀든 가깝든 간에 다 듣습니다.

대왕이여, 이것 역시 스스로 보아 알 수 있는 출가생활의 결실이니 앞에서 설명한 스스로 보아 알 수 있는 출가생활의 결실들보다 더 뛰어나고 더 수승한 것입니다."

[남의] 마음을 아는 지혜[他心通, cetopariya-ñāṇa]

91. "그는 이와 같이 마음이 삼매에 들고, 청정하고, 깨끗하고, 흠이 없고, 오염원이 사라지고, 부드럽고, 활발발하고, 안정되고, 흔들림이 없는 상태에 이르렀을 때 [남의] 마음을 아는 지혜[他心通]256)

---

255) 본문에 나타나는 신성한 귀의 요소[天耳界, 天耳通, dibba-sotadhātu]의 정형구는 『청정도론』 XIII.1~7에 상세하게 설명되어 있다.

로 마음을 향하게 하고 기울게 합니다. 그는 자기의 마음으로 다른 중생들과 다른 인간들의 마음을 꿰뚫어 압니다.

① 탐욕이 있는 마음은 탐욕이 있는 마음이라고 꿰뚫어 알고

② 탐욕을 여읜 마음은 탐욕을 여읜 마음이라고 꿰뚫어 압니다.

③ 성냄이 있는 마음은 성냄이 있는 마음이라고 꿰뚫어 알고

④ 성냄을 여읜 마음은 성냄을 여읜 마음이라고 꿰뚫어 압니다.

⑤ 어리석음이 있는 마음은 어리석음이 있는 마음이라고 꿰뚫어 알고

⑥ 어리석음을 여읜 마음은 어리석음을 여읜 마음이라고 꿰뚫어 압니다.

⑦ 수축한 마음은 수축한 마음이라고 꿰뚫어 알고

⑧ 흩어진 마음은 흩어진 마음이라고 꿰뚫어 압니다.

⑨ 고귀한 마음은 고귀한 마음이라고 꿰뚫어 알고

⑩ 고귀하지 않은 마음은 고귀하지 않은 마음이라고 꿰뚫어 압니다.

⑪ 위가 있는 마음은 위가 있는 마음이라고 꿰뚫어 알고

⑫ 위가 없는 마음은 위가 없는 마음이라고 꿰뚫어 압니다.

⑬ 삼매에 든 마음은 삼매에 든 마음이라고 꿰뚫어 알고

⑭ 삼매에 들지 않은 마음은 삼매에 들지 않은 마음이라고 꿰뚫어 압니다.

⑮ 해탈한 마음은 해탈한 마음이라고 꿰뚫어 알고

⑯ 해탈하지 않은 마음은 해탈하지 않은 마음이라고 꿰뚫어 압니다.”

---

256) 본문에 나타나는 [남의] 마음을 아는 지혜[他心通, cetopariyañāṇa]의 정형구는 『청정도론』 XIII.8~12에 상세하게 설명되어 있다.

92. "대왕이여, 예를 들면 여인이나 남자가 젊으면 치장하기를 좋아하여 깨끗하고 흠 없는 거울이나 맑은 물에 자신의 얼굴모습을 비추어 보면서 점이 있는 것은 점이 있다고 알고 점이 없는 것은 없다고 아는 것과 같습니다.

대왕이여, 그와 마찬가지로 그는 마음이 삼매에 들고, 청정하고, 깨끗하고, 흠이 없고, 오염원이 사라지고, 부드럽고, 활발발하고, 안정되고, 흔들림이 없는 상태에 이르렀을 때 [남의] 마음을 아는 지혜[他心通]로 마음을 향하게 하고 기울게 합니다. 그는 자기의 마음으로 다른 중생들과 다른 인간들의 마음에 대하여 꿰뚫어 압니다.

① 탐욕이 있는 마음은 탐욕이 있는 마음이라고 꿰뚫어 알고

··· <중간생략> ···

⑯ 해탈하지 않은 마음은 해탈하지 않은 마음이라고 꿰뚫어 압니다.

대왕이여, 이것 역시 스스로 보아 알 수 있는 출가생활의 결실이니 앞에서 설명한 스스로 보아 알 수 있는 출가생활의 결실들보다 더 뛰어나고 더 수승한 것입니다."

전생을 기억하는 지혜[宿命通, pubbenivāsānussati-ñāṇa]

93. "그는 이와 같이 마음이 삼매에 들고, 청정하고, 깨끗하고, 흠이 없고, 오염원이 사라지고, 부드럽고, 활발발하고, 안정되고, 흔들림이 없는 상태에 이르렀을 때 전생을 기억하는 지혜[宿命通]257)로 마음을 향하게 하고 기울게 합니다. 그는 수많은 전생의 갖가지 삶들을 기억합니다. 즉 한 생, 두 생, 세 생, 네 생, 다섯 생, 열 생, 스무

---

257) 본문에 나타나는 전생을 기억하는 지혜[宿命通, pubbenivāsānussati-ñāṇa]의 정형구는 『청정도론』 XIII.13~71에 상세하게 설명되어 있다.

생, 서른 생, 마흔 생, 쉰 생, 백 생, 천 생, 십만 생, 세계가 수축하는 여러 겁, 세계가 팽창하는 여러 겁, 세계가 수축하고 팽창하는 여러 겁을 기억합니다. '어느 곳에서 이런 이름을 가졌고, 이런 종족이었고, 이런 용모를 가졌고, 이런 음식을 먹었고, 행복과 고통을 경험했고, 이런 수명의 한계를 가졌고, 그곳에서 죽어 다른 어떤 곳에 다시 태어나 그곳에서는 이런 이름을 가졌고, 이런 종족이었고, 이런 용모를 가졌고, 이런 음식을 먹었고, 이런 행복과 고통을 경험했고, 이런 수명의 한계를 가졌고, 그곳에서 죽어 여기 다시 태어났다.'라고, 이처럼 한량없는 전생의 갖가지 모습들을 그 특색과 더불어 상세하게 기억해냅니다."

94. "대왕이여, 예를 들면 사람이 자기 마을로부터 다른 마을로 갔다가 다시 또 다른 마을로 갔다가 자기 마을로 되돌아온 것과 같습니다. 그에게 이런 생각이 들 것입니다. '나는 우리 마을로부터 다른 마을로 갔다. 그곳에서 이와 같이 서있었고, 이와 같이 앉아있었고, 이와 같이 말하였고, 이와 같이 침묵하였다. 나는 그 마을로부터 다시 다른 마을로 갔다. 그곳에서 이와 같이 서있었고, 이와 같이 앉아있었고, 이와 같이 말하였고, 이와 같이 침묵하였다. 그리고 그 마을로부터 다시 우리 마을로 되돌아왔다.'라고.

대왕이여, 그와 마찬가지로 그는 마음이 삼매에 들고, 청정하고, 깨끗하고, 흠이 없고, 오염원이 사라지고, 부드럽고, 활발발하고, 안정되고, 흔들림이 없는 상태에 이르렀을 때 전생을 기억하는 지혜[宿命通]로 마음을 향하게 하고 기울게 합니다. 그는 수많은 전생의 갖가지 삶들을 기억합니다. 즉 한 생, 두 생, 세 생, 네 생, 다섯 생, 열 생, 스무 생, 서른 생, 마흔 생, 쉰 생, 백 생, 천 생, 십만 생, 세계가 수축하는 여러 겁, 세계가 팽창하는 여러 겁, 세계가 수축하고 팽창하는 여러 겁을 기억합니다. '어느 곳에서 이런 이름을 가졌고, 이런 종족이었고, 이런 용모를 가졌고, 이런 음식을 먹었고, 행복과 고통을 경험했고, 이런 수명의 한계를 가졌고, 그곳에서 죽어 다른 어떤 곳에 다시 태어나 그곳에서는 이런 이름을 가졌고, 이런 종족이었고, 이런 용모를 가졌고, 이런 음식을 먹었고, 이런 행복과 고통을 경험했고, 이런 수명의 한계를 가졌고, 그곳에서 죽어 여기 다시 태어났다.'라고, 이처럼 한량없는 전생의 갖가지 모습들을 그 특색과 더불어 상세하게 기억해냅니다.

대왕이여, 이것 역시 스스로 보아 알 수 있는 출가생활의 결실이니 앞에서 설명한 스스로 보아 알 수 있는 출가생활의 결실들보다 더 뛰어나고 더 수승한 것입니다."

신성한 눈의 지혜[天眼通, dibbacakkhu-ñāṇa]

95. "그는 이와 같이 마음이 삼매에 들고, 청정하고, 깨끗하고, 흠이 없고, 오염원이 사라지고, 부드럽고, 활발발하고, 안정되고, 흔들림이 없는 상태에 이르렀을 때 중생들의 죽음과 다시 태어남을 [아는] 지혜[天眼通258)]로 마음을 향하게 하고 기울게 합니다. 그는 청정하고 인간을 넘어선 신성한 눈[天眼]으로 중생들이 죽고 태어나고, 천박하고 고상하고, 잘생기고 못생기고, 좋은 곳[善處]에 가고 나쁜 곳[惡處]에 가는 것을 보고, 중생들이 지은 바 그 업에 따라가는 것을 꿰뚫어 압니다. '이들은 몸으로 못된 짓을 골고루 하고 입으로 못

---

258) 본문에 나타나는 중생들의 죽음과 다시 태어남을 [아는] 지혜[天眼通, cutūpapātañāṇa]의 정형구는 『청정도론』 XIII.72~101에 상세하게 설명되어 있다.

된 짓을 골고루 하고 또 마음으로 못된 짓을 골고루 하고, 성자들을 비방하고, 삿된 견해를 지니어 사견업(邪見業)을 지었다. 이들은 죽어서 몸이 무너진 다음에는 비참한 곳, 나쁜 곳[惡處], 파멸처, 지옥에 태어났다. 그러나 이들은 몸으로 좋은 일을 골고루 하고 입으로 좋은 일을 골고루 하고 마음으로 좋은 일을 골고루 하고 성자들을 비방하지 않고 바른 견해를 지니고 정견업(正見業)을 지었다. 이들은 죽어서 몸이 무너진 다음에는 좋은 곳[善處], 천상세계에 태어났다.'라고. 이와 같이 그는 청정하고 인간을 넘어선 신성한 눈으로 중생들이 죽고 태어나고, 천박하고 고상하고, 잘생기고 못생기고, 좋은 곳[善處]에 가고 나쁜 곳[惡處]에 가는 것을 보고, 중생들이 지은 바 그 업에 따라서 가는 것을 꿰뚫어 압니다."

96. "대왕이여, 예를 들면 사거리의 가운데에 높은 누각이 있는데 시력 좋은 사람이 거기에 서서 사람들이 집에 들어가고 나오는 것과 길을 걷거나 사거리 가운데 앉아 있는 것을 보는 것과 같습니다. 그에게 이런 생각이 들 것입니다. '이 사람들은 집에 들어가는구나, 이들은 나오는 구나, 이들은 길을 걷고 있구나, 이들은 사거리 가운데 앉아 있구나.'라고.

대왕이여, 그와 마찬가지로 그는 마음이 삼매에 들고, 청정하고, 깨끗하고, 흠이 없고, 오염원이 사라지고, 부드럽고, 활발발하고, 안정되고, 흔들림이 없는 상태에 이르렀을 때 중생들의 죽음과 다시 태어남을 [아는] 지혜[天眼通]로 마음을 향하게 하고 기울게 합니다. 그는 청정하고 인간을 넘어선 신성한 눈[天眼]으로 중생들이 죽고 태어나고, 천박하고 고상하고, 잘생기고 못생기고, 좋은 곳[善處]에 가고 나쁜 곳[惡處]에 가는 것을 보고, 중생들이 지은 바 그 업에 따라가는 것을 꿰뚫어 압니다. '이들은 몸으로 못된 짓을 골고루 하고 입으로 못된 짓을 골고루 하고 또 마음으로 못된 짓을 골고루 하고, 성자들을 비방하고, 삿된 견해를 지니어 사견업(邪見業)을 지었다. 이들은 죽어서 몸이 무너진 다음에는 비참한 곳, 나쁜 곳[惡處], 파멸처, 지옥에 태어났다. 그러나 이들은 몸으로 좋은 일을 골고루 하고 입으로 좋은 일을 골고루 하고 마음으로 좋은 일을 골고루 하고 성자들을 비방하지 않고 바른 견해를 지니고 정견업(正見業)을 지었다. 이들은 죽어서 몸이 무너진 다음에는 좋은 곳[善處], 천상세계에 태어났다.'라고, 이와 같이 그는 청정하고 인간을 넘어선 신성한 눈으로 중생들이 죽고 태어나고, 천박하고 고상하고, 잘생기고 못생기고, 좋은 곳[善處]에 가고 나쁜 곳[惡處]에 가는 것을 보고, 중생들이 지은 바 그 업에 따라서 가는 것을 꿰뚫어 압니다.

대왕이여, 이것 역시 스스로 보아 알 수 있는 출가생활의 결실이니 앞에서 설명한 스스로 보아 알 수 있는 출가생활의 결실들보다 더 뛰어나고 더 수승한 것입니다."

번뇌를 소멸하는 지혜[漏盡通, āsavakkhaya-ñāṇa]

97. "그는 이와 같이 마음[259]이 삼매에 들고, 청정하고, 깨끗하고, 흠이 없고, 오염원이 사라지고, 부드럽고, 활발발하고, 안정되고, 흔들림이 없는 상태에 이르렀을 때 모든 번뇌[260]를 소멸하는 지혜[漏

---

259) "여기서는 '위빳사나의 기초가 되는(vipassanā-pādaka) 제4선의 마음'이라고 알아야 한다."(DA.i.224)
즉 앞의 마음으로 만든 몸과 다섯 가지 신통지는 모두 '신통의 기초가 되는 제4선의 마음'이지만 이 누진통은 위빳사나로 성취되기 때문에 위빳사나의 기초가 되는 제4선의 마음이라고 주석서는 설명하고 있다.

盡通]261)로 마음262)을 향하게 하고 기울게 합니다. 그는 '이것이 괴로움이다.'라고 있는 그대로 꿰뚫어 압니다.263) '이것이 괴로움의 일어남이다.'라고 있는 그대로 꿰뚫어 압니다. '이것이 괴로움의 소멸이다.'라고 있는 그대로 꿰뚫어 압니다. '이것이 괴로움의 소멸로 인도하는 도닦음이다.'라고 있는 그대로 꿰뚫어 압니다. '이것이 번뇌다.'264)

---

260) '번뇌'로 옮긴 아사와(āsava)는 ā(향하여)+√sru(to flow)에서 파생된 남성명사이다. '흐르는 것'이라는 문자적인 뜻에서 원래는 종기에서 흘러 나오는 고름이나 오랫동안 발효된 술(madira) 등을 뜻했다고 주석가들은 말한다.(DhsA.48) 이것이 우리 마음의 해로운 상태를 나타내는 말로 정착이 된 것이며 중국에서는 煩惱라고 옮겼다. 이런 마음상태들을 아사와(āsava, 흘러나오는 것)라고 부르는 이유는 이것도 흘러나오는 고름이나 악취나는 술과 같기 때문이다. 주석가들이 불교식으로 해석하여 이것을 아사와(흘러나오는 것)라 부르는 이유는 이것이 공간으로서는 최고로 높은 존재 즉 비상비비상처까지 흘러가고, 법(dhamma)으로는 고뜨라부(種姓, 『아비담마 길라잡이』 9장 §34를 참조)의 영역에까지 흘러들기 때문이라고 설명한다.(DhsA.48)

261) "번뇌들의 소멸(āsavānaṁ khayo)이란 도와 과와 열반과 해체(bhaṅga)를 두고 한 말이다. '소멸에 대한 지혜, 일어나지 않음에 대한 지혜'라는 데서는 도가 번뇌들의 소멸이라고 설하셨다. '번뇌들을 소멸하기 때문에 사문이 된다.'(M.i.284)라는 데서는 과(phala)가 번뇌들의 소멸이라고 설하셨다. '남의 허물을 관찰하고 항상 [남의] 잘못을 인식하려 드는 자의 번뇌는 증가하나니 그런 자는 번뇌의 소멸로부터 저 멀리 있다.'(Dhp.253)라는 데서는 열반이 번뇌들의 소멸이라고 설하셨다. '번뇌들을 소멸하고 사라지게 하고 부수는 것은 무상함을 통한 사라짐이다.'라는 데서는 해체가 번뇌들의 소멸이라고 설하셨다. 본문에서는 그러나 열반과 동의어이며 [이렇게 하여] 아라한도가 있게 된다."(DA.i.224)

262) 여기서도 이 마음을 두고 '위빳사나의 마음(vipassanā-citta)'이라고 주석서는 설명하고 있다.(Ibid)

263) 여기서 언급되는 사성제의 관통(sacca-abhisamaya)에 대해서는 『청정도론』 XXII.92~103을 참조할 것.

264) 원문은 ime āsavā인데 ime와 āsavā는 둘 다 복수이다. 그래서 직역하면

라고 있는 그대로 꿰뚫어 압니다.265) '이것이 번뇌의 일어남이다.'라고 있는 그대로 꿰뚫어 압니다. '이것이 번뇌의 소멸이다.'라고 있는 그대로 꿰뚫어 압니다. '이것이 번뇌의 소멸로 인도하는 도닦음이다.'라고 있는 그대로 꿰뚫어 압니다. 이와 같이 알고 이와 같이 보는 그는 감각적 욕망의 번뇌[慾漏]로부터 마음이 해탈합니다. 존재의 번뇌[有漏]로부터 마음이 해탈합니다. 무명의 번뇌[無明漏]로부터 마음이 해탈합니다. 해탈에서 해탈했다는 지혜가 있습니다. '태어남은 다했다. 청정범행은 성취되었다. 할 일을 다 해 마쳤다. 다시는 어떤 존재로도 돌아오지 않을 것이다.'라고 꿰뚫어 압니다."

'이것들이 번뇌들이다.'가 된다. 본문에서 감각적 욕망의 번뇌와 존재의 번뇌와 무명의 번뇌를 들고 있기 때문에 복수로 표현한 것이다. 바로 다음에 언급되는 [번뇌의] 일어남과 소멸과 도닦음은 모두 단수로 나타나는데 이 셋과 조화를 유지하기 위해서 '이것이 번뇌다.'로 단수로 옮겼다.

265) "이와 같이 진리들[四諦]을 그 각각의 성질에 따라 보여 주신 뒤 다시 [번뇌라 불리는 - DAṬ.i.350] 오염원(kilesa)을 통해서 방편(pariyāya)에 따라 [사성제를 - Ibid] 보여 주시면서 '이것이 번뇌다.'라는 등으로 말씀하셨다."(DA.i.225)
"번뇌들은 그 [괴로움의 진리]에 포함되기 때문에(tappariyāpannattā) 괴로움의 진리[苦諦]에 대한 방편이고, 나머지 진리들은 번뇌들의 일어남 등의 방편이기 때문에 '방편에 따라'라고 하였다."(DAṬ.i.351)
이처럼 사성제의 관통을 설하신 뒤에 번뇌와 그 집·멸·도를 다시 설하시는 것은 방편이기 때문에 사성제의 철견이야말로 청정범행의 완성이요, 해탈·열반의 실현이라고 이해할 수 있다. 그래서 부처님께서는 왜 자신이 깨달은 자 즉 부처인가 하는 것을 『숫따니빠따』에서 다음과 같이 명료하게 밝히셨는데 이는 깨달음에 대한 만대의 표준이 되는 분명한 선언이다.
"나는 알아야 할 것[苦聖諦]을 알았고,
닦아야 할 것[道聖諦]을 닦았고,
버려야 할 것(갈애, 集聖諦)을 버렸다.
바라문이여, 그래서 나는 붓다(깨달은 자)이다.(Sn.558)"

98. "대왕이여, 예를 들면 깊은 산에 호수가 있어 맑고 고요하고 깨끗한데 그곳에서 시력이 좋은 사람이 둑에 서서 조개껍질, 자갈, 조약돌, 멈춰있거나 움직이는 고기 떼를 보는 것과 같습니다. 그에게 이런 생각이 들 것입니다. '이 호수는 참 맑고 고요하고 깨끗하구나. 여기에 이런 조개껍질, 자갈, 조약돌이 있고 고기 떼는 멈춰있거나 움직이는구나.'라고

대왕이여, 그와 마찬가지로 그는 마음이 삼매에 들고, 청정하고, 깨끗하고, 흠이 없고, 오염원이 사라지고, 부드럽고, 활발발하고, 안정되고, 흔들림이 없는 상태에 이르렀을 때 모든 번뇌를 소멸하는 지혜로 마음을 향하게 하고 기울게 합니다. 그는 '이것이 괴로움이다.'라고 있는 그대로 꿰뚫어 압니다. '이것이 괴로움의 일어남이다.'라고 있는 그대로 꿰뚫어 압니다. '이것이 괴로움의 소멸이다.'라고 있는 그대로 꿰뚫어 압니다. '이것이 괴로움의 소멸로 인도하는 도닦음이다.'라고 있는 그대로 꿰뚫어 압니다. '이것이 번뇌다.'라고 있는 그대로 꿰뚫어 압니다. '이것이 번뇌의 일어남이다.'라고 있는 그대로 꿰뚫어 압니다. '이것이 번뇌의 소멸이다.'라고 있는 그대로 꿰뚫어 압니다. '이것이 번뇌의 소멸로 인도하는 도닦음이다.'라고 있는 그대로 꿰뚫어 압니다. 이와 같이 알고 이와 같이 보는 그는 감각적 욕망의 번뇌[慾漏]로부터 마음이 해탈합니다. 존재의 번뇌[有漏]로부터 마음이 해탈합니다. 무명의 번뇌[無明漏]로부터 마음이 해탈합니다.266) 해

---

266) 여기서 보듯이 4부 니까야에서는 감각적 욕망(kāma), 존재(bhava), 무명(avijjā)의 세 가지 번뇌만 나타나지만 『무애해도』 등의 『소부 니까야』와 아비담마에서는 사견(diṭṭhi)의 번뇌가 첨가되어 네 가지로 나타난다. 그래서 주석서들에서는 최종적으로 네 가지 번뇌로 정착이 되었다.

탈했을 때 해탈했다는 지혜가 있습니다. '태어남은 다했다. 청정범행은 성취되었다. 할 일을 다 해 마쳤다. 다시는 어떤 존재로도 돌아오지 않을 것이다.'라고 꿰뚫어 압니다.

대왕이여, 이것 역시 스스로 보아 알 수 있는 출가생활의 결실이니 앞에서 설명한 스스로 보아 알 수 있는 출가생활의 결실들보다 더 뛰어나고 더 수승한 것입니다."

아자따삿뚜 왕의 귀의

99. 이렇게 말씀하시자 마가다의 왕 아자따삿뚜 웨데히뿟따는 세존께 이렇게 말씀드렸다.

"경이롭습니다, 세존이시여. 경이롭습니다, 세존이시여. 마치 넘어진 자를 일으켜 세우시듯, 덮여있는 것을 걷어내 보이시듯, [방향을] 잃어버린 자[267]에게 길을 가리켜 주시듯, '눈 있는 자 형상을 보라.'고 어둠 속에서 등불을 비춰 주시듯, 세존께서는 여러 가지 방편으로 법을 설해주셨습니다. 저는 이제 세존께 귀의하옵고, 법과 비구 승가에 또한 귀의하옵니다. 세존께서는 저를, 오늘부터 목숨이 있는 날까지 귀의한 청신사로 받아 주소서.

세존이시여, 저는 잘못을 범하였습니다. 세존이시여, 제가 어리석고 미혹하고 신중하지 못해서 법다우셨고[268] 법왕이셨던 아버지를 권력 때문에 시해하였습니다. 세존이시여, 세존께서는 제가 미래에 [다시 이와 같은 잘못을 범하지 않고] 제 자신을 단속할 수 있도록

---

267) "'잃어버린 자(mūḷha)'란 방향을 잃어버린 자(disāmūḷha)이다."

268) 법(dhamma)의 네 가지 의미에 대해서는 본서 「범망경」(D1) §1.28의 주해를 참조할 것. 이 문맥에서 법은 덕(guṇa)의 의미로 쓰였다.

제 잘못에 대한 참회를 섭수하여 주소서."269)

100. "대왕이여, 확실히 그대는 잘못을 범하였습니다. 어리석고 미혹하고 신중하지 못해서 그대는 정의로운 분이요 법다운 왕이었던 아버지를 권력 때문에 시해하였습니다. 대왕이여, 그러나 그대는 잘못을 범한 것을 잘못을 범했다고 인정한 다음 법답게 참회를 했습니다(용서를 구했습니다). 그러므로 우리는 그대를 받아들입니다. 대왕이여, 잘못을 범한 것을 잘못을 범했다고 인정한 다음 법답게 참회하고 미래에 [그러한 잘못을] 단속하는 자는 불·세존의 교법에서270) 향상하기 때문입니다."

101. 이렇게 말씀하시자 마가다의 왕 아자따삿뚜 웨데히뿟따는 세존께 이렇게 말씀드렸다.

"세존이시여, 이제 저희는 그만 물러가겠습니다. 저는 바쁘고 해야 할 일이 많습니다."

"대왕이여, 지금이 적당한 시간이라면 그렇게 하십시오."

그러자 마가다의 왕 아자따삿뚜 웨데히뿟따는 세존의 말씀을 기뻐하고 감사드린 뒤 자리에서 일어나 세존께 절을 올리고 오른쪽으로 [세 번] 돌아 [경의를 표한] 뒤에271) 물러갔다.

---

269) "'섭수하여주소서.'라는 것은 용서로써 받아주십시오(adhivāsanavasena sampaṭicchatu)라는 뜻이다."(DAṬ.i.369))

270) 원문은 '성스러운 율에(ariyassa vinaye)'라고 나타난다. 그러나 주석서에서 성스러운 율은 "불·세존의 교법(buddhassa bhagavato sāsane)"(DA.i.236)이라고 설명하고 있어서 이렇게 옮겼다.

271) 주석서에서는 "세 번(tikkhattuṁ) 오른쪽으로 돌고 열 손가락을 가지런히 모아 머리에 합장하고 …"(DA.i.237) 등으로 마음을 다해 경의를 표하는 것으로 설명하고 있다. 그래서 '오른쪽으로 [세 번] 돌아 [경의를 표한]

맺는 말

102. 세존께서는 마가다의 왕 아자따삿뚜 웨데히뿟따가 떠난 지 오래지 않아서 비구들을 불러서 말씀하셨다. "비구들이여, 왕은 [자신을] 해쳤구나. 비구들이여, 왕은 [자신의] 파멸을 초래했구나. 비구들이여, 만일 왕이 정의로운 분이요 법다운 왕이었던 아버지를 시해하지 않았더라면 바로 이 자리에서 티끌이 없고 때가 없는 법의 눈이 생겼을 것이다."272)

세존께서는 이렇게 말씀하셨다. 그 비구들은 마음이 흡족해져서 세존의 말씀을 크게 기뻐하였다.

「사문과경」이 끝났다.

뒤에'라고 옮겼다.

272) '티끌이 없고 때가 없는 법의 눈이 생겼을 것이다.'라는 것은 예류도(sotā-patti-magga)를 뜻한다고 주석서는 밝히고 있다.(*Ibid*)
아자따삿뚜는 그의 아버지 빔비사라 왕을 시해하고 왕위를 찬탈하였다. 부처님 가르침에 따르면 아버지를 죽이는 것은 오역중죄(五逆重罪) 가운데 하나이다. 오역중죄는 ① 아버지를 살해하는 것 ② 어머니를 살해하는 것 ③ 아라한을 살해하는 것 ④ 부처님 몸에 피를 내는 것 ⑤ 승가를 분열시키는 것이다. 이런 죄업을 지으면 무간지옥에 떨어진다고 해서 무간업(無間業, ānantariya-kamma)이라 부른다. 만일 왕이 이런 중죄를 범하지 않았더라면 부처님 말씀을 듣던 바로 그 자리에서 예류자가 되었을 것이다. 주석서에 의하면 왕은 아버지를 시해한 뒤 하루도 편하게 잠을 못 이루었다고 한다. 부처님으로부터 이 설법을 들은 뒤로는 편히 잠을 이루고 삼보에 대한 믿음이 굳건해졌다고 한다.(DA.i.238)

암밧타 경

천한 사람, 고귀한 사람

Ambaṭṭha Sutta(D3)

암밧타 경[273]

천한 사람, 고귀한 사람
Ambaṭṭha Sutta(D3)

서언

1.1. 이와 같이 나는 들었다. 한때 세존께서는 500명 정도의 많은 비구 승가와 함께 꼬살라[274] [지방]에서 유행(遊行)하시다가 잇차낭깔라[275]라는 꼬살라들의[276] 바라문 마을에 도착하셨다. 거기서

---

273) 본경은 암밧타라는 바라문 학도와 세존과의 대화로 구성되어 있다. 그래서 빠알리어 제목은 암밧타 숫따(Ambaṭṭha Sutta)이다. 중국에서는 「아마주경」(阿摩晝經)으로 한역하여 『장아함』의 20번째 경으로 전해온다. 물론 여기서 아마주는 암밧타의 음역이다.

274) 꼬살라(Kosala)는 부처님 재세 시에 인도에 있었던 16개국 가운데 하나이다. 16국은 점점 서로 병합되어 나중에는 마가다(Magadha)와 꼬살라 두 나라로 통일이 된다. 와라나시(Varanasi, 까시)와 부처님의 고향인 까삘라왓투도 꼬살라로 병합이 된다. 부처님 재세 시에는 빠세나디(Pasenadi) 왕이 꼬살라를 통치하였고, 그의 아들 위두다바(Viḍūḍabha)가 계승하였으며, 수도는 사왓티(Savatthi)였다. 부처님께서 말년에 24년 간을 이 사왓티의 제따와나 급고독원에 머무시는 등 부처님과 아주 인연이 많은 곳이다.

275) 주석서는 잇차낭까라(Icchānaṅkala 혹은 Icchānaṅgala)라는 지명의 유래에 대해서는 언급이 없고 Ijjhānañgala라고 읽기도 한다고 적고 있다.

세존께서는 잇차낭깔라의 깊은 숲 속에 머무셨다. 그 무렵에 뽁까라사띠277) 바라문은 욱깟타278)에 정착해 있었는데, 그곳은 사람들로 붐비고 풀, 나무, 물, 곡식이 풍부하였으며, 꼬살라의 왕 빠세나디279)

『중부』「와셋타 경」(Vaseṭṭha Sutta, M98) 등에 의하면 짱끼 바라문, 따룩카 바라문, 뽁까라사띠 바라문, 자눗소니 바라문, 또데야 바라문과 다른 아주 잘 알려진 바라문의 큰 가문 출신들이 잇차낭까라에 살고 있었으며 와셋타와 바라드와자 두 바라문 학도도 이곳 출신이라고 한다. 이 두 바라문 학도는 본서 「삼명경」(D13)과 본서 제3권 「세기경」(D27)에서도 부처님께 질문을 드리는 자로 나타나고 있다. 이처럼 당시에 유명했던 바라문 마을이었던 것은 분명하다.

276) 원어는 Kosalānam인데 Kosala의 소유격 복수이다. 이처럼 경에서는 항상 복수를 사용하여 특정 나라나 지방의 사람들을 나타내고 있다. 그래서 '꼬살라들'은 '꼬살라 사람들'이란 뜻이고 '꼬살라 족'을 말한다. 그래서 '꼬살라 족'이라고 옮길 수도 있겠지만 본서 전체에서 원어를 직역하여 '꼬살라들'로 옮겼다.

같은 방법으로 본서에 나타나는 '삭까들'은 '삭까(Sakka) 사람들' 혹은 '삭까 족(석가족)'을 뜻하고 '말라들'은 '말라(Malla) 사람들' 혹은 '말라 족'을 뜻하고 '릿차위들'은 '릿차위(Licchavī) 사람들' 혹은 '릿차위 족'을 뜻하고 '꾸루들'은 '꾸루(Kuru) 사람들' 혹은 '꾸루 족'을 뜻하고 '꼴리야들'은 '꼴리야(Koliya) 사람들' 혹은 '꼴리야 족'을 뜻한다. 이러한 어법을 통해서 부처님 당시의 사회가 씨족과 부족 중심의 사회였음을 잘 알 수 있다.

277) 『중부』에 의하면 그의 전체 이름은 Pokkharasāti Opamaññā Subha-gavanika이다.(M.ii.200) 여기서 오빠만냐는 족성의 이름이고, 수바가와니까는 수바가 숲에 사는 자라는 뜻으로, 사는 지역을 뜻한다. 부처님 당시에 유명했던 바라문이며 다른 경들에도 언급이 되고 있다.

278) Ukkaṭṭha. 주석서에 의하면 이 도시는 정해진 좋은 날에 공사를 완료하기 위해서 밤에도 횃불(ukka)을 켜고 작업을 하였기 때문에 이런 이름으로 불린다고 한다.(MA.i.9; AA.ii.504)

279) 빠세나디는 꼬살라의 왕이다. 경에는 항상 여기서처럼 'rājā Pasenadi-kosala'로 나타나는데 역자는 이를 '꼬살라의 왕 빠세나디'로 옮긴다. 그는 마하꼬살라(Mahākosala)의 아들이었다. 그는 그 당시 인도 최고의 상업도시요 교육도시로 알려진 딱까실라(Takkasilā)로 유학하여 릿차위의

마할리(Mahāli)와 말라의 반둘라(Bandhula) 왕자 등과 함께 공부하였으며 여러 학문과 기술에 능통하였다고 한다. 그가 공부를 마치고 돌아오자 마하꼬살라 왕은 그에게 왕위를 물려주었다고 한다.(DhpA.i.338) 그는 선정(善政)에 힘썼으며(S.i.74; 100) 뇌물과 부패를 청산하려고 애를 썼다고 한다.(SA.i.109f.) 그래서 일찍부터 부처님과 교분을 맺었으며 죽을 때까지 변함없는 부처님의 신도였다. 그러면서도 다른 모든 인도의 왕들처럼 다른 종교인들에 대해서도 관대하였다.(Ud.vi.2) 그래서 본경에서처럼 뽁카라사띠와 짱끼 바라문에게 욱깟타와 오빠사다를 영지(領地)로 주기도 하였다. 그가 건립한 보시를 베푸는 곳은 항상 열려 있어 누구에게든 음식과 물을 베풀었다고 한다.(Ud.ii.6)

그의 아내는 말리까(Mallikā) 왕비였는데 부처님께 크나큰 믿음을 가진 사람이었으며 그래서 말리까 왕비가 기증한 정사도 있었다.(본서 「뽓타빠다 경」, D9 §1 주해 참조) 그의 여동생 꼬살라데위(Kosaladevī)는 마가다의 빔비사라 왕과 결혼하였다. 한편 그의 딸 와지라(Vajirā)도 아버지 빔비사라 왕을 시해하고 왕이 된 아자따삿뚜 왕과 결혼시키는 등 마가다와 정략적인 관계를 유지하였다.

그는 부처님과 같은 해, 같은 날에 태어났다고 하며,(DPPN) 그래서 부처님과는 흉금을 터놓고 이야기하는 사이였다고 한다. 그가 얼마나 부처님을 존경하고 흠모하였는지는 『중부』 「법탑경」(Dhammacetiya Sutta, M89) 등 여러 곳에 나타나고 있다.

여러 문헌(DhpA.i.339ff.; Jā.i.133f.; iv.144ff. 등)에 의하면 그는 부처님과 인척 관계를 맺고 싶어 하였으며 그래서 사꺄족의 딸과 결혼하고자 하였다. 자부심이 강한 사꺄 족은 마하나마(Mahānāma)와 하녀 사이에서 난 딸인 와사바캇띠야(Vāsabhakhattiyā)를 보냈으며, 이들 사이에서 난 아들이 바로 위두다바(Vidūdabha) 왕자이다. 위두다바 왕자가 커서 까삘라왓투을 방문하였다가 이 이야기를 듣고 격분하였고, 그래서 후에 위두다바는 사꺄를 정복하여 남녀노소를 가리지 않고 무참한 살육을 하였다고 한다. 이 위두다바는 빠세나디 왕의 총사령관이었던 디가까라야나(Dīghakārāyana)의 도움으로 모반을 일으켜 왕이 되었으며, 빠세나디는 마가다로 가서 아자따삿뚜의 도움을 청하려 하였지만 그가 라자가하에 도착하자 이미 성문이 닫혀있었다. 노후한 몸에 피로가 엄습한 그는 성밖의 객사에서 그날 밤에 죽었다고 하며 아자따삿뚜가 그의 시신을 잘 수습하였다고 한다. 이에 아자따삿뚜는 위두다바를 공격하려 하였으나 대신들의 조언으로 그만두었다고 한다.(M.ii.118; MA.ii.753ff.; DhpA.i.353f.; Jā.

가 왕의 하사품이자 거룩한 마음의 표시로 그에게 영지(領地)로 준 곳
이었다.

뽁까라사띠 바라문

1.2.　　뽁까라사띠 바라문은 들었다. "존자들이여280), 사문 고따마
는 사꺄의 후예281)인데 사꺄 가문으로부터 출가하여 500명 정도의
많은 비구 승가와 함께 꼬살라를 유행하시다가 잇차낭깔라에 도착하
여 잇차낭깔라의 깊은 숲 속에 머물고 계십니다. 그분 고따마 존
자282)께는 이러한 좋은 명성이 따릅니다. '이런 [이유로] 그분 세존

---

iv.150*ff.*)

그에게는 브라흐마닷따(Brahamadatta)라는 아들이 있었는데 부처님 문
하에 출가하여 아라한이 되었다고 하며(ThagA.i.460) 그의 딸 수마나
(Sumanā)도 출가하여 아라한이 되었다고 한다.(ThigA.22; S.i.97;
A.iii.32) 물론 제따 숲을 기증한 제따(Jetā) 왕자도 그의 아들이었다.
부처님께서 사왓티에 24여 년 간이나 머무실 정도로 꼬살라와 부처님과는
인연이 많은 곳이며『상응부』의 세 번째 상응인『꼬살라 상응』(S3)은
모두 빠세나디 왕과 관계된 가르침이다. 이렇듯 그는 불교와는 가장 인연
이 많았던 왕이었음에 틀림없다.

280) '존자들이여'로 옮긴 원어는 bho이다. 이것은 2인칭 존칭 대명사인
bhavant의 호격이다. 주로 비슷한 연배나 비슷한 위치이거나 자기보다
낮은 사람을 칭하는 호격이다. 본서에서는 말하는 대상에 따라서 '존자들
이여', '존자여', '여보게' 등으로 달리 옮기고 있다.

281) 원어는 sakyaputta인데 사꺄(sakya)의 아들(putta)이란 의미이다. 사꺄
는 중국에서 석가(釋迦)로 음역하였다. 부처님은 사꺄 족의 성자라하여
사꺄무니(Sakyamuni)로도 불린다. 중국에서는 석가모니(釋迦牟尼)라
음역하였고 우리도 이렇게 부르고 있다. 사꺄의 어원과 사꺄 족의 유래에
대해서는 본경 §1.16과 해당 주해를 참조할 것.

282) 원어는 bhavaṁ Gotamo이다. 그래서 존칭어인 bhavaṁ을 살려 '고따마
존자'라고 옮겼다.

께서는 아라한[應供]이시며, 완전히 깨달은 분[正等覺]이시며, 영지와 실천이 구족한 분[明行足]이시며, 피안으로 잘 가신 분[善逝]이시며, 세간을 잘 알고 계신 분[世間解]이시며, 가장 높은 분[無上士]이시며, 사람을 잘 길들이는 분[調御丈夫]이시며, 하늘과 인간의 스승[天人師]이시며, 부처님[佛]이시며, 세존(世尊)이시다.'라고. 그분은 신을 포함하고 마라283)를 포함하고 범천을 포함한 이 세상을 스스로 최상의 지혜로 알고, 실현하여, 드러냅니다. 그분은 법을 설합니다. 그분은 시작도 훌륭하고 중간도 훌륭하고 끝도 훌륭하게 [법을 설하고], 의미와 표현을 구족하여 법을 설하여, 더할 나위 없이 완벽하고 지극히 청정한 범행을 드러냅니다. 그러니 그런 아라한을 뵙는 것은 참으로 좋은 일입니다.”라고.

암밧타 바라문 학도

1.3. 그때 뿍카라사띠 바라문에게 암밧타라는 바라문 학도284)가 도제(徒弟)로 있었다. 그는 베다를 공부하는 자285)였고 만뜨라를 호

---

283) 마라(Māra)에 대해서는 본서 제2권 「대반열반경」(D16) §3.4의 주해를 참조할 것.

284) '바라문 학도'로 옮긴 māṇava는 청년, 어린이를 뜻하며 특히 초기경들에서는 거의 예외 없이 바라문 가문 출신으로 아직 결혼하지 않고 스승 밑에서 학문과 기술을 연마하는 사람들을 칭한다. 그래서 바라문 학도라고 옮겼다. 당시 인도의 전통 바라문 지식계급의 청년들이라고 할 수 있으며 그래서 다른 초기경들에서도 상당수 바라문 학도들이 본경에서처럼 베다와 바라문의 권위에 대해서 부처님과 격론을 벌이고 있다.

285) '베다를 공부하는 자'로 옮긴 원어는 ajjhāyaka이다. 이 단어는 adhi(~로 향하여)+√i(to go)에서 파생된 명사인데 주석서에서 “만뜨라를 공부한다.(mante parivatteti)”(DA.i.247)라고 설명하듯이 산스끄리뜨 adh-yāya도 베다를 공부하는 것을 뜻한다.

지하였으며 어휘와 제사와 음운과 어원에 이어 역사를 다섯 번째로
하는286) 삼베다에 통달하였고 언어와 문법에 능숙하였으며 자연의

주석서에서는 "처음에는 禪(jhāna)이 없는 바라문들을 비난하는 말이었
지만 요즈음은 [베다를] 공부하는 자로 칭송하는 말로 사용되고 있
다."(*Ibid*)고 흥미로운 해석을 하고 있다.

인도의 베다 문헌은 고대로부터 삼히따(Saṁhitā, 本集), 브라흐마나
(Brāhmaṇa, 祭儀書), 아란냐까(Āraṇyaka, 森林書), 우빠니샤드(Upa-
niṣad, 秘義書)의 단계를 거치면서 발전해 왔다.

삼히따(베다본집)에는 우리가 잘 아는 『리그베다』, 『야주르베다』, 『사
마베다』, 『아타르와베다』가 있다. 이 베다본집을 토대로 하여 수많은 학
파와 문도와 가문들로 구성된 것이 인도 바라문들이다. 그래서 각 학파나
문도에서는 각각 그들 고유의 제의시와 삼림서와 비의서를 가지고 있으며
그 학파는 수천 개가 넘었다고 한다. 그리고 이들은 제사에서 각각 네 가
지 역할을 분장해서 관리하면서 인도 전통 바라문교를 유지해 왔다. 초기
경들에서는 이 가운데 『아타르와베다』를 제외한 앞의 세 베다만을 삼베
다(tevijjā)라 하여 인정하고 있다.

초기경에서 『아타르와베다』는 베다로 인정되지 않는다. 사실 『아타르
와베다』는 그 내용이 흑마술(黑魔術, *black magic*)에 관한 것이 많기 때
문에 신성한 베다로 인정하기 어렵다. 그리고 『야주르베다』와 『사마베
다』의 거의 모든 만뜨라는 『리그베다』에 모두 나타난다. 『리그베다』가
운데서 제사의식을 관장하는 야주스(Yajus) 바라문이 의식을 거행하면서
읊는 만뜨라를 모은 것이 『야주르베다』이며, 리그베다 가운데서 제사에
서 창(唱)을 하는 사만(Sāman) 바라문들의 창에 관계된 만뜨라를 모은
것이 『사마베다』이다. 『야주르베다』와 『사마베다』는 그 분량이 『리그
베다』의 5분의 1정도도 되지 않는다.

286) 각파에 속하는 바라문들은 그들 제파의 베다 문헌들, 특히 베다본집
(Saṁhitā)을 바르게 이해하기 위해서 불교가 태동하기 전부터 음운
(Śikṣā), 제사(Kalpa), 문법(Vyākaraṇa), 어원(Nirukta), 운율(Chan-
das), 점성술(Jyotiṣa)의 여섯 가지 측면에서 많은 연구를 하였고, 이들은
베당가(Vedāṅga)라는 여섯 갈래로 정착이 되었으며 지금까지도 이 베당
가에 속하는 많은 문헌들이 전승되어 오고 있다.
불교에서는 여섯 베당가 가운데서 운율과 점성술을 제외하고 대신에 역사
를 넣어 이렇게 다섯 가지로 베다의 학문방법을 정리하고 있다. 아마 초기
불교 시대에는 아직 운율과 점성술이 베당가의 영역으로 정리가 되지 않

이치와 대인상(大人相)[287]에 능통하였다. 그는 삼베다에 통달한 자신의 스승에 의해서 '내가 아는 것을 그대도 알고 그대가 아는 것을 나도 안다.'라고 인정받았다.

1.4. 그때 뽁카라사띠 바라문은 암밧타 바라문 학도를 불러서 말하였다. "얘야[288] 암밧타야, 그분 사문 고따마는 사꺄의 후예인데 사꺄 가문으로부터 출가하여 500명 정도의 많은 비구 승가와 함께 꼬살라를 유행하다시가 잇차낭깔라에 도착하여 잇차낭깔라의 깊은 숲 속에 머물고 계신다는구나. 그분 고따마 존자께는 이러한 좋은 명성이 따른다고 하는구나. '이런 [이유로] 그분 세존께서는 아라한[應供]이시며, 완전히 깨달으신 분[正等覺]이시며, … <중간생략> … 더할 나위 없이 완벽하고 지극히 청정한 범행을 드러냅니다. 그러니 그런 아라한을 뵙는 것은 좋은 일입니다.'라고, 이리 오너라, 암밧타야. 너는

알던 것 같다.
　그러나 주석서에서는 "『아타르와베다』(Āthabbaṇaveda)를 네 번째로 하고 '참으로 그러하였다.'(iti ha āsa)는 말과 상응하여 오래된 이야기(purāṇakathā)라 불리는 역사(itihāsa)를 다섯 번째로 한다고 해서 역사를 다섯 번째로 하는 베다들이라 한다."(DA.i.247)라고 설명하여 『아타르와베다』를 네 번째로 간주하여 주석을 하고 있다.
　그리고 여기서 역사(itihāsa)에 속하는 것이 바로 인도의 『마하바라따』(Mahābhārata)이며 이 이후에 전개된 『뿌라나』(Purāṇa) 문헌도 역사서에 넣는다. 그래서 힌두에서는 여섯 베당가 다음 단계로 이띠하사–뿌라나라는 영역을 넣어서 인도 문헌의 발전을 기술하고 있다.

287)　32가지 대인상은 본서 제3권 「삼십이상경」(三十二相經, D30)에 상세하게 설명되어 있다. 「삼십이상경」(D30)과 본서 제2권 「대전기경」(D14) §1.32를 참조할 것.

288)　원어 tāta는 윗사람이 청년들이나 소년들을 부르는 애칭이다. 그래서 '얘야'로 옮겼다. 그러나 요즘 인도에서는 아이들이 아버지나 삼촌 등 아주 가까운 어른을 tāta라고 부른다.

사문 고따마에게 가거라. 가서는 사문 고따마가 소문처럼 그러한지 그렇지 않은지, 그분 고따마 존자는 [실제로] 그런 분인지 그런 분이 아닌지 사문 고따마 존자에 대해서 알아보아라. 그러면 너를 통해서 우리는289) 그분 고따마 존자에 대해서 알게 될 것이다."

1.5. "존자시여, 그분 고따마 존자가 소문처럼 그러한지 그렇지 않은지, 그분 고따마 존자는 [실제] 그런 분인지 그런 분이 아닌지 제가 어떻게 알아보면 되겠습니까?"

"얘야 암밧타야, 우리의 만뜨라들에는 서른두 가지 대인상들이 전해 내려온다. 그런 대인상을 갖춘 분에게는 두 가지 길만이 열려 있고 다른 것은 없다. 그가 만일 재가에 머물면 전륜성왕290)이 될 것이다. 그는 정의로운 분이요 법다운 왕이요291) 사방을 정복한 승리자가 되어 나라를 안정되게 하고 일곱 가지 보배[七寶]292)를 두루 갖추

---

289) 원어 mayaṁ은 '우리'라는 복수대명사이지만 사실은 단수를 뜻한다. 우리 말에 '내 집, 내 아버지' 대신에 '우리 집, 우리 아버지'라고 표현하는 것처럼 인도에서도 이처럼 복수를 써서 단수의 의미를 표시한다. 특히 권위 있는 어른이 자신을 칭할 때 이런 표현을 많이 쓴다.

290) 원어는 rājā cakkavatti이다. cakka(바퀴를)-vatti(굴리는) 왕(rājā)이라 직역할 수 있다. 그래서 전체를 중국에서는 전륜성왕(轉輪聖王)이라 옮겼다. 여기서 바퀴는 윤보(輪寶, cakka-ratana)를 말한다. 윤보에 대해서는 본서 제2권의 「마하수닷사나 경」(D17) §1.7 이하와 제3권 「전륜성왕 사자후경」(D26) §2 이하를 참조할 것.

291) "법에 준해서 행한다고 해서 법다운 자이다. 바른 방법(ñāya)으로 행한다는 뜻이다. 법에 의해서 왕국을 얻어서 왕이 되었기 때문에 법왕이라 한다. 혹은 남들의 이익을 위해서 법을 행하기 때문에 법다운 자라 하고, 자신의 이익을 위해서 법을 행하기 때문에 법왕이라 한다."(DA.i.249) 두 번째 해석은 나와 남을 다 이롭게 하기 때문에 정의로운 분이요 법다운 왕이라는 의미이다.

게 된다. 그에게 이런 일곱 가지 보배들이 있으니, 그것은 윤보(輪寶), 상보(象寶), 마보(馬寶), 보배보(寶貝寶), 여인보(女人寶), 장자보(長子寶), 그리고 주장신보(主藏臣寶)가 일곱 번째이다. 천 명이 넘는 그의 아들들은 용감하고 훤칠하며 적군을 정복한다. 그는 바다를 끝으로 하는 전 대지를 징벌과 무력을 쓰지 않고 법으로써 승리하여 통치한다. 그런데 만일 그가 집을 나와 출가하면 아라한·정등각이 되어 세상의 장막을 벗겨버릴 것이다.293) 얘야 암밧타야, 나는 이 만뜨라들을 너에게 전해 주노니 너는 이 만뜨라로 그의 특질을 파악할 수 있을 것이다.294)"

---

292) 이 일곱 가지 보배에 대한 설명은 본서 제2권 「마하수닷사나 경」(D17)에 잘 설명되어 있으므로 그 부분을 참조할 것.

293) "여기서 탐욕, 성냄, 어리석음, 자만, 사견, 무명, 악행이라는 일곱 가지 장막으로 덮인 오염원(kilesa)의 암흑을 가진 세상에서 그 장막을 벗겨 버리고 모든 곳에 광명이 생기게 하여 머문다고 해서 장막을 벗겨버린다고 한다. 첫 번째 단어(아라한)는 예배 받아 마땅함을, 두 번째 단어(정등각)는 그 [예배 받아 마땅한] 원인을, 세 번째 단어(장막을 벗겨버림)는 깨달은 분이 된 원인인 장막을 벗어버림을 말한다. 혹은 벗겨버렸고 덮인 것이 없게 했다고 해서 장막을 벗겨버림이다. 즉 윤회(vaṭṭa)가 없고 장막도 없다는 말이다. 그래서 윤회가 없기 때문에 아라한이고 장막이 없기 때문에 정등각이다. 이처럼 이런 앞의 두 단어의 원인이 되는 것으로 세 번째(장막을 벗겨버림)를 설했다.
첫 번째(아라한)는 법안(法眼)을, 두 번째(정등각)는 불안(佛眼)을, 세 번째는 보안(普眼, samanta-cakkhu, 두루 살펴보는 눈)을 갖춘 것이라고 알아야 한다."(DA.i.250)

294) 원문을 직역하면 '나는 이 만뜨라를 주는 자이고 너는 만뜨라를 전수받는 자이다.'이다 그러나 주석서에서 "이 만뜨라들을 통해서 [대인상이 분명하게 드러나는(DAṬ.i.385)] 그의 영웅 됨을 알게 된다."(DA.i.250)라고 설명하고 있으므로 뜻이 통하게 하기 위해서 이렇게 의역을 하였다.

1.6. "그러겠습니다, 존자시여."라고 암밧타 바라문 학도는 뽁카라사띠 바라문에게 대답한 뒤 자리에서 일어나 뽁카라사띠 바라문에게 절을 올리고 오른쪽으로 [세 번] 돌아 [경의를 표현한] 뒤에 암말이 끄는 마차에 올라 많은 바라문 학도들과 함께 잇차낭깔라의 깊은 숲으로 들어갔다. 더 이상 마차로 갈 수 없는 곳에 이르자 마차에서 내린 뒤 걸어서 원림(園林)으로 들어갔다.

암밧타가 여러 바라문 학도들과 함께 세존을 뵈러옴

1.7. 그 무렵에 많은 비구들이 노지에서 포행을 하고 있었다. 그러자 암밧타 바라문 학도는 그 비구들에게 다가가서 말했다. "존자들이여, 지금 그분 고따마 존자는 어디에 머물고 계십니까? 우리는 그분 고따마 존자를 뵙고자 여기에 왔습니다."

1.8. 그러자 비구들에게 이런 생각이 들었다. '이 자는 유명한 가문 출신이며 잘 알려진 뽁카라사띠 바라문의 도제인 암밧타 바라문 학도로구나. 세존께서 이러한 좋은 가문의 아들들과 대화를 나누는 것은 문제될 것이 없을 것이다.'라고. 그들은 암밧타 바라문 학도에게 이렇게 대답했다. "암밧타여, 저 문이 닫혀있는 처소295)입니다. 그러니 소리를 내지 말고 다가가서 서두르지 말고 현관에 들어간 뒤 '흠'하고 소리를 낸 후 빗장을 두드리세요. 그러면 세존께서 그대에

---

295) '처소'로 옮긴 원어는 vihāra인데 부처님이나 비구들이 머무는 처소를 vihāra라고 한다. 승방으로 옮기면 적당하다. 한편 불멸 후부터는 부처님 사리나 탑이나 불상을 모신 곳은 쩨띠야(cetiya)라 하였고, 스님들의 거처는 위하라(vihāra)라 하여 구분하였다.

게 문을 열어 드릴 것입니다."

1.9. 그러자 암밧타 바라문 학도는 문이 닫혀있는 처소로 소리를 내지 않고 다가가서 서두르지 않고 현관에 들어간 뒤 '흠'하고 소리를 낸 후 빗장을 두드렸다. 세존께서는 문을 열어 주셨고 암밧타 바라문 학도는 안으로 들어갔다. 다른 바라문 학도들도 역시 들어가서 세존과 함께 환담을 나누었다. 유쾌하고 기억할 만한 이야기로 서로 담소를 하고서 한 곁에 앉았다.296) 그러나 암밧타 바라문 학도는 걸으면서도 앉아계신 세존과 함께 유쾌하고 기억할 만한 이야기로 이런저런 환담을 나누었고, 선 채로도 앉아계신 세존과 함께 유쾌하고 기억할 만한 이야기로 이런저런 환담을 나누었다.297)

1.10. 그러자 세존께서는 암밧타 바라문 학도에게 이렇게 말씀하셨다. "암밧타여, 그대는 늙고 나이 든, 스승들의 전통을 가진 바라문들과 [대화를 할 때도] 걷거나 선 채로, 지금 앉아 있는 나에게 하듯이 이렇게 이런저런 환담을 나누면서 대화를 하는가?"

"아닙니다, 고따마 존자여. 고따마 존자여, 바라문은 걷고 있는 바라문과는 걸으면서 대화를 합니다. 고따마 존자여, 바라문은 서있는 바라문과는 서서 대화를 합니다. 고따마 존자여, 바라문은 앉아 있는 바라문과는 앉아서 대화를 합니다. 고따마 존자여, 바라문은 누워있는 바라문과는 누워서 대화를 합니다. 고따마 존자여, 그러나 까까머리 사문, 비천한 깜둥이들은 우리 조상의 발에서 태어난 자들298)입

---

296) 경에 보면 세존과 인사하는 다양한 방법이 나타난다.(예를 들면 본서 D4, D5, D23, D32, M35, M42 등) 바라문들은 거의 예외 없이 이렇게 인사한다.

297) 암밧타는 아주 무례하게 세존께 인사를 하고 있다.

니다. 내가 그들과 대화를 할 때는 지금 고따마 존자와 하듯이 이렇게 합니다."

1.11. "암밧타여, 그대가 여기 온 것은 목적이 있었기 때문일 것이다. 그러니 목적이 있어서 왔다면 그 목적을 마음에 잘 새겨라. 암밧타 바라문 학도는 아직 삶의 완성을 하지 못했구나. 그대가 삶을 완성했노라299)고 자만하는 것은 아직 삶을 완성하지 못했기 때문이 아니고 무엇이겠는가?"

첫 번째 비천하다는 말

1.12. 암밧타 바라문 학도는 세존께서 아직 삶을 완성하지 못했다는 말씀을 하시자 '사문 고따마는 나를 경멸하는구나.'라고 [생각하여] 화가 나고 마음이 몹시 언짢아서 세존께 욕설을 퍼붓고 세존을

---

298) 원어 bandhupādāpaccā는 bandhu(친척의)-pāda(발[에서 난])-apaccā(후손들)로 분석 된다. 주석서에서는 "여기서 친척이란 범천(brahmā)을 두고 한 말이다. 그래서 바라문들은 그를 조상(pitamaha, 할아버지)이라 부른다."(DA.i.254)라고 설명한다.
  『리그베다』열 번째 장(만달라)의 「뿌루샤 숙따」(Puruṣa Sūkta, 原人에 대한 찬미가)는 다음과 같이 노래하고 있다.
  "바라문은 그(뿌루샤)의 입(mukha)이고
  그의 팔(bāhu)로부터 끄샤뜨리야가 만들어졌고
  그의 넓적다리(ūru)로부터 와이샤가
  발(pad)로부터 수드라가 태어났다."(Rv.x.90:12)

299) '삶의 완성'으로 옮긴 원어는 vusita로 √vas(*to dwell, to live*)의 과거분사로 '산, 완성된, 성취된'이라는 뜻으로 쓰인다. 초기경들에서 이 단어는 거의 대부분 아라한의 정형구에 "청정범행(梵行)은 성취되었다.(vusitaṁ brahmacariyaṁ)"(본서「사문과경」(D2) §97 등)로 나타나고 있다. 그래서 여기서는 삶의 완성으로 옮겼다.

경멸하고 세존을 비난하면서 이렇게 말했다. "고따마 존자여, 사꺄 출신들은 거만하기 짝이 없습니다. 고따마 존자여, 사꺄 출신들은 거칩니다. 고따마 존자여, 사꺄 출신들은 성미가 급합니다. 고따마 존자여, 사꺄 출신들은 포악합니다. 아주 비천하면서도 바라문들을 존경하지 않고 바라문들을 존중하지도 않고 바라문들을 숭상하지도 않고 바라문들을 예배하지도 않고 바라문들을 공경하지도 않습니다. 고따마 존자여, 사꺄들이 비천하고 비천한 출신이면서도 바라문들을 존경하지 않고 바라문들을 존중하지도 않고 바라문들을 숭상하지도 않고 바라문들을 예배하지도 않고 바라문들을 공경하지도 않는 것은 적당하지 않고 어울리지 않습니다."

이와 같이 암밧타 바라문 학도는 삭까들300)에 대해서 첫 번째로

---

300) '삭까들'은 Sakkā(pl.)의 역어이다. 부처님의 족성(族姓)이며 우리에게 석가족(釋迦族)으로 알려진 종족과 관련되어 Sakyā, Sakkā, Sākiyā의 세 가지 표현이 초기경에는 섞여서 나타난다. 초기경에서 종족과 지명은 항상 복수로 나타나고 있다. 그래서 여기서도 모두 복수로 표기하였음을 밝힌다.
본경 §1.16에 있듯이 석가족의 이름은 사까(sāka) 나무에서 유래되었다. 그래서 '사까 나무에 속하는'이라는 뜻에서 사꺄(sākya)가 되지만 빠알리 표기법에 의하면 복자음 앞에는 항상 단모음이 오게 된다. 그래서 '-ky-'라는 복자음 앞에 단모음 '-a'가 와서 Sakyā라고 표기한다. 본서에서 '사꺄들'로 옮긴 단어는 모두 이 Sakyā이다. 초기경에서는 주로 사꺄족의 종족을 나타내는 경우에 쓰이고 있다. 이 경우 모두 '사꺄들'로 옮겼다. 합성어에서는 단수 Sakya로 쓰여 '사꺄의, 사꺄에 속하는'이라는 형용사로도 나타난다. 앞 문단에서 '사꺄 출신'으로 옮긴 원어는 'Sakya-jāti'인데 '사꺄의 태생'이라 직역할 수 있다.
그리고 빠알리에서는 서로 다른 음운군의 복자음은 잘 사용하지 않는다. 그래서 복자음 '-ky-'는 '-kk-'로 되어서 Sakkā라고도 나타난다. 본서를 비롯한 초기경들에서는 주로 석가족들이 사는 곳(지명)으로 대부분 나타난다. 이 경우 종족일 때는 '삭까들'로 옮겼고 사는 곳일 경우에는 '삭까'로 단수로 옮겼다.

비천하다는 말로 힐난하였다.

두 번째 비천하다는 말

1.13. "그런데 암밧타여, 사꺄들이 그대에게 무슨 잘못을 저질렀
는가?"

"고따마 존자여, 한번은 제가 저의 스승인 뽁카라사띠 바라문의
어떤 일 때문에 까삘라왓투301)에 간 적이 있습니다. 그때 나는 사꺄
들의 집회소에 들어갔습니다. 그때 많은 사꺄들과 사꺄의 소년들이
집회소의 높은 사리에 앉아 있었습니다. 그들은 서로서로 손가락 끝
으로 쿡쿡 찌르며 놀고 있었습니다. 그런 것이 제게는 저를 비웃는
것처럼 보였습니다. 그리고 아무도 제게 자리를 권하지 않았습니다.
고따마 존자여, 사꺄들이 비천하고 비천한 출신이면서도 바라문들을
존경하지 않고 바라문들을 존중하지도 않고 바라문들을 숭상하지도
않고 바라문들을 예배하지도 않고 바라문들을 공경하지도 않는 것은
적당하지 않고 어울리지 않습니다."

이와 같이 암밧타 바라문 학도는 삭까들에 대해서 두 번째로 비천
하다는 말로 힐난하였다.

그런데 이렇게 되면 제석으로 옮기고 있는 Sakka(인드라)와 혼동이 된다.
그래서 복자음을 회피하는 빠알리 속성상 '-i-' 음절을 넣어서 Sākiya라
고도 표기하였는데 이것은 주석서와 복주서에 많이 나타난다. 이것은 주
로 석가족 종족을 나타내는 것으로 쓰이고 있다. 본서에서는 나타나지 않
는다.

301) 까삘라왓투(Kapilavatthu)는 히말라야에 가까운 곳에 있는 사꺄들의 수
도이며 까삘라 선인(仙人)의 충고로 옥까까 왕의 왕자들이 터를 닦은 도
시이다. 그래서 까삘라왓투라고 이름 지었다.(DA.i.259f.) 부처님 당시에
는 숫도다나를 왕으로 한 공화국이었다.

세 번째 비천하다는 말

1.14. "암밧타여, 메추리라는 새도 자기들 둥지에서는 자기들 좋을 대로 지저귀기 마련이다. 암밧타여, 까삘라왓투는 사꺄들의 보금자리이다. 암밧타가 이런 사소한 것으로 그들을 비난해서야 되겠는가?"

1.15. "고따마 존자여, 끄샤뜨리야, 바라문, 와이샤, 수드라의 네가지 계급302)이 있습니다. 고따마 존자여, 이 네 계급 가운데 끄샤뜨리야와 와이샤와 수드라의 세 계급은 완전히 바라문의 하인에 지나지 않습니다. 고따마 존자여, 사꺄들이 비천하고 비천한 출신이면서도 바라문들을 존경하지 않고 바라문들을 존중하지도 않고 바라문들을 숭상하지도 않고 바라문들을 예배하지도 않고 바라문들을 공경하지도 않는 것은 적당하지 않고 어울리지 않습니다."

이와 같이 암밧타 바라문 학도는 삭까들에 대해서 세 번째로 비천하다는 말로 힐난하였다.

여자 노비의 아들

1.16. 그러자 세존께 이런 생각이 드셨다. '이 암밧타 바라문 학도는 삭까들을 비천하다는 말로 건드리니 아주 지나치구나. 나는 이 자

---

302) 계급으로 옮긴 원어는 vaṇṇa이고 이것은 문자적으로는 '색깔'을 뜻한다. 주석서에서 이미 "완나(vaṇṇa)는 모양(saṇṭhāna), 태생(jāti), 형상의 감각장소(rūpāyatana, 色處), 이유(kāraṇa), 크기(pamāṇa), 덕(성질, guṇa), 칭송(pasaṁsa) 등의 뜻으로 쓰인다."(DA.i.37)고 언급되어 있듯이 태생(jāti)의 뜻으로도 사용되었다. 그래서 본서에서는 이 문맥에서 나타나는 vaṇṇa를 우리에게 친숙한 '계급'으로 옮겼다.

의 족성을 물어봐야겠다.' 그리고 세존께서는 암밧타 바라문 학도에게 이렇게 말씀하셨다. "암밧타여, 그대의 족성은 어떻게 되는가?"

"고따마 존자여, 나는 깐하야나(깐하의 후예)303)입니다."

"암밧타여, 그대의 조상들의 이름과 성을 기억하건데 사꺄들은 주인304)이고 그대는 사꺄들의 여자 노비의 아들이다. 암밧타여, 사꺄들은 옥까까 왕305)을 선조로 여긴다. 암밧타여, 옛날에 옥까까 왕에

---

303) 원어는 Kaṇhāyana이다. 이런 족성은 주로 부계의 이름을 딴 성이다. 예를 들면 Kaccāyana도 그러하다. 한편 모계의 성이나 이름을 딴 이름에는 -putta를 붙여서 나타난다. 예를 들면 Sāriputta, Licchaviputta 등이 있다.

깐하(Kaṇha)는 산스끄리뜨로 끄리슈나(Kṛṣṇa)이다. 그러므로 이 깐하는 『바가왓기따』에서 아르쥬나에게 힌두 최고의 철학을 설하는 자인 끄리슈나와 비교해 볼만하다. 본경 §1.23에서 깐하(끄리슈나)는 굉장한 선인(仙人)이었다고 설명하고 있는데 힌두의 끄리슈나 신앙과 무관하지만은 않은 것 같다. 끄리슈나 신앙도 북인도에서부터 비롯되어 인도의 대서사시 『마하바라따』(Mahābhārata) 안에 포함되었다. 그리고 이 끄리슈나는 후대에 위슈누의 8번째 화신으로 힌두신화에 정착이 되고, 부처님은 9번째 화신으로 정착이 된다.

304) '주인'으로 옮긴 원어 ayyaputta는 고귀한(ayya) 아들(putta)이란 말이다. [주로 여인들이] 남편이나, 주인이나 시숙, 시동생 등을 높여서 부르는 말이다. 우리말로 '서방님, 도련님, 주인님' 등으로 옮길 수 있다.

305) 원어는 Okkāka이다. 산스끄리뜨 문헌에 나타나는 이름은 익슈와꾸(Ikṣvāku)로 『뿌라나』(Purāṇa) 문헌에서 최초의 인간인 마누(Manu)의 열 명의 아들 중 첫 번째 아들로 등장한다. 그러나 『마하바라따』에 의하면 익슈와꾸는 마누의 5대째 후손이다. 그런데 어떤 학자는 빠알리어 문헌에 등장하는 옥까까 이야기가 산스끄리뜨 『뿌라나』 문헌보다 더 오래되었을 것이라고 생각한다. 오히려 『뿌라나』의 익슈와꾸는 이러한 빠알리 전설을 『뿌라나』로 의도적으로 편입한 것이라고 보기도 한다.(Thomas 6) 아무튼 그 당시 사꺄족이 믿고 있던 조상에 대한 전설로 북인도에서는 잘 알려진 전설임에는 분명한 것 같다. 익슈와꾸 신화를 인도의 여러 문헌에서 강조하는 이유는 익슈와꾸(옥까까)를 선조로 하는 가문 혹은 씨족은

게는 사랑스럽고 마음에 드는 [새] 왕비가 있었는데[306] 그녀가 낳은 아들에게 왕위를 물려주기 위해서 옥까무카, 까라깐두, 핫티니까, 시니뿌라는 [전 왕비가 낳은] 손위의 왕자들을 왕국에서 추방하였다. 그들은 왕국에서 추방되어 히말라야 산 기슭의 연못가에 있는 큰 사까 나무[307] 숲 속에서 삶을 영위하였다. 그들은 혈통이 섞이는 것을 두려워하여 자신의 누이들과 함께 살았다. 암밧타여, 그러던 어느 날 옥까까 왕은 대신들과 측근들을 불러서 말하였다.

'여보게들, 지금 왕자들은 어디에 살고 있는가?'

'폐하, 히말라야 산 기슭의 연못가에 있는 큰 사까 나무 숲 속에서 삶을 영위하고 계십니다. 그들은 혈통이 섞이는 것을 두려워하여 자신의 누이들과 함께 살고 있습니다.'

암밧타여, 그러자 옥까까 왕은 감흥어를 읊었다. '오, 참으로 왕자들은 사꺄들이로구나.[308] 오, 참으로 왕자들은 최상의 사꺄들이로구나.'라고.

인도신화에서 최초의 인간으로 받아들이고 있는 마누(Manu)의 적통(嫡統)이라는 것을 천명하기 위한 것이다.

306) 주석서에 의하면 옥까까 왕은 다섯 명의 왕비가 있었으며 첫 번째 왕비와의 사이에서 본경에서 언급되는 네 왕자와 다섯 공주를 낳았다. 첫 번째 왕비가 죽자 또 다른 왕비를 맞아서 첫 번째 왕비[正妃]로 삼았는데 그에게서 잔뚜(Jantu)라는 왕자를 낳았으며 이 왕자에게 왕위를 물려주고자 이전의 왕비에서 난 왕자들을 추방하게 하였다고 한다.(DA.i.258f.)

307) 사까(sāka) 나무는 학명으로는 Tectona grandis인데 요즘 최고의 목재로 인기 있는 티크(Teak) 나무를 말한다.

308) '사꺄(사까 나무처럼 강한 자)들로 옮긴 원어는 sakyā이다. 여기서 sakya는 '사까(sāka) 나무와 같은'이라는 뜻이면서 동시에 주석서에 의하면 '강하고(paṭibala) 유능한(samattha)'이라는 뜻을 가지고 있다. (DA.i.262) 그래서 '사까 나무처럼 강한 자'라는 의미이다.

암밧타여, 그후로 그들은 사꺄라고 알려지게 되었다. 그가 사꺄들의 시조이다.

그런데 암밧타여, 옥까까 왕에게는 디사라는 하녀가 있었다. 그녀는 깐하(검둥이)[309]라는 아들을 낳았다. 깐하는 태어나자마자 이렇게 외쳤다. '저를 씻어 주세요, 어머니. 저를 목욕시켜 주세요, 어머니. 이 더러움으로부터 저를 벗어나게 해 주세요, 어머니. 저는 어머니께 이익이 될 것입니다.'라고.

암밧타여, 요즘 사람들이 유령을 두고 유령이라고 부르듯이 그때 사람들은 유령을 두고 깐하라고 불렀다. 그들은 이렇게 말하였다. '이 애는 태어나자마자 말을 하였다. 깐하가 태어났다. 유령이 태어났다.'라고.

암밧타여, 그때부터 깐하야나(깐하의 후예)들은 알려지게 되었다. 그가 바로 깐하야나의 시조이다. 암밧타여, 이와 같이 그대의 조상들의 이름과 성을 기억하건대 사꺄들은 고귀한 후손이고 그대는 사꺄들의 여자 노비의 아들이다."[310]

---

309) 깐하는 끄리슈나와 같은 어원이다. 여기에 대해서는 위 §1.16의 주해를 참조할 것.

310) 순수 혈통에 대한 이러한 자부심 때문에 사꺄족이 멸망하는 원인이 되었다고 한다. 위의 빠세나디 왕에 대한 주에서 밝혔듯이 빠세나디가 사꺄족과 인척 관계를 맺고 싶어서 사꺄의 딸과 혼인 관계를 맺고자 하여 사꺄의 여인을 요구했지만 그들은 꼬살라가 자기들보다 천하다고 여겨서 마하나마와 하녀 사이에서 난 와사바캇띠야(Vāsabhakhattiyā)를 보내었다. 빠세나디와 이 여인에서 난 아들이 빠세나디의 뒤를 이은 위두다바(Viḍū-dabha)였으며 뒤에 이를 알게 된 위두다바가 까삘라왓투를 공격하여 남녀노소를 불문하고 무참한 살육을 저질렀다고 한다.

그리고 브라흐마나(제의서) 문헌에 의하면 바라문들의 순수 혈통이란 것은 사실 큰 의미가 없다. 아리야 족의 종교인 바라문교가 인도의 다른 지역으로 전파되면서 워라따(Vrātya)로 베다 문헌에 언급되는 원주민의 종

1.17. 이렇게 말씀하시자 바라문 학도들은 세존께 이렇게 말씀드렸다. "고따마 존자는 암밧타 바라문 학도를 꾸짖지 마십시오. 암밧타 바라문 학도는 좋은 가문의 아들입니다. 암밧타 바라문 학도는 많이 배웠습니다. 암밧타 바라문 학도는 선한 말씨를 가졌습니다. 암밧타 바라문 학도는 현자입니다. 암밧타 바라문 학도는 고따마 존자와 함께 이 담론에 참여할 능력이 있습니다."라고.

1.18. 그러자 세존께서는 바라문 학도들에게 이렇게 말씀하셨다. "만일 그대 바라문 학도들이 '암밧타 바라문 학도는 나쁜 가문의 아들입니다. 암밧타 바라문 학도는 적게 배웠습니다. 암밧타 바라문 학도는 말을 제대로 못합니다. 암밧타 바라문 학도는 우둔합니다. 암밧타 바라문 학도는 고따마 존자와 함께 이 담론에 참여할 능력이 없습니다.'라고 생각한다면, 암밧타 바라문 학도는 가만히 있게 하고 그대들이 나와 더불어 이 담론에 참여하라. 그러나 만일 그대들이 '암밧타 바라문 학도는 좋은 가문의 아들입니다. 암밧타 바라문 학도는 많이 배웠습니다. 암밧타 바라문 학도는 말을 제대로 합니다. 암밧타 바라문 학도는 현자입니다. 암밧타 바라문 학도는 고따마 존자와 함께 이 담론에 참여할 능력이 있습니다.'라고 생각한다면 그대들은 가만히 있고 암밧타 바라문 학도가 나와 더불어 이 담론에 참여하게 하라."

1.19. "고따마 존자여, 암밧타 바라문 학도는 좋은 가문의 아들입

족들을 그들의 계급구조 속으로 받아들이는 의식(Vrātya-yajña)이 제의서에 이미 나타나기 때문이다. 사실 지금 중인도와 남인도에는 검은색이 많이 도는 드라비다족 출신 바라문들이 대부분이다.

니다. 암밧타 바라문 학도는 많이 배웠습니다. 암밧타 바라문 학도는 선한 말씨를 가졌습니다. 암밧타 바라문 학도는 현자입니다. 암밧타 바라문 학도는 고따마 존자와 함께 이 담론에 참여할 능력이 있습니다. 우리는 가만히 있을 것입니다. 암밧타 바라문 학도가 고따마 존자와 더불어 이 담론에 참여할 것입니다."

1.20. 그러자 세존께서는 암밧타 바라문 학도에게 이렇게 말씀하셨다. "암밧타여, 이것은 그대에게 주는 법에 입각한[311] 질문이다. 비록 그대가 원하지 않는다 할지라도 설명해야 한다. 만일 그대가 설명하지 않고 다른 것으로 얼버무린다든지 침묵하고 있다든지 도망간다든지 하면 그대의 머리는 바로 이 자리에서 일곱 조각이 날 것이다. 암밧타여, 이를 어떻게 생각하는가? 그대는 늙고 나이 든, 스승들의 전통을 가진 바라문들이 깐하야나(깐하의 후예)들이 어디서부터 유래되었는지, 누가 깐하야나의 선조인지에 대해서 설하는 것을 들은 적이 없는가?"

이렇게 말씀하시자 암밧타 바라문 학도는 침묵하였다.

두 번째로 세존께서는 암밧타 바라문 학도에게 이렇게 말씀하셨다. "암밧타여, 이를 어떻게 생각하는가? 그대는 늙고 나이 든, 스승들의 전통을 가진 바라문들이 깐하야나들이 어디서부터 유래되었는지, 누가 깐하야나의 선조인지에 대해서 설하는 것을 들은 적이 없

---

311) 원어는 sahadhammika이다. 주석서에서는 "원인(hetu)과 이유(kāraṇa)를 가진 것"(DA.i.263)이라고 설명하며 복주서에서는 여기서 법(dhamma)은 법무애해처럼 이유를 뜻한다고 덧붙이고 있다.(DAṬ.i.294~295) 즉 강압적이고 일방적인 질문이 아니라 암밧타가 사꺄들을 근거 없이 비난하는 것을 바로 잡기 위해서 충분한 이유를 갖추어서 던지는 질문이라는 의미이다. 법무애해에 대해서는 『청정도론』 XIV.21 이하를 참조할 것.

는가?"

두 번째도 역시 암밧타 바라문 학도는 침묵하였다.

그러자 세존께서는 암밧타 바라문 학도에게 이렇게 말씀하셨다. "암밧타여, 이제 설명을 하여라. 지금은 그대가 묵묵부답할 때가 아니다. 암밧타여, 여래가 세 번 법다운 질문을 했는데 설명을 하지 않으면 그대의 머리는 바로 이 자리에서 일곱 조각이 날 것이다."

1.21. 그때에 금강수(金剛手)312) 약카가 시뻘겋게 달구어지고 불꽃을 튀기고 빛을 내는 철 곤봉을 들고 '만일 이 암밧타 바라문 학도가 세존께서 세 번째 법에 입각한 질문을 했는데도 설명을 하지 않으면 이 자리에서 그의 머리를 일곱 조각 내어 버리리라.'라고 [벼르면서] 암밧타 바라문 학도 바로 위의 허공에 나타났다. 세존께서도 그 금강수 약카를 보셨고 암밧타 바라문 학도도 그를 보았다. 그러자 암밧타 바라문 학도는 두렵고 떨리고 털이 곤두서서 세존께 보호를 찾고 세존께 피난처를 찾고 세존께 의지처를 찾으면서 세존께 이렇게 말씀드렸다.

"고따마 존자시여, 지금 고따마 존자께서 말씀하신 것을 다시 제게 말씀해 주소서."

"암밧타여, 이를 어떻게 생각하는가? 그대는 늙고 나이 든, 스승들의 전통을 가진 바라문들이 깐하야나들이 어디서부터 유래되었는지, 누가 깐하야나의 선조인지에 대해서 설하는 것을 들은 적이 없

---

312) '금강수'로 옮긴 원어 Vajirapāṇī는 '그의 손에 금강저를 가진(vajiraṁ pāṇimhi assā ti)'이란 의미이며 바후워르히 합성어이다. 주석서에서는 이 금강수 약카는 다름 아닌 신들의 왕 삭까(Sakko devarājā, 인드라, 제석)라고 설명하고 있다.(DA.i.264) 한편 이런 합성어를 가진 이름으로는 연화수(蓮華手)로 옮기는 Padumapāṇī 등을 들 수 있다.

는가?"

"고따마 존자시여, 고따마 존자께서 말씀하신 바로 그대로 저는 들었습니다. 깐하야나는 그분으로부터 시작되었고 그분이 바로 깐하야나의 시조입니다."

암밧타의 가계

1.22. 이렇게 대답하자 바라문 학도들에게 큰 소동이 일어나 시끄럽고 큰 소리로 떠들썩하게 되었다. "오, 참으로 암밧타 바라문 학도는 천한 태생이로구나. 오, 참으로 암밧타 바라문 학도는 좋은 가문의 아들이 아니로구나. 오, 참으로 암밧타 바라문 학도는 사꺄들의 여자 노비의 아들이로구나. 사꺄들은 암밧타 바라문 학도의 주인이로구나. 참으로 우리는 법답게 말하는 사문 고따마를 얕보려고 했구나."

1.23. 그러자 세존께 이런 생각이 드셨다. '이 바라문 학도들은 암밧타 바라문 학도를 여자 노비의 아들이라는 말로 심기를 건드리니 아주 지나치구나. 그러니 이제 나는 그가 여기서 벗어나게 해야겠다.' 세존께서는 그 바라문 학도들에게 이렇게 말씀하셨다.

"바라문 학도들은 암밧타 바라문 학도를 여자 노비의 아들이라는 말로 지나치게 건드리지 말라. 깐하는 굉장한 선인(仙人)[313]이었다.

---

313) '선인(仙人)'으로 옮긴 원어 isi(Sk. ṛṣi)는 √ṛṣ(to rush, to push)에서 파생된 단어로 '진리를 찾아서 다니는 자'라는 의미에서 서양에서는 seer 라고 옮긴다. 산스끄리뜨 문헌에서는 "지혜로 윤회의 피안으로 달려가는 자(ṛṣati jñānena saṁsārapāram)"(Uṇ.iv.119에 대한 주석)라고 정의하고 있다.
한편 불교 주석서들에서는 "제어와 절제 등을 찾는다는 뜻에서(esana-

그는 남쪽 지방으로 가서 바라문의 만뜨라를 공부한 후에 옥까까 왕에게로 와서 그의 딸 맛다루삐를 달라고 하였다. 옥까까 왕은 '이것 보게, 이 작자는 여자 노비의 아들이 되어가지고서는 내 딸 맛다루삐를 달라고 하는구나.'라고 화가 나고 마음이 몹시 언짢아서 그의 활에 화살을 재었다. 그러나 그는 그 화살을 쏠 수도 없었고 거둘 수도 없었다. 바라문 학도들이여, 그러자 대신들과 측근들이 깐하 선인에게 다가가서 이렇게 말하였다.

'존귀하신 분이시여, 왕에게 자비를 베풀어 주소서. 존귀하신 분이시여, 왕에게 자비를 베풀어 주소서.'

'만일 왕이 화살을 아래로 향하여 쏘면 왕은 안전하겠지만 그의 전 국토에는 지진이 일어날 것이다.'

'존귀하신 분이시여, 왕에게 자비를 베풀어 주소서. 존귀하신 분이시여, 영토에 자비를 베풀어 주소서.'

'만일 왕이 화살을 위로 향하여 쏘면 왕도 안전하고 영토도 안전하겠지만 칠 년 동안 가뭄이 들 것이다.'

'존귀하신 분이시여, 왕에게 자비를 베풀어 주소서. 존귀하신 분이시여, 영토에 비가 내리게 자비를 베풀어 주소서.'

'만일 왕이 화살을 왕자에게 겨누면 왕자는 무탈하고[314] 안전할 것이고 왕도 안전하고 영토에도 비가 내릴 것이다.'

---

tthena) 선인이라 한다."(PvA.98)라거나 "禪 등의 공덕(guṇa)을 찾는다는 뜻에서 선인이라 한다."(PvA.163)라거나 "무학(asekkha)들의 계온(戒蘊) 등을 찾는다는 뜻에서 선인이라 한다."(PvA.265)라는 등으로 설명하는데 여기서 보듯이 isi를 esana로 설명한다. esana는 ā(앞으로)+√iṣ(to seek, to desire)에서 파생된 명사로 '구함, 찾음' 등을 뜻한다.

314) 원어는 palloma인데 문자적으로는 '털이(loma) 순서대로(pra-) 됨'이다. 즉 "털이 곤두서는 [두려움]이 없다."(DA.i.266)는 뜻이다.

바라문 학도들이여, 그러자 대신들이 옥까까 왕에게 아뢰었다.

'옥까까왕은 왕자에게 화살을 겨누십시오. 왕자는 전적으로 안전하게 될 것입니다.'

바라문 학도들이여, 그러자 옥까까 왕은 왕자에게 화살을 겨누었고 왕자는 전적으로 안전하게 되었다. 그러자 옥까까 왕은 천벌315)을 받을까 두렵고 겁이 나서 그의 딸 맛다루삐를 그에게 주었다.

바라문 학도들이여, 그러므로 그대들은 암밧타 바라문 학도에게 여자 노비의 아들이라는 말로 지나치게 건드리지 말라. 깐하는 굉장한 선인이었다."

끄샤뜨리야가 으뜸

1.24. 그런 다음 세존께서는 암밧타 바라문 학도를 불러서 말씀하셨다. "암밧타여, 이를 어떻게 생각하는가? 여기 끄샤뜨리야 청년과 바라문 처녀가 결혼하여 산다고 하자. 그들이 함께 살아서 아들을 낳는다 하자. 그러면 그 끄샤뜨리야 청년과 바라문 아내 사이에서 난 아들은 바라문들 사이에서 자리나 물을 얻게 되는가?"

"얻게 됩니다, 고따마 존자시여."

"바라문들은 그에게 조령제316)와 탈리빠까317)와 제사318)와 손님

---

315) '천벌'로 옮긴 원어는 brahmadaṇḍa인데 여기서는 범천(brahma)의 징계(daṇḍa)라는 의미이다. 그래서 우리말에 있는 천벌로 옮겼다. 율장에서도 비구에게 가하는 최고의 처벌로 일종의 따돌림인 brahmadaṇḍa가 언급되고 있다. 여기에 대해서는 본서 제2권 「대반열반경」(D16) §6.4 및 해당 주해를 참조할 것.

316) '조령제(祖靈祭)'로 옮긴 원어는 saddha인데 일반적으로 믿음으로 옮기는 saddhā와 같이 śrad+√dhā(*to put*)에서 파생된 단어이다. 주석서에서는 "죽은 사람을 지목해서 음식을 만드는 것(matake uddissa

접대319)에서 음식을 베푸는가?"

"음식을 베풉니다, 고따마 존자시여."

---

katabhatte)"(DA.i.267)이라고 설명하고 있기 때문에 조상에게 올리는 제사음식을 뜻한다. 그래서 조령제라고 옮겼다. saddha의 산스끄리뜨는 śrāddha인데 제의서에 의하면 슈랏다는 가정제사(pāka-yajña, gṛhya-yajña) 가운데 하나로 조상에게 올리는 제사를 뜻한다. 제의서에 의하면 가정제사(pāka-yajña)에는 일곱 종류가 있다. 간략히 설명하면 다음과 같다.

① 아슈따까(Aṣṭakā): 겨울철 넉 달의 하현의 8일(요즘 음력 24일)에 조상에게 지내는 제사.

② 빠르와나(혹은 스딸리빠까, Pārvaṇa/Sthālīpāka): 아래 주해 참조.

③ 슈랏다(Śrāddha): 조상에게 올리는 제사를 통칭하는 말이다.

④ 슈라와니(Śrāvaṇī): 슈라와나 달(음력 7~8월) 저녁에 올리는 음식 제사.

⑤ 아그라하야니(Āgrahāyaṇī): 마르가쉬르샤(Mārgaśīrṣa) 달의 보름에 올리는 제사.

⑥ 짜이뜨리(Caitrī): 짜이뜨라(Caitra) 달의 보름에 올리는 제사.

⑦ 아슈와유지(Āśvayujī): 아슈위나(Āśvina) 달의 보름에 올리는 제사.

317)   탈리빠까(thālipāka)를 주석서에서는 결혼식(maṅgala)이나 축제 등에서 준비하는 음식이라고 설명하고 있다.(*Ibid*) 『증지부 주석서』에서는 "존경하는 사람에게 드리기에 적당한 밥(bhatta)"(AA.ii.266)이라고 설명하고 있다. 탈리빠까의 산스끄리뜨는 스딸리빠까(sthālīpāka)인데, 바라문들의 제의서에 의하면 스딸리빠까는 가정제사(pāka-yajña) 가운데 하나이다. 본경의 주석서에서도 결혼식에서 준비하는 음식이라고 했듯이 이 제사의식은 특히 결혼을 한 부부가 결혼 후 처음 맞이하는 보름날에 올리는 제사의식이며, 그 후 일생 동안 매달 그믐과 보름에 실행하는 제사이다.(DVR)

318)   여기서 '제사'로 옮긴 yañña는 조상에게 지내는 제사가 아니다. 신들에게 올리는 큰 공공제사(*Sk.* havir-yajña)를 말한다. 제사에 대해서는 본서 「꾸따단따 경」(D5)의 주해들을 참조할 것.

319)   '손님접대'로 옮긴 원어는 pāhuna인데 복주서에서 "손님들에게(atithī-naṁ) 대접하는 것"(DAṬ.i.397)이라고 설명하고 있어서 '손님접대'로 옮겼다.

"바라문들은 그에게 만뜨라를 전수해 주는가?"

"전수해줍니다, 고따마 존자시여."

"그는 [바라문] 여인들을 [아내로] 맞이할 수 있는가, 맞이할 수 없는가?"

"맞이할 수 있습니다, 고따마 존자시여."

"그러면 그는 끄샤뜨리야의 관정식320)을 통해서 관정(灌頂)을 할 수 있는가?"

"그렇지 않습니다, 고따마 존자시여."

"그것은 무엇 때문인가?"

"고따마 존자시여, 그는 어머니 쪽을 [순수하게] 갖추지 못하였기 때문입니다."321)

1.25. "암밧타여, 이를 어떻게 생각하는가? 여기 바라문 청년과 끄샤뜨리야 처녀가 결혼해서 산다고 하자. 그들이 함께 살아서 아들을 낳는다 하자. 그러면 그 바라문 청년과 끄샤뜨리야 아내 사이에서 난 아들은 바라문들 사이에서 자리나 물을 얻게 되는가?"

---

320) 관정식은 abhiseka를 옮긴 것이다. abhiseka는 abhi(대하여)+√sic(*to anoint*)에서 파생된 명사로 본서 「사문과경」(D2) §63에서 muddhā-avasitta로 나타났듯이 [머리에] 물을 붓는 의식을 뜻하며 그래서 灌頂式이라고 옮겼다. 물을 신성시 여기는 인도에서 제왕이나 태자의 책봉 때 거행하는 의식이며 관정식을 마친 왕이라야 진정한 왕으로 대접받는다. 서양에서 거행하던 대관식과 같은 의미를 가진다.

321) 이를 통해서 부처님 당시에는 끄샤뜨리야들이 더 순수 혈통을 강조하였음을 알 수 있다. 그러나 역사가 흐르면서 끄샤뜨리야가 아닌 여러 다른 계급의 힘센 자들이 왕이 되면서 순수한 왕족계급이라는 의미는 쇠퇴하였고, 특히 이슬람 정권이 들어선 후로는 라자스탄을 제외하고는 끄샤뜨리야 순수 혈통은 인도에서 거의 사라지게 되었다. 후대에는 왕이 된 사람들은 모두 끄샤뜨리야로 인정해 주게 되었다고 한다.

"얻게 됩니다, 고따마 존자시여."

"바라문들은 그에게 조령제와 탈리빠까와 제사와 손님접대에서 음식을 베푸는가?"

"음식을 베풉니다, 고따마 존자시여."

"바라문들은 그에게 만뜨라를 전수해 주는가?"

"전수해줍니다, 고따마 존자시여."

"그는 [바라문] 여인들을 [아내로] 맞이할 수 있는가, 맞이할 수 없는가?"

"맞이할 수 있습니다, 고따마 존자시여."

"그러면 그는 끄샤뜨리야의 관정식을 통해서 관정을 할 수 있는가?"

"그렇지 않습니다, 고따마 존자시여."

"그것은 무슨 이유 때문인가?"

"고따마 존자시여, 그는 아버지 쪽을 [순수하게] 갖추지 못하였기 때문입니다."

1.26. "암밧타여, 이와 같이 여인과 여인을 비교해 보고 남자와 남자를 비교해 봐도 끄샤뜨리야가 뛰어나고 바라문은 저열하다."

"암밧타여, 이를 어떻게 생각하는가? 여기 바라문들이 어떤 바라문을 어떤 일 때문에 머리를 깎고 재를 뒤집어씌운 채로 나라나 도시로부터 추방한다면 그는 바라문들 사이에서 자리나 물을 얻게 되는가?"

"얻지 못합니다, 고따마 존자시여."

"바라문들은 그에게 조령제와 탈리빠까와 제사와 손님접대에서 음식을 베푸는가?"

“음식을 베풀지 않습니다, 고따마 존자시여.”

“바라문들은 그에게 만뜨라를 전수해 주는가?”

“전수해 주지 않습니다, 고따마 존자시여.”

“그는 [바라문] 여인들을 [아내로] 맞이할 수 있는가 맞이할 수 없는가?”

“맞이할 수 없습니다, 고따마 존자시여.”

1.27. “암밧타여, 이를 어떻게 생각하는가? 여기 끄샤뜨리야들이 어떤 끄샤뜨리야를 어떤 일 때문에 머리를 깎고 재를 뒤집어쓴 채로 나라나 도시로부터 추방한다면 그는 바라문들 사이에서 자리나 물을 얻게 되는가?”

“얻게 됩니다, 고따마 존자시여.”

“바라문들은 그에게 조령제와 탈리빠까와 제사와 손님접대에서 음식을 베푸는가?”

“음식을 베풉니다, 고따마 존자시여.”

“바라문들은 그에게 만뜨라를 전수해 주는가?”

“전수해줍니다, 고따마 존자시여.”

“그는 [바라문] 여인들을 [아내로] 맞이할 수 있는가, 맞이할 수 없는가?”

“맞이할 수 있습니다, 고따마 존자시여.”

“암밧타여, 이처럼 끄샤뜨리야가 머리를 깎이고 재를 뒤집어씌운 채로 나라나 도시로부터 추방되는 것은 최악의 상황에 처한 것이다. 암밧타여, 이처럼 끄샤뜨리야가 최악의 상황에 처했다 하더라도 그런 끄샤뜨리야가 [바라문보다] 더 뛰어나고 바라문은 저열하다.”

1.28. "암밧타여, 사낭꾸마라322) 범천이 이런 게송을 읊었다.323)

'가문의 전통이 있는 사람들 가운데서는

---

322) 사낭꾸마라(Sanaṅkumāra)는 문자적으로 '항상(sanaṁ) 동자(kumāra, 소년)인 자'라는 뜻이다. 주석서에 의하면 그는 전생에 머리를 다섯 가닥으로 땋아 다니던 소년이었을 때(pañca-cūḷaka-kumāra-kāle) 禪을 닦아서 그 선의 힘으로 범천의 세상에 태어나게 되었고 그래서 범천이 되어서도 동자의 모습을 하기를 좋아하기 때문에 이런 이름을 가지게 되었다고 설명하고 있다.(MA.ii.584; DA.ii.647; cf. SA.i.171.)

사낭꾸마라의 산스끄리뜨인 사낫꾸마라(Sanatkumāra)는 이미 고층 우빠니샤드인 『찬도갸 우빠니샤드』(Chāṇḍogya Upaniṣad, 7.26:2)에서 언급이 되고 있으며, 『마하바라따』(iii.185)에서도 그는 여기에 나타나는 게송과 비슷한 게송을 읊은 것으로 나타난다. 그리고 본서 제2권의 「대회경」(D20)과 특히 「자나와사바 경」(Janavasabha Sutta, D18) §18과 「마하고윈다 경」(D19) §1에서도 그가 등장하는데 빤짜시카 동자의 모습으로 등장하고 있다. 여기에 대해서는 본서 제2권 「마하고윈다 경」(D19) §1의 주해를 참조할 것.

그는 신들 가운데 부처님께 귀의한 신으로 신들의 왕인 삭까(인드라)와 함께 자주 언급이 된다. 범천은 바라문들의 신이요 삭까(인드라)는 끄샤뜨리야들의 신인 점을 감안해 볼 때 상징성이 크다 하겠다. 특히 위에서 언급한 『찬도갸 우빠니샤드』의 해당 구절(7.26:2)은 마음챙김으로 옮기고 있는 sati의 산스끄리뜨인 smṛti가 강조되고 있어서 주의 깊게 살펴볼 필요가 있는 부분이다.

한편 부처님이 성도하신 뒤에 전법을 하실 것을 권청한 범천은 사함빠띠(Sahampati) 범천이며, 거만한 바까(Baka) 범천과 세존의 대화가 「브라흐마 니만따니까 경」(Brahmanimantanika Sutta, 범천의 초대, M49)에 나타난다. 이렇게 높은 천상인 범천의 세상에서도 여러 유력한 범천의 우두머리들이 존재하고 있다.

323) 사낭꾸마라 범천이 읊었다는 이 게송은 여기 외에도 본서 제3권 「세기경」(D27) §32와 『중부』(M.i.358), 『상응부』(S.i.153), 『증지부』(A.v.327) 등에 나타나고 있다. 그러나 『상응부』(S.ii.284)에서는 세존이 읊으신 것으로 나타난다.

끄샤뜨리야가 단연 으뜸이고

신과 인간들 가운데서는

영지(靈知)와 실천을 구족한 자[明行足]가 단연 으뜸이다.'

암밧타여, 이런 게송은 사낭꾸마라 범천이 잘 노래한 것이지 잘못
노래한 것이 아니며, 잘 설한 것이지 나쁘게 설한 것이 아니며, 의미
를 구족한 것이지 의미를 구족하지 못한 것이 아니라고 나도 동의한
다. 암밧타여, 나도 역시 이와 같이 말한다.

가문의 전통이 있는 사람들 가운데서는

끄샤뜨리야가 단연 으뜸이고

신과 인간들 가운데서는

영지(靈知)와 실천을 구족한 자[明行足]가 단연 으뜸이다."

첫 번째 바나와라가 끝났다.

영지(靈知)와 실천

2.1. "고따마 존자시여, 그러면 실천이란 무엇이며 영지(靈知)란
무엇입니까?"324)

---

324) 사낭꾸마라의 게송에서 "신과 인간들 가운데서는 영지(靈知)와 실천을
구족한 자[明行足]가 단연 으뜸이다."라고 하자 이제 암밧타는 그러면 무
엇이 실천(caraṇa, 行)이고 무엇이 영지(vijjā, 明)인지를 세존께 질문을
드리고 있다. 세존께서는 여기에 대해서 본서 「사문과경」(D2)에서 네 가
지 禪으로 정리되어 나타나는 삼매(samādhi, 定)를 실천으로 설하시고,
「사문과경」에서 8가지로 정리되어 언급된 통찰지(paññā, 慧, 반야)를
영지(靈知)로 설하신다.
영지(vijjā)와 실천(caraṇa)에 대해서는 『청정도론』 VII.30 이하에 나타

"암밧타여, 위없는 영지와 실천을 구족하기 위해서는[明行足] '그대는 나와 동등하다.'거나 '그대는 나와 동등하지 못하다.'라고 태생을 논하거나 가문을 논하거나 자부심을 논하지 않는다. 암밧타여, 장가들이거나 시집보내는325) 이러한 결혼이 있을 때에나 '그대는 나와 동등하다.'거나 '그대는 나와 동등하지 못하다.'라고 태생을 논하거나 가문을 논하거나 자부심을 논하는 것이다. 태생을 논함에 묶이거나 가문을 논함에 묶이거나 자부심을 논함에 묶이거나 결혼을 논함에 묶인 자들은 위없는 영지와 실천을 구족함을 멀리한 자들이기 때문이다. 암밧타여, 태생을 논함에 묶이거나 가문을 논함에 묶이거나 자부심을 논함에 묶이거나 결혼을 논함에 묶이는 것을 멀리한 뒤에라야 위없는 영지와 실천을 구족함을 실현하게 된다."

2.2. "고따마 존자시여, 그러면 실천이란 무엇이며 영지(靈知)326)란 무엇입니까?"

나는 명행족의 설명에 상세하게 언급되고 있으므로 참조할 것.

325) '장가들임'과 '시집보냄'으로 옮긴 원어는 āvāha와 vivāha인데 주석서에서 각각 처녀를 데려옴(kaññāgahaṇa)과 처녀를 줌(kaññādāna)으로 설명하고 있다.(MA.iii.400) 그래서 구분하여 이렇게 옮겨봤다.

326) '영지(靈知)'로 옮긴 원어는 vijjā인데 중국에서는 明으로 옮겨졌다. 무명으로 옮긴 avijjā의 반의어이다. 한편 vijjā에 해당하는 산스끄리뜨 vidyā는 베다에 대한 지식을 뜻한다. 그래서 초기경에서는 『리그베다』, 『야주르베다』, 『사마베다』에 능통한 자를 tevijjā(三明)라고 하고 삼베다에 능통한 바라문을 tevijjā-brāhmaṇa(삼명 바라문)라고 부르고 있다. 바라문은 베다 공부가 생명이므로 암밧타는 세존께 이렇게 vijjā에 대해서 질문을 하고, 세존께서는 이를 오히려 불교의 통찰지(혜, 반야)와 관련지어 설명하신다. 불교의 입장에서 삼명은 전생을 기억하는 지혜[宿命通]와 중생들의 죽음과 다시 태어남을 [아는] 지혜[天眼通]와 모든 번뇌를 소멸하는 지혜[漏盡通]를 말한다.

"암밧타여, (1) 여기 여래가 이 세상에 출현한다. 그는 아라한[應供]이며, 완전히 깨달은 분[正等覺]이며, … <중간생략> … 암밧타여, 이와 같이 비구는 계를 구족한다.327)

(2) … <중간생략> … 초선을 구족하여 머문다. 이것 역시 그의 실천이다. … <중간생략> … 제4선을 구족하여 머문다. 이것 역시 그의 실천이다. 암밧타여, 이것이 바로 그 실천이다.328)

(3) … <중간생략> … 지와 견으로 마음을 향하게 하고 기울게 한다. … <중간생략> … 이것 역시 그의 영지이다. … <중간생략> … 다시는 어떤 존재로도 돌아오지 않을 것이다라고 꿰뚫어 안다. 이것 역시 그의 영지이다. 암밧타여, 이것이 바로 그 영지이다.329)

암밧타여, 이를 일러 비구는 영지를 구족했다고 하며, 실천을 구족했다고 하며, 영지와 실천을 구족했다고 한다.[明行足] 암밧타여, 이러한 영지와 실천을 구족함 이외에 또 다른 더 높고 더 수승한 영지의

---

327) 「사문과경」(D2) §§40~63에서 상세하게 언급된 짧은 길이의 계와 중간 길이의 계와 긴 길이의 계로 '계의 구족'을 정리하고 있다.

328) 「사문과경」 §§75~82에 나타나는 초선, 2선, 3선, 4선의 정형구로 '실천의 구족'을 정리하고 있다.

329) 「사문과경」 §§83~98에 나타나는 8가지 지혜의 정형구로 '영지의 구족'을 정리하고 있다.
이처럼 세존께서는 암밧타와의 대화를 통해서 베다의 지식에 능통한 자가 참 지식(vijjā, 靈知)을 가진 바라문이 아니라, 이런 8가지 지혜를 갖춘 자야말로 참다운 지식과 지혜를 갖춘 자라고 인도의 지식계급인 바라문들에게 천명하고 계신다.
아울러 바라문들이 범천에 태어나기 위해서는 암밧타 본경에서 거리낌 없이 드러내 보인 자만과 이에 바탕한 저주와 멸시를 가져서는 안되며, 또한 그들이 진정으로 범천에 태어나기를 원한다면 자애[慈], 연민[悲], 같이 기뻐함[喜], 평온[捨]의 네 가지 거룩한 마음가짐(brahma-vihāra, 梵住)을 닦아야 한다고 강조하고 계신다.(본서 「삼명경」(D13) 등)

구족과 실천의 구족이란 존재하지 않는다.”

네 가지 타락의 입구

2.3. “암밧타여, 이런 위없는 영지와 실천을 구족함에는 네 가지 타락의 입구330)가 있다. 무엇이 그 넷인가?

(1) 암밧타여, 여기 어떤 사문이나 바라문은 이러한 위없는 영지와 실천을 구족하지 못하자, ‘떨어진 열매나 먹는 자가 되리라.’며 필수품을 나르는 막대기331)를 [어깨에] 메고 밀림으로 깊이 들어간다.332) 이리하여 그는 전적으로 영지와 실천을 구족한 자를 시중드는 자333) 정도가 되고 만다. 암밧타여, 이것이 위없는 영지와 실천을

---

330) ‘타락의 입구’로 옮긴 원어는 apāya-mukha이다. 참다운 영지와 실천을 구족하지 못한 자들이 자책심으로 취하는 네 가지 태도라고 할 수 있다. 암밧타의 스승을 위시한 모든 바라문들은 이런 타락의 입구에도 미치지 못하는 하천한 지식으로 진리를 팔아먹고 사는 자들이라는 부처님의 날카로운 비판이 이어진다.

331) ‘필수품을 나르는 막대기’로 옮긴 원어는 khāri-vividha인데 이 단어만으로는 뜻이 잘 통하지 않는다. 주석서에서 “khāri란 불 지피는 막대기, 물통, 바늘 등 고행의 필수품을 말한다. vividha는 막대기이다. 그러므로 ‘카리를 나르는 막대기’를 가지고라는 뜻이다.”(DA.i.269)라고 설명하고 있어서 이렇게 옮겼다.

332) 이런 자들을 주석서에서는 tāpasa-pabbajjā(고행하기 위해서 집을 떠난 자)라고 표현하고 있다.(*Ibid*)

333) ‘시중드는 자’로 옮긴 원어는 paricāraka이다.
주석서에서는 ‘그러면 왜 이들 고행을 하기 위해서 집을 떠난 자들이 불교의 비구들에게는 타락의 입구밖에 되지 않는가?’라고 질문을 제기한 뒤 계・정・혜 삼학(tisso sikkhā)을 닦는 비구가 이런 고행을 하기 위해서 집을 떠난 자들보다 수승하기 때문에 이들은 삼학을 수행하는 측면에서 보면 타락이요, 이런 고행자들은 삼학을 닦는 자들을 시중드는 자에 지나

구족함에 관련된 첫 번째 타락의 입구이다.

(2) 다시 암밧타여, 여기 어떤 사문이나 바라문은 이러한 위없는 영지와 실천을 구족하지도 못하고 떨어진 열매를 먹지도 못하게 되자, '구근류나 뿌리를 먹는 자가 되리라.'며 삽과 바구니를 가지고 밀림으로 들어간다. 이리하여 그는 전적으로 영지와 실천을 구족한 자를 시중드는 자 정도가 되고 만다. 암밧타여, 이것이 위없는 영지와 실천을 구족함에 관련된 두 번째 타락의 입구이다.

(3) 다시 암밧타여, 여기 어떤 사문이나 바라문은 이러한 위없는 영지와 실천을 구족하지도 못하고 떨어진 열매를 먹지도 못하고 구근류나 뿌리를 먹지도 못하게 되자, 마을의 경계나 성읍의 경계에 불 섬기는 집을 만들고는 불을 섬긴다.334) 이리하여 그는 전적으로 영지와 실천을 구족한 자를 시중드는 자 정도가 되고 만다. 암밧타여, 이것이 위없는 영지와 실천을 구족함에 관련된 세 번째 타락의 입구이다.

(4) 다시 암밧타여, 여기 어떤 사문이나 바라문은 이러한 위없는 영지와 실천을 구족하지도 못하고 떨어진 열매를 먹지도 못하고 구근류나 뿌리를 먹지도 못하고 불을 섬기지도 못하게 되자, '이 사거리를 지나는 사문이나 바라문을 내 능력과 힘이 되는대로 섬기리라.'며

지 않는다고 설명하고 있다.(*Ibid*)

334) 인도의 전통 바라문들은 모두 불을 섬기는 자이다. 왜냐하면 불에 제사지내는 것이 바라문 사제들의 근본이기 때문이다. 불과 제사에 대해서는 본서 「소나단나 경」(D4) §13의 주해와 「꾸따단따 경」(D5)의 여러 주해를 참조할 것. 그리고 불을 섬기는 이러한 전통은 인도-이란 언어군에 속하는 민족의 공통된 특징이었던 것 같다. 이슬람교가 생기기 이전에 서아시아에 유력했던 조로아스터교(拜火敎)도 불을 섬기는 바라문 전통과 유사하다.

사거리에 네 개의 문을 가진 집을 짓는다. 이리하여 그는 전적으로 영지와 실천을 구족한 자를 시중드는 자 정도가 되고 만다. 암밧타여, 이것이 위없는 영지와 실천을 구족함에 관련된 네 번째 타락의 입구이다.

암밧타여, 위없는 영지와 실천을 구족함에는 이런 네 가지 타락의 입구가 있다."

2.4. "암밧타여, 이를 어떻게 생각하는가? 그대와 그대의 스승에 게서 이러한 위없는 영지와 실천을 구족함[明行足]을 찾아볼 수 있는 가?"

"그렇지 않습니다, 고따마 존자시여. 고따마 존자시여, 저와 스승 이 누구이기에 위없는 영지와 실천을 구족한다는 말입니까? 고따마 존자시여, 저와 스승은 이러한 위없는 영지와 실천과는 까마득히 멉 니다."

"암밧타여, 이를 어떻게 생각하는가? 그대와 그대의 스승은 이러 한 위없는 영지와 실천을 구족하지 못하자, '떨어진 열매나 먹는 자 가 되리라.'며 필수품을 나르는 막대기를 [어깨에] 메고 밀림으로 깊 이 들어가기라도 했는가?"

"그렇지 않습니다, 고따마 존자시여."

"암밧타여, 이를 어떻게 생각하는가? 그대와 그대의 스승은 이러 한 위없는 영지와 실천을 구족하지도 못하고, 떨어진 열매를 먹지도 못하게 되자, '구근류나 뿌리를 먹는 자가 되리라.'며 삽과 바구니를 가지고 밀림으로 들어가기라도 했는가?"

"그렇지 않습니다, 고따마 존자시여."

"암밧타여, 이를 어떻게 생각하는가? 그대와 그대의 스승은 이러 한 위없는 영지와 실천을 구족하지도 못하고, 떨어진 열매를 먹지도 못하고, 구근류나 뿌리를 먹지도 못하게 되자, 마을의 경계나 성읍의 경계에 불 섬기는 집을 만들고는 불을 섬기기라도 했는가?"

"그렇지 않습니다, 고따마 존자시여."

"암밧타여, 이를 어떻게 생각하는가? 그대와 그대의 스승은 이러한 위없는 영지와 실천을 구족하지도 못하고, 떨어진 열매를 먹지도 못하고, 구근류나 뿌리를 먹지도 못하고, 불을 섬기지도 못하게 되자, '이 사거리를 지나는 사문이나 바라문을 내 능력과 힘이 되는대로 섬기리라.'며 사거리에 네 개의 문을 가진 집을 짓기라도 했는가?"

"그렇지 않습니다, 고따마 존자시여."

2.5. "암밧타여, 이와 같이 그대와 그대의 스승은 이러한 위없는 영지와 실천을 구족함을 저버렸을 뿐만 아니라 이런 위없는 영지와 실천을 구족함에 관련된 네 가지 타락의 입구조차도 저버렸다. 암밧타여, 그러면서도 그대의 스승인 뽁카라사띠 바라문이 그대에게 이렇게 가르쳤단 말인가? '까까머리 사문, 비천한 깜둥이들은 우리 조상의 발에서 태어난 자들인데 그들이 감히 삼베다를 갖춘[335] 바라문들과 대화하려드는가?'라고. 그러나 그 자신은 타락의 [입구조차도]

---

335) 여기서 '삼베다를 갖춘'으로 옮긴 원어도 tevijjā이며 문맥에 따라서 '세 가지 베다(삼베다)'라고도 옮기고 '세 가지 영지[三明]'라고도 옮기는 단어이다. 여기서는 바라문들에 걸리는 단어이기 때문에 '삼베다를 갖춘'으로 옮겼다.

이처럼 부처님께서는 인도 전통에 대한 재해석을 시도하고 계신다. 이 단어뿐만 아니라 초기경의 도처에서 많은 술어들의 재해석을 시도하신다. 예를 들면 진정한 바라문에 대해서, 진정한 유가안은(瑜伽安隱, yoga-kkhema, *Sk.* yogakṣema, 본서 제2권 「제석문경」(D21) §2.6의 주해 참조)에 대해서, 진정한 제사(yañña, *Sk.* yajña, 본서 꾸따단따 경」(D5) §1과 §18의 주해 참조)에 대해서, 진정한 감로불사(amata, *Sk.* amṛta)에 대해서 등 많이 있다.(K.R. Norman 1991 참조)

완성하지 못하고 있지 않은가! 보라, 암밧타여. 그대의 스승 뽁카라사띠 바라문은 그대를 잘못 가르쳤다.”

예전의 선인(仙人)들

2.6. “암밧타여, 뽁카라사띠 바라문은 빠세나디 꼬살라 왕의 하사품으로 산다. 그러나 빠세나디 꼬살라 왕은 그와 공개적으로 직접 대면을 하지 않는다. 그와 대면할 때에는 장막을 치고 대면한다. 암밧타여, 왜 빠세나디 꼬살라 왕은 법답고 정당한 세금을 받아서 [살도록 영지를 하사]해준 그와 공개적으로 직접 대면을 하지 않겠는가?336) 보라, 암밧타여. 그대의 스승 뽁카라사띠 바라문은 그대를 잘못 가르쳤다.”

2.7. “암밧타여, 이를 어떻게 생각하는가? 여기 빠세나디 꼬살라 왕이 코끼리의 목에 앉거나 말의 등에 앉아서 수장들이나 지방의 왕들과 더불어 어떤 회의를 주재한 뒤에 [회의를 마치고 모두] 그 장소를 떠나서 다른 곳에 가 있다 하자. 이제 어떤 수드라나 수드라의 하인이 와서 그 장소에 서서 회의를 주재하는 [흉내를 내면서] ‘빠세나디 꼬살라 왕은 이와 같이 말했다. 빠세나디 꼬살라 왕은 이와 같이 말했다.’고 한다 하자. 그런데도 그는 왕의 말을 한 것이 되고 왕의 회의를 주재한 것이 되어 그가 왕이 되고 왕의 위엄을 가지게 되겠는가?”

“그렇지 않습니다, 고따마 존자시여.”

---

336) 주석서의 설명을 간추리면 끄샤뜨리야 왕들은 바라문들을 아주 무시하여 직접 대면을 하지 않는다고 한다. 바라문이 뽁카라사띠처럼 아주 학식이 높다 하더라도 예외는 없다.(DA.i.271~272) 즉 빠세나디 왕은 뽁카라사띠 바라문을 무시하기 때문에 직접 대면을 하지 않는다는 뜻이다.

2.8. "암밧타여, 그대의 경우도 그와 같다. 그대는 '바라문들의 선조가 되는 분들이 있었나니, 그들은 만뜨라를 만들고 만뜨라를 설하는 선인들이셨다. 지금의 바라문들은 [그 선조들이] 노래하고 설하고 모은 오래된 만뜨라 구절들을 따라 노래하고, 따라 설하고, 설한 것을 다시 따라 설하고, 말한 것을 다시 따라 말하나니, 그들은 앗타까, 와마까, 와마데와, 웻사미따, 야마딱기, 앙기라사, 바라드와자, 와셋타, 깟사빠, 바구337)이다. 이제 나와 나의 스승은 그들의 만뜨라를 배운다.'라고 한다. 그러나 이렇게 해서 그대가 선인이 될 것이라거나, 그대가 선인이 되기 위해 수행할 것이라는 그런 경우란 결코 존재하지 않는다."338)

2.9. "암밧타여, 이를 어떻게 생각하는가? 그대는 늙고 나이 든, 스승들의 전통을 가진 바라문들이 '바라문들의 선조 되는 분들이 있었나니, 그들은 만뜨라를 만들고 만뜨라를 설하는 선인들이셨다. 지금의 바라문들은 [그 선조들이] 노래하고 설하고 모은, 오래된 만뜨라 구절들을 따라 노래하고, 따라 설하고, 설한 것을 다시 따라 설하고, 말한 것을 다시 따라 말하나니, 그들은 앗타까, 와마까, 와마데와, 웻사미따, 야마딱기, 앙기라사, 바라드와자, 와셋타, 깟사빠, 바구이

---

337) 이들은 모두 당시의 유명한 바라문 족성들이다. 이 가운데 웻사미따(Sk. Viśvāmitra)는 『리그베다』 3장을 전승해온 가문의 이름이며, 와마데와(Sk. Vāmadeva)는 4장을, 바라드와자(Bharadvāja)는 6장을, 와셋타(Sk. Vasiṣṭha)는 7장을 전승해온 가문의 이름이다.

338) 바라문들이 그들의 선조들을 팔면서 그들이 지은 만뜨라를 아무리 외고 설해도 자신은 결코 선인(仙人, isi)이 되지 못한다는 말씀이다. 선인이 되기 위해서는 계·정·혜 삼학을 닦고 참다운 영지와 실천인 8가지 지혜와 네 가지 禪을 구족해야 한다는 말씀이다.

다.'라고 설하는 것을 들은 적이 있는가? 그들은 지금의 그대와 그대의 스승이 하듯이, 머리와 수염을 잘 감고 기름을 잘 발라서 단장하고 다섯 가닥의 감각적 욕망을 갖추고 완비하여 즐겼는가?"339)

"그렇지 않습니다, 고따마 존자시여."

2.10. "그들은 지금의 그대와 그대의 스승이 하듯이, 잡곡이 섞이지 않은 최상의 쌀밥과 여러 가지 국과 여러 가지 반찬들을 먹었는가?"

"그렇지 않습니다, 고따마 존자시여."

"그들은 지금의 그대와 그대의 스승이 하듯이, 주름지고 옷단을 장식한 옷을 입은 여인들의 시봉을 받았는가?"

"그렇지 않습니다, 고따마 존자시여."

"그들은 지금의 그대와 그대의 스승이 하듯이, 꼬리를 땋은 암말이 끄는 마차를 타고 긴 작대기로 때려가며 다녔는가?"

"그렇지 않습니다, 고따마 존자시여."

"그들은 지금의 그대와 그대의 스승이 하듯이, 주위에 도랑을 파고 빗장을 건 도시의 장벽 안에서 긴 칼을 찬 사람들의 보호를 받았는가?"

"그렇지 않습니다, 고따마 존자시여."

"암밧타여, 이와 같이 그대와 그대의 스승은 선인도 아니며 선인이 되기 위한 수행을 하는 것도 아니다. 그러나 암밧타여, 그대가 나에 대한 의심과 잘못된 생각을 가지고 있다면 나에게 질문을 하라. 나는 상세한 설명[記別, 授記]340)을 통해서 분명하게 드러낼 것이다."

---

339) 이하 세속적 쾌락을 고루 갖추어 누리고 사는 바라문들을 통렬히 비판하고 계신다. 이는 지금 이 시대에도 그대로 유효하여, 불교를 위시한 모든 종교인들이 뼈저리게 가슴에 새기고 반성해 봐야 할 말씀이다.

나머지 두 가지 대인상을 보여 주심

2.11. 그런 다음341) 세존께서는 거처에서 나가서 포행을 하셨고 암밧타 바라문 학도도 거처에서 나가서 포행을 하였다. 그러자 암밧타 바라문 학도는 포행하시는 세존을 따라 포행하면서 세존의 몸에서 서른두 가지 대인상들을 찾았다. 그는 두 가지를 제외하고 대체적으로 세존의 몸에서 서른두 가지 대인상들을 보았다. 음경이 감추어진 것이 마치 말의 그것과 같은 것[馬陰藏相]과 혀가 아주 긴 것[廣長舌相]의 두 가지 대인상에 대해서는 의문을 가지고 의심을 하고 확신하지 못하고 결정하지 못했다.342)

2.12. 그러자 세존께 이런 생각이 드셨다. '이 암밧타 바라문 학도는 내게서 두 가지를 제외하고 대체적으로 서른두 가지 대인상들을 보았다. 그러나 음경이 감추어진 것이 마치 말의 그것과 같은 것[馬陰藏相]과 혀가 아주 긴 것[廣長舌相]의 두 가지 대인상에 대해서는 의문을 가지고 의심하고 확신하지 못하고 결정하지 못하는구나.'

그러자 세존께서는 암밧타 바라문 학도가 음경이 감추어진 것이 마치 말의 그것과 같은 것을 볼 수 있도록 그런 형태의 신통변화를 나투셨다. 그 다음에 세존께서는 혀를 빼서 두 귓구멍을 이리저리 건

---

340) '상세한 설명'으로 옮긴 veyyākaraṇa에 대해서는 본서 제1권 「범망경」(D1) §3.74의 주해를 참조할 것.

341) 주석서에는 세존께서 암밧타가 도(magga)를 여쭈어 보기 위해서 온 것이 아니고 32상을 구족하셨는가를 보기 위해서 왔음을 아시고 32상을 모두 다 보여 주기 위해서 밖으로 나가셨다고 설명하고 있다.(DA.i.274~75)

342) 왜냐하면 직접 보여 주지 않는 한 확인할 수 없기 때문이다. 그래서 아래에서 세존께서 이를 직접 확인하도록 해 주신다.

드리셨고 두 콧구멍을 이리저리 건드리셨고 온 이마를 혀로써 덮으셨다.

그러자 암밧타 바라문 학도에게 이런 생각이 들었다. '사문 고따마는 서른두 가지 대인상들을 구족하셨구나. 구족하지 않은 것이 아니구나.'

그리고 나서 암밧타 바라문 학도는 세존께 이렇게 말씀드렸다. "고따마 존자시여, 이제 저희는 그만 물러가겠습니다. 저는 바쁘고 해야 할 일이 많습니다."

"암밧타여, 지금이 적당한 시간이라면 그렇게 하여라."

그러자 암밧타 바라문 학도는 암말이 끄는 마차에 올라 돌아갔다.

암밧타가 바라문 뽁카라사띠에게 고함

2.13. 그 무렵 뽁카라사띠 바라문은 밖으로 나가서 많은 바라문의 무리들과 함께 자신의 원림(園林)에 앉아서 암밧타 바라문 학도를 기다리고 있었다. 이윽고 암밧타 바라문 학도가 원림으로 돌아왔다. 더 이상 마차로 갈 수 없는 곳에 이르자 마차에서 내린 뒤 걸어서 뽁카라사띠 바라문에게로 다가갔다. 다가가서는 뽁카라사띠 바라문에게 절을 올리고 한 곁에 앉았다. 한 곁에 앉아서 암밧타 바라문 학도는 뽁카라사띠 바라문의 [물음에] 이렇게 대답했다.

2.14. "애야 암밧타야, 너는 고따마 존자를 뵈었느냐?"

"존자시여, 저는 고따마 존자를 뵈었습니다."

"애야 암밧타야, 그분 고따마 존자는 소문처럼 그러하더냐, 그렇지 않더냐? 그분 고따마 존자는 [실제로] 그런 분이더냐, 다른 분이

더냐?"

"존자시여, 그분 고따마 존자는 소문처럼 그러하셨습니다. 그분 고
따마 존자는 [실제로] 그런 분이셨고 다른 분이 아니셨습니다. 그분
고따마 존자는 서른두 가지 대인상들을 모두 구족하셨으며 구족하지
않은 것이 아닙니다."

"애야 암밧타야, 너와 사문 고따마 사이에 어떤 대화가 있었느냐?"

"존자시여, 저와 사문 고따마 사이에 대화가 있었습니다."

"애야 암밧타야, 그러면 너와 사문 고따마 사이에 있었던 대화를
그대로 말해 보거라."

그러자 암밧타 바라문 학도는 세존과 더불어 있었던 대화를 모두
뽁카라사띠 바라문에게 고하였다.

2.15. 그렇게 말하자 뽁카라사띠 바라문은 암밧타 바라문 학도에
게 이렇게 소리쳤다. "오, 우리가 현자라고 하는 놈이 이렇다니! 오,
많이 배웠다는 놈이 이렇다니! 오, 삼베다에 능통하다는 놈이 이렇다
니! 참으로 목적을 성취하러 간 놈이, 죽어서 몸이 무너진 다음에는
불행한 상태[苦界], 비참한 세계[惡趣], 파멸처, 지옥에 생겨나게 되었
구나. 암밧타야, 네가 그분 고따마 존자에게 이렇게 모욕에 모욕을
늘어놓았으니 고따마 존자는 우리에게 이와 같이 더 많은 사실을 말
하였구나. 오, 이런 우리의 현자임네 하는 놈을 보겠다. 오, 이런 우
리의 많이 배운 놈을 보겠다. 오, 이런 우리의 삼베다에 능통한 놈을
보겠다. 참으로 목적을 성취하러 간 놈이, 죽어서 몸이 무너진 다음
에는 불행한 상태[苦界], 비참한 세계[惡趣], 파멸처, 지옥에 생겨나게
되었구나."

그는 화가 나고 마음이 몹시 언짢아서 암밧타 바라문 학도를 발로

차버렸다. 그는 바로 즉시 세존을 뵈러 가고자 하였다.

뿍카라사띠가 부처님을 뵈러감

2.16. 그러자 거기 있던 바라문들이 뿍카라사띠 바라문에게 이렇게 말했다. "존자시여, 오늘 사문 고따마를 뵈러 가기에는 너무 늦었습니다. 그러니 뿍카라사띠 존자께서는 내일 사문 고따마를 뵈러 가십시오."

그러자 뿍카라사띠 바라문은 자신의 집에서 맛있는 여러 음식을 준비하게 한 뒤 수레에 올라서 [주위에] 횃불들을 들게 하고 욱깟타를 나가서 잇차낭깔라의 깊은 숲으로 들어갔다.343) 더 이상 마차로 갈 수 없는 곳에 이르자 마차에서 내린 뒤 걸어서 세존께 다가갔다. 세존께 다가가서 세존과 함께 환담을 나누었다. 유쾌하고 기억할 만한 이야기로 서로 담소를 하고서 한 곁에 앉았다. 한 곁에 앉아서 뿍카라사띠 바라문은 세존께 이렇게 말씀드렸다.

2.17. "고따마 존자시여, 저의 도제인 암밧타 바라문 학도가 여기에 오지 않았습니까?"

"바라문이여, 그대의 도제인 암밧타 바라문 학도가 여기에 왔습니다."

"고따마 존자시여, 당신과 암밧타 바라문 학도 사이에 어떤 대화가 있었습니까?"

"바라문이여, 나와 암밧타 바라문 학도 사이에 대화가 있었습니다."

---

343) 아래 본문을 통해서 보면 그는 음식을 다 준비해 놓고 다음날 새벽 일찍 세존을 방문하였다.

"고따마 존자시여, 그러면 당신과 암밧타 바라문 학도 사이에 있었던 대화를 그대로 말씀해 주십시오."

그러자 세존께서는 암밧타 바라문 학도와 나눈 대화를 모두 뽁카라사띠 바라문에게 말씀하셨다. 그와 같이 말씀하시자 뽁카라사띠 바라문은 세존께 이렇게 말씀드렸다.

"고따마 존자시여, 암밧타 바라문 학도는 어리석습니다. 고따마 존자께서는 암밧타 바라문 학도를 용서해 주십시오."

"바라문이여, 암밧타 바라문 학도가 행복하기를!"

2.18. 그런 다음 뽁카라사띠 바라문은 포행하시는 세존을 따라 포행하면서 세존의 몸에서 서른두 가지 대인상들을 찾았다. 그는 두 가지를 제외하고 대체적으로 세존의 몸에서 서른두 가지 대인상들을 보았다. 음경이 감추어진 것이 마치 말의 그것과 같은 것[馬陰藏相]과 혀가 아주 긴 것[廣長舌相]의 두 가지 대인상에 대해서는 의문을 가지고 의심을 하고 확신하지 못하고 결정하지 못했다.

2.19. 그러자 세존께 이런 생각이 드셨다. '뽁카라사띠 바라문은 내게서 두 가지를 제외하고 대체적으로 서른두 가지 대인상들을 보았다. 그러나 음경이 감추어진 것이 마치 말의 그것과 같은 것[馬陰藏相]과 혀가 아주 긴 것[廣長舌相]의 두 가지 대인상에 대해서는 의문을 가지고 의심하고 확신하지 못하고 결정하지 못하는구나.'

그러자 세존께서는 뽁카라사띠 바라문이 음경이 감추어진 것이 마치 말의 그것과 같은 것을 볼 수 있도록 그런 형태의 신통변화를 나투셨다. 그 다음에 세존께서는 혀를 빼서 두 귓구멍을 이리저리 건드리셨고 두 콧구멍을 이리저리 건드리셨고 온 이마를 혀로 덮으셨다.

그러자 뽁카라사띠 바라문에게 이런 생각이 들었다. '사문 고따마는 서른두 가지 대인상들을 구족하셨구나. 구족하지 않은 것이 아니구나.'

그는 세존께 이렇게 말씀드렸다.

"고따마 존자께서는 비구 승가와 함께 오늘 저의 공양을 허락하여 주십시오."

세존께서는 침묵으로 허락하셨다.

2.20. 그러자 뽁카라사띠 바라문은 세존께서 침묵으로 허락하신 것을 알고서 세존께 시간을 말씀드렸다.

"고따마 존자시여, [가실] 시간이 되었습니다. 음식이 준비되었습니다."

그때 세존께서는 오전에 옷매무새를 가다듬고 발우와 가사를 수하시고 비구 승가와 함께 뽁카라사띠 바라문의 집으로 가셨다. 가셔서는 비구 승가와 함께 지정된 자리에 앉으셨다. 그러자 뽁카라사띠 바라문은 부처님을 상수로 하는 비구 승가에게 맛있는 여러 음식을 자기 손으로 직접 대접하고 드시게 했다. 세존께서 공양을 마치시고 그릇에서 손을 떼시자 뽁카라사띠 바라문은 어떤 낮은 자리를 잡아서 한 곁에 앉았다.

예류도의 증득

2.21. 그러자 세존께서는 뽁카라사띠 바라문에게 순차적인 가르침을 설하셨다.[344] 보시의 가르침, 계의 가르침, 천상의 가르침, 감각

---

344) 원어는 ānupubbi(순차적인)-kathā(말씀)이다. 이 구절은 세존께서 어떤 순서로 법을 설하셔서 예류자가 되게 하셨는지를 살펴볼 수 있는 중요한

적 욕망들의 위험과 타락과 오염됨, 출리(出離)의 공덕을 밝혀주셨다. 세존께서는 뽁카라사띠 바라문이 마음이 준비가 되고 마음이 부드러워지고 마음의 장애가 없어지고 마음이 고무되고 마음에 깨끗한 믿음이 생겼음을 아시게 되었을 때, 모든 부처님들345)께서 찾아내신 괴로움[苦]과 일어남[集]과 소멸[滅]과 도[道]346)라는 법의 가르침을 드러내셨다. 마치 얼룩이 없는 깨끗한 천이 바르게 잘 염색되는 것처럼 뽁카라사띠 바라문에게는 그 자리에서 '일어나는 법은 그 무엇이든 모두 멸하기 마련인 법이다.[集法卽滅法]'라는 티 없고 때 없는 법의 눈[法眼]347)이 생겼다.

뽁카라사띠의 귀의

2.22. 그래서 뽁카라사띠 바라문은 법348)을 보았고 법을 얻었고

정형구이다. 주석서는, "순차적인 가르침이란 '순차적으로 도닦는 가르침 (anupaṭipāṭikathā)이다. 순차적인 가르침이라고 한 것은, 보시(dāna)를 뒤따르는 것이 계(sīla)이고, 계를 뒤따르는 것이 천상(sagga)이며, 천상을 뒤따르는 것이 도(magga)라는 이러한 의미들을 밝혀주는 가르침이라는 것이다."(DA.i.277)라고 설명하고 있다.

345) 원어는 buddhānaṁ으로 복수로 쓰였다. 그래서 '모든 부처님들'로 옮겼다.

346) 고·집·멸·도 사성제는 본서 제2권 「대념처경」(D22) §§17~21과 『청 정도론』 XVI장에 상세하게 설명되어 있으니 참조할 것.

347) "여기서 '법의 눈'이란 예류도(sotāpatti-magga)를 얻은 것이다. 그리고 이러한 예류도가 생기는 모습을 보여 주기 위해서 '일어나는 법은 그 무엇이든 모두 멸하기 마련인 법이다.'라고 하셨다. 왜냐하면 이 멸이라는 무위 법을 대상으로 하여서(asaṅkhatadhammārammaṇa - DAṬ.i.406) 그 역할에 따라 모든 형성된 것(saṅkhata, 유위법)들을 꿰뚫기 때문이다." (DA.i.278)

348) 여기서 법은 위 §2.21에서 드러내신 사성제의 법(ariyasacca-dhamma)

법을 체득했고 법을 간파했고 의심을 건넜고 혼란을 제거했고 무외를 얻었고 스승의 교법에서 남에게 의지하지 않게 되었다. 그는 세존께 이렇게 말씀드렸다.

"경이롭습니다, 고따마 존자시여. 경이롭습니다, 고따마 존자시여. 마치 넘어진 자를 일으켜 세우시듯, 덮여있는 것을 걷어내 보이시듯, [방향을] 잃어버린 자에게 길을 가리켜 주시듯, '눈 있는 자 형상을 보라.'고 어둠 속에서 등불을 비춰 주시듯, 고따마 존자께서는 여러 가지 방편으로 법을 설해주셨습니다. 저는 이제 고따마 존자께 귀의하옵고, 법과 비구 승가에 또한 귀의하옵니다. 고따마 존자께서는 저를, 오늘부터 목숨이 있는 날까지 귀의한 청신사로 받아 주소서.

고따마 존자께서 욱깟타의 다른 청신사의 집들을 방문하시는 것처럼 그와 같이 고따마 존자께서는 뽁까라사띠의 집도 방문해 주십시오. 그러면 모든 바라문 학도들이나 여자 바라문 학도들이 고따마 존자께 예배드리고 일어나서 영접하며 자리와 물을 내어 드리고 마음에 청정한 믿음을 낼 것입니다. 그러면 그것은 오랫동안 그들에게 이익이 되고 행복이 될 것입니다."

"바라문이여, 참으로 잘 말했습니다."

「암밧타 경」이 끝났다.

을 뜻한다고 주석서는 말한다. 즉 사성제의 법을 보았고 사성제의 법을 얻었고 등으로 적용해야 한다고 설명한다.(*Ibid*)

소나단다 경

진정한 바라문

Soṇadaṇḍa Sutta(D4)

소나단다 경349)

진정한 바라문
Soṇadaṇḍa Sutta(D4)

서언

1. 이와 같이 나는 들었다. 한때 세존께서는 500명 정도의 많은 비구 승가와 함께 앙가350)를 유행하시다가 짬빠에 도착하셨다.

---

349) 앞의 「암밧타 경」(D3)이 젊은 바라문 학도와의 설전을 바탕으로 바라문들의 타락에 대한 준엄한 비판을 하면서 진정한 바라문의 길을 보여준 경이라면, 본경은 도대체 어떤 기준을 가지고 바라문이라 하는가에 대해서 소나단다라는 연로하고 학식 있는 바라문과의 합리성과 이성에 바탕한 진지한 대화를 통해서 심도 있게 점검해 보고 있다. 그래서 경의 제목도 「소나단다 경」(Soṇadaṇḍa Sutta)이다. 본경은 중국에서 「종덕경」(種德經)으로 한역되어 『장아함』의 22번째 경으로 전해온다. 여기서 종덕(種德)은 소나단다의 음역인 듯하다.

350) 앙가(Aṅga)는 옛 인도 중원의 16국(Mahājanapada) 가운데 하나였다. 『증지부』(A.i.213; iv.252, 256, 260 등)에 의하면 16국은 앙가(Aṅga), 마가다(Magadha), 까시까(Kāsika, 까시, 와라나시), 꼬살라(Kosala), 왓지(Vajjī), 말라(Mallā), 쩨띠(Cetī), 왐사(Vaṁsā), 꾸루(Kuru), 빤짤라(Pañcāla), 맛차(Macchā), 수라세나(Surāsena), 앗사까(Assaka), 아완띠(Avantī), 간다라(Gandhāra), 깜보자(Kamboja)이다. 한편 본서 제2권 「자나와사바 경」(D18) §1에는 이 가운데 까시와 꼬살라, 왓지와 말라, 쩨띠와 왐사, 꾸루와 빤짤라, 맛차와 수라세나, 앙가와 마

세존께서는 거기 짬빠에서 각가라 호수351)의 언덕에 머무셨다. 그 무렵에 소나단다 바라문352)은 짬빠에 정착해 있었는데, 그곳은 사람들로 붐비고 풀, 나무, 물, 곡식이 풍부하였으며, 마가다의 왕 세니야 빔비사라353)가 왕의 하사품이자 거룩한 마음의 표시로 그에게 영지

가다로 서로 짝을 이루어 언급되고 있다.

앙가는 마가다의 동쪽에 있으며 본경에서 언급되고 있는 짬빠(현재의 바갈뿌르)가 수도였다. 짬빠는 현재 바갈뿌르 부근에 있는 Campānagara와 Campāpura일 것이라고 학자들은 말한다. 경에 언급되는 다른 앙가의 도시로는 밧디야(Bhaddiya, DA.i.279; DhA.i.384)와 앗사뿌라(Assapura, M.i.271)가 있다. 본경에서 보다시피 이미 부처님 시대에 마가다로 편입되었다. 그래서 초기경에서 앙가가 독립된 나라로 언급되기보다는 종족이나 지역으로 언급되고 있으며 앙가와 마가다로 합성된 단어로 나타난다.

351) 짬빠에 있는 각가라 호수(Gaggarā pokkharaṇī)는 각가라라는 왕비의 명령으로 만들었기 때문에 이렇게 명명된다고 한다. 이 호수의 언덕에 짬빠까 숲이 있었으며 부처님께서 오시면 이 곳에서 머무셨다고 한다.(DA.i.279f.; MA.ii.565) 각가라 호수는 제따 숲의 호수와 더불어 아름다운 호수로 주석서에서 언급이 되고 있다.(SnA.i.17) 부처님께서 여러 번 머무신 곳으로 경들에 나타나며 이곳에서 사리뿟따 존자는 본서의 마지막 경인 「십상경」(D34)을 비구들에게 설하였다. 그리고 짬빠까 나무에 피는 짬빠까 꽃은 아름답고 향기로운 새하얀 꽃인데 지금도 인도와 미얀마, 태국 등지에서 사랑받는 꽃이다.

352) 주석서에 의하면 소나단다(Soṇadaṇḍa)는 부처님보다 훨씬 연장자였다고 하며 세존께서는 그의 손자뻘(nattu-matta)이었다고 한다.(DA.i.292) 유명한 바라문 학자들 가운데서 꼬살라에서는 뽁카라사띠 바라문이 부처님의 제일가는 바라문 신도라 한다면, 마가다에는 소나단다 바라문이라 할 수 있을 것이다. 이런 연로하고 학식과 명성을 가진 바라문들이 부처님의 신도로 귀의했기 때문에 부처님의 가르침은 인도 중원에 빠르게 전파되었을 것이다.

353) 세니야 빔비사라(Seniya Bimbisāra)는 부처님 당시에 마가다의 왕이었다. 주석서는 "많은 군대(senā)를 가졌다고 해서 '세니야'라 한다. '빔비'는 황금(suvaṇṇa)이다. 그러므로 뛰어난(sāra) 황금과 같은 색깔(vaṇṇa)을 가졌기 때문에 '빔비사라'라고 한다."(DA.i.280)라고 그의 이

(領地)로 준 곳이었다.

2.　짬빠의 바라문들과 장자들354)은 들었다. "존자들이여, 사문 고따마는 사꺄의 후예인데 사꺄 가문으로부터 출가하여 500명 정도의 많은 비구 승가와 함께 앙가를 유행하시다가 짬빠에 도착하여 짬빠에서 각가라 호수의 언덕에 머물고 계십니다. 그분 고따마 존자에게는 이러한 좋은 명성이 따릅니다. '이런 [이유로] 그분 세존께서는 아라한[應供]이시며, 완전히 깨달은 분[正等覺]이시며, 영지와 실천이 구족한 분[明行足]이시며, 피안으로 잘 가신 분[善逝]이시며, 세간을 잘 알고 계신 분[世間解]이시며, 가장 높은 분[無上士]이시며, 사람을 잘 길들이는 분[調御丈夫]이시며, 하늘과 인간의 스승[天人師]이시며, 부처님[佛]이시며, 세존(世尊)이시다.'라고, 그분은 신을 포함하고 마라를

───────────

름을 설명하고 있다.

본서 제3경에서 언급한 꼬살라의 빠세나디 왕처럼 마가다의 빔비사라 왕도 부처님께 대한 믿음이 아주 돈독하였다. 그는 15살에 왕위에 올라서 52년 간을 왕위에 있었다고 한다. 부처님은 빔비사라 왕보다 5살이 위였다고 한다.(Mv.ii.25ff.; Dv.iii.50ff.) 『숫따니빠따』의 「빱바자 경」(Pabbajā Sutta, Sn.405ff.)에서 세존이 아직 깨달음을 증득하시기 전에 그와 나누는 대화가 나타난다. 주석서(SnA.ii.386)에 의하면 빔비사라 왕은 세존께서 깨달음을 얻으면 제일 먼저 라자가하를 방문해 주시기를 청하였고 세존께서는 실제로 그렇게 하셨다고 한다. 그래서 세존께서 머물도록 지은 최초의 절이 우리에게 죽림정사로 알려진 웰루와나(Veḷuvana)이다. 이렇게 빔비사라는 세존이 깨달음을 증득하신 때부터 그가 아들 아자따삿뚜에게 시해될 때까지 37년 간을 부처님의 든든한 후원자가 되어, 불교가 인도 중원에 정착하는데 큰 기여를 한 왕이다.

354)　원어는 brāhmaṇagahapatikā이다. 이 합성어는 바라문 장자들이라고도 옮길 수 있지만 MA.iii.309와 DAṬ.i.304~305에서 바라문들과 장자들로 읽고 있다. 그래서 바라문들과 장자들이라 옮겼다. 리즈 데이빗과 월슈도 이렇게 옮겼다. 냐나몰리 스님은 『맛지마 니까야』(중부) 영역에서 모두 바라문 장자들로 옮겼다.(냐나몰리, 379쪽, 433쪽, 506쪽 등)

포함하고 범천을 포함한 이 세상을 스스로 최상의 지혜로 알고, 실현하여, 드러냅니다. 그분은 법을 설합니다. 그분은 시작도 훌륭하고 중간도 훌륭하고 끝도 훌륭하게 [법을 설하고], 의미와 표현을 구족하여 법을 설하여, 더할 나위 없이 완벽하고 지극히 청정한 범행을 드러냅니다. 그러니 그런 아라한을 뵙는 것은 참으로 좋은 일입니다."라고. 그때 짬빠의 바라문들과 장자들은 짬빠로부터 나와 삼삼오오 무리를 지어 각가라 호수로 가고 있었다.

소나단다 바라문

3.   그 무렵에 소나단다 바라문은 누각 위에서 낮 동안의 휴식을 취하고 있었다. 소나단다 바라문은 짬빠의 바라문들과 장자들이 짬빠로부터 나와 삼삼오오 무리를 지어 각가라 호수로 가는 것을 보았다. 그것을 보고 집사를 불러서 말했다.

"집사여, 왜 지금 짬빠의 바라문들과 장자들이 짬빠로부터 나와 삼삼오오 무리를 지어 각가라 호수로 가고 있는가?"

"사문 고따마는 사꺄의 후예인데 사꺄 가문으로부터 출가하여 500명 정도의 많은 비구 승가와 함께 앙가를 유행하시다가 짬빠에 도착하여 짬빠에서 각가라 호수의 언덕에 머물고 계십니다. 그분 고따마 존자에게는 이러한 좋은 명성이 따릅니다. '이런 [이유로] 그분 세존께서는 아라한[應供]이시며, 완전히 깨달은 분[正等覺]이시며, 영지와 실천이 구족한 분[明行足]이시며, 피안으로 잘 가신 분[善逝]이시며, 세간을 잘 알고 계신 분[世間解]이시며, 가장 높은 분[無上士]이시며, 사람을 잘 길들이는 분[調御丈夫]이시며, 하늘과 인간의 스승[天人師]이시며, 부처님[佛]이시며, 세존(世尊)이시다.'라고. 그들은 그분 고따마 존자를 뵙기 위해서 가고 있습니다."

"집사여, 그렇다면 짬빠의 바라문들과 장자들에게 가서 이렇게 전하라. '여보시오, 소나단다 바라문이 말씀하시기를 소나단다 바라문도 사문 고따마를 뵙기 위해서 갈 것입니다.'라고"

"그러겠습니다, 존자시여."라고 그 집사는 소나단다 바라문에게 대답한 뒤 짬빠의 바라문들과 장자들에게 가서 이렇게 말했다. "존자들이여, 소나단다 바라문이 말씀하시기를 소나단다 바라문도 사문 고따마를 뵙기 위해서 갈 것이라고 하셨습니다."

소나단다의 복덕

4. 그 무렵에 여러 지방에서 500여 명의 바라문들이 어떤 일 때문에 짬빠에 와서 머물고 있었다. 그들은 소나단다 바라문이 사문 고따마를 뵈러 갈 것이라고 들었다. 그러자 그 바라문들은 소나단다 바라문에게 가서 이렇게 말하였다.

"소나단다 존자께서 사문 고따마를 보러 갈 것이라는 것이 사실입니까?"

"그렇습니다, 존자들이여. 나도 사문 고따마를 뵈러 갈 것입니다."

5. [355) "소나단다 존자께서는 사문 고따마를 보러 가지 마십시오. 소나단다 존자께서 사문 고따마를 보러 가는 것은 적당하지 않습니다.

(1) 만일 소나단다 존자께서 사문 고따마를 보러 가면 소나단다 존자의 명성은 떨어지고 사문 고따마의 명성은 증장할 것입니다. 소나

---

355) PTS본에는 §5가 누락되어 있다. 역자가 편의상 PTS본의 §4를 이렇게 §4와 §5로 나누었음을 밝힌다.

단다 존자의 명성은 떨어지고 사문 고따마의 명성은 증장할 것이라는 이런 이유 때문에 소나단다 존자께서 사문 고따마를 보러 가는 것은 적당하지 않습니다. 그러나 사문 고따마가 소나단다 존자를 뵈러 오는 것은 적당합니다.

(2) 참으로 소나단다 존자는 모계와 부계 양쪽 모두로부터 순수 혈통을 이어왔고 일곱 선대 동안 태생에 관한 한 의심할 여지가 없고 나무랄 데가 없습니다. 소나단다 존자가 모계와 부계 양쪽 모두로부터 순수 혈통을 이어왔고 일곱 선대 동안 태생에 관한 한 의심할 여지가 없고 나무랄 데가 없다는 그 점 때문에도 소나단다 존자께서 사문 고따마를 보러 가는 것은 적당하지 않습니다. 그러나 사문 고따마가 소나단다 존자를 뵈러 오는 것은 적당합니다.

(3) 참으로 소나단다 존자께서는 부자여서 큰 재물과 큰 재산을 가졌습니다. …

(4) 참으로 소나단다 존자께서는 베다를 공부하는 자이고 만뜨라를 호지하며 어휘와 제사와 음운과 어원에 이어 역사를 다섯 번째로 하는 삼베다에 통달하였고 언어와 문법에 능숙하였으며 자연의 이치와 대인상에 능통합니다. …

(5) 참으로 소나단다 존자께서는 수려하고 멋지고 훤하며 최상의 외모를 갖추고 계시며 숭고한 미와 숭고한 풍채를 가졌으며 친견하기에 모자람이 없는 분입니다. …

(6) 참으로 소나단다 존자께서는 계를 갖춘 분이며 계행이 원만하고 원숙한 계행을 구족하셨습니다. …

(7) 참으로 소나단다 존자께서는 선한 말씀을 하시고 선한 말씨를 가졌고 예의바르고 명확하고 흠이 없고 뜻을 바르게 전달하는 언변

을 구족하셨습니다. …

(8) 참으로 소나단다 존자께서는 많은 스승들의 스승이시며 삼백 명의 바라문 학도들에게 만뜨라를 가르치십니다. 사방의 여러 지방으로부터 많은 바라문 학도들이 만뜨라를 익히고 만뜨라를 배우고자 소나단다 존자 곁으로 모여듭니다. …

(9) 참으로 소나단다 존자께서는 늙어서 나이 들고 노후하고 긴 세월을 보냈고 노숙합니다. 그러나 사문 고따마는 젊었고 승랍도 어립니다. …

(10) 참으로 소나단다 존자께서는 마가다의 왕 세니야 빔비사라로부터 존경받고 존중되고 숭상되고 공경됩니다. …

(11) 참으로 소나단다 존자께서는 뽁카라사띠 바라문으로부터 존경받고 존중되고 숭상되고 공경됩니다. …

(12) 참으로 소나단다 존자께서는 유정(有情)들로 붐비고, 풀, 나무, 물, 곡식이 풍부하며, 마가다의 왕 세니야 빔비사라가 왕의 하사품이자 거룩한 마음의 표시로 그에게 영지(領地)로 준 짬빠를 다스리고 계십니다. 소나단다 존자께서 유정들로 붐비고, 풀, 나무, 물, 곡식이 풍부하며, 마가다의 왕 세니야 빔비사라가 왕의 하사품이자 거룩한 마음의 표시로 그에게 영지로 준 이 짬빠를 다스리고 계신다는 그 점 때문에도 소나단다 존자께서 사문 고따마를 보러 가는 것은 적당하지 않습니다. 반대로 사문 고따마가 소나단다 존자를 뵈러 오는 것이 적당합니다."

부처님의 복덕

6. 이렇게 말했을 때 소나단다 바라문은 그 바라문들에게 이렇

게 말하였다.

"존자들이여, 그렇다면 왜 내가 그분 고따마 존자를 뵈러 가는 것이 어울리고 그분 고따마 존자께서 나를 보러 오는 것이 어울리지 않는지 내 말을 들어 보시오.

⑴ 존자들이여, 참으로 사문 고따마께서는 모계와 부계 양쪽 모두로부터 순수 혈통을 이어왔고 일곱 선대 동안 태생에 관한 한 의심할 여지가 없고 나무랄 데가 없습니다. 그런 고따마 존자는 태생에 관한 양쪽 모두로부터 좋은 태생이라는 그 점 때문에 그분 고따마 존자께서 나를 보러 오는 것은 적당하지 않습니다. 반대로 내가 그분 고따마 존자를 뵈러 가는 것이 적당합니다.

⑵ 존자들이여, 참으로 사문 고따마께서는 많은 친척들을 버리고 출가하셨습니다. …

⑶ 존자들이여, 참으로 사문 고따마께서는 아주 많은 금화와 황금덩이가 지하에 묻혀 있고 다락에 저장되어 있는 것을 버리고 출가하셨습니다. …

⑷ 존자들이여, 참으로 사문 고따마께서는 젊은 나이에, 머리카락은 검고 축복 받은 젊음을 두루 갖춘 인생의 초년에 집을 떠나 출가하셨습니다. …

⑸ 존자들이여, 참으로 사문 고따마께서는 부모님은 원치 않아서 눈물 흘리며 우셨지만 머리와 수염을 깎고 물들인 옷[染衣]을 입고 집을 떠나 출가하셨습니다. …

⑹ 존자들이여, 참으로 사문 고따마께서는 수려하고 멋지고 훤하며 최상의 외모를 갖추고 계시며 숭고한 미와 숭고한 풍채를 가졌으며 친견하기에 모자람이 없는 분이십니다. …

(7) 존자들이여, 참으로 사문 고따마께서는 계를 갖추셨고 성스러운 계를 가진 분이시고 선한 계를 가진 분이며 선한 계를 구족하신 분입니다. …

(8) 존자들이여, 참으로 사문 고따마께서는 선한 말씀을 하시고 선한 말씨를 가졌고 예의바르고 명확하고 흠이 없고 뜻을 바르게 전달하는 언변을 구족하셨습니다. …

(9) 존자들이여, 참으로 사문 고따마께서는 많은 스승들의 스승이십니다. …

(10) 존자들이여, 참으로 사문 고따마께서는 감각적 욕망을 멸진시켰고 사심(私心)이 없으십니다. …

(11) 존자들이여, 참으로 사문 고따마께서는 업을 설하시고 도덕적 행위를 설하시며 바라문 사람들에게 아무런 해악을 도모하지 않습니다. …

(12) 존자들이여, 참으로 사문 고따마께서는 고귀한 가문에서, 최초의 끄샤뜨리야 가문에서 출가하셨습니다. …

(13) 존자들이여, 참으로 사문 고따마께서는 큰 재물과 큰 재산을 가진 부유한 가문에서 출가하셨습니다. …

(14) 존자들이여, 사람들은 참으로 먼 왕국과 먼 지방에서 사문 고따마께 질문하기 위해서 옵니다. …

(15) 존자들이여, 참으로 수천 명의 천신들이 사문 고따마께 목숨 바쳐 귀의합니다. …

(16) 존자들이여, 참으로 사문 고따마께는 이러한 좋은 명성이 따릅니다. '이런 [이유로] 그분 세존께서는 아라한[應供]이시며, 완전히 깨달은 분[正等覺]이시며, 영지와 실천이 구족한 분[明行足]이시며, 피안

으로 잘 가신 분[善逝]이시며, 세간을 잘 알고 계신 분[世間解]이시며, 가장 높은 분[無上士]이시며, 사람을 잘 길들이는 분[調御丈夫]이시며, 하늘과 인간의 스승[天人師]이시며, 부처님[佛]이시며, 세존(世尊)이시다.'라고 …

(17) 존자들이여, 참으로 사문 고따마께서는 서른두 가지 대인상을 구족하셨습니다.…

(18) 존자들이여, 참으로 사문 고따마께서는 '오십시오, 환영합니다.'라고 말씀하시며, 환대하고 만남을 기뻐하시며, 눈살을 찌푸리지 않고 얼굴을 펴고 면전에서 말씀하시는 분입니다. …

(19) 존자들이여, 참으로 사문 고따마께서는 사부대중으로부터356) 존경받고 존중되고 숭상되고 공경됩니다. …

(20) 존자들이여, 참으로 많은 신들과 인간들은 사문 고따마께 청정한 믿음을 가지고 있습니다. …

(21) 존자들이여, 참으로 사문 고따마께서 어떤 마을이나 성읍에 들어가면 그 마을이나 성읍에 있는 비인간들이 인간을 해코지하지 않습니다. …

(22) 존자들이여, 참으로 사문 고따마께서는 승가를 이끌고 무리를 이끌며 무리의 스승이시니 각각의 교단 창시자들 가운데서 최상이라 불립니다. …

(23) 존자들이여, 참으로 보통의 사문·바라문들은 이런저런 잡다한 것을 통해서 명성을 얻지만 사문 고따마의 명성은 그렇지 않습니다. 참으로 사문 고따마의 명성은 위없는 영지와 실천을 구족함[明行足]

---

356) '사부대중'으로 옮긴 원어는 cataso parisā이다. parisā는 pari(주위에)+√sad(*to sit*)에서 파생된 여성명사로 본서에서는 주로 회중(會衆)으로 옮겼고 문맥에 따라 대중, 무리 등으로 옮겼다.

을 통해서 얻어진 것입니다. …

⑷ 존자들이여, 마가다의 세니야 빔비사라 왕은 아들과 아내와 측근들과 대신들과 함께 목숨 바쳐 사문 고따마께 귀의했습니다. …

⑸ 존자들이여, 꼬살라의 빠세나디 왕은 아들과 아내와 측근들과 대신들과 함께 목숨 바쳐 사문 고따마께 귀의했습니다. …

⑹ 존자들이여, 사문 고따마께서는 마가다의 왕 세니야 빔비사라로부터 존경받고 존중되고 숭상되고 공경됩니다. …

⑺ 존자들이여, 사문 고따마께서는 꼬살라의 빠세나디 왕으로부터 존경받고 존중되고 숭상되고 공경됩니다. …

⑻ 존자들이여, 사문 고따마께서는 뽁카라사띠 바라문으로부터 존경받고 존중되고 숭상되고 공경됩니다. …

⑼ 존자들이여, 참으로 사문 고따마께서 짬빠에 도착하셔서 짬빠에서 각가라 호수의 언덕에 머무십니다. 그런데 어떤 사문들이든 바라문들이든 우리 마을에 오신 분들은 우리의 손님들이십니다. 우리는 손님들을 존경하고 존중하고 숭상하고 공경해야 합니다. 이제 사문 고따마께서는 짬빠에 도착하셔서 짬빠에서 각가라 호수의 언덕에 머무십니다. 사문 고따마께서는 우리의 손님이십니다. 우리는 손님들을 존경하고 존중하고 숭상하고 공경해야 합니다. 이런 점 때문에 그분 고따마 존자께서 나를 보러 오는 것은 적당하지 않습니다. 반대로 내가 그분 고따마 존자를 뵈러 가는 것이 적당합니다.

나는 이 정도로만 고따마 존자의 뛰어난 점을 알고 있습니다. 그러나 그분 고따마 존자께서는 이 정도의 뛰어난 점만을 가지고 계시는 것이 아닙니다. 참으로 그분 고따마 존자는 한량없는 뛰어난 점을 가지고 계시기 때문입니다."

7.   이렇게 말하자 그 바라문들은 소나단다 바라문에게 이렇게 말하였다. "소나단다 존자께서 사문 고따마를 이렇게 칭송하여 말씀하시니 그분 고따마 존자가 100요자나357) 밖에 머문다 할지라도 믿음을 가진 선남자는 그를 뵙기 위해서 도시락을 어깨에 메고서라도358) 가야 하겠습니다. 존자들이여, 그러니 우리는 모두 사문 고따마를 뵈러 갑시다."

소나단다의 분별심

8.   그러자 소나단다 바라문은 많은 바라문들의 무리와 함께 각가라 호수로 갔다. 그런데 밀림을 지나가다가 소나단다 바라문에게 이러한 분별심359)이 일어났다. "그런데 만일 내가 사문 고따마께 질문을 하는데 사문 고따마가 나에게 말하기를 '바라문이여, 그 질문은 그렇게 물어서는 안됩니다. 바라문이여, 그런 질문은 이와 같이 해야 합니다.'라고 한다면 이것을 가지고 대중들은 '소나단다 바라문은 어리석고 영민하지 못하다. 그는 사문 고따마에게 근본을 꿰뚫어 질문

---

357) 중국에서 유순으로 음역을 한 요자나(yojana)는 √yuj(*to yoke*)에서 파생된 중성명사이다. 어원이 암시하듯이 이것은 [소에] 멍에를 메워 쉬지 않고 한 번에 갈 수 있는 거리이며 대략 7마일 즉 11 Km 정도의 거리라고 한다.(PED)

358) '도시락을 어깨에 메고서라도'로 옮긴 원어는 puṭaṁsena api이다. puṭaṁsa를 주석서에서는 "그의 어깨에 도시락이 있는 자(puṭo aṁse assā ti)"(DA.i.288)로 바후워르히 합성어로 분석하며 "길에서 필요한 도시락(pātheyyapuṭa)을 어깨에 메고 가는 자"라고 설명하고 있다.(*Ibid*)

359) '분별심'으로 옮긴 원어는 cetaso(마음의) parivitakka(이리저리 일으킨 생각)이다. parivitakka는 '일으킨 생각[尋]'으로 옮기고 있는 vitakka에 접두어 pari(주위에)가 첨가된 것이다. 그래서 전체를 분별심으로 옮겼다.

을 할 수가 없구나.'라고 나를 모욕할 것이다. 이 대중들이 모욕하게 되면 명성도 떨어질 것이다. 명성이 떨어지면 재산도 떨어질 것이다. 우리의 재산은 명성에 의해서 얻어지기 때문이다.

그리고 만일 사문 고따마께서 나에게 질문을 하고 내가 그 질문에 대해서 설명을 하지만 그의 마음을 흡족하게 하지 못한다 하자. 그런데 만일 거기서 사문 고따마께서 나에게 말하기를 '바라문이여, 그 질문에 대해서 그렇게 설명하면 안됩니다. 바라문이여, 그 질문에는 이와 같이 설명해야 합니다.'라고 한다면 이것을 가지고 대중들은 '소나단다 바라문은 어리석고 영민하지 못하다. 그는 사문 고따마의 질문에 대해서 설명을 하지만 그의 마음을 흡족하게 할 수가 없구나.'라고 나를 모욕할 것이다. 이 대중들이 모욕하게 되면 명성도 떨어질 것이다. 명성이 떨어지면 재산도 떨어질 것이다. 우리의 재산은 명성에 의해서 얻어지기 때문이다.

그런데 만일 내가 이처럼 가까이 와놓고 그를 뵙지 않고 사문 고따마를 피해 버린다면 그것 때문에 이 대중들은 나를 두고 '소나단다 바라문은 어리석고 영민하지 못하다. 그는 자만심으로 뻣뻣하지만 두려워서 사문 고따마를 뵈러 가지도 못하는구나. 이렇게 가까이 와놓고 어떻게 사문 고따마를 뵙지도 못하고 피해 버린단 말인가?'라고 나를 모욕할 것이다. 이 대중들이 모욕하게 되면 명성도 떨어질 것이다. 명성이 떨어지면 재산도 떨어질 것이다. 우리의 재산은 명성에 의해서 얻어지기 때문이다."

9. 그러면서 소나단다 바라문은 세존께로 다가갔다. 세존께 가서는 세존과 함께 환담을 나누었다. 유쾌하고 기억할 만한 이야기로 서로 담소를 나누고 한 곁에 앉았다. 짬빠의 바라문들과 장자들도 어

떤 사람들은 세존께 절을 올리고 한 곁에 앉았다. 어떤 사람들은 세존과 함께 환담을 나누고 유쾌하고 기억할 만한 이야기로 서로 담소를 나누고 한 곁에 앉았다. 어떤 사람들은 세존께 합장하여 인사드리고서 한 곁에 앉았다. 어떤 사람들은 세존의 앞에서 이름과 성을 말씀드리고 한 곁에 앉았다. 어떤 자들은 조용히 한 곁에 앉았다.

10. 거기서도 소나단다 바라문은 이러한 많은 분별을 하면서 앉아 있었다. "그런데 만일 내가 사문 고따마께 질문을 하는데 사문 고따마가 나에게 말하기를 '바라문이여, 그 질문은 그렇게 물어서는 안 됩니다. 바라문이여, 그런 질문은 이와 같이 해야 합니다.'라고 한다면 이것을 가지고 대중들은 '소나단다 바라문은 어리석고 영민하지 못하다. 그는 사문 고따마에게 근본을 꿰뚫어 질문을 할 수가 없구나.'라고 나를 모욕할 것이다. 이 대중들이 모욕하게 되면 명성도 떨어질 것이다. 명성이 떨어지면 재산도 떨어질 것이다. 우리의 재산은 명성에 의해서 얻어지기 때문이다.

그리고 만일 사문 고따마께서 나에게 질문을 하고 내가 그 질문에 대해서 설명을 하지만 그의 마음을 흡족하게 하지 못한다 하자. 그런데 만일 거기서 사문 고따마께서 나에게 말하기를 '바라문이여, 그 질문에 대해서 그렇게 설명하면 안됩니다. 바라문이여, 그 질문에는 이와 같이 설명해야 합니다.'라고 한다면 이것을 가지고 대중들은 '소나단다 바라문은 어리석고 영민하지 못하다. 그는 사문 고따마의 질문에 대해서 설명을 하지만 그의 마음을 흡족하게 할 수가 없구나.'라고 나를 모욕할 것이다. 이 대중들이 모욕하게 되면 명성도 떨어질 것이다. 명성이 떨어지면 재산도 떨어질 것이다. 우리의 재산은 명성에 의해서 얻어지기 때문이다.

오, 참으로 사문 고따마께서는 나에게 우리 스승들의 영역인 삼베다360)에 대해서 질문을 해 주시면 좋겠다. 그러면 나는 그 질문에 대한 설명을 제대로 해서 그분의 마음을 흡족하게 해드릴 텐데."

진정한 바라문

11. 그러자 세존께서는 소나단다 바라문의 분별심을 마음으로 훤히 아신 뒤 이렇게 생각하셨다. '소나단다 바라문은 마음이 혼란스러워졌구나. 나는 소나단다 바라문에게 자신의 스승들의 영역인 삼베다에 대해서 질문하리라.'

그런 다음 세존께서는 소나단다 바라문에게 이렇게 말씀하셨다. "바라문이여, 몇 가지 구성요소를 두루 갖추어야 바라문들은 그를 바라문이라고 인정합니까? 그래서 '나는 바라문이다.'라고 천명하는 자는 바르게 말을 한 것이 되고 거짓말을 하지 않은 것이 됩니까?"

12. 그러자 소나단다 바라문에게 이런 생각이 들었다. "'오, 참으로 사문 고따마께서는 나에게 우리 스승들의 영역인 삼베다에 대해서 질문을 해 주시면 좋겠다. 그러면 나는 그 질문에 대한 설명을 제대로 하여서 그분의 마음을 흡족하게 해드릴 텐데.'라고 내가 바라고 원하고 요망하고 소망하던 대로 사문 고따마께서는 나에게 우리 스승들의 영역인 세 가지 베다에 대해서 질문을 하시는구나. 나는 이제 이 질문에 대한 설명을 제대로 해서 이분의 마음을 흡족하게 해드

---

360) 원어는 tevijjaka이다. 삼베다는 『리그베다』 『야주르베다』 『사마베다』이다. 초기경에서 『아타르와베다』는 베다로 인정되지 않는다. 더 자세한 것은 본서 제3경 「암밧타 경」 (D3) §1.3의 주해들을 참조할 것.

리리라."

13. 그러자 소나단다 바라문은 몸을 꼿꼿하게 일으켜 세우고 대
중들을 둘러본 뒤 세존께 이와 같이 말씀드렸다. "고따마 존자시여,
다섯 가지 구성요소를 두루 갖추어야 바라문들은 그를 바라문이라고
인정합니다. 그래야만 '나는 바라문이다.'라고 말할 때 바르게 말한
것이고 거짓말을 하지 않은 것이 됩니다. 무엇이 그 다섯이겠습니까?
(1) 고따마 존자시여, 여기 바라문은 모계와 부계 양쪽 모두로부터 순
수 혈통을 이어왔고 일곱 선대 동안 태생에 관한 한 의심할 여지가
없고 나무랄 데가 없어야 합니다. (2) 그리고 그는 베다를 공부하는
자이고 만뜨라를 호지하며 어휘와 제사와 음운과 어원에 이어 역사
를 다섯 번째로 하는 삼베다에 통달하고 언어와 문법에 능숙하며 자
연의 이치와 대인상에 능통해야 합니다. (3) 그리고 그는 수려하고 멋
지고 훤하며 최상의 외모를 갖추고 있으며 숭고한 미와 숭고한 풍채
를 가졌으며 친견하기에 모자람이 없어야 합니다. (4) 그리고 그는 계
를 갖춘 자이며 계행이 원만하고 원숙한 계행을 구족해야 합니다. (5)
그리고 그는 현명하고 슬기로워서 [제사에서] 헌공주걱을 쥐는 자들
가운데361) 첫 번째거나 두 번째이어야 합니다. 고따마 존자시여, 이

---

361) 원어는 'sujaṁ(헌공주걱을) paggaṇhantānaṁ(쥐는 자들의)'이다. 주석
서에서는 "제사를 거행하기 위해서 헌공주걱을 쥐는 바라문들 가운데서
첫 번째 혹은 두 번째"(DA.i.289)라고 설명하고 있다. 몇몇 가정제사
(pāka-yajña, gṛhya-yajña)를 제외한 모든 제사는 불(agni)에 공물(주
로 버터기름)을 헌공하는 것을 기본으로 한다.(제사 때 만드는 불 피우는
제단에 대해서는 본서 제3권 「합송경」(D33) §1.10.(32)의 주해를 참조
할 것) 이런 헌공은 모두 헌공주걱(suja, *Sk.* sruc)으로 거행하므로 제사
에서 헌공주걱을 쥐는 자는 연장자이거나 제사공정에 능통한 자였다.
제사 지내는 것과 현명한 것과 무슨 상관이 있을까? 큰 상관이 있다. 인도

의 제사는 얀뜨라(yantra, 기계)와 만뜨라(mantra, 주문)라는 두 단어로 압축된다.

제사는 거대한 공장의 복잡 미묘한 큰 기계(yantra)와 같다. 큰 기계가 돌아가기 위해서는 복잡한 공정이 필요하다. 수많은 톱니바퀴들로 구성된 요즘의 큰 공장의 크고 복잡한 기계를 상상해 보면 된다. 이 복잡한 부품이나 공정 가운데 한 부분이라도 빠지거나 고장나거나 하면 기계는 돌아가지 않아서 아무런 제품도 생산해내지 못한다. 그와 마찬가지로 제사도 다양한 기계와 다양한 공정을 가진 절차이다. 그 가운데 한 부분이라도 잘못 거행하면 제사는 성취되지 않는다고 한다. 그래서 천상에 태어나는 과보나 현생의 이익이라는 제품을 생산해내지 못한다. 제사를 거행하는 최소 16명의 바라문들(『리그베다』『야주르베다』『사마베다』『아타르와베다』의 4파에 속하는 4명의 바라문이 공공제사를 거행하는 기본 인원이다)은 그러므로 이러한 공정과 수많은 제사의 기계에 능통한 자들이어야 한다.

그리고 이런 복잡한 공정과 기계들을 돌아가게 하는 휘발유 혹은 전기가 바로 만뜨라(mantra, 주문)이다. 다시 말하면 얀뜨라는 하드웨어고 만뜨라는 소프트웨어이다. 아무리 하드웨어가 좋아도 소프트웨어가 없으면 무용지물이다. 그러므로 소프트웨어인 베다 만뜨라는 중요하고, 그래서 『리그베다』를 인도에서는 가장 신성시 여기는 것이다. 각각의 제사기계와 각각의 제사공정에는 그에 해당하는 만뜨라가 반드시 있다. 그래서 특정 공정이나 특정 기계에 부합하는 만뜨라를 정확하게 읊으면서 제사를 거행해야 제사는 훌륭한 제품(과보)을 만들어낸다.

그들은 이처럼 정확하게 얀뜨라(기계, 제사공정)와 만뜨라(주문)를 운전해서 우주의 질서까지도 지배할 수 있다고 믿었다. 인간이 우주의 섭리의 지배를 받는 것이 아니라 이러한 정확한 제사를 통해서 우주의 섭리를 바꾸고 인간의 편으로 만들 수 있다고 믿었다. 특히 신들의 왕이라 불리는 인드라(삭까)도 인간으로 있을 때 백 번의 제사를 성공적으로 거행했기 때문에 그 과보로 신들의 왕이 되었다고 한다. 그래서 인드라의 별칭 가운데 하나가 사따얏냐(Śata-yajña, 백 번의 제사를 지낸 자)이다.

제사로 모든 것을 해결하려 드는 제사 만능주의라는 비판을 받아 마땅하겠으나 인간의 노력을 중시한 이러한 바라문들의 견해는 자연스럽게 인간은 수행을 통해서 천상의 신들도 실현하지 못하는 해탈·열반을 성취할 수 있다는 불교의 인간중심 사상에 영향을 미쳤을 것이라고 I.B. Horner는 주장하고 있는데 상당히 설득력이 있다고 본다.(Horner, I. B. 47.)

런 다섯 가지 구성요소를 두루 갖추어야 바라문들은 그를 바라문이라고 인정할 것입니다. 그래서 '나는 바라문이다.'라고 천명하는 자가 바르게 말을 한 것이 되고 거짓말을 하지 않은 것이 될 것입니다."

14. "바라문이여, 그런데 이들 다섯 가지 구성요소들 가운데 한 가지를 제외할 수 있습니까? 그래서 네 가지 구성요소를 갖춘 자를 바라문들은 바라문이라고 인정하여 '나는 바라문이다.'라고 말할 때 바르게 말한 것이고 거짓말을 하지 않은 것이 될 수 있습니까?"

"다섯 가지 구성요소들 가운데 한 가지를 제외할 수 있습니다. 저는 외모를 제외하겠습니다. 외모가 무슨 소용이 있겠습니까? 고따마 존자시여, 그러므로 (1) 모계와 부계 양쪽 모두로부터 순수 혈통을 이어왔고 일곱 선대 동안 태생에 관한 한 의심할 여지가 없고 나무랄 데가 없어야 한다. (2) 베다를 공부하는 자이고 만뜨라를 호지하며 어휘와 제사와 음운과 어원에 이어 역사를 다섯 번째로 하는 삼베다에 통달하고 언어와 문법에 능숙하며 자연의 이치와 대인상에 능통해야 한다. (3) 계를 갖춘 자이며 계행이 원만하고 원숙한 계행을 구족해야 한다. (4) 현명하고 슬기로워서 헌공주걱을 쥐는 자들 가운데 첫 번째거나 두 번째이어야 한다. — 이들 네 가지 구성요소를 두루 갖추어야 바라문들은 그를 바라문이라고 인정할 것입니다. 그래서 '나는 바라문이다.'라고 말할 때 바르게 말한 것이고 거짓말을 하지 않은 것이 될 것입니다."

이처럼 얀뜨라와 만뜨라에 능통하지 않은 바라문은 결코 제사를 지낼 수 없다. 그러므로 제사를 지내는 바라문은 현명하고 슬기롭다고 하는 것이다.

15. "바라문이여, 그런데 이들 네 가지 구성요소들 가운데 한 가지를 제외할 수 있습니까? 그래서 세 가지 구성요소를 갖춘 자를 바라문들은 바라문이라고 인정하여 '나는 바라문이다.'라고 말할 때 바르게 말한 것이고 거짓말을 하지 않은 것이 될 수 있습니까?"

"네 가지 구성요소들 가운데 한 가지를 제외할 수 있습니다. 저는 만뜨라를 제외하겠습니다. 만뜨라가 무슨 소용이 있겠습니까? 고따마 존자시여, 그러므로 ⑴ 모계와 부계 양쪽 모두로부터 순수 혈통을 이어왔고 일곱 선대 동안 태생에 관한 한 의심할 여지가 없고 나무랄 데가 없어야 한다. ⑵ 계를 갖춘 자이며 계행이 원만하고 원숙한 계행을 구족해야 한다. ⑶ 현명하고 슬기로워서 헌공주걱을 쥐는 자들 가운데 첫 번째거나 두 번째이어야 한다. — 이들 세 가지 구성요소를 두루 갖추어야 바라문들은 그를 바라문이라고 인정할 것입니다. 그래서 '나는 바라문이다.'라고 말할 때 바르게 말한 것이고 거짓말을 하지 않은 것이 될 것입니다."

16. "바라문이여, 그런데 이들 세 가지 구성요소들 가운데 한 가지를 제외할 수 있습니까? 그래서 두 가지 구성요소를 갖춘 자를 바라문들은 바라문이라고 인정하여 '나는 바라문이다.'라고 말할 때 바르게 말한 것이고 거짓말을 하지 않은 것이 될 수 있습니까?"

"세 가지 구성요소들 가운데 한 가지를 제외할 수 있습니다. 저는 태생을 제외하겠습니다. 태생이 무슨 소용이 있겠습니까? 고따마 존자시여, 그러므로 ⑴ 계를 갖춘 자이며 계행이 원만하고 원숙한 계행을 구족해야 한다. ⑵ 현명하고 슬기로워서 헌공주걱을 쥐는 자들 가운데 첫 번째거나 두 번째이어야 한다. — 이들 두 가지 구성요소를 두루 갖추어야 바라문들은 그를 바라문이라고 인정할 것입니다. 그래서 '나는 바라문이다.'라고 말할 때 바르게 말한 것이고 거짓말을 하지 않은 것이 될 것입니다."

17. 이렇게 말하자 바라문들은 소나단다 바라문에게 이렇게 말하였다. "소나단다 존자는 그렇게 말씀하지 마십시오. 소나단다 존자는 그렇게 말씀하지 마십시오. 소나단다 존자는 외모를 비난하고 만뜨라를 비난하고 태생을 비난하면서 전적으로 사문 고따마의 말에 넘어가고 있습니다."

18. 그러자 세존께서는 바라문들에게 이렇게 말씀하셨다. "만일 그대 바라문들이 '소나단다 바라문은 적게 배웠습니다. 소나단다 바라문은 말을 제대로 못합니다. 소나단다 바라문은 우둔합니다. 소나단다 바라문은 고따마 존자와 함께 이 담론에 참여할 능력이 없습니다.'라고 생각한다면 소나단다 바라문은 가만히 있게 하고 그대들이 나와 더불어 이 담론에 참여하시오. 그러나 만일 그대들이 '소나단다 바라문은 많이 배웠습니다. 소나단다 바라문은 말을 제대로 합니다. 소나단다 바라문은 현자입니다. 소나단다 바라문은 고따마 존자와 함께 이 담론에 참여할 능력이 있습니다.'라고 생각한다면 그대들은 가만히 있고 소나단다 바라문이 나와 더불어 이 담론에 참여하게 하시오."

19. 이렇게 말씀하시자 소나단다 바라문은 세존께 이렇게 말씀드렸다. "고따마 존자께서는 가만히 계십시오. 고따마 존자께서는 말씀하지 마십시오. 제가 저들에게 법답게 대답하겠습니다." 그런 다음

소나단다 바라문은 바라문들에게 이렇게 말했다. "존자들은 그렇게 말하지 마시오. 존자들은 '소나단다 존자는 외모를 비난하고 만뜨라를 비난하고 태생을 비난하면서 전적으로 사문 고따마의 말에 넘어가고 있습니다.'라고 그렇게 말하지 마시오. 존자들이여, 나는 외모와 만뜨라와 태생을 비난하지 않습니다."

20. 그때 소나단다 바라문의 조카인 앙가까라는 바라문 학도가 그 회중에 앉아 있었다. 그러자 소나단다 바라문은 그 바라문들에게 이렇게 말하였다. "존자들이여, 그대들은 우리의 조카인 앙가까 바라문 학도를 봅니까?"

"그렇습니다, 존자시여."

"앙가까 바라문 학도는 수려하고 멋지고 훤하며 최상의 외모를 갖추고 있으며 숭고한 미와 숭고한 풍채를 가졌으며 친히 보기에 모자람이 없습니다. 이 회중에서 고따마 존자를 제외하고 누구도 외모로 그와 동등한 자가 없습니다. 그리고 앙가까 바라문 학도는 베다를 공부하는 자이고 만뜨라를 호지하며 어휘와 제사와 음운과 어원에 이어 역사를 다섯 번째로 하는 삼베다에 통달하고 언어와 문법에 능숙하며 자연의 이치와 대인상에 능통합니다. 내가 그에게 직접 만뜨라를 가르쳤습니다. 그리고 앙가까 바라문 학도는 모계와 부계 양쪽 모두로부터 순수 혈통을 이어왔고 일곱 선대 동안 태생에 관한 한 의심할 여지가 없고 나무랄 데가 없습니다. 내가 그의 양친을 잘 압니다.

그런데 만일 앙가까 바라문 학도가 생명을 죽이고 주지 않은 것을 가지고 남의 여인을 범하고 거짓말을 하고 술을 마신다면 이제 그의 외모가 무슨 소용이 있으며 만뜨라가 무슨 소용이 있으며 태생이 무슨 소용이 있겠습니까?362) 그러므로 ⑴ 계를 갖춘 자이며 계행이 원만하고 원숙한 계행을 구족한 것과 (2) 현명하고 슬기로워서 헌공주걱을 쥐는 자들 가운데 첫 번째거나 두 번째인 것 — 이 두 가지 구성요소를 두루 갖추어야만 바라문들은 그를 바라문이라고 인정할 것입니다. 그래서 '나는 바라문이다.'라고 말할 때 바르게 말한 것이고 거짓말을 하지 않은 것이 될 것입니다."

계와 통찰지

21. "바라문이여, 그런데 이들 두 가지 구성요소들 가운데 한 가지를 제외할 수 있습니까? 그래서 한 가지 구성요소를 갖춘 자를 바라문들은 바라문이라고 인정하여 '나는 바라문이다.'라고 말할 때 바르게 말한 것이고 거짓말을 하지 않은 것이 될 수 있습니까?"

"그렇지 않습니다, 고따마 존자시여. 고따마 존자시여, 계를 통해서 청정하게 되는 것이 통찰지이고 통찰지에 의해서 청정하게 되는 것이 계입니다. 계가 있는 곳에 통찰지가 있고 통찰지가 있는 곳에 계가 있습니다. 계를 가진 자에게 통찰지가 있고 통찰지를 가진 자에게 계가 있습니다. 그러므로 이 세상은 계와 통찰지를 제일로 한다고 일컫습니다. 고따마 존자시여, 마치 손으로 손을 씻고 발로 발을 씻는 것과 같이 계를 통해서 청정하게 되는 것이 통찰지이고 통찰지에 의해서 청정하게 되는 것이 계입니다. 계가 있는 곳에 통찰지가 있고

---

362) 소나단다 바라문은 바라문들의 반발에도 불구하고 이러한 합리적인 사고를 가지고 있었기 때문에 부처님의 가르침을 깊이 이해하였을 것이며 그래서 비록 세존이 자신에게는 손자뻘 정도밖에는 되지 않았지만 스스로 세존의 재가신도가 되었을 것이다. 단지 전통이라고 해서 그냥 따라간다면 죽은 물고기나 다름없어서 세속의 물살을 거슬러 올라가(paṭisota-gāmi, M26) 해탈·열반을 실현하지 못할 것이다.

통찰지가 있는 곳에 계가 있습니다. 계를 가진 자에게 통찰지가 있고 통찰지를 가진 자에게 계가 있습니다. 그러므로 이 세상은 계와 통찰지를 제일로 한다고 일컫습니다."

22. "바라문이여, 참으로 그러합니다. 계를 통해서 청정하게 되는 것이 통찰지이고 통찰지에 의해서 청정하게 되는 것이 계입니다. 계가 있는 곳에 통찰지가 있고 통찰지가 있는 곳에 계가 있습니다. 계를 가진 자에게 통찰지가 있고 통찰지를 가진 자에게 계가 있습니다. 그러므로 이 세상은 계와 통찰지를 제일로 한다고 일컫습니다. 바라문이여, 마치 손으로 손을 씻고 발로 발을 씻는 것과 같이 계를 통해서 청정하게 되는 것이 통찰지이고 통찰지에 의해서 청정하게 되는 것이 계입니다. 계가 있는 곳에 통찰지가 있고 통찰지가 있는 곳에 계가 있습니다. 계를 가진 자에게 통찰지가 있고 통찰지를 가진 자에게 계가 있습니다. 그러므로 이 세상은 계와 통찰지를 제일로 한다고 일컫습니다. 바라문이여, 그런데 무엇이 그 계이며 무엇이 그 통찰지입니까?"

"고따마 존자시여, 그 뜻에 관해서는 이 정도가 제가 알고 있는 전부입니다. 이제 고따마 존자께서 이 말씀의 뜻을 밝혀 주시면 감사하겠습니다."

23. "바라문이여, 그러면 들으시오. 그리고 마음에 잘 새기시오. 이제 설할 것입니다."

"존자시여, 그렇게 하겠습니다."라고 소나단다 바라문은 세존께 대답했다. 세존께서는 이렇게 말씀하셨다.

"바라문이여, (1) 여기 여래가 이 세상에 출현합니다. 그는 아라한

[應供]이며, 완전히 깨달은 분[正等覺]이며, … <중간생략> … 바라문이여, 이와 같이 비구는 계를 구족합니다. 바라문이여, 이것이 바로 그 계입니다.363)

(2) … <중간생략> … 초선을 구족하여 머무릅니다. … <중간생략> … 제2선을 구족하여 머무릅니다. … <중간생략> … 제3선을 구족하여 머무릅니다. … <중간생략> … 제4선을 구족하여 머무릅니다.364)

(3) … <중간생략> … 지와 견으로 마음을 향하게 하고 기울게 합니다. … <중간생략> … 이것 역시 그의 통찰지입니다. … <중간생략> … 다시는 어떤 존재로도 돌아오지 않을 것이다.'라고 꿰뚫어 압니다. 이것 역시 그의 통찰지입니다. 바라문이여, 이것이 바로 그 통찰지입니다.365)"

소나단다의 귀의

24. 이렇게 말씀하시자 소나단다 바라문은 세존께 이렇게 말씀드렸다. "경이롭습니다, 고따마 존자시여. 경이롭습니다, 고따마 존자시여. 마치 넘어진 자를 일으켜 세우시듯, 덮여있는 것을 걷어내 보이시듯, [방향을] 잃어버린 자에게 길을 가리켜 주시듯, '눈 있는 자 형상을 보라.'고 어둠 속에서 등불을 비춰 주시듯, 고따마 존자께서는 여러 가지 방편으로 법을 설해주셨습니다. 저는 이제 고따마 존자께 귀의하옵고, 법과 비구 승가에 또한 귀의합니다. 고따마 존자

---

363) 「사문과경」 (D2) §§40~63에서 상세하게 언급된 짧은 길이의 계와 중간 길이의 계와 긴 길이의 계로 '계'를 정리하고 있다.

364) 「사문과경」 §§75~82에 나타나는 초선, 2선, 3선, 4선의 정형구이다.

365) 「사문과경」 §§83~98에 나타나는 8가지 지혜의 정형구로 '통찰지'를 정리하고 있다.

께서는 저를, 오늘부터 목숨이 있는 날까지 귀의한 청신사로 받아 주소서. 고따마 존자께서는 비구 승가와 함께 내일 저의 공양을 허락하여 주십시오."

세존께서는 침묵으로 허락하셨다. 그러자 소나단다 바라문은 세존께서 침묵으로 허락하신 것을 알고서 자리에서 일어나 세존께 절을 올리고 오른쪽으로 [세 번] 돌아 [경의를 표한] 뒤에 물러갔다.

그런 다음 소나단다 바라문은 그 밤이 지나자 자신의 집에서 맛있는 여러 음식을 준비하게 하여 세존께 시간을 알려드렸다. "고따마 존자시여, [가실] 시간이 되었습니다. 음식이 준비되었습니다."라고.

25. 그때 세존께서는 오전에 옷매무새를 가다듬고 발우와 가사를 수하시고 비구 승가와 함께 소나단다 바라문의 집으로 가셨다. 가셔서는 비구 승가와 함께 지정된 자리에 앉으셨다. 그러자 소나단다 바라문은 부처님을 상수로 하는 비구 승가에게 맛있는 여러 음식을 자기 손으로 직접 대접하고 드시게 했다. 세존께서 공양을 마치시고 그릇에서 손을 떼시자 소나단다 바라문은 어떤 낮은 자리를 잡아서 한 곁에 앉았다. 한 곁에 앉아서 소나단다 바라문은 세존께 이렇게 말씀드렸다.

26. "고따마 존자시여, 만약 제가 회중(會衆)과 함께 있을 때 자리에서 일어나 고따마 존자께 절을 올리면 회중들은 저를 모욕할 것입니다.366) 회중들이 모욕하게 되면 명성에도 금이 갑니다. 명성에 금이 가면 재산도 떨어집니다. 우리의 재산은 명성에 의해서 얻어지

---

366) 주석서에서는 소나단다는 연로하였고 세존은 젊어서 그의 손자뻘(nattu-matta)이었기 때문이라고 적고 있다(DA.i.292).

기 때문입니다. 고따마 존자시여, 만약 제가 회중과 함께 있을 때에는 합장으로 예를 올리겠습니다. 고따마 존자께서는 그것을 제가 자리에서 일어나 예를 올리는 것으로 받아 주소서. 고따마 존자시여, 만약 제가 회중과 함께 있을 때에는 터번을 벗겠습니다. 고따마 존자께서는 그것을 제가 머리 조아려 절을 올리는 것으로 받아 주소서.

고따마 존자시여, 만약 제가 수레를 타고 있을 때 수레에서 내려와서 고따마 존자께 절을 올리면 그 회중들은 저를 모욕할 것입니다. 회중들이 모욕하게 되면 명성에도 금이 갑니다. 명성에 금이 가면 재산도 떨어집니다. 우리의 재산은 명성에 의해서 얻어지기 때문입니다. 고따마 존자시여, 만약 제가 수레에 타고 있을 때에는 불자(拂子)를 들어 올리겠습니다. 고따마 존자께서는 그것을 제가 수레에서 내려온 것으로 받아 주소서. 고따마 존자시여, 만약 제가 수레에 타고 있을 때에는 일산을 접겠습니다. 고따마 존자께서는 그것을 제가 머리 조아려 절을 올리는 것으로 받아 주소서."

27. 그러자 세존께서는 소나단다 바라문에게 법을 설하시고 격려하시고 분발하게 하시고 기쁘게 하시고 자리에서 일어나 가시었다.

「소나단다 경」이 끝났다.

꾸따단따 경

참된 제사

Kūṭadanta Sutta(D5)

꾸따단따 경367)

참된 제사
Kūṭadanta Sutta(D5)

서언

1. 이와 같이 나는 들었다. 한때 세존께서는 500명의 많은 비구 승가와 함께 마가다368)를 유행하시다가 카누마따369)에 도착하셨

---

367) 본경은 꾸따단따라는 당시 유명한 바라문과의 대화를 통해서 참다운 제사의 의미를 드러내 보인 경이다. 그래서 경의 제목도 꾸따단따 숫따(Kūṭadanta Sutta)이다. 본경은 중국에서 「구라단두경」(究羅檀頭經)으로 한역되어 『장아함』의 23번째 경으로 전해온다. 여기서 구라단두(究羅檀頭)는 꾸따단따의 음역이다.

368) 마가다(Magadha)는 부처님 시대에 인도 중원의 16국 가운데서 꼬살라와 더불어 가장 강성했던 나라이며 결국은 16국을 통일한 나라이다. 물론 왕조는 바뀌었지만 마가다 지방에서 흥기한 마우리야(Maurya) 왕조의 3대 왕인 아소까 대왕이 인도를 통일하였다. 그러므로 인도는 마가다가 가장 정통이라고도 할 수 있다. 수도는 라자가하(Rājagaha)였으며 빔비사라(Bimbisāra) 왕과 그의 아들 아자따삿뚜(Ajātasattu)가 부처님 재세 시에 왕위에 있었다.

부처님 재세 시에 마가다는 동으로는 짬빠(Campā) 강, 남으로는 윈댜(Vindhyā) 산맥, 서로는 소나(Soṇa) 강, 북으로는 강가(Gaṅgā) 강이 그 경계였으며 강가 강 북쪽은 웨살리를 비롯한 릿차위(Licchavi)들의 땅이었다.

다. 세존께서는 거기 카누마따에서 암발랏티까 정원370)에 머무셨다.
그 무렵에 꾸따단따 바라문371)은 카누마따에 정착해 있었는데, 그곳
은 사람들로 붐비고 풀, 나무, 물, 곡식이 풍부하였으며, 마가다의 왕
세니야 빔비사라가 왕의 하사품이자 거룩한 마음의 표시로 그에게
영지(領地)로 준 곳이었다. 그 무렵에 꾸따단따 바라문은 큰 제사372)

---

369) Khāṇumata. 다른 경에는 나타나지 않고 오직 이 경에만 나타나는 지명
    이다.

370) Ambalaṭṭhikā. 주석서와 복주서는 「범망경」(D1)의 설명을 보라고 언급
    하고 있다.(DA.i.294; DAṬ.i.420) 그러므로 본서의 「범망경」 §1.2에서
    언급되고 있는 암발랏티까와 같은 곳으로 간주해야 한다. 「범망경」을 설
    하신 암발랏티까는 마가다의 라자가하와 날란다 사이에 있었다.

371) 꾸따단따(Kūṭadanta)는 본경에서만 언급되는 바라문이다. 문자적으로는
    'kūṭa(사나운 [황소]의)-danta(이빨)를 가진 자'라는 의미가 되겠는데 주
    석서에는 그에 대한 아무런 언급이 없다.

372) '큰 제사'로 옮긴 원어는 mahā(큰)-yañña(제사)이다. 인도의 제사는 크
    게 공공제사(śrauta-yajñā)와 가정제사(gṛhya-yajñā)로 나누어지며
    각각은 다시 일곱 가지씩의 기본제사(saṁsthā)로 나누어진다. 제사는 공
    공제사가 가정제사보다 훨씬 중요하게 취급이 된다. 공공제사는 소마
    (Soma)즙을 헌공하는 소마제사(Soma-yajña)와 그 외 우유, 버터, 곡물
    등을 헌공하는 하위르 제사(Haviryajña)로 이루어져 있다. 이러한 제사
    는 동물희생과 함께 거행되며 최소 8일간 거행한다. 동물희생에 대해서는
    아래 §18의 주해를 참조할 것.
    큰 제사로는 사뜨라(satra) 등을 들 수 있는데 이론상으로는 몇백 년 동안
    지속되는 제사도 가능하다. 제사를 이해하는데 가장 중요한 두 가지 개념
    이 얀뜨라(yantra, 기계)와 만뜨라(mantra, 주문)이다. 여기에 대해서는
    본서 「소나단나 경」(D4) §13의 주해를 참조할 것.
    인도 제의서 가운데 가장 잘 알려진 것이 『사따빠타 브라흐마나』(Śata-
    patha Brāhmaṇa, 문자적으로 100장으로 구성된 제의서라는 뜻임)인데
    Eggeling에 의해서 동방성서 시리즈에 다섯 권으로 번역되어 있다. 제1
    권의 서문에 제사의 기본 개념에 대해서 잘 설명되어 있으므로 참조할 것.
    요즘이야 인도도 먹을 것이 풍부하지만 옛날 인도의 제사마당은 먹거리를

를 마련하고 있었다. 칠백 마리의 황소와 칠백 마리의 수송아지와 칠
백 마리의 암송아지와 칠백 마리의 염소와 칠백 마리의 숫양이 제사
를 위해서 제사기둥373)에 끌려나왔다.

2.   카누마따의 바라문들과 장자들은 들었다. "존자들이여, 사
문 고따마는 사꺄의 후예인데 사꺄의 가문으로부터 출가하여 500명
의 많은 비구 승가와 함께 마가다를 유행하시다가 카누마따에 도착
하여 카누마따에서 암발랏티까 정원에 머물고 계십니다. 그분 고따
마 존자에게는 이러한 좋은 명성이 따릅니다. '이런 [이유로] 그분 세
존께서는 아라한[應供]이시며, 완전히 깨달은 분[正等覺]이시며, 영지
와 실천이 구족한 분[明行足]이시며, 피안으로 잘 가신 분[善逝]이시며,
세간을 잘 알고 계신 분[世間解]이시며, 가장 높은 분[無上士]이시며,
사람을 잘 길들이는 분[調御丈夫]이시며, 하늘과 인간의 스승[天人師]이
시며, 부처님[佛]이시며, 세존(世尊)이시다.'라고. 그분은 신을 포함하
고 마라를 포함하고 범천을 포함한 이 세상을 스스로 최상의 지혜로
알고, 실현하여, 드러냅니다. 그분은 법을 설합니다. 그분은 시작도

     풍족히 장만한 축제마당이었다고 할 수 있다. 제사 과정에는 여러 가지 공
     연이나 노름까지도 제사의 공정으로 들어 있다고 한다. 특히 가난했던 바
     라문들이 배불리 먹고 보시도 받고 할 수 있었다.

373) '제사기둥'으로 옮긴 thūṇa는 산스끄리뜨 sthūṇā로 √sthā(*to stand*)에
     서 파생된 명사이다. 제사에서 동물을 묶어서 희생을 올리는 기둥을 뜻한
     다. 모든 동물희생은 제사기둥에 묶어서 바친다. 제의서에서는 제사기둥을
     마련하는 법이 자세히 기술되어 있다. 동물 한 마리당 각각 다른 기둥을
     준비한다. 그러므로 100마리의 희생을 바치면 100개의 제사기둥이 필요
     하다. 그러므로 이것도 물자를 훼손하고 초목을 살상하는 나쁜 행위로 불
     교나 자이나교의 비판을 많이 받았다. 그래서 "동물을 죽이고 나무를 훼손
     하고서도 천상에 간다면 지옥에 갈 자 누가 있겠는가?"라는 인도의 금언
     (Subhāsita)이 있다.

훌륭하고 중간도 훌륭하고 끝도 훌륭하게 [법을 설하고], 의미와 표현을 구족하여 법을 설하여, 더할 나위 없이 완벽하고 지극히 청정한 범행을 드러냅니다. 그러니 그런 아라한을 뵙는 것은 참으로 좋은 일입니다."라고. 그러자 카누마따의 바라문들과 장자들은 카누마따로부터 나와 삼삼오오 무리를 지어 암발랏티까 정원으로 가고 있었다.

꾸따단따 바라문

3.   그 무렵에 꾸따단따 바라문은 누각 위에서 낮 동안의 휴식을 취하고 있었다. 꾸따단따 바라문은 카누마따의 바라문들과 장자들이 카누마따로부터 나와 삼삼오오 무리를 지어 암발랏티까 정원으로 가는 것을 보았다. 그것을 보고 집사를 불러서 말했다.

"집사여, 왜 지금 카누마따의 바라문들과 장자들이 카누마따로부터 나와 삼삼오오 무리를 지어 암발랏티까 정원으로 가고 있는가?"

"사문 고따마는 사꺄의 후예인데 사꺄 가문으로부터 출가하여 500명 정도의 많은 비구 승가와 함께 마가다를 유행하시다가 카누마따에 도착하여 카누마따에서 암발랏티까 정원에 머물고 계십니다. 그분 고따마 존자에게는 이러한 좋은 명성이 따릅니다. '이런 [이유로] 그분 세존께서는 아라한[應供]이시며, 완전히 깨달은 분[正等覺]이시며, 영지와 실천이 구족한 분[明行足]이시며, 피안으로 잘 가신 분[善逝]이시며, 세간을 잘 알고 계신 분[世間解]이시며, 가장 높은 분[無上士]이시며, 사람을 잘 길들이는 분[調御丈夫]이시며, 하늘과 인간의 스승[天人師]이시며, 부처님[佛]이시며, 세존(世尊)이시다.'라고. 그들은 그분 고따마 존자를 뵙기 위해서 가고 있습니다."

4. 그러자 꾸따단따 바라문에게 이런 생각이 들었다. '나는 '사문 고따마께서는 세 가지 제사의 성취와 열여섯 가지 [제사의] 필수품들을 알고 계신다.'고 들었다. 마침 나는 큰 제사를 지내려 하고 있다. 그러니 이제 나는 사문 고따마께 다가가서 세 가지 제사의 성취와 열여섯 가지 [제사의] 필수품들에 대해서 여쭈어봐야겠다.'374)

그런 다음 꾸따단따 바라문은 집사를 불러서 말했다. "집사여, 그렇다면 카누마따의 바라문들과 장자들에게 가서 이렇게 전하라. '여보시오, 꾸따단따 바라문이 말씀하시기를 꾸따단따 바라문도 사문 고따마를 뵙기 위해서 갈 것입니다.'라고"

"그러겠습니다, 존자시여."라고 그 집사는 꾸따단따 바라문에게 대답한 뒤 카누마따의 바라문들과 장자들에게 가서 이렇게 말했다. "존자들이여, 꾸따단따 바라문이 말씀하시기를 꾸따단따 바라문도 사문 고따마를 뵙기 위해서 갈 것이라고 하셨습니다."

꾸따단따의 복덕

5. 그 무렵에 여러 지방에서 수백 명의 바라문들이 꾸따단따 바라문의 큰 제사에 동참하리라면서 카누마따에 와서 머물고 있었다. 그들은 꾸따단따 바라문이 사문 고따마를 뵈러 갈 것이라고 들었다. 그러자 그 바라문들은 꾸따단따 바라문에게 가서 이렇게 말하였다.

"꾸따단따 존자께서 사문 고따마를 보러 갈 것이라는 것이 사실입

---

374) 세 가지 제사의 성취와 16가지 제사의 필수품이 이 경의 주제이다. 여기에 대해서 세존께서는 신화적인 말씀을 통해서 16가지 덕을 갖추어 널리 보시하는 제사를 설하시고(§§10~20) 다시 이것보다 더 수승한 것으로 네 가지를 드신 후에(§§22~26) 최종적으로는 『장부』 제1권의 주제인 계·정·혜로 설명하고 계신다.(§27)

니까?"

"그렇습니다, 존자들이여. 나도 사문 고따마를 뵈러 갈 것입니다."

6.　"꾸따단따 존자께서는 사문 고따마를 보러 가지 마십시오. 꾸따단따 존자께서 사문 고따마를 보러 가는 것은 적당하지 않습니다.

(1) 만일 꾸따단따 존자께서 사문 고따마를 보러 가면 꾸따단따 존자의 명성은 떨어지고 사문 고따마의 명성은 증장할 것입니다. 꾸따단따 존자의 명성은 떨어지고 사문 고따마의 명성은 증장할 것이라는 이런 이유 때문에 꾸따단따 존자께서 사문 고따마를 보러 가는 것은 적당하지 않습니다. 그러나 사문 고따마가 꾸따단따 존자를 뵈러 오는 것은 적당합니다.

(2) 참으로 꾸따단따 존자는 모계와 부계 양쪽 모두로부터 순수 혈통을 이어왔고 일곱 선대 동안 태생에 관한 한 의심할 여지가 없고 나무랄 데가 없습니다. 꾸따단따 존자가 모계와 부계 양쪽 모두로부터 순수 혈통을 이어왔고 일곱 선대 동안 태생에 관한 한 의심할 여지가 없고 나무랄 데가 없다는 그 점 때문에도 꾸따단따 존자께서 사문 고따마를 보러 가는 것은 적당하지 않습니다. 그러나 사문 고따마가 꾸따단따 존자를 뵈러 오는 것은 적당합니다.

(3) 참으로 꾸따단따 존자께서는 부자여서 큰 재물과 큰 재산을 가졌습니다. …

(4) 참으로 꾸따단따 존자께서는 베다를 공부하는 자이고 만뜨라를 호지하며 어휘와 제사와 음운과 어원에 이어 역사를 다섯 번째로 하는 삼베다에 통달하였고 언어와 문법에 능숙하였으며 자연의 이치와 대인상에 능통합니다. …

(5) 참으로 꾸따단따 존자께서는 수려하고 멋지고 훤하며 최상의

외모를 갖추고 계시며 숭고한 미와 숭고한 풍채를 가졌으며 친견하기에 모자람이 없는 분입니다. …

(6) 참으로 꾸따단따 존자께서는 계를 갖춘 분이며 계행이 원만하였고 원숙한 계행을 구족하셨습니다. …

(7) 참으로 꾸따단따 존자께서는 선한 말씀을 하시고 선한 말씨를 가졌고 예의바르고 명확하고 흠이 없고 뜻을 바르게 전달하는 언변을 구족하셨습니다. …

(8) 참으로 꾸따단따 존자께서는 많은 스승들의 스승이시며 삼백 명의 바라문 학도들에게 만뜨라를 가르치십니다. 사방의 여러 지방으로부터 많은 바라문 학도들이 만뜨라를 익히고 만뜨라를 배우고자 꾸따단따 존자 곁으로 모여듭니다. …

(9) 참으로 꾸따단따 존자께서는 늙어서 나이 들고 노후하고 긴 세월을 보냈고, 노숙합니다. 그러나 사문 고따마는 젊었고 승랍도 어립니다. …

(10) 참으로 꾸따단따 존자께서는 마가다의 왕 세니야 빔비사라로부터 존경받고 존중되고 숭상되고 공경됩니다. …

(11) 참으로 꾸따단따 존자께서는 뽁카라사띠 바라문으로부터 존경받고 존중되고 숭상되고 공경됩니다. …

(12) 참으로 꾸따단따 존자께서는 유정들이 붐비고 풀, 나무, 물, 곡식이 풍부하며 마가다의 왕 세니야 빔비사라가 왕의 하사품이자 거룩한 마음의 표시로 그에게 영지로 준 카누마따를 다스리고 계십니다. 꾸따단따 존자께서 유정들이 붐비고 풀, 나무, 물, 곡식이 풍부하며 마가다의 왕 세니야 빔비사라가 왕의 하사품이자 거룩한 마음의 표시로 그에게 영지로 준 이 카누마따를 다스리고 계신다는 그 점 때

문에도 꾸따단따 존자께서 사문 고따마를 보러 가는 것은 적당하지 않습니다. 반대로 사문 고따마가 꾸따단따 존자를 뵈러 오는 것이 적당합니다."

부처님의 복덕

7. 이렇게 말했을 때 꾸따단따 바라문은 그 바라문들에게 이렇게 말하였다.

"존자들이여, 그렇다면 왜 내가 그분 고따마 존자를 뵈러 가는 것이 어울리고 그분 고따마 존자께서 나를 보러 오는 것이 어울리지 않는지 내 말을 들어 보시오.

⑴ 존자들이여, 참으로 사문 고따마께서는 모계와 부계 양쪽 모두로부터 순수 혈통을 이어왔고 일곱 선대 동안 태생에 관한 한 의심할 여지가 없고 나무랄 데가 없습니다. 그런 고따마 존자는 태생에 관한 한 양쪽 모두로부터 좋은 태생이므로 이런 점 때문에 그분 고따마 존자께서 나를 보러 오는 것은 적당하지 않습니다. 반대로 내가 그분 고따마 존자를 뵈러 가는 것이 적당합니다.

⑵ 존자들이여, 참으로 사문 고따마께서는 많은 친척들을 버리고 출가하셨습니다. …

⑶ 존자들이여, 참으로 사문 고따마께서는 아주 많은 금화와 황금 덩이가 지하에 묻혀 있고 다락에 저장되어 있는 것을 버리고 출가하셨습니다. …

⑷ 존자들이여, 참으로 사문 고따마께서는 젊은 나이에, 머리카락은 검고 축복 받은 젊음을 두루 갖춘 인생의 초년에 집을 떠나 출가하셨습니다. …

(5) 존자들이여, 참으로 사문 고따마께서는 부모님은 원치 않아서 눈물 흘리며 우셨지만 머리와 수염을 깎고 물들인 옷[染衣]을 입고 집을 떠나 출가하셨습니다. …

(6) 존자들이여, 참으로 사문 고따마께서는 수려하고 멋지고 훤하며 최상의 외모를 갖추고 계시며 숭고한 미와 숭고한 풍채를 가졌으며 친견하기에 모자람이 없는 분이십니다. …

(7) 존자들이여, 참으로 사문 고따마께서는 계를 갖추셨고 성스러운 계를 가진 분이시고 선한 계를 가진 분이며 선한 계를 구족하신 분입니다. …

(8) 존자들이여, 참으로 사문 고따마께서는 선한 말씀을 하시고 선한 말씨를 가졌고 예의바르고 명확하고 흠이 없고 뜻을 바르게 전달하는 언변을 구족하셨습니다. …

(9) 존자들이여, 참으로 사문 고따마께서는 많은 스승들의 스승이십니다. …

(10) 존자들이여, 참으로 사문 고따마께서는 감각적 욕망을 멸진시켰고 사심(私心)이 없으십니다. …

(11) 존자들이여, 참으로 사문 고따마께서는 업을 설하시고 도덕적 행위를 설하시며 바라문 사람들에게 아무런 해악을 도모하지 않습니다. …

(12) 존자들이여, 참으로 사문 고따마께서는 고귀한 가문에서, 최초의 끄샤뜨리야 가문에서 출가하셨습니다. …

(13) 존자들이여, 참으로 사문 고따마께서는 큰 재물과 큰 재산을 가진 부유한 가문에서 출가하셨습니다. …

(14) 존자들이여, 사람들은 참으로 먼 왕국과 먼 지방에서 사문 고따

마께 질문하기 위해서 옵니다. …

(15) 존자들이여, 참으로 수천 명의 천신들이 사문 고따마께 목숨 바쳐 귀의합니다. …

(16) 존자들이여, 참으로 사문 고따마께는 이러한 좋은 명성이 따릅니다. '이런 [이유로] 그분 세존께서는 아라한[應供]이시며, 완전히 깨달은 분[正等覺]이시며, 영지와 실천이 구족한 분[明行足]이시며, 피안으로 잘 가신 분[善逝]이시며, 세간을 잘 알고 계신 분[世間解]이시며, 가장 높은 분[無上士]이시며, 사람을 잘 길들이는 분[調御丈夫]이시며, 하늘과 인간의 스승[天人師]이시며, 부처님[佛]이시며, 세존(世尊)이시다.'라고. …

(17) 존자들이여, 참으로 사문 고따마께서는 서른두 가지 대인상을 구족하셨습니다.…

(18) 존자들이여, 참으로 사문 고따마께서는 '오십시오, 환영합니다.'라고 말씀하시며, 환대하고 만남을 기뻐하시며, 눈살을 찌푸리지 않고 얼굴을 펴고 면전에서 말씀하시는 분입니다. …

(19) 존자들이여, 참으로 사문 고따마께서는 사부대중으로부터 존경받고 존중되고 숭상되고 공경됩니다. …

(20) 존자들이여, 참으로 많은 신들과 인간들은 사문 고따마께 청정한 믿음을 가지고 있습니다. …

(21) 존자들이여, 참으로 사문 고따마께서 어떤 마을이나 성읍에 들어가면 그 마을이나 성읍에 있는 비인간들이 인간을 해코지하지 않습니다. …

(22) 존자들이여, 참으로 사문 고따마께서는 승가를 이끌고 무리를 이끌며 무리의 스승이시니 각각의 교단 창시자들 가운데서 최상이라

불립니다. …

(23) 존자들이여, 참으로 보통의 사문·바라문들은 이런저런 잡다한 것을 통해서 명성을 얻지만 사문 고따마의 명성은 그렇지 않습니다. 참으로 사문 고따마의 명성은 위없는 영지(靈知)와 실천의 구족[明行足]을 통해서 얻어진 것입니다. …

(24) 존자들이여, 마가다의 세니야 빔비사라 왕은 아들과 아내와 측근들과 대신들과 함께 목숨 바쳐375) 사문 고따마께 귀의했습니다. …

(25) 존자들이여, 꼬살라의 빠세나디 왕은 아들과 아내와 측근들과 대신들과 함께 목숨 바쳐 사문 고따마께 귀의했습니다. …

(26) 존자들이여, 사문 고따마께서는 마가다의 왕 세니야 빔비사라로부터 존경받고 존중되고 숭상되고 공경됩니다. …

(27) 존자들이여, 사문 고따마께서는 꼬살라의 빠세나디 왕으로부터 존경받고 존중되고 숭상되고 공경됩니다. …

(28) 존자들이여, 사문 고따마께서는 뽁카라사띠 바라문으로부터 존경받고 존중되고 숭상되고 공경됩니다. …

(29) 존자들이여, 참으로 사문 고따마께서 카누마따에 도착하셔서 카누마따에서 암발랏티까 정원에 머무십니다. 그런데 어떤 사문들이든 바라문들이든 우리 마을에 오신 분들은 우리의 손님들이십니다. 우리는 손님들을 존경하고 존중하고 숭상하고 공경해야 합니다. 이제 사문 고따마께서는 카누마따에 도착하셔서 카누마따에서 암발랏티까 정원에 머무십니다. 사문 고따마께서는 우리의 손님이십니다.

---

375) 원어는 pāṇehi인데 pāṇa(생명, 목숨)의 탈격 복수이다. 그래서 '목숨 바쳐'로 옮겼다.

우리는 손님들을 존경하고 존중하고 숭상하고 공경해야 합니다. 이런 점 때문에 그분 고따마 존자께서 나를 보러 오는 것은 적당하지 않습니다. 반대로 내가 그분 고따마 존자를 뵈러 가는 것은 적당합니다.

나는 이 정도로만 고따마 존자의 뛰어난 점을 알고 있습니다. 그러나 그분 고따마 존자께서는 이 정도의 뛰어난 점만을 가지지 않으십니다. 참으로 그분 고따마 존자는 한량없는 뛰어난 점을 가지고 계시기 때문입니다."

8. 이렇게 말하자 그 바라문들은 꾸따단따 바라문에게 이렇게 말하였다. "꾸따단따 존자께서 사문 고따마를 이렇게 칭송하여 말씀하시니 그분 고따마 존자가 100요자나 밖에 머문다 할지라도 믿음을 가진 선남자는 그를 뵙기 위해서 도시락을 어깨에 메고서라도 가야 하겠습니다. 그러니 우리 모두 사문 고따마를 뵈러 갈 것입니다."

그리하여 꾸따단따 바라문은 세존께로 다가갔다. 세존께 가서는 세존과 함께 환담을 나누었다. 유쾌하고 기억할 만한 이야기로 서로 담소를 나누고 한 곁에 앉았다. 카누마따의 바라문들과 장자들도 어떤 사람들은 세존께 절을 올리고 한 곁에 앉았다. 어떤 사람들은 세존과 함께 환담을 나누고 유쾌하고 기억할 만한 이야기로 서로 담소를 나누고 한 곁에 앉았다. 어떤 사람들은 세존께 합장하여 인사드리고서 한 곁에 앉았다. 어떤 사람들은 세존의 앞에서 이름과 성을 말씀드리고 한 곁에 앉았다. 어떤 자들은 조용히 한 곁에 앉았다.

9. 한 곁에 앉아서 꾸따단따 바라문은 세존께 이렇게 말씀드렸다. "고따마 존자시여, 저는 '사문 고따마께서는 세 가지 제사의 성취와 열여섯 가지 [제사의] 필수품들을 알고 계신다.'고 들었습니다. 그

러나 저는 세 가지 제사의 성취와 열여섯 가지 [제사의] 필수품들을 알지 못합니다. 마침 저는 큰 제사를 지내려 합니다. 그러니 이제 고따마 존자께서 제게 세 가지 제사의 성취와 열여섯 가지 [제사의] 필수품들을 가르쳐주시면 감사하겠습니다."

"바라문이여, 그러면 들으시오. 그리고 마음에 잘 새기시오. 이제 설할 것이오."

"존자시여, 그렇게 하겠습니다."라고 꾸따단따 바라문은 세존께 대답했다. 세존께서는 이렇게 말씀하셨다.

마하위지따 왕의 제사

10. "바라문이여, 옛날에 마하위지따(大勝)376)라는 왕이 있었소. 그는 부자여서 큰 재물과 큰 재산을 가졌으며 수많은 금은과 수많은 즐길 거리와 수많은 재물과 곡식을 가졌으며 그의 창고와 곳간은 가득 차 있었소. 바라문이여, 그때 마하위지따 왕이 한적한 곳에 가서 홀로 앉아 있는 중에 이런 분별심이 일어났소. '나는 인간이 누릴 수 있는 막대한 재산을 얻었고 광대한 영토를 다스리며 살고 있다. 이제 나에게 오랫동안 이익과 행복이 있도록 나는 큰 제사를 지내리라.'라고. 바라문이여, 그러자 마하위지따 왕은 궁중제관377) 바라문을 불

---

376) 마하위지따(Mahāvijita)는 여기서만 언급되고 있는 왕이다. 문자적으로는 '크게(mahā)-승리한(vijita) 자'라는 뜻이다.

377) '궁중제관'은 purohita의 역어이다. 이것은 √dhā(to put)의 과거분사인 hita에다 '앞에'를 뜻하는 puro를 붙여서 만들어진 단어이다. 문자적으로는 '[왕의] 앞에 놓여 있는 자'라는 의미이다. 제의서 문헌 등 베딕 문헌에 아주 많이 등장하는 술어로 공공제사 등 왕의 종교적인 업무를 관장하는 제관이다. 그러므로 궁중제관은 예외 없이 바라문 출신이다. 그래서 궁중

러서 이와 같이 말했소. '바라문이여, 내가 한적한 곳에 가서 홀로 앉아 있는 중에 이런 분별심이 일어났소. '나는 인간이 누릴 수 있는 막대한 재산을 얻었고 광대한 영토를 다스리며 살고 있다. 이제 나에게 오랫동안 이익과 행복이 있도록 나는 큰 제사를 지내리라.'라고. 바라문이여, 나는 큰 제사를 지내기를 원합니다. 존자는 내게 오랫동안 이익과 행복이 있도록 나를 훈도해 주시오.'"

11. "바라문이여, 이렇게 말하자 궁중제관 바라문은 마하위지따 왕에게 이렇게 말했소[378) '폐하의 영토는 [도둑이라는] 가시밭이 있고[379) 살벌합니다. 마을을 약탈하는 경우도 있고 성읍을 약탈하는 경우도 있고 도시를 약탈하는 경우도 있으며 노상강도들도 있습니다. 이처럼 [도둑이라는] 가시밭이 있고 살벌한 영토에서 세금을 올린다면 폐하는 폐하의 소임을 다하지 못하는 것입니다. 그러면 폐하께서는 '나는 이 도둑의 무리를 죽이거나 묶거나 재산을 몰수하거나 꾸짖거나 추방하거나 하여 처벌하리라.'고 생각하실지 모릅니다. 그러나 그것은 도둑의 무리에 대한 바른 처벌이 아닙니다. 처벌에서 살

제관으로 옮겼다. 베딕 시대에는 왕들끼리 전쟁을 하면 이런 궁중제관들은 만뜨라를 읊으면서 종교적 힘으로 도왔다고 하며 이런 제관들의 영적인 힘이 전쟁의 승패를 크게 좌우했다고 한다. 우리식으로 이해하면 신라나 고려시대의 왕사에 해당한다고 보면 되겠다.
복주서에서는 "왕의 현생과 내생의 이익을 앞서서(puro) 취급하고(dhā-nato) 미리미리(pure pure) 준비하기 때문에(saṁvidhānato) 뿌로히따라고 한다."(DAṬ.ii.287)고 설명하고 있다.

378) 즉 그는 왕에게 제사를 지내기보다는 왕도정치의 이상을 먼저 실현할 것을 강조하고 있다.

379) 원어는 그냥 가시밭(sakaṇṭaka)인데 주석서에서는 '도둑이라는 가시들에 의한'(corakaṇṭakehi) 가시밭이라고 설명하고 있다.(DA.i.296)

아남은 무리들이 있을 것이며 그들은 나중에 왕국을 해코지할 것입니다. 대신에 이제 이런 방법을 써서 이 도둑의 무리를 바르게 처벌하셔야 합니다.

이제 폐하께서는 폐하의 왕국에서 농사와 목축에 적합한 자들에게는 씨앗과 음식을 제공하십시오. 폐하의 왕국에서 상업에 적합한 자들에게는 자금을 제공하십시오. 폐하의 왕국에서 왕의 측근이 되기에 적합한 자들에게는 음식과 보수를 책정해 주십시오. 이처럼 자신의 직업에 몰두하는 자들은 왕국을 해코지하지 않을 것입니다. 더불어 폐하에게는 큰 세입이 있을 것입니다. 땅은 안정이 되고 영토는 [도둑이라는] 가시밭이 없어지고 살벌하지 않게 됩니다. 백성들은 기쁨을 누리고 기뻐서 가슴에 자식들을 안고 춤을 추고 집의 문을 열어놓고 살 것이라 생각됩니다.'라고.

바라문이여, 그러자 마하위지따 왕은 '존자여, 그렇게 하겠소이다.'라고 궁중제관 바라문에게 대답한 뒤 왕국에서 농사와 목축에 적합한 자들에게는 씨앗과 음식을 제공하였고, 왕국에서 상업에 적합한 자들에게는 자금을 제공하였으며, 왕국에서 왕의 측근이 되기에 적합한 자들에게는 음식과 보수를 책정해 주었소. 이제 자신의 직업에 몰두하는 자들은 왕국을 해코지하지 않았소. 더불어 마하위지따 왕에게는 큰 세입이 생겼소. 땅은 안정이 되고 영토는 [도둑이라는] 가시밭이 없어지고 살벌하지 않게 되었소. 백성들은 기쁨을 누리고 기뻐서 가슴에 자식들을 안고 춤을 추고 집의 문을 열어놓고 살았소."

첫 번째 제사의 필수품 4가지 - 첫 번째 제사의 성취

12. "바라문이여, 그러자 마하위지따 왕은 궁중제관 바라문을 불러서 이와 같이 말했소 '이제 도둑의 무리들도 처벌하였고 큰 세입이 생겼습니다. 땅은 안정이 되고 영토에는 [도둑이라는] 가시밭이 없어지고 살벌하지 않게 되었습니다. 백성들은 기쁨을 누리고 기뻐서 가슴에 자식들을 안고 춤을 추고 집의 문을 열어놓고 삽니다. 바라문이여, 이제 나는 큰 제사를 지내기를 원합니다. 존자는 내게 오랫동안 이익과 행복이 있도록 나를 훈도해 주시오.'라고

'그렇다면 폐하께서는 폐하의 왕국에서 성읍이나 지방에 살고 있는 봉토를 받은 끄샤뜨리야들을 불러서 상의를 하십시오. '존자들이여, 이제 나는 큰 제사를 지내기를 원하오. 존자들은 내게 오랫동안 이익과 행복이 있도록 나를 훈도해 주시오.'라고. 폐하께서는 폐하의 성읍이나 지방에 살고 있는 대신들을 … 성읍이나 지방에 살고 있는 큰 공소(公所)를 가진 바라문들을 … 성읍이나 지방에 살고 있는 부유한 장자들을 불러서 상의를 하십시오. '존자들이여, 이제 나는 큰 제사를 지내기를 원하오. 존자들은 내게 오랫동안 이익과 행복이 있도록 나를 훈도해 주시오.'라고.'

바라문이여, 그러자 마하위지따 왕은 '그렇게 하겠소이다.'라고 궁중제관 바라문에게 대답한 뒤 왕국에서 성읍이나 지방에 살고 있는 봉토를 받은 끄샤뜨리야들을 불러서 상의를 하였소. '존자들이여, 이제 나는 큰 제사를 지내기를 원하오. 존자들은 내게 오랫동안 이익과 행복이 있도록 나를 훈도해 주시오.'라고.

[그들은 대답했다.] '폐하께서는 제사를 지내십시오. 대왕이시여,

이제는 제사를 올릴 때가 되었습니다.'라고

마하위지따 왕은 성읍이나 지방에 살고 있는 대신들을 … 성읍이나 지방에 살고 있는 큰 공소를 가진 바라문들을 … 성읍이나 지방에 살고 있는 부유한 장자들을 불러서 상의를 하였소. '존자들이여, 이제 나는 큰 제사를 지내기를 원하오. 존자들은 내게 오랫동안 이익과 행복이 있도록 나를 훈도해 주시오.'라고

[그들은 대답했다.] '폐하께서는 제사를 지내십시오. 대왕이시여, 이제는 제사를 올릴 때가 되었습니다.'라고

이러한 동의를 하는 네 측근들이 그의 제사의 필수품이오."

두 번째 제사의 필수품 8가지 – 두 번째 제사의 성취

13. "마하위지따 왕은 여덟 가지 구성요소들을 두루 갖추었소.

⑴ 그는 모계와 부계 양쪽 모두로부터 순수 혈통을 이어왔고 일곱 선대 동안 태생에 관한 한 의심할 여지가 없고 나무랄 데가 없었소.

⑵ 그는 수려하고 멋지고 훤하며 최상의 외모를 갖추고 있으며 숭고한 미와 숭고한 풍채를 가졌으며 친견하기에 모자람이 없는 자였소.

⑶ 그는 부자여서 큰 재물과 큰 재산을 가졌으며 수많은 금은과 수많은 즐길 거리와 수많은 재물과 곡식을 가졌으며 그의 창고와 곳간은 가득 차있었소.

⑷ 그는 막강한 네 무리의 군대380)를 갖추고 있었으니 그들은 충성스럽고 명령에 잘 따라서 그들의 명성으로 적들을 충분히 견뎌낸다고 생각되었소.

---

380) '네 무리의 군대(caturaṅginī senā)'란 코끼리(hatthi) 부대, 기마(assa) 부대, 전차(ratha) 부대, 보병(patti)의 네 가지 구성요소를 갖춘 군대를 말한다.(DA.i.154)

(5) 그는 믿음이 있고 보시하는 자이며 보시의 왕이며 문을 항상 열어두고 사문, 바라문, 탄원자, 여행자, 가난한 자, 거지들에게 샘이 되어 공덕을 지었소.

(6) 그는 많이 배운 자여서 이 사람 저 사람들로부터 배운 것과 이 사람 저 사람들이 말한 뜻을 '이것이 이 말의 뜻이고 저것은 저 말의 뜻이다.'라고 잘 알았소.

(7) 그는 현명하고 영민하고 슬기로웠소.

(8) 그는 과거와 현재와 미래의 의미를 생각할 힘381)이 있었소.

마하위지따 왕은 이들 여덟 가지 구성요소들을 두루 갖추었소. 이 러한 여덟 가지 구성요소들도 그의 제사의 필수품이오."

세 번째 제사의 필수품 4가지 – 세 번째 제사의 성취

14. "궁중제관 바라문은 네 가지 구성요소들을 두루 갖추었소.

(1) 그는 모계와 부계 양쪽 모두로부터 순수 혈통을 이어왔고 일곱 선대 동안 태생에 관한 한 의심할 여지가 없고 나무랄 데가 없었소.

(2) 그는 베다를 공부하는 자이고 만뜨라를 호지하며 어휘와 제사 와 음운과 어원에 이어 역사를 다섯 번째로 하는 삼베다에 통달하고 언어와 문법에 능숙하며 자연의 이치와 대인상에 능통하였소.

(3) 그는 계를 갖춘 자이며 계행이 원만하고 원숙한 계행을 구족하 였소.

(4) 그는 현명하고 영민하고 슬기로워서 헌공주걱을 쥐는 자들 가 운데 첫 번째거나 두 번째였소.

---

381) 주석서는 공덕의 업(puñña-kamma)과 그 결과로 천상에 태어나는 것 등을 판단하는 힘이라고 설명하고 있다.(DA.i.298)

궁중제관 바라문은 이들 네 가지 구성요소들을 두루 갖추었소. 이러한 네 가지 구성요소들도 그의 제사의 필수품이오."

세 가지 가르침

15. "바라문이여, 제사를 지내기에 앞서 궁중제관 바라문은 마하위지따 왕에게 세 가지를 가르쳤소. '(1) 폐하께서는 큰 제사를 지내고자 하실 때 '오, 나의 큰 재산이 사라질 것이다.'라는 어떤 후회도 하시면 안됩니다. (2) 폐하께서는 큰 제사를 지내시면서 '오, 나의 큰 재산이 사라지는구나.'라는 어떤 후회도 하시면 안됩니다. (3) 폐하께서는 큰 제사를 지내신 후에 '오, 나의 큰 재산이 사라졌구나.'라는 어떤 후회도 하시면 안됩니다.'라고. 바라문이여, 제사를 지내기에 앞서 궁중제관 바라문은 마하위지따 왕에게 이러한 세 가지를 가르쳤소."

열 가지 염려를 막음

16. "바라문이여, 제사를 지내기에 앞서 궁중제관 바라문은 마하위지따 왕에게 10가지로 제사에 참여하는 사람들에 대한 염려를 막도록 하였소. '폐하의 제사에는 (1) 살생을 하는 사람들과 살생을 금하는 사람들이 올 것입니다. 그 가운데서 살생을 하는 사람들은 그냥 있게 하고 살생을 금하는 사람들과 더불어 제사를 지내고 그들과 더불어 기뻐하고 그들과 더불어 안으로 마음을 청정하게 하십시오. 폐하의 제사에는 (2) 주지 않은 것을 가지는 사람들과 주지 않은 것을 금하는 사람들이 … (3) 삿된 음행을 하는 사람들과 삿된 음행을 금하는 사람들이 … (4) 거짓말을 하는 사람들과 거짓말을 금하는 사

람들이 … (5) 이간질을 하는 사람들과 이간질을 금하는 사람들이 …
(6) 욕설을 하는 사람들과 욕설을 금하는 사람들이 … (7) 잡담을 하
는 사람들과 잡담을 금하는 사람들이 … (8) 간탐하는 사람들과 간탐
하지 않는 사람들이 … (9) 악의에 찬 마음을 가진 사람들과 악의 없
는 마음을 가진 사람들이 … (10) 삿된 견해를 가진 사람들과 바른 견
해를 가진 사람들이 올 것입니다. 그 가운데서 삿된 견해를 가진 사
람들은 그냥 있게 하고 바른 견해를 가진 사람들과 더불어 제사를 지
내고 그들과 더불어 기뻐하고 그들과 더불어 안으로 마음을 청정하
게 하십시오.'라고. 바라문이여, 제사를 지내기에 앞서 궁중제관 바라
문은 마하위지따 왕에게 이러한 10가지로 제사에 참여하는 사람들
에 대한 염려를 막도록 하였소."

열여섯 가지 마음가짐

17. "바라문이여, 궁중제관 바라문은 큰 제사를 지내려는 마하
위지따 왕에게 16가지로 마음[가짐]을 가르치고 격려하고 분발하게
하고 기쁘게 하였소.

(1) '폐하께서 큰 제사를 지내려 할 때 '마하위지따 왕은 큰 제사를
지낸다. 그러나 그는 성읍이나 지방에 살고 있는 봉토를 받은 끄샤뜨
리야들을 불러서 상의를 하지 않는다. 그리고서도 왕은 이러한 큰 제
사를 지낸다.'라고 폐하에 대해서 이렇게 말하는 자는 법답지 못합니
다. 폐하는 이미 성읍이나 지방에 살고 있는 봉토를 받은 끄샤뜨리야
들을 불러서 상의를 하였기 때문입니다. 그러므로 폐하는 [아무 장애
없이] 제사를 지내게 되고 기뻐하게 되고 안으로 마음을 청정하게
하리라는 것을 아실 것입니다.

(2) … 성읍이나 지방에 살고 있는 대신들을 …

(3) … 성읍이나 지방에 살고 있는 큰 공소를 가진 바라문들을 …

(4) … 성읍이나 지방에 살고 있는 부유한 장자들을 …

(5) 폐하께서 큰 제사를 지내려 할 때 '마하위지따 왕은 큰 제사를 지낸다. 그러나 마하위지따 왕은 모계와 부계 양쪽 모두로부터 순수 혈통을 이어왔고 일곱 선대 동안 태생에 관한 한 의심할 여지가 없고 나무랄 데가 없는, 그런 자가 아니다. 그러고서도 왕은 이러한 큰 제사를 지낸다.'라고 폐하에 대해서 이렇게 말하는 자는 법답지 못합니다. 폐하는 모계와 부계 양쪽 모두로부터 순수 혈통을 이어왔고 일곱 선대 동안 태생에 관한 한 의심할 여지가 없고 나무랄 데가 없기 때문입니다.

(6) 마하위지따 왕은 수려하고 멋지고 훤하며 최상의 외모를 갖추고 있으며 숭고한 미와 숭고한 풍채를 가졌으며 친견하기에 모자람이 없는, 그런 자가 아니다. …

(7) 마하위지따 왕은 부자여서 큰 재물과 큰 재산을 가졌으며 수많은 금은과 수많은 즐길 거리와 수많은 재물과 곡식을 가졌으며 그의 창고와 곳간은 가득 차있는, 그런 자가 아니다. …

(8) 마하위지따 왕은 막강한 네 무리의 군대를 갖추고 있으며 그들은 충성스럽고 명령에 잘 따라서 그들의 명성으로 적들을 충분히 견뎌내야 한다고 생각되는, 그런 자가 아니다. …

(9) 마하위지따 왕은 믿음이 있고 보시하는 자이며 보시의 왕이며 문을 항상 열어두고 사문, 바라문, 탄원자, 여행자, 가난한 자, 거지들에게 샘이 되어 공덕을 짓는, 그런 자가 아니다. …

(10) 마하위지따 왕은 많이 배운 자여서 이사람 저 사람들로부터 배

운 것과 이사람 저 사람들이 말한 뜻을 '이것이 이 말의 뜻이고 저것은 저 말의 뜻이다.'라고 잘 아는, 그런 자가 아니다. …

(11) 마하위지따 왕은 현명하고 영민하고 슬기로운, 그런 자가 아니다. …

(12) 마하위지따 왕은 과거와 현재와 미래의 의미를 생각할 힘이 있는, 그런 자가 아니다. …

(13) 마하위지따 왕의 궁중제관 바라문은 모계와 부계 양쪽 모두로부터 순수 혈통을 이어왔고 일곱 선대 동안 태생에 관한 한 의심할 여지가 없고 나무랄 데가 없는, 그런 자가 아니다. …

(14) 마하위지따 왕의 궁중제관 바라문은 베다를 공부하는 자이고 만뜨라를 호지하며 어휘와 제사와 음운과 어원에 이어 역사를 다섯 번째로 하는 삼베다에 통달하고 언어와 문법에 능숙하며 자연의 이치와 대인상에 능통한, 그런 자가 아니다. …

(15) 마하위지따 왕의 궁중제관 바라문은 계를 갖춘 자이며 계행이 원만하고 원숙한 계행을 구족한, 그런 자가 아니다. …

(16) 폐하께서 큰 제사를 지내려 할 때 '마하위지따 왕은 큰 제사를 지낸다. 그러나 그의 궁중제관 바라문은 현명하고 영민하고 슬기로워서 헌공주걱을 쥐는 자들 가운데 첫 번째거나 두 번째인, 그런 자가 아니다. 그러고서도 왕은 이러한 큰 제사를 지낸다.'라고 폐하에 대해서 이렇게 말하는 자는 법답지 못합니다. 폐하의 궁중제관 바라문은 이미 현명하고 영민하고 슬기로워서 헌공주걱을 쥐는 자들 가운데 첫 번째거나 두 번째이기 때문입니다. 그러므로 폐하는 [아무 장애 없이] 제사를 지내게 되고 기뻐하게 되고 안으로 마음을 청정하게 하리라는 것을 아실 것입니다.'

바라문이여, 궁중제관 바라문은 큰 제사를 지내려는 마하위지따 왕에게 이러한 16가지로 마음[가짐]을 가르치고 격려하고 분발하게 하고 기쁘게 하였소.”

18. “바라문이여, 그 제사에서는 소들을 죽이지 않았고[382] 염소와 양들도 죽이지 않았고 닭과 돼지들도 죽이지 않았소 여러 생명들을 살해하지 않았고 제사기둥[383]으로 쓸 나무들을 자르지 않았으며

---

382) 동물희생은 양이 기본이었고 제사의 종류에 따라 소, 말, 염소 등의 가축을 희생으로 바쳤으며, 그 가축도 임신한 가축 등을 희생하는 등 잔인한 동물제사가 많았고, 심지어 사람까지 희생으로 바치는 제사(puruṣa-yajña)가 있었음을 제의서는 언급하고 있다. 그러나 제의서들이 정착될 때 즉 부처님 시대나 그 전후에는 이미 인간희생은 없어진 것으로 보인다. 인간희생이 동물희생으로 대체된 극적인 이야기가 아이따레야 브라흐마나(Aitareya Brāhmaṇa)에 개꼬리(Śunaḥ-puccha) 삼형제 이야기로 전해오는데 지금도 바라문들 사이에서는 널리 읽히고 있다.
한편 후대로 오면서 공공제사의 핵심이 되는 동물희생에서 동물을 죽이는 의식은 없어졌다고 한다. 왜냐하면 불교와 자이나교 등의 거센 비판을 받았으며, 후대로 올수록 바라문들도 철저한 채식주의자가 되었기 때문이다. 요즘에 인도의 몇몇 군데에서 제의서에 나오는 대로 동물희생을 올리면서 제사를 거행하려고 시도를 하였지만 어떤 바라문 사제도 동물을 죽이며 제사를 지내려 하지 않아서 못한다고 한다.
그리고 언급해야 할 것이 세계적인 제사의 흐름이다. 구약성서 등에서도 동물희생은 아주 많이 등장하며(인간희생이 동물희생으로 대체된 사실도 언급된다) 중국에서도 희생이 만두로 대체되었고 인도에서도 인간희생은 동물희생과 쌀떡(iḍā, 요즘 인도의 이들리의 원조임)희생 등으로 대체되는 등 세계 여러 문명에서 희생은 이처럼 대체되었다. 그러나 잉카문명에서는 백인들이 아메리카 대륙에 침입해 들어갈 때까지 인간희생 내지는 인간을 혹독하게 취급하는 살벌한 희생제사가 있었다고 한다. 잉카 문명은 이처럼 희생을 대체하지 못했기 때문에 민중으로부터 두려움의 대상이 되었고, 그래서 민중들로부터 거부당했으며, 이러한 배경 때문에 남미의 잉카 종교는 서양 문명과 서양 종교 앞에 무기력하게 되었다고 한다.

383) 제사기둥에 대해서는 앞 §1의 마지막 주해를 참조할 것.

제사 풀384)로 사용할 목적으로 다르바(꾸사) 풀385)을 꺾지도 않았소.
하인들이나 심부름꾼들이나 일꾼들도 매를 맞지 않고 두려움에 떨지
않고 얼굴에 눈물 흘리며 울지 않고 작업을 하였소.386) 원하는 자들
은 행하였고 원하지 않는 자들은 행하지 않았으며 원하는 것을 행하

---

384) '제사 풀'로 옮긴 원어는 barihisa(Sk. barhis)인데 제사에서 사용되는 꾸
사(kusa, Sk. kuśa) 풀을 뜻한다. 꾸사 풀은 다르바(darbha) 풀이라고도
부른다. 이 풀은 제사도구를 놓는 곳과 신들을 소청하는 장소에 정해진 방
법에 따라 놓으며, 제사를 지낼 때는 정해진 공정에 따라서 아수라들의 접
근을 막기 위해서 제사 풀을 사방에다 뿌린다고 한다.

385) 다르비 풀로 옮긴 원어는 dabbhā이며 산스끄리뜨 darbha이다. 이 풀은
꾸사(kusa) 풀이라고도 불리는데 제사에서 없어서는 안 될 중요한 풀이
다. 우리나라의 억새풀과 비슷한데 아주 억세고 뻣뻣해서 꺾을 때 조심하
지 않으면 손을 베게 된다.
꾸사 풀을 벤다는 뜻으로부터 파생된 용어가 바로 중국에서 선(善)으로
옮긴 꾸살라(kusala)이며 본서에서는 유익함으로 옮기고 있다. 꾸살라는
kusa+√la(to cut)에서 파생된 단어로 주석서들은 해석을 하는데 꾸사
풀을 베기 위해서는 조심해야하고 능숙한 솜씨가 있어야 한다는 의미이다.
그러므로 기본적으로는 능숙함이라는 의미이며 영어에서는 wholesome-
ness로 옮기고 있다. 경에서는 이 선·불선을 판단해서 선(善)은 증장시
키고 불선(不善)은 없애려고 노력하는 것을 바른 정진(sammā-vāyāma,
正精進)이라고 정의한다. 그러므로 이러한 선·불선의 판단은 불교 수행
의 출발점이나 다름없다.

386) 고대의 모든 문명들은 모두 제사의식을 거행했고 거기에는 피를 바치는
동물희생과 인간희생까지 자행되었다. 이러한 거대한 제사를 준비하기 위
해서 인간들은 살생을 하고 자연을 훼손하고 강제로 노역을 시켰다. 거듭
말하지만 제사의 무서움을 극복한 문명은 지금까지 살아남았고 그렇지 못
한 잉카문명 등은 사라졌다. 피를 보지 않는 것이 불교이고 이런 불교나
자이나교의 영향으로 인도에도 동물희생이 사라져버렸다. 이렇게 인간희
생은 말할 것도 없고 동물희생까지 극복한 것이 인류 종교사이다. 그러나
잉카와 마야문명은 이런 것을 극복하지 못했기에 기층민중의 지지를 받을
수 없었다. 이런 의미에서 참다운 제사로 계·정·혜 삼학을 들고 있는 본
경은 인류사에 던지는 부처님의 큰 메시지라 할 수 있다.

였고 원하지 않는 것은 행하지 않았소. 버터기름, 참기름, 생 버터, 우유, 꿀, 사탕수수즙으로 그 제사는 완성되었소."

19. "그러자 성읍이나 지방에 살고 있는 봉토를 받은 끄샤뜨리야들과 성읍이나 지방에 살고 있는 대신들과 성읍이나 지방에 살고 있는 큰 공소를 가진 바라문들과 성읍이나 지방에 살고 있는 부유한 장자들은 수많은 자신들의 재물을 가지고 마하위지따 왕에게 다가와서 이렇게 말했소. '폐하, 우리들이 가지고 온 이런 수많은 재물들은 모두 폐하께 바치는 것이오니 이를 받아 주십시오.' '존자들이여, 이러한 것은 나의 수많은 재물들로도 충분하오. 그것은 법답게 모은 세금387)들이오. 그러니 그대들 것은 그대들이 가지시고 이것을 더 가져가시오.' 그들은 왕이 거절을 하자 한 곁에 모여서 이렇게 상의를 하였소. '우리가 우리의 소유물들을 다시 각자의 집으로 가져간다는 것은 어울리지 않습니다. 마하위지따 왕은 큰 제사를 지냅니다. 참으로 우리도 이제 따라서 제사를 지냅시다.'라고"

20. "바라문이여, 그러자 성읍이나 지방에 살고 있는 봉토를 받은 끄샤뜨리야들은 제사 지내는 장소의 동쪽에 보시물을 내려놓았소. 성읍이나 지방에 살고 있는 대신들은 제사 지내는 장소의 남쪽에 보시물을 내려놓았소. 성읍이나 지방에 살고 있는 큰 공소를 가진 바라문들은 제사 지내는 장소의 서쪽에 보시물을 내려놓았소. 성읍이나 지방에 살고 있는 부유한 장자들은 제사 지내는 장소의 북쪽에 보시물을 내려놓았소.

---

387) '세금'으로 옮긴 bali는 범어 일반에서 제사에서 바치는 '공물'과 왕이 거두는 '세금'의 두 가지 의미로 쓰인다. 여기서는 세금의 뜻인데 제사의 문맥에서 나타나므로 공물을 뜻하기도 하는 동음이의인 *pun*이 들어 있다.

바라문이여, 이들의 제사에서도 소들을 죽이지 않았고 염소와 양들도 죽이지 않았고 닭과 돼지들도 죽이지 않았소. 여러 생명들을 살해하지 않았고 제사기둥으로 쓸 나무들을 자르지 않았으며 제사 풀로 사용할 목적으로 다르바(꾸사) 풀을 꺾지도 않았소. 하인들이나 심부름꾼들이나 일꾼들도 매를 맞지 않고 두려움에 떨지 않고 얼굴에 눈물 흘리며 울지 않고 작업을 하였소. 원하는 자들은 행하였고 원하지 않는 자들은 행하지 않았으며 원하는 것을 행하였고 원하지 않는 것은 행하지 않았소. 버터기름, 참기름, 생 버터, 우유, 꿀, 사탕수수즙으로 그들의 제사는 완성되었소."

"이처럼 (1) 동의를 하는 네 측근들이 있고 (2) 마하위지따 왕은 여덟 가지 구성요소들을 두루 갖추었고 (3) 궁중제관 바라문은 네 가지 구성요소들을 두루 갖추었으니 이것이 곧 세 가지 측면이오. 바라문이여, 이것을 일러 세 가지 제사의 성취와 열여섯 가지 [제사의] 필수품들이라 하오."

21. 이렇게 말씀하시자 그 바라문들에게 큰 소동이 일어나서 시끄럽고 큰 소리로 떠들썩하게 되었다. "오, 참다운 제사로다. 오, 참다운 제사의 성취로다."라고. 그러나 꾸따단따 바라문은 침묵하고 앉아 있었다. 그러자 바라문들은 꾸따단따 바라문에게 이렇게 말하였다. "그런데 왜 꾸따단따 존자께서는 사문 고따마의 좋은 말씀을 좋은 말씀이라고 함께 기뻐하지 않습니까?"

"존자들이여, 나는 사문 고따마의 좋은 말씀을 좋은 말씀이라고 함께 기뻐하지 않는 것이 아닙니다. 존자들이여, 그러나 사문 고따마께서는 '나는 이렇게 들었다.'라든지 '이렇게 할 만하다.'라고 말씀하지 않으십니다. 대신에 사문 고따마께서는 '그때는 이러하였다. 그때는 그와 같았다.'라고 말씀하십니다. 그래서 내게는 이런 생각이 듭니다. '참으로 사문 고따마께서는 그때에 제사의 주인이었던 마하위지따 왕이었을까, 아니면 그 제사의 제관388)이었던 궁중제관 바라문이었을까?'라고. 그런데 고따마 존자께서는 이런 제사의 주인으로 제사를 지냈거나 제관으로 제사를 집행한 뒤에 몸이 무너져 죽은 다음에 좋은 세계, 하늘 세계[天界]에 태어났음을 인정하십니까?"

"바라문이여, 나는 이런 제사의 주인이 되었거나 제관으로 제사를 집행한 뒤에 몸이 무너져 죽은 다음에 좋은 세계, 하늘 세계[天界]에 태어났음을 인정하오. 나는 그때에 궁중제관 바라문이었으며 그 제사의 제관이었소."

항상 베푸는 보시와 대를 이어가는 제사

22. "고따마 존자시여, 그런데 이런 세 가지 제사의 성취와 열여섯 가지 [제사의] 필수품들보다도 덜 번거롭고 덜 어려우면서도389) 더 많은 과보와 더 많은 이익을 주는 다른 제사가 있습니까?"

---

388) '제사의 주인'으로 옮긴 원어는 yañña-sāmi이고 '제관'으로 옮긴 원어는 yājetā이다. 제사의 주인이란 제사를 주최하는 왕이나 부유한 바라문이나 장자 등을 뜻하고 제관은 그런 제사를 집행하는 제관이다. 범어 일반에서는 제사를 주최하는 사람으로 yajamāna라는 술어가 사용되고 있으며 집행 제관은 yājayitṛ라고 한다.

389) 많은 인도학자들은 불교가 인도 대중에게 크게 어필할 수 있었던 것으로 의례의식의 단순명료화를 든다. 바라문 제사는 거행하기 어렵다. 제사는 큰 공장의 기계(yantra)에 비유되었다. 대기업의 공장에서 복잡한 공정으로 이루어져 있고 수많은 부품으로 이루어진 기계가 한 곳이라도 고장 나면 제품을 생산해내지 못한다. 그와 마찬가지로 복잡한 제사의 절차 가운데 한 부분이라도 잘못 거행되면 천상이라는 과보를 생산할 수 없다고 제의서들은 설명한다. 무엇보다도 이런 복잡한 공정으로 이루어진 제사는

"바라문이여, 이런 세 가지 제사의 성취와 열여섯 가지 필수품들보다도 덜 번거롭고 덜 어려우면서도 더 많은 과보와 더 많은 이익을 주는 다른 제사가 있소"

"고따마 존자시여, 그러면 어떤 것이 이런 세 가지 제사의 성취와 열여섯 가지 필수품들보다도 덜 번거롭고 덜 어려우면서도 더 많은 과보와 더 많은 이익을 주는 다른 제사입니까?"

"바라문이여, 계를 갖춘 출가자들을 위해서 보시하는 것이야말로 항상 베푸는 보시요 대를 이어가는 제사390)이오. 바라문이여, 이것이 세 가지 제사의 성취와 열여섯 가지 [제사의] 필수품들보다도 덜 번거롭고 덜 어려우면서도 더 많은 과보와 더 많은 이익을 주는 다른 제사이오."

23. "고따마 존자시여, 무슨 원인과 무슨 조건 때문에 계를 갖춘 출가자들을 위해서 보시하는 것이야말로 항상 베푸는 보시요 대를 이어가는 제사여서, 이것이 세 가지 제사의 성취와 열여섯 가지 [제사의] 필수품들보다도 덜 번거롭고 덜 어려우면서도 더 많은 과

엄청난 경비가 든다. 보통사람들은 제사의 주인이 될 수가 없다. 그래서 꾸따단따 바라문도 덜 번거롭고 덜 어려우면서도 더 많은 과보와 이익을 주는 방법을 부처님께 여쭙고 있다.

불교는 의례의식을 중시하지 않으며 오히려 의례의식에 집착하는 것[戒禁取]은 해탈을 방해하는 족쇄라고 가르친다. 본경에서 설명하듯이 10선업도(十善業道) 등의 계행과 선정과 지혜 등 일상생활 속에서의 실천을 중시하였다. 초기부터 불교는 제사 등의 복잡한 의례의식을 통해서가 아니라 보시하고 계를 잘 지니면 천상에 태어난다[施・戒・生天]고 가르친다.

390) "대를 이어가는 제사(anukulayañña)란 우리의 아버지와 할아버지 등이 실행한 것이라고 여기고 후대의 나쁜 사람들조차도 가문 대대로 실행하는 제사이다."(DA.i.302)

보와 더 많은 이익을 줍니까?"

"바라문이여, 그러한 제사에는 아라한들이나 아라한도를 성취한 자들은 가지 않소. 그것은 무슨 이유 때문인가? 바라문이여, 그런 제사에서는 몽둥이로 때리고 목을 조르고 하는 것들을 보기 때문이오. 그러므로 그러한 제사에는 아라한들이나 아라한도를 성취한 자들은 가지 않소. 바라문이여, 그러나 계를 갖춘 출가자들을 위해서 보시하는, 항상 베푸는 보시와 대를 이어가는 제사에는 아라한들이나 아라한도를 성취한 자들이 가오. 그것은 무슨 이유 때문인가? 바라문이여, 이런 제사에서는 몽둥이로 때리고 목을 조르고 하는 것들을 보지 않기 때문이오. 그러므로 이러한 제사에는 아라한들이나 아라한도를 성취한 자들이 가오. 바라문이여, 이러한 원인과 이러한 조건 때문에 계를 갖춘 출가자들을 위해서 보시하는 것이야말로 항상 베푸는 보시요 대를 이어가는 제사여서, 이것이 세 가지 제사의 성취와 열여섯 가지 [제사의] 필수품들보다도 덜 번거롭고 덜 어려우면서도 더 많은 과보와 더 많은 이익을 주오."

사방승가를 위해서 승원을 지음

24. "고따마 존자시여, 그런데 이런 세 가지 제사의 성취와 열여섯 가지 [제사의] 필수품들보다도 덜 번거롭고 덜 어려우면서도 더 많은 과보와 더 많은 이익을 주는 또 다른 제사가 있습니까?"

"바라문이여, 이런 세 가지 제사의 성취와 열여섯 가지 [제사의] 필수품들보다도 덜 번거롭고 덜 어려우면서도 더 많은 과보와 더 많은 이익을 주는 또 다른 제사가 있소."

"고따마 존자시여, 그러면 어떤 것이 이런 세 가지 제사의 성취와 열여섯 가지 [제사의] 필수품들보다도 덜 번거롭고 덜 어려우면서도 더 많은 과보와 더 많은 이익을 주는 또 다른 제사입니까?"

"바라문이여, 사방승가를 위해서 승원을 짓는 것이오.391) 바라문이여, 이것이 세 가지 제사의 성취와 열여섯 가지 [제사의] 필수품들보다도 덜 번거롭고 덜 어려우면서도 더 많은 과보와 더 많은 이익을 주는 제사이오."

삼보에 귀의함

25. "고따마 존자시여, 그런데 이런 세 가지 제사의 성취와 열여섯 가지 필수품들보다도 덜 번거롭고 덜 어려우면서도 더 많은 과보와 더 많은 이익을 주는 또 다른 제사가 있습니까?"

"바라문이여, 이런 세 가지 제사의 성취와 열여섯 가지 필수품들보다도 덜 번거롭고 덜 어려우면서도 더 많은 과보와 더 많은 이익을 주는 또 다른 제사가 있소."

"고따마 존자시여, 그러면 어떤 것이 이런 세 가지 제사의 성취와 열여섯 가지 필수품들보다도 덜 번거롭고 덜 어려우면서도 더 많은 과보와 더 많은 이익을 주는 또 다른 제사입니까?"

"바라문이여, 깨끗한 믿음을 가진 마음으로 부처님께 귀의하고 법에 귀의하고 승가에 귀의하는 것이오. 바라문이여, 이것이 세 가지 제사의 성취와 열여섯 가지 필수품들보다도 덜 번거롭고 덜 어려우면서도 더 많은 과보와 더 많은 이익을 주는 제사이오."

---

391) 『증지부 복주석서』에 의하면 사방승가(cātuddisa saṅgha)란 특정 사원에 거주하는 스님들이 아니라 사방팔방에서 모여든 스님들을 말한다. 그들이 편히 머물 수 있는 승방을 짓는 것이 공덕이 된다는 말이다.(AAṬ. iv.186)

학습계목을 받아지님

26. "고따마 존자시여, 그런데 이런 세 가지 제사의 성취와 열여섯 가지 필수품들보다도 덜 번거롭고 덜 어려우면서도 더 많은 과보와 더 많은 이익을 주는 또 다른 제사가 있습니까?"

"바라문이여, 이런 세 가지 제사의 성취와 열여섯 가지 필수품들보다도 덜 번거롭고 덜 어려우면서도 더 많은 과보와 더 많은 이익을 주는 또 다른 제사가 있소."

"고따마 존자시여, 그러면 어떤 것이 이런 세 가지 제사의 성취와 열여섯 가지 필수품들보다도 덜 번거롭고 덜 어려우면서도 더 많은 과보와 더 많은 이익을 주는 또 다른 제사입니까?"

"바라문이여, 깨끗한 믿음을 가진 마음으로 학습계목들을 받아 지니는 것이니, 생명을 죽이는 것을 금하고, 주지 않은 것을 가지는 것을 금하고, 삿된 음행을 금하고, 거짓말하는 것을 금하고, 방일하는 근본이 되는 술과 중독성 물질을 섭취하는 것을 금하는 것이오. 바라문이여, 이것이 세 가지 제사의 성취와 열여섯 가지 필수품들보다도 덜 번거롭고 덜 어려우면서도 더 많은 과보와 더 많은 이익을 주는 제사이오."

계·정·혜의 구족

27. "고따마 존자시여, 그런데 이런 세 가지 제사의 성취와 열여섯 가지 필수품들보다도 덜 번거롭고 덜 어려우면서도 더 많은 과보와 더 많은 이익을 주는 또 다른 제사가 있습니까?"

"바라문이여, 이런 세 가지 제사의 성취와 열여섯 가지 필수품들보다도 덜 번거롭고 덜 어려우면서도 더 많은 과보와 더 많은 이익을 주는 또 다른 제사가 있소."

"고따마 존자시여, 그러면 어떤 것이 이런 세 가지 제사의 성취와 열여섯 가지 필수품들보다도 덜 번거롭고 덜 어려우면서도 더 많은 과보와 더 많은 이익을 주는 또 다른 제사입니까?"

"바라문이여, (1) 여기 여래가 이 세상에 출현하오. 그는 아라한[應供]이며, 완전히 깨달은 분[正等覺]이며, … <중간생략> … 바라문이여, 이와 같이 비구는 계를 구족하오.392)

(2) … <중간생략> … 초선을 구족하여 머무르오. 바라문이여, 이것이 세 가지 제사의 성취와 열여섯 가지 필수품들보다도 덜 번거롭고 덜 어려우면서도 더 많은 과보와 더 많은 이익을 주는 제사이오. … <중간생략> … 제2선을 구족하여 머무르오. … <중간생략> … 제3선을 구족하여 머무르오. … <중간생략> … 제4선을 구족하여 머무르오. 바라문이여, 이것이 세 가지 제사의 성취와 열여섯 가지 필수품들보다도 덜 번거롭고 덜 어려우면서도 더 많은 과보와 더 많은 이익을 주는 제사이오.393)

(3) … <중간생략> … 지와 견으로 마음을 향하게 하고 기울게 하오. … <중간생략> … 바라문이여, 이것이 세 가지 제사의 성취와 열여섯

---

392) 「사문과경」(D2) §§40~63에서 상세하게 언급한 짧은 길이의 계와 중간 길이의 계와 긴 길이의 계인데 이것은 '계의 구족'이다.

393) 「사문과경」 §§75~82에 나타나는 초선, 2선, 3선, 4선의 정형구인데 이 것은 '삼매의 구족'이다. 본경에서는 이러한 삼매의 구족은 세 가지 제사의 성취와 열여섯 가지 필수품들보다도 덜 번거롭고 덜 어려우면서도 더 많은 과보와 더 많은 이익을 주는 제사라고 일컫는다.

가지 필수품들보다도 덜 번거롭고 덜 어려우면서도 더 많은 과보와
더 많은 이익을 주는 제사이오 … <중간생략> … '다시는 어떤 존재
로도 돌아오지 않을 것이다.'라고 꿰뚫어 아오.394) 바라문이여, 이것
이 세 가지 제사의 성취와 열여섯 가지 필수품들보다도 덜 번거롭고
덜 어려우면서도 더 많은 과보와 더 많은 이익을 주는 제사이오.

바라문이여, 이러한 제사의 성취보다 더 높고 더 수승한 다른 제사
의 성취는 존재하지 않소."395)

꾸따단따의 귀의

28. 이렇게 말씀하시자 꾸따단따 바라문은 세존께 이렇게 말씀
드렸다. "경이롭습니다, 고따마 존자시여. 경이롭습니다, 고따마 존
자시여. 마치 넘어진 자를 일으켜 세우시듯, 덮여있는 것을 걷어내
보이시듯, [방향을] 잃어버린 자에게 길을 가리켜 주시듯, '눈 있는

---

394) 「사문과경」 §§83~98에 나타나는 8가지 지혜의 정형구인데 이것은 '통
찰지의 구족'이다. 본경에서는 이러한 통찰지의 구족도 세 가지 제사의 성
취와 열여섯 가지 필수품들보다도 덜 번거롭고 덜 어려우면서도 더 많은
과보와 더 많은 이익을 주는 제사라고 일컫고 있다.

395) 계·정·혜 삼학을 실천하는 것이야말로 해탈·열반이라는 최고의 과보를
가져다주는 최상의 제사라는 부처님의 결론이다. 이것은 동물희생과 제
사에 큰 가치를 부여하였던 인도문명을 비롯한 세계문명에게 건네주신 부
처님의 위대한 메시지이다. 살생을 하고 초목과 환경을 파괴시키면서도
천상에 간다면 지옥에 갈 사람 누가 있겠는가? 살생을 통해서 천상 가는
것이 아니라 도덕적인 삶과 평화로운 마음과 연기·무아의 도리를 꿰뚫어
보는 참 지혜로 천상도 가고 해탈도 하는 것이라는 부처님의 가르침은 자
기 국가, 자기 종교의 이익을 위해서는 남의 나라, 남의 종교의 사람들 쯤
이야 아무리 죽여도 죄가 되지 않으며 오히려 성스럽다는 식의 발상이 난
무하는 현대에 사는 우리가 꼭 반조해봐야 할 가르침이다.

자 형상을 보라.'고 어둠 속에서 등불을 비춰 주시듯, 고따마 존자께서는 여러 가지 방편으로 법을 설해주셨습니다. 저는 이제 고따마 존자께 귀의하옵고, 법과 비구 승가에 또한 귀의하옵니다. 고따마 존자께서는 저를, 오늘부터 목숨이 있는 날까지 귀의한 청신사로 받아 주소서. 고따마 존자시여, 이런 저는 칠백 마리의 황소와 칠백 마리의 수송아지와 칠백 마리의 암송아지와 칠백 마리의 염소와 칠백 마리의 숫양을 풀어주고 살려주겠습니다. 그리고 풀을 가져가서 먹게 하겠습니다. 시원한 물을 마시게 하겠습니다. 시원한 바람을 쏘이게 하겠습니다."

예류도의 증득

29. 　그러자 세존께서는 꾸따단따 바라문에게 순차적인 가르침을 설하셨다. 보시의 가르침, 계의 가르침, 천상의 가르침, 감각적 욕망들의 위험과 타락과 오염됨, 출리의 공덕을 밝혀주셨다. 세존께서는 꾸따단따 바라문이 마음이 준비가 되고 마음이 부드러워지고 마음의 장애가 없어지고 마음이 고무되고 마음에 깨끗한 믿음이 생겼음을 아시게 되었을 때 모든 부처님들께서 찾아내신 괴로움[苦]과 일어남[集]과 소멸[滅]과 도[道]라는 법의 가르침을 드러내셨다. 마치 얼룩이 없는 깨끗한 천이 바르게 잘 염색되는 것처럼 바라문 꾸따단따에게는 그 자리에서 '일어나는 법은 그 무엇이든 모두 멸하기 마련인 법이다[集法卽滅法]'라는 티 없고 때가 없는 법의 눈[法眼]이 생겼다.396)

---

396)　이 예류도의 정형구에 대한 설명은 본서 「암밧타 경」(D3) §2.21의 주해들을 참조할 것.

30. 그래서 꾸따단따 바라문은 법을 보았고 법을 얻었고 법을 체득했고 법을 간파했고 의심을 건넜고 혼란을 제거했고 무외를 얻었고 스승의 교법에서 남에게 의지하지 않게 되었다. 그는 세존께 이렇게 말씀드렸다. "고따마 존자께서는 비구 승가와 함께 내일 저의 공양을 허락하여 주십시오."

세존께서는 침묵으로 허락하셨다. 그러자 꾸따단따 바라문은 세존께서 침묵으로 허락하신 것을 알고서 자리에서 일어나 세존께 절을 올리고 오른쪽으로 [세 번] 돌아 [경의를 표한] 뒤에 물러갔다. 그런 다음 꾸따단따 바라문은 그 밤이 지나자 자신의 집에서 맛있는 여러 음식을 준비하게 하고 세존께 시간을 알려드렸다. "고따마 존자시여, [가실] 시간이 되었습니다. 음식이 준비되었습니다."라고

그때 세존께서는 오전에 옷매무새를 가다듬고 발우와 가사를 수하시고 비구 승가와 함께 꾸따단따 바라문의 집으로 가셨다. 가셔서는 비구 승가와 함께 지정된 자리에 앉으셨다. 그러자 꾸따단따 바라문은 부처님을 상수로 하는 비구 승가에게 맛있는 여러 음식을 자기 손으로 직접 대접하고 드시게 했다. 세존께서 공양을 마치시고 그릇에서 손을 떼시자 꾸따단따 바라문은 어떤 낮은 자리를 잡아서 한 곁에 앉았다. 그러자 세존께서는 꾸따단따 바라문에게 법을 설하시고 격려하시고 분발하게 하시고 기쁘게 하시고 자리에서 일어나 가시었다.

「꾸따단따 경」이 끝났다.

마할리 경

출가의 목적

Mahāli Sutta(D6)

마할리 경397)

출가의 목적

Mahāli Sutta(D6)

서언

1. 이와 같이 나는 들었다. 한때 세존께서는 웨살리398)의 큰

___

397) 본경은 마할리(Mahāli)라 불리는 릿차위의 옷탓다에게 설하신 것이다. 삼매와 삼매를 통한 신통은 분명히 가능하지만, 이것은 출가의 궁극이 아님을 분명하게 하시고, 팔정도를 통한 해탈의 실현이 출가의 궁극이라 천명하시는 것이 본경의 핵심이다. 그러므로 본경은 삼매 수행이나 좌선 지상주의에 잘못 빠져드는 요즘 일부 수행자들이 깊이 새겨봐야 할 가르침이다. 본경에 해당하는 한문 번역은 없다.

398) 웨살리(Vesāli)는 공화국 체제을 유지했던 왓지(Vajji) 족들의 수도였다. 세존께서는 성도를 이루신 후 5년째 되는 해에 웨살리를 방문하셨다고 한다.(BuA. p.3; KhpA.160*ff.* = SnA.i.278; DhA.iii.436*ff.*) "번창하게 되었기 때문에(visālabhāva-upagamanato) 웨살리라 한다."(DA.i.309)고 주석서는 설명하고 있다.(아래 §3의 릿차위에 대한 주해를 참조할 것.) 웨살리와 부처님 교단은 많은 인연이 있었으며 본경 외에도 「대사자후 경」(Mahāsīhanāda Sutta, M12), 「짧은 삿짜까 경」(Cūla-Saccaka Sutta, M35), 「긴 삿짜까 경」(Mahā-Saccaka Sutta, M36), 「삼명 왓차곳따 경」(Tevijja-Vacchagotta Sutta, M71), 「수낙캇따 경」(Sunakkhatta Sutta, M105) 등 많은 경들이 웨살리에서 설해졌다. 웨살리는 자이나교(니간타)의 창시자인 마하위라(Mahāvīra)의 고향인데, 자이나교의 『깔빠 수뜨라』(Kalpa Sūtra, sect. 122)에 의하면 마하

숲[大林]399)에 있는 중각강당400)에 머무셨다. 그 무렵 많은 꼬살라의
바라문 전령들과 마가다의 바라문 전령들이 어떤 일 때문에 웨살리

위라의 42하안거 가운데 12안거를 웨살리에서 보냈다고 한다. 『중부』
「우빨리 경」(M56)과 「아바야 왕자 경」(M58) 등을 통해서 니간타들이
그들의 신도들이 불교로 전향하는 것을 막기 위해서 안간힘을 쓰는 것을
볼 수 있다.
　　웨살리에는 짜빨라(Cāpāla), 삿땀바까(Sattambaka), 바후뿟따(Bahu-
putta, 多子), 고따마(Gotama), 사란다다(Sārandada), 우데나(Udena)
등의 많은 탑묘(cetiya)들이 있었으며 주석서에 의하면 이들은 약카
(yakkha, 야차)를 섬기는 곳이었다고 한다.(DA.ii.554) 약카는 자이나 문
헌에서도 숭배의 대상으로 많이 등장하며 이런 점을 봐도 웨살리는 니간
타(자이나) 등을 위시한 고행자, 유행승 등의 사문 전통이 강한 곳이었던
것 같다.
　　웨살리는 불멸 후 100년쯤에 다시 불교 역사의 조명을 받는 곳이 되는데,
왓지뿟따까(Vajjiputtakā)들이 제기한 율에 관계된 10가지 논점(kappa)
때문에 웨살리의 왈리까 승원(Vālikārāma)에서 2차 결집이 행해졌다. 이
결집에서 10가지 논점은 비법(非法)이라고 상좌부에서는 공식적으로 발
표하였고 이에 반대하여 왓지뿟따까들은 마하상기까(Mahāsaṅghika, 대
중부)로 분파를 하였는데 이것이 역사상 첫 번째 교단의 분열이다.
　　한편 율장에 의하면 부처님 재세 시에도 이미 왓지뿟따까(Vajjiputtakā)
로 기술되는 500명의 왓지 출신 비구들은 비록 후에 다시 사리뿟따와 목
갈라나 존자에 의해서 되돌아오기는 했지만 데와닷따의 교단으로 전향하
기도 하였다.(Vin.ii.199f.)

399) mahā(큰)-vana(숲)를 직역한 것이다. 세존께서 웨살리에 머무실 때는
　　　주로 이 큰 숲의 중각강당에 계셨다고 한다. 초기경에는 몇 군데 큰 숲이
　　　언급되고 있다. 여기 웨살리의 마하와나(본경, M35; M36 M71; M105
　　　등)와 까삘라왓투의 마하와나(D20; M18 등)와 우루웰라 근교의 마하와
　　　나(A.iv.437f.)와 네란자라(Nerañjarā) 강 언덕의 마하와나(DhA.i.86)
　　　등이다.

400) 원어는 kūṭāgārasālā이다. kūṭa(위층 누각[이 있는])-āgāra(집의)-
　　　sālā(강당)라는 뜻이다. 여기 kūṭa는 뾰족한 지붕을 뜻하기도 하고 누각
　　　등을 가진 위층을 뜻하기도 하였다. 중국에서 중각강당(重閣講堂)이라
　　　한역하였으며 역자도 이를 따랐다.

에 머물고 있었다. 꼬살라의 바라문 전령들과 마가다의 바라문 전령들은 들었다. "존자들이여, 사문 고따마는 사꺄의 후예인데 사꺄 가문에서 출가하여 500명 정도의 많은 비구 승가와 함께 웨살리의 큰 숲에 있는 중각강당에 머물고 계십니다. 그분 고따마 존자에게는 이러한 좋은 명성이 따릅니다. '이런 [이유로] 그분 세존께서는 아라한[應供]이시며, 완전히 깨달은 분[正等覺]이시며, 영지와 실천이 구족한 분[明行足]이시며, 피안으로 잘 가신 분[善逝]이시며, 세간을 잘 알고 계신 분[世間解]이시며, 가장 높은 분[無上士]이시며, 사람을 잘 길들이는 분[調御丈夫]이시며, 하늘과 인간의 스승[天人師]이시며, 부처님[佛]이시며, 세존(世尊)이시다.'라고. 그분은 신을 포함하고 마라를 포함하고 범천을 포함한 이 세상을 스스로 최상의 지혜로 알고, 실현하여, 드러냅니다. 그분은 법을 설합니다. 그분은 시작도 훌륭하고 중간도 훌륭하고 끝도 훌륭하게 [법을 설하고], 의미와 표현을 구족하여 법을 설하여, 더할 나위 없이 완벽하고 지극히 청정한 범행을 드러냅니다. 그러니 그런 아라한을 뵙는 것은 참으로 좋은 일입니다."라고.

2. 그러자 꼬살라의 바라문 전령들과 마가다의 바라문 전령들은 큰 숲에 있는 중각강당으로 다가갔다. 그 무렵에는 나기따 존자401)가 세존의 시자로 있었다. 그러자 꼬살라의 바라문 전령들과 마가다의 바라문 전령들은 나기따 존자에게 다가갔다. 가서는 나기

---

401) 나기따(Nāgita) 존자는 본경에서 보듯이 잠시 동안 부처님의 시자 소임을 보았다. 주석서에 의하면 그는 본경에 나타나는 시하(Sīha) 사미의 외삼촌이었다고 한다. 그는 깟사빠로 불렸으며 그래서 깟사빠 족성을 가진 바라문 출신이었음을 알 수 있다. 그는 뚱뚱하고 게을렀으며 그래서 그가 할 일은 본경에서 보듯이 대부분 시하 사미가 대신했다고 한다.(DA.i. 310)

따 존자에게 이렇게 말했다.

"나기따 존자여, 지금 그분 고따마 존자께서는 어디에 머무십니까? 우리는 그분 고따마 존자를 뵙고자 합니다."

"도반들이여, 지금은 세존을 뵙기에 적당한 시간이 아닙니다. 세존께서는 홀로 앉아402) 계십니다." 그러자 꼬살라의 바라문 전령들과 마가다의 바라문 전령들은 거기서 "우리는 그분 고따마 존자를 뵌 후에 돌아갈 것입니다."라고 한 곁에 앉았다.

릿차위의 옷탓다

3. 릿차위403)의 옷탓다404) 역시 많은 릿차위 무리와 함께 큰

---

402) '홀로 앉음'으로 옮긴 원어는 paṭisallīna인데 prati(~에 대하여)+√lī(*to cling*)의 과거분사이다. 여기서 파생된 명사 paṭisallāna도 같은 뜻으로 많이 나타난다.(본서 제2권 「대전기경」(D14) §1.14의 주해 참조) 주로 세존이나 비구들이 탁발공양을 마친 후에 낮 동안에 홀로 앉아 좌선하시는 것을 일컫는다. 이렇게 홀로 앉아 지내신 뒤 해거름에 일어나셔서 비구들에게 설법하시는 것이 세존의 일상생활이었다. 그래서 본서에서는 '홀로 앉음'으로 옮기고 있다. 비슷한 용어로 한거(paviveka)가 있는데 이 단어는 주로 혼자 외딴 거처에 머무는 것을 뜻한다.

403) 릿차위(Licchavī)는 웨살리를 수도로 한 공화국 체제를 갖춘 왓지(Vajjī)국을 대표하는 종족의 이름이다. 그들은 끄샤뜨리야였으며 세존께서는 그들의 공화국 체제를 승가가 쇠퇴하지 않는 것과 견줄 정도로 칭송하셨다.(본서 제2권 「대반열반경」(D16) §1.4~6)
『중부 주석서』는 그들의 이름에 얽힌 신화를 소개하고 있다. 와라나시의 왕비가 아기 대신에 살점 덩어리를 낳게 되자 몰래 통에 담아 강에 버렸다. 어떤 선인이 그것을 가져다가 돌봤는데 거기서 사내아이와 여자아이가 태어났다. 선인이 그들을 먹이면 음식이 위(胃)로 들어가는 것이 투명하게 다 보였다고 한다. 그래서 그들은 피부가 없는 것(nicchavi)처럼 간주되었기 때문에 릿차위(Licchavī)라고 불렀다고 한다. 혹은 그 피부가 하도 얇았기 때문에(līna-chavi) 안이 다 보였다고 하는데, 그래서 그들은 릿차위(Licchavī)라고 불렀다고도 한다. 그들은 다른 아이들로부터 따돌림

숲의 중각강당으로 나기따 존자에게 다가갔다. 가서는 나기따 존자에게 절을 올리고 한 곁에 섰다. 한 곁에 서서 릿차위의 옷탓다는 나기따 존자에게 이렇게 말했다.

"나기따 존자여, 지금 그분 세존·아라한·정등각께서는 어디에 머무십니까? 우리는 그분 세존·아라한·정등각을 뵙고자 합니다."

"마할리여, 지금은 세존을 뵙기에 적당한 시간이 아닙니다. 세존께서는 홀로 앉아 계십니다." 그러자 릿차위의 옷탓다도 역시 거기서 "저는 그분 세존·아라한·정등각을 뵌 후에 돌아갈 것입니다."라고 한 곁에 앉았다.

4. 그러자 시하405) 사미406)가 나기따 존자에게 다가갔다. 가

을 당했으며(vajjitabba) 그래서 사람들은 그들이 16살이 되자 둘을 결혼시켰다고 한다. 이런 이유로 그들의 종족은 왓지(Vajji)라고 불렸다고 하며 그들은 16쌍의 쌍둥이를 낳아서 후손들이 크게 번창(visāla)하였다. 그래서 그들의 수도는 웨살리(Vesasli)라 불리게 되었다고 한다.(MA.i. 258; KhpA 등)

404) 본경에서 세존께서는 옷탓다(Oṭṭhaddha)를 마할리(Mahāli)라고 칭하고 계신다. 그러나 이 마할리는 『상응부』(S.iii.68f.)와 『증지부』(A.v.86f.) 등에 나타나는 릿차위의 수장인 마할리는 아니라고 DPPN은 적고 있다. 그와 구분하기 위해서 여기서 옷탓다라고 언급하고 있는 듯하다. 그러나 본경에 해당하는 『장부 주석서』는 그를 릿차위의 왕(rāja)이라 부르고 있고(DA.i.316) 복주서도 마찬가지이다.(Licchavirañño, DAṬ.i.449) 주석서에 의하면 그는 언청이(aḍḍhoṭṭhatā, 문자적으로는 '반쪽 입술을 가졌음', 복주서에서는 윗입술이 언청이였다고 함)였기 때문에 옷탓다라고 불렸다고 한다.(DA.i.310; DAṬ.i.441)

405) 주석서에 의하면 시하(Sīha)는 여기 등장하는 나기따 존자의 생질이었으며 일곱 살에 출가하였다고 한다.(DA.i.310)

406) '사미'로 옮긴 원어는 samaṇuddesa로 문자적으로는 samṇa(사문이라고)-uddesa(지칭되는 자)인데 율장에서는 사미(sāmaṇera)를 뜻한다고

서는 나기따 존자에게 절을 올리고 한 곁에 섰다. 한 곁에 서서 시하 사미는 나기따 존자에게 이렇게 말했다.

"깟사빠[407] 존자시여, 지금 많은 꼬살라의 바라문 전령들과 마가 다의 바라문 전령들이 세존을 뵙기 위해서 여기에 와있습니다. 그리 고 릿차위의 옷탓다 역시 많은 릿차위 무리와 함께 세존을 뵙기 위해 서 여기 와있습니다."

"시하야, 그렇다면 그대가 세존께 아뢰어라."

"그렇게 하겠습니다, 존자시여."라고 시하 사미는 나기따 존자에 게 대답한 뒤 세존께 다가갔다. 가서는 세존께 절을 올리고 한 곁에 섰다. 한 곁에 서서 시하 사미는 세존께 이렇게 말씀드렸다.

"세존이시여, 지금 많은 꼬살라의 바라문 전령들과 마가다의 바라 문 전령들이 세존을 뵙기 위해서 여기에 와있습니다. 그리고 릿차위 의 옷탓다 역시 많은 릿차위 무리와 함께 세존을 뵙기 위해서 여기 와있습니다. 세존이시여, 이 사람들이 세존을 뵙도록 해 주시면 감사 하겠습니다."

"시하야, 그렇다면 승당의 그늘 아래 자리를 마련하여라."

"그렇게 하겠습니다, 세존이시여."라고 시하 사미는 세존께 대답 한 뒤 승당의 그늘 아래 자리를 마련했다. 그러자 세존께서는 승당에 서 나와 승당의 그늘 아래 마련된 자리에 앉으셨다.

5. 그러자 꼬살라의 바라문 전령들과 마가다의 바라문 전령들 은 세존께로 다가갔다. 세존께 가서는 세존과 함께 환담을 나누었다.

정의하고 있다.(Vin.iv.139) 그래서 사미로 옮겼다.

407) 여기서 보듯이 나기따 존자는 깟사빠 족성을 가졌다. 깟사빠는 지금도 북 인도에 남아 있는 유명한 바라문 가문이다.

유쾌하고 기억할 만한 이야기로 서로 담소를 나누고 한 곁에 앉았다. 릿차위의 옷탓다 역시 많은 릿차위 무리와 함께 세존께로 다가갔다. 세존께 가서는 세존께 절을 올린 뒤 한 곁에 앉았다. 한 곁에 앉은 릿차위의 옷탓다는 세존께 이렇게 말씀드렸다.

"세존이시여, 며칠인가 전에 릿차위의 후예 수낙캇따408)가 제게 왔습니다. 제게 와서는 이렇게 말했습니다. '마할리여, 나는 세존을 의지해서 머문 지 곧 3년이 됩니다. 나는 그 동안에 사랑스럽고 달콤하고409) 매혹적인 그런 천상의 모습들은 보았습니다. 그러나 사랑스럽고 달콤하고 매혹적인 그런 천상의 소리들은 듣지 못했습니다.'라고.410) 세존이시여, 참으로 사랑스럽고 달콤하고 매혹적인 그런 천

---

408) 릿차위의 후예 수낙캇따(Sunakkhatta Licchaviputta)는 불교 교단에 출가하였다가 환속한 자이다. 그의 환속은 릿차위들에게는 화젯거리가 되기에 충분하였을 것이다. 본경뿐만이 아니라 본서 제24경과 『중부』105경 등의 수낙캇따 일화를 통해서도 보듯이 그는 지나치게 신통과 고행 등의 외형적인 것에 관심이 많았다. 그래서 염오-이욕-소멸-해탈을 통해서 지금여기에서 고를 해결하고 해탈·열반을 실현함을 근본으로 하는 부처님의 말씀이 성에 차지 않았고 제대로 이해가 가지 않았다. 그래서 환속했다. 한편 수낙캇따는 개(suna)-꼬리(khatta)라는 말이다. 『아이따레야 아란냐까』의 개꼬리 삼형제 이야기에서 보듯이 인도에는 이런 이름을 많이 사용하였다. 산스끄리뜨 수뜨라 문헌 등에서는 이런 천한 이름을 사용하면 아수라나 악령들이 그를 천히 여겨서 범접하지 않는다고 한다. 귀한 아들은 이렇게 비천한 이름을 붙여 부르는 습관이 인도에도 있고 우리나라에도 있다. 우리나라에도 개동(개똥이)이니 또개(또 개를 낳았다) 등으로 아이들 이름을 지어서 불렀다.

409) '달콤하고'로 옮긴 원어는 kāmūpasaṁhita(감각적 욕망과 함께 한)인데 주석서에서는 감각적 욕망의 달콤함과 결합된(kāmassādayutta)으로 설명하고 있다.(DA.i.311) 그래서 '달콤하고'로 의역을 하였다.

410) 주석서에 의하면 그는 천상의 신들의 모습을 보고자 해서 세존께 그 방법을 여쭈었다. 세존께서는 그 방법을 가르쳐 주셨으며 그는 그대로 삼매를

상의 소리들은 실제로 존재하는데 릿차위의 후예 수낙캇따가 듣지 못한 것일 뿐입니까, 아니면 그런 소리들은 존재하지 않는 것입니까?"

"마할리여, 참으로 사랑스럽고 달콤하고 매혹적인 그런 천상의 소리들은 실제로 존재하는데 릿차위의 후예 수낙캇따가 듣지 못한 것일 뿐이지 그런 소리들이 존재하지 않는 것은 아니다."

한 면만 닦은 삼매

6. "세존이시여, 사랑스럽고 달콤하고 매혹적인 그런 천상의 소리들은 실제로 존재하는데 릿차위의 후예 수낙캇따가 듣지 못한 것일 뿐이며 그런 소리들은 존재하지 않는 것이 아니라면 그것은 무슨 원인과 무슨 조건 때문에 그러합니까?"

"마할리여, 여기 비구에게 동쪽 방향으로 한 면만 닦은411) 삼매가 있나니, 사랑스럽고 달콤하고 매혹적인 그러한 천상의 모습들은 보지만, 사랑스럽고 달콤하고 매혹적인 그런 천상의 소리들은 듣지 못한다. 그는 동쪽 방향으로 한 면만 닦은 그런 삼매에 들어서 사랑스럽고 달콤하고 매혹적인 그러한 천상의 모습들은 보지만, 사랑스럽고 달콤하고 매혹적인 그런 천상의 소리들은 듣지 못한다. 그것은 무

닦아서 신통을 얻어 신들의 모습은 볼 수 있었다. 그런 다음에 천상의 소리을 듣고자 하여 세존께서 알려주신 대로 하였지만 전생에 계를 지닌 비구의 귀를 때려 귀머거리(badhira)로 만들었기 때문에 천상의 소리는 듣지 못하였다고 한다.(DA.i.312~313)

411) "한 면만 닦은(ekaṁsabhāvito)이란 한 부분만 닦은이라는 뜻으로 천상의 형상들을 보기 위해서나 천상의 소리를 듣기 위해서 닦은 것을 말한다."(DA.i.313)

슨 이유 때문인가? 마할리여, 그 비구는 사랑스럽고 달콤하고 매혹적인 그러한 천상의 모습들을 보기 위해서 동쪽 방향으로 한 면만 닦은 삼매에 들었지, 사랑스럽고 달콤하고 매혹적인 그런 천상의 소리들을 듣기 위해서 [삼매에 들지] 않았기 때문이다.412)"

7. "마할리여, 여기 비구에게 남쪽 방향으로 … 서쪽 방향으로 … 북쪽 방향으로 … 위아래와 옆으로 한 면만 닦은 삼매가 있나니, 사랑스럽고 달콤하고 매혹적인 그러한 천상의 모습들은 보지만, 사랑스럽고 달콤하고 매혹적인 그런 천상의 소리들은 듣지 못한다. 그는 남쪽 방향으로 … 서쪽 방향으로 … 북쪽 방향으로 … 위아래와 옆으로 한 면만 닦은 그런 삼매에 들어서 사랑스럽고 달콤하고 매혹적인 그러한 천상의 모습들은 보지만, 사랑스럽고 달콤하고 매혹적인 그런 천상의 소리들은 듣지 못한다. 그것은 무슨 이유 때문인가? 마할리여, 그 비구는 사랑스럽고 달콤하고 매혹적인 그러한 천상의 모습들을 보기 위해서 남쪽 방향으로 … 서쪽 방향으로 … 북쪽 방향으로 … 위아래와 옆으로 한 면만 닦은 삼매에 들었지, 사랑스럽고 달콤하고 매혹적인 그런 천상의 소리들을 듣기 위해서 [삼매에 들지] 않았기 때문이다."

---

412) 즉 그 비구가 형상을 보기 위한 의도로 삼매에 들었지 소리를 듣기 위해서 삼매에 들지 않았기 때문에 그는 형상은 보지만 소리는 듣지 못한다는 것이다. 주석서들에서는 신통을 얻는 방법을 상세히 적고 있는데 신통을 나투기 위해서는 신통의 기초가 되는 禪(padaka-jhāna)인 제4선에 입정(入定)했다 출정(出定)해서 그가 나투고자 하는 신통을 결심하면 그렇게 된다고 한다. 여기서는 보는 신통을 위해서 결심했지만 듣는 신통을 위해서는 결심을 하지 않았기 때문에 보기만 하고 듣지는 못하는 것이다. 신통을 얻는 방법에 대한 상세한 설명은 『청정도론』 XII.20 이하를 참조할 것.

8. "마할리여, 여기 비구에게 동쪽 방향으로 한 면만 닦은 삼매가 있나니, 사랑스럽고 달콤하고 매혹적인 그러한 천상의 소리들은 듣지만, 사랑스럽고 달콤하고 매혹적인 그런 천상의 모습들은 보지 못한다. 그는 동쪽 방향으로 한 면만 닦은 그런 삼매에 들어서 사랑스럽고 달콤하고 매혹적인 그러한 천상의 소리들은 듣지만, 사랑스럽고 달콤하고 매혹적인 그런 천상의 모습들은 보지 못한다. 그것은 무슨 이유 때문인가? 마할리여, 그 비구는 사랑스럽고 달콤하고 매혹적인 그러한 천상의 소리들을 듣기 위해서 동쪽 방향으로 한 면만 닦은 삼매에 들었지, 사랑스럽고 달콤하고 매혹적인 그런 천상의 모습들을 보기 위해서 [삼매에 들지] 않았기 때문이다."

9. "마할리여, 여기 비구에게 남쪽 방향으로 … 서쪽 방향으로 … 북쪽 방향으로 … 위아래와 옆으로 한 면만 닦은 삼매가 있나니, 사랑스럽고 달콤하고 매혹적인 그러한 천상의 소리들은 듣지만, 사랑스럽고 달콤하고 매혹적인 그런 천상의 모습들은 보지 못한다. 그는 남쪽 방향으로 … 서쪽 방향으로 … 북쪽 방향으로 … 위아래와 옆으로 한 면만 닦은 그런 삼매에 들어서 사랑스럽고 달콤하고 매혹적인 그러한 천상의 소리들은 듣지만, 사랑스럽고 달콤하고 매혹적인 그런 천상의 모습들은 보지 못한다. 그것은 무슨 이유 때문인가? 마할리여, 그 비구는 사랑스럽고 달콤하고 매혹적인 그러한 천상의 소리들을 듣기 위해서 남쪽 방향으로 … 서쪽 방향으로 … 북쪽 방향으로 … 위아래와 옆으로 한 면만 닦은 삼매에 들었지, 사랑스럽고 달콤하고 매혹적인 그런 천상의 모습들을 보기 위해서 [삼매에 들지] 않았기 때문이다."

10. "마할리여, 여기 비구에게 동쪽 방향으로 양면을 다 닦은 삼매가 있나니, 사랑스럽고 달콤하고 매혹적인 그러한 천상의 모습들도 보고, 사랑스럽고 달콤하고 매혹적인 그런 천상의 소리들도 듣는다. 그는 동쪽 방향으로 양면을 다 닦은 그런 삼매에 들어서 사랑스럽고 달콤하고 매혹적인 그러한 천상의 모습들도 보고, 사랑스럽고 달콤하고 매혹적인 그런 신령스러운 소리도 듣는다. 그것은 무슨 이유 때문인가? 마할리여, 그 비구는 사랑스럽고 달콤하고 매혹적인 그러한 천상의 모습들도 보고, 사랑스럽고 달콤하고 매혹적인 그런 천상의 소리들도 듣기 위해서 동쪽 방향으로 양면을 다 닦은 삼매에 들었기 때문이다."

11. "마할리여, 여기 비구에게 남쪽 방향으로 … 서쪽 방향으로 … 북쪽 방향으로 … 위아래와 옆으로 양면을 다 닦은 삼매가 있나니, 사랑스럽고 달콤하고 매혹적인 그러한 천상의 모습들도 보고, 사랑스럽고 달콤하고 매혹적인 그런 천상의 소리들도 듣는다. 그는 남쪽 방향으로 … 서쪽 방향으로 … 북쪽 방향으로 … 위아래와 옆으로 양면을 다 닦은 그런 삼매에 들어서 사랑스럽고 달콤하고 매혹적인 그러한 천상의 모습들도 보고, 사랑스럽고 달콤하고 매혹적인 그런 신령스러운 소리도 듣는다. 그것은 무슨 이유 때문인가? 마할리여, 그 비구는 사랑스럽고 달콤하고 매혹적인 그러한 천상의 모습들도 보고, 사랑스럽고 달콤하고 매혹적인 그런 천상의 소리들도 듣기 위해서 남쪽 방향으로 … 서쪽 방향으로 … 북쪽 방향으로 … 위아래와 옆으로 양면을 다 닦은 삼매에 들었기 때문이다.

마할리여, 이것이 그 원인이요 이것이 그 조건이다. 이와 같기 때문에 사랑스럽고 달콤하고 매혹적인 그런 천상의 소리들은 실제로 존재하는데도 릿차위의 후예 수낙캇따가 듣지 못한 것일 뿐이지 그런 소리들이 존재하지 않는 것은 아니다."

12. "세존이시여, 참으로 이러한 삼매 수행의 실현을 위해서 비구들은 세존 아래서 청정범행을 닦습니까?"

"마할리여, 아니다. 이러한 삼매 수행의 실현을 위해서 비구들은 내 아래서 청정범행을 닦지 않는다.413) 마할리여, 더 높고 더 수승한 다른 법들이 있나니 그것을 실현하기 위해서 비구들은 내 아래서 청정범행을 닦는다."

네 가지 성자의 과위

13. "세존이시여, 그러면 어떤 더 높고 더 수승한 법들이 있어서 그것을 실현하기 위해서 비구들은 세존 아래서 청정범행을 닦습

---

413) 삼매와 신통은 분명 마음이 자유자재한 경지(vasitā)이다. 그래서 삼매 (samādhi)는 마음(citta)이라는 제목으로도 설명이 되고 있다.(예를 들면 『청정도론』 III.1) 그러나 아무리 마음이 입정·출정에 자유자재하고 신통이 자유자재하더라도 번뇌가 다하지 않는 한 그는 성자는 아니다. 마음이 삼매와 신통으로 자유자재하지 못하더라도 번뇌가 다하면 그는 성자다. 이것은 분명한 부처님의 말씀이다. 바로 여기 §§12~13에서 부처님께서는 분명히 말씀하시고 계시며 그 방법으로 §14에서 팔정도를 들고 계신다. 이 얼마나 명쾌한 말씀인가! 그리고 본서의 첫 번째 경인 「범망경」(D1)에서도 자아라는 소견을 가지고 초선부터 4선까지에 머무는 자들을 지금 여기에서 열반을 실현한다는 견해에 붙들린 자들로 62견 가운데 넣고 있다.(본서 「범망경」(D1) §3.19 이하) 삼매와 禪의 경지는 아무리 깊어도 그 자체로서는 결코 목적이 아님을 명심해야 한다. 부처님께서는 삼매(禪)를 부지런히 닦으라고 초기경의 도처에서 간곡히 말씀하고 계신다. 그러나 삼매는 성자가 되기 위한, 혹은 깨달음이나 해탈·열반을 실현하기 위한 필요조건이지 충분조건은 결코 아니다.

니까?"

"마할리여, 여기 비구는 세 가지 족쇄를 완전히 없애고 흐름에 든 자[預流者]가 되어, [악취에] 떨어지지 않는 법을 얻었고 [해탈이] 확실하며 바른 깨달음으로 나아가는 자이다.414) 마할리여, 이것이 더 높고 더 수승한 법이니 이것을 실현하기 위해서 비구들은 내 아래서 청정범행을 닦는다.

다시 마할리여, 비구는 세 가지 족쇄415)를 완전히 없애고 탐욕과

---

414) 이것은 예류자의 정형구로 여러 경에 나타난다. 여기에 대한 주석서의 설명은 다음과 같다.
"세 가지 족쇄(saṁyojana)란 유신견과 계금취와 사견(의심)의 세 가지 속박(bandhana)이다. 이것들은 윤회(vaṭṭa)의 괴로움으로 가득한 마차에 중생들을 얽어매기 때문에 족쇄라고 부른다. 흐름에 든 자가 된다는 것은 도의 흐름(magga-sota)을 얻었다는 뜻이다. [악취에] 떨어지지 않는 법이란 네 가지 악도에 떨어지지 않는 법이다. [해탈이] 확실하며(niyata)라는 것은 [도(magga)의 - DAṬ.i.444] 법의 법칙(dhamma-niyāma)에 의해서 결정되었다는 말이다. 바른 깨달음으로 나아가는 자란 더 높은 세 가지 도(즉 일래도, 불환도, 아라한도)라 불리는 바른 깨달음을 향하여 가는 자, 혹은 이 자에 의해서 얻어지는 것이라는 뜻이다."(DA.i.312~313)
일래자(일래도 및 일래과)에 대한 상세한 설명은 『아비담마 길라잡이』 9장 §39 및 『청정도론』 XXII.3~21을 참조할 것.

415) '족쇄'는 saṁyojana의 역어이다. 중국에서는 結로 옮겼다. 경에는 다음의 열 가지 족쇄로 정리되어 나타난다.
① 유신견(有身見, sakkāya-diṭṭhi): 자아가 있다는 견해. 인간을 기만하고 오도하는 가장 근본적인 삿된 견해로, 오온의 각각을 4가지로 자아 등이 있다고 여기는 것이다. 즉 (1)-(5) 오온을 자아라고 수관(隨觀)하는 것 (6)-(10) 오온을 가진 것이 자아라고 [수관하는 것] (11)-(15) 오온이 자아 안에 있다고 [수관하는 것] (16)-(20) 오온 안에 자아가 있다고 [수관하는] 20가지를 말한다.(M44/i.300; M109/iii.17 등)
② 계율과 의례의식에 대한 집착[戒禁取, sīlabbata-parāmāsa]: 형식적 계율과 의례의식, 특정한 종교의식, 특정한 수행법을 지킴으로써 해탈할

성냄과 어리석음이 엷어져서 한 번만 더 돌아올 자[一來者]가 되어, 한 번만 더 이 세상에 와서 괴로움의 끝을 만든다.416) 마할리여, 이 것도 더 높고 더 수승한 법이니 이것을 실현하기 위해서 비구들은 내 아래서 청정범행을 닦는다.

다시 마할리여, 비구는 다섯 가지 낮은 단계의 족쇄417)를 완전히

수 있다고 집착하는 것.

③ 의심[疑, vicikicchā]: 불·법·승, 계율, 연기법 등을 회의하여 의심하는 것.(『아비담마 길라잡이』2장 §4의 해설 14 참조)

④ 감각적 욕망(kāmarāga): 감각적 쾌락에 대한 욕망.

⑤ 적의(paṭigha): 악의, 반감, 증오, 분개, 적대감 등의 뜻. 성내는 마음[瞋心]과 동의어이다.(『아비담마 길라잡이』1장 §5의 해설 3 참조)

⑥ 색계에 대한 집착(rūpa-rāga): 감각적 욕망을 벗어났을 때 나타나는 순수 물질의 세계와 그 느낌(vedanā)에 대한 집착.

⑦ 무색계에 대한 집착(arūpa-rāga): 색에 대한 집착에서 벗어났을 때 나타나는 순수 정신세계나 그런 인식(saññā)에 대한 집착.

⑧ 자만[慢, māna]: 내가 남보다 낫다, 못하다, 동등하다 하는 마음.(『아비담마 길라잡이』2장 §4의 해설 7 참조)

⑨ 들뜸(掉擧, uddhacca): 들뜨고 불안한 마음.(『아비담마 길라잡이』2장 §4의 해설 4 참조)

⑩ 무명(無明, avijjā): 모든 해로움과 괴로움의 근본뿌리. 사성제를 모르는 것.

자세한 것은 『청정도론』XXII.48; 64와 『아비담마 길라잡이』7장 §§10 ~11을 참조할 것.

여기서 세 가지 족쇄란 처음의 세 가지, 즉 유신견, 계율과 의례의식에 대한 집착, 의심을 뜻한다. 이러한 세 가지 족쇄가 분쇄되어야 그를 일러 성자의 '흐름에 든 자'라고 한다.

416) 이것은 일래자의 정형구로 초기경들에 나타난다. 일래자(일래도 및 일래과)에 대해서는 『아비담마 길라잡이』9장 §39 및 『청정도론』XXII.21~24를 참조할 것.

417) 다섯 가지 낮은 단계의 족쇄란 열 가지 족쇄 가운데 처음 다섯을 말한다. 이 '낮은 단계의 족쇄(orambhāgiya saṁyojana)'를 하분결(下分結)이라는 술어로 옮기기도 한다.

없애고 [정거천418)에] 화생하여 그곳에서 완전히 열반에 들어 그 세계로부터 다시 돌아오지 않는 법을 얻는다.[不還者]419) 마할리여, 이것도 더 높고 더 수승한 법이니 이것을 실현하기 위해서 비구들은 내 아래서 청정범행을 닦는다.

다시 마할리여, 비구는 모든 번뇌가 다하여 아무 번뇌가 없는 마음의 해탈[心解脫]420)과 통찰지의 해탈[慧解脫]을 바로 지금여기에서 스

---

418) 정거천(淨居天, Suddhāvāsa)에 대해서는 본서 제2권 「대전기경」(D 14) §3.29의 주해를 참조할 것.

419) 불환자(불환도 및 불환과)에 대해서는 『아비담마 길라잡이』 9장 §40 및 『청정도론』 XXII.25~27을 참조할 것.

420) '마음의 해탈'은 ceto(마음의)-vimutti(해탈)의 역어이고 '통찰지의 해탈'은 paññā(통찰지의)-vimutti(해탈)의 역어이다. 본경의 주석서에서는 간단하게 "마음의 해탈이란 마음의 청정이며 모든 오염원의 족쇄(kilesa-badhana)로부터 해탈한 아라한과의 마음과 동의어다. 통찰지의 해탈이란 모든 오염원의 족쇄로부터 해탈한 아라한과의 통찰지가 통찰지의 해탈이라고 알아야 한다."고만 나타난다.(DA.i.313)
그러나 『중부 주석서』에서는 같은 문장에 대해서 "여기서 마음이라는 단어로 아라한과와 함께 하는 삼매가, 통찰지라는 단어로 아라한과와 함께 하는 통찰지가 설해졌다. 여기서 삼매(samādhi)는 감각적 욕망으로부터 해탈하였기 때문에 마음의 해탈이고 통찰지는 무명으로부터 해탈하였기 때문에 통찰지의 해탈이라고 알아야 한다. … 감각적 욕망이 빛바랬기 때문에 마음의 해탈이라 하고 무명이 빛바랬기 때문에 통찰지의 해탈이라 한다. 그리고 사마타[止]의 결실(samatha-phala)이 마음의 해탈이며 위빳사나의 결실이 통찰지의 해탈이라고 알아야 한다."(MA.i.165)라고 상세하게 설명되어 있다.
한편 『상응부 주석서』에서는 "마음의 해탈은 아라한과의 삼매이고 통찰지의 해탈은 아라한과의 통찰지이다."(SA.ii.175)라고 나타난다. 여기서 보듯이 마음은 삼매의 동의어로 마음의 해탈은 삼매 혹은 사마디를 통한 해탈이고 통찰지의 해탈은 통찰지(반야)를 통한 해탈이다. 일반적으로 마음의 해탈은 4선-4처의 삼매를 통한 해탈을 뜻하고 통찰지의 해탈은 오온, 12처 등의 무상·고·무아를 수관하여 염오-이욕-소멸을 통한 해탈을

스로 최상의 지혜421)로 실현하고 구족하여 머문다.[阿羅漢]422) 마할
리여, 이것도 더 높고 더 수승한 법이니 이것을 실현하기 위해서 비
구들은 내 아래서 청정범행을 닦는다.

마할리여, 이러한 더 높고 더 수승한 법들이 있나니 그것을 실현하
기 위해서 비구들은 내 아래서 청정범행을 닦는다."

여덟 가지 구성요소로 된 성스러운 도[八支聖道, 八正道]

14. "세존이시여, 그러면 이러한 법들을 실현하기 위한 도가 있
고 도닦음423)이 있습니까?"

말한다. 주석서에서 통찰지의 해탈에는 마른 위빳사나를 닦은 자(sukkha
-vipassaka)와 네 선으로부터 출정하여 아라한과를 얻은 자들로 모두 다
섯 가지 경우가 있다고 설명하고 있다.(DA.iii.879)
그리고 마음의 해탈이 단독으로 나타나는 경우는 거의 없으며 대부분 이
렇게 통찰지의 해탈과 함께 나타난다. 그러나 통찰지의 해탈은 단독으로
나타나는 곳이 있다. 이와 관련해서 양면해탈(ubhatobhāga-vimutti)도
언급해야 하는데 양면해탈과 통찰지의 해탈에 대해서는 본서 제2권 「대인
연경」(D15) §36의 주해를 참조할 것.

421) 최상의 지혜(abhiññā)에 대해서는 본서 「범망경」(D1) §1.28의 주해를
     참조할 것.

422) 아라한(아라한도 및 아라한과)에 대해서는 『청정도론』 XXII.28~30을
     참조할 것.

423) 여기서 '도'와 '도닦음'으로 옮긴 원어는 각각 magga와 paṭipadā이다.
     paṭipadā는 prati(~에 대하여)+√pad(to go)에서 파생된 여성명사로서
     '그것을 밟고 지나가는 것'이란 의미에서 '길, 도, 도닦음' 등을 뜻한다.
     paṭipadā는 일반적으로 道로 옮기는 magga와 동의어로 취급하지만
     magga는 주로 출세간의 도(예류도부터 아라한도까지)와 8정도의 표제어
     로 쓰이는 술어이고, paṭipadā 혹은 paṭipatti(같은 어원에서 파생된 같은
     뜻의 여성명사임)는 일반적인 수행의 길을 모두 다 의미하는 넓은 의미로
     쓰인다.

"마할리여, 이러한 법들을 실현하기 위한 도가 있고 도닦음이 있느니라."

"세존이시여, 그러면 이러한 법들을 실현하기 위해서는 어떠한 도가 있고 어떠한 도닦음이 있습니까?"

"그것은 바로 여덟 가지 구성요소로 된 성스러운 도[八支聖道]이니, 바른 견해[正見], 바른 사유[正思惟], 바른 말[正語], 바른 행위[正業], 바른 생계[正命], 바른 정진[正精進], 바른 마음챙김[正念], 바른 삼매[正定]이니라.424) 마할리여, 이것이 바로 이러한 법들을 실현하기 위한 도이고 도닦음이니라."425)

그래서 예를 들면 사성제에서 표제어로 말할 때는 고(dukkha)·집(sam-udaya)·멸(nirodha)·도(magga)라 하여 도(magga)로 표현하지만 실제 내용으로 들어가면 도성제는 '고의 소멸로 인도하는 도닦음(dukkha-nirodhagāminī paṭipadā)'이 된다. 특히 중도(中道)는 'majjhimā(중간) paṭipadā(도닦음)'의 역어로 바로 도닦음을 뜻하며 그래서 실천적 의미가 아주 강하다. 그리고 상좌부에서 수행의 세 가지 과정으로 언급하는 교학(빠리얏띠, pariyatti, 배움) - 도닦음(빠띠빳띠, paṭipatti, 수행) - 통찰(빠띠웨다, paṭivedha, 꿰뚫음)의 두 번째도 도닦음이다. 이처럼 빠띠빠다는 실제 길을 밟고 지나간다는 실참수행의 의미가 강하므로 초기불전연구원에서는 항상 '도닦음'으로 옮기고 있다.

424) 팔정도의 각 항목에 대해서는 『청정도론』 XVI.75∼83과 『네 가지 마음챙기는 공부』 277쪽 이하에 상세하게 설명되어 있으니 참조할 것.

425) 경은 여기서 끝남직하다. 그러나 다시 계·정·혜 삼학의 「사문과경」의 정형구를 가져와서 끝을 맺고 있다. 이것은 팔정도를 계·정·혜로 배대(配對)해서 설명하여 『장부』 제1권의 근본주제인 계·정·혜 삼학과 부합하게 하려는 의도일 것이다. 그러나 주석서에서는 릿차위의 왕인 마할리는 '물질이 바로 자아이다.'라는 견해를 가졌다(ayaṁ kira rājā rūpaṁ attāti evaṁladdhiko, DA.i.316)고 적고 있다. 그래서 이러한 잘못된 견해를 없애주시기 위해서 같은 잘못된 견해를 가지고 있는 두 유행승의 일화를 인용해서 계·정·혜를 통한 열반의 실현으로 인도하고 계신다고 설명한다.(*Ibid*)

두 유행승 만딧사와 잘리야 — 생명과 몸은 같은가

15. "마할리여, 한때 나는 꼬삼비426)의 고시따 원림(園林)에 머물고 있었다.427) 그때 유행승 만딧사와 목발우를 지닌 자의 제자인 잘리야라는 두 유행승428)이 나에게 다가왔다. 와서는 나와 함께 환

---

426) 꼬삼비(Kosambī)는 인도 중원의 16국 가운데 하나인 왐사(Vaṁsa, *Sk.*Vatsa)의 수도였다.(Jā.iv.28; vi.236) 부처님 재세 시에는 빠란따빠 (Parantapa)가 왕이었으며 그의 아들 우데나(Udena)가 대를 이었다고 한다.(MA.ii.740*f.*; DhpA.i.164*f.*)

주석서에 의하면 꾸숨바(Kusumba, Kusumbha) 선인이 머물던 아쉬람의 근처에 도시를 만들었다고 해서 꼬삼비(Kosambī)라고 한다.(UdA. 248; SnA.300; MA.i.535) 또 다른 설명에 의하면 큰 님 나무(Kosamba-rukkha)들이 도시의 주위에 많이 있다고 해서 꼬삼비라고 한다.(MA.i. 539; PsA.413)

주석서에 의하면 꼬삼비에는 세 개의 원림이 있었는데 본경에 나타나는 고시따 원림(Gositārāma)은 고시따 상인(seṭṭhi)이 만든 것이고 꾹꾸따 상인이 만든 꾹꾸따 원림(Kukkuṭārāma)과 빠와리야 상인이 기증한 빠와리까 망고 숲(Pāvārikambavana)이 있었다고 한다.(DA.i.319) 그 외에도 꼬삼비의 우데나 공원과 심사빠 숲(Siṁsapāvana)이 다른 경에 나타난다. 꼬삼비 비구들 사이에 큰 분열이 생겨서 세존께서 꼬삼비를 떠나시는 것으로 대처하신 것도 초기경에서는 잘 알려진 사건이다.(M48; Vin.i.337~57; Jā.iii.486 *ff.*)

꼬삼비는 야무나 강변에 위치하며 현재 인도 웃따라쁘라데쉬 주의 알라하바드(Allahabad)에서 150 Km 정도 떨어진 Kosam이라는 두 마을이라고 학자들은 말한다.

427) 이하 만딧사와 잘리야에게 하신 설법은 바로 다음의 「잘리야 경」(D7)으로 정리되어 있으며 내용이 완전히 일치한다.

428) 유행승 만딧사(Maṇḍissa, 혹은 Muṇḍiya)는 오직 본경에서만 언급되고 있으며 주석서에서도 별다른 설명이 없다. 유행승 잘리야(Jāliya)는 본서 제3권의 「빠띠까 경」(Pāṭikasutta, D24)에서도 등장하고 있다. 그의 스승이 나무 발우(dārumaya patta)로 걸식을 하였기 때문에 그는 목발우

담을 나누었다. 유쾌하고 기억할 만한 이야기로 서로 담소를 나누고 한 곁에 섰다. 한 곁에 서서 그들 두 유행승은 나에게 이렇게 말했다. '도반 고따마시여, 참으로 생명이 바로 몸입니까, 아니면 생명과 몸은 다릅니까?'[429]

'도반들이여, 그렇다면 들어라. 마음에 잘 새겨라. 나는 설하리라.'

'그렇게 하겠습니다, 고따마 존자시여.'라고 두 유행승들은 나에게

를 지닌 자의 제자(dārupattikantevāsi)라는 별칭을 가졌다고 한다.(DA. i.319)

429) '생명(jīva)이 바로 몸(sarīra)입니까, 아니면 생명과 몸은 다릅니까?'라는 이러한 질문은 저 유명한 「말룽꺄뿟따 경」(M63, 한역 『중아함』의 「전유경」) 등(D9, M72)에서 부처님께서 설명하시지 않은 열 가지 문제(十事無記)에 속한다. 수행에 아무런 도움이 되지 못하는 존재론적인 단정에 지나지 않기 때문이다.

복주서의 설명을 통해서 살펴보면 생명(jīva)은 자아(atta)를 뜻하고 몸(sarīra)은 물질(rūpa)을 뜻한다.(DAṬ.i.451) 그래서 결국은 자아와 물질은 같으냐, 다르냐는 질문이 된다. 주석서에 의하면 생명과 몸이 같다고 하면 몸이 무너지면 중생도 없어져 버리는 것이므로 이는 단멸론(uc-chedavāda)이 되고, 다르다고 하면 몸이 무너져도 중생은 죽지 않으므로 이는 영속론(sassatavāda)이 된다. 그러므로 세존께서는 그들이 세존의 교법(sāsana)에서는 이러한 양 극단을 여읜 중도(majjhimā paṭipadā)를 가르치는 것을 보여 주시기 위해서 그들의 질문을 물리치지 않으시고 (avissajjetvā) 받아들여서 도닦음을 드러내신다고 설명한다.(DA.i.319) 즉 「짧은 말룽꺄 경」(M63)과 「뽓타빠다 경」(D9) 등에서는 십사무기에 대해서는 설명을 하지 않으시고 고·집·멸·도의 사성제을 설하셨지만 여기서는 일단 그들의 질문을 물리치지 않고 받아들여서, 그것을 바탕으로 계·정·혜의 경지를 설해 들어가시면서 최종적으로 번뇌의 소멸[漏盡通]을 설하셔서 그들의 질문 자체가 의미가 없음을 깨닫게 하신다는 뜻이다.

그래서 이하 세존께서는 계·정·혜의 완성을 통해서 번뇌가 완전히 소멸된 경지를 설하시어, 번뇌가 소멸되면 생명과 몸이 같으냐, 다르냐는 질문 자체가 무의미하다는 것을 보여 주시는 것으로 영속론과 단멸론을 극복하신다. 이와 관련된 단멸론과 영속론에 대해서는 본서 「범망경」(D1) §2.37 이하 '44가지 미래를 모색하는 자들' 편을 참조할 것.

대답했다. 나는 이렇게 말하였다."

16. "'도반들이여, (1) 여래가 이 세상에 출현한다. 그는 아라한
[應供]이며, 완전히 깨달은 분[正等覺]이며, … 그는 법을 설하여 더할
나위 없이 완벽하고 지극히 청정한 범행을 드러낸다.

(2) 이런 법을 장자나 장자의 아들이나 다른 가문에 태어난 자가
듣는다. … 머리와 수염을 깎고 물들인 옷을 입고 집을 떠나 출가한다.

(3) 그는 이와 같이 출가하여 계목의 단속으로 단속하면서 머문다.
…

(4) <짧은 길이의 계 - 모두 26가지로 계를 지님>

(5) <중간 길이의 계 - 모두 10가지로 잘못된 행위를 하는 것을
멀리함>

(6) <긴 길이의 계 - 모두 7가지로 삿된 생계를 멀리함>

(7) 이와 같이 계를 구족한 비구는 계로써 잘 단속하기 때문에 어
느 곳에서도 두려움을 보지 못한다. … 그는 이러한 성스러운 계의
조목을 구족하여 안으로 비난받지 않는 행복을 경험한다. 도반들이
여, 이와 같이 비구는 계를 구족한다.430)

(8) 비구는 감각의 대문을 잘 지킨다 …

(9) 비구는 마음챙김과 알아차림을 잘 갖춘다 …

(10) 비구는 [얻은 필수품으로] 만족한다 …

(11) 그는 세상에 대한 욕심을 제거하여 욕심을 버린 마음으로 …
악의가 없는 마음으로 … 해태와 혼침을 버려 … 들뜸과 후회를 제
거하여 … 의심을 건너서 머문다.

그와 같이 비구는 자기 마음속에서 이들 다섯 가지 장애[五蓋]가 제

---

430) 이상은 「사문과경」 (D2) §§41~63과 동일함.

거되었음을 자신에게서 관찰할 때, 비구는 스스로를 빚에서 벗어난 사람, 병이 쾌유한 사람, 감옥의 굴레에서 풀려난 사람, 자유인, 그리고 안전한 곳에 다다른 사람으로 여긴다.431)

⑿ 도반들이여, 그와 마찬가지로 자신에게서 이들 다섯 가지 장애가 제거되었음을 관찰할 때 환희가 생긴다. 환희로운 자에게 희열이 생긴다. 희열을 느끼는 자의 몸은 경안하다. 몸이 경안한 자는 행복을 느낀다. 행복한 자의 마음은 삼매에 든다. 그는 감각적 욕망들을 완전히 떨쳐버리고 해로운 법[不善法]들을 떨쳐버린 뒤, 일으킨 생각[尋]과 지속적인 고찰[伺]이 있고, 떨쳐버렸음에서 생겼으며, 희열[喜]과 행복[樂]이 있는 초선(初禪)을 구족하여 머문다. 도반들이여, 이와 같이 알고 이와 같이 보는 비구에게 '참으로 생명이 바로 몸이다.'라거나 '생명과 몸은 다르다.'라는 그러한 주장이 타당한가?'

'도반 고따마시여, 이와 같이 알고 이와 같이 보는 비구에게 '참으로 생명이 바로 몸이다.'라거나 '생명과 몸은 다르다.'라는 그러한 주장은 타당합니다.'432)

'도반들이여, 나는 이와 같이 알고 이와 같이 본다. 그러나 나는 '참으로 생명이 바로 몸이다.'라거나 '생명과 몸은 다르다.'라는 그러한 말은 하지 않는다.'"433)

---

431) 이상은 「사문과경」(D2) §§64∼74와 동일함.

432) 그들은 그들의 의문이 타당하다고 여긴다. 왜? 복주서에서는 단지 禪을 얻은 정도로는 정확하게 판단할 수 없기 때문(vivecitattā)이라고 적고 있다.(DAT.i.449)

433) 주석서에 의하면 여기서 세존께서는 '말한다(주장한다, vadāmi).'고 하지 않고 '알고 본다.'는 표현을 사용하셔서 일단 논쟁을 피하신다고 한다. 이렇게 뒤로 더 나아가서 마지막으로 번뇌의 소멸을 드러내신 뒤에 '그대들의 이런 주장은 적절하지 않다.'라고 보이시기 위해서, 일단 여기서는 그들

17. "⒀ … <중간생략> … 제2선을 구족하여 머문다.

⒁ … <중간생략> … 제3선을 구족하여 머문다.

⒂ … <중간생략> … 제4선을 구족하여 머문다.434) 도반들이여, 이와 같이 알고 이와 같이 보는 비구에게 '참으로 생명이 바로 몸이다.'라거나 '생명과 몸은 다르다.'라는 그러한 주장이 타당한가?'

'도반 고따마시여, 이와 같이 알고 이와 같이 보는 비구에게 '참으로 생명이 바로 몸이다.'라거나 '생명과 몸은 다르다.'라는 그러한 주장은 타당합니다.'

'도반들이여, 나는 이와 같이 알고 이와 같이 본다. 그러나 나는 '참으로 생명이 바로 몸이다.'라거나 '생명과 몸은 다르다.'라는 그러한 말은 하지 않는다.'"

18. "⒃ '그는 이와 같이 마음이 삼매에 들고, 청정하고, 깨끗하고, 흠이 없고, 오염원이 사라지고, 부드럽고, 활발발하고, 안정되고, 흔들림이 없는 상태에 이르렀을 때 지와 견으로 마음을 향하게 하고 기울게 한다.435) 그는 이와 같이 꿰뚫어 안다. '나의 이 몸은 물질로 된 것이고, 네 가지 근본물질[四大]로 이루어진 것이며, 부모에서 생겨났고, 밥과 죽으로 집적되었으며, 무상하고 파괴되고 분쇄되고 해체되고 분해되기 마련이다. 그런데 나의 이 알음알이는 여기에 의지

이 타당하다(yutta)라고 대답해도 넘어가고 계신다고 설명하고 있다. (DA.i.316)

434) 이상 초선부터 4선까지의 정형구는 각각 「사문과경」 §75, §77, §79, §81의 정형구 부분과 일치함.

435) 이하 §19까지에 나타나는 8가지 지혜는 「사문과경」 §§83~98의 정형구와 일치함.

하고 여기에 묶여 있다.'라고. … 도반들이여, 이와 같이 알고 이와 같이 보는 비구에게 '참으로 생명이 바로 몸이다.'라거나 '생명과 몸은 다르다.'라는 그러한 주장이 타당한가?'

'도반 고따마시여, 이와 같이 알고 이와 같이 보는 비구에게 '참으로 생명이 바로 몸이다.'라거나 '생명과 몸은 다르다.'라는 그러한 주장은 타당합니다.'

'도반들이여, 나는 이와 같이 알고 이와 같이 본다. 그러나 나는 '참으로 생명이 바로 몸이다.'라거나 '생명과 몸은 다르다.'라는 그러한 말은 하지 않는다.'"

19. "'(17) 마음으로 이루어진 몸으로 마음을 향하게 하고 기울게 한다. …

(18) 신통변화[神足通]로 마음을 향하게 하고 기울게 한다. …

(19) 신성한 귀의 요소[天耳界, 天耳通]로 마음을 향하게 하고 기울게 한다. …

(20) [남의] 마음을 아는 지혜[他心通]로 마음을 향하게 하고 기울게 한다. …

(21) 전생을 기억하는 지혜[宿命通]로 마음을 향하게 하고 기울게 한다. …

(22) 중생들의 죽음과 다시 태어남을 [아는] 지혜[天眼通]로 마음을 향하게 하고 기울게 한다. …

(23) '모든 번뇌를 소멸하는 지혜[漏盡通]로 마음을 향하게 하고 기울게 한다. 그는 '이것이 괴로움이다.'라고 있는 그대로 꿰뚫어 안다. '이것이 괴로움의 일어남이다.'라고 있는 그대로 꿰뚫어 안다. '이것이 괴로움의 소멸이다.'라고 있는 그대로 꿰뚫어 안다. '이것이 괴로

움의 소멸로 인도하는 도닦음이다.'라고 있는 그대로 꿰뚫어 안다. '이것이 번뇌다.'라고 있는 그대로 꿰뚫어 안다. '이것이 번뇌의 일어남이다.'라고 있는 그대로 꿰뚫어 안다. '이것이 번뇌의 소멸이다.'라고 있는 그대로 꿰뚫어 안다. '이것이 번뇌의 소멸로 인도하는 도닦음이다.'라고 있는 그대로 꿰뚫어 안다. 이와 같이 알고 이와 같이 보는 그는 감각적 욕망의 번뇌[慾漏]로부터 마음이 해탈한다. 존재의 번뇌[有漏]로부터 마음이 해탈한다. 무명의 번뇌[無明漏]로부터 마음이 해탈한다. 해탈했을 때 해탈했다는 지혜가 있다. '태어남은 다했다. 청정범행은 성취되었다. 할 일을 다 해 마쳤다. 다시는 어떤 존재로도 돌아오지 않을 것이다.'라고 꿰뚫어 안다. 도반들이여, 이와 같이 알고 이와 같이 보는 비구에게 '참으로 생명이 바로 몸이다.'라거나 '생명과 몸은 다르다.'라는 그러한 주장이 타당한가?'

'도반 고따마시여, 이와 같이 알고 이와 같이 보는 비구에게 '참으로 생명이 바로 몸이다.'라거나 '생명과 몸은 다르다.'라는 그러한 주장은 적당하지 않습니다.'[436]

---

[436] 번뇌가 완전히 소멸하는 경지에 이르러서야 드디어 두 유행승은 자아(생명)와 몸이 같은가, 다른가 하는 질문이 애초부터 잘못된 것임을 알고 타당하지 않다고 대답한다. 소위 말하는 영속론(sassatavāda, 常見)과 단멸론(ucchedavāda, 斷見)이 얼마나 끈질긴가 하는 것을 알 수 있겠다. 실로 "다른 견해를 가졌고 다른 [가르침을] 받아들였고 다른 [가르침을] 좋아하고 다른 수행을 추구하고 다른 스승을 따르는 자는 [이런 이치를] 알기 어렵다."는 부처님의 말씀(D9. §25 등)이 실감나는 대목이다. 그리고 예류자 이상의 성자가 되는 첫 번째 관문으로 유신견(sakkāya-diṭṭhi)의 극복을 드는 이유도 분명해진다. 이러한 유신견으로 대표되는 단견·상견의 잘못된 견해를 뿌리뽑지 않고서는 아무리 5신통이 구족해도 깨달음이나 해탈·열반과는 아무런 상관이 없음을 명심해야 하겠다.
그래서 본서 「범망경」(D1)에서는 62가지 견해를 과거에 관한 것과 미래에 관한 것으로 분류하신 뒤 이를 다시 단견, 상견, 일면단견 일면상견의

'도반들이여, 나는 이와 같이 알고 이와 같이 본다. 그러나 나는 '참으로 생명이 바로 몸이다.'라거나 '생명과 몸은 다르다.'라는 그러한 말은 하지 않는다.'라고"

세존께서는 이렇게 말씀하셨다. 릿차위의 옷탓다는 마음이 흡족해져서 세존의 말씀을 크게 기뻐하였다.

「마할리 경」이 끝났다.

셋으로 나누어서 설파하시고 이런 62가지 견해가 바로 지금여기의 6내외 입처와 이들의 맞닿음에 의한 감각접촉과 이에 반연한 느낌과 갈애와 취착에 조건지워져 있음을 밝히시는 것이다. 이렇게 연기법으로 해체해서 보면 있다, 없다, 같다, 다르다는 견해에 붙들리지 않으며 그러기에 존재론적인 단정을 버리고 해탈하는 것이다. 이처럼 부처님의 메시지는 분명하고 간단명료하다. 우리가 자꾸 자아니 대아니 불성이니 여래장이니 주인공이니 본자청정이니 하면서 무엇인가를 설정하고 그것에 부처님 가르침을 꿰어 맞추려 하기 때문에 어려워지고 복잡해질 뿐이다.

잘리야 경

생명과 몸은 같은가, 다른가

Jāliya Sutta(D7)

잘리야 경(437)

생명과 몸은 같은가, 다른가

Jāliya Sutta(D7)

1. 이와 같이 나는 들었다. 한때 세존께서는 꼬삼비에서 고시따 원림에 머무셨다.(438) 그때 유행승 만딧사와 목발우를 지닌 자의 제자인 잘리야라는 두 유행승이 세존께 다가갔다. 가서는 세존과 함께 환담을 나누었다. 유쾌하고 기억할 만한 이야기로 서로 담소를 나누고 한 곁에 섰다. 한 곁에 서서 그들 두 유행승은 세존께 이렇게 말씀드렸다.

"도반 고따마시여, 참으로 생명이 바로 몸입니까, 아니면 생명과 몸은 다릅니까?"

"도반들이여, 그러면 들어라. 그리고 마음에 잘 새겨라. 이제 설할

---

437) 본경은 '생명(jīva)이 바로 몸(sarīra)인가, 아니면 생명과 몸은 다른가?' 에 대해서 질문하는 만딧사와 잘리야라는 두 유행승에게 하신 세존의 가르침이다. 본경은 이미 앞의 「마할리 경」(D6) §§15~19에 포함되어 있으므로 본경에 대한 주해는 「마할리 경」의 해당 부분을 참조하기 바란다. 본경도 중국에 소개되지 않았다.

438) 이하 본경은 앞의 「마할리 경」(D6) §15 이하와 동일하다. 본경에 대한 여러 주해는 「마할리 경」의 해당 부분을 참조할 것.

것이다."

"도반이시여, 그렇게 하겠습니다."라고 그들 두 유행승은 세존께 대답했다. 세존께서는 이렇게 말씀하셨다.

2. "도반들이여, (1) 여래가 이 세상에 출현한다. 그는 아라한[應供]이며, 완전히 깨달은 분[正等覺]이며, … 그는 법을 설하여 더할 나위 없이 완벽하고 지극히 청정한 범행을 드러낸다.

(2) 이런 법을 장자나 장자의 아들이나 다른 가문에 태어난 자가 듣는다. … 머리와 수염을 깎고 물들인 옷을 입고 집을 떠나 출가한다.

(3) 그는 이와 같이 출가하여 계목의 단속으로 단속하면서 머문다. …

(4) <짧은 길이의 계 - 모두 26가지로 계를 지님>

(5) <중간 길이의 계 - 모두 10가지로 잘못된 행위를 하는 것을 멀리함>

(6) <긴 길이의 계 - 모두 7가지로 삿된 생계를 멀리함>

(7) 이와 같이 계를 구족한 비구는 계로써 잘 단속하기 때문에 어느 곳에서도 두려움을 보지 못한다. … 그는 이러한 성스러운 계의 조목을 구족하여 안으로 비난받지 않는 행복을 경험한다. 도반들이여, 이와 같이 비구는 계를 구족한다.

(8) 비구는 감각의 대문을 잘 지킨다 …

(9) 비구는 마음챙김과 알아차림을 잘 갖춘다 …

(10) 비구는 [얻은 필수품으로] 만족한다 …

(11) 그는 세상에 대한 욕심을 제거하여 욕심을 버린 마음으로 … 악의가 없는 마음으로 … 해태와 혼침을 버려 … 들뜸과 후회를 제거하여 … 의심을 건너서 머문다.

그와 같이 비구는 자기 마음속에서 이들 다섯 가지 장애[五蓋]가 제거되었음을 자신에게서 관찰할 때, 비구는 스스로를 빚에서 벗어난 사람, 병이 쾌유한 사람, 감옥의 굴레에서 풀려난 사람, 자유인, 그리고 안전한 곳에 다다른 사람으로 여긴다.

⑿ 도반들이여, 그와 마찬가지로 자신에게서 이들 다섯 가지 장애가 제거되었음을 관찰할 때 환희가 생긴다. 환희로운 자에게 희열이 생긴다. 희열을 느끼는 자의 몸은 경안하다. 몸이 경안한 자는 행복을 느낀다. 행복한 자의 마음은 삼매에 든다. 그는 감각적 욕망들을 완전히 떨쳐버리고 해로운 법[不善法]들을 떨쳐버린 뒤, 일으킨 생각[尋]과 지속적인 고찰[伺]이 있고, 떨쳐버렸음에서 생겼으며, 희열[喜]과 행복[樂]이 있는 초선(初禪)을 구족하여 머문다. 도반들이여, 이와 같이 알고 이와 같이 보는 비구에게 '참으로 생명이 바로 몸이다.'라거나 '생명과 몸은 다르다.'라는 그러한 주장이 타당한가?"

"도반 고따마시여, 이와 같이 알고 이와 같이 보는 비구에게 '참으로 생명이 바로 몸이다.'라거나 '생명과 몸은 다르다.'라는 그러한 주장은 타당합니다."

"도반들이여, 나는 이와 같이 알고 이와 같이 본다. 그러나 나는 '참으로 생명이 바로 몸이다.'라거나 '생명과 몸은 다르다.'라는 그러한 말은 하지 않는다."

3.　　"⒀ … <중간생략> … 제2선을 구족하여 머문다.

⒁ … <중간생략> … 제3선을 구족하여 머문다.

⒂ … <중간생략> … 제4선을 구족하여 머문다. 도반들이여, 이와 같이 알고 이와 같이 보는 비구에게 '참으로 생명이 바로 몸이다.'라거나 '생명과 몸은 다르다.'라는 그러한 주장이 타당한가?"

"도반 고따마시여, 이와 같이 알고 이와 같이 보는 비구에게 '참으로 생명이 바로 몸이다.'라거나 '생명과 몸은 다르다.'라는 그러한 주장은 타당합니다."

"도반들이여, 나는 이와 같이 알고 이와 같이 본다. 그러나 나는 '참으로 생명이 바로 몸이다.'라거나 '생명과 몸은 다르다.'라는 그러한 말은 하지 않는다."

4.　"(16) 그는 이와 같이 마음이 삼매에 들고, 청정하고, 깨끗하고, 흠이 없고, 오염원이 사라지고, 부드럽고, 활발발하고, 안정되고, 흔들림이 없는 상태에 이르렀을 때 지와 견으로 마음을 향하게 하고 기울게 한다. 그는 이와 같이 꿰뚫어 안다. '나의 이 몸은 물질로 된 것이고, 네 가지 근본물질[四大]로 이루어진 것이며, 부모에서 생겨났고, 밥과 죽으로 집적되었으며, 무상하고 파괴되고 분쇄되고 해체되고 분해되기 마련이다. 그런데 나의 이 알음알이는 여기에 의지하고 여기에 묶여 있다.'라고. … 도반들이여, 이와 같이 알고 이와 같이 보는 비구에게 '참으로 생명이 바로 몸이다.'라거나 '생명과 몸은 다르다.'라는 그러한 주장이 타당한가?"

"도반 고따마시여, 이와 같이 알고 이와 같이 보는 비구에게 '참으로 생명이 바로 몸이다.'라거나 '생명과 몸은 다르다.'라는 그러한 주장은 타당합니다."

"도반들이여, 나는 이와 같이 알고 이와 같이 본다. 그러나 나는 '참으로 생명이 바로 몸이다.'라거나 '생명과 몸은 다르다.'라는 그러한 말은 하지 않는다."

5.　"(17) 마음으로 이루어진 몸으로 마음을 향하게 하고 기울게

한다. …

⒅ 신통변화[神足通]로 마음을 향하게 하고 기울게 한다. …

⒆ 신성한 귀의 요소[天耳界, 天耳通]로 마음을 향하게 하고 기울게 한다. …

⒇ [남의] 마음을 아는 지혜[他心通]로 마음을 향하게 하고 기울게 한다. …

㈑ 전생을 기억하는 지혜[宿命通]로 마음을 향하게 하고 기울게 한다. …

㈒ 중생들의 죽음과 다시 태어남을 [아는] 지혜[天眼通]로 마음을 향하게 하고 기울게 한다. …

㈓ 모든 번뇌를 소멸하는 지혜[漏盡通]로 마음을 향하게 하고 기울게 한다. 그는 '이것이 괴로움이다.'라고 있는 그대로 꿰뚫어 안다. '이것이 괴로움의 일어남이다.'라고 있는 그대로 꿰뚫어 안다. '이것이 괴로움의 소멸이다.'라고 있는 그대로 꿰뚫어 안다. '이것이 괴로움의 소멸로 인도하는 도닦음이다.'라고 있는 그대로 꿰뚫어 안다. '이것이 번뇌다.'라고 있는 그대로 꿰뚫어 안다. '이것이 번뇌의 일어남이다.'라고 있는 그대로 꿰뚫어 안다. '이것이 번뇌의 소멸이다.'라고 있는 그대로 꿰뚫어 안다. '이것이 번뇌의 소멸로 인도하는 도닦음이다.'라고 있는 그대로 꿰뚫어 안다. 이와 같이 알고 이와 같이 보는 그는 감각적 욕망의 번뇌[慾漏]로부터 마음이 해탈한다. 존재의 번뇌[有漏]로부터 마음이 해탈한다. 무명의 번뇌[無明漏]로부터 마음이 해탈한다. 해탈했을 때 해탈했다는 지혜가 있다. '태어남은 다했다. 청정범행은 성취되었다. 할 일을 다 해 마쳤다. 다시는 어떤 존재로도 돌아오지 않을 것이다.'라고 꿰뚫어 안다. 도반들이여, 이와 같이

알고 이와 같이 보는 비구에게 '참으로 생명이 바로 몸이다.'라거나 '생명과 몸은 다르다.'라는 그러한 주장이 타당한가?"

"도반 고따마시여, 이와 같이 알고 이와 같이 보는 비구에게 '참으로 생명이 바로 몸이다.'라거나 '생명과 몸은 다르다.'라는 그러한 주장은 적당하지 않습니다."

"도반들이여, 나는 이와 같이 알고 이와 같이 본다. 그러나 나는 '참으로 생명이 바로 몸이다.'라거나 '생명과 몸은 다르다.'라는 그러한 말은 하지 않는다."

세존께서는 이렇게 말씀하셨다. 그들 두 유행승은 마음이 흡족해져서 세존의 말씀을 크게 기뻐하였다.

「잘리야 경」이 끝났다.

깟사빠 사자후경

고행과 사문의 본업

Kassapasīhanāda Sutta(D8)

깟사빠 사자후경[439]

고행과 사문의 본업

Kassapasīhanāda Sutta(D8)

---

439) 본경은 나체수행자 깟사빠에게 하신 부처님의 사자후를 담은 경이다. 그
래서 「깟사빠 사자후경」(Kassapasīhanāda Sutta)이라고 전해온다. 여
기서 사자후(sīhanāda)는 sīha(사자)-nāda(소리)의 역어인데 주석서에
서는 "다른 교설에 의해서 깨뜨려지지 않고 자신의 교설을 명쾌하게 밝히
는 두려움 없는 소리"(DA.iii.844)로 설명하기도 하고 "뛰어난 소리이며
우둔하지도 않고 포악하지도 않은 사자가 내는 최상(uttama)의 소리"
(DA.iii.879)라고 설명하고 있다.

그러므로 사자후(sīhanāda)라는 제목이 붙은 경은 모두 다른 종교나 다
른 사상에서는 존재하지 않으며, 그들이 결코 따를 수 없고 흉내조차 낼
수 없는 부처님과 불교 교단에만 있는 뛰어난 가르침을 뜻한다. 그렇기 때
문에 마치 뭇짐승들이 사자후를 듣고 두려워하듯이 부처님의 이러한 사자
후를 듣고 외도들은 두려워하고 자취를 감추게 된다.

한편 본경은 중국에서 「나형범지경」(倮形梵志經)으로 한역되어 『장아
함』의 25번째 경으로 전해온다. 여기서 깟사빠(迦葉)는 나체수행자였기
때문에 나형(倮形)이라 하였고, 바라문 출신이었기 때문에 범지(梵志)라
고 하여, 나형범지(倮形梵志)로 표현하여 이를 경의 제목으로 삼은 것이
다. 본경에 등장하는 깟사빠는 일차합송을 주도한 깟사빠 존자가 아니다.
깟사빠는 지금도 인도에서 유력한 바라문의 족성이다. 그러므로 부처님
제자 가운데도 깟사빠 성을 가진 분들이 많았다. 그래서 이를 구분하기 위
해서 일차합송을 주도한 깟사빠 존자를 마하깟사빠(大迦葉)라 칭하고, 본
경에 등장하는 깟사빠는 나체수행자 깟사빠라 부르며, 1000명의 제자와
함께 귀의한 가섭 삼형제는 우루웰라 깟사빠(優樓頻螺 迦葉)라 부른다.

서언

1. 이와 같이 나는 들었다. 한때 세존께서는 우준냐440)에서 깐나깟탈라에 있는 녹야원에 머무셨다. 그때 나체수행자441) 깟사빠442)가 세존께 다가왔다. 와서는 세존과 함께 환담을 나누었다. 유쾌하고 기억할 만한 이야기로 서로 담소를 나누고 한 곁에 섰다. 한 곁에 서서 나체수행자 깟사빠는 세존께 이렇게 말씀드렸다.

---

440) 우준냐(Ujuññā, 미얀마본: Uruññā)는 꼬살라(Kosala) 국의 지역(raṭṭha) 이름이기도 하고 도시(nagara) 이름이기도 하며, 깐나깟탈라(Kaṇṇakatthala)는 우준냐에서 멀지 않은 아름다운 장소라고 주석서는 밝히고 있다.(DA.ii.349)
바로 이 곳에서 빠세나디 꼬살라 왕에게 설하신 경으로 『중부』 「깐나깟탈라 경」(Kaṇṇakatthala Sutta, M90)이 있다.

441) 원어는 acela로 a(부정접두어)+cela(옷)로 분석 되며 주석서에서는 나체유행승(nagga-paribbājaka)이라고 정의한다.(*Ibid*) 그래서 나체수행자로 옮겼다.

442) 초기경들과 주석서들에서 깟사빠(Kassapa, 가섭)라고 불리는 사람은 DPPN에 의하면 30명 가까이 된다. 그래서 그들을 구분하기 위해서 각각 다른 별칭으로 부르고 있다. 가장 유명한 부처님의 직계제자인 깟사빠 존자는 마하깟사빠(대가섭)라 불렀고 우루웰라에서 천 명의 제자와 함께 부처님께 귀의한 가섭 3형제 가운데 맏형은 우루웰라 깟사빠(Uruvela Kassapa)라 불렀다.
본경에 나오는 깟사빠는 나체수행자인데 본경 §24에 의하면 그는 세존의 설법을 듣고 출가하여 아라한이 되었다고 한다. 그러나 『중부』 「박꿀라 경」(Bakkulasutta, M124/iii.124 *ff.*; AA.i.171)에 의하면 본경에 나타나는 나체수행자 깟사빠는 박꿀라 존자의 오랜 친구였는데 박꿀라 존자의 설법을 듣고 출가하여 아라한이 되었다고 한다.

세존께서는 전적으로 고행을 비난하시나

2. "고따마 존자시여, 저는 이렇게 들었습니다. '사문 고따마는 모든 고행443)을 비난한다. 그는 난행고행의 삶을 사는444) 고행자를 전적으로 힐난하고 비방한다.'라고. 고따마 존자시여, '사문 고따마는 모든 고행을 비난한다. 그는 난행고행의 삶을 사는 고행자를 전적으로 힐난하고 비방한다.'라고 말하는 자들은 고따마 존자께서 말씀하신 대로 말하는 자들입니까? 혹시 거짓으로 고따마 존자를 헐뜯는 것은 아닙니까? 그들은 법에 따라서 법을 설명한 것입니까? 누구든 함께 법을 닦는 동료가 이것을 따라 말하더라도 비난받아야 할 경우를 만나지 않겠습니까? 참으로 저는 고따마 존자를 헐뜯고 싶지 않기 때문입니다."

3. "깟사빠여, '사문 고따마는 모든 고행을 비난한다. 그는 난행고행의 삶을 사는 고행자를 전적으로 힐난하고 비방한다.'라고 말하는 자들은 내가 말한 대로 말하는 자들이 아니다. 그 대신 그들은 있지도 않은 거짓으로 나를 헐뜯는 것이다.

---

443) 고행으로 옮긴 원어는 tapo(*Sk.* tapas)인데 √tap(*to heat*)에서 파생된 명사이다. 인도의 사문 전통에서 행하던 수행 방법으로 몸을 학대함으로 해서 이미 지은 악업을 청산하고 다음 세상에 태어날 악업을 막아 천상 등의 좋은 과보를 기대하면서 고행을 한다고 한다.(M14/i.93) 본경에서 나체수행자 깟사빠를 통해서 그때 당시 인도에서 행하던 여러 가지 고행을 알 수 있다.

444) '난행고행의 삶을 사는 자'로 옮긴 원어는 lūkhājīvi로 '거친 삶을 사는 자(lūkho ājīvo assa)'로 풀이한다. 주석서에서는 나체수행, 서서 소변보기 등을 예로 들고 있다.(DA.ii.349) 고행의 의미를 살리기 위해서 '난행고행의 삶을 사는 자'로 옮겼다.

여기 깟사빠여, 나는 인간의 능력을 넘어선 청정한 하늘눈[天眼]으로, 난행고행의 삶을 살았던 어떤 고행자는 죽어서 몸이 무너진 다음에 불행한 상태[苦界], 비참한 세계[惡趣], 파멸처, 지옥에 태어나는 것을 본다.

여기 깟사빠여, 그러나 나는 인간의 능력을 넘어선 청정한 하늘눈[天眼]으로, 난행고행의 삶을 살았던 어떤 고행자는 죽어서 몸이 무너진 다음에 좋은 세계[善處], 하늘 세계[天界]에 태어나는 것을 본다.

여기 깟사빠여, 나는 인간의 능력을 넘어선 청정한 하늘눈[天眼]으로, 적은 고통으로 머물던 어떤 고행자는 죽어서 몸이 무너진 다음에 불행한 상태[苦界], 비참한 세계[惡趣], 파멸처, 지옥에 태어나는 것을 본다.

여기 깟사빠여, 그러나 나는 인간의 능력을 넘어선 청정한 하늘눈[天眼]으로, 적은 고통으로 머물던 어떤 고행자는 죽어서 몸이 무너진 다음에 좋은 세계[善處], 하늘 세계[天界]에 태어나는 것을 본다.

깟사빠여, 나는 이런 고행자들의 온 곳과 갈 곳과 죽고 태어남을 있는 그대로 꿰뚫어 알고 있는데 어찌 내가 모든 고행을 비난하고 난행고행의 삶을 사는 고행자를 전적으로 힐난하고 비방하겠는가?"445)

4. "깟사빠여, 어떤 사문·바라문들은 현명하고 영리하고 다른 자들과 논쟁에 뛰어나고 머리카락조차 맞힐 수 있는 지경이라서 그

---

445) 이처럼 고행에 대한 부처님의 태도는 명확하시다. 고행 자체가 문제가 아니라 고행을 하는 그 사람의 심리구조, 마음가짐이 더 중요하다. 사악한 마음으로 고행하면 악처에 떨어질 것이고 좋은 마음으로 고행을 하면 천상에 날 것이다. 이처럼 외형적인 수행 방법이나 의례의식, 난행고행의 삶은 중요하지 않다. 그런 테크닉이나 의식을 거행하고 실행하는 자들의 마음가짐이 중요하다.

들은 예리한 통찰지로써 다른 견해들을 단번에 잘라버린다고 생각한
다. 그들과 나는 어떤 점들에 있어서는 일치하고 어떤 점들에 있어서
는 일치하지 않는다.

그들이 어떤 때에 '옳다'고 말하는 것을 나도 어떤 때는 '옳다'고
말하기도 하고 그들이 어떤 때에 '옳지 않다'고 말하는 것을 나도 어
떤 때는 '옳지 않다'고 말하기도 한다. 그러나 그들이 어떤 때에 '옳
다'고 말하는 것을 어떤 때 나는 '옳지 않다'고 말하기도 하고 그들이
어떤 때에 '옳지 않다'고 말하는 것을 어떤 때 나는 '옳다'고 말하기
도 한다.

그리고 내가 어떤 때에 '옳다'고 말하는 것을 그들도 어떤 때는 '옳
다'고 말하기도 하고 내가 어떤 때에 '옳지 않다'고 말하는 것을 그들
도 어떤 때는 '옳지 않다'고 말하기도 한다. 그러나 내가 어떤 때에
'옳다'고 말하는 것을 어떤 때 그들은 '옳지 않다'고 말하기도 하고
내가 어떤 때에 '옳지 않다'고 말하는 것을 어떤 때 그들은 '옳다'고
말하기도 한다."

서로 일치하는 점

5.   "나는 그들에게 다가가서 이와 같이 말한다. '도반들이여,
서로 일치하지 않는 점들에 대해서는 일단 그대로 두도록 합시다. 서
로 일치하는 점들에 대해서는 이제 지자들이 [다음과 같이] 스승은
스승끼리 집단(saṅgha)446)은 집단끼리 서로 문의하고 서로 이유를
묻고 서로 숙고하게 합시다.447) 즉 '존자들이여, [우리 사이에서 서

---

446) '집단'으로 옮긴 원어는 saṅgha이다. 고대 인도에서는 불교의 승단만을
     상가(saṅgha)로 부른 것이 아니라 사문들을 비롯한 종교집단들을 상가라
     고 부르기도 하고 가나(gaṇa)라고도 불렀다.

로 일치하는 점]들 가운데서 해로운 것이고 해로운 것이라 불리고, 비난받아 마땅한 것이고 비난받아 마땅한 것이라 불리고, 받들어 행하지 말아야 하는 것이고 받들어 행하지 말아야 하는 것이라 불리고, 성자들에게 적합하지 않은 것이고 성자들에게 적합하지 않은 것이라 불리고, 검은 것이고 검은 것이라 불리는 이러한 법들이 있습니다. 이제 누가 이런 법들을 남김없이 버렸습니까? 사문 고따마입니까, 아니면 다른 스승448)들입니까?'라고.'"

6. "깟사빠여, 그런데 지자들이 서로 문의하고 서로 이유를 묻고 서로 숙고해서 이와 같이 말하는 경우가 있을 것이다. '존자들이여, [우리 사이에서 서로 일치하는 점]들 가운데서 해로운 것이고 해로운 것이라 불리고, 비난받아 마땅한 것이고 비난받아 마땅한 것이라 불리고, 받들어 행하지 말아야 하는 것이고 받들어 행하지 말아야 하는 것이라 불리고, 성자들에게 적합하지 않은 것이고 성자들에게 적합하지 않은 것이라 불리고, 검은 것이고 검은 것이라 불리는 이러한 법들이 있습니다. 사문 고따마가 이런 법들을 남김없이 버렸습니다. 그러나 다른 스승들은 부분적으로만449) 버렸습니다.'라고. 깟사

---

447) 이하 불선법(不善法)을 버리고 선법(善法)을 성취하는 것을 비교하시는데, §8까지 스승들끼리 비교하여도 부처님이 더 칭송되고, §9부터 §12까지 제자들끼리 비교하여도 부처님이 더 칭송됨을 밝히고 있다.

448) '스승'으로 옮긴 원어는 gaṇa(무리)-ācariya(스승)이다. 그러므로 '무리의 스승'이라고 옮겨야 한다. 그러나 항상 본경에서는 '다른(pare)'과 함께 나타나고 있어서 문맥상 그냥 '스승'으로 옮기고 있다.

449) 원문은 'yaṁ vā pana bhonto pare gaṇācariyā'인데 여기서 관계대명사 yaṁ이 단수이므로 '부분적으로만'이라고 옮겼다. 리즈 데이빗과 월슈도 이렇게 옮기고 있다.

빠여, 이와 같이 여기서 지자들이 서로 문의하고 서로 이유를 묻고 서로 숙고하면 대부분은 내가 칭송된다."450)

7. "깟사빠여, 또 다시 지자들이 [다음과 같이] 스승은 스승끼리, 집단은 집단끼리 서로 문의하고 서로 이유를 묻고 서로 숙고하도록 하자. 즉 '존자들이여, [우리 사이에서 서로 일치하는 점]들 가운데서 유익한 것이고 유익한 것이라 불리고, 비난받지 않는 것이고 비난받지 않는 것이라 불리고, 받들어 행해야 하는 것이고 받들어 행해야 하는 것이라 불리고, 성자들에게 적합한 것이고 성자들에게 적합한 것이라 불리고, 흰 것이고 흰 것이라 불리는 이러한 법들이 있습니다. 이제 누가 이런 법들을 남김없이 성취하였습니까? 사문 고따마입니까, 아니면 다른 스승들입니까?'라고"

8. "깟사빠여, 그런데 지자들이 서로 문의하고 서로 이유를 묻고 서로 숙고해서 이와 같이 말하는 경우가 있을 것이다. '존자들이여, [우리 사이에서 서로 일치하는 점]들 가운데서 유익한 것이고 유익한 것이라 불리고, 비난받지 않는 것이고 비난받지 않는 것이라 불리고, 받들어 행해야 하는 것이고 받들어 행해야 하는 것이라 불리고, 성자들에게 적합한 것이고 성자들에게 적합한 것이라 불리고, 흰 것이고 흰 것이라 불리는 이러한 법들이 있습니다. 사문 고따마가 이런 법들을 남김없이 성취하였습니다. 그러나 다른 스승들은 부분적으로만 성취하였습니다.'라고. 깟사빠여, 이와 같이 여기서 지자들이 서로 문의하고 서로 이유를 묻고 서로 숙고하면 대부분은 내가 칭송된다."451)

---

450) 즉 지자들은 대부분의 경우에 부처님은 버려야 할 해로운 법[不善法]들을 남김없이 다 버린 분이라고 인정한다는 말이다.

9. "깟사빠여, 또 다시 지자들이 [다음과 같이] 스승은 스승끼리, 집단은 집단끼리 서로 문의하고 서로 이유를 묻고 서로 숙고하도록 하자. 즉 '존자들이여, [우리 사이에서 서로 일치하는 점]들 가운데서 해로운 것이고 해로운 것이라 불리고 비난받아 마땅한 것이고 비난받아 마땅한 것이라 불리고, 받들어 행하지 말아야 하는 것이고 받들어 행하지 말아야 하는 것이라 불리고, 성자들에게 적합하지 않은 것이고 성자들에게 적합하지 않은 것이라 불리고, 검은 것이고 검은 것이라 불리는 이러한 법들이 있습니다. 이제 누가 이런 법들을 남김없이 버렸습니까? 고따마의 제자들 집단입니까, 아니면 다른 스승들의 제자들 집단입니까?'라고"

10. "깟사빠여, 그런데 지자들이 서로 문의하고 서로 이유를 묻고 서로 숙고해서 이와 같이 말하는 경우가 있을 것이다. '존자들이여, [우리 사이에서 서로 일치하는 점]들 가운데서 해로운 것이고 해로운 것이라 불리고, 비난받아 마땅한 것이고 비난받아 마땅한 것이라 불리고, 받들어 행하지 말아야 하는 것이고 받들어 행하지 말아야 하는 것이라 불리고, 성자들에게 적합하지 않은 것이고 성자들에게 적합하지 않은 것이라 불리고, 검은 것이고 검은 것이라 불리는 이러한 법들이 있습니다. 고따마의 제자들 집단이 이런 법들을 남김없이 버렸습니다. 그러나 다른 스승들의 제자들 집단은 부분적으로만 버렸습니다.'라고, 깟사빠여, 이와 같이 여기서 지자들이 서로 문의하고 서로 이유를 묻고 서로 숙고하면 대부분은 내가 칭송된다."

---

451) 즉 지자들은 대부분의 경우에 부처님은 성취해야 할 유익한 법[善法]들을 전적으로 다 성취하신 분이라고 인정한다는 말이다.

11. "깟사빠여, 또 다시 지자들이 [다음과 같이] 스승은 스승끼리, 집단은 집단끼리 서로 문의하고 서로 이유를 묻고 서로 숙고하도록 하자. 즉 '존자들이여, [우리 사이에서 서로 일치하는 점]들 가운데서 유익한 것이고 유익한 것이라 불리고, 비난받지 않는 것이고 비난받지 않는 것이라 불리고, 받들어 행해야 하는 것이고 받들어 행해야 하는 것이라 불리고, 성자들에게 적합한 것이고 성자들에게 적합한 것이라 불리고, 흰 것이고 흰 것이라 불리는 이러한 법들이 있습니다. 이제 누가 이런 법들을 남김없이 성취하였습니까? 사문 고따마의 제자들 집단입니까, 아니면 다른 스승들의 제자들 집단입니까?'라고"

12. "깟사빠여, 그런데 지자들이 서로 문의하고 서로 이유를 묻고 서로 숙고해서 이와 같이 말하는 경우가 있을 것이다. '존자들이여, [우리 사이에서 서로 일치하는 점]들 가운데서 유익한 것이고 유익한 것이라 불리고, 비난받지 않는 것이고 비난받지 않는 것이라 불리고, 받들어 행해야 하는 것이고 받들어 행해야 하는 것이라 불리고, 성자들에게 적합한 것이고 성자들에게 적합한 것이라 불리고, 흰 것이고 흰 것이라 불리는 이러한 법들이 있습니다. 사문 고따마의 제자들 집단이 이런 법들을 남김없이 성취하였습니다. 그러나 다른 스승들의 제자들 집단은 부분적으로만 성취하였습니다.'라고. 깟사빠여, 이와 같이 여기서 지자들이 서로 문의하고 서로 이유를 묻고 서로 숙고하면 대부분은 내가 칭송된다."

여덟 가지 성스러운 도[八支聖道, 八正道]

13. "깟사빠여, [우리에게는] 도가 있고 도닦음이 있나니 그대로 도닦으면 '사문 고따마는 시기에 맞는 말을 하고, 있는 것을 말하고, 유익한 것을 말하고, 법을 말하고, 율을 말하는 자다.'라는 사실을 스스로 알게 되고 스스로 보게 된다. 깟사빠여, 그러면 [우리에게] 어떤 도가 있고 어떤 도닦음이 있기에 그대로 도닦으면 '사문 고따마는 시기에 맞는 말을 하고, 있는 것을 말하고, 유익한 것을 말하고, 법을 말하고, 율을 말하는 자다.'라는 사실을 스스로 알게 되고 스스로 보게 되는가? 그것은 바로 이 여덟 가지 성스러운 도[八支聖道]이니, 바른 견해, 바른 사유, 바른 말, 바른 행위, 바른 생계, 바른 노력, 바른 마음챙김, 바른 삼매이니라.452) 깟사빠여, 이것이 바로 그 도요, 바로 그 도닦음이니, 그대로 도닦으면 '사문 고따마는 시기에 맞는 말을 하고, 있는 것을 말하고, 유익한 것을 말하고, 법을 말하고, 율을 말하는 자다.'라는 사실을 스스로 알게 되고 스스로 보게 된다."

여러 가지 고행

14. 이와 같이 말씀하시자 나체수행자 깟사빠는 세존께 이렇게 말씀드렸다.

---

452) 이처럼 팔정도는 거듭 강조되고 있다. 그래서 세존께서는 반열반에 드시기 직전에 찾아와서 세존의 제자가 된 수밧다에게 "어떤 법과 율에서든 여덟 가지 성스러운 도[八支聖道]가 있으면 거기에는 사문도 있다. 거기에는 두 번째 사문도 있다. 거기에는 세 번째 사문도 있다. 거기에는 네 번째 사문도 있다. … 수밧다여, 그러므로 오직 여기 [불교 교단에만 사문이 있다. … 다른 교설들에는 사문들이 텅 비어 있다."고 자신 있게 말씀하고 계신다.(D16.§5.27)

"도반 고따마시여, 다음과 같은 고행을 닦는 것도 이러한 사문·바라문들에게는 사문의 본업453)이라 불리고, 바라문의 본업이라 불립니다.454)

⑴ 그는 나체수행자이고, 관습을 거부하며 살고, 손에 [받아] 핥아서 먹고, [음식을 주기 위해서] 오라 하면 가지 않고, [음식을 주기 위해서] 서라 하면 서지 않으며, 가져온 음식을 받지 않고, [자기 몫으로] 지칭된 것을 받지 않으며, 초청에 응하지 않습니다.

그는 그릇으로 [주면] 받지 않고, 접시로 [주면] 받지 않고, 문지방을 넘어서 주는 것, 막대기에 꿰어진 것, 절구공이 안에 있는 것을 받지 않으며, 두 사람이 먹을 때, 임신부로부터,[아이에게 젖을] 먹이는 여자로부터, 남자 [품에] 안겨 있는 여자로부터 받지 않으며, [보시한다고] 널리 알릴 때 받지 않으며, 개가 옆에 있을 때 받지 않으며, 나방이 날아다닐 때 받지 않으며, 생선과 고기를 받지 않으며, 술, 과즙주, 발효주를 마시지 않습니다.

그는 한 집만 가서 한 집의 음식만 먹는 자요, 두 집만 가서 두 집의 음식만 먹는 자요 … 일곱 집만 가서 일곱 집의 음식만 먹는 자요, 한 닷띠455)의 음식만 구걸하고, 두 닷띠의 음식만 구걸하고, … 일곱

---

453) '사문의 본업'과 '바라문의 본업'으로 옮긴 원어는 각각 sāmañña와 brāhmañña라서 '사문됨'과 '바라문됨'으로 직역할 수 있다. 그러나 이렇게 옮기면 뜻이 명확하지 않다. 그리고 주석서에서 "사문됨이란 사문의 업(samaṇa-kamma)을 말하고 바라문됨이란 바라문의 업(brāhmaṇa-kamma)을 말한다."(DA.ii.354)라고 설명하고 있어서 각각 사문의 본업과 바라문의 본업으로 옮겼다.

454) 세존께서 우리에게는 팔정도라는 도와 도닦음이 있다고 말씀하시자 나체수행자 깟사빠도 지지 않고 우리에게는 고행이 있으며 고행이야말로 사문의 본업이요 바라문의 본업이라고 강조하고 있다.

닷띠의 음식만 구걸하며, 하루에 한번만, 이틀에 한 번만 … 이런 식으로 반 달에 한 번만 방편으로 음식을 먹으며 삽니다.

도반 고따마시여, 다음과 같은 고행을 닦는 것도 이러한 사문·바라문들에게는 사문의 본업이라 불리고, 바라문의 본업이라 불립니다.

(2) 그는 채소를 먹는 자이고, 수수, 니바라 쌀, 닷둘라 쌀, 수초, 등겨, 뜨물, 깻가루, 풀, 소똥을 먹는 자이며, 야생의 풀뿌리와 열매를 음식으로 해서 살고, 떨어진 열매를 먹는 자입니다.

도반 고따마시여, 다음과 같은 고행을 닦는 것도 이러한 사문·바라문들에게는 사문의 본업이라 불리고, 바라문의 본업이라 불립니다.

(3) 그는 삼베로 만든 옷을 입고, 마포로 된 거친 옷을 입고, 시체를 싸맨 헝겊으로 만든 옷을 입고, 넝마로 만든 옷을 입고, 나무껍질로 만든 옷을 입고, 영양 가죽을 입고, 영양 가죽으로 만든 외투를 입고, 꾸사 풀456)로 만든 외투를 입고, 나무껍질로 만든 외투를 입고, 판자로 만든 외투를 입고, 머리카락으로 만든 담요를 두르고, 꼬리털로 만든 담요를 두르고, 올빼미 털로 만든 옷을 입습니다. 머리카락과 수염을 뽑는 수행에 몰두한 머리카락과 수염을 뽑은 자이고, 자리에 앉지 않고 서있는 자이며, 쪼그리고 앉는 수행에 몰입한 쪼그리고 앉는 자이고, 가시를 가까이하는 자이어서 가시로 된 침상을 사용하며, 밤에 세 번을 물에 들어가는데 몰두하며 지냅니다."

---

455) "닷띠(datti)란 적은 분량의 음식을 넣어서 놓아두는 작은 그릇(pāti)을 말한다."(DA.ii.354)

456) 꾸사 풀에 대해서는 본서 「꾸따단따 경」(D5) §18 주해를 참조할 것.

고행의 무의미함

15. "(1) 깟사빠여, 비록 그가 나체수행자이고, 관습을 거부하며 살고, 손에 [받아] 핥아서 먹고, … 이런 식으로 반 달에 한 번만 방편으로 음식을 먹으며 살더라도, 그는 단지 방편으로 음식을 먹기에만 몰두하여 사는 것에 지나지 않는다. 그는 계의 구족과 마음의 구족과 통찰지의 구족을 수행하지 못하고 실현하지 못한다. 그러므로 그는 사문의 본업으로부터 멀리 있고 바라문의 본업으로부터 멀리 있다. 깟사빠여, 참으로 비구가 적의가 없고 악의가 없는 자애로운 마음을 닦고, 모든 번뇌가 다하여 아무 번뇌가 없는 마음의 해탈[心解脫]과 통찰지의 해탈[慧解脫]을 바로 지금여기에서 스스로 최상의 지혜로 실현하고 구족하여 머물게 될 때,457) 이를 두고 '비구는 사문이다. 비구는 바라문이다.'라고 일컫는다.458)

(2) 깟사빠여, 비록 그가 채소를 먹는 자이고, … 야생의 풀뿌리와 열매를 음식으로 삶을 영위하고, 떨어진 열매를 먹는 자라 할지라도, 그는 계의 구족과 마음의 구족과 통찰지의 구족을 수행하지 못하고 실현하지 못한다. 그러므로 그는 사문의 본업으로부터 멀리 있고 바라문의 본업으로부터 멀리 있다. 깟사빠여, 참으로 비구가 적의가 없고 악의가 없는 자애로운 마음을 닦고, 모든 번뇌가 다하여 아무 번뇌가 없는 마음의 해탈[心解脫]과 통찰지의 해탈[慧解脫]을 바로 지금

---

457) 이 정형구에 대한 설명은 본서 「마할리 경」(D6) §13의 주해들을 참조할 것.

458) 고행이야말로 사문의 본업이라고 우기는 깟사빠에게 아무리 난행고행을 해도 자애심을 기르지 못하고 번뇌가 다한 해탈·열반을 실현하지 못한다면 그는 사문이 아니요 바라문이 아니라는 부처님의 대사자후이다. 요즘의 출가사문들도 깊이깊이 새기고 반성해 봐야 할 말씀이다.

여기에서 스스로 최상의 지혜로 실현하고 구족하여 머물게 될 때, 이를 두고 '비구는 사문이다. 비구는 바라문이다.'라고 일컫는다.

(3) 깟사빠여, 비록 그가 삼베로 만든 옷을 입고, 마포로 된 거친 옷을 입고, … 밤에 세 번을 물에 들어가는 데 몰두하며 지낸다 할지라도, 그는 계의 구족과 마음의 구족과 통찰지의 구족을 수행하지 못하고 실현하지 못한다. 그러므로 그는 사문의 본업으로부터 멀리 있고 바라문의 본업으로부터 멀리 있다. 깟사빠여, 참으로 비구가 적의가 없고 악의가 없는 자애로운 마음을 닦고, 모든 번뇌가 다하여 아무 번뇌가 없는 마음의 해탈[心解脫]과 통찰지의 해탈[慧解脫]을 바로 지금여기에서 스스로 최상의 지혜로 실현하고 구족하여 머물게 될 때, 이를 두고 '비구는 사문이다. 비구는 바라문이다.'라고 일컫는다."

16. 이와 같이 말씀하시자 나체수행자 깟사빠는 세존께 이렇게 말씀드렸다.

"고따마 존자시여, 사문의 본업은 행하기가 어렵습니다. 바라문의 본업은 행하기가 어렵습니다."459)

"(1) 깟사빠여, '사문의 본업은 행하기가 어렵다. 바라문의 본업은 행하기가 어렵다.'라는 것은 세속에서는 당연하다. 깟사빠여, 그런데 만일 나체수행자이고, 관습을 거부하며 살고, 손에 [받아] 핥아서 먹고, … 이런 식으로 반 달에 한 번만 방편으로 음식을 먹으며 사는 이 정도의 고행을 닦는 것을 두고 사문의 본업과 바라문의 본업은 행

---

459) 깟사빠는 계속해서 사문의 본업인 고행은 참으로 행하기 어렵다고 강조한다. 여기에 대해서 세존께서는 그런 고행은 재가자들도 누구나 마음만 먹으면 할 수 있지만 번뇌 다한 해탈이야말로 실현하기 어려운 사문의 본업이라고 사자후를 토하신다.

하기 어렵고 너무나 행하기 어렵다고 한다면 '사문의 본업은 행하기가 어렵다. 바라문의 본업은 행하기가 어렵다.'라는 말은 적절하지 못하다.

장자나 장자의 아들이나 심지어 물 긷는 하녀까지도 '오, 참으로 나는 나체수행자가 되어야지, 관습을 거부하며 살아야지, 손에 [받아] 핥아서 먹어야지, … 이런 식으로 반 달에 한 번만 방편으로 음식을 먹으며 살아야지.'라고 하면서 이렇게 행하는 것이 가능할 것이기 때문이다.

깟사빠여, 그러나 이 정도의 고행을 닦는 것과는 다른 것을 두고 사문의 본업과 바라문의 본업은 행하기 어렵고 너무나 행하기 어렵다고 한다면 '사문의 본업은 행하기가 어렵다. 바라문의 본업은 행하기가 어렵다.'라는 말은 적절하다. 깟사빠여, 참으로 비구가 적의가 없고 악의가 없는 자애로운 마음을 닦고, 모든 번뇌가 다하여 아무 번뇌가 없는 마음의 해탈[心解脫]과 통찰지의 해탈[慧解脫]을 바로 지금여기에서 스스로 최상의 지혜로 실현하고 구족하여 머물게 될 때, 이를 두고 '비구는 사문이다. 비구는 바라문이다.'라고 일컫는다.

(2) 깟사빠여, 그런데 만일 채소를 먹는 자이고, … 야생의 풀뿌리와 열매를 음식으로 삶을 영위하고, 떨어진 열매를 먹는 자라는 이 정도의 고행을 닦는 것을 두고 사문의 본업과 바라문의 본업은 행하기 어렵고 너무나 행하기 어렵다고 한다면 '사문의 본업은 행하기가 어렵다. 바라문의 본업은 행하기가 어렵다.'라는 말은 적절하지 못하다.

장자나 장자의 아들이나 심지어 물 긷는 하녀까지도 '오, 참으로 나는 채소를 먹는 자가 되어야지, … 야생의 풀뿌리와 열매를 음식으로 삶을 영위하고, 떨어진 열매를 먹는 자가 되어 살아야지.'라고 하면서 이렇게 행하는 것이 가능할 것이기 때문이다.

깟사빠여, 그러나 이 정도의 고행을 닦는 것과는 다른 것을 두고 사문의 본업과 바라문의 본업은 행하기 어렵고 너무나 행하기 어렵다고 한다면 '사문의 본업은 행하기가 어렵다. 바라문의 본업은 행하기가 어렵다.'라는 말은 적절하다. 깟사빠여, 참으로 비구가 적의가 없고 악의가 없는 자애로운 마음을 닦고, 모든 번뇌가 다하여 아무 번뇌가 없는 마음의 해탈[心解脫]과 통찰지의 해탈[慧解脫]을 바로 지금여기에서 스스로 최상의 지혜로 실현하고 구족하여 머물게 될 때, 이를 두고 '비구는 사문이다. 비구는 바라문이다.'라고 일컫는다.

(3) 깟사빠여, 그런데 만일 삼베로 만든 옷을 입고, 마포로 된 거친 옷을 입고, … 밤에 세 번을 물에 들어가는 데 몰두하며 지낸다 할지라도, 이 정도의 고행을 닦는 것을 두고 사문의 본업과 바라문의 본업은 행하기 어렵고 너무나 행하기 어렵다고 한다면 '사문의 본업은 행하기가 어렵다. 바라문의 본업은 행하기가 어렵다.'라는 말은 적절하지 못하다.

장자나 장자의 아들이나 심지어 물 긷는 하녀까지도 '오, 참으로 나는 삼베로 만든 옷을 입고 살아야지, 마포로 된 거친 옷을 입고 살아야지, … 밤에 세 번을 물에 들어가는 데 몰두하며 살아야지.'라고 하면서 이렇게 행하는 것이 가능할 것이기 때문이다.

깟사빠여, 그러나 이 정도의 고행을 닦는 것과는 다른 것을 두고 사문의 본업과 바라문의 본업은 행하기 어렵고 너무나 행하기 어렵다고 한다면 '사문의 본업은 행하기가 어렵다. 바라문의 본업은 행하기가 어렵다.'라는 말은 적절하다. 깟사빠여, 참으로 비구가 적의가 없고 악의가 없는 자애로운 마음을 닦고, 모든 번뇌가 다하여 아무 번뇌가 없는 마음의 해탈[心解脫]과 통찰지의 해탈[慧解脫]을 바로 지금여기에서 스스로 최상의 지혜로 실현하고 구족하여 머물게 될 때, 이를 두고 '비구는 사문이다. 비구는 바라문이다.'라고 일컫는다."

17. 이와 같이 말씀하시자 나체수행자 깟사빠는 세존께 이렇게 말씀드렸다.

"고따마 존자시여, 사문의 본업은 알기가 어렵습니다. 바라문의 본업은 알기가 어렵습니다."

"(1) 깟사빠여, '사문의 본업은 알기가 어렵다. 바라문의 본업은 알기가 어렵다.'라는 것은 세속에서는 당연하다. 깟사빠여, 그런데 만일 나체수행자이고, 관습을 거부하며 살고, 손에 [받아] 핥아서 먹고, … 이런 식으로 반 달에 한 번만 방편으로 음식을 먹으며 사는 이 정도의 고행을 닦는 것을 두고 사문의 본업과 바라문의 본업은 알기 어렵고 너무나 알기 어렵다고 한다면 '사문의 본업은 알기가 어렵다. 바라문의 본업은 알기가 어렵다.'라는 말은 적절하지 못하다.

장자나 장자의 아들이나 심지어 물 긷는 하녀까지도 '이 사람은 나체수행자이고, 관습을 거부하며 살고, 손에 [받아] 핥아서 먹고, … 이런 식으로 반 달에 한 번만 방편으로 음식을 먹으며 산다.'라고 알 수 있기 때문이다.

깟사빠여, 그러나 이 정도의 고행을 닦는 것과는 다른 것을 두고 사문의 본업과 바라문의 본업은 알기 어렵고 너무나 알기 어렵다고 한다면 '사문의 본업은 알기가 어렵다. 바라문의 본업은 알기가 어렵다.'라는 말은 적절하다. 깟사빠여, 참으로 비구가 적의가 없고 악의가 없는 자애로운 마음을 닦고, 모든 번뇌가 다하여 아무 번뇌가 없는 마음의 해탈[心解脫]과 통찰지의 해탈[慧解脫]을 바로 지금여기에서 스스로 최상의 지혜로 실현하고 구족하여 머물게 될 때, 이를 두고 '비구는 사문이다. 비구는 바라문이다.'라고 일컫는다.

(2) 깟사빠여, 그런데 만일 채소를 먹는 자이고, … 야생의 풀뿌리와 열매를 음식으로 삶을 영위하고, 떨어진 열매를 먹는 자라는 이 정도의 고행을 닦는 것을 두고 사문의 본업과 바라문의 본업은 알기 어렵고 너무나 알기 어렵다고 한다면 '사문의 본업은 알기가 어렵다. 바라문의 본업은 알기가 어렵다.'라는 말은 적절하지 못하다.

장자나 장자의 아들이나 심지어 물 긷는 하녀까지도 '이 사람은 채소를 먹는 자이고, … 야생의 풀뿌리와 열매를 음식으로 삶을 영위하고, 떨어진 열매를 먹는 자다.'라고 알 수 있기 때문이다.

깟사빠여, 그러나 이 정도의 고행을 닦는 것과는 다른 것을 두고 사문의 본업과 바라문의 본업은 알기 어렵고 너무나 알기 어렵다고 한다면 '사문의 본업은 알기가 어렵다. 바라문의 본업은 알기가 어렵다.'라는 말은 적절하다. 깟사빠여, 참으로 비구가 적의가 없고 악의가 없는 자애로운 마음을 닦고, 모든 번뇌가 다하여 아무 번뇌가 없는 마음의 해탈[心解脫]과 통찰지의 해탈[慧解脫]을 바로 지금여기에서 스스로 최상의 지혜로 실현하고 구족하여 머물게 될 때, 이를 두고 '비구는 사문이다. 비구는 바라문이다.'라고 일컫는다.

(3) 깟사빠여, 그런데 만일 삼베로 만든 옷을 입고, 마포로 된 거친 옷을 입고, … 밤에 세 번을 물에 들어가는 데 몰두하며 지낸다 할지라도, 이 정도의 고행을 닦는 것을 두고 사문의 본업과 바라문의 본업은 알기 어렵고 너무나 알기 어렵다고 한다면 '사문의 본업은 알기가 어렵다. 바라문의 본업은 알기가 어렵다.'라는 말은 적절하지 못하다.

장자나 장자의 아들이나 심지어 물 긷는 하녀까지도 '이 사람은 삼베로 만든 옷을 입고, 마포로 된 거친 옷을 입고, … 밤에 세 번을 물에 들어가는 데 몰두하며 지낸다.'라고 알 수 있기 때문이다.

깟사빠여, 그러나 이 정도의 고행을 닦는 것과는 다른 것을 두고 사문의 본업과 바라문의 본업은 알기 어렵고 너무나 알기 어렵다고 한다면 '사문의 본업은 알기가 어렵다. 바라문의 본업은 알기가 어렵다.'라는 말은 적절하다. 깟사빠여, 참으로 비구가 적의가 없고 악의가 없는 자애로운 마음을 닦고, 모든 번뇌가 다하여 아무 번뇌가 없는 마음의 해탈[心解脫]과 통찰지의 해탈[慧解脫]을 바로 지금여기에서 스스로 최상의 지혜로 실현하고 구족하여 머물게 될 때, 이를 두고 '비구는 사문이다. 비구는 바라문이다.'라고 일컫는다."

계의 구족

18. 이와 같이 말씀하시자 나체수행자 깟사빠는 세존께 이렇게 말씀드렸다.460)

"고따마 존자시여, 그러면 어떤 것이 계의 구족입니까? 어떤 것이 마음의 구족461)입니까? 어떤 것이 통찰지의 구족입니까?"

"깟사빠여, 여기 여래가 이 세상에 출현한다. 그는 아라한[應供]이

---

460) 드디어 깟사빠는 세존의 말씀을 이해하고 사문의 본업인 계의 구족과 삼매(마음)의 구족과 통찰지의 구족에 대해서 질문을 드린다. 이런 자질을 갖추었기에 그는 세존의 제자로 다시 출가해서 아라한이 되었을 것이다.

461) 마음의 구족(citta-sampadā)은 삼매의 구족(samādhi-sampadā)과 동의어이다. 그래서 『청정도론』에서도 "마음이라는 제목 아래 삼매를 서술했고"(Vis.I.7)라고 적고 있다. 삼매를 닦아서 마음의 자유자재를 얻기 때문이다.

며, 완전히 깨달은 분[正等覺]이며, 영지와 실천이 구족한 분[明行足]이며, 피안으로 잘 가신 분[善逝]이며, 세간을 잘 알고 계신 분[世間解]이며, 가장 높은 분[無上士]이며, 사람을 잘 길들이는 분[調御丈夫]이며, 하늘과 인간의 스승[天人師]이며, 부처님[佛]이며, 세존(世尊)이다. 그는 신을 포함하고 마라를 포함하고 범천을 포함한 이 세상을 스스로 최상의 지혜로 알고, 실현하여, 드러낸다. 그는 법을 설한다. 그는 시작도 훌륭하고 중간도 훌륭하고 끝도 훌륭하게 [법을 설하고], 의미와 표현을 구족하여 법을 설하여, 더할 나위 없이 완벽하고 지극히 청정한 범행을 드러낸다.

이런 법을 장자나 장자의 아들이나 다른 가문에 태어난 자가 듣는다. 그는 이 법을 듣고서 여래께 믿음을 가진다. 그는 이런 믿음을 구족하여 이렇게 숙고한다. '재가의 삶이란 막혀있고 때가 낀 길이지만 출가의 삶은 열린 허공과 같다. 재가에 살면서 더할 나위 없이 완벽하고 지극히 청정한 소라고동처럼 빛나는 청정범행을 실천하기란 쉽지 않다. 그러니 나는 이제 머리와 수염을 깎고 물들인 옷을 입고 집을 떠나 출가하리라.'라고 그는 나중에 재산이 적건 많건 간에 모두 다 버리고, 일가친척도 적건 많건 간에 다 버리고, 머리와 수염을 깎고, 물들인 옷을 입고, 집을 떠나 출가한다.

그는 이와 같이 출가하여 계목의 단속으로 단속하면서 머문다. 바른 행실과 행동의 영역을 갖추고, 작은 허물에 대해서도 두려움을 보며, 학습계목들을 받아 지녀 공부짓는다. 유익한 몸의 업과 말의 업을 잘 갖추고, 생계를 청정히 하고, 계를 구족하고, 감각기능들의 문을 보호하고, 마음챙김과 알아차림[正念正知]을 잘 갖추고 [얻은 필수품으로] 만족한다.462)

깟사빠여, 그러면 비구는 어떻게 계를 구족하는가? 깟사빠여, 여기 비구는 생명을 죽이는 것을 버리고 생명을 죽이는 것을 멀리 여읜다. 몽둥이를 내려놓고 칼을 내려놓는다. 겸손하고 자비로운 자가 되어 일체 생명의 이익을 위하고 연민하며 머문다. 이것이 그에게는 계의 구족이다. … <중간생략> …

혹은 어떤 사문이나 바라문 존자들은 [재가자들이] 신심으로 가져온 음식으로 살면서 다음과 같은 하천(下賤)한 재주를 부려 삿된 생계로 생계를 꾸린다. 즉 신의 축복을 비는 의식, 귀신을 부르는 의식, … 이전에 처방한 약의 부작용을 없애기 위해서 진통제를 사용한다. 그러나 사문 고따마는 이러한 하천한 재주를 부려 영위하는 삿된 생계를 멀리 여의었다. 이것도 그에게는 계의 구족이다.

깟사빠여, 이와 같이 계를 구족한 비구는 계로써 잘 단속하기 때문에 어느 곳에서도 두려움을 보지 못한다. 깟사빠여, 예를 들면 관정(灌頂)한 끄샤뜨리야 왕은 적을 정복하였기 때문에 어느 곳에서도 두려움을 보지 못하는 것과 같다. 깟사빠여, 그와 같이 계를 구족한 비구는 계로써 잘 단속하기 때문에 어느 곳에서도 두려움을 보지 못한다. 그는 이러한 성스러운 계의 조목을 구족하여 안으로 비난받지 않는 행복을 경험한다. 깟사빠여, 이와 같이 비구는 계를 구족한다."463)

삼매의 구족

19. "(1) 깟사빠여, 그러면 어떻게 비구는 감각의 대문을 잘 지

---

462)   이상은 「사문과경」 §§40~42와 동일함.

463)   이상 계의 구족은 「사문과경」 §§43~63과 동일함.

키는가? 깟사빠여, 여기 비구는 눈으로 형상을 봄에 그 표상[全體相]을 취하지 않으며, 또 그 세세한 부분상[細相]을 취하지도 않는다. 만약 그의 눈의 기능[眼根]이 제어되어 있지 않으면 욕심과 싫어하는 마음이라는 나쁘고 해로운 법[不善法]들이 그에게 [물밀듯이] 흘러들어 올 것이다. 따라서 그는 눈의 감각기능을 잘 단속하기 위해 수행하며, 눈의 감각기능을 잘 방호하고, 눈의 감각기능을 잘 단속하기에 이른다. … 귀로 소리를 들음에 … 코로 냄새를 맡음에 … 혀로 맛을 봄에 … 몸으로 감촉을 느낌에 … 마노[意]로 법을 지각함에 그 표상을 취하지 않으며, 그 세세한 부분상을 취하지도 않는다. 만약 그의 마노의 기능[意根]이 제어되어 있지 않으면 욕심과 싫어하는 마음이라는 나쁘고 해로운 법[不善法]들이 그에게 [물밀듯이] 흘러들어 올 것이다. 따라서 그는 마노의 감각기능을 잘 단속하기 위해 수행하며, 마노의 감각기능을 잘 방호하고, 마노의 감각기능을 잘 단속하기에 이른다. 그는 이러한 성스러운 감각기능의 단속을 구족하여 안으로 더럽혀지지 않는 행복을 경험한다. 깟사빠여, 이와 같이 비구는 감각의 대문을 잘 지킨다.

(2) 비구는 마음챙김과 알아차림을 잘 갖춘다 …

(3) 비구는 [얻은 필수품으로] 만족한다 …

(4) 그는 세상에 대한 욕심을 제거하여 욕심을 버린 마음으로 … 악의가 없는 마음으로 … 해태와 혼침을 버려 … 들뜸과 후회를 제거하여 … 의심을 건너서 머문다. …

그와 마찬가지로 비구는 자기 마음속에서 이들 다섯 가지 장애[五蓋]가 제거되었음을 자신에게서 관찰할 때, 비구는 스스로를 빚에서 벗어난 사람, 병이 쾌유한 사람, 감옥의 굴레에서 풀려난 사람, 자유

인, 그리고 안전한 곳에 다다른 사람으로 여긴다.464)

깟사빠여, 그와 마찬가지로 자신에게서 이들 다섯 가지 장애가 제거되었음을 관찰할 때 환희가 생긴다. 환희로운 자에게 희열이 생긴다. 희열을 느끼는 자의 몸은 경안하다. 몸이 경안한 자는 행복을 느낀다. 행복한 자의 마음은 삼매에 든다. 그는 감각적 욕망들을 완전히 떨쳐버리고 해로운 법[不善法]들을 떨쳐버린 뒤, 일으킨 생각[尋]과 지속적인 고찰[伺]이 있고, 떨쳐버렸음에서 생겼으며, 희열[喜]과 행복[樂]이 있는 초선(初禪)을 구족하여 머문다. 그는 떨쳐버렸음에서 생긴 희열과 행복으로 이 몸을 흠뻑 적시고 충만케 하고 가득 채우고 속속들이 스며들게 한다. 온몸 구석구석 떨쳐버렸음에서 생긴 희열과 행복이 스며들지 않은 데가 없다. 깟사빠여, 예를 들면 솜씨 좋은 때밀이나 그의 조수가 금속 대야에 목욕가루를 가득 담아 놓고는 물을 알맞게 부어가며 계속 이기면 그 목욕가루덩이 [반죽]에 물기가 젖어들고 스며들어 물기가 안팎으로 흠뻑 스며들 뿐, 그 덩이가 물기를 흘려보내지 않는 것과 같다. 깟사빠여, 그와 마찬가지로 비구는 떨쳐버렸음에서 생긴 희열과 행복으로 이 몸을 흠뻑 적시고 충만케 하고 가득 채우고 속속들이 스며들게 한다. 온몸 구석구석 떨쳐버렸음에서 생긴 희열과 행복이 스며들지 않은 데가 없다. 깟사빠여, 이 것도 역시 그에게는 마음의 구족이다.

깟사빠여, 다시 비구는 일으킨 생각[尋]과 지속적인 고찰[伺]을 가라앉혔기 때문에 [더 이상 존재하지 않으며], 자기 내면의 것이고, 확신이 있으며, 마음의 단일한 상태이고, 일으킨 생각과 지속적인 고찰은 없고, 삼매에서 생긴 희열과 행복이 있는 제2선(二禪)을 구족하여

---

464)   이상은 「사문과경」(D2) §§64~74와 동일함.

머문다. 그는 삼매에서 생긴 희열과 행복으로 이 몸을 흠뻑 적시고 충만하게 하고 가득 채우고 속속들이 스며들게 한다. 온몸 구석구석 삼매에서 생긴 희열과 행복이 스며들지 않은 데가 없다. … <비유 생략> … 깟사빠여, 이것도 역시 그에게는 마음의 구족이다.

깟사빠여, 다시 비구는 희열이 빛바랬기 때문에 평온하게 머물고, 마음챙기고 알아차리며[正念正知] 몸으로 행복을 경험한다. [이 禪 때문에] 성자들이 그를 두고 '평온하고 마음챙기며 행복하게 머문다.'고 묘사하는 제3선(三禪)을 구족하여 머문다. 그는 희열이 사라진 행복으로 이 몸을 흠뻑 적시고 충만하게 하고 가득 채우고 속속들이 스며들게 한다. 온몸 구석구석 희열이 사라진 행복이 스며들지 않은 데가 없다. … <비유 생략> … 깟사빠여, 이것도 역시 그에게는 마음의 구족이다.

깟사빠여, 다시 비구는 행복도 버리고 괴로움도 버리고, 아울러 그 이전에 이미 기쁨과 슬픔을 소멸하였으므로 괴롭지도 즐겁지도 않으며, 평온으로 인해 마음챙김이 청정한[捨念淸淨] 제4선(四禪)을 구족하여 머문다. 그는 이 몸을 지극히 청정하고 지극히 깨끗한 마음으로 속속들이 스며들게 하고서 앉아 있다. 온몸 구석구석 지극히 청정하고 지극히 깨끗한 마음이 스며들지 않은 데가 없다. … <비유 생략> … 깟사빠여, 이것도 역시 그에게는 마음의 구족이다."465)

통찰지의 구족

20. "(1) 그는 이와 같이 마음이 삼매에 들고, 청정하고, 깨끗하

---

465) 이상 네 가지 선의 정형구는 「사문과경」(D2) §§75~82의 정형구와 동일함.

고, 흠이 없고, 오염원이 사라지고, 부드럽고, 활발발(活潑潑)하고, 안정되고, 흔들림이 없는 상태에 이르렀을 때 지와 견으로 마음을 향하게 하고 기울게 한다. 그는 이와 같이 꿰뚫어 안다. '나의 이 몸은 물질로 된 것이고, 네 가지 근본물질[四大]로 이루어진 것이며, 부모에서 생겨났고, 밥과 죽으로 집적되었으며, 무상하고 파괴되고 분쇄되고 해체되고 분해되기 마련이다. 그런데 나의 이 알음알이는 여기에 의지하고 여기에 묶여 있다.'라고, 깟사빠여, 예를 들면 깨끗하고 최상품인 유리 보석이 팔각형이고 아주 잘 가공되고 맑고 투명하여 모든 특질을 다 갖추었으며 푸르고 누르고 붉고 흰 실이나 갈색의 실로 묶여 있다 하자. 그것을 눈이 있는 사람이 손에 놓고서 '이 유리 보석은 깨끗하고 최상품이며 팔각형이고 아주 잘 가공되고 맑고 투명하여 모든 특질을 다 갖추었는데 푸르고 누르고 붉고 흰 실이나 갈색의 실로 묶여 있구나.'라고 살펴보는 것과 같다. 깟사빠여, 그와 마찬가지로 그는 이와 같이 마음이 삼매에 들고, 청정하고, 깨끗하고, 흠이 없고, 오염원이 사라지고, 부드럽고, 활발발하고, 안정되고, 흔들림이 없는 상태에 이르렀을 때 지와 견으로 마음을 향하게 하고 기울게 한다. 그는 이와 같이 꿰뚫어 안다. '나의 이 몸은 물질로 된 것이고, 네 가지 근본물질[四大]로 이루어진 것이며, 부모에서 생겨났고, 밥과 죽으로 집적되었으며, 무상하고 파괴되고 분쇄되고 해체되고 분해되기 마련이다. 그런데 나의 이 알음알이는 여기에 의지하고 여기에 묶여 있다.'라고, 깟사빠여, 이것 역시 그에게는 통찰지의 구족이다.

(2) … 마음으로 이루어진 몸으로 마음을 향하게 하고 기울게 한다. … 깟사빠여, 이것 역시 그에게는 통찰지의 구족이다.

(3) … 신통변화[神足通]로 마음을 향하게 하고 기울게 한다. … 깟

사빠여, 이것 역시 그에게는 통찰지의 구족이다.

(4) … 신성한 귀의 요소[天耳界, 天耳通]로 마음을 향하게 하고 기울게 한다. … 깟사빠여, 이것 역시 그에게는 통찰지의 구족이다.

(5) … [남의] 마음을 아는 지혜[他心通]로 마음을 향하게 하고 기울게 한다. … 깟사빠여, 이것 역시 그에게는 통찰지의 구족이다.

(6) … 전생을 기억하는 지혜[宿命通]로 마음을 향하게 하고 기울게 한다. … 깟사빠여, 이것 역시 그에게는 통찰지의 구족이다.

(7) … 중생들의 죽음과 다시 태어남을 [아는] 지혜[天眼通]로 마음을 향하게 하고 기울게 한다. … 깟사빠여, 이것 역시 그에게는 통찰지의 구족이다.

(8) 그는 이와 같이 마음이 삼매에 들고, 청정하고, 깨끗하고, 흠이 없고, 오염원이 사라지고, 부드럽고, 활발발(活潑潑)하고, 안정되고, 흔들림이 없는 상태에 이르렀을 때 모든 번뇌를 소멸하는 지혜[漏盡通]로 마음을 향하게 하고 기울게 한다. 그는 '이것이 괴로움이다.'라고 있는 그대로 꿰뚫어 안다. '이것이 괴로움의 일어남이다.'라고 있는 그대로 꿰뚫어 안다. '이것이 괴로움의 소멸이다.'라고 있는 그대로 꿰뚫어 안다. '이것이 괴로움의 소멸로 인도하는 도닦음이다.'라고 있는 그대로 꿰뚫어 안다. '이것이 번뇌다.'라고 있는 그대로 꿰뚫어 안다. '이것이 번뇌의 일어남이다.'라고 있는 그대로 꿰뚫어 안다. '이것이 번뇌의 소멸이다.'라고 있는 그대로 꿰뚫어 안다. '이것이 번뇌의 소멸로 인도하는 도닦음이다.'라고 있는 그대로 꿰뚫어 안다. 이와 같이 알고 이와 같이 보는 그는 감각적 욕망의 번뇌[慾漏]로부터 마음이 해탈한다. 존재의 번뇌[有漏]로부터 마음이 해탈한다. 무명의 번뇌[無明漏]로부터 마음이 해탈한다. 해탈했을 때 해탈했다는 지혜가

있다. '태어남은 다했다. 청정범행은 성취되었다. 할 일을 다 해 마쳤
다. 다시는 어떤 존재로도 돌아오지 않을 것이다.'라고 꿰뚫어 안
다.466) 깟사빠여, 이것 역시 그에게는 통찰지의 구족이다.

깟사빠여, 이러한 계의 구족과 마음의 구족과 통찰지의 구족과는
다른 더 높고 더 수승한 계의 구족과 마음의 구족과 통찰지의 구족이
란 존재하지 않는다."

사자후

21. "깟사빠여, 계를 설하는 어떤 사문・바라문들이 있어서 그
들은 여러 가지 방편으로 계를 칭송하여 말한다. 깟사빠여, 그러나
성스러운 최상의 계에 관한 한 거기서 나는 나 자신과 동등한 자들을
관찰하지 못하는데 어떻게 더 뛰어난 자가 있겠는가! 참으로 높은 계
[增上戒]에 관한 한 내가 더 뛰어나다.

깟사빠여, 고행을 통한 금욕467)을 설하는 어떤 사문・바라문들이

---

466) 이상 8가지 지혜의 정형구는 「사문과경」(D2) §§83~98의 정형구와 동
 일함.

467) '고행을 통한 금욕'으로 옮긴 원어는 tapo-jigucchā이다. 여기서 jiguc-
 chā는 √gup(*to protect*)의 원망법(Desid.) 동사 jugucchati(피하고 싶
 어 하다, 싫어하다, 혐오하다)에서 파생된 여성명사이다. 일반적으로 혐오
 로 옮기지만 여기서는 수행의 입장이므로 금욕이라고 옮겼다. 주석서에서
 는 "여기서 태운다고 해서 고행이다. 오염원(kilesa)을 태우는 정진의 이
 름이다. 그리고 이러한 오염원들을 혐오한다고 해서 금욕이다."(DA.i.
 359)라고 설명하고 있는데 이것은 고행과 금욕에 대한 불교적인 해석이고
 『상응부 주석서』에서는 "몸을 피로하게 만드는(kilamatha) 고행과 사
 악함을 혐오하는 금욕"(SA.i.126)이라고 설명하는데 이것이 외도의 고행
 과 금욕에 대한 정의라 할 수 있다.
 tapo-jigucchā를 고행과 금욕이 아니라 '고행을 통한 금욕'으로 옮긴 이
 유는 주석서들에서 그렇게 설명하고 있기 때문이다. 여기에 대해서는 본

있어서 그들은 여러 가지 방편으로 고행을 통한 금욕을 칭송하여 말한다. 깟사빠여, 그러나 성스러운 최상의 고행을 통한 금욕에 관한 한 거기서 나는 나 자신과 동등한 자들을 관찰하지 못하는데 어떻게 더 뛰어난 자가 있겠는가! 참으로 높은 금욕468)에 관한 한 내가 더 뛰어나다.

깟사빠여, 통찰지를 설하는 어떤 사문·바라문들이 있어서 그들은 여러 가지 방편으로 통찰지를 칭송하여 말한다. 깟사빠여, 그러나 성스러운 최상의 통찰지에 관한 한 거기서 나는 나 자신과 동등한 자들을 관찰하지 못하는데 어떻게 더 뛰어난 자가 있겠는가! 참으로 높은 통찰지[增上慧]에 관한 한 내가 더 뛰어나다.

깟사빠여, 해탈을 설하는 어떤 사문·바라문들이 있어서 그들은 여러 가지 방편으로 해탈을 칭송하여 말한다. 깟사빠여, 그러나 성스러운 최상의 해탈에 관한 한 거기서 나는 나 자신과 동등한 자들을 관찰하지 못하는데 어떻게 더 뛰어난 자가 있겠는가! 참으로 높은 해탈469)에 관한 한 내가 더 뛰어나다.”

서 제3권 「우둠바리까 사자후경」(D25) §7의 주해를 참조할 것.

468)   높은 계(증상계), 높은 마음(증상심), 높은 통찰지(증상혜)의 문맥에서 나타나야 하는 높은 마음(adhicitta, 增上心) 대신에 높은 금욕(adhijegucchā)이 언급되고 있다. 높은 마음[增上心]은 삼매[定]를 구족함을 뜻하는데 삼매의 경지는 외도들과 견주어 더 뛰어나다고 하지 않으시고 본경의 주제가 고행과 금욕이기 때문에 높은 금욕을 언급하고 계신다.

469)   ‘높은 해탈로 옮긴 원어는 PTS본에는 adhimutti로 나타나고 미얀마본에는 adhivimutti로 나타난다. 문맥상 adhivimutti가 되어야한다. 본 문단에서는 증상(높은)을 뜻하는 접두어 ‘adhi-’를 sīla, jegucchā, paññā 앞에 붙여서 ‘높은 계’ 등으로 표현하고 있는데, 같은 방법으로 해탈(vimutti)은 높은 해탈(adhivimutti)이 되어야 하기 때문이다. adhimutti는 ‘확신, 결심, 의향, 의지’를 뜻하는 단어로 해탈(vimutti)과는 다

22. "깟사빠여, 외도 유행승들이 이렇게 말하는 경우가 있을지 도 모른다. '사문 고따마는 사자후를 토한다. 그러나 빈집에서 사자 후를 토하지 대중들 가운데서 그렇게 하지는 않는다.'라고. '그렇게 말하지 말라.'는 것이 내가 그들에게 하려는 말이다. 깟사빠여, 그들 에게 나는 '사문 고따마는 사자후을 토한다. 그것도 대중들 가운데서 그렇게 한다.'라고 말한다.

깟사빠여, 외도 유행승들이 이렇게 말하는 경우가 있을지도 모른 다. '사문 고따마는 사자후를 토한다. 그것도 대중들 가운데서 그렇 게 한다. 그러나 그는 용맹스럽게 사자후를 토하지는 않는다.'라고. '그렇게 말하지 말라.'는 것이 내가 그들에게 하려는 말이다. 깟사빠 여, 그들에게 나는 '사문 고따마는 사자후를 토한다. 그것도 대중들 가운데서 그렇게 한다. 아울러 그는 용맹스럽게 사자후를 토한다.'라 고 말한다.

깟사빠여, 외도 유행승들이 이렇게 말하는 경우가 있을지도 모른 다. '사문 고따마는 사자후를 토한다. 그것도 대중들 가운데서 그렇 게 한다. 그는 용맹스럽게 사자후를 토한다. 그러나 아무도 그에게 질문을 하지는 않는다. … 그에게 질문을 한다. 그러나 그들의 질문 을 설명하지는 않는다. … 그들의 질문을 설명한다. 그러나 질문에 대한 설명으로 그들의 마음을 흡족하게 하지는 못한다. … 질문에 대 한 설명으로 마음을 흡족하게 한다. 그러나 들어야 할 만한 것으로 생각하지는 않는다. … 들어야 할 만한 것으로 생각한다. 그러나 듣 고서 청정하게 믿지는 않는다. … 듣고서 청정하게 믿는다. 그러나 청정한 믿음을 행하지는 못한다. … 청정한 믿음을 행한다. 그러나

───────────

른 의미를 가진 단어이다.

여여함을 닦지는 못한다. … 여여함을 닦는다. 그러나 도닦음을 성취
한 분470)을 흡족하게 하지는 못한다.'라고 '그렇게 말하지 말라.'는
것이 내가 그들에게 하려는 말이다. 깟사빠여, 그들에게 나는 '사문
고따마는 사자후를 토한다. 그것도 대중들 가운데서 그렇게 한다. 아
울러 그는 용맹스럽게 사자후를 토한다. 그에게 질문을 한다. 그들의
질문을 설명한다. 질문에 대한 설명으로 그들의 마음을 흡족하게 한
다. 들어야 할 만한 것으로 생각한다. 듣고서 청정하게 믿는다. 청정
한 믿음을 행한다. 여여함을 닦는다. 도닦음을 성취한 분을 흡족하게
한다.'라고 말한다."

깟사빠가 구족계를 받음

23. "깟사빠여, 한때 나는 라자가하에서 독수리봉 산(영취산, 靈鷲
山)471)에 머물렀다. 거기서 니그로다라는 어떤 고행자가 높은 금욕
에 대해서 질문을 하였다.472) 나는 그가 질문한 높은 금욕에 대해서
설명해 주었다. 내가 설명해 주었을 때 그는 마음이 흡족해져서 마치
크게 도취한 것 같았다."

"세존이시여473), 참으로 세존의 법을 듣고 마음이 흡족해져서 마

---

470) "도닦음을 성취함에 의해서 그분 고따마 존자의 마음을 흡족하게 하지
[못한다]는 뜻으로 한 말이다."(DA.ii.361)

471) 독수리봉 산에 대해서는 본서 제2권 「대반열반경」 (D16) §1.1의 주해를
참조할 것.

472) 이것은 본서 제3권 「우둠바리까 사자후경」 (D25)에 나타난다. 「우둠바리
까 사자후경」은 세존과 니그로다 유행승 사이에 있었던 고행에 대한 대화
로 이루어져 있으니 참조할 것.

473) 이제까지 본경에서 나체수행자 깟사빠가 세존을 부를 때 사용한 호칭은

치 크게 도취한 것 같지 않은 자가 누가 있겠습니까? 경이롭습니다, 세존이시여. 경이롭습니다, 세존이시여. 마치 넘어진 자를 일으켜 세우시듯, 덮여있는 것을 걷어내 보이시듯, [방향을] 잃어버린 자에게 길을 가리켜 주시듯, '눈 있는 자 형상을 보라.'고 어둠 속에서 등불을 비춰 주시듯, 고따마 존자께서는 여러 가지 방편으로 법을 설해주셨습니다. 저는 이제 세존께 귀의하옵고, 법과 비구 승가에 또한 귀의하옵니다. 세존이시여, 저는 세존의 곁에 출가하고자 합니다. 저는 구족계를 받고자 합니다."474)

24. "깟사빠여, 전에 외도였던 자가 이 법과 율에서 출가하기를 원하고 구족계 받기를 원하면 그는 넉 달의 견습기간을 거쳐야 한다. 넉 달이 지나고 비구들이 동의하면 출가하게 하여 비구가 되는 구족계를 받게 한다. 물론 여기에 개인마다 차이가 있음을 나는 인정한다."

"세존이시여, 만일 전에 외도였던 자가 이 법과 율에서 출가하기를 원하고 구족계 받기를 원하면 그는 넉 달의 견습기간을 거쳐야 하고 넉 달이 지나고 비구들이 동의하면 출가하게 하여 비구가 되는 구족계를 받게 하신다면 저는 4년의 견습기간을 거치겠습니다. 4년이

'고따마 존자(bho Gotama)' 아니면 '도반 고따마(āvuso Gotama)'였다. 이제 그는 세존께 대한 믿음이 굳건해져서 마침내 세존을 반떼(bhante)라고 부르고 있다. 아주 극적인 순간이다.

반떼(bhante)는 초기경에서 부처님이나 은사 스님이나 스승이나 주인을 제외하고는 절대로 사용하지 않는 가장 높은 존칭어이다. 외도들도 부처님께 항상 도반이여(āvuso)라고 부르고 있으며, 부처님을 스승으로 존경할 때만 반떼(bhante)라고 부른다. 본서에서는 세존께 bhante로 호칭할 때는 모두 '세존이시여'로 옮기고 있다.

474) 참다운 사문됨, 사문이 닦아야 할 본업에 대한 세존의 명쾌하신 말씀을 듣고 깟사빠는 세존 문하로 다시 출가하여 아라한이 되었다.

지나고 비구들이 동의하면 출가하게 하시어 비구가 되는 구족계를 받게 해 주소서.”

나체수행자 깟사빠는 세존의 곁으로 출가하였고 구족계를 받았다. 구족계를 받은 지 얼마 되지 않아서 깟사빠 존자는 혼자 은둔하여 방일하지 않고 열심히, 스스로 독려하며 지냈다. 그는 오래지 않아 좋은 가문의 아들들이 성취하고자 집에서 나와 출가하는 그 위없는 청정범행의 완성을 지금여기에서 스스로 최상의 지혜로 알고 실현하고 구족하여 머물렀다. ‘태어남은 다했다. 청정범행은 성취되었다. 할 일을 다 해 마쳤다. 다시는 어떤 존재로도 돌아오지 않을 것이다.’라고 최상의 지혜로 알았다.475) 깟사빠 존자는 아라한들 중의 한 분이 되었다.

「깟사빠 사자후경」이 끝났다.

---

475) ‘최상의 지혜로 알았다.’는 abbhaññāsi를 옮긴 것인데 이것은 abhijānāti의 과거형이다. abhijānāti는 본서 전체에서 구경의 지혜(aññā, 번뇌를 다 멸한 아라한의 경지의 지혜)와 관련하여 나타날 때는 ‘최상의 지혜로 알다’로 풀어서 옮겼다. abhiññā를 ‘최상의 지혜’로 옮기는 것과 맞추기 위해서이고 문맥상으로도 이런 번역이 더욱 의미가 있다. 물론 abhijānāti가 구경의 지혜나 최상의 지혜와 관련되지 않을 때는 문맥에 따라서 ‘인정하다, 기억하다’ 등으로 옮겼다. 최상의 지혜에 대해서는 본서 「범망경」(D1) §1.28의 주해를, abhijānāti에 대해서는 「사문과경」(D2) §15의 주해를 참조할 것.

뿟타빠다 경

인식의 문제, 자아의 문제

Poṭṭhapāda Sutta(D9)

뿟타빠다 경[476)]

인식의 문제, 자아의 문제

Poṭṭhapāda Sutta(D9)

서언

1. 이와 같이 나는 들었다. 한때 세존께서는 사왓티에서 제따 숲[477)]의 급고독원[478)]에 머무셨다. 그 무렵에 뿟타빠다[479)] 유행승은

---

476) 본경은 '인식과 인식을 하는 자는 도대체 어떻게 해서 존재하는가?'를 두고 세존과 뿟타빠다라는 유행승이 전개해가는 여러 측면의 다양하고 심도 깊은 대화로 구성되어 있다. 그래서 경의 제목도 「뿟타빠다 경」(Poṭṭha-pāda Sutta)이다. 본경은 중국에서 「포타바루경」(布吒婆樓經)으로 한역되어 『장아함』의 25번째 경으로 전해온다. 물론 여기서 포타바루(布吒婆樓)는 뿟타빠다의 음역이다.

본경에서 말하는 인식은 단순히 대상을 무엇이라고 아는 것만을 말하는 것은 아니다. 본경에서 말하는 인식은 매순간 촐랑대는 그런 종류의 인식을 말하는 것이 아니라 적어도 수행을 통해서 실현되는 삼매의 경지 혹은 경계에서 드러나는 고상한 인식(sukhuma-saññā)을 말하고, 이는 사문들이 삼매 수행을 통해서 실현하고자 하는 일종의 이념이나 이상향 등을 나타내는 술어이다. 그러므로 본경에서 말하는 인식(想, 산냐)은 자아라는 인식[我相], 중생이라는 인식[衆生相], 영혼이라는 인식[壽者相], 개아라는 인식[人相]으로 대표되는 금강경의 4상(相, 想, 산냐)과 일맥상통한다. 역자는 본서 제1권에서 가장 중요한 경 세 가지만을 들라면 주저하지 않고 「범망경」(D1)과 「사문과경」(D2)과 본경을 든다.

477) '제따 숲'은 Jetāvana의 역어이다. 제따(Jetā)는 사왓티(Sk. 슈라와스띠)를 수도로 한 꼬살라의 빠세나디 왕의 왕자 이름으로 √ji(to win)에서 파생되었으며 '승리자'라는 뜻이고, vana는 '숲'을 나타낸다. 그래서 '제따 왕자 소유의 숲'이라는 의미이다.

북방의 자료들에 의하면 제따 왕자(Jetā-Kumāra)는 빠세나디 왕과 끄샤뜨리야 공주인 와르시까(Varṣikā) 사이에서 났다고 하며(Rockhill 48, n.1.3.) 위두다바가 사꺄를 침략하여 살육하는데 동참하기를 거부하였기 때문에 배다른 형제인 위두다바에 의해서 살해되었다고 한다.(Ibid, 121) 그의 이름이 제따(Jetā, 승리자)가 된 이유는 그는 적들을 정복했기 때문에, 혹은 아버지인 빠세나디 왕이 적들을 정복할 때 태어났기 때문에, 혹은 이런 이름이 그에게 길상하기 때문(maṅgalakāmyatāya)이라고 주석서에서는 설명하고 있다.(MA.i.50; UdA.56; KhpA.111 등)

아나타삔디까(급고독) 장자가 자신의 고향인 사왓티에다 승원을 만들려고 이 땅을 구입하기 위해서 수많은 수레 가득히 황금을 가져와서 땅에 깔았고(이 일화는 인도와 남방불교와 북방불교에 그림과 조각으로 많이 남아 있다.(Bharhut Tope; see Cunningham, the Stūpa of Bharhut lvii. pp.84~86.) 그래서 그 신심에 감격한 왕자가 공동으로 기증해서 원림(ārama)을 만들었다는 감동적인 이야기는 불자들이 잘 알고 있다. 주석서에 의하면 아나타삔디까 장자는 이 땅을 구입하기 위해서 1억 8천만의 돈을 지불했다고 하며 제따 왕자는 이 돈을 모두 대문을 짓는데 사용했다고 한다.(MA.i.50; UdA.56f.)

478) 원어는 Anāthapiṇḍikassa ārāma이다. 급고독(給孤獨)으로 한역한 anātha는 부정 접두어 a가 nātha(보호자, 의지처)와 결합하여 이루어진 단어로 '무의탁자'를 뜻하며 piṇḍa는 원래 조그만 덩어리로 뭉쳐진 음식이나 과자류를 뜻한다. 여기에 접미어 '-ika'를 붙이면 '~하는 사람'이 된다. 그래서 전체는 '무의탁자에게 음식을 베푸는 사람'이라는 뜻이며 중국에서 급고독(給孤獨) 장자로 번역된, 부처님 재세 시 제일의 재가 신도의 이름임은 우리가 잘 알고 있다. ārama는 원림(園林)으로 옮기고 있다.

급고독 장자가 세존을 처음 뵌 것은 세존께서 성도하신 다음 해에 그가 사업상 라자가하를 방문했을 때라고 한다.(Vin.ii.154ff; SA.i.240ff. 등) 그래서 일찍부터 세존의 신도가 되었다. 급고독 장자의 원래 이름은 수닷따(Sudatta)였다고 하는데 그는 무의탁자(anātha)들에게 많은 자선을 베풀었기 때문에 급고독(Anāthapindika, 무의탁자에 음식을 베푸는 자)이라는 이름을 가지게 된 것이다.(AA.i.208; MA.i.50)

삼백 명 정도의 많은 유행승의 회중과 함께 띤두까 나무로 에워싸여 있고480) 하나의 강당을 가진481) 말리까 원림(園林)482)에 있는 강연

이 급고독 장자가 제따 왕자와 함께 승단에 기증한 사원의 이름이 바로 급고독원이다. 이것은 세존 성도후 21년째 되는 해의 일이다. 이 제따와나의 아나타삔디까 원림은 우리나라에서 기원정사(祇園精舍)로 알려진 곳이고 세존께서 말년 19년 간을 여기서 보내셨다고 한다.(DhA.i.3; BuA.3; AA.i.314) 사왓티의 동원림(東園林) 녹자모 강당(본서 제3권 「세기경」 (D27) §1의 주해 참조)에 머무신 것을 합치면 세존께서는 사왓티에서만 24년 정도를 보내셨다. 녹자모 강당이 완공된 후에는 낮에는 녹자모 강당에 머무시고 밤에는 급고독원에 머무시는 등으로 번갈아가면서 계셨다고 한다.(SnA.i.336)

세존께서 아난다 존자를 시자로 삼으신 것도 여기 계시기 시작할 무렵이었다. 깨달으신 후 세존의 45년 간의 삶 가운데서 전반부 20여 년은 법의 전도에 역점을 두셨다면 나머지 25년 가까운 세월은 이 아늑하고 편안한 기원정사에 머무시면서 사리뿟따 존자를 위시한 제자들과 교법을 체계화하여 불법대계(佛法大計)를 도모하셨다고 봐야 할 것이다.

479) 초기경들 가운데서 유행승 뽓타빠다(Poṭṭhapāda)는 오직 이곳에서만 언급되고 있다.

480) 원어는 tindukā(띤두까)-cīra(껍질)인데 주석서에서는 띰바루 나무들의 행렬(timbarū-rukkha-panti)로 에워싸인 곳이라고 설명하고 있다. (DA.ii.365)

481) 원어는 eka-sālaka이다. "이곳에는 처음에 하나의 강당(sālā)만이 있었기 때문이다. 그러나 뒤에는 덕스러운 많은 유행승들이 머물면서 많은 강당을 지었다. 그래서 처음에 있었던 하나의 강당을 취하여 하나의 강당을 가진 곳이라고 부른다."(Ibid)

482) "빠세나디 왕의 말리까 왕비의 정원이며 꽃과 과일이 풍부한 원림을 만들었기 때문에 말리까(향기로운) 원림이라 한다."(Ibid)
말리까는 화환 만드는 자의 딸이었으며 16살에 부처님을 뵙고 죽을 공양올렸는데 세존께서는 그녀가 왕비가 될 것이라고 하셨다고 한다.(Jā.iii. 405; SA.i.110ff.) 바로 그날에 빠세나디 왕은 아자따삿뚜에게 패하여 그곳으로 가게 되었고, 그래서 그녀는 왕비가 되었다고 한다.(DhpA.iii. 121f.) 이렇게 부처님과 왕을 만난 인연을 가진 그녀는 그 후로 부처님의

장483)에 머물고 있었다. 그때 세존께서는 오전에 옷매무새를 가다듬고 발우와 가사를 수하고 걸식을 위해서 사왓티로 들어가셨다.

2. 　그때 세존께 이런 생각이 드셨다.484) '지금 걸식을 위해서 사왓티로 들어가는 것은 너무 이르다. 나는 이제 하나의 강당만 있는 말리까 원림으로 뽓타빠다 유행승을 만나러 가는 것이 좋겠다.' 그래서 세존께서는 띤두까 나무 근처에 있으며 하나의 강당만 가진 말리까 원림(園林)에 있는 강연장으로 가셨다.

_____

변함없는 재가 신도였으며 그녀에 관계된 경들이 다수 전해온다. 왕과 그녀 사이에 왕자는 없었던 것 같으며 공주가 있었다고 한다. 아마 빠세나디 왕의 외동딸로 『중부』 「삐야자띠까 경」(Piyajātika Sutta, M87/ii.110)에서 언급되는 와지리(Vajīrī) 공주일 가능성이 많다.

483)　'강연장'으로 옮긴 원어는 samaya-ppavādaka이다. "이 장소에서 짱끼, 따룩카, 뽁카라사띠 등의 유명한 바라문들과 니간타들과 나체수행자들과 유행승들 등의 출가자들이 모여서 자신들의 가르침(samaya=sāmañña-niddesa, DAṬ.i.472)에 대해 논의하고 이야기하고 밝힌다고 해서 이 원림을 강연장이라고 부른다."(DA.i.365)
리즈 데이빗이 경탄하고 있듯이 부처님 시대에 인도에는 이처럼 종교인들이 자유롭게 토론하고 그들의 사상을 밝힐 수 있는 장소가 도처에 있었다. 육사외도(六師外道)로 표현되는 종교가와 사상가들이 이처럼 도처에 있는 원림과 숲에서 왕실의 보호를 받으며 사상의 자유를 구가하던 시대였음이 분명하다.

484)　'생각이 드셨다'로 옮긴 원어는 etad ahosi인데 직역하면 '이것이(etad) 있었다(되었다, ahosi)'이다. 한 개인의 내면에서 어떤 생각이 일어나는 것을 빠알리에서는 이런 숙어로 표현하고 있다. 문맥에 따라서 evaṁ(이 와 같이)을 써서 evaṁ hoti 등으로도 나타나고 비슷한 용법으로는 ceto parivitakkaṁ udapāpādi(분별심이 생겼다) 등을 들 수 있다.

뽓타빠다 유행승

3. 그때 뽓타빠다 유행승은 많은 유행승의 무리와 함께 앉아 있었는데 그들은 시끄럽고 큰 목소리로 여러 가지 쓸데없는 이야기를 나누고 있었다. 즉 왕의 이야기, 도둑 이야기, 대신들 이야기, 군대 이야기, 겁나는 이야기, 전쟁 이야기, 음식 이야기, 음료수 이야기, 옷 이야기, 침대 이야기, 화환 이야기, 향 이야기, 친척 이야기, 탈것에 대한 이야기, 마을에 대한 이야기, 성읍에 대한 이야기, 도시에 대한 이야기, 나라에 대한 이야기, 여자 이야기, 영웅 이야기, 거리 이야기, 우물 이야기, 전에 죽은 자에 관한 이야기, 하찮은 이야기, 세상의 [기원]에 대한 이야기, 바다에 관련된 이야기, 이렇다거나 이렇지 않다는 이야기들이었다.485)

4. 뽓타빠다 유행승은 세존께서 오시는 것을 멀리서 보고 자신의 회중을 조용히 하도록 하였다. "존자들은 소리를 죽이시오. 존자들은 소리를 내지 마시오. 사문 고따마께서 오고 계십니다. 저 존자께서는 조용함을 좋아하고 조용함으로 단련되고 조용함을 칭송합니다. 이제 우리 회중이 조용함을 알면 그분은 우리에게 다가오실 것이라 생각합니다." 이렇게 말하자 그 유행승들은 침묵하였다.

5. 그러자 세존께서는 뽓타빠다 유행승에게로 다가가셨다. 뽓타빠다 유행승은 세존께서 오시는 것을 멀리서 보았다. 보고서는 세존께 이렇게 말씀드렸다. "어서 오십시오, 세존이시여. 저희는 세존

---

485) 『청정도론』 IV.38에서는 여기서 언급되는 27가지에다 5가지를 더하여 모두 32가지 쓸데없는 이야기(담론)를 정리하고 있다. 여기에 대해서는 본서 「범망경」(D1) §1.17의 주해를 참조할 것.

을 환영합니다. 세존께서는 오랜만에 여기에 오실 기회를 만드셨습니다. 이리로 와서 앉으십시오. 세존이시여, 이것이 마련된 자리입니다." 세존께서는 마련된 자리에 앉으셨다. 뿟타빠다 유행승도 역시 다른 낮은 자리를 잡아서 한 곁에 앉았다. 한 곁에 앉은 뿟타빠다 유행승에게 세존께서는 이렇게 말씀하셨다. "뿟타빠다여, 그대들은 무슨 이야기를 하기 위해 지금 여기에 모였는가. 그리고 그대들이 하다만 이야기는 무엇인가?"

인식의 소멸에 대해서

6. 이렇게 말씀하시자 뿟타빠다 유행승은 세존께 이렇게 말씀드렸다. "세존이시여, 저희들이 지금 앉아서 한 이야기는 그냥 두십시오. 그 이야기는 세존께서 나중에 들으셔도 됩니다. 그런데 세존이시여, 근래에 며칠간 여러 외도 사문·바라문들이 토론 장소에 모여서 함께 자리를 했는데 그때 '존자들이여, 어떻게 해서 인식의 소멸은 있게 됩니까?'라고 인식의 소멸에 대한486) 이야기가 생겼습니다. 거기서 어떤 자들은 '원인도 없고 조건도 없이 인간의 인식은 일어나기도 하고 멸하기도 합니다. 일어날 때에는487) 인식하는 자가 되고 멸

---

486) '인식의 소멸에 대한'으로 옮긴 원어는 abhisaññānirodha이다. 주석서에서는 다음과 같이 설명한다. "여기서 abhi는 단지 접두어일 뿐이다. 인식의 소멸이란 마음(citta)의 소멸이다. 순간적인 소멸(khaṇika-nirodha)에 대한 이야기가 있었다는 뜻이다."(DA.ii.369) 한편 복주서는 "그들은 완전한 소멸에 대해서는 논의하지 않고 논의의 대상으로 하지 않았기 때문에 순간적인 소멸에 대해서 이야기를 하였다."라고 주석하고 있다. (DAṬ.i.475)

487) 원어는 samaye(시간에)이다. 특정한 시간이나 때를 경장과 논장의 칠론에서는 이렇게 모두 samaya로 표현하고 있다. 그러나 주석서에서는 위의

할 때에는 인식 없는 자가 됩니다.'라고 말하였습니다. 어떤 자들은 이렇게 인식의 소멸을 천명하였습니다.

그것을 두고 다른 자는 '존자들이여, 내가 보기에 그것은 그렇지 않을 겁니다. 존자들이여, 인식이야말로 인간의 자아입니다. 그것은 다가오기도 하고 물러가기도 합니다. 다가올 때에는 인식하는 자가 되고 물러갈 때에는 인식 없는 자가 됩니다.'라고 말하였습니다. 어떤 자들은 이렇게 인식의 소멸을 천명하였습니다.

그것을 두고 다른 자는 '존자들이여, 내가 보기에 그것은 그렇지 않을 겁니다. 존자들이여, 큰 신통과 큰 위력을 가진 사문·바라문들이 있습니다. 그들은 사람의 인식을 집어넣기도 하고 빼내기도 합니다. 집어넣을 때에는 인식하는 자가 되고 빼낼 때에는 인식 없는 자가 됩니다.'라고 말하였습니다. 어떤 자들은 이렇게 인식의 소멸을 천명하였습니다.

그것을 두고 다른 자는 '존자들이여, 내가 보기에 그것은 그렇지 않을 겁니다. 존자들이여, 큰 신통과 큰 위력을 가진 신들이 있습니다. 그들은 사람의 인식을 집어넣기도 하고 빼내기도 합니다. 집어넣을 때에는 인식하는 자가 되고 빼낼 때에는 인식 없는 자가 됩니다.'라고 말하였습니다. 어떤 자들은 이렇게 인식의 소멸을 천명하였습니다.488)

세존이시여, 그때 제게는 세존에 대한 기억489)이 일어났습니다.

주해에서 보았듯이 이 samaya를 모두 khaṇika(혹은 khaṇa, 순간)로 이해한다. 그러므로 인식이 일어나는 순간에는 인식하는 자(saññī)가 되고 인식이 멸하는 순간에는 인식이 없는 자(asaññī)가 된다고 이해한다.

488) 뿟타빠다는 이렇게 네 가지로 인식의 일어남과 소멸에 대한 외도들의 견해를 소개하고 있다.

'오, 참으로 세존이 계시는구나. 오, 참으로 선서(善逝)490)께서 계시는 구나. 그분이야말로 이러한 법들에 아주 능통한 분491)이시지.'라고 세존이시여, 세존께서는 인식의 소멸에 대해서 능숙하시고 그 본성을 잘 아시는 분이십니다. 세존이시여, 참으로 어떻게 해서 인식은 소멸합니까?"

원인과 더불어 인식은 일어나고 소멸한다

7. "뽓타빠다여, 여기서 '원인도 없고 조건도 없이 인간의 인식은 일어나기도 하고 멸하기도 합니다.'라고 말하는 사문·바라문들은 처음부터 틀렸다. 그것은 무슨 이유 때문인가? 뽓타빠다여, 원인과 더불어 조건과 더불어 인간의 인식은 일어나기도 하고 멸하기도 하기 때문이다. 어떤 인식은 공부지음에 의해서 일어나고, 어떤 인식은 공부지음에 의해서 사라진다.492) 뽓타빠다여, 그러면 공부지음이란

---

489) '기억'으로 옮긴 원어는 수행의 문맥에서 항상 '마음챙김'으로 옮기는 sati (念)이다. 수행과 관계없는 문맥에서는 기억이라는 일상적인 용법으로 옮기는 것이 적당하다. 물론 마음챙김으로 옮겨도 무리는 없다. 이 문장을 '세존을 대상으로 하여(ārabbha) 마음챙김이 일어났다.'로 옮겨도 된다. 마음챙김이란 대상을 챙기는 것이고 기억도 대상을 기억하는 것이기 때문이다.

490) '선서(善逝)'는 sugata의 역어인데, 부처님의 열 가지 명회[如來十號] 가운데 하나이며 본서 전체에서 '잘 가신 분'으로 옮기기도 하였다. 선서는 『청정도론』 VII.33에 설명되어 있다.

491) su-kusalo. 꾸살라는 일반적으로 유익함[善]이라 옮겨진다. 그러나 원 의미는 '능숙함, 숙련됨'의 뜻이다. 이 경우가 능숙함의 좋은 용례이다. kusa -la에 대해서는 본서 제5경 「꾸따단따 경」(D5) §18의 주해를 참조할 것.

492) 세존께서는 이하 본경 §§10~16에서 공부지음에 의해서 초선부터 무소유처까지 7가지 산냐가 각각 일어나고 이런 산냐들이 일어날 때 그 이전의

무엇인가?"

세존께서는 말씀하셨다. "뿟타빠다여, 여기 여래가 이 세상에 출현한다. 그는 아라한[應供]이며, 완전히 깨달은 분[正等覺]이며, 영지(靈知)와 실천이 구족한 분[明行足]이며, 피안으로 잘 가신 분[善逝]이며, 세간을 잘 알고 계신 분[世間解]이며, 가장 높은 분[無上士]이며, 사람을 잘 길들이는 분[調御丈夫]이며, 하늘과 인간의 스승[天人師]이며, 부처님[佛]이며, 세존(世尊)이다. 그는 신을 포함하고 마라를 포함하고 범천을 포함한 이 세상을 스스로 최상의 지혜로 알고, 실현하여, 드러낸다. 그는 법을 설한다. 그는 시작도 훌륭하고 중간도 훌륭하고 끝도 훌륭하게 [법을 설하고], 의미와 표현을 구족하여 법을 설하여, 더할 나위 없이 완벽하고 지극히 청정한 범행을 드러낸다.

이런 법을 장자나 장자의 아들이나 다른 가문에 태어난 자가 듣는다. 그는 이 법을 듣고서 여래에 믿음을 가진다. 그는 이런 믿음을 구족하여 이렇게 숙고한다. '재가의 삶이란 막혀있고 때가 낀 길이지만 출가의 삶은 열린 허공과 같다. 재가에 살면서 더할 나위 없이 완벽하고 지극히 청정한 소라고동처럼 빛나는 청정범행을 실천하기란 쉽지 않다. 그러니 나는 이제 머리와 수염을 깎고 물들인 옷을 입고 집을 떠나 출가하리라.'라고. 그는 나중에 재산이 적건 많건 간에 모두 다 버리고, 일가친척도 적건 많건 간에 다 버리고, 머리와 수염을 깎고, 물들인 옷을 입고 집을 떠나 출가한다.

그는 이와 같이 출가하여 계목의 단속으로 단속하면서 머문다. 바

삼매의 경지에서 있었던 산냐는 소멸한다고 설하신다. 세존께서는 이처럼 공부지음에 의해서 어떤 산냐는 일어나고 어떤 산냐는 소멸한다고 공부지음(sikkhā)을 강조하고 계신다. 인식은 고정불변으로 정해진 것이 아니라 수행의 경지에 따라 바뀌면서 일어나기도 하고 사라지기도 한다는 것이다.

른 행실과 행동의 영역을 갖추고, 작은 허물에 대해서도 두려움을 보며, 학습계목들을 받아지녀 공부짓는다. 유익한 몸의 업과 말의 업을 잘 갖추고, 생계를 청정히 하고, 계를 구족하고, 감각기능들의 문을 보호하고, 마음챙김과 알아차림[正念正知]을 잘 갖추고 [얻은 필수품으로] 만족한다.493)

뽓타빠다여, 그러면 비구는 어떻게 계를 구족하는가? 뽓타빠다여, 여기 비구는 생명을 죽이는 것을 버리고 생명을 죽이는 것을 멀리 여읜다. 몽둥이를 내려놓고 칼을 내려놓는다. 겸손하고 자비로운 자가 되어 일체 생명의 이익을 위하고 연민하며 머문다. 그의 계에는 이런 것이 있다. … <중간생략> …

혹은 어떤 사문이나 바라문 존자들은 [재가자들이] 신심으로 가져온 음식으로 살면서 다음과 같은 하천한 재주를 부려 삿된 생계로 생계를 꾸린다. 즉 신의 축복을 비는 의식, 귀신을 부르는 의식, … 이전에 처방한 약의 부작용을 없애기 위해서 진통제를 사용한다. 그러나 사문 고따마는 이러한 하천한 재주를 부려 영위하는 삿된 생계를 멀리 여의었다. 그의 계에는 이런 것이 있다."

8. "뽓타빠다여, 이와 같이 계를 구족한 비구는 계로써 잘 단속하기 때문에 어느 곳에서도 두려움을 보지 못한다. 뽓타빠다여, 예를 들면 관정(灌頂)한 끄샤뜨리야 왕은 적을 정복하였기 때문에 어느 곳에서도 두려움을 보지 못하는 것과 같다. 뽓타빠다여, 그와 같이 계를 구족한 비구는 계로써 잘 단속하기 때문에 어느 곳에서도 두려움을 보지 못한다. 그는 이러한 성스러운 계의 조목을 구족하여 안으로 비난받지 않는 행복을 경험한다. 뽓타빠다여, 이와 같이 비구는

493) 이상은 「사문과경」(D2) §§40~42와 동일함.

계를 구족한다."494)

9. "⑴ 뽓타빠다여, 그러면 어떻게 비구는 감각의 대문을 잘 지키는가? 깟사빠여, 여기 비구는 눈으로 형상을 봄에 그 표상[全體相]을 취하지 않으며, 또 그 세세한 부분상[細相]을 취하지도 않는다. 만약 그의 눈의 기능[眼根]이 제어되어 있지 않으면 욕심과 싫어하는 마음이라는 나쁘고 해로운 법[不善法]들이 그에게 [물밀듯이] 흘러들어 올 것이다. 따라서 그는 눈의 감각기능을 잘 단속하기 위해 수행하며, 눈의 감각기능을 잘 방호하고, 눈의 감각기능을 잘 단속하기에 이른다. … 귀로 소리를 들음에 … 코로 냄새를 맡음에 … 혀로 맛을 봄에 … 몸으로 감촉을 느낌에 … 마노[意]로 법을 지각함에 그 표상을 취하지 않으며, 그 세세한 부분상을 취하지도 않는다. 만약 그의 마노의 기능[意根]이 제어되어 있지 않으면 욕심과 싫어하는 마음이라는 나쁘고 해로운 법[不善法]들이 그에게 [물밀듯이] 흘러들어 올 것이다. 따라서 그는 마노의 감각기능을 잘 단속하기 위해 수행하며, 마노의 감각기능을 잘 방호하고 마노의 감각기능을 잘 단속하기에 이른다. 그는 이러한 성스러운 감각기능의 단속을 구족하여 안으로 더럽혀지지 않는 행복을 경험한다. 깟사빠여, 이와 같이 비구는 감각의 대문을 잘 지킨다.

⑵ 비구는 마음챙김과 알아차림을 잘 갖춘다 …

⑶ 비구는 [얻은 필수품으로] 만족한다 …

⑷ 그는 세상에 대한 욕심을 제거하여 욕심을 버린 마음으로 … 악의가 없는 마음으로 … 해태와 혼침을 버려 … 들뜸과 후회를 제거하여 … 의심을 건너서 머문다. …

---

494) 이상 계의 구족은 「사문과경」 §§43~63과 동일함.

그와 마찬가지로 비구는 자기 마음속에서 이들 다섯 가지 장애[五蓋]가 제거되었음을 자신에게서 관찰할 때, 비구는 스스로를 빚에서 벗어난 사람, 병이 쾌유한 사람, 감옥의 굴레에서 풀려난 사람, 자유인, 그리고 안전한 곳에 다다른 사람으로 여긴다."495)

10. "뽓타빠다여, 그와 마찬가지로 자신에게서 이들 다섯 가지 장애가 제거되었음을 관찰할 때 환희가 생긴다. 환희로운 자에게 희열이 생긴다. 희열을 느끼는 자의 몸은 경안하다. 몸이 경안한 자는 행복을 느낀다. 행복한 자의 마음은 삼매에 든다. 그는 감각적 욕망들을 완전히 떨쳐버리고 해로운 법[不善法]들을 떨쳐버린 뒤, 일으킨 생각[尋]과 지속적인 고찰[伺]이 있고, 떨쳐버렸음에서 생겼으며, 희열[喜]과 행복[樂]이 있는 초선(初禪)을 구족하여 머문다. 그러면 이전에 있었던 그의 감각적 욕망의 인식은 소멸한다. 이때에는 오직 떨쳐버렸음에서 생겼으며 희열과 행복이 있는 미묘하고 참된 인식496)만

---

495) 이상은 「사문과경」 §§64~74에 해당함.

496) '미묘하고 참된 인식'으로 옮긴 원어는 sukhuma-sacca-saññā이다. 주석서는 "미묘한 인식(sukhuma-saññā)은 참되다(sacca), 즉 진실하다(bhūta)는 뜻이다. 혹은 미묘하고 그리고 진실하기 때문에 참된 산냐라고 해서 미묘하고 참된 인식이라 한다."(DA.ii.372)라고 두 가지로 설명하는데 첫 번째는 미묘한 참된 인식으로 옮길 수 있고 두 번째는 미묘하고 참된 인식으로 옮길 수 있다. 역자는 후자를 따랐다.
범부들의 인식은 대상에 따라 출렁대고 바뀌지만 여기 초선 이상의 삼매의 경지에서 생긴 인식은 그 삼매가 지속되는 한 바뀌지 않고 섬세하고 미묘하기 때문에 미묘하고 참된 인식이라고 한다는 말이다.
그래서 복주서는 "[특정한 禪에 들어 있을 때는] 다양한 인식과 부딪힘의 인식에 대해서 현명하여 미묘하고 진실하기 때문에 미묘한 인식은 진실하다고 한다. 미묘한 궁극적인 성질(paramatthabhāva)이기 때문에 그 본성이 변하지 않는다(aviparītasabhāva)는 말이다."라고 주해하고 있다. (DAṬ.i.480)

이 있다. 이때에는 오직 떨쳐버렸음에서 생겼으며 희열과 행복이 있는 미묘하고 참된 인식을 가진 자(者)만이 있다. 이와 같이 어떤 인식은 공부지음에 의해서 일어나고, 어떤 인식은 공부지음에 의해서 사라진다. 이것이 공부지음이다." 이와 같이 세존께서는 말씀하셨다.

11. "뽓타빠다여, 다시 비구는 일으킨 생각[尋]과 지속적인 고찰[伺]을 가라앉혔기 때문에 [더 이상 존재하지 않으며], 자기 내면의 것이고, 확신이 있으며, 마음의 단일한 상태이고, 일으킨 생각과 지속적인 고찰은 없고, 삼매에서 생긴 희열과 행복이 있는 제2선(二禪)을 구족하여 머문다. 그러면 이전에 그에게 있었던 떨쳐버렸음에서 생겼으며 희열과 행복이 있는 미묘하고 참된 인식은 소멸한다. 이때에는 오직 삼매에서 생긴 희열과 행복이 있는 미묘하고 참된 인식만이 있다. 이때에는 오직 삼매에서 생긴 희열과 행복이 있는 미묘하고 참된 인식을 가진 자만이 있다. 이와 같이 어떤 인식은 공부지음에 의해서 일어나고, 어떤 인식은 공부지음에 의해서 사라진다. 이것이 공부지음이다." 이와 같이 세존께서는 말씀하셨다.

12. "뽓타빠다여, 다시 비구는 희열이 빛바랬기 때문에 평온하게 머물고, 마음챙기고 알아차리며[正念正知] 몸으로 행복을 경험한다. [이 禪 때문에] 성자들이 그를 두고 '평온하고 마음챙기며 행복하게 머문다.'고 묘사하는 제3선(三禪)을 구족하여 머문다. 그러면 이전에 그에게 있었던 삼매에서 생긴 희열과 행복이 있는 미묘하고 참된 인식은 소멸한다. 이때에는 오직 평온에 기인한 행복이 있는 미묘하고 참된 인식만이 있다. 이때에는 오직 평온에 기인한 행복이 있는 미묘하고 참된 인식을 가진 자만이 있다. 이와 같이 어떤 인식은 공부지

음에 의해서 일어나고, 어떤 인식은 공부지음에 의해서 사라진다. 이것이 공부지음이다." 이와 같이 세존께서는 말씀하셨다.

13. "뿟타빠다여, 다시 비구는 행복도 버리고 괴로움도 버리고, 아울러 그 이전에 이미 기쁨과 슬픔을 소멸하였으므로 괴롭지도 즐겁지도 않으며, 평온으로 인해 마음챙김이 청정한[捨念淸淨] 제4선(四禪)을 구족하여 머문다. 그러면 이전에 그에게 있었던 평온에 기인한 행복이 있는 미묘하고 참된 인식은 소멸한다. 이때에는 오직 괴롭지도 않고 즐겁지도 않은 미묘하고 참된 인식만이 있다. 이때에는 오직 괴롭지도 않고 즐겁지도 않은 미묘하고 참된 인식을 가진 자만이 있다. 이와 같이 어떤 인식은 공부지음에 의해서 일어나고, 어떤 인식은 공부지음에 의해서 사라진다. 이것이 공부지음이다." 이와 같이 세존께서는 말씀하셨다.

14. "뿟타빠다여, 다시 비구는 물질[色]에 대한 인식(산냐)을 완전히 초월하고 부딪힘의 인식을 소멸하고 갖가지 인식을 마음에 잡도리하지 않기 때문에 '무한한 허공'이라고 하면서 공무변처(空無邊處)[497]를 구족하여 머문다. 그러면 이전에 그에게 있었던 물질에 대한 인식은 소멸한다. 이때에는 오직 공무변처의 미묘하고 참된 인식만이 있다. 이때에는 오직 공무변처의 미묘하고 참된 인식을 가진 자만이 있다. 이와 같이 어떤 인식은 공부지음에 의해서 일어나고, 어떤 인식은 공부지음에 의해서 사라진다. 이것이 공부지음이다." 이와 같이 세존께서는 말씀하셨다.

---

497) 이하 공무변처에서부터 비상비비상처까지의 4처는 『청정도론』X장에 상세하게 설명되어 있으며 『아비담마 길라잡이』1장 §22와 9장 §12에도 정리되어 있다.

15. "뽓타빠다여, 다시 비구는 공무변처를 완전히 초월하여 '무한한 알음알이[識]'라고 하면서 식무변처(識無邊處)를 구족하여 머문다. 그러면 이전에 그에게 있었던 공무변처의 미묘하고 참된 인식은 소멸한다. 이때에는 오직 식무변처의 미묘하고 참된 인식만이 있다. 이때에는 오직 식무변처의 미묘하고 참된 인식을 가진 자만이 있다. 이와 같이 어떤 인식은 공부지음에 의해서 일어나고, 어떤 인식은 공부지음에 의해서 사라진다. 이것이 공부지음이다." 이와 같이 세존께서는 말씀하셨다.

16. "뽓타빠다여, 다시 비구는 일체 식무변처를 완전히 초월하여 '아무 것도 없다.'라고 하면서 무소유처(無所有處)를 구족하여 머문다. 이전에 그에게 있었던 식무변처의 미묘하고 참된 인식은 소멸한다. 이때에는 오직 무소유처의 미묘하고 참된 인식만이 있다. 이때에는 오직 무소유처의 미묘하고 참된 인식을 가진 자만이 있다. 이와 같이 어떤 인식은 공부지음에 의해서 일어나고, 어떤 인식은 공부지음에 의해서 사라진다. 이것이 공부지음이다." 이와 같이 세존께서는 말씀하셨다.

인식의 구경

17. "뽓타빠다여, 비구는 [이처럼] 여기서 [초선의 경지에서] 고유한 인식을 가진 자498)가 되는데 그때 그는 그 경지로부터 다시

---

498) '고유한 인식을 가진 자'로 옮긴 원어는 saka-saññī이다. 주석서는 초선에서부터 시작해서 제2선, 제3선, 제4선 등으로 올라가면서 네 가지 선[四禪]과 공무변처 등의 세 가지 장소[三處] 각각에서 각각의 경지에 해당하는 자기 고유의 인식을 가진다고 이 문단을 설명하고 있다.(DA.ii.373) 본

[제2선이라는] 다른 경지로, 다시 [제3선이라는] 다른 경지로 이렇게 점차적으로 인식의 구경(究竟)[499]을 체험하게 된다.[500] 이제 그가 인식의 구경에 서있을 때에 이런 생각이 든다. '내가 의도하는 것은 나쁘다. 내가 의도하지 않는 것이 더 좋다. 만일 내가 의도하고 계속적으로 [업을] 형성해 나가면[501] 이런 나의 인식은 소멸하고 다른 거친 인식이 생겨날 것이다. 그러니 참으로 나는 의도하지 않고 계속해서 [업을] 형성하지 않으리라.'라고, 그는 의도하지 않고 계속해서 [업]을 형성하지 않는다. 그가 의도하지 않고 계속해서 [업]을 형성하지 않기 때문에 그러한 인식은 소멸하고 다른 거친 인식은 일어나지 않는다. 그는 소멸을 체험한다.[502] 뽓타빠다여, 이와 같이 알아차

문단의 [ ]는 주석서를 참조하여 넣었다.

499) 주석서는 무소유처가 바로 인식의 구경(saññagga)이라 설명한다. 왜냐하면 무소유처는 세간적인 것 가운데서 증득해야 하는 구경이기 때문이라고 한다. 그래서 본경에서도 무소유처까지 언급이 되며 이런 인식의 구경인 무소유처를 통해서 비상비비상처와 상수멸도 증득한다고 설명한다. (DA.ii.373)
그리고 비상비비상처는 인식이 있는 것도 아니고 없는 것도 아닌 아주 미세한 경지이므로 인식의 항목에서 언급할 수가 없다. 그래서 비상비비상처는 인식의 소멸을 설하는 본경의 주제와는 잘 맞지 않는다. 따라서 인식에 관한 한 세존께서는 무소유처를 구경으로 간주하시는 것이다.

500) 이 구절은 앞의 4선 - 3처에 대한 결론이다. 비구는 네 가지 선과 세 가지 무색의 장소를 점진적으로 증득하면서 각각의 경지에 고유한 인식을 체험하면서 무소유처라는 인식의 구경까지 체험하게 된다는 말씀이다.

501) '업을 형성하다'로 옮긴 abhisaṅkharoti에 대해서는 『청정도론』 XIV. 131의 주해에서 자세히 논의하고 있으므로 참조할 것. 이 문맥에서 주석서에서는 "더 높은 증득[등지]에 매료되는 것(nikanti)을 업을 형성한다고 한다."(DA.ii.373)라고 주석하고 있다.

502) "여기서 '소멸을 체험한다(nirodhaṁ phusati)'는 것은 상수멸(想受滅, saññāvedayitanirodha)을 체험한다, 얻는다, 증득한다는 뜻이다."(DA.

리는 인식이 차례대로 소멸하는 증득[等至]503)이 있다."

18. "뽓타빠다여, 이를 어떻게 생각하는가? 그대는 이전에 알아 차리는 인식이 차례대로 소멸하는 증득에 대해서 들어본 적이 있는가?"

"그렇지 않습니다, 세존이시여. 세존이시여, 저는 세존이 설하신 것을 이와 같이 잘 알겠습니다. '뽓타빠다여, 비구는 [이처럼] 여기서 [각각의 경지에] 고유한 인식을 가진 자가 되는데 그때 그는 어떠한 경지로부터 다시 다른 경지로, 이렇게 점차적으로 인식의 구경을 체험하게 된다. 이제 그가 인식의 구경에 서있을 때에 이런 생각이 든다. '내가 의도하는 것은 나쁘다. 내가 의도하지 않는 것이 더 좋다. 만일 내가 의도하고 계속적으로 [업을] 형성해 나가면 이런 나의 인식은 소멸하고 다른 거친 인식이 생겨날 것이다. 그러니 참으로 나는

---

ii.374)

503) '알아차리는 인식이 차례대로 소멸하는 증득'으로 옮긴 원문은 anu-pubba-abhisaññā-nirodha-sampajāna-samāpatti이다. 그러므로 '점 진적으로(anupubba) 인식의(abhisaññā) 소멸을(nirodha) 알아차리는 (sampajāna) 증득(samāpatti)'이라 번역해야 하겠지만 뜻이 애매하다. 주석서에서는 "알아차림이라는 단어를 소멸이라는 단어의 뒤에 놓은 뒤 말씀하셨다. 그러나 여기서 이 [합성어는] '알아차리는 인식이 소멸하는 증득'이라는 뜻이다."(Ibid)라고 설명을 하고 있다. 그래서 주석서에 따라 옮겼다.
한편 이러한 인식이 소멸하는 증득은 상수멸(saññāvedayitanirodha)과 멸진정(滅盡定, nirodhasamāpatti)의 증득을 말하는데 이는 『청정도 론』XXIII장에 잘 설명되어 있다. 주석서도 『청정도론』의 통찰지의 이익 의 장(XXIII장)을 참조하라고 적고 있다.(Ibid)
그리고 본경의 이런 문맥은 구차제멸(九次第滅) 즉 4선-4처-상수멸을 통한 양면해탈의 과정과 일치한다. 양면해탈 등에 대해서는 본서 제2권 「대인연경」(D15) §36의 주해와 본서 「마할리 경」(D6) §13의 주해를 참조할 것.

의도하지 않고 계속해서 [업을] 형성하지 않으리라.'라고, 그는 의도하지 않고 계속해서 [업]을 형성하지 않는다. 그가 의도하지 않고 계속해서 [업]을 형성하지 않기 때문에 그러한 인식은 소멸하고 다른 거친 인식은 일어나지 않는다. 그는 소멸을 체험한다. 뽓타빠다여, 이와 같이 알아차리는 인식이 차례대로 소멸하는 증득[等至]이 있다.' 라고."

"그러하다, 뽓타빠다여."

인식의 구경은 하나인가

_19._ "세존이시여, 그러면 세존께서는 인식의 구경이 하나라고 천명하십니까, 아니면 개별적인 인식의 구경들을 천명하십니까?"504)

"뽓타빠다여, 나는 인식의 구경은 하나라고도 천명하고 개별적인 인식의 구경들도 천명한다."

"세존이시여, 그러면 어떻게 해서 인식의 구경은 하나라고도 천명하시고 개별적인 인식의 구경들도 천명하십니까?"

"뽓타빠다여, 소멸을 체험할 때마다505) 나는 인식의 구경을 천명

---

504) "유행승은 세존께서 무소유처를 인식의 구경이라고 말씀하시자, 그러면 그것만이 인식의 구경인가 아니면 다른 증득[등지]들에서도 인식의 구경이 있는가라고 생각한 뒤 세존께 이렇게 질문을 드리고 세존께서는 해결해 주셨다. 여기서 개별적(puthu)이란 '많은(bahu)'이란 뜻이다."(DA.i. 374~375)

여기에 대해서 세존께서는 4선-3처의 각각의 증득[등지]에서 얻어지는 인식도 인식의 구경이라 할 수 있고 무소유처의 인식 하나만을 인식의 구경이라고도 할 수 있다는 의미로 '인식의 구경은 하나라고도 천명하고 개별적인 인식의 구경도 천명한다.'고 말씀하신다.

505) 주석서에서는 땅의 까시나 등 각각의 까시나와 초선 등 각각의 禪, 이 둘에 의해서 하나라고도 천명하고 여럿이라고도 천명한다고 설명한다.(DA.

한다. 뽓타빠다여, 이와 같이 나는 인식의 구경은 하나라고도 천명하고 개별적인 인식의 구경들도 천명한다."

먼저 인식이 생기고 그 다음에 지혜가 생긴다

20. "세존이시여, 그러면 먼저 인식이 생기고 그 다음에 지혜가 생깁니까[506], 아니면 먼저 지혜가 생기고 그 다음에 인식이 생깁니까, 아니면 인식과 지혜가 전도 후도 없이 [동시에] 생깁니까?"

"뽓타빠다여, 인식이 먼저 생기고 그 다음에 지혜가 생긴다. 그러나 인식이 생기면 지혜도 반드시 생긴다. 그는 이와 같이 꿰뚫어 안다. '참으로 이것에 조건 지워져서 나의 지혜는 생긴다.'라고. 뽓타빠다여, [조건 지워져서 생긴다는] 이런 방식을 통해서 '인식이 먼저 생기고 다음에 지혜가 생긴다. 그러나 인식이 생기면 지혜도 반드시 생긴다.'라고 알아야 한다."

---

ii.375)

506) 여기서 인식과 지혜를 우리가 일상적으로 경험하는 인식과 지혜로 이해하면 곤란하다. 주석서에서는 다음과 같은 세 가지 경우로 인식과 지혜를 규정한다.(DA.ii.375)
첫째 방법: 인식이란 禪의 인식(jhānasaññā)이고 지혜란 위빳사나의 지혜(vipassanāñāṇa)이다.
둘째 방법: 인식이란 위빳사나의 인식이고 지혜란 도(道, magga)에 대한 지혜이다.
셋째 방법: 인식이란 도의 인식이고 지혜란 과(果, phala)의 지혜이다.
즉 본경의 문맥에서 보듯이 적어도 4선 - 3처와 그 이상의 경지에서의 인식과 지혜라는 말이다. 위빳사나의 지혜에 대해서는『아비담마 길라잡이』9장 §25와 §§32~33,『청정도론』XX장과 XXI장에 상세하게 설명되어 있다. 본서 제2경 §83의 주해도 참조할 것. 도의 지혜와 과의 지혜 등에 대해서는『청정도론』XXII장을 참조할 것.

인식은 자아인가

21. "세존이시여, 그러면 인식이 인간의 자아입니까, 아니면 인식과 자아는 서로 다른 것입니까?"[507]

"뽓타빠다여, 그런데 그대는 무엇을 두고 자아라고 이해하고 있는가?"[508]

"세존이시여, 거칠고 물질로 되었고 네 가지 근본물질[四大]로 이루어졌고 덩어리로 된 음식을 먹고 사는 것을 저는 자아라고 이해합니다."[509]

"뽓타빠다여, 그대가 거칠고 물질로 되었고 네 가지 근본물질로 이루어졌고 덩어리로 된 음식을 먹고 사는 것을 자아라고 이해한다 하더라도 참으로 그대에게 인식과 자아는 서로 다를 것이다. 뽓타빠다여, 그런 방식에 의한다면 인식과 자아는 서로 다를 수밖에 없나니,

---

507) 뽓타빠다도 외도이기 때문에 당연히 외도들이 결코 놓아 버리지 못하는 자아에 대한 질문을 할 수 밖에 없다. 특히 세존께서 4선 - 3처에서 증득되는 '미묘하고 참된 인식'을 말씀하셨기 때문에 그는 이런 경지야말로 궁극적인 실재인 자아가 아닐까 하고 세존께 질문 드린다.
인도 사상에서 자아에 대한 관심을 빼 버리면 도대체 무엇이 남을까? 인도의 제일의 성전인 『바가왓기따』와 여러 우빠니샤드들, 육파철학의 수뜨라들과 그 수많은 저술들에서 자아를 빼 버리면 무엇이 남을까? 이런 자아에 대한 관심을 초탈해야 그는 참다운 부처님의 제자요, 불교에서 말하는 출격대장부이다. 뽓타빠다도 결국은 자아에 대한 관심과 집착을 놓지 못했기 때문에 부처님을 존경은 했지만 출가제자는 될 수가 없었고 성자의 과위(果位)를 증득할 수 없었다.

508) 세존께서는 유행승이 무엇을 두고 자아라고 주장하는지를 하나하나 물어서 그런 것은 자아가 아니라고 척파하신다.

509) 이것은 본서 제1경 「범망경」 §3.10의 첫 번째 사후단멸론자의 정형구의 전반부와 「사문과경」 §84의 지와 견의 정형구 전반부와 같다.

거칠고 물질로 되었고 네 가지 근본물질로 이루어졌고 덩어리로 된 음식을 먹고 사는 자아가 머물러 있는데도 이 사람에게는 그것과는 다른 인식이 생기고 그것과는 다른 인식이 소멸하기 때문이다.510) 뽓타빠다여, 그러므로 이런 방식으로는 '인식과 자아는 서로 다르게 되고 만다.'고 알아야 한다."

22. "세존이시여, 저는 마음으로 이루어지고 모든 수족이 다 갖추어지고 감각기능[根]이 결여되지 않은 것을 자아라고 이해합니다."511)

"뽓타빠다여, 그대가 마음으로 이루어지고 모든 수족이 다 갖추어지고 감각기능[根]이 결여되지 않은 것을 자아라고 이해한다 하더라도 참으로 그대에게 인식과 자아는 서로 다를 것이다. 뽓타빠다여, 그런 방식에 의한다면 인식과 자아는 서로 다를 수밖에 없나니, 마음으로 이루어지고 모든 수족이 다 갖추어지고 감각기능[根]이 결여되지 않은 자아가 머물러 있는데도 이 사람에게는 그것과는 다른 인식이 생기고 그것과는 다른 인식이 소멸하기 때문이다. 뽓타빠다여, 그러므로 이런 방식으로는 '인식과 자아는 서로 다르게 되고 만다.'고 알아야 한다."

---

510) "[물질이 아닌 정신을 구성하는] 네 가지 무더기들 가운데 어떤 것은 생기고 어떤 것은 멸하기 때문에 (즉 이전에 생긴 것은 반드시 소멸하기 때문에, nanu uppādapubbako nirodho - DAṬ.i.488) 어떤 인식은 생기고 어떤 인식은 멸한다."(DA.ii.376) 그러므로 인식이란 생멸하기 때문에 영원불변의 자아는 아니라는 말씀이다.

511) 여기서 "마음으로 이루어진이란 禪의 마음(jhānamanaso)을 통해서 만들어진 것이다."(DAṬ.i.488) 그러므로 이것은 초선부터 4선까지의 색계선의 경지이다. 이것은 본서 「사문과경」(D2) §85의 '마음으로 만든 몸(manomayakāya)'의 정형구와 같다.

23. "세존이시여, 저는 물질이 아니며[無色] 인식으로 이루어진 것을 자아라고 이해합니다."512)

"뽓타빠다여, 그대가 물질이 아니며 인식으로 이루어진 것을 자아라고 이해한다 하더라도 참으로 그대에게 인식과 자아는 서로 다를 것이다. 뽓타빠다여, 그런 방식에 의한다면 인식과 자아는 서로 다를 수밖에 없나니, 물질이 아니며 인식으로 이루어진 자아가 머물러 있는데도 이 사람에게는 그것과는 다른 인식이 생기고 그것과는 다른 인식이 소멸하기 때문이다. 뽓타빠다여, 그러므로 이런 방식으로는 '인식과 자아는 서로 다르게 되고 만다.'고 알아야 한다."

24. "세존이시여, 그렇다면 저는 인식이 인간의 자아인지, 아니면 인식과 자아는 서로 다른 것인지를 알 수가 없습니까?"

"뽓타빠다여, 그대와 같이 다른 견해를 가졌고 다른 [가르침을] 받아들였고 다른 [가르침을] 좋아하고 다른 수행513)을 추구하고 다른

---

512) 이것은 무색계의 경지이다.
　　이처럼 §§21~23에서 유행승은 차례대로 욕계, 색계, 무색계의 자아를 가정하고 있다. 여기에 대해서 세존께서는 욕계, 색계, 무색계에서의 인식은 변하기 때문에 인식은 자아가 아니라고 척파하신 것이다. 특히 4선(색계) – 3처(무색계) 각각의 경지에서 생기는 인식이 아무리 미묘하고 참되다 하더라도 그것은 그 경지에 머물 때에만 해당된다. 그 경지에서 나오면 그런 인식은 사라지고 만다. 그러므로 인식은 아무리 미묘하고 참되다 하더라도 영원불변의 자아는 될 수 없다는 말씀이다.

513) '수행'으로 옮긴 원어는 āyoga이다. 이 단어는 ā(이리로)+√yuj(*to yoke*)에서 파생된 명사이다. 초기경들에서 √yuj(*to yoke*)에서 파생된 단어는 거의 대부분 속박이나 족쇄라는 뜻으로 사용된다. 예를 들면 saṁyojana는 열 가지 족쇄를 의미하고 yoga는 감각적 욕망의 속박, 존재의 속박, 사견의 속박, 무명의 속박이라는 네 가지 속박을 뜻한다. 그러나 여기서 āyoga는 '노력, 수행'이라는 의미이다.(āyogo ti payoga-karaṇaṁ –

스승을 따르는 자는 참으로 인식이 인간의 자아인지, 아니면 인식과 자아는 서로 다른 것인지를 알기 어렵다."514)

25. "세존이시여, 만일 저와 같이 다른 견해를 가졌고 다른 [가르침을] 받아들였고 다른 [가르침을] 좋아하고 다른 수행을 추구하고 다른 스승을 따르는 자는 참으로 인식이 인간의 자아인지, 아니면 인식과 자아는 서로 다른 것인지를 알기 어렵다고 하신다면, 세존이시여, '세상은 영원하다는 이것만이 진리이고 다른 것은 쓸모가 없다.'라는 이런 견해를 고따마 존자께서는 가지고 계십니까?"515)

"뽓타빠다여, '세상은 영원하다는 이것만이 진리이고 다른 것은 쓸

DhpA.iii.238).

514) 무언가 궁극적 실재를 상정하는 그런 관념과 관심을 버리지 못하는 한, 결코 부처님의 메시지를 이해할 수 없다는 말씀이다. 이것은 이 시대 우리 불교 수행자들도 깊이 새겨볼 말씀이라 생각된다. 우리는 이름만 불교를 하고 있지 어쩌면 대아, 진아, 주인공, 불성, 여래장이라는 존재론적인 실재를 상정하고 그것을 추구하고 그것을 깨치고 그것과 하나 되고 아니면 그것의 은총과 광명으로 살려는 발상을 굳게 움켜쥐고 놓지 못하고 있지나 않은가? 참으로 이런 다른 발상을 가지고 있다면 그는 부처님의 제자가 아니라 다른 수행, 다른 스승, 다른 가르침을 불교라는 이름으로 거머쥐고 있는 것이리라. 그런 자는 부처님의 고구정녕하신 메시지를 결코 알 수 없을 것이다.

515) 세존의 고구정녕하신 말씀을 전혀 이해하지 못하는 뽓타빠다는 안타깝게도 계속 존재론적인 실체를 상정하고 그것을 세존께 질문한다.
그 당시 인도의 대표적 지성인이라 할 수 있는 뽓타빠다 유행승처럼, 특히 지성인이니 지식인이니 철학자니 종교인이니 수행자니 구도자니 하면서 인류는 자아니 유일신이니 하는 이러한 존재론적 실재를 상정하고 그것을 규명하고 그것과 합일하고 그것의 은총을 받으려는 발상에서 좀처럼 벗어나지 못했다. 이러한 존재론적 가설, 발상, 관념, 개념에서 벗어날 때 우리는 그를 진정한 불교 수행자라 부르고, 그를 출격대장부라 부르고, 그를 무위진인(無位眞人)이라 부를 것이다.

모가 없다.'라는 것을 나는 설명하지 않는다[無記]."

"세존이시여, 그러면 '세상은 영원하지 않다는 이것만이 진리이고 다른 것은 쓸모가 없다.'라는 이런 견해를 고따마 존자께서는 가지고 계십니까?"

"뿟타빠다여, '세상은 영원하지 않다는 이것만이 진리이고 다른 것은 쓸모가 없다.'라는 것을 나는 설명하지 않는다[無記]."

"고따마 존자시여, '세상은 끝이 있다는 이것만이 진리이고 다른 것은 쓸모가 없다.'라는 이런 견해를 고따마 존자께서는 가지고 계십니까?"

"뿟타빠다여, '세상은 끝이 있다는 이것만이 진리이고 다른 것은 쓸모가 없다.'라는 것을 나는 설명하지 않는다[無記]."

"고따마 존자시여, 그러면 '세상은 끝이 없다는 이것만이 진리이고 다른 것은 쓸모가 없다.'라는 이런 견해를 고따마 존자께서는 가지고 계십니까?"

"뿟타빠다여, '세상은 끝이 없다는 이것만이 진리이고 다른 것은 쓸모가 없다.'라는 것을 나는 설명하지 않는다[無記]."

26. "고따마 존자시여, '생명과 몸은 같은 것이라는 이것만이 진리이고 다른 것은 쓸모가 없다.'라는 이런 견해를 고따마 존자께서는 가지고 계십니까?"

"뿟타빠다여, '생명과 몸은 같은 것이라는 이것만이 진리이고 다른 것은 쓸모가 없다.'라는 것을 나는 설명하지 않는다[無記]."

"고따마 존자시여, 그러면 '생명과 몸은 다른 것이라는 이것만이 진리이고 다른 것은 쓸모가 없다.'라는 이런 견해를 고따마 존자께서는 가지고 계십니까?"

"뽓타빠다여, '생명과 몸은 다른 것이라는 이것만이 진리이고 다른 것은 쓸모가 없다.'라는 것을 나는 설명하지 않는다[無記]."、

27. "고따마 존자시여, '여래는 죽은 뒤에도 존재한다는 이것만이 진리이고 다른 것은 쓸모가 없다.'라는 이런 견해를 고따마 존자께서는 가지고 계십니까?"

"뽓타빠다여, '여래는 죽은 뒤에도 존재한다는 이것만이 진리이고 다른 것은 쓸모가 없다.'라는 것을 나는 설명하지 않는다[無記]."

"고따마 존자시여, 그러면 '여래는 죽은 뒤에 존재하지 않는다는 이것만이 진리이고 다른 것은 쓸모가 없다.'라는 이런 견해를 고따마 존자께서는 가지고 계십니까?"

"뽓타빠다여, '여래는 죽은 뒤에 존재하지 않는다는 이것만이 진리이고 다른 것은 쓸모가 없다.'라는 것을 나는 설명하지 않는다[無記]."

"고따마 존자시여, '여래는 죽은 뒤에 존재하기도 하고 존재하지 않기도 한다는 이것만이 진리이고 다른 것은 쓸모가 없다.'라는 이런 견해를 고따마 존자께서는 가지고 계십니까?"

"뽓타빠다여, '여래는 죽은 뒤에 존재하기도 하고 존재하지 않기도 한다는 이것만이 진리이고 다른 것은 쓸모가 없다.'라는 것을 나는 설명하지 않는다[無記]."

"고따마 존자시여, 그러면 '여래는 죽은 뒤에 존재하는 것도 아니요 존재하지 않는 것도 아니다는 이것만이 진리이고 다른 것은 쓸모가 없다.'라는 이런 견해를 고따마 존자께서는 가지고 계십니까?"

"뽓타빠다여, '여래는 죽은 뒤에 존재하는 것도 아니요 존재하지 않는 것도 아니다는 이것만이 진리이고 다른 것은 쓸모가 없다.'라는 것을 나는 설명하지 않는다[無記]."

28. "세존이시여, 그러면 왜 세존께서는 이것을 설명하지 않으십니까?"

"뽓타빠다여, 이것은 참으로 이익을 주지 못하고, [출세간]법에 바탕한 것이 아니며,516) 청정범행의 시작에도 미치지 못하고, [속된 것들을] 역겨워함으로 인도하지 못하고, 욕망이 빛바램으로 인도하지 못하고, 소멸로 인도하지 못하고, 고요함으로 인도하지 못하고, 최상의 지혜로 인도하지 못하고, 바른 깨달음으로 인도하지 못하고, 열반으로 인도하지 못하기 때문이다. 그래서 나는 이것을 설명하지 않는다."517)

29. "세존이시여, 그러면 세존께서는 무엇을 설명하십니까?"

"뽓타빠다여, '이것은 괴로움이다.'라고 나는 설명한다. '이것은 괴로움의 일어남이다.'라고 나는 설명한다. '이것은 괴로움의 소멸이다.'라고 나는 설명한다. '이것은 괴로움의 소멸로 인도하는 도닦음이다.'라고 나는 설명한다."518)

---

516) "법에 바탕한 것이 아니라는 것은 9가지 출세간법(lokuttara-dhamma)에 의지한 것이 아니라는 뜻이다."(DA.ii.377) 아홉 가지 출세간법은 예류도부터 아라한도까지의 네 가지 도와 예류과부터 아라한과까지의 네 가지 과와 열반을 뜻한다.

517) 자아와 세계에 대한 형이상학적인 천착이 아무 쓸모없음을 설하시는 이러한 10사무기(十事無記)의 정형구는 「짧은 말룽꺄 경」(M63)과 한역 『중아함』의 「전유경」(箭喩經, 독화살 비유경)을 통해서 우리에게 잘 알려져 있다. 부처님의 입각처를 명쾌하게 만천하에 천명하시는 유명한 가르침이다.
아래 §33에서 이러한 형이상학적인 문제는 '하나로 확정되지 않는 법(anekaṁsika dhamma)'이라 말씀하고 계시며 아래 사성제와 같은 가르침은 '하나로 확정된 법(ekaṁsika dhamma)'이라고 말씀하고 계신다.

30. "세존이시여, 그러면 왜 세존께서는 이것을 설명하십니까?"

"뽓타빠다여, 이것은 참으로 이익을 주고, 청정범행의 시작이며, 전적으로 [속된 것들을] 역겨워함으로 인도하고, 욕망이 빛바램으로 인도하고, 소멸로 인도하고, 고요함으로 인도하고, 최상의 지혜로 인도하고, 바른 깨달음으로 인도하고, 열반으로 인도하기 때문이다.519) 그래서 나는 이것을 설명한다."

"참으로 그러하옵니다, 세존이시여. 참으로 그러하옵니다, 선서시여. 세존이시여, 이제 세존께서 [가실] 시간이 되었습니다."

그러자 세존께서는 자리에서 일어나 나가셨다.

31. 그러자 그 유행승들은 세존께서 나가신지 오래되지 않아서

---

518) 사성제를 천명하신다는 불교 만대의 표준을 설하시는 유명한 정형구이다. 이것이야말로 염오-이욕-소멸-고요-지혜-깨달음-열반의 실현이기 때문이다. 불자들이 이러한 부처님의 근본 입각처를 한 순간이라도 놓쳐 버리면 외도의 소견에 빠지기 십상이며, 본서 제1경 「범망경」의 62견의 견해의 그물에 걸려 버둥대게 된다, 마치 그물에 걸려 헐떡이는 물고기와도 같이.

519) 초기경들에서 해탈·열반을 실현하는 표현으로 잘 알려진 것이 염오(nibbidā) - 이욕(virāga) - 소멸(nirodha) - 해탈(vimutti) - 해탈지견(vimutti-ñāṇadassana)의 정형구와 바로 본문의 염오 - 이욕 - 소멸 - 고요(upasama) - 최상의 지혜(abhiññā) - 바른 깨달음(sambodha) - 열반(nibbāna)의 정형구이다.

전자는 "[오온, 12처, 느낌 등에 대해서] 염오하기 때문에 탐욕이 빛바랜다. 탐욕이 빛바래므로 해탈한다. 해탈하면 해탈했다라는 지혜가 있다. '태어남은 다했다. 청정범행(梵行)은 성취되었다. 할 일을 다 해 마쳤다. 다시는 어떤 존재로도 돌아오지 않을 것이다.'라고 꿰뚫어 안다."(M74; M109; M147 등)는 정형구로 많이 나타나고, 후자는 본 문단의 정형구인데, 본서 제2권 「마하고윈다 경」(D19) §61과 『중부』, 「성구경」(M26) 등에도 나타난다.

뿟타빠다 유행승에게 모든 측면에서 야유와 험한 말을 퍼부었다. "뿟타빠다 존자는 이처럼 사문 고따마가 말할 때마다 '참으로 그러하옵니다, 세존이시여. 참으로 그러하옵니다, 선서시여.'라고 맞장구를 쳐댑니다. 그러나 우리는 사문 고따마가 '세상은 영원하다.'라거나 '세상은 영원하지 않다.'라거나 '세상은 유한하다.'라거나 '세상은 유한하지 않다.'라거나 '생명과 몸은 같다.'라거나 '생명과 몸은 다르다.'거나 '여래는 죽은 뒤에도 존재한다.'라거나 '여래는 죽은 뒤에 존재하지 않는다.'거나 '여래는 죽은 뒤에 존재하기도 하고 존재하지 않기도 하다.'거나 '여래는 죽은 뒤에 존재하는 것도 아니고 존재하지 않는 것도 아니다.'라고 하나로 확정된 법520)을 설하신 것을 결코 보지 못했습니다."

이렇게 말하자 뿟타빠다 유행승은 그 유행승들에게 이렇게 말하였다. "존자들이여, 나도 사문 고따마께서 확실하게 '세상은 영원하다.'라거나 … '여래는 죽은 뒤에 존재하는 것도 아니고 존재하지 않는 것도 아니다.'라고 하나로 확정된 법을 설하신 것을 보지 못했소. 그렇지만 사문 고따마께서는 사실이고 옳고 참되며 [출세간]법에 굳게 서고 [출세간]법에 확고부동한521) 그러한 도닦음을 천명하시오.522) 그런데 사실이고 옳고 참되며 법에 굳게 서고 법에 확고부동한 그러한 도닦음을 천명하시는데 어떻게 나와 같은 지자가 사문 고따마의 좋은 말씀을 두고 좋은 말씀이라고 기뻐하지 않겠소?"523)

---

520) '하나로 확정된 법'으로 옮긴 원어는 ekaṁsika dhamma이다. 여기에 대해서는 아래 §33의 주해를 참조할 것.

521) 여기서도 주석서는 아홉 가지 출세간법이라고 설명하고 있다.(DA.ii.378)

522) "모든 부처님들에게는 네 가지 진리[四諦]를 떠난 이야기란 존재하지 않기 때문이다."(*Ibid*)

코끼리 조련사의 아들 찟따와 뽓타빠다

32. 이삼 일이 지난 뒤에 코끼리 조련사의 아들 찟따524)와 뽓타빠다 유행승이 세존께 다가왔다. 와서는 코끼리 조련사의 아들 찟따는 세존께 절을 올린 뒤 한 곁에 앉았다. 뽓타빠다 유행승은 세존과 함께 환담을 나누었다. 유쾌하고 기억할 만한 이야기로 서로 담소를 나누고 한 곁에 앉았다. 한 곁에 앉아서 뽓타빠다 유행승은 세존께 이렇게 말씀드렸다.

"세존이시여, 그때 세존께서 나가신지 오래되지 않아서 그 유행승들은 제게 모든 측면에서 야유와 험한 말을 퍼부었습니다. '뽓타빠다 존자는 이처럼 사문 고따마가 말할 때마다 '참으로 그러하옵니다, 세존이시여. 참으로 그러하옵니다, 선서시여.'라고 맞장구를 쳐댑니다. 그러나 우리는 사문 고따마가 '세상은 영원하다.'라거나 … '여래는

---

523) 뽓타빠다는 이렇게 부처님의 말씀을 이해하고 부처님을 존경하기는 하지만 자아와 우주에 대한 형이상학적인 천착이 아무 쓸데없는 것임을 절감하지 못한다. 이것이 그의 한계이다.

524) 주석서에 의하면 코끼리 조련사의 아들 찟따(Citta Hatthisāriputta)는 사왓티에 사는 코끼리 조련사의 아들이었으며 전생에 지은 업 때문에 일곱 번이나 출가와 환속을 거듭하였다고 한다.
그는 전생에 환속하려는 비구에게 재가의 삶을 칭송하면서 환속하라고 권했기 때문에 금생에 일곱 번이나 환속하는 이와 같은 과보를 받았다고 한다. 그는 서로 미세하게 다른 단어들의 뜻에 대해서(atthantaresu) 능통하였다고 한다. 마지막 일곱 번째 환속은 마하꼿티따(Mahā-Koṭṭhita) 장로가 아비담마를 설할 때 끼어들어 반론을 제기하였기 때문이라고 한다. 그는 환속하여 이삼 일 후에 뽓타빠다를 찾아갔고 뽓타빠다는 본경에서처럼 그를 데리고 세존께로 왔다고 한다.(DA.ii.379)
본경에서 보듯이 그는 세존의 설법을 정확하게 이해하고 다시 출가하였으며 다시는 환속하지 않았고 곧 아라한이 되었다고 한다.(*Ibid*)

죽은 뒤에 존재하는 것도 아니고 존재하지 않는 것도 아니다.'라고 하나로 확정된 법을 설하신 것을 결코 보지 못했습니다.'라고. 이렇게 말하자 저는 그 유행승들에게 이렇게 말하였습니다. '존자들이여, 나도 사문 고따마께서 확실하게 '세상은 영원하다.'라거나 … '여래는 죽은 뒤에 존재하는 것도 아니고 존재하지 않는 것도 아니다.'라고 하나로 확정된 법을 설하신 것을 보지 못했소. 그렇지만 사문 고따마께서는 사실이고 옳고 참되며 법에 굳게 서고 법에 확고부동한 그러한 도닦음을 천명하시오. 그런데 사실이고 옳고 참되며 법에 굳게 서고 법에 확고부동한 그러한 도닦음을 천명하시는데 어떻게 나와 같은 지자가 사문 고따마의 좋은 말씀을 두고 좋은 말씀이라고 기뻐하지 않겠소?'라고."

하나로 확정되지 않는 법과 하나로 확정된 법

33. "뽓타빠다여, 그 유행승들은 모두 눈이 멀었고 눈이 없구나. 그대만이 그들 가운데 유일하게 눈을 가진 자로구나. 뽓타빠다여, 나는 [열반의 구현이라는] 하나의 지향점을 가진 법들525)을 설하고 천명하기도 하고, 하나의 지향점을 가지지 못한526) 법들을 설하고 천

---

525) 여기서 '[열반의 구현이라는] 하나의 지향점을 가진 법들'로 옮긴 원어는 ekaṁsika dhammā이다. 위 §31 등에서도 ekaṁsika dhamma가 나타났는데 거기서는 '하나로 확정된 법'이라고 직역하였다. 그러나 이 문맥에서는 주석서에서 "하나의 [지향]점을 가진(ekakoṭṭhāsā)"으로 설명하고 있으며 다시 복주서는 이를 "전적으로 열반을 실현하기에 확실한 것(ekantikā nibbānāvahabhāvena nicchitā)"(DAṬ.i.492)이라고 설명하고 있기 때문에 '[열반의 구현이라는] 하나의 지향점을 가진 법들'로 구체적으로 풀어서 옮겼다. 물론 '하나로 확정된 법들'이라 옮겨도 뜻이 통한다.

526) '하나의 지향점을 가지지 못한'으로 옮긴 원어는 anekaṁsika인데 주석서

명하기도 한다.

뽓타빠다여, 그러면 나는 어떤 것이 하나의 지향점을 가지지 못한 법들이라고 설하고 천명하는가? 뽓타빠다여, 나는 '세상은 영원하다.'라는 것은 하나의 지향점을 가지지 못한 법이라고 설하고 천명한다. 나는 '세상은 영원하지 않다.'라는 것은 하나의 지향점을 가지지 못한 법이라고 설하고 천명한다. '세상은 유한하다.'라는 것은 … '세상은 유한하지 않다.'라는 것은 … '생명과 몸은 같다.'라는 것은 … '생명과 몸은 다르다.'라는 것은 … '여래는 죽은 뒤에도 존재한다.'라는 것은 … '여래는 죽은 뒤에 존재하지 않는다.'라는 것은 … '여래는 죽은 뒤에 존재하기도 하고 존재하지 않기도 한다.'라는 것은 … '여래는 죽은 뒤에 존재하는 것도 아니고 존재하지 않는 것도 아니다.'라는 것은 [모두] 하나의 지향점을 가지지 못한 법이라고 설하고 천명한다.

뽓타빠다여, 그러면 왜 나는 이러한 것은 하나의 지향점을 가지지 못한 법들이라고 설하고 천명하는가? 뽓타빠다여, 이러한 것들은 참으로 이익을 주지 못하고, 청정범행의 시작에도 미치지 못하며, [속된 것들을] 역겨워함으로 인도하지 못하고, 욕망이 빛바램으로 인도하지 못하고, 소멸로 인도하지 못하고, 고요함으로 인도하지 못하고, 최상의 지혜로 인도하지 못하고, 바른 깨달음으로 인도하지 못하고, 열반으로 인도하지 못하기 때문이다.527) 그래서 나는 이러한 법들은

는 "하나의 지향점을 가지지 못한 것이며 영원(sassata, 常)하다거나 단멸(asassata, 斷)한다는 식으로, 정해진 하나로 설명하지 않는다는 뜻이다."(DA.i.379)라고 설명하고 있다.

"하나의 지향점이 없고, 하나의 확실한 것이 없으며, 열반을 실현하여 윤회(vatta)를 끝장내기에 확실한 것이 아니라는 뜻이다."(DAṬ.i.492)

하나로 확정되지 않는 법들이라고 설하고 천명한다.

뿟타빠다여, 그러면 나는 어떤 것이 하나의 지향점을 가진 법들이라고 설하고 천명하는가? 뿟타빠다여, 나는 '이것은 괴로움이다.'라는 것은 하나의 지향점을 가진 법들이라고 설하고 천명한다. 나는 '이것은 괴로움의 일어남이다.'라는 것은 하나의 지향점을 가진 법들이라고 설하고 천명한다. 나는 '이것은 괴로움의 소멸이다.'라는 것은 하나의 지향점을 가진 법들이라고 설하고 천명한다. 나는 '이것은 괴로움의 소멸로 인도하는 도닦음이다.'라는 것은 하나의 지향점을 가진 법들이라고 설하고 천명한다.

뿟타빠다여, 그러면 왜 나는 이러한 것은 하나의 지향점을 가진 법들이라고 설하고 천명하는가? 뿟타빠다여, 이러한 것들은 참으로 이익을 주고, 청정범행의 시작이며, 전적으로 [속된 것들을] 역겨워함으로 인도하고, 욕망이 빛바램으로 인도하고, 소멸로 인도하고, 고요함으로 인도하고, 최상의 지혜로 인도하고, 바른 깨달음으로 인도하고, 열반으로 인도하기 때문이다. 그래서 나는 이러한 것은 하나의 지향점을 가진 법들이라고 설하고 천명한다."

자아는 죽고 난 후에 전적으로 즐거움만 느끼며 병들지 않는가

34. "뿟타빠다여, 어떤 사문·바라문들은 '자아는 죽고 난 후에 전적으로 즐거움만을 느끼며 병들지 않는다.'[528]라는 이런 주장과 이런 견해를 가졌다.

---

527) 즉 이러한 존재론적인 의문은 해탈·열반이라는 하나의 지향점으로 이끌어 주지 못하기 때문에 하나의 지향점을 가지지 못한 법이라고 부른다는 말씀이다.

528) "병들지 않음이란 항상함(nicca, 常)을 말한다.(DA.i.119)"

나는 그들에게 다가가서 이렇게 말한다. '그대 존자들이 '자아는 죽고 난 후에 전적으로 즐거움만을 느끼며 병들지 않는다.'라는 이런 주장과 이런 견해를 가졌다는 것이 사실인가?'

이렇게 물어서 그들이 '그렇습니다.'라고 분명하게 대답하면 그들에게 나는 '그런데 그대 존자들은 전적으로 즐거움만 있는 세상을 알고 보면서 머뭅니까?'라고 말한다. 이렇게 물으면 '아닙니다.'라고 그들은 말한다.

그러면 나는 그들에게 '그러면 그대 존자들은 하루 낮과 하루 밤이나 반나절이라도 전적으로 즐거움만을 느끼는 자아를 인식합니까?'529)라고 말한다. 이렇게 물으면 '아닙니다.'라고 그들은 말한다.

그러면 나는 그들에게 '그러면 그대 존자들은 '이것이 전적으로 즐거움만 있는 세상을 실현하기 위한 도이며 이것이 도닦음이다.'라고 알기나 합니까?'라고 말한다. 이렇게 물으면 '아닙니다.'라고 그들은 말한다.

그러면 나는 그들에게 '그러면 그대 존자들은 전적으로 즐거움만 있는 세상에 태어나서 '착한 사람들이여530), 전적으로 즐거움만 있는 세상을 실현하기 위해서 잘 도를 닦으시오. 착한 사람들이여, 바

---

529) '자아를 인식하다'로 옮긴 원어는 attānaṁ sañjānāti가 된다. 이것이 전문술어가 되면 atta-saññā(Sk. ātma-sañjñā)가 되고 금강경의 한역에서 아상(我相, 我想)으로 옮긴 바로 그 단어이다. 자아는 알지 못하고 보지 못하는 관념적 존재요, 개념적 존재(paññatti)일 뿐이다.

530) 원어는 mārisa이다. 이것은 쁘라끄리뜨를 포함한 범어 문헌 전체에서 신들이 남을 부를 때 사용하는 호격이다. 신들끼리 부를 때 사용하지만 신들이 인간을 부를 때도 이 단어를 사용한다.
주석서는 이렇게 설명한다. "마리사(mārisa)는 좋은 말이다. 신들이 서로서로에게 쓰는 말이다. '괴로움이 없기를(niddukkha = dukkhavirahita, DAṬ.ii.311)'이라고 말한 것이다."(DA.iii.698)

르게 도를 닦으시오. 착한 사람들이여, 우리도 이와 같이 도를 닦아, 전적으로 즐거움만 있는 세상을 얻었소이다.'라고 말하는 소리를 들은 적이 있습니까?'라고 말한다. 이렇게 물으면 '아닙니다.'라고 그들은 말한다.

뿟타빠다여, 이를 어떻게 생각하는가? 참으로 이러하다면 그 사문·바라문들은 터무니없는 말을 한 것이 되고 말지 않겠는가?"

"세존이시여, 분명히 그렇습니다. 참으로 그러하다면 그 사문·바라문들은 터무니없는 말을 한 것이 되고 맙니다."

나라 안에서 제일가는 미녀의 비유

35. "예를 들면, 어떤 사람이 '나는 이 나라 안에서 제일가는 미녀531)를 갈망하고 탐한다.'고 말한다 하자.

그러면 그에게 '이 사람아, 그대는 그 나라에서 제일가는 미녀가 끄샤뜨리야인지 바라문인지 와이샤인지 수드라인지 알기는 하는가?'라고 말할 것이다. 이렇게 물으면 그는 '아니오.'라고 대답할 것이다.

---

531) 원어는 janapada-kalyāṇī인데 한문 경국지색(傾國之色)과 통하는 말이다. 미인이란 상대적인 개념이다. 절대적인 미인이란 존재하지 않는다. 그러므로 이 경국지색의 비유는 실제로 존재하지 않는 관념적 존재를 상정하고 그것을 추구하는 사람을 꾸짖는 비유로 초기경의 몇몇 군데에 나타나고 있다. 관념이야말로 본경의 주제어인 산냐(인식)와 동의어이며 이러한 존재론적인 실재를 상정하는 산냐(인식)는 아비담마에서는 개념적 존재(paññatti)라고 규정한다. 그리고 자아야말로 존재하지도 않을 뿐더러 알지도 못하고 보지도 못하는 관념 중의 관념이기에 당연히 세존께서는 이 비유를 들어서 자아라는 산냐를 척파하고 계신다. 금강경에 나타나는 자아라는 인식, 인간이라는 인식, 중생이라는 인식, 영혼이라는 인식은 모두 『청정도론』 등 초기주석서에서도 척파해야 할 것으로 나타나고 있는데 여기서 보듯이 「범망경」(D1)이나 본경을 비롯한 많은 초기경들에서도 이러한 존재론적인 관념이나 개념은 철저히 척파되고 있다.

그러면 그런 그에게 다시, '이 사람아, 그대는 나라에서 제일가는 미녀를 갈망하고 탐하는데 나라에서 제일가는 그 미녀의 이름이 무엇이고 성이 무엇인지, [키가] 큰지 작은지 중간인지, [피부가] 검은지 흰지 황색인지, 어떤 마을이나 성읍이나 도시에 사는지 아는가?'라고 말할 것이다. 이렇게 물으면 그는 다시 '아니오.'라고 대답할 것이다.

그런 그에게 다시, '이 사람아, 그대는 알지도 못하고 보지도 못한 [여인]을 갈망하고 탐하는가?'라고 말할 것이다. 이렇게 물으면 '그렇습니다.'라고 그가 대답할 것이다.

뿟타빠다여, 이를 어떻게 생각하는가? 참으로 이러하다면 그 사람은 터무니없는 말을 한 것이 되고 말지 않겠는가?"

"세존이시여, 분명히 그렇습니다. 참으로 그러하다면 그 사람은 터무니없는 말을 한 것이 되고 맙니다."

36. "뿟타빠다여, 그와 마찬가지로 어떤 사문·바라문들은 '자아는 죽고 난 후에 전적으로 즐거움만을 느끼며 병들지 않는다.'라는 이런 주장과 이런 견해를 가졌다.

나는 그들에게 다가가서 이렇게 말한다. '그대 존자들이 '자아는 죽고 난 후에 전적으로 즐거움만을 느끼며 병들지 않는다.'라는 이런 주장과 이런 견해를 가졌다는 것이 사실입니까?' 이렇게 물어서 그들이 '그렇습니다.'라고 분명하게 대답하면 나는 그들에게 '그런데 그대 존자들은 전적으로 즐거움만 있는 세상을 알고 보면서 머뭅니까?'라고 말한다. 이렇게 물으면 '아닙니다.'라고 그들은 말한다.

그러면 나는 그들에게 '그러면 그대 존자들은 하루 낮과 하루 밤이나 반나절이라도 전적으로 즐거움만을 느끼는 자아를 인식합니까?'

라고 말한다. 이렇게 물으면 '아닙니다.'라고 그들은 말한다.

그러면 나는 그들에게 '그러면 그대 존자들은 '이것이 전적으로 즐거움만 있는 세상을 실현하기 위한 도이며 이것이 도닦음이다.'라고 알기나 합니까?'라고 말한다. 이렇게 물으면 '아닙니다.'라고 그들은 말한다.

그러면 나는 그들에게 '그러면 그대 존자들은 전적으로 즐거움만 있는 세상에 태어나서 '착한 사람들이여, 전적으로 즐거움만 있는 세상을 실현하기 위해서 잘 도를 닦으시오. 착한 사람들이여, 바르게 도를 닦으시오. 착한 사람들이여, 우리도 이와 같이 도를 닦아, 전적으로 즐거움만 있는 세상을 얻었소이다.'라고 말하는 소리를 들은 적이 있습니까?'라고 말한다. 이렇게 물으면 '아닙니다.'라고 그들은 말한다.

뽓타빠다여, 이를 어떻게 생각하는가? 참으로 이러하다면 그 사문·바라문들은 터무니없는 말을 한 것이 되고 말지 않겠는가?"

"세존이시여, 분명히 그렇습니다. 참으로 그러하다면 그 사문·바라문들은 터무니없는 말을 한 것이 되고 맙니다."

사다리의 비유

37. "뽓타빠다여, 예를 들면 어떤 사람이 누각에 오르기 위해서 큰 사거리에서 사다리를 만드는 것과 같다.

이런 그에게 '이 사람아, 그대는 누각에 오르기 위해서 사다리를 만들고 있다. 그런데 그대는 그 누각이 동쪽 방향에 있다고 아는가? 아니면 남쪽 방향이나 서쪽 방향이나 북쪽 방향이나 위나 아래나 가운데에 있다고 아는가?'라고 말할 것이다. 이렇게 물으면 그는 '아니오.'라고 대답할 것이다.

이런 그에게 다시 '이 사람아, 그대는 그대가 알지도 못하고 보지도 못하는[532] 그런 누각에 오르기 위해서 사다리를 만드는가?'라고 말할 것이다. 이렇게 물으면 '그렇습니다.'라고 대답할 것이다.

뽓타빠다여, 이를 어떻게 생각하는가? 참으로 이러하다면 그 사람은 터무니없는 말을 한 것이 되고 말지 않겠는가?"

"세존이시여, 분명히 그렇습니다. 참으로 이러하다면 그 사람은 터무니없는 말을 한 것이 되고 맙니다."

38. "뽓타빠다여, 그와 마찬가지로 어떤 사문·바라문들은 '자아는 죽고 난 후에 전적으로 즐거움만을 느끼며 병들지 않는다.'라는 이런 주장과 이런 견해를 가졌다.

나는 그들에게 다가가서 이렇게 말한다. '그대 존자들이 '자아는 죽고 난 후에 전적으로 즐거움만을 느끼며 병들지 않는다.'라는 이런

---

532) 본경에서는 존재론적인 관념(인식, 산냐)은 모두 알지 못하고(na jānāti) 보지 못하는(na passati) 것이라고 규정하고 있다. 이처럼 본경에서 인식(sañjānāti, saññā)과 지견(지와 견, jānāti – passati, ñāṇa-dassana) 은 분명하게 대비가 되고 있다. 이를 읽어내어야 본경에서 설하시는 부처님의 입각처를 정확히 파악할 수 있다.

『청정도론』을 위시한 주석서들에서는 개념적인 존재(paññatti)는 인식의 대상이요 법들(dhammā)은 지견의 대상이라고 밝히고 있다. 법들을 지견하여 해탈·열반을 실현하는 과정을 상세히 서술하고 있는 것이 『청정도론』 XVIII장부터 XXII장까지의 다섯 가지 청정(visuddhi)이다. 이처럼 깨달음이나 해탈은 자아로 대표되는 개념적 존재(paññatti)와 법들(dhammā)을 정확히 구분하는 데서부터 출발한다.

그러면 무엇이 법인가? 아직 여기에 대해서 문제의식을 가지지 못한 분은 지금부터라도 무엇이 법인가에 대한 간절한 문제의식을 가지기를 권한다. 법에 대해서는 『네 가지 마음챙기는 공부』 34~36쪽과 『아비담마 길라잡이』 서문 §3과 1장 §2를 참조할 것.

주장과 이런 견해를 가졌다는 것이 사실입니까?' 이렇게 물어서 그들이 '그렇습니다.'라고 분명하게 대답하면 나는 그들에게 '그런데 그대 존자들은 전적으로 즐거움만 있는 세상을 알고 보면서 머뭅니까?'라고 말한다. 이렇게 물으면 '아닙니다.'라고 그들은 말한다.

그러면 나는 그들에게 '그러면 그대 존자들은 하루 낮과 하루 밤이나 반나절이라도 전적으로 즐거움만을 느끼는 자아를 인식합니까?'라고 말한다. 이렇게 물으면 '아닙니다.'라고 그들은 말한다.

그러면 나는 그들에게 '그러면 그대 존자들은 '이것이 전적으로 즐거움만 있는 세상을 실현하기 위한 도이며 이것이 도닦음이다.'라고 알기나 합니까?'라고 말한다. 이렇게 물으면 '아닙니다.'라고 그들은 말한다.

그러면 나는 그들에게 '그러면 그대 존자들은 전적으로 즐거움만 있는 세상에 태어나서 '착한 사람들이여, 전적으로 즐거움만 있는 세상을 실현하기 위해서 잘 도를 닦으시오. 착한 사람들이여, 바르게 도를 닦으시오. 착한 사람들이여, 우리도 이와 같이 도를 닦아, 전적으로 즐거움만 있는 세상을 얻었소이다.'라고 말하는 소리를 들은 적이 있습니까?'라고 말한다. 이렇게 물으면 '아닙니다.'라고 그들은 말한다.

뿟타빠다여, 이를 어떻게 생각하는가? 참으로 이러하다면 그 사문·바라문들은 터무니없는 말을 한 것이 되고 말지 않겠는가?"

"세존이시여, 분명히 그렇습니다. 참으로 그러하다면 그 사문·바라문들은 터무니없는 말을 한 것이 되고 맙니다."

세 가지 자아의 획득

39. "뽓타빠다여, 나는 세 가지 자아의 획득이 있다고 [말한다]. 그것은 ① 거친 자아의 획득 ② 마음으로 이루어진 자아의 획득 ③ 물질이 아닌[無色] 자아의 획득이다.533)

뽓타빠다여, 그러면 무엇이 ① 거친 자아의 획득인가? 거칠고 물질로 되었고 네 가지 근본물질[四大]로 이루어졌고 덩어리로 된 음식을 먹고 사는 것 — 이것이 거친 자아의 획득이다. 무엇이 ② 마음으로 이루어진 자아의 획득인가? 물질을 가졌고 마음으로 이루어지고 모든 수족이 다 갖추어지고 감각기능[根]이 결여되지 않은 것 — 이것이 마음으로 이루어진 자아의 획득이다. 무엇이 ③ 물질이 아닌[無色] 자아의 획득인가? 무색이요, 인식으로 이루어진 것 — 이것이 무색의 자아의 획득이다."

40. "뽓타빠다여, 나는 거친 자아의 획득을 버리기 위해서 법을 설한다. '그대들이 이대로 도를 닦으면 오염된 법들534)을 버리게 될 것이고 깨끗한 법들535)을 증장하게 될 것이며 통찰지의 완성과 충만

---

533) "① 거친 자아의 획득이란 무간지옥에서부터 타화자재천에 이르는 욕계의 존재를 보여 주신 것이다. ② 마음으로 이루어진 자아의 획득이란 초선의 경지[초선천]로부터 시작해서 색구경천의 범천의 세상에 이르기까지 색계의 존재를 보여 주신 것이다. ③ 물질이 아닌[無色] 자아의 획득이란 공무변처의 범천의 세상에서부터 비상비비상처의 범천의 세상까지 무색계의 존재를 보여 주신 것이다."(DA.i.380) 주석서에서는 禪을 닦아서 도달하는 색계와 무색계를 이처럼 범천의 세상(brahma-loka)이라고 표현하기도 한다. 색계 초선천의 범중천, 범보천, 대범천과 혼돈하지 말기 바란다.

534) "오염된 법들(saṁkilesikā dhammā)이란 12가지 해로운 마음(akusala-citta, 不善心)의 일어남이다."(DA.ii.380) 열두 가지 해로운 마음은 『아비담마 길라잡이』 1장 §4(111쪽) 이하를 참조할 것.

함을 지금여기에서 스스로 최상의 지혜로 알고 실현하고 구족하여 머물 것이다.'라고

뽓타빠다여, 그런데 그대에게는 이런 생각이 들지도 모른다. '오염된 법들을 버리게 될 것이고 깨끗한 법들을 증장하게 될 것이며 통찰지의 완성과 충만함을 지금여기에서 스스로 최상의 지혜로 알고 실현하고 구족하여 머물 것이다. 그러나 그런 머묾은 괴로움일 것이다.'라고

뽓타빠다여, 그러나 결코 그렇게 여겨서는 안된다. [그대들이 이대로 도를 닦으면] 오염된 법들을 버리게 될 것이고 깨끗한 법들을 증장하게 될 것이며 통찰지의 완성과 충만함을 지금여기에서 스스로 최상의 지혜로 알고 실현하고 구족하여 머물 것이다. 그러면 환희가 있을 것이고 희열과 경안과 마음챙김과 알아차림이 있을 것이다. 그런 머묾이야말로 진정한 행복이다."

41. "뽓타빠다여, 나는 마음으로 이루어진 자아의 획득을 버리기 위해서 법을 설한다. '그대들이 이대로 도를 닦으면 오염된 법들을 버리게 될 것이고 깨끗한 법들을 증장하게 될 것이며 통찰지의 완성과 충만함을 지금여기에서 스스로 최상의 지혜로 알고 실현하고 구족하여 머물 것이다.'라고

뽓타빠다여, 그런데 그대에게는 이런 생각이 들지도 모른다. '오염된 법들을 버리게 될 것이고 깨끗한 법들을 증장하게 될 것이며 통찰지의 완성과 충만함을 지금여기에서 스스로 최상의 지혜로 알고 실

---

535) "깨끗한 법들(vodānīya dhammā)이란 사마타[止]과 위빳사나[觀]이다."(DA.i.380) 사마타와 위빳사나에 대해서는 『아비담마 길라잡이』 9장 §1의 주해들과 1장 색계 마음(145쪽 이하)을 참조할 것.

현하고 구족하여 머물 것이다. 그러나 그런 머묾은 괴로움일 것이다.'
라고

뽓타빠다여, 그러나 결코 그렇게 여겨서는 안된다. [그대들이 이대로 도를 닦으면] 오염된 법들을 버리게 될 것이고 깨끗한 법들을 증장하게 될 것이며 통찰지의 완성과 충만함을 지금여기에서 스스로 최상의 지혜로 알고 실현하고 구족하여 머물 것이다. 그러면 환희가 있을 것이고 희열과 경안과 마음챙김과 알아차림이 있을 것이다. 그런 머묾이야말로 진정한 행복이다."

42. "뽓타빠다여, 나는 물질이 아닌[無色] 자아의 획득을 버리기 위해서 법을 설한다. '그대들이 이대로 도를 닦으면 오염된 법들을 버리게 될 것이고 깨끗한 법들을 증장하게 될 것이며 통찰지의 완성과 충만함을 지금여기에서 스스로 최상의 지혜로 알고 실현하고 구족하여 머물 것이다.'라고.

뽓타빠다여, 그런데 그대에게는 이런 생각이 들지도 모른다. '오염된 법들을 버리게 될 것이고 깨끗한 법들을 증장하게 될 것이며 통찰지의 완성과 충만함을 지금여기에서 스스로 최상의 지혜로 알고 실현하고 구족하여 머물 것이다. 그러나 그런 머묾은 괴로움일 것이다.'
라고.

뽓타빠다여, 그러나 결코 그렇게 여겨서는 안된다. [그대들이 이대로 도를 닦으면] 오염된 법들을 버리게 될 것이고 깨끗한 법들을 증장하게 될 것이며 통찰지의 완성과 충만함을 지금여기에서 스스로 최상의 지혜로 알고 실현하고 구족하여 머물 것이다. 그러면 환희가 있을 것이고 희열과 경안과 마음챙김과 알아차림이 있을 것이다. 그런 머묾이야말로 진정한 행복이다."

43. "뿟타빠다여, 만일 다른 자들이 나에게 묻기를, '도반이여, 어떤 것이 그 거친 자아의 획득이기에 그대는 그것을 버리게 하기 위해서 법을 설하며, 그대들이 이대로 도를 닦으면 오염된 법들을 버리게 될 것이고 깨끗한 법들을 증장하게 될 것이며 통찰지의 완성과 충만함을 지금여기에서 스스로 최상의 지혜로 알고 실현하고 구족하여 머물 것이라고 합니까?'라고 한다면, 이렇게 묻는 자들에게는 이와 같이 설명할 것이다.

'도반들이여, 이것이 바로 그 거친 자아의 획득인데 나는 그것을 버리게 하기 위해서 법을 설하며, 그대들이 이대로 도를 닦으면 오염된 법들을 버리게 될 것이고 깨끗한 법들을 증장하게 될 것이며 통찰지의 완성과 충만함을 지금여기에서 스스로 최상의 지혜로 알고 실현하고 구족하여 머물 것이오.'라고"

44. "뿟타빠다여, 만일 다른 자들이 나에게 묻기를, '도반이여, 어떤 것이 그 마음으로 이루어진 자아의 획득이기에 그대는 그것을 버리게 하기 위해서 법을 설하며, 그대들이 이대로 도를 닦으면 오염된 법들을 버리게 될 것이고 깨끗한 법들을 증장하게 될 것이며 통찰지의 완성과 충만함을 지금여기에서 스스로 최상의 지혜로 알고 실현하고 구족하여 머물 것이라고 합니까?'라고 한다면, 이렇게 묻는 자들에게는 이와 같이 설명할 것이다.

'도반들이여, 이것이 바로 그 마음으로 이루어진 자아의 획득인데 나는 그것을 버리게 하기 위해서 법을 설하며, 그대들이 이대로 도를 닦으면 오염된 법들을 버리게 될 것이고 깨끗한 법들을 증장하게 될 것이며 통찰지의 완성과 충만함을 지금여기에서 스스로 최상의 지혜로 알고 실현하고 구족하여 머물 것이오.'라고"

45. "뽓타빠다여, 만일 다른 자들이 나에게 묻기를, '도반이여, 어떤 것이 그 물질이 아닌[無色] 자아의 획득이기에 그대는 그것을 버리게 하기 위해서 법을 설하며, 그대들이 이대로 도를 닦으면 오염된 법들을 버리게 될 것이고 깨끗한 법들을 증장하게 될 것이며 통찰지의 완성과 충만함을 지금여기에서 스스로 최상의 지혜로 알고 실현하고 구족하여 머물 것이라고 합니까?'라고 한다면, 이렇게 묻는 자들에게는 이와 같이 설명할 것이다.

'도반들이여, 이것이 바로 그 물질이 아닌 자아의 획득인데 나는 그것을 버리게 하기 위해서 법을 설하며, 그대들이 이대로 도를 닦으면 오염된 법들을 버리게 될 것이고 깨끗한 법들을 증장하게 될 것이며 통찰지의 완성과 충만함을 지금여기에서 스스로 최상의 지혜로 알고 실현하고 구족하여 머물 것이오.'라고.

뽓타빠다여, 이를 어떻게 생각하는가? 참으로 이러하다면 이것은 아주 정확하고 멋진 말이 아니겠는가?"

"세존이시여, 분명히 그렇습니다. 참으로 그러하다면 그것은 아주 정확하고 멋진 말씀입니다."

46. "뽓타빠다여, 예를 들면 어떤 사람이 누각에 오르기 위해서 큰 사거리에서 사다리를 만드는 것과 같다.

이런 그에게 다른 사람이 다가가서 '이 사람아, 그대는 누각에 오르기 위해서 사다리를 만들고 있다. 그런데 그대는 그 누각이 동쪽 방향에 있다고 아는가? 아니면 남쪽 방향이나 서쪽 방향이나 북쪽 방향이나 위나 아래나 가운데에 있다고 아는가?'라고 말할 것이다.

이렇게 묻자 그는 '도반이여, 저것이 바로 그 누각이오. 나는 저 누각을 아래로부터 올라가기 위해서 사다리를 만드는 것이오.'라고 말한다고 하자.

뽓타빠다여, 이를 어떻게 생각하는가? 참으로 이러하다면 그 사람은 아주 정확하고 멋진 말을 한 것이 아닌가?"

"세존이시여, 분명히 그렇습니다. 참으로 그러하다면 그 사람은 참으로 정확하고 멋진 말을 한 것입니다."

47. "뽓타빠다여, 그와 마찬가지로 만일 다른 자들이 나에게 묻기를, '도반이여, 어떤 것이 그 거친 자아의 획득이기에 … 그 마음으로 이루어진 자아의 획득이기에 … 그 물질이 아닌[無色] 자아의 획득이기에 그대는 그것을 버리게 하기 위해서 법을 설하며, 그대들이 이대로 도를 닦으면 오염된 법들을 버리게 될 것이고 깨끗한 법들을 증장하게 될 것이며 통찰지의 완성과 충만함을 지금여기에서 스스로 최상의 지혜로 알고 실현하고 구족하여 머물 것이라고 합니까?'라고 한다면, 이렇게 묻는 자들에게는 이와 같이 설명할 것이다.

'도반들이여, 이것이 바로 그 거친 자아의 획득인데 … 그 마음으로 이루어진 자아의 획득인데 … 그 물질이 아닌[無色] 자아의 획득인데 나는 그것을 버리게 하기 위해서 법을 설하며, 그대들이 이대로 도를 닦으면 오염된 법들을 버리게 될 것이고 깨끗한 법들을 증장하게 될 것이며 통찰지의 완성과 충만함을 지금여기에서 최상의 지혜로 실현하고 구족하여 머물 것이오.'라고.

뽓타빠다여, 이를 어떻게 생각하는가? 참으로 이러하다면 이것은 아주 정확하고 멋진 말이 아니겠는가?"

"세존이시여, 분명히 그렇습니다. 참으로 그러하다면 그것은 아주 정확하고 멋진 말씀입니다."

48. 이와 같이 말씀하시자 코끼리 조련사의 아들 쩻따는 세존께 이렇게 말씀드렸다. "세존이시여, 거친 자아의 획득이 있을 때에는 그에게 마음으로 이루어진 자아의 획득은 헛된 것이고 물질이 아닌 [無色] 자아의 획득도 헛된 것이며 그때에는 오직 거친 자아의 획득만 이 진실입니다.

세존이시여, 마음으로 이루어진 자아의 획득이 있을 때에는 그에 게 거친 자아의 획득은 헛된 것이고 물질이 아닌 자아의 획득도 헛된 것이며 그때에는 오직 마음으로 이루어진 자아의 획득만이 진실입니다.

세존이시여, 물질이 아닌 자아의 획득이 있을 때에는 그에게 거친 자아의 획득은 헛된 것이고 마음으로 이루어진 자아의 획득도 헛된 것이며 그때에는 오직 물질이 아닌 자아의 획득만이 진실입니다."

49. "쩻따여, 거친 자아의 획득이 있을 때에는 마음으로 이루어 진 자아의 획득이라는 명칭536)을 결코 얻을 수가 없고 물질이 아닌 [無色] 자아의 획득이라는 명칭도 결코 얻을 수가 없으며 그때에는 오 직 거친 자아의 획득이라는 명칭만을 얻게 된다.

쩻따여, 마음으로 이루어진 자아의 획득이 있을 때에는 거친 자아 의 획득이라는 명칭을 결코 얻을 수가 없고 물질이 아닌 자아의 획득 이라는 명칭도 결코 얻을 수가 없으며 그때에는 오직 마음으로 이루 어진 자아의 획득이라는 명칭만을 얻게 된다.

쩻따여, 물질이 아닌 자아의 획득이 있을 때에는 그에게 거친 자아

---

536) '명칭'으로 옮긴 원어는 saṅkhā인데 주석서에서는 "언어(nirutti), 이름 (nāma), 인습적 표현(vohāra)"(DA.ii.382)이라는 동의어를 나열한다.

의 획득이라는 명칭을 결코 얻을 수가 없고 마음으로 이루어진 자아의 획득이라는 명칭도 결코 얻을 수가 없으며 그때에는 오직 물질이 아닌 자아의 획득이라는 명칭만을 얻게 된다."

50. "쩟따여, 만일 그대에게 묻기를 '그대는 과거에 존재했었고 존재하지 않았던 것이 아니지 않은가? 그대는 미래에 존재할 것이고 존재하지 않을 것이 아니지 않은가? 그대는 지금 존재하고 있고 존재하지 않는 것이 아니지 않은가?'라고 한다 하자. 이렇게 물으면 그대는 어떻게 설명하겠는가?"

"세존이시여, 만일 제게 물으시기를 '그대는 과거에 존재했었고 존재하지 않았던 것이 아니지 않은가? 그대는 미래에 존재할 것이고 존재하지 않을 것이 아니지 않은가? 그대는 지금 존재하고 있고 존재하지 않는 것이 아니지 않은가?'라고 한다면 저는 이와 같이 설명할 것입니다.

'저는 과거에 존재했었고 존재하지 않았던 것이 아닙니다. 저는 미래에 존재할 것이고 존재하지 않을 것이 아닙니다. 저는 지금 존재하고 있고 존재하지 않는 것이 아닙니다.'라고. 세존이시여, 그렇게 물으신다면 저는 이와 같이 설명할 것입니다."

"쩟따여 만일 다시 그대에게 묻기를, '그대가 과거에 자아를 획득했을 때 그대에게는 그 자아의 획득만이 사실이고 미래도 헛된 것이고 현재도 헛된 것이 아닌가? 그대가 미래에 자아를 획득할 때 그대에게 그 자아의 획득만이 사실이고 과거도 헛된 것이고 현재도 헛된 것이 아닌가? 그대가 현재의 자아를 획득할 때 그대에게는 그 자아의 획득만이 사실이고 과거도 헛된 것이고 미래도 헛된 것이 아닌가?'라고 한다 하자. 이렇게 물으면 그대는 어떻게 설명하겠는가?"

"세존이시여, 만일 제게 물으시기를, '그대가 과거에 자아를 획득했을 때 그대에게는 그 자아의 획득만이 사실이고 미래도 헛된 것이고 현재도 헛된 것이 아닌가? 그대가 미래에 자아를 획득할 때 그대에게 그 자아의 획득만이 사실이고 과거도 헛된 것이고 현재도 헛된 것이 아닌가? 그대가 현재의 자아를 획득할 때 그대에게는 그 자아의 획득만이 사실이고 과거도 헛된 것이고 미래도 헛된 것이 아닌가?'라고 한다면 저는 이와 같이 설명할 것입니다.

'제가 과거에 자아를 획득했을 때 제게는 그 자아의 획득만이 사실이었고 미래도 헛된 것이고 현재도 헛된 것입니다. 제가 미래에 자아를 획득할 때 제게는 그 자아의 획득이 사실일 것이고 과거도 헛된 것이고 현재도 헛된 것입니다. 제가 현재의 자아를 획득할 때 제게는 그 자아의 획득만이 사실이고 과거도 헛된 것이고 미래도 헛된 것입니다.'라고. 세존이시여, 그렇게 물으신다면 저는 이와 같이 설명할 것입니다."

51. "찟따여, 그와 마찬가지로 거친 자아의 획득이 있을 때에는 마음으로 이루어진 자아의 획득이라는 명칭을 결코 얻을 수가 없고 물질이 아닌[無色] 자아의 획득이라는 명칭도 결코 얻을 수가 없으며 그때에는 오직 거친 자아의 획득이라는 명칭만을 얻게 된다.

찟따여, 마음으로 이루어진 자아의 획득이 있을 때에는 거친 자아의 획득이라는 명칭을 결코 얻을 수가 없고 물질이 아닌 자아의 획득이라는 명칭도 결코 얻을 수가 없으며 그때에는 오직 마음으로 이루어진 자아의 획득이라는 명칭만을 얻게 된다.

찟따여, 물질이 아닌 자아의 획득이 있을 때에는 그에게 거친 자아의 획득이라는 명칭을 결코 얻을 수가 없고 마음으로 이루어진 자아의 획득이라는 명칭도 결코 얻을 수가 없으며 그때에는 오직 물질이 아닌 자아의 획득이라는 명칭만을 얻게 된다.”

52. “찟따여, 예를 들면 소로부터 우유가 있고[537] 우유로부터 응유(*curd*)가 되고 응유로부터 생 버터가 되고 생 버터로부터 정제된 버터(*ghee*)가 되고 정제된 버터로부터 최상의 버터[醍醐]가 되는 것과 같다.

우유가 되어 있을 때에는 응유라는 이름을 결코 얻지 못한다. 생 버터라는 이름도 결코 얻지 못한다. 정제된 버터라는 이름도 결코 얻지 못한다. 최상의 버터라는 이름도 결코 얻지 못한다. 그때에는 오직 우유라는 이름만 얻을 뿐이다. 응유가 되어 있을 때에는 … 생 버터가 되어 있을 때에는 … 정제된 버터가 되어 있을 때에는 … 최상의 버터가 되어 있을 때에는 우유라는 이름을 결코 얻지 못한다. 응유라는 이름도 결코 얻지 못한다. 생 버터라는 이름도 결코 얻지 못한다. 정제된 버터라는 이름도 결코 얻지 못한다. 그때에는 오직 최상의 버터라는 이름만 얻을 뿐이다.”

53. “찟따여, 그와 마찬가지로 거친 자아의 획득이 있을 때에는 … 마음으로 이루어진 자아의 획득이 있을 때에는 … 물질이 아닌 자아의 획득이 있을 때에는 그에게 거친 자아의 획득이라는 명칭을 결코 얻을 수가 없고 마음으로 이루어진 자아의 획득이라는 명칭도 결코 얻을 수가 없으며 그때에는 오직 물질이 아닌 자아의 획득이라는 명칭만을 얻게 된다. 찟따여, 이런 [자아의 획득]들은 세상의 일반

---

537) 흐름을 설하시는 유명한 비유이다. 자아가 있다·없다, 세상이 있다·없다는 존재론적인 단정에 빠지는 것을 극복하시고 흐름으로 파악하신다. 물심(物心)의 모든 현상은 조건 따라 흘러갈 뿐이다.

적인 표현이며 세상의 언어이며 세상의 인습적 표현이며 세상의 개념이다. 여래는 이런 것을 통해서 집착하지 않고 표현할 뿐이다.538)"

뿟타빠다의 귀의

54.   이렇게 말씀하시자 뿟타빠다 유행승은 세존께 이렇게 말씀드렸다. "경이롭습니다, 세존이시여. 경이롭습니다, 세존이시여. 마치 넘어진 자를 일으켜 세우시듯, 덮여있는 것을 걷어내 보이시듯, [방향을] 잃어버린 자에게 길을 가리켜 주시듯, '눈 있는 자 형상을 보라.'고 어둠 속에서 등불을 비춰 주시듯, 세존께서는 여러 가지 방편으로 법을 설해주셨습니다. 저는 이제 세존께 귀의하옵고, 법과 비구 승가에 또한 귀의하옵니다. 세존께서는 저를, 오늘부터 목숨이 있는 날까지 귀의한 청신사로 받아 주소서."539)

---

538)   "이와 같이 세존께서는 앞에서 세 가지 자아의 획득을 말씀하신 뒤에 여기서는 이 모두는 단지 인습적인 표현일 뿐이라고 말씀하신다. 왜? 궁극적인 의미(paramattha, 勝義)에서는 중생(satta)이란 없기 때문이며, 이 세상이란 공하고 헛된 것이기 때문이다.
부처님들은 인습적인 표현(sammuti-kathā)과 궁극적인 의미의 표현(paramattha-kathā)의 두 가지 표현을 하신다. 이 가운데서 '중생, 인간, 신, 범천' 등은 인습적인 표현이다. '무상, 고, 무아, 무더기[蘊]들, 요소[界]들, 장소[處]들, 마음챙김의 확립[念處]들, 바른 노력[正勤]' 등은 궁극적인 의미의 표현이다."(DA.ii.382)
혹자는 공함이나 헛됨이라는 표현을 접하면서 허무주의를 떠올릴지도 모른다. 공함과 헛됨과 실체 없음을 허무와 연결 짓는 사람은 허무주의라는 인습적인 표현에 걸려있을 뿐이다.

539)   세존의 말씀을 공감하고 세존을 존경하는 **뿟타빠다**는 세존의 신도는 되었지만 자아라는 존재론적인 단정에 대한 집착을 완전히 버리지는 못했다. 그래서 세존 문하로 출가하지는 못했다. 본서 「깟사빠 사자후경」(D8)의 나체수행자 깟사빠와 대조가 된다. 깟사빠는 계·정·혜 삼학의 길이야말

찟따가 구족계를 받음

55. 그러자 코끼리 조련사의 아들 찟따는 세존께 이렇게 말씀드렸다. "경이롭습니다, 세존이시여. 경이롭습니다, 세존이시여. 마치 넘어진 자를 일으켜 세우시듯, 덮여있는 것을 걷어내 보이시듯, [방향을] 잃어버린 자에게 길을 가리켜 주시듯, '눈 있는 자 형상을 보라.'고 어둠 속에서 등불을 비춰 주시듯, 세존께서는 여러 가지 방편으로 법을 설해주셨습니다. 저는 이제 세존께 귀의하옵고, 법과 비구 승가에 또한 귀의하옵니다. 세존이시여, 저는 세존의 곁에 출가하고자 합니다. 저는 구족계를 받고자 합니다."540)

56. 코끼리 조련사의 아들 찟따는 세존의 곁으로 출가하였고 구족계를 받았다. 구족계를 받은 지 얼마 되지 않아서 코끼리 조련사의 아들 찟따 존자는 혼자 은둔하여 방일하지 않고 열심히, 스스로 독려하며 지냈다. 그는 오래지 않아 좋은 가문의 아들들이 성취하고자 집에서 나와 출가하는 그 위없는 청정범행의 완성을 지금여기에서 최상의 지혜로 실현하고 구족하여 머물렀다. '태어남은 다했다. 청정범

로 사문이 닦아야 할 본업이라는 세존의 말씀을 완전히 이해하여서, 고행이야말로 사문의 본업이라는 그의 견해를 버리고 세존의 문하로 출가하여 아라한이 되었다.

540) 찟따는 자아와 세상에 대한 형이상학적인 관심이 괴로움으로부터 완전히 벗어나는 해탈·열반의 실현과는 아무 상관이 없음을 분명히 파악하고, 부처님 문하에 여덟 번째로 출가를 결심한다. 그는 이전에 일곱 번이나 출가과 환속을 거듭했지만, 본경을 통해서 부처님의 이와 같은 심심미묘한 가르침을 정확히 파악하였기에 다시 여덟 번째로 출가를 감행하여, 다시는 환속하지 않았고 아라한이 되었다. 존재론적인 가설을 끝까지 버리지 못했던 유행승 뽓타빠다와는 큰 대조를 이룬다.

행은 성취되었다. 할 일을 다 해 마쳤다. 다시는 어떤 존재로도 돌아오지 않을 것이다.'라고 최상의 지혜로 알았다. 코끼리 조련사의 아들 찟따 존자는 아라한들 중의 한 분이 되었다.

「뿟타빠다 경」이 끝났다.

수바 경

부처님의 일대시교 −계 · 정 · 혜

Subha Sutta(D10)

수바 경[541]

부처님의 일대시교 — 계·정·혜

Subha Sutta(D10)

서언

1.1. 이와 같이 나는 들었다. 한때 아난다 존자는 세존이 반열반에 드신지 오래되지 않아서 사왓티에서 제따 숲의 급고독원에 머물렀다. 그 무렵에 또데야의 아들 수바 바라문 학도[542]는 어떤 일 때문

---

541) 본경은 수바라는 바라문 학도에게 설한 것이라서 「수바 경」(Subha Sutta)이라 한다. 세존께서 입멸하신지 얼마 되지 않아서 수바라는 바라문 학도가 아난다 존자를 뵙고 '세존께서 설하신 법의 내용이 무엇인가?'를 질문하자, 아난다 존자가 그것을 계의 무더기[戒蘊], 삼매의 무더기[定蘊], 통찰지의 무더기[慧蘊]의 삼학으로 대답하는 것이 본경의 내용이다. 본경에 해당하는 한역 경은 존재하지 않는다.

542) 원어는 subho māṇavo todeyyaputto이다. '수바 바라문 학도 또데야의 아들'이라 직역된다.

또데야의 아들 수바는 사왓티 사람인데『중부』「수바 경」(M99)에서 부처님께 참된 바라문에 대해서 질문 드렸으며 부처님의 가르침을 듣고 재가신도가 된 사람이다. 주석서에는 그의 아버지에 대한 재미있는 일화를 소개하고 있다. 그의 아버지 또데야(Todeyya)는 바라문으로 사왓티 근교의 뚜디 마을(Tudigāma)의 수장이었다고 하며 그래서 또데야(Tode-yya, 뚜디에 사는)라고 불렸다고 한다.(DA.ii.384) 사실 또데야 바라문은 본서 「삼명경」(D13)과『중부』「와셋타 경」(M98), 「수바 경」(M99)

에 사왓티에 머물고 있었다.

수바 바라문 학도

1.2.   그때 또데야의 아들 수바 바라문 학도는 다른 바라문 학도를 불러서 말했다. "이리 오시오, 바라문 학도여. 그대는 사문 아난다께 가시오. 가서는 내 이름으로 '또데야의 아들 수바 바라문 학도는 아난다 존자께서 병이 없으시고 어려움도 없으시며 가볍고 힘 있고 편안하게 머무시는지 문안드립니다.'라고 사문 아난다께서 병이 없고 어려움도 없으며 가볍고 힘 있고 편안하게 머무시는지 문안드리시오. 그리고 이렇게 말씀드리시오. '아난다 존자께서는 연민하는 마음을 내시어 또데야의 아들 수바 바라문 학도의 집을 방문해 주시면 감사하겠습니다.'라고"

1.3.   "존자여, 그렇게 하겠습니다."라고 그 바라문 학도는 또데야의 아들 수바 바라문 학도에게 대답한 뒤 아난다 존자에게 갔다. 가서는 아난다 존자와 함께 환담을 나누었다. 유쾌하고 기억할 만한

등에서 짱끼 바라문 등과 더불어 유명한 바라문으로 언급되고 있다. 그는 큰 부자였지만 아주 인색하여 남에게 보시라고는 하나도 하지 않았다고 한다. 그래서 죽어서 그 집에 개(sunakha)로 태어났으며 세존께서 뚜디 마을로 탁발을 가셨을 때 그 개가 세존을 보고 짖었다고 한다. 세존께서는 그 개를 또데야라고 불렀고 개는 그러자 침실에 들어가서 침대 위에 앉아 꼼짝을 하지 않았다고 한다. 이런 소동을 통해서 그의 아버지가 개로 태어났다는 말을 들은 수바는 잔뜩 화가 나서 우리 아버지는 범천에 태어났다고 하면서 따지러 세존을 찾아가서 법문을 듣고 세존의 신심 깊은 신도가 되었다고 한다.(*Ibid*)

그런 수바 바라문 학도가 세존의 입멸 후에 사왓티로 온 아난다 존자를 찾아가서 대화하는 것이 바로 본경이다.

이야기로 서로 담소를 나누고 한 곁에 앉았다. 한 곁에 앉은 그 바라문 학도는 아난다 존자에게 이렇게 말하였다. "또데야의 아들 수바 바라문 학도는 아난다 존자께서 병이 없으시고 어려움도 없으시며 가볍고 힘 있고 편안하게 머무시는지 문안드립니다. 그리고 이렇게 말씀드립니다. '아난다 존자께서는 연민하는 마음을 내시어 또데야의 아들 수바 바라문 학도의 집을 방문해 주시면 감사하겠습니다.'라고"

1.4. 이렇게 말하자 아난다 존자는 그 바라문 학도에게 이렇게 말하였다. "바라문 학도여, [오늘은] 적당한 시간이 아니다. 오늘 나는 약을 먹었다. 내일 적당한 시간과 여건을 고려하여 가도록 하겠다."[543]

"알겠습니다, 존자시여."라고 그 바라문 학도는 아난다 존자에게 대답한 뒤 자리에서 일어나 또데야의 아들 수바 바라문 학도에게 갔다. 가서는 또데야의 아들 수바 바라문 학도에게 이렇게 말했다. "저는 존자의 말씀대로 그분 아난다 존자께, '또데야의 아들 수바 바라문 학도는 아난다 존자께서 병이 없으시고 어려움도 없으시며 가볍고 힘 있고 편안하게 머무시는지 문안드립니다. 그리고 이렇게 말씀드립니다. 아난다 존자께서는 연민하는 마음을 내시어 또데야의 아들 수바 바라문 학도의 집을 방문해 주시면 감사하겠습니다.'라고 말씀드렸습니다. 존자여, 이렇게 말씀드리자 사문 아난다께서는 제게 이렇게 말했습니다. '바라문 학도여, [오늘은] 적당한 시간이 아니다. 오늘 나는 약을 먹었다. 내일 적당한 시간과 여건을 고려하여 가도록 하겠다.'라고. 존자여, 그분 아난다 존자께서는 내일 오기로 허락을 하셨기 때문에 일은 이 정도로 되었습니다."

---

543) 이 일화는 『장부 주석서』와 『율장 주석서』의 서문에 나타나며 『장부 주석서』 서문은 본서 제3권의 부록으로 번역되어 있으므로 참조할 것.

1.5. 아난다 존자는 그 밤이 지나자 오전에 옷매무새를 가다듬고 발우와 가사를 수하고 쩨따까544) 비구를 뒤따르는 사문으로 삼아서545) 또데야의 아들 수바 바라문 학도의 집으로 갔다. 가서는 마련된 자리에 앉았다.

그러자 또데야의 아들 수바 바라문 학도는 아난다 존자에게 갔다. 가서는 아난다 존자와 함께 환담을 나누었다. 유쾌하고 기억할 만한 이야기로 서로 담소를 나누고 한 곁에 앉았다. 한 곁에 앉은 또데야의 아들 수바 바라문 학도는 아난다 존자에게 이렇게 말하였다. "아난다 존자께서는 오랫동안 고따마 존자의 시자이었으며 항상 임석해 있었으며 항상 곁에 모시고 사셨습니다. 그러므로 아난다 존자께서는 이러한 것을 잘 아실 것입니다. 즉 그분 세존께서는 법들을 칭송하여 말씀하셨으며 그 안에서 사람들을 격려하고 분발하게 하고 기쁘게 하셨습니다. 아난다 존자시여, 그러면 그분 고따마 존자께서 칭송하여 말씀하셨으며 그 안에서 사람들을 격려하고 분발하게 하고 기쁘게 하신 그 법들은 무엇입니까?"546)

1.6. "바라문 학도여, 세 가지 조목[蘊, 무더기]들을 그분 세존께서는 칭송하여 말씀하셨으며 그 안에서 사람들을 격려하고 분발하게

---

544) "그는 쩨띠 지방(cetiraṭṭha) 출신이기 때문에 쩨따까라는 이름을 가졌다."(DA.ii.386)

545) "뒤따르는 사문(pacchāsamaṇa)이란 소지품을 가지고 뒤따르는 사문이다. 자기 자신(즉 여기서는 아난다 존자)의 발우와 가사를 [그 사문이] 들게 한 뒤 뒤따르는 사문으로 삼아서 갔다는 뜻이다."(MA.iii.334)

546) 부처님 일대시교(一大示敎)를 어떻게 정리하면 되겠는가 하는 질문이고, 여기에 대해서 아난다 존자는 『장부』 제1권의 주제인 계・정・혜 삼학으로 정리해서 답변하고 있다.

하고 기쁘게 하셨다. 그러면 무엇이 그 셋인가? 성스러운 계의 무더기[戒蘊], 성스러운 삼매의 무더기[定蘊], 성스러운 통찰지의 무더기[慧蘊]이다. 바라문 학도여, 이러한 세 가지 무더기들을 그분 세존께서는 칭송하여 말씀하셨으며 그 안에서 사람들을 격려하고 분발하게 하고 기쁘게 하셨다."

"아난다 존자시여, 그러면 무엇이 그분 고따마 존자께서 칭송하여 말씀하셨으며 그 안에서 사람들을 격려하고 분발하게 하고 기쁘게 하신 성스러운 계의 무더기[戒蘊]이고, 성스러운 삼매의 무더기[定蘊]이며, 성스러운 통찰지의 무더기[慧蘊]입니까?"

계의 무더기[戒蘊]

1.7. ~*1.29.* "(1) 바라문 학도여, 여래께서 이 세상에 출현하신다. 그분은 아라한[應供]이시며, 완전히 깨달은 분[正等覺]이시며 … 그분은 법을 설하여 더할 나위 없이 완벽하고 지극히 청정한 범행을 드러내신다.

(2) 이런 법을 장자나 장자의 아들이나 다른 가문에 태어난 자가 듣는다. … 머리와 수염을 깎고 물들인 옷을 입고 집을 떠나 출가한다.

(3) 그는 이와 같이 출가하여 계목의 단속으로 단속하면서 머문다. …

(4) <짧은 길이의 계 – 모두 26가지로 계를 지님>

(5) <중간 길이의 계 – 모두 10가지로 잘못된 행위를 하는 것을 멀리함>

(6) <긴 길이의 계 – 모두 7가지로 삿된 생계를 멀리함>

(7) 이와 같이 계를 구족한 비구는 계로써 잘 단속하기 때문에 어느 곳에서도 두려움을 보지 못한다. … 그는 이러한 성스러운 계의 조목을 구족하여 안으로 비난받지 않는 행복을 경험한다. 바라문 학도여, 이와 같이 비구는 계를 구족한다."547)

1.30. "바라문 학도여, 그분 세존께서는 이러한 성스러운 계의 무더기[戒蘊]들을 칭송하여 말씀하셨으며 그 안에서 사람들을 격려하고 분발하게 하고 기쁘게 하셨다. 그러나 여기서 더 닦아야 할 것548)이 남아 있다."

"경이롭습니다, 아난다 존자시여. 놀랍습니다, 아난다 존자시여. 아난다 존자시여, 이 성스러운 계의 무더기는 구족되었습니다. 구족되지 않은 것이 아닙니다. 아난다 존자시여, 그리고 저는 이와 같이 구족된 성스러운 계의 무더기를 그 밖의 다른 사문·바라문들에게서는 찾아보지[隨觀, 관찰] 못합니다.

아난다 존자시여, 이와 같이 구족된 계의 무더기를 그 밖의 다른 사문·바라문들이 스스로에게서 찾아본다 할지라도 그들은 '이 정도로 충분하다. 이 정도로 할 일을 다했다. 우리는 사문됨의 목적을 성취했다. 이제 더 이상 해야 할 것은 아무것도 없다.'라고 하면서 그 정도로 마음이 기쁠 것입니다. 그러나 아난다 존자께서는 '그리고 여기서 더 닦아야 할 것이 남아 있다.'고 말씀하십니다."

첫 번째 바나와라가 끝났다.

---

547) 이상은 「사문과경」(D2) §§41~63과 동일함.

548) 원문은 karaṇīya로 √kṛ(*to do*)에서 파생된 가능법 분사로 '행해야 할 것'이라 직역된다.

삼매의 무더기[定蘊]

2.1. ~*2.11.* "아난다 존자시여, 그러면 무엇이 그분 고따마 존자께서 칭송하여 말씀하셨으며 그 안에서 사람들을 격려하고 분발하게 하고 기쁘게 하신 성스러운 삼매의 무더기[定蘊]입니까?"

"(1) 바라문 학도여, 그러면 어떻게 비구는 감각의 대문을 잘 지키는가? 바라문 학도여, 여기 비구는 눈으로 형상을 봄에 그 표상[全體相]을 취하지 않으며, 또 그 세세한 부분상[細相]을 취하지도 않는다. 만약 그의 눈의 기능[眼根]이 제어되어 있지 않으면 욕심과 싫어하는 마음이라는 나쁘고 해로운 법[不善法]들이 그에게 [물밀듯이] 흘러들어 올 것이다. 따라서 그는 눈의 감각기능을 잘 단속하기 위해 수행하며, 눈의 감각기능을 잘 방호하고, 눈의 감각기능을 잘 단속하기에 이른다. … 귀로 소리를 들음에 … 코로 냄새를 맡음에 … 혀로 맛을 봄에 … 몸으로 감촉을 느낌에 … 마노[意]로 법을 지각함에 그 표상을 취하지 않으며, 그 세세한 부분상을 취하지도 않는다. 만약 그의 마노의 기능[意根]이 제어되어 있지 않으면 욕심과 싫어하는 마음이라는 나쁘고 해로운 법[不善法]들이 그에게 [물밀듯이] 흘러들어 올 것이다. 따라서 그는 마노의 감각기능을 잘 단속하기 위해 수행하며, 마노의 감각기능을 잘 방호하고 마노의 감각기능을 잘 단속하기에 이른다. 그는 이러한 성스러운 감각기능의 단속을 구족하여 안으로 더럽혀지지 않는 행복을 경험한다. 바라문 학도여, 이와 같이 비구는 감각의 대문을 잘 지킨다.

(2) 비구는 마음챙김과 알아차림을 잘 갖춘다 …

(3) 비구는 [얻은 필수품으로] 만족한다 …

⑷ 그는 세상에 대한 욕심을 제거하여 욕심을 버린 마음으로 … 악의가 없는 마음으로 … 해태와 혼침을 버려 … 들뜸과 후회를 제거하여 … 의심을 건너서 머문다. …

그와 마찬가지로 비구는 자기 마음속에서 이들 다섯 가지 장애[五蓋]가 제거되었음을 자신에게서 관찰할 때, 비구는 스스로를 빚에서 벗어난 사람, 병이 쾌유한 사람, 감옥의 굴레에서 풀려난 사람, 자유인, 그리고 안전한 곳에 다다른 사람으로 여긴다.

2.12. "바라문 학도여, 그와 마찬가지로 자신에게서 이들 다섯 가지 장애가 제거되었음을 관찰할 때 환희가 생긴다. 환희로운 자에게 희열이 생긴다. 희열을 느끼는 자의 몸은 경안하다. 몸이 경안한 자는 행복을 느낀다. 행복한 자의 마음은 삼매에 든다.

그는 감각적 욕망들을 완전히 떨쳐버리고 해로운 법[不善法]들을 떨쳐버린 뒤, 일으킨 생각[尋]과 지속적인 고찰[伺]이 있고, 떨쳐버렸음에서 생겼으며, 희열[喜]과 행복[樂]이 있는 초선(初禪)을 구족하여 머문다. 그는 떨쳐버렸음에서 생긴 희열과 행복으로 이 몸을 흠뻑 적시고 충만하게 하고 가득 채우고 속속들이 스며들게 한다. 온몸 구석구석 떨쳐버렸음에서 생긴 희열과 행복이 스며들지 않은 데가 없다.

바라문 학도여, 예를 들면 솜씨 좋은 때밀이나 그의 조수가 금속 대야에 목욕가루를 가득 담아 놓고는 물을 알맞게 부어가며 계속 이기면 그 목욕가루덩이 [반죽]에 물기가 젖어들고 스며들어 물기가 안팎으로 흠뻑 스며들 뿐, 그 덩이가 물기를 흘려보내지 않는 것과 같다. 바라문 학도여, 그와 마찬가지로 비구는 떨쳐버렸음에서 생긴 희열과 행복으로 이 몸을 흠뻑 적시고 충만케 하고 가득 채우고 속속들이 스며들게 한다. 온몸 구석구석 떨쳐버렸음에서 생긴 희열과 행복이 스며들지 않은 데가 없다."549)

2.13. "바라문 학도여, 비구가 감각적 욕망들을 완전히 떨쳐버리고 해로운 법[不善法]들을 떨쳐버린 뒤, 일으킨 생각[尋]과 지속적인 고찰[伺]이 있고, 떨쳐버렸음에서 생겼으며, 희열[喜]과 행복[樂]이 있는 초선(初禪)을 구족하여 머물러서, 그가 떨쳐버렸음에서 생긴 희열과 행복으로 이 몸을 흠뻑 적시고 충만하게 하고 가득 채우고 속속들이 스며들게 하고, 온몸 구석구석 떨쳐버렸음에서 생긴 희열과 행복이 스며들지 않은 데가 없는 것 — 이것 역시 그의 삼매에 속한다."

2.14. "바라문 학도여, 다시 비구는 일으킨 생각[尋]과 지속적인 고찰[伺]을 가라앉혔기 때문에 [더 이상 존재하지 않으며], 자기 내면의 것이고, 확신이 있으며, 마음의 단일한 상태이고, 일으킨 생각과 지속적인 고찰은 없고, 삼매에서 생긴 희열과 행복이 있는 제2선(二禪)을 구족하여 머문다. 그는 삼매에서 생긴 희열과 행복으로 이 몸을 흠뻑 적시고 충만하게 하고 가득 채우고 속속들이 스며들게 한다. 온몸 구석구석 삼매에서 생긴 희열과 행복이 스며들지 않은 데가 없다.

바라문 학도여, 예를 들면 밑바닥에서 솟아나는 물로 채워지는 호수가 있다 하자. 그런데 그 호수에는 동쪽에서 흘러들어오는 물도 없고, 서쪽에서 흘러들어오는 물도 없고, 북쪽에서 흘러들어오는 물도 없고, 남쪽에서 흘러들어오는 물도 없으며, 또 하늘에서 때때로 소나기마저도 내리지 않는다면 그 호수의 밑바닥에서 차가운 물줄기가 솟아올라 그 호수를 차가운 물로 흠뻑 적시고 충만케 하고 가득 채우고 속속들이 스며들게 할 것이다. 그러면 온 호수의 어느 곳도 이 차

---

549)   이상은 「사문과경」(D2) §§64~76과 같음.

가운 물이 스며들지 않은 곳이 없을 것이다. 바라문 학도여, 그와 마찬가지로 비구는 삼매에서 생긴 희열과 행복으로 이 몸을 흠뻑 적시고 충만하게 하고 가득 채우고 속속들이 스며들게 한다. 온몸 구석구석 삼매에서 생긴 희열과 행복이 스며들지 않은 데가 없다."

2.15. "바라문 학도여, 비구가 일으킨 생각[尋]과 지속적인 고찰[伺]을 가라앉혔기 때문에 [더 이상 존재하지 않으며], 자기 내면의 것이고, 확신이 있으며, 마음의 단일한 상태이고, 일으킨 생각과 지속적인 고찰은 없고, 삼매에서 생긴 희열과 행복이 있는 제2선(二禪)을 구족하여 머물러서, 그가 삼매에서 생긴 희열과 행복으로 이 몸을 흠뻑 적시고 충만하게 하고 가득 채우고 속속들이 스며들게 하고, 온몸 구석구석 삼매에서 생긴 희열과 행복이 스며들지 않은 데가 없는 것 — 이것 역시 그의 삼매에 속한다."

2.16. "바라문 학도여, 다시 비구는 희열이 빛바랬기 때문에 평온하게 머물고, 마음챙기고 알아차리며[正念正知] 몸으로 행복을 경험한다. [이 禪 때문에] 성자들이 그를 두고 '평온하고 마음챙기며 행복하게 머문다.'고 묘사하는 제3선(三禪)을 구족하여 머문다. 그는 희열이 사라진 행복으로 이 몸을 흠뻑 적시고 충만하게 하고 가득 채우고 속속들이 스며들게 한다. 온몸 구석구석 희열이 사라진 행복이 스며들지 않은 데가 없다.

바라문 학도여, 예를 들면 청련이나 홍련이나 백련이 피어 있는 호수에 어떤 청련이나 홍련이나 백련들이 물속에서 생기고 자라서 물 밖으로 나오지 않고 물속에 잠긴 채 무성하게 어우러져 있는데, 차가운 물이 그 꽃들을 꼭대기에서 뿌리까지 흠뻑 적시고 충만케 하고 가득 채우고 속속들이 스며든다면 그 청련이나 홍련이나 백련의 어떤 부분도 물이 스며들지 않은 곳이 없을 것이다. 바라문 학도여, 그와 마찬가지로 비구는 희열이 사라진 행복으로 이 몸을 흠뻑 적시고 충만하게 하고 가득 채우고 속속들이 스며들게 한다. 온몸 구석구석 희열이 사라진 행복이 스며들지 않은 데가 없다.

바라문 학도여, 비구가 희열이 빛바랬기 때문에 평온하게 머물고, 마음챙기고 알아차리며[正念正知] 몸으로 행복을 경험하고 [이 禪 때문에] 성자들이 그를 두고 '평온하고 마음챙기며 행복하게 머문다.'고 묘사하는 제3선(三禪)을 구족하여 머물러서, 그가 희열이 사라진 행복으로 이 몸을 흠뻑 적시고 충만하게 하고 가득 채우고 속속들이 스며들게 하고, 온몸 구석구석 희열이 사라진 행복이 스며들지 않은 데가 없는 것 — 이것 역시 그의 삼매에 속한다."

2.17. "바라문 학도여, 다시 비구는 행복도 버리고 괴로움도 버리고, 아울러 그 이전에 이미 기쁨과 슬픔을 소멸하였으므로 괴롭지도 즐겁지도 않으며, 평온으로 인해 마음챙김이 청정한[捨念淸淨] 제4선(四禪)을 구족하여 머문다. 그는 이 몸을 지극히 청정하고 지극히 깨끗한 마음으로 속속들이 스며들게 하고서 앉아 있습니다. 온몸 구석구석 지극히 청정하고 지극히 깨끗한 마음이 스며들지 않은 데가 없다.

바라문 학도여, 예를 들면 사람이 머리까지 온몸에 하얀 천을 덮어 쓰고 앉아 있다면 그의 몸 어느 부분도 하얀 천으로 덮이지 않은 곳이 없을 것이다. 바라문 학도여, 그와 마찬가지로 비구는 이 몸을 지극히 청정하고 지극히 깨끗한 마음으로 속속들이 스며들게 하고서 앉아 있다. 온몸 구석구석 지극히 청정하고 지극히 깨끗한 마음이 스며들지 않은 데가 없다.

2.18. "바라문 학도여, 비구가 행복도 버리고 괴로움도 버리고, 아울러 그 이전에 이미 기쁨과 슬픔을 소멸하였으므로 괴롭지도 즐겁지도 않으며, 평온으로 인해 마음챙김이 청정한[捨念淸淨] 제4선(四禪)을 구족하여 머물러서, 그가 이 몸을 지극히 청정하고 지극히 깨끗한 마음으로 속속들이 스며들게 하고서 앉아 있으며, 온몸 구석구석 지극히 청정하고 지극히 깨끗한 마음이 스며들지 않은 데가 없는 것 — 이것 역시 그의 삼매에 속한다."

2.19. "바라문 학도여, 그분 세존께서는 이러한 성스러운 삼매의 무더기[定蘊]들을 칭송하여 말씀하셨으며 그 안에서 사람들을 격려하고 분발하게 하고 기쁘게 하셨다. 그리고 여기서 더 닦아야 할 것이 남아 있다."

"경이롭습니다, 아난다 존자시여. 놀랍습니다, 아난다 존자시여. 아난다 존자시여, 이 성스러운 삼매의 무더기는 구족되었습니다. 구족되지 않은 것이 아닙니다. 아난다 존자시여, 그리고 저는 이와 같이 구족된 성스러운 삼매의 무더기를 그 밖의 다른 사문·바라문들에게서는 찾아보지[隨觀, 관찰] 못합니다.

아난다 존자시여, 이와 같이 구족된 삼매의 무더기를 그 밖의 다른 사문·바라문들이 스스로에게서 찾아본다 할지라도 그들은 '이 정도로 충분하다. 이 정도로 할 일을 다했다. 우리는 사문됨의 목적을 성취했다. 이제 더 이상 해야 할 것은 아무것도 없다.'라고 하면서 그 정도로 마음이 기쁠 것입니다. 그러나 아난다 존자께서는 '그리고 여기서 더 닦아야 할 것이 남아 있다.'고 말씀하십니다."

통찰지의 무더기[慧蘊]

2.20. "아난다 존자시여, 그러면 무엇이 그분 고따마 존자께서 칭송하여 말씀하셨으며 그 안에서 사람들을 격려하고 분발하게 하고 기쁘게 하신 성스러운 통찰지의 무더기[慧蘊]입니까?"

"그는 이와 같이 마음이 삼매에 들고, 청정하고, 깨끗하고, 흠이 없고, 오염원이 사라지고, 부드럽고, 활발발(活潑潑)하고, 안정되고, 흔들림이 없는 상태에 이르렀을 때 지와 견으로 마음을 향하게 하고 기울게 한다. 그는 이와 같이 꿰뚫어 안다. '나의 이 몸은 물질로 된 것이고, 네 가지 근본물질[四大]로 이루어진 것이며, 부모에서 생겨났고, 밥과 죽으로 집적되었으며, 무상하고 파괴되고 분쇄되고 해체되고 분해되기 마련이다. 그런데 나의 이 알음알이는 여기에 의지하고 여기에 묶여 있다.'라고"

2.21. "바라문 학도여, 예를 들면 깨끗하고 최상품인 유리 보석이 팔각형이고 아주 잘 가공되고 맑고 투명하여 모든 특질을 다 갖추었으며 푸르고 누르고 붉고 흰 실이나 갈색의 실로 묶여 있다 하자. 그것을 눈이 있는 사람이 손에 놓고서 '이 유리 보석은 깨끗하고 최상품이며 팔각형이고 아주 잘 가공되고 맑고 투명하여 모든 특질을 다 갖추었는데 푸르고 누르고 붉고 흰 실이나 갈색의 실로 묶여 있구나.'라고 살펴보는 것과 같다.

바라문 학도여, 그와 마찬가지로 그는 이와 같이 마음이 삼매에 들고, 청정하고, 깨끗하고, 흠이 없고, 오염원이 사라지고, 부드럽고, 활발발하고, 안정되고, 흔들림이 없는 상태에 이르렀을 때 지와 견으로 마음을 향하게 하고 기울게 한다. 그는 이와 같이 꿰뚫어 안다. '나의 이 몸은 물질로 된 것이고, 네 가지 근본물질[四大]로 이루어진 것이며, 부모에서 생겨났고, 밥과 죽으로 집적되었으며, 무상하고 파괴되고 분쇄되고 해체되고 분해되기 마련이다. 그런데 나의 이 알음알이는 여기에 의지하고 여기에 묶여 있다.'라고"

2.22. "바라문 학도여, 비구가 이와 같이 마음이 삼매에 들고, 청정하고, 깨끗하고, 흠이 없고, 오염원이 사라지고, 부드럽고, 활발발하고, 안정되고, 흔들림이 없는 상태에 이르렀을 때 지와 견으로 마음을 향하게 하고 기울게 하여, '나의 이 몸은 물질로 된 것이고, 네 가지 근본물질[四大]로 이루어진 것이며, 부모에서 생겨났고, 밥과 죽으로 집적되었으며, 무상하고 파괴되고 분쇄되고 해체되고 분해되기 마련이다. 그런데 나의 이 알음알이는 여기에 의지하고 여기에 묶여 있다.'라고 꿰뚫어 아는 것 ― 이것 역시 그의 통찰지에 속한다."

2.23. "바라문 학도여, 비구가 이와 같이 마음이 삼매에 들고, 청정하고, 깨끗하고, 흠이 없고, 오염원이 사라지고, 부드럽고, 활발발하고, 안정되고, 흔들림이 없는 상태에 이르렀을 때 마음으로 이루어진 몸으로 마음을 향하게 하고 기울게 한다. 그는 이 몸으로부터 형상을 가지고 마음으로 이루어지고 모든 수족이 다 갖추어지고 감각기능[根]이 결여되지 않은 다른 몸을 만들어낸다.

바라문 학도여, 예를 들면 사람이 문자 풀로부터 갈대를 골라내는 것과 같다. 그에게 이런 생각이 들 것이다. '이것은 문자 풀이고 이것은 갈대이다. 문자 풀과 갈대는 다르다. 문자 풀로부터 갈대가 제거되었다.'라고 바라문 학도여, 다시 예를 들면 사람이 칼을 칼집에서 끄집어내는 것과 같다. 그에게 이런 생각이 들 것이다. '이것은 칼이고 이것은 칼집이다. 칼과 칼집은 다르다. 칼집으로부터 칼은 끄집어내어졌다.'라고. 바라문 학도여, 다시 예를 들면 사람이 뱀을 개미집으로부터 끄집어내는 것과 같다. 그에게 이런 생각이 들 것이다. '이것은 뱀이고 이것은 개미집이다. 뱀과 개미집은 다르다. 개미집으로부터 뱀은 끄집어내졌다.'라고.

바라문 학도여, 그와 마찬가지로 그는 마음이 삼매에 들고, 청정하고, 깨끗하고, 흠이 없고, 오염원이 사라지고, 부드럽고, 활발발하고, 안정되고, 흔들림이 없는 상태에 이르렀을 때 마음으로 이루어진 몸으로 마음을 향하게 하고 기울게 한다. 그는 이 몸으로부터 형상을 가지고 마음으로 이루어지고 모든 수족이 다 갖추어지고 감각기능[根]이 결여되지 않은 다른 몸을 만들어낸다.

2.24. "바라문 학도여, 비구가 이와 같이 마음이 삼매에 들고, 청정하고, 깨끗하고, 흠이 없고, 오염원이 사라지고, 부드럽고, 활발발하고, 안정되고, 흔들림이 없는 상태에 이르렀을 때 마음으로 이루어진 몸으로 마음을 향하게 하고 기울게 하여, 그가 이 몸으로부터 형상을 가지고 마음으로 이루어지고 모든 수족이 다 갖추어지고 감각기능[根]이 결여되지 않은 다른 몸을 만들어내는 것 ― 이것 역시 그의 통찰지에 속한다."

2.25. "그는 이와 같이 마음이 삼매에 들고, 청정하고, 깨끗하고, 흠이 없고, 오염원이 사라지고, 부드럽고, 활발발하고, 안정되고, 흔들림이 없는 상태에 이르렀을 때 신통변화[神足通]로 마음을 향하게 하고 기울게 한다. 하나인 채 여럿이 되기도 하고, 여럿이 되었다가

하나가 되기도 한다. 나타났다 사라졌다 하고, 벽이나 담이나 산을 아무런 장애 없이 통과하기를 마치 허공에서처럼 한다. 땅에서도 떠올랐다 잠겼다 하기를 물속에서처럼 한다. 물 위에서 빠지지 않고 걸어가기를 땅 위에서처럼 한다. 가부좌한 채 허공을 날아가기를 날개 달린 새처럼 한다. 저 막강하고 위력적인 태양과 달을 손으로 만져 쓰다듬기도 하며, 심지어는 저 멀리 범천의 세상에까지도 몸의 자유자재함을 발한다.

바라문 학도여, 예를 들면 숙련된 도기공이나 도기공의 제자가 잘 준비된 진흙으로부터 그릇을 원하는 대로 만들고 빚어내는 것과 같다. 바라문 학도여, 다시 예를 들면 숙련된 상아 세공자나 그의 제자가 잘 준비된 상아로부터 어떤 상아 제품이든 원하는 대로 만들고 빚어내는 것과 같다. 바라문 학도여, 다시 예를 들면 숙련된 금세공자나 그의 제자가 잘 준비된 금으로부터 어떤 금제품이든 원하는 대로 만들어내고 빚어내는 것과 같다.

바라문 학도여, 그와 마찬가지로 그는 마음이 삼매에 들고, 청정하고, 깨끗하고, 흠이 없고, 오염원이 사라지고, 부드럽고, 활발발하고, 안정되고, 흔들림이 없는 상태에 이르렀을 때 신통변화[神足通]로 마음을 향하게 하고 기울게 한다. 하나인 채 여럿이 되기도 하고 여럿이 되었다가 하나가 되기도 한다. 나타났다 사라졌다 하고 벽이나 담이나 산을 아무런 장애 없이 통과하기를 마치 허공에서처럼 한다. 땅에서도 떠올랐다 잠겼다 하기를 물속에서처럼 한다. 물 위에서 빠지지 않고 걸어가기를 땅 위에서처럼 한다. 가부좌한 채 허공을 날아가기를 날개 달린 새처럼 한다. 저 막강하고 위력적인 태양과 달을 손으로 만져 쓰다듬기도 하며 심지어는 저 멀리 범천의 세상에까지도 몸의 자유자재함을 발한다."

2.26. "바라문 학도여, 비구가 이와 같이 마음이 삼매에 들고, 청정하고, 깨끗하고, 흠이 없고, 오염원이 사라지고, 부드럽고, 활발발하고, 안정되고, 흔들림이 없는 상태에 이르렀을 때 신통변화[神足通]로 마음을 향하게 하고 기울게 하여, 하나인 채 여럿이 되기도 하고 여럿이 되었다가 하나가 되기도 하고 … 저 막강하고 위력적인 태양과 달을 손으로 만져 쓰다듬기도 하며 심지어는 저 멀리 범천의 세상에까지도 몸의 자유자재함을 발하는 것 — 이것 역시 그의 통찰지에 속한다."

2.27. "그는 이와 같이 마음이 삼매에 들고, 청정하고, 깨끗하고, 흠이 없고, 오염원이 사라지고, 부드럽고, 활발발하고, 안정되고, 흔들림이 없는 상태에 이르렀을 때 신성한 귀의 요소[天耳界]로 마음을 향하게 하고 기울게 한다. 그는 인간의 능력을 넘어선 청정하고 신성한 귀의 요소로 천상이나 인간의 소리 둘 다를 멀든 가깝든 간에 다 듣는다[天耳通]."

"바라문 학도여, 예를 들면 먼 길을 여행하는 자가 큰북소리 무딩가 북소리 고동소리 빠나와 북소리 딘디마 북소리를 듣는 것과 같다. 그에게 이런 생각이 들 것이다. '이것은 큰북소리다. 이것은 무딩가 북소리다. 이것은 고동소리다. 이것은 빠나와 북소리다. 이것은 딘디마 북소리다.'라고

바라문 학도여, 그와 마찬가지로 그는 마음이 삼매에 들고, 청정하고, 깨끗하고, 흠이 없고, 오염원이 사라지고, 부드럽고, 활발발하고, 안정되고, 흔들림이 없는 상태에 이르렀을 때 신성한 귀의 요소[天耳

界]로 마음을 향하게 하고 기울게 한다. 그는 인간의 능력을 넘어선 청정하고 신성한 귀의 요소로 천상이나 인간의 소리 둘 다를 멀든 가깝든 간에 다 듣는다.

2.28. "바라문 학도여, 비구가 이와 같이 마음이 삼매에 들고, 청정하고, 깨끗하고, 흠이 없고, 오염원이 사라지고, 부드럽고, 활발발하고, 안정되고, 흔들림이 없는 상태에 이르렀을 때 신성한 귀의 요소[天耳界]로 마음을 향하게 하고 기울게 하여 그가 인간의 능력을 넘어선 청정하고 신성한 귀의 요소로 천상이나 인간의 소리 둘 다를 멀든 가깝든 간에 다 듣는 것 — 이것 역시 그의 통찰지에 속한다."

2.29. "그는 이와 같이 마음이 삼매에 들고, 청정하고, 깨끗하고, 흠이 없고, 오염원이 사라지고, 부드럽고, 활발발하고, 안정되고, 흔들림이 없는 상태에 이르렀을 때 [남의] 마음을 아는 지혜[他心通]로 마음을 향하게 하고 기울게 한다. 그는 자기의 마음으로 다른 중생들과 다른 인간들의 마음을 꿰뚫어 안다.
　① 탐욕이 있는 마음은 탐욕이 있는 마음이라고 꿰뚫어 알고
　② 탐욕을 여읜 마음은 탐욕을 여읜 마음이라고 꿰뚫어 안다.
　③ 성냄이 있는 마음은 성냄이 있는 마음이라고 꿰뚫어 알고
　④ 성냄을 여읜 마음은 성냄을 여읜 마음이라고 꿰뚫어 안다.
　⑤ 어리석음이 있는 마음은 어리석음이 있는 마음이라고 꿰뚫어 알고
　⑥ 어리석음을 여읜 마음은 어리석음을 여읜 마음이라고 꿰뚫어 안다.
　⑦ 수축한 마음은 수축한 마음이라고 꿰뚫어 알고

⑧ 흩어진 마음은 흩어진 마음이라고 꿰뚫어 안다.

⑨ 고귀한 마음은 고귀한 마음이라고 꿰뚫어 알고

⑩ 고귀하지 않은 마음은 고귀하지 않은 마음이라고 꿰뚫어 안다.

⑪ 위가 있는 마음은 위가 있는 마음이라고 꿰뚫어 알고

⑫ 위가 없는 마음은 위가 없는 마음이라고 꿰뚫어 안다.

⑬ 삼매에 든 마음은 삼매에 든 마음이라고 꿰뚫어 알고

⑭ 삼매에 들지 않은 마음은 삼매에 들지 않은 마음이라고 꿰뚫어 안다.

⑮ 해탈한 마음은 해탈한 마음이라고 꿰뚫어 알고

⑯ 해탈하지 않은 마음은 해탈하지 않은 마음이라고 꿰뚫어 안다.

바라문 학도여, 예를 들면 여인이나 남자가 젊으면 치장하기를 좋아하여 깨끗하고 흠 없는 거울이나 맑은 물에 자신의 얼굴모습을 비추어 보면서 점이 있는 것은 점이 있다고 알고 점이 없는 것은 없다고 아는 것과 같다.

바라문 학도여, 그와 마찬가지로 그는 마음이 삼매에 들고, 청정하고, 깨끗하고, 흠이 없고, 오염원이 사라지고, 부드럽고, 활발발하고, 안정되고, 흔들림이 없는 상태에 이르렀을 때 [남의] 마음을 아는 지혜[他心通]로 마음을 향하게 하고 기울게 한다. 그는 자기의 마음으로 다른 중생들과 다른 인간들의 마음에 대하여 꿰뚫어 안다.

① 탐욕이 있는 마음은 탐욕이 있는 마음이라고 꿰뚫어 알고

… <중간생략> …

⑯ 해탈하지 않은 마음은 해탈하지 않은 마음이라고 꿰뚫어 안다."

2.30. "바라문 학도여, 비구가 이와 같이 마음이 삼매에 들고, 청정하고, 깨끗하고, 흠이 없고, 오염원이 사라지고, 부드럽고, 활발발

하고, 안정되고, 흔들림이 없는 상태에 이르렀을 때 [남의] 마음을 아는 지혜[他心通]로 마음을 향하게 하고 기울게 하여 그가 자기의 마음으로 다른 중생들과 다른 인간들의 마음에 대하여 꿰뚫어 알아서, ① 탐욕이 있는 마음은 탐욕이 있는 마음이라고 꿰뚫어 알고 … <중간생략> … ⑯ 해탈하지 않은 마음은 해탈하지 않은 마음이라고 꿰뚫어 아는 것 — 이것 역시 그의 통찰지에 속한다.”

2.31. “그는 이와 같이 마음이 삼매에 들고, 청정하고, 깨끗하고, 흠이 없고, 오염원이 사라지고, 부드럽고, 활발발하고, 안정되고, 흔들림이 없는 상태에 이르렀을 때 전생을 기억하는 지혜[宿命通]로 마음을 향하게 하고 기울게 한다. 그는 수많은 전생의 갖가지 삶들을 기억한다. 즉 한 생, 두 생, 세 생, 네 생, 다섯 생, 열 생, 스무 생, 서른 생, 마흔 생, 쉰 생, 백 생, 천 생, 십만 생, 세계가 수축하는 여러 겁, 세계가 팽창하는 여러 겁, 세계가 수축하고 팽창하는 여러 겁을 기억한다. ‘어느 곳에서 이런 이름을 가졌고, 이런 종족이었고, 이런 용모를 가졌고, 이런 음식을 먹었고, 행복과 고통을 경험했고, 이런 수명의 한계를 가졌고, 그곳에서 죽어 다른 어떤 곳에 다시 태어나 그곳에서는 이런 이름을 가졌고, 이런 종족이었고, 이런 용모를 가졌고, 이런 음식을 먹었고, 이런 행복과 고통을 경험했고, 이런 수명의 한계를 가졌고, 그곳에서 죽어 여기 다시 태어났다.’라고 이처럼 한량없는 전생의 갖가지 모습들을 그 특색과 더불어 상세하게 기억해낸다.

바라문 학도여, 예를 들면 사람이 자기 마을로부터 다른 마을로 갔다가 다시 또 다른 마을로 갔다가 자기 마을로 되돌아온 것과 같다. 그에게 이런 생각이 들 것이다. ‘나는 우리 마을로부터 다른 마을로 갔다. 그곳에서 이와 같이 서있었고 이와 같이 앉아 있었고 이와 같이 말하였고 이와 같이 침묵하였다. 나는 그 마을로부터 다시 다른 마을로 갔다. 그곳에서 이와 같이 서있었고 이와 같이 앉아 있었고 이와 같이 말하였고 이와 같이 침묵하였다. 그리고 그 마을로부터 다시 우리 마을로 되돌아왔다.'라고

바라문 학도여, 그와 마찬가지로 그는 마음이 삼매에 들고, 청정하고, 깨끗하고, 흠이 없고, 오염원이 사라지고, 부드럽고, 활발발하고, 안정되고, 흔들림이 없는 상태에 이르렀을 때 전생을 기억하는 지혜[宿命通]로 마음을 향하게 하고 기울게 한다. 그는 수많은 전생의 갖가지 삶들을 기억한다. 즉 한 생, 두 생, 세 생, 네 생, 다섯 생, 열 생, 스무 생, 서른 생, 마흔 생, 쉰 생, 백 생, 천 생, 십만 생, 세계가 수축하는 여러 겁, 세계가 팽창하는 여러 겁, 세계가 수축하고 팽창하는 여러 겁을 기억한다. '어느 곳에서 이런 이름을 가졌고, 이런 종족이었고, 이런 용모를 가졌고, 이런 음식을 먹었고, 행복과 고통을 경험했고, 이런 수명의 한계를 가졌고, 그곳에서 죽어 다른 어떤 곳에 다시 태어나 그곳에서는 이런 이름을 가졌고, 이런 종족이었고, 이런 용모를 가졌고, 이런 음식을 먹었고, 이런 행복과 고통을 경험했고, 이런 수명의 한계를 가졌고, 그곳에서 죽어 여기 다시 태어났다.'라고. 이처럼 한량없는 전생의 갖가지 모습들을 그 특색과 더불어 상세하게 기억해낸다."

2.32. "바라문 학도여, 비구가 이와 같이 마음이 삼매에 들고, 청정하고, 깨끗하고, 흠이 없고, 오염원이 사라지고, 부드럽고, 활발발하고, 안정되고, 흔들림이 없는 상태에 이르렀을 때 전생을 기억하는 지혜[宿命通]로 마음을 향하게 하고 기울게 하여 그가 수많은 전생의

갖가지 삶들을 기억하여 … 이처럼 한량없는 전생의 갖가지 모습들을 그 특색과 더불어 상세하게 기억해내는 것 ― 이것 역시 그의 통찰지에 속한다."

2.33. "그는 이와 같이 마음이 삼매에 들고, 청정하고, 깨끗하고, 흠이 없고, 오염원이 사라지고, 부드럽고, 활발발하고, 안정되고, 흔들림이 없는 상태에 이르렀을 때 중생들의 죽음과 다시 태어남을 [아는] 지혜[天眼通]로 마음을 향하게 하고 기울게 한다. 그는 청정하고 인간을 넘어선 신성한 눈[天眼]으로 중생들이 죽고 태어나고, 천박하고 고상하고, 잘생기고 못생기고, 좋은 곳[善處]에 가고 나쁜 곳[惡處]에 가는 것을 보고, 중생들이 지은 바 그 업에 따라가는 것을 꿰뚫어 안다. '이들은 몸으로 못된 짓을 골고루 하고 입으로 못된 짓을 골고루 하고 또 마음으로 못된 짓을 골고루 하고, 성자들을 비방하고, 삿된 견해를 지니어 사견업(邪見業)을 지었다. 이들은 죽어서 몸이 무너진 다음에는 비참한 곳, 나쁜 곳[惡處], 파멸처, 지옥에 태어났다. 그러나 이들은 몸으로 좋은 일을 골고루 하고 입으로 좋은 일을 골고루 하고 마음으로 좋은 일을 골고루 하고 성자들을 비방하지 않고 바른 견해를 지니고 정견업(正見業)을 지었다. 이들은 죽어서 몸이 무너진 다음에는 좋은 곳[善處], 천상세계에 태어났다.'라고. 이와 같이 그는 청정하고 인간을 넘어선 신성한 눈으로 중생들이 죽고 태어나고, 천박하고 고상하고, 잘생기고 못생기고, 좋은 곳[善處]에 가고 나쁜 곳[惡處]에 가는 것을 보고, 중생들이 지은 바 그 업에 따라서 가는 것을 꿰뚫어 안다.

바라문 학도여, 예를 들면 사거리의 가운데에 높은 누각이 있는데 시력 좋은 사람이 거기에 서서 사람들이 집에 들어가고 나오는 것과 길을 걷거나 사거리 가운데 앉아 있는 것을 보는 것과 같다. 그에게 이런 생각이 들 것이다. '이 사람들은 집에 들어가는구나. 이들은 나오는 구나. 이들은 길을 걷고 있구나. 이들은 사거리 가운데 앉아 있구나.'라고.

바라문 학도여, 그와 마찬가지로 그는 마음이 삼매에 들고, 청정하고, 깨끗하고, 흠이 없고, 오염원이 사라지고, 부드럽고, 활발발하고, 안정되고, 흔들림이 없는 상태에 이르렀을 때 중생들의 죽음과 다시 태어남을 [아는] 지혜로 마음을 향하게 하고 기울게 한다. 그는 청정하고 인간을 넘어선 신성한 눈[天眼]으로 중생들이 죽고 태어나고, 천박하고 고상하고, 잘생기고 못생기고, 좋은 곳[善處]에 가고 나쁜 곳[惡處]에 가는 것을 보고, 중생들이 지은 바 그 업에 따라가는 것을 꿰뚫어 안다. '이들은 몸으로 못된 짓을 골고루 하고 입으로 못된 짓을 골고루 하고 또 마음으로 못된 짓을 골고루 하고, 성자들을 비방하고, 삿된 견해를 지니어 사견업(邪見業)을 지었다. 이들은 죽어서 몸이 무너진 다음에는 비참한 곳, 나쁜 곳[惡處], 파멸처, 지옥에 태어났다. 그러나 이들은 몸으로 좋은 일을 골고루 하고 입으로 좋은 일을 골고루 하고 마음으로 좋은 일을 골고루 하고 성자들을 비방하지 않고 바른 견해를 지니고 정견업(正見業)을 지었다. 이들은 죽어서 몸이 무너진 다음에는 좋은 곳[善處], 천상세계에 태어났다.'라고. 이와 같이 그는 청정하고 인간을 넘어선 신성한 눈으로 중생들이 죽고 태어나고, 천박하고 고상하고, 잘생기고 못생기고, 좋은 곳[善處]에 가고 나쁜 곳[惡處]에 가는 것을 보고, 중생들이 지은 바 그 업에 따라서 가는 것을 꿰뚫어 안다."

2.34. "바라문 학도여, 비구가 이와 같이 마음이 삼매에 들고, 청정하고, 깨끗하고, 흠이 없고, 오염원이 사라지고, 부드럽고, 활발발하고, 안정되고, 흔들림이 없는 상태에 이르렀을 때 중생들의 죽음과 다시 태어남을 [아는] 지혜[天眼通]로 마음을 향하게 하고 기울게 하여 … 이와 같이 그가 청정하고 인간을 넘어선 신성한 눈으로 중생들이 죽고 태어나고, 천박하고 고상하고, 잘생기고 못생기고, 좋은 곳[善處]에 가고 나쁜 곳[惡處]에 가는 것을 보고, 중생들이 지은 바 그 업에 따라서 가는 것을 꿰뚫어 아는 것 — 이것 역시 그의 통찰지에 속한다."

2.35. "그는 이와 같이 마음이 삼매에 들고, 청정하고, 깨끗하고, 흠이 없고, 오염원이 사라지고, 부드럽고, 활발발하고, 안정되고, 흔들림이 없는 상태에 이르렀을 때 모든 번뇌를 소멸하는 지혜[漏盡通]로 마음을 향하게 하고 기울게 한다. 그는 '이것이 괴로움이다.'라고 있는 그대로 꿰뚫어 안다. '이것이 괴로움의 일어남이다.'라고 있는 그대로 꿰뚫어 안다. '이것이 괴로움의 소멸이다.'라고 있는 그대로 꿰뚫어 안다. '이것이 괴로움의 소멸로 인도하는 도닦음이다.'라고 있는 그대로 꿰뚫어 안다. '이것이 번뇌다.'라고 있는 그대로 꿰뚫어 안다. '이것이 번뇌의 일어남이다.'라고 있는 그대로 꿰뚫어 안다. '이것이 번뇌의 소멸이다.'라고 있는 그대로 꿰뚫어 안다. '이것이 번뇌의 소멸로 인도하는 도닦음이다.'라고 있는 그대로 꿰뚫어 안다. 이와 같이 알고 이와 같이 보는 그는 감각적 욕망의 번뇌[慾漏]로부터 마음이 해탈한다. 존재의 번뇌[有漏]로부터 마음이 해탈한다. 무명의 번뇌[無明漏]로부터 마음이 해탈한다. 해탈했을 때 해탈했다는 지혜가 있

다. '태어남은 다했다. 청정범행은 성취되었다. 할 일을 다 해 마쳤다. 다시는 어떤 존재로도 돌아오지 않을 것이다.'라고 꿰뚫어 안다.

바라문 학도여, 예를 들면 깊은 산에 호수가 있어 맑고 고요하고 깨끗한데 그곳에서 시력이 좋은 사람이 둑에 서서 조개껍질, 자갈, 조약돌, 멈춰있거나 움직이는 고기 떼를 보는 것과 같다. 그에게 이런 생각이 들 것이다. '이 호수는 참 맑고 고요하고 깨끗하구나. 여기에 이런 조개껍질, 자갈, 조약돌이 있고 고기 떼는 멈춰있거나 움직이는구나.'라고

바라문 학도여, 그와 마찬가지로 그는 마음이 삼매에 들고, 청정하고, 깨끗하고, 흠이 없고, 오염원이 사라지고, 부드럽고, 활발발하고, 안정되고, 흔들림이 없는 상태에 이르렀을 때 모든 번뇌를 소멸하는 지혜로 마음을 향하게 하고 기울게 한다. 그는 '이것이 괴로움이다.'라고 있는 그대로 꿰뚫어 안다. '이것이 괴로움의 일어남이다.'라고 있는 그대로 꿰뚫어 안다. '이것이 괴로움의 소멸이다.'라고 있는 그대로 꿰뚫어 안다. '이것이 괴로움의 소멸로 인도하는 도닦음이다.'라고 있는 그대로 꿰뚫어 안다. '이것이 번뇌다.'라고 있는 그대로 꿰뚫어 안다. '이것이 번뇌의 일어남이다.'라고 있는 그대로 꿰뚫어 안다. '이것이 번뇌의 소멸이다.'라고 있는 그대로 꿰뚫어 안다. '이것이 번뇌의 소멸로 인도하는 도닦음이다.'라고 있는 그대로 꿰뚫어 안다. 이와 같이 알고 이와 같이 보는 그는 감각적 욕망의 번뇌[慾漏]로부터 마음이 해탈한다. 존재의 번뇌[有漏]로부터 마음이 해탈한다. 무명의 번뇌[無明漏]로부터 마음이 해탈한다. 해탈했을 때 해탈했다는 지혜가 있다. '태어남은 다했다. 청정범행은 성취되었다. 할 일을 다 해 마쳤다. 다시는 어떤 존재로도 돌아오지 않을 것이다.'라고 꿰뚫어 안다."

2.36. "바라문 학도여, 비구가 이와 같이 마음이 삼매에 들고, 청정하고, 깨끗하고, 흠이 없고, 오염원이 사라지고, 부드럽고, 활발하고, 안정되고, 흔들림이 없는 상태에 이르렀을 때 모든 번뇌를 소멸하는 지혜[漏盡通]로 마음을 향하게 하고 기울게 하여 그가 '이것이 괴로움이다.'라고 있는 그대로 꿰뚫어 알고 … '태어남은 다했다. 청정범행은 성취되었다. 할 일을 다 해 마쳤다. 다시는 어떤 존재로도 돌아오지 않을 것이다.'라고 꿰뚫어 아는 것 — 이것 역시 그의 통찰지에 속한다."

2.37. "바라문 학도여, 그분 세존께서는 이러한 성스러운 통찰지의 무더기[慧蘊]들을 칭송하여 말씀하셨으며 그 안에서 사람들을 격려하고 분발하게 하고 기쁘게 하셨다. 그리고 여기서 더 이상 닦아야 할 것이란 없다."

수바의 귀의

2.38. "경이롭습니다, 아난다 존자시여. 놀랍습니다, 아난다 존자시여. 아난다 존자시여, 이 성스러운 통찰지의 무더기는 구족되었습니다. 구족되지 않은 것이 아닙니다. 아난다 존자시여, 그리고 저는 이와 같이 구족된 성스러운 통찰지의 무더기를 그 밖의 다른 사문·바라문들에게서는 찾아보지[隨觀, 관찰] 못합니다. 그리고 여기서 더 이상 닦아야 할 것이란 없습니다.

경이롭습니다, 아난다 존자시여. 경이롭습니다, 아난다 존자시여. 마치 넘어진 자를 일으켜 세우시듯, 덮여있는 것을 걷어내 보이시듯,

[방향을] 잃어버린 자에게 길을 가리켜 주시듯, '눈 있는 자 형상을 보라.'고 어둠 속에서 등불을 비춰 주시듯, 아난다 존자께서는 여러 가지 방편으로 법을 설해주셨습니다. 아난다 존자시여, 저는 이제 고따마 존자께 귀의하옵고, 법과 비구 승가에 또한 귀의하옵니다. 아난다 존자께서는 저를, 오늘부터 목숨이 있는 날까지 귀의한 청신사로 받아 주소서."

「수바 경」이 끝났다.

께왓다 경

진정한 신통

Kevaddha Sutta(D11)

께왓다 경[550]

진정한 신통

Kevaddha Sutta(D11)

서언

1. 이와 같이 나는 들었다. 한때 세존께서는 날란다에서 빠와리까 망고 숲[551]에 머무셨다. 그때 장자의 아들 께왓다[552]가 세존께

---

550) 본경은 께왓다라는 부잣집 아들[長者子]에게 설하신 가르침이라서 「께왓다 경」(Kevaddha Sutta)이라 불린다. 중국에서는 「견고경」(堅固經)으로 번역되어 『장아함』의 24번째 경으로 전해온다. 여기서 견고(堅固)는 한역본에 견고장자자(堅固長者子)로 나타나듯이 부잣집 아들인 께왓다의 음역이다.

551) 우선 분명히 해야 할 점은 여기서 언급되는 빠와리까(Pāvārika) 장자는 꼬삼비에서 불교 정사를 지은 세 명의 장자 가운데 한 명인 빠와리까 장자와 다른 사람이라는 것이다. 이 두 사람을 구분하기 위해서 본경이 설해진 날란다의 빠와리까 망고 숲의 주인인 빠와리까를 둣사빠와리까(Dussa-pāvārika)라고 부르기도 한다.(DA.iii.873; MA.ii.594; SA.iii.169.) 본경 이외에도 이곳에서 본서 제3권 「확신경」(D28)과 『중부』 「우빨리 경」(M56)이 설해졌다. 그는 망고 숲에 정사를 지었기 때문에 그가 지은 정사를 본경에서처럼 빠와리까 망고 숲(Pāvārikambavana)이라 부른다. 한편 빠와라(pāvāra)는 외투를 뜻하며 빠와리까는 외투를 파는 사람을 뜻한다. 그의 직업이었을 것이다.

552) 께왓다(Kevaddha, 미얀마본에는 Kevaṭṭa로 나타남) 장자는 본경에서만

왔다. 와서는 세존께 절을 올리고 한 곁에 앉았다. 한 곁에 앉아서 장자의 아들 께왓다는 세존께 이렇게 말씀드렸다. "세존이시여, 이 날란다는 부유하고 번창하여 인구가 많고 사람들로 붐비며 세존께 깊은 믿음을 가지고 있습니다. 세존이시여, 세존께서 인간을 넘어선 법에 기인한[553] 신통의 기적[554]을 나툴 수 있는 비구를 한 분 지명해 주시면 감사하겠습니다. 그러면 날란다의 더 많은 사람들이 세존께 깊은 믿음을 가지게 될 것입니다."[555]

이렇게 말씀드리자 세존께서는 장자의 아들 께왓다에게 이렇게 말

언급되고 있다. 주석서에 의하면 그는 4억의 재산을 가진 날란다의 대부호였다고 하며 부처님께 큰 믿음이 있었다고 한다.(DA.i.388)

553) '인간을 넘어선 법에 기인한'으로 옮긴 원어는 uttarimanussadhammā 인데 주석서는 두 가지 해석을 제시하고 있다. "① 인간을 넘어선 [부처님 등이 증득하신, DAT.i.507] 법이기 때문에(uttarimanussānaṁ dhammato), ② 10선(善)이라 불리는 인간의 법을 넘어선(dasakusala-saṅkhātato vā manussadhammato uttari)"(DA.ii.388) 이 두 해석을 고려해서 '인간을 넘어선 법에 기인한'이라고 옮겼다.

554) 여기서 '신통의 기적'으로 옮긴 원어는 iddhi(신통)-pāṭihāriya(기적)이다. 아래 §4에서 보듯이 이것은 육신통 가운데 첫 번째인 신통변화(iddhi-vidha, 신족통)와 같은 뜻으로 쓰인다. 이 둘을 구분하기 위해서 전자는 신통의 기적으로 후자는 신통변화로 옮기고 있다.
한편 『무애해도』에서는 "출리(出離)를 성취했기(ijjhati) 때문에 신통(iddhi)이고 … 반대되는 것(paṭipakkha)을 버렸기(harati) 때문에 기적(pāṭihāriya)이다. 아라한도를 성취했기 때문에 신통이고 … 반대되는 것을 버렸기 때문에 기적이다.(Ps.ii.229; Vis.XII.20)"라고 근본적인 입장에서 설명하고 있다.

555) 요즘도 적지 않은 신도들은 농담반 진담반으로 스님들 가운데 한 분만이라도 서울 도심에서 허공에 앉거나 걷기만 하면 불교 신도가 엄청나게 늘 뿐만 아니라 대한민국은 완전한 불교 국가가 될 것이라고들 한다. 이런 사람들은 본경을 차분히 정독하여 부처님이 인류에게 고구정녕히 전하시고자 하는 메시지가 무엇인가를 사유해 볼 것을 권한다.

쏨하셨다. "께왓다여, 나는 비구들에게 '오라, 비구들이여. 흰 옷을 입은 재가자들에게 인간을 넘어선 법에 기인한 신통의 기적을 나투어라.'라고 그처럼 법을 설하지 않는다."

2. 두 번째로 장자의 아들 께왓다는 세존께 이렇게 말씀드렸다. "세존이시여, 저는 세존께 무례를 범하려고 하지 않습니다. 그러나 저는 다시 이렇게 말씀드립니다. 세존이시여, 이 날란다는 부유하고 번창하여 인구가 많고 사람들로 붐비며 세존께 깊은 믿음을 가지고 있습니다. 세존이시여, 세존께서 인간을 넘어선 법에 기인한 신통의 기적을 나툴 수 있는 비구를 한 분 지명해 주시면 감사하겠습니다. 그러면 날란다의 더 많은 사람들이 세존께 깊은 믿음을 가지게 될 것입니다."

두 번째로 세존께서는 장자의 아들 께왓다에게 이렇게 말씀하셨다. "께왓다여, 나는 비구들에게 '오라, 비구들이여. 흰 옷을 입은 재가자들에게 인간을 넘어선 법에 기인한 신통의 기적을 나투어라.'라고 그처럼 법을 설하지 않는다."

3. 세 번째로 장자의 아들 께왓다는 세존께 이렇게 말씀드렸다. "세존이시여, 저는 세존께 무례를 범하려고 하지 않습니다. 그러나 저는 다시 이렇게 말씀드립니다. 세존이시여, 이 날란다는 부유하고 번창하여 인구가 많고 사람들로 붐비며 세존께 깊은 믿음을 가지고 있습니다. 세존이시여, 세존께서 인간을 넘어선 법에 기인한 신통의 기적을 나툴 수 있는 비구를 한 분 지명해 주시면 감사하겠습니다. 그러면 날란다의 더 많은 사람들이 세존께 깊은 믿음을 가지게 될 것입니다."

"께왓다여, 나는 세 가지 기적[神變]을 최상의 지혜로 실현하여 드러낸다. 무엇이 세 가지인가? 신통의 기적과 [남의 마음을 알아] 드러내는 기적[觀察他心神變]과 가르침의 기적[敎誡神變]556)이다."

신통의 기적

4. "께왓다여, 그러면 무엇이 신통의 기적인가? 께왓다여, 비구는 여러 가지 신통변화[神足通]를 나툰다. 하나인 채 여럿이 되기도 하고, 여럿이 되었다가 하나가 되기도 한다. 나타났다 사라졌다 하고, 벽이나 담이나 산을 아무런 장애 없이 통과하기를 마치 허공에서처럼 한다. 땅에서도 떠올랐다 잠겼다 하기를 물속에서처럼 한다. 물 위에서 빠지지 않고 걸어가기를 땅 위에서처럼 한다. 가부좌한 채 허공을 날아가기를 날개 달린 새처럼 한다. 저 막강하고 위력적인 태양과 달을 손으로 만져 쓰다듬기도 하며, 심지어는 저 멀리 범천의 세상에까지도 몸의 자유자재함을 발한다."557)

5. "이런 그를 두고 청정한 믿음이 있는 자가 청정한 믿음이 없는 다른 사람에게 알린다. '여보시오, 참으로 경이롭습니다. 여보시

---

556) 이러한 세 가지 신통 가운데 마지막인 가르침의 기적[敎誡神變]으로 계·정·혜라는 『장부』 제1권의 정형구를 설하시는 것이 본경이다. 본서 제2권 「대반열반경」(D16) §3.7과 제3권 「정신경」(D29) §12에서 기적을 갖춘 법(sapāṭihāriya dhamma)이라는 표현이 나타나듯이 범부로 하여금 괴로움에서 해탈하여 최상의 해탈·열반을 실현하게 만드는 부처님의 가르침의 핵심을 담은 이 계·정·혜의 가르침이야말로 신통 중의 신통이요 기적 중의 기적이 아니고 무엇이겠는가.

557) 이 신통변화[神足通]의 정형구는 육신통 가운데 첫 번째이며 「사문과경」(D2) §87에도 나타나고 있고 『청정도론』 XII.3 이하에 상세하게 설명되어 있다.

오, 참으로 놀랍습니다. 사문은 큰 신통을 나투고 큰 위력을 가졌습니다. 그래요, 나는 우리 스님558)께서 여러 가지 신통변화를 나투시는 것을 보았습니다. 하나인 채 여럿이 되기도 하고 … 심지어는 저 멀리 범천의 세상에까지도 몸의 자유자재함을 발합니다.'라고.

이런 그를 두고 청정한 믿음이 없는 그 사람은 청정한 믿음을 가진 사람에게 이렇게 말할 것이다. '여보시오, 간다리라는 주문559)이 있습니다. 그 비구는 그 주문으로 하나인 채 여럿이 되기도 하고 … 심지어는 저 멀리 범천의 세상에까지도 몸의 자유자재함을 발할 겁니다.'라고.

깨왓다여, 이를 어떻게 생각하는가? 저 청정한 믿음을 가지지 않은 자는 청정한 믿음을 가진 자에게 당연히 이렇게 말하지 않겠는가?"

"그렇게 말할 것입니다, 세존이시여."

"깨왓다여, 실로 나는 신통의 기적에 있는 이러한 위험을 보기 때문에 신통의 기적을 탐탁치 않게 생각하고 멀리하고 좋아하지 않는다."

---

558) 원문은 bhikkhu로 비구라 옮겨야겠지만 구어체로 옮기기 위해서 스님이라고 옮겼다.

559) "간다리(gandhārī)라는 주문은 간다라라는 선인(仙人, isi)이 만든 것이다. 혹은 간다라 지방에서 생긴 주문이다. 거기에는 많은 선인들이 살았는데 그들 가운데 어떤 자가 만든 주문이라는 뜻이다."(DA.i.389)
"간다리에는 짧은 간다리와 긴 간다리라는 두 개의 간다리 주문이 있다. 이 가운데 짧은 간다리는 삼 년 안에 죽은 중생들이 태어난 곳을 아는 주문이다. 긴 간다리로는 이런 것도 알고 이보다 더 높은 신통변화의 지혜를 나툴 수 있는데 대부분의 신통변화를 다 부릴 수 있다. 이 주문을 성취한 사람은 어떤 지역이나 시간에 만뜨라를 외우면 거기서 수많은 자기 자신을 나투기도 하고, 수많은 손 등을 나투기도 하고, 아름다운 모양을 만들기도 하고, 불기둥을 만들기도 하고, 물기둥을 만들기도 하고, 자신을 공중에다 드러내기도 한다. 모든 것은 인드라의 그물(indajāla)과 같다고 보아야 한다."(DAṬ.i.507)

남의 마음을 알아 드러내는 기적

6. "께왓다여, 그러면 어떤 것이 [남의 마음을 알아] 드러내는 기적[觀察他心神變]560)인가? 께왓다여, 여기 비구는 다른 중생들과 다른 인간들의 마음을 보여 주기도 하고 의도를 보여 주기도 하고 일으킨 생각을 보여 주기도 하고 지속적인 고찰을 보여 주기도 한다. '이런 것이 당신의 마음이오, 당신의 마음은 이러하오. 당신의 마음은 이와 같소.'라고.

다른 청정한 믿음이 있는 사람이, 이 비구가 '이런 것이 당신의 마음이오, 당신의 마음은 이러하오. 당신의 마음은 이와 같소.'라고 다른 중생들과 다른 인간들의 마음을 보여 주기도 하고 의도를 보여 주기도 하고 일으킨 생각을 보여 주기도 하고 지속적인 고찰을 보여 주기도 하는 것을 보게 된다."

7. "이런 그를 두고 청정한 믿음이 있는 자가 청정한 믿음이 없는 다른 사람에게 알린다. '여보시오, 참으로 경이롭습니다. 여보시오, 참으로 놀랍습니다. 사문은 큰 신통을 나투고 큰 위력을 가졌습니다. 그래요, 나는 우리 스님께서 '이런 것이 당신의 마음이오, 당신의 마음은 이러하오. 당신의 마음은 이와 같소.'라고 다른 중생들과 다른 인간들의 마음을 보여 주기도 하고 의도를 보여 주기도 하고 일으킨 생각을 보여 주기도 하고 지속적인 고찰을 보여 주기도 하는 것을 보았습니다.'라고.

이런 그를 두고 청정한 믿음이 없는 그 사람은 청정한 믿음을 가

---

560) 원어는 ādesanā-pāṭihāriya이다.

진 사람에게 이렇게 말할 것이다. '여보시오, 마니까라는 주문561)이 있습니다. 그 비구는 그 주문으로 '이런 것이 당신의 마음이오, 당신의 마음은 이러하오. 당신의 마음은 이와 같소.'라고 다른 중생들과 다른 인간들의 마음을 보여 주기도 하고 의도를 보여 주기도 하고 일으킨 생각을 보여 주기도 하고 지속적인 고찰을 보여 주기도 하는 것입니다.'라고.

께왓다여, 이를 어떻게 생각하는가? 저 청정한 믿음을 가지지 않은 자는 청정한 믿음을 가진 자에게 당연히 이렇게 말하지 않겠는가?"

"그렇게 말할 것입니다, 세존이시여."

"께왓다여, 실로 나는 [남의 마음을 알아] 드러내는 기적에 있는 이러한 위험을 보기 때문에 신통의 기적을 탐탁치 않게 생각하고 멀리하고 좋아하지 않는다."

가르침의 기적

8. "께왓다여, 그러면 어떤 것이 가르침의 기적[敎誡神變]562)인가? 께왓다여, 여기 비구는 이와 같이 가르친다. '이와 같이 생각하고 이와 같이는 생각하지 마시오. 이와 같이 마음에 잡도리하고 이와 같

---

561) "마니까(maṇikā)라는 주문은 찐따마니(cintāmaṇi)라는 이름을 가진 세상에 있는 어떤 주문이다. 이 주문으로 남들의 마음을 안다고 보기를 드는 것이다."(DA.ii.389)
"이것을 통해서 남이 생각하는 것(cintā)을 안다(manati)고 해서 찐따마니(cintāmaṇi)라 한다. 이 주문을 성취한 사람이 어떤 지역이나 시간에 만뜨라를 외우면 보고 듣는 것 등을 통해서 그가 알고자 하는 사람의 마음의 움직임을 관찰한 뒤 그것을 말할 수 있다고 어떤 자들은 말한다."(DAṬ.i.508)

562) 원어는 anusāsanīpāṭihāriya이다.

이는 마음에 잡도리하지 마시오. 이것은 버리고 이것은 구족하여 머무시오.'라고 께왓다여, 이를 일러 가르침의 기적이라 한다."

9. ~66. (1) 여기 여래가 이 세상에 출현한다.563) … 그는 법을 설하여 더할 나위 없이 완벽하고 지극히 청정한 범행을 드러낸다.

(2) 이런 법을 장자나 장자의 아들이나 다른 가문에 태어난 자가 듣는다. … 머리와 수염을 깎고 물들인 옷을 입고 집을 떠나 출가한다.

(3) 그는 이와 같이 출가하여 계목의 단속으로 단속하면서 머문다. …

(4) <짧은 길이의 계 – 모두 26가지로 계를 지님>

(5) <중간 길이의 계 – 모두 10가지로 잘못된 행위를 하는 것을 멀리함>>

(6) <긴 길이의 계 – 모두 7가지로 삿된 생계를 멀리함>

(7) 이와 같이 계를 구족한 비구는 계로써 잘 단속하기 때문에 어느 곳에서도 두려움을 보지 못한다. … 그는 이러한 성스러운 계의 조목을 구족하여 안으로 비난받지 않는 행복을 경험한다.564)

(8) 비구는 감각의 대문을 잘 지킨다 …

(9) 비구는 마음챙김과 알아차림을 잘 갖춘다 …

(10) 비구는 [얻은 필수품으로] 만족한다 …

(11) 그는 세상에 대한 욕심을 제거하여 욕심을 버린 마음으로 … 악의가 없는 마음으로 … 해태와 혼침을 버려 … 들뜸과 후회를 제

---

563) 이하 본문은 「사문과경」(D2)의 §§40~98과 내용이 일치한다. 여기서는 간추려서 적는다.

564) 이상은 「사문과경」(D2) §§41~63과 동일함.

거하여 … 의심을 건너서 머문다. 그와 같이 비구는 자기 마음속에서 이들 다섯 가지 장애[五蓋]가 제거되었음을 자신에게서 관찰할 때, 비구는 스스로를 빚에서 벗어난 사람, 병이 쾌유한 사람, 감옥의 굴레에서 풀려난 사람, 자유인, 그리고 안전한 곳에 다다른 사람으로 여긴다.565)

⑿ 그와 같이 이들 다섯 가지 장애가 제거되었음을 자신에게서 관찰할 때 환희 … 희열 … 경안 … 행복이 있고 … 삼매에 든다. <초선의 정형구와 비유> … 께왓다여, 이것도 가르침의 기적이라고 한다.

⒀ <제2선의 정형구와 비유> … 께왓다여, 이것도 가르침의 기적이라고 한다.

⒁ <제3선의 정형구와 비유> … 께왓다여, 이것도 가르침의 기적이라고 한다.

⒂ <제4선의 정형구와 비유> … 께왓다여, 이것도 가르침의 기적이라고 한다.566)

⒃ 그는 이와 같이 마음이 삼매에 들고, 청정하고, 깨끗하고, 흠이 없고, 오염원이 사라지고, 부드럽고, 활발발(活潑潑)하고, 안정되고, 흔들림이 없는 상태에 이르렀을 때

지와 견으로 마음을 향하게 하고 기울게 한다. … 께왓다여, 이것도 가르침의 기적이라고 한다.

⒄ 마음으로 이루어진 몸으로 마음을 향하게 하고 기울게 한다. … 께왓다여, 이것도 가르침의 기적이라고 한다.

---

565) 이상은 「사문과경」(D2) §§64~74와 동일함.

566) 이상 초선부터 4선까지의 정형구와 비유는 「사문과경」 §§75~82의 정형구와 비유와 일치함.

⒅ 신통변화[神足通]로 마음을 향하게 하고 기울게 한다. … 께왓다여, 이것도 가르침의 기적이라고 한다.

⒆ 신성한 귀의 요소[天耳界, 天耳通]로 마음을 향하게 하고 기울게 한다. … 께왓다여, 이것도 가르침의 기적이라고 한다.

⒇ [남의] 마음을 아는 지혜[他心通]로 마음을 향하게 하고 기울게 한다. … 께왓다여, 이것도 가르침의 기적이라고 한다.

(21) 전생을 기억하는 지혜[宿命通]로 마음을 향하게 하고 기울게 한다. … 께왓다여, 이것도 가르침의 기적이라고 한다.

(22) 중생들의 죽음과 다시 태어남을 [아는] 지혜[天眼通]로 마음을 향하게 하고 기울게 한다. … 께왓다여, 이것도 가르침의 기적이라고 한다.

(23) 모든 번뇌를 소멸하는 지혜[漏盡通]로 마음을 향하게 하고 기울게 한다. … 께왓다여, 이것도 가르침의 기적이라고 한다.[567]

신통이 자재한 비구 이야기

67. "께왓다여, 나는 이러한 세 가지 기적을 최상의 지혜로 실현하여 드러낸다. 께왓다여, 전에 이 비구 승가에 어떤 비구의 마음에 이러한 생각이 떠올랐다. '도대체 어디서 이 네 가지 근본물질[四大][568], 즉 땅의 요소[地界], 물의 요소[水界], 불의 요소[火界], 바람의 요소[風界]는 남김없이 소멸하는가?'라고. 께왓다여, 그러자 그 비구

567) 이상 8가지 지혜는 「사문과경」 §§83~98의 정형구와 일치함.

568) 주석서는 『청정도론』을 참조하라고 한다.(DA.ii.391) 네 가지 근본물질은 『청정도론』 XI.87~93과 『아비담마 길라잡이』 6장 §3의 두 번째 해설을 참조할 것.

는 마음이 삼매에 들어서569) 천상으로 인도하는 길이 드러나는 그런 삼매에 들었다."570)

68. "께왓다여, 그러자 그 비구는 사대왕천에 속하는 신들571)에게로 갔다. 가서는 사대왕천에 속하는 신들에게 이렇게 말했다. '도반들이여572), 도대체 어디서 이 네 가지 근본물질[四大], 즉 땅의 요

---

569) 모든 신통은 삼매를 통해서만 나툴 수 있다고 한다. 그래서 신통을 나투기 위해서는 반드시 삼매에 든다. 신통은 제4선에 들었다가 나와서 결심하는 대로 나투어진다고 한다. 그래서 제4선을 신통의 기초가 되는 禪(padaka -jjhāna)이라고 한다. 여기에 대해서는 본서 「마할리 경」(D6) §6의 주해를 참조할 것.

570) 세존께서는 삼매를 많이 닦은 비구들에게는 이런 신통력이 있어서 최고의 범천의 세상에까지 갈 수 있지만 이런 신통력으로는 결코 위없는 열반은 실현하지 못하며 천상의 신들도 그런 경지는 결코 알지 못한다고 설하신다. 모든 부처님들은 신통력 때문에 부처가 된 것이 아니라 일체가 적멸한 열반을 실현했기 때문에 부처라고 설하신다.
이 이야기를 통해서 세존께서는 다음의 몇 가지 사실을 밝히려고 하시는 것 같다.
① 삼매를 많이 닦은 비구들에게는 이러한 엄청난 신통력이 있다.
② 그러나 그런 신통력으로도 일체가 적멸한 열반의 경지는 결코 알지 못한다.
③ 모든 부처님들은 이런 신통력으로는 까마득히 미칠 수 없는 열반의 경지를 실현한 참으로 큰 위력(mahantabhāva)과 큰 신통력을 갖추었다.
④ 그러므로 신통력이란 중요한 것이 아니다. 계·정·혜 삼학을 닦아서 번뇌 다한 성자가 되고 해탈·열반을 실현하는 것이야말로 참다운 신통이고 참다운 길이다.

571) '사대왕천에 속하는 신들'로 옮긴 원어는 cātumahārājikā devā이다. cātumahārājika는 catu(4) + mahā(큰) + rāja(왕)의 곡용형을 취하여 '-ika' 어미를 붙여 만든 단어이며 '사대[천]왕에 속하는'이라는 의미이다. 사대천왕은 아래 주해를 참조할 것.

572) 본경뿐만 아니라 다른 경들에서도 세존과 비구들은 주로 āvuso(도반들이

소[地界], 물의 요소[水界], 불의 요소[火界], 바람의 요소[風界]는 남김없이 소멸합니까?' 께왓다여, 이렇게 말하자 사대왕천의 신들은 그 비구에게 이렇게 말했다. '스님573), 도대체 어디서 이 네 가지 근본물질[四大], 즉 땅의 요소[地界], 물의 요소[水界], 불의 요소[火界], 바람의 요소[風界]는 남김없이 소멸하는지 우리도 모릅니다. 스님, 우리보다 더 높고 더 수승한 사대천왕들574)이 있습니다. 그분들은 도대체 어디서 이 네 가지 근본물질[四大], 즉 땅의 요소[地界], 물의 요소[水界], 불의 요소[火界], 바람의 요소[風界]가 남김없이 소멸하는지를 알 것입니다.'라고"

69. "께왓다여, 그러자 그 비구는 사대천왕들에게로 갔다. 가서는 사대천왕들에게 이렇게 말했다. '도반들이여, 도대체 어디서 이 네 가지 근본물질[四大], 즉 땅의 요소[地界], 물의 요소[水界], 불의 요

여)라는 단어로 신들을 호칭한다. 물론 이름을 아는 신들에게는 이름으로 부르기도 한다.

573) '스님'이라 옮긴 원어는 빅쿠(bhikkhu)인데 본경 전체에서는 우리에게 익숙한 비구로 옮겼다. 그러나 여기서는 문맥상 스님이라고 옮겼다. 일반적으로 신들은 남을 부를 때 mārisa라는 호칭을 사용하는데 비구들에게는 이렇게 비구라고 부르기도 한다.

574) '사대천왕'으로 옮긴 원어는 cattāro mahārājāno로 직역하면 네 명의 대왕이다. 앞의 사대왕천에 속하는 신들은 모두 이 사대천왕의 휘하에 들어가 있다. 사대왕천은 문자적인 뜻 그대로 네 가지 영역으로 구분된다. 이 넷은 동서남북의 네 방위와 일치한다. 동쪽의 천왕은 다따랏타(Dhataraṭṭha)인데 천상의 음악가들인 간답바(gandabba, 건달바라 한역되었음)들을 통치하고, 남쪽의 천왕은 위룰하까(Virūḷhaka)인데 숲이나 산이나 숨겨진 보물을 관리하는 꿈반다(kumbhaṇḍa)들을 통치하고, 서쪽의 위루빡카(Virūpakkha) 천왕은 용들을 통치하며, 북쪽의 웻사와나(Vessavaṇa) 천왕은 약카(yakkha, 야차)들을 통치한다고 한다. 여기에 대해서는 본서 제3권 「아따나띠야 경」(D32) §4 이하를 참조할 것.

쇠[火界], 바람의 요소[風界]는 남김없이 소멸합니까?' 께왓다여, 이렇게 말하자 사대천왕들은 그 비구에게 이렇게 말했다. '스님, 도대체 어디서 이 네 가지 근본물질[四大], 즉 땅의 요소[地界], 물의 요소[水界], 불의 요소[火界], 바람의 요소[風界]는 남김없이 소멸하는지 우리도 모릅니다. 스님, 우리보다 더 높고 더 수승한 삼십삼천이라는 신들575)이 있습니다. 그분들은 도대체 어디서 땅의 요소[地界], 물의 요소[水界], 불의 요소[火界], 바람의 요소[風界]인 이 네 가지 근본물질[四大]이 남김없이 소멸하는지를 알 것입니다.'라고."

70. "께왓다여, 그러자 그 비구는 삼십삼천의 신들에게로 갔다. 가서는 삼십삼천의 신들에게 이렇게 말했다. '도반들이여, 도대체 어디서 이 네 가지 근본물질[四大], 즉 땅의 요소[地界], 물의 요소[水界], 불의 요소[火界], 바람의 요소[風界]는 남김없이 소멸합니까?' 께왓다여, 이렇게 말하자 삼십삼천의 신들은 그 비구에게 이렇게 말했다. '스님, 도대체 어디서 이 네 가지 근본물질[四大], 즉 땅의 요소[地界], 물의 요소[水界], 불의 요소[火界], 바람의 요소[風界]는 남김없이 소멸하는지 우리도 모릅니다. 스님, 우리보다 더 높고 더 수승한 삭까라는 신들의 왕576)이 있습니다. 그분은 도대체 어디서 땅의 요소[地界],

---

575) 원어는 tāvatiṁsā nāma devā이다. tāvatiṁsa는 tayo(3)+tiṁsa(30)의 합성어로서 33을 나타내는 tavatiṁsa의 곡용형이며 '33에 속하는 [천신]'이라는 의미이다. 삼십삼천의 개념은 베다에서부터 등장하며 조로아스터교의 성전인 『아베스타』에서도 언급될 만큼 오래된 개념이다. 즉 신들은 33 무리로 되어 있으며 이들의 우두머리가 인드라(Indra)라고 한다.

576) 원어는 Sakko nāma devānamindo이다. 삭까(Sk. Śakra)는 제석(帝釋) 혹은 석제(釋提)로 한역된 신이며 베다에 등장하는 인도의 유력한 신인 인드라(Indra)를 말한다. 『상응부』에서는(S.i.229; DhpA.i.264) 그의 여러 가지 이름들을 열거하는데 그 가운데 세 번째에서 그는 인간으로 있

물의 요소[水界], 불의 요소[火界], 바람의 요소[風界]인 이 네 가지 근본물질[四大]이 남김없이 소멸하는지를 알 것입니다.'라고"

71. "께왓다여, 그러자 그 비구는 신들의 왕인 삭까에게로 갔다. 가서는 신들의 왕인 삭까에게 이렇게 말했다. '도반이여, 도대체 어디서 이 네 가지 근본물질[四大], 즉 땅의 요소[地界], 물의 요소[水界], 불의 요소[火界], 바람의 요소[風界]는 남김없이 소멸합니까?' 께왓다여, 이렇게 말하자 신들의 왕인 삭까는 그 비구에게 이렇게 말했다. '스님, 도대체 어디서 이 네 가지 근본물질[四大], 즉 땅의 요소[地界], 물의 요소[水界], 불의 요소[火界], 바람의 요소[風界]는 남김없이 소멸하는지 저도 모릅니다. 스님, 저보다 더 높고 더 수승한 야마라는 신

을 때 철저하게 보시를 베풀었다(sakkaccam dānam adāsi)고 해서 삭까(sakka)라 한다고 설명하고 있다. 그러나 산스끄리뜨 śakra는 '힘센, 막강한'이라는 뜻이다.

베다에서 이미 인드라는 끄샤뜨리야의 신으로 자리매김이 되었다. 베다의 후기 시대부터 인도의 모든 신들에게도 사성(四姓)계급이 부여되는데 아그니(Agni, 불의 신)는 바라문 계급의 신이고 인드라는 끄샤뜨리야의 신이고 하는 식으로 베딕 문헌에 나타난다.

베다 문헌들에서 신들은 자주 '인드라를 상수로 하는 신들(Indraśreṣṭāḥ devāḥ)'로 표현되어 나타난다. 이를 받아들여서 초기불교에서도 '신들의 왕(devānaṁ Indo, D11; M37/i.252)'으로 표현하고 있으며, 구체적으로는 삼십삼천의 신들의 왕이며 그래서 삼십삼천은 제석천이라고도 부른다. 인드라는 웨자얀따(Vejayanta) 궁전에 거주하며 수도의 이름은 수닷사나(Sudassana)이다.

초기경들 가운데 인드라가 부처님께 와서 설법을 듣고 가는 것을 묘사한 경이 몇몇 있으며 목갈라나 존자가 이 궁전을 손가락으로 진동시켜 신들에게 무상의 법칙을 일깨웠다는 경도 나타난다.(M37) 본서 제2권 「제석문경」(D21)은 이런 신들의 왕 삭까가 세존과의 문답을 통해서 예류자가 되는 것을 기술하고 있다. 불교에서는 불교를 보호하는 신[護法善神]으로 일찍부터 받아들여졌다.

이 있습니다. 그분은 도대체 어디서 땅의 요소[地界], 물의 요소[水界], 불의 요소[火界], 바람의 요소[風界]인 이 네 가지 근본물질[四大]이 남김없이 소멸하는지를 알 것입니다.'라고."

72. ~*79.* "께왓다여, 그러자 그 비구는 야마천의 신들577)에게로 … 수야마 신의 아들578)에게로 … 도솔천(뚜시따)의 신들579)에게로 … 산뚜시따 신의 아들580)에게로 … 화락천(님마나라띠)의 신들581)

---

577) 원어 Yāmā devā이다. yāma는 중국에서 야마천으로 정착되었다. 야마는 베다에서부터 죽음의 신으로 등장한다. 야마는 죽음을 관장하는 막강한 신이다. 이 야마가 중국에서 염라(閻羅)로 음역이 되었고 후대에는 염라대왕으로 정착이 되었다. 이 신이 불교에서 받아들여져서 삼십삼천 위의 천상으로 배열이 되었다. 상좌부 주석가들은 야마를 죽음의 신으로 정의하는 것이 아니고 "천상의 행복을 얻어서 두루 갖추고 있기 때문에 (yātā payātā sampattā) 야마라 한다."(VbhA.519; PsA.441)라고 설명하기도 한다.

578) 원어는 Suyāma devaputta이다. 야마천의 왕이라고 알려져 있다.

579) 원어 Tusitā devā이다. tusita는 √tuṣ(*to be content*)에서 파생된 단어로 문자적인 뜻 그대로 '만족'을 뜻한다. 그래서 중국에서는 知足이라고 옮겼다. 석가모니 부처님이 도솔천에 머무실 때의 이름은 세따께뚜(Setaketu)였다고 하며(VinA.i.161) 미래불인 미륵(*Pāli.* Metteyya, *Sk.* Maitreya)보살이 지금 거주하는 곳이라고 우리에게 잘 알려져 있다.

580) 원어는 Santusita devaputta이다. 도솔천의 왕이다. 석가모니 부처님이 도솔천에 있을 때 도솔천의 왕도 산뚜시따였다고 한다.(BvA.45; Jā.i.48)

581) 원어는 Nimmānaratī devā이다. Nimmānaratī는 nimmāna와 rati의 합성어인데 nimmāna는 nis(밖으로)+√mā(*to measure*)에서 파생된 중성명사로 '밖으로 재어서 [만들다]'라는 문자적인 뜻 그대로 '창조'를 뜻한다. rati는 √ram(*to rejoice*)에서 파생된 여성명사로 '좋아함, 사랑, 즐김'을 뜻한다. 그래서 중국에서는 化樂天으로 직역을 했다. 여기서 化는 만든다, 창조한다는 의미로 해석해야 한다. 이 천상의 신들은 그들의 정신적인 힘으로 그들이 원하는 감각적 욕망의 대상을 창조할 능력을 갖추고 있으며 그것을 즐기는 신들이라고 한다.(AAṬ.ii.162)

에게로 … 수님미따 신의 아들582)에게로 … 타화자재천(빠라님미따와
사왓띠)의 신들583)에게로 … 와사왓띠(자재천) 신의 아들584)에게로 갔
다. 가서는 와사왓띠 신의 아들에게 이렇게 말했다. '도반이여, 도대
체 어디서 이 네 가지 근본물질[四大], 즉 땅의 요소[地界], 물의 요소
[水界], 불의 요소[火界], 바람의 요소[風界]는 남김없이 소멸합니까?'
께왓다여, 이렇게 말하자 와사왓띠라는 신의 아들은 그 비구에게 이
렇게 말했다. '스님, 도대체 어디서 이 네 가지 근본물질[四大], 즉 땅
의 요소[地界], 물의 요소[水界], 불의 요소[火界], 바람의 요소[風界]는
남김없이 소멸하는지 저도 모릅니다. 스님, 저보다 더 높고 더 수승

---

582) 원어는 Sunimmita devaputta이다. 화락천의 왕이다.

583) 원어는 Paranimmitavasavattī devā이다. Paranimmitavasavatti는
para(他)+nimmita(위 nimmāna와 같은 어원으로 과거분사형이다) +
vasa-vatti의 합성어이다. 이것은 para-nimmita와 vasa-vatti의 둘로
나누어서 설명되는데 para-nimmita는 '남에 의해서 창조된'의 뜻이다.
vasa는 √vaś(to control)에서 파생된 남성명사로 '통제, 제어, 지배'의
뜻이고 vatti는 √vṛt(to turn)에서 파생된 형용사로서 '행하는, 개입된'
의 뜻을 가지고 있다. 그래서 vasa-vatti는 '지배할 수 있는, 제어할 수 있
는'의 뜻이다. 그래서 전체적으로는 '남에 의해서 창조된 것을 지배할 수
있는 [천신]'이란 의미이다. 이 단어의 뜻을 통해서도 알 수 있듯이 이곳에
거주하는 신들은 자기 스스로는 욕망의 대상을 창조하지 못하지만 시종들
이 창조해 주는 것을 지배하고 제어할 수 있다고 한다.(Ibid) 중국에서는
他化自在天으로 직역했다.
사천왕천부터 타화자재천까지는 六欲天으로 우리에게 잘 알려져 있다.

584) 원어는 Vasavattī devaputta이다. 타화자재천의 왕이다. 마라(Māra)도
때로는 와사왓띠라고 불리는데(Jā.i.63, 232; iii.309; MA.ii.538) 불교에
서는 마라를 타화자재천에 거주하고 있으며 그의 무리 혹은 군대를 가지
고 있다고 보기 때문이다.(MA.i.28) 마라는 이렇게 욕계의 최고 높은 천
상에 있으면서 수행자들이 욕계를 벗어나지 못하도록 방해한다고 한다.
마라에 대해서는 본서 제2권 「대반열반경」(D16) §3.4의 주해를 참조할
것.

한 범신천(브라흐마까이까)이라는 신들585)이 있습니다. 그분은 도대체 어디서 이 네 가지 근본물질[四大], 즉 땅의 요소[地界], 물의 요소[水界], 불의 요소[火界], 바람의 요소[風界]가 남김없이 소멸하는지를 알 것입니다.'라고."

80. "께왓다여, 그러자 그 비구는 마음이 삼매에 들어 범천으로 인도하는 길이 드러나는 그런 삼매에 들었다. 께왓다여, 그러자 그 비구는 범신천의 신에게로 갔다. 가서는 범신천의 신에게 이렇게 말 했다. '도반이여, 도대체 어디서 이 네 가지 근본물질[四大], 즉 땅의 요소[地界], 물의 요소[水界], 불의 요소[火界], 바람의 요소[風界]는 남김 없이 소멸합니까?' 께왓다여, 이렇게 말하자 범신천의 신은 그 비구 에게 이렇게 말했다. '스님, 도대체 어디서 이 네 가지 근본물질[四大],

---

585) 원어는 Brahmakāyikā devā이다. 그래서 범신천으로 옮겼다. 여기서부 터는 색계 천상이다. 색계 천상은 삼매를 닦아서 나는 천상이다. 그 가운 데 초선을 닦아서 태어난 천상[初禪天]으로 범중천(Brahma-pārisajjā) 과 범보천(Brahma-purohitā)과 대범천(Mahā-brahmā)의 셋이 있다. 초선을 약하게 닦아서는 범중천에 태어나고 중간 정도로 닦아서는 범보천 에 태어나고 강하게 닦아서는 대범천에 태어난다고 한다.(『아비담마 길 라잡이』 5장 §6의 해설 1 참조)
문맥으로 봐서 본경에서 말하는 범신천은 이 셋을 통칭하는 것 같고 본경 에서 언급하는 대범천(Mahābrahmā)은 초선천으로서의 대범천이 아니 라 색계와 무색계 천상(범천)의 유력한 천신을 말한다.
그리고 여기서 혼동을 피하기 위해서 언급해야 할 것이 있다. 본서에서 범 천의 세상으로 옮기는 브라흐마로까(brahma-loka)와 이 범중천, 범보천, 대범천의 초선천은 서로 다른 술어라는 것이다. 주석서에서는 색계천 이 상의 모든 천상을 범천의 세상으로 표현하고 있다. 주석서에서는 색계 초 선천부터 삼선천까지의 9가지 천상과 4선천의 무상유정천과 광과천과 다 섯 가지 정거천과 네 가지 무색계 천상 — 이 20가지 천상을 모두 범천의 세상(brahma-loka)으로 부르고 있다.(VibhA.521 등)

즉 땅의 요소[地界], 물의 요소[水界], 불의 요소[火界], 바람의 요소[風界]는 남김없이 소멸하는지 저도 모릅니다. 스님, 저보다 더 높고 더 수승한 범천이 있습니다. 그분은 대범천586)이요 지배자요 지배되지 않는 자요 전지자요 전능자요 최고자요 조물주요 창조자요 최승자요 서품을 주는 자요 자재자요 존재하는 것과 존재할 것의 아버지십니다. 그분이야말로 도대체 어디서 이 네 가지 근본물질[四大], 즉 땅의 요소[地界], 물의 요소[水界], 불의 요소[火界], 바람의 요소[風界]가 남김없이 소멸하는지를 알 것입니다.'

'도반이여, 그러면 지금 그 대범천은 어디에 있습니까?'

'스님, 우리도 범천은 어디 있는지 어떻게 있는지 언제부터 있는지 모릅니다. 스님, 그러나 광명이 생기고 빛이 드러나는 징후가 보이면 범천은 나타납니다. 광명이 생기고 빛이 드러나는 것은 범천이 나타나기 위한 전조이기 때문입니다.'라고."587)

81. "께왓다여, 그러자 오래되지 않아서 대범천이 나타났다. 께왓다여, 그러자 그 비구는 대범천에게로 갔다. 가서는 대범천에게 이렇게 말했다. '도반이여, 도대체 어디서 이 네 가지 근본물질[四大], 즉 땅의 요소[地界], 물의 요소[水界], 불의 요소[火界], 바람의 요소[風

---

586) 원어는 Mahābrahmā이다. 초선천의 세 번째 천상을 뜻하기도 하고 여기 서처럼 유력한 범천을 뜻하기도 한다. 이러한 유력한 범천으로 경에서는 뚜두(Tudu), 나라다(Nārada), 가띠까라(Ghaṭikāra), 바까(Baka), 사낭꾸마라(Sanaṅkumāra), 사함빠띠(Sahampatī) 등을 언급하고 있으며 이 가운데서 사함빠띠 범천이 대범천으로 많이 등장한다. 부처님께 법륜을 굴려주시기를 간청한 대범천도 사함빠띠이다.

587) 여기에 대해서는 본서 제2권 「자나와사바 경」(D18 §15)과 「마하고윈다 경」(D19 §15)을 참조할 것.

界]는 남김없이 소멸합니까?' 께왓다여, 이렇게 말하자 그 대범천은 그 비구에게 이렇게 말했다. '스님, 나는 범천이요 대범천이요 지배 자요 지배되지 않는 자요 전지자요 전능자요 최고자요 조물주요 창 조자요 최승자요 서품을 주는 자요 자재자요 존재하는 것과 존재할 것의 아버지입니다.'라고."588)

82. "께왓다여, 두 번째로 그 비구는 대범천에게 이렇게 말했다. '도반이여, 나는 당신이 범천이요 대범천이요 지배자요 지배되지 않 는 자요 전지자요 전능자요 최고자요 조물주요 창조자요 최승자요 서품을 주는 자요 자재자요 존재하는 것과 존재할 것의 아버지인가 를 묻지 않았습니다. 도반이여, 나는 당신에게 도대체 어디서 이 네 가지 근본물질[四大], 즉 땅의 요소[地界], 물의 요소[水界], 불의 요소 [火界], 바람의 요소[風界]는 남김없이 소멸하는지를 묻습니다.' 두 번 째에도 대범천은 비구에게 이렇게 말했다. '스님, 나는 범천이요 대 범천이요 지배자요 지배되지 않는 자요 전지자요 전능자요 최고자요 조물주요 창조자요 최승자요 서품을 주는 자요 자재자요 존재하는 것과 존재할 것의 아버지입니다.'라고."

83. "께왓다여, 세 번째로 그 비구는 대범천에게 이렇게 말했다. '도반이여, 나는 당신이 범천이요 대범천이요 지배자요 지배되지 않 는 자요 전지자요 전능자요 최고자요 조물주요 창조자요 최승자요 서품을 주는 자요 자재자요 존재하는 것과 존재할 것의 아버지인가 를 묻지 않았습니다. 도반이여, 나는 당신에게 도대체 어디서 이 네 가지 근본물질[四大], 즉 땅의 요소[地界], 물의 요소[水界], 불의 요소

---

588) 대범천은 이것을 모르기 때문에 동문서답을 하고 있다.

[火界], 바람의 요소[風界]는 남김없이 소멸하는지를 묻습니다.'

께왓다여, 그러자 대범천은 그 비구를 밖으로 데리고 나가서 한 곁으로 가서는 이렇게 말했다. '스님, 이들 범신천의 신들은 이렇게 알고 있습니다. '범천이 모르는 것은 아무 것도 없다. 범천이 보지 못한 것은 아무 것도 없다. 범천이 체험하지 못한 것은 아무 것도 없다. 범천이 실현하지 못한 것은 아무 것도 없다.'라고. 그래서 저는 그들의 면전에서는 설명하지 않았습니다. 스님, 도대체 어디서 이 네 가지 근본물질[四大], 즉 땅의 요소[地界], 물의 요소[水界], 불의 요소[火界], 바람의 요소[風界]는 남김없이 소멸하는지는 저도 모릅니다. 스님, 그러므로 당신이 그분 세존을 뛰쳐나와 밖에서 이런 질문에 대한 답을 찾는 것은 잘못 되었고 나쁩니다. 스님, 돌아가십시오. 세존께 가셔서 이 질문을 드리십시오. 그래서 세존께서 상세하게 설명해 주시는 대로 호지하십시오.'라고."

84. "께왓다여, 그러자 그 비구는 마치 힘센 자가 오므렸던 팔을 펴고 편 팔을 오므리듯이 그와 같이 범천의 세상에서 사라져서 내 앞에 나타났다. 께왓다여, 그러자 그 비구는 나에게 절을 올린 뒤 한 곁에 앉았다. 한 곁에 앉아서 그 비구는 나에게 이렇게 말하였다. '세존이시여, 도대체 어디서 이 네 가지 근본물질[四大], 즉 땅의 요소[地界], 물의 요소[水界], 불의 요소[火界], 바람의 요소[風界]는 남김없이 소멸합니까?'라고."

해안을 찾는 새의 비유

85. "께왓다여, 이렇게 묻는 그 비구에게 나는 이렇게 말하였다.

'비구여, 전에 항해를 하여 장사를 하는 상인이 해안을 찾는 새를 데리고 배를 타고 바다 깊이 들어갔다. 그는 배에서 해안을 발견하지 못하자 해안을 찾는 새를 날려 보냈다. 그는 동쪽 방향으로 갔다가 남쪽 방향으로 가고 서쪽 방향으로 가고 북쪽 방향으로 가고 위로도 가고 간방위로도 간다. 만일 새가 모든 곳에서 해안을 보게 되면 그곳으로 가지만 만일 모든 곳에서 해안을 보지 못하면 그 배로 다시 돌아온다. 비구여, 이와 같이 그대도 이제 범천의 세상까지 가서 이런 질문에 대한 상세한 설명을 찾았지만 얻지 못하자 나의 곁으로 돌아왔구나.'"

세존의 답변

86. "비구여, 그대는 '세존이시여, 도대체 어디서 이 네 가지 근본물질[四大], 즉 땅의 요소[地界], 물의 요소[水界], 불의 요소[火界], 바람의 요소[風界]는 남김없이 소멸합니까?'라고 질문했는데 그렇게 질문해서는 안된다. 비구여, 그대는 이렇게 질문해야 한다.589)

'어디서 물과 땅과 불과 바람은 굳건히 서지 못하며
어디서 길고 짧고 미세하고 크고590)

---

589) 세존께서는 비구가 단지 근본물질로 질문한 한계를 넘어서 정신(nāma, 名)의 영역을 포함한 모든 유위법까지 포함해서 설명하시기 위해서 '이렇게 질문해야 한다.'고 말씀하신다. 아래 세존의 게송을 통해서 보면 모든 근본물질과 파생된 물질로 구성된 물질(rūpa, 色)과, 수·상·행·식의 정신(nāma, 名)까지도 포함시키고 계신다. 이런 모든 유위법들은 열반에 이르러 소멸한다고 명쾌하게 밝히고 계신다.

590) 주석서에서는 이 넷은 파생된 물질(upādārūpa)들을 뜻한다고 설명한다. (DA.i.393) 아비담마에서는 14가지 파생된 물질을 들고 있다. 『아비담마

아름답고 더러운 것591)과

정신과 물질은 남김없이 소멸합니까?'라고.

이것이 그에 대한 설명(대답)이다.

[열반이라는] 특별한 경지는592) 볼 수 없고 무한하며

모든 곳으로부터 [도달하게 되는]

성소의 계단을 가졌다.593)

길라잡이』6장 §2 이하와『청정도론』XIV.36 이하를 참조할 것.

591) 주석서에서는 아름답고 더러운 것도 파생된 물질을 뜻한다고 설명하면서
실제로 파생된 물질에는 깨끗하고 더러운 물질이 없지만 이것은 '원하거
나 원하지 않는 대상(iṭṭha-aniṭṭhārammaṇa)'을 의미한다고 설명한다.
(DA.i.393)
원하는 대상과 원하지 않는 대상에 대해서는『아비담마 길라잡이』4장
§17을 참조할 것.

592) 원문은 viññāṇaṁ인데 주석서에서는 "알아져야 하는 것이라고 해서 윈냐
나라고 한다. 이것은 열반의 [다른] 이름이다.(tattha viññātabbanti
viññāṇaṁ nibbānassetaṁ nāmaṁ)"(DA.ii.393)라고 설명한다. 여기
에 대해서 복주서는 다음과 같이 더 분명하게 밝히고 있다. "알아져야 하
는 것이란 특별하게 알아져야 하는 것이다. 최상의 지혜인 성스러운 도의
지혜(ariyamaggañāṇa)로 바로 눈앞에서 알아져야 한다는 뜻이다. 그래
서 '이것은 열반의 [다른] 이름이다.'라고 하였다."(DAṬ.i.512)
즉 여기서 윈냐나는 일반적으로 알음알이라고 옮기는 윈냐나가 아니라 도
의 지혜로 특별하게 알아져야 하는 것, 즉 '열반'으로 이해해야 한다는 것
이다. 그렇지 않고 이것을 원 단어의 뜻대로 알음알이라고 해석해 버리면
무슨 말인지 결코 이해가 되지 않는다. 그래서 역자는 이해를 돕기 위해서
주석서에 따라 '[열반이라는] 특별한 경지'라고 의역하여 옮겼다.

593) 원어는 sabbatopabhaṁ인데 pabhā는 일반적으로 '빛, 광명'의 뜻을 가
졌다. 그래서 '모든 곳에서 빛이 난다.'라고 옮길 수도 있다. 그러나 석연치
않다. 주석서에서는 여기서 pabhā를 papā(물)라고 설명한다. 그래서 물
을 가진 것이라고 해석해서 '성소(聖所)의 계단(tittha)'이라고 간주한다.

여기서594) 물과 땅과 불과 바람은 굳건히 서지 못하며
여기서 길고 짧고 미세하고 크고 아름답고 더러운 것과
정신과 물질은 남김없이 소멸한다.
알음알이가 소멸하면595) 남김없이 소멸한다."

그리고 sabbatopabham를 '모든 곳에서 이러한 성소의 계단을 가진 것
(sabbato pabham assā ti, 바후워르히 합성어)'으로 풀이해서 열반을 수
식하는 형용사로 간주한다. 그래서 다음과 같이 덧붙이고 있다.
"열반이라는 큰 바다에 들어가고자 하는(otaritukāmā) 자들을 위해서 성
소의 계단(tittha)이 있다. 성소의 계단이 없다는 것은 옳지 않다. 그와 마
찬가지로 38가지 명상주제들 가운데 어떤 특정한 입구를 통해서 열반에
들어가고자 하나니 그것이 바로 성소의 계단이다. 열반에 이르는 성소의
계단이 없다는 것은 옳지 않다."(DA.ii.393)
즉 여기서 38가지 명상주제는 성소의 계단이요 열반은 이러한 계단을 가
졌다고 설명하는 것이다. 한편 명상주제는 『청정도론』에서는 40가지로
정리되어 설명되어 있는데 주석서에서는 여기서처럼 38가지로 언급이 되
기도 한다. 이것은 『해탈도론』이 38가지 명상주제를 언급하는 것과 무관
하지 않다. 40가지 명상주제에 대해서는 『청정도론』 III.103 이하와 『아
비담마 길라잡이』 9장 §6 이하와 <도표 9.1>을 참조할 것.

594) "'여기서(ettha)'란 '이 열반에서'라는 말이다."(DAṬ.i.513)

595) 주석서에서는 "여기서 알음알이란 [아라한의] 마지막(carimaka) 알음알
이와 업을 짓는(abhisaṅkhāra) 알음알이이다."(DA.ii.393~394)라고 설
명한다. 복주서에서는 "[아라한의] 마지막 마음이란 아라한의 죽음의 마
음(cuticitta)과 동의어이고, 업을 짓는 알음알이란 것도 유여열반이라는
표현을 사용하여 [궁극적으로는] 무여열반을 말하는데 여기에 이르러 [알
음알이가 소멸하면] 정신과 물질이 남김없이 소멸하기 때문이다."(DAṬ.i.
513)라고 덧붙이고 있다.
달리 말하자면 여기서는 무여열반과 유여열반 둘 다를 뜻한다는 말이다.
첫째 무여열반의 측면에서, 아라한의 마지막 마음인 죽음의 마음이 멸하
면 당연히 정신과 물질[名色]은 완전히 소멸한다. 둘째 유여열반의 측면
에서, 업을 짓는 마음이 소멸하면 아라한의 단지 작용만 하는 마음만 일어
나는데 이렇게 되면 시작점을 모르는 윤회가 금생으로서 끝이 나기 때문
에 정신과 물질이 여기서 완전히 소멸한다는 뜻이다.

세존께서는 이와 같이 설하셨다. 장자의 아들 깨왔다는 마음이 흡족해져서 세존의 말씀을 크게 기뻐하였다.

「깨왔다 경」이 끝났다.

로힛짜 경

참된 스승, 나쁜 스승

Lohicca Sutta(D12)

로힛짜 경[596]

참된 스승, 나쁜 스승
Lohicca Sutta(D12)

서언

1. 이와 같이 나는 들었다. 한때 세존께서는 500명 정도의 많은 비구 승가와 함께 꼬살라를 유행하시다가 살라와띠까[597]에 도착하셨다. 그 무렵에 로힛짜 바라문은 살라와띠까에 정착해 있었는데, 그곳은 사람들로 붐비고 풀, 나무, 물, 곡식이 풍부하였으며, 꼬살라의 빠세나디 왕이 왕의 하사품이자 거룩한 마음의 표시로 그에게 영지(領地)로 준 곳이었다.

---

596) 본경은 로힛짜라는 바라문에게 설하신 경이라서 「로힛짜 경」(Lohicca Sutta)이라 이름하였으며, 중국에서 「노차경」(露遮經)으로 한역되어 『장아함』의 29번째 경으로 전해온다. 물론 여기서 노차(露遮)는 로힛짜의 음역이다.

597) 살라와띠까(Sālavatikā)는 본경에서만 나타난다. 주석서에 의하면 이 마을에는 살라(Sāla) 나무가 많이 있었기 때문에 이렇게 불렀다고 한다. (DA.ii.395)

로힛짜의 삿된 견해

2.   그 무렵에 로힛짜 바라문에게 다음과 같은 삿된 견해가 일어났다. "여기서 어떤 사문이나 바라문이 유익한 법을 증득했다 할지라도 유익한 법을 증득한 뒤 남에게 전해 주어서는 안된다. 참으로 남이 남에게 무엇을 할 수 있단 말인가? 그것은 마치 이전의 속박을 자른 뒤 다른 새로운 속박을 만드는 것과 같다. [남에게 전하는] 이것은 사악하고 탐욕스런 법이 되고 만다고 나는 말한다. 참으로 남이 남에게 무엇을 할 수 있단 말인가?"라고.598)

3.   로힛짜 바라문은 들었다. "존자들이여, 사문 고따마는 사꺄의 후예인데 사꺄 가문으로부터 출가하여 500명 정도의 많은 비구 승가와 함께 꼬살라를 유행하다가 살라와띠까에 도착하셨습니다. 그분 고따마 존자에게는 이러한 좋은 명성이 따릅니다. '이런 [이유로] 그분 세존께서는 아라한[應供]이시며, 완전히 깨달은 분[正等覺]이시며, 영지와 실천이 구족한 분[明行足]이시며, 피안으로 잘 가신 분[善逝]이시며, 세간을 잘 알고 계신 분[世間解]이시며, 가장 높은 분[無上士]이시며, 사람을 잘 길들이는 분[調御丈夫]이시며, 하늘과 인간의 스승[天人師]이시며, 부처님[佛]이시며, 세존[世尊]이시다.'라고. 그분은 신을 포함하고 마라를 포함하고 범천을 포함한 이 세상을 스스로 최상의 지혜로 알고, 실현하여, 드러냅니다. 그분은 법을 설합니다. 그분은 시작도 훌륭하고 중간도 훌륭하고 끝도 훌륭하게 [법을 설하

---

598) 깨달았으면 혼자 가만히 있지 그것을 남에게 전하려는 것 자체가 벌써 탐욕심의 발로라는 말이다. 아마 요즘도 이런 식의 생각을 굴리는 자가 많을 것이다. 본경은 그런 분들에게 전하는 부처님의 말씀이다. 그러므로 깊이 경청해 보고 음미해 볼 필요가 있는 경이다.

고], 의미와 표현을 구족하여 법을 설하여, 더할 나위 없이 완벽하고 지극히 청정한 범행을 드러냅니다. 그러니 그런 아라한을 뵙는 것은 참으로 좋은 일입니다."라고

4. 그러자 로힛짜 바라문은 이발사599) 베시까600)를 불러서 말하였다. "이리 오라, 착한 베시까여. 그대는 사문 고따마께 가라. 가서는 내 이름으로 '고따마 존자시여, 로힛짜 바라문은 고따마 존자께서 병이 없으시고 어려움도 없으시며 가볍고 힘 있고 편안하게 머무시는지 문안드립니다.'라고 사문 고따마께서 병이 없고 어려움도 없으며 가볍고 힘 있고 편안하게 머무시는지 문안드려라. 그리고 '고따마 존자께서는 연민하는 마음을 내시어 비구 승가와 더불어 내일 로힛짜 바라문의 공양을 허락하여 주시면 감사하겠습니다.'라고 말씀드려라."

5. "그렇게 하겠습니다, 존자시여."라고 이발사 베시까는 로힛짜 바라문에게 대답한 뒤 세존께 다가갔다. 가서는 세존께 절을 올린 뒤 한 곁에 앉았다. 한 곁에 앉은 이발사 베시까는 세존께 이렇게 말씀드렸다. "세존이시여, 로힛짜 바라문은 세존께서 병이 없으시고 어

---

599) 원어는 nahāpita이다. √snā(*to bathe*)의 사역형인 nahāpeti에서 파생된 남성명사로 '목욕시켜 주는 사람'이라는 의미이다. 목욕보조사 정도의 뜻이 적당하겠는데 이렇게 옮기기도 어색하여 '이발사'로 옮긴다. 이발사라 해서 머리만 깎는 것이 아니라 씻는 일까지 한다. 서양의 barber에 해당한다.

600) 원어는 Bhesika인데 √bhiṣaj(*to heal*)에서 파생되었다. 문자적으로 '편안하게 해 주는 자'라는 뜻이다. 이발사 혹은 목욕보조사라는 그의 직업과 관련된 이름이다. 경에 나타나는 이름은 상당수가 이렇게 이름 자체가 직업을 나타내고 있다.

려움도 없으시며 가볍고 힘 있고 편안하게 머무시는지 문안드립니다. 그리고 '세존께서는 연민하는 마음을 내시어 비구 승가와 더불어 내일 로힛짜 바라문의 공양을 허락하여 주시면 감사하겠습니다.'라고 말씀드립니다."

세존께서는 침묵으로 허락하셨다.

6. 그러자 이발사 베시까는 세존께서 허락하신 것을 알고서 자리에서 일어나 세존께 절을 올리고 오른쪽으로 [세 번] 돌아 [경의를 표한] 뒤 물러나 로힛짜 바라문에게 갔다. 가서는 로힛짜 바라문에게 이렇게 말했다. "존자의 이름으로 저는 그분 세존께 '세존이시여, 로힛짜 바라문이 세존의 발에 머리 조아려 절을 드리고 병이 없으시고 어려움도 없으시며 가볍고 힘 있고 편안하게 머무시는지 문안드립니다. 그리고 세존께서는 비구 승가와 함께 내일 로힛짜 바라문의 공양을 허락하여 주시면 감사하겠습니다.'라고 말씀드렸고 세존께서는 허락하셨습니다."

7. 그러자 로힛짜 바라문은 그 밤이 지나자 자신의 집에서 맛있는 여러 음식을 준비하게 한 뒤 이발사 베시까를 불러서 말하였다. "이리오라, 착한 베시까여. 너는 사문 고따마께 가라. 가서는 사문 고따마께 '고따마 존자시여, [가실] 시간이 되었습니다. 음식이 준비되었습니다.'라고 시간을 알려드려라."

"그렇게 하겠습니다, 존자시여."라고 이발사 베시까는 로힛짜 바라문에게 대답한 뒤 세존께 다가갔다. 가서는 세존께 절을 올린 뒤 한 곁에 섰다. 한 곁에 서서 이발사 베시까는 세존께 이렇게 말씀드렸다. "세존이시여, [가실] 시간이 되었습니다. 음식이 준비되었습니다."

그러자 세존께서는 오전에 옷매무새를 가다듬고 발우와 가사를 수하시고 비구 승가와 함께 살라와띠까로 가셨다.

8. 　그때에 이발사 베시까는 세존의 뒤를 바싹 따라오고 있었다. 이발사 베시까는 세존께 이렇게 말씀드렸다. "세존이시여, 로힛짜 바라문에게는 '여기서 어떤 사문이나 바라문이 유익한 법을 증득했다 할지라도 유익한 법을 증득한 뒤 남에게 전해 주어서는 안된다. 참으로 남이 남에게 무엇을 할 수 있단 말인가? 그것은 마치 이전의 속박을 자른 뒤 다른 새로운 속박을 만드는 것과 같다. [남에게 전하는] 이것은 사악하고 탐욕스런 법이 되고 만다고 나는 말한다. 참으로 남이 남에게 무엇을 할 수 있단 말인가?'라는 이러한 삿된 견해가 일어났습니다. 세존이시여, 세존께서 로힛짜 바라문이 이러한 삿된 견해로부터 벗어나게 해 주시면 감사하겠습니다."

"잘 알았느니라, 베시까여. 잘 알았느니라, 베시까여."

비유로 삿된 견해를 나무라심

9. 　세존께서는 로힛짜 바라문의 집으로 가셨다. 가셔서는 비구 승가와 함께 지정된 자리에 앉으셨다. 그러자 로힛짜 바라문은 부처님을 상수로 하는 비구 승가에게 맛있는 여러 음식을 자기 손으로 직접 대접하고 드시게 했다. 그때 세존께서 공양을 마치시고 그릇에서 손을 떼시자 로힛짜 바라문은 어떤 낮은 자리를 잡아서 한 곁에 앉았다. 한 곁에 앉은 로힛짜 바라문에게 세존께서는 이렇게 말씀하셨다.

"로힛짜여, 그대에게 '여기서 어떤 사문이나 바라문이 유익한 법을 증득했다 할지라도 유익한 법을 증득한 뒤 남에게 전해 주어서는 안된다. 참으로 남이 남에게 무엇을 할 수 있단 말인가? 그것은 마치 이전의 속박을 자른 뒤 다른 새로운 속박을 만드는 것과 같다. [남에게 전하는] 이것은 사악하고 탐욕스런 법이 되고 만다고 나는 말한다. 참으로 남이 남에게 무엇을 할 수 있단 말인가?'라는 이러한 삿된 견해가 일어난 것이 사실인가?"

"그렇습니다, 고따마 존자시여."

10. "로힛짜여, 이를 어떻게 생각하는가? 그대는 살라와띠까에 정착해 있는가?"

"그렇습니다, 고따마 존자시여."

"로힛짜여, 누가 말하기를 '로힛짜 바라문은 살라와띠까에 정착해 있다. 살라와띠까에서 생산되는 것은 모두 그 로힛짜 바라문이 혼자서 다 누린다. 그는 남들에게 하나도 주지 않는다.'라고 한다면 그렇게 말하는 자는 그대를 의지해서 살아가는 자들에게 장애를 주는 자인가, 주지 않는 자 인가?"

"장애를 주는 자입니다, 고따마 존자시여."

"장애를 주는 자는 그들의 이익을 바라는 자인가, 손해를 바라는 자인가?"

"손해를 바라는 자입니다, 고따마 존자시여."

"손해를 바라는 자는 그들에 대해서 자애로운 마음을 확립하겠는가, 아니면 적대적인 마음을 확립하겠는가?"

"적대적인 마음입니다, 고따마 존자시여."

"적대적인 마음이 확립된다면 그것은 삿된 견해이겠는가, 바른 견해이겠는가?"

"삿된 견해입니다, 고따마 존자시여."

"로힛짜여, 삿된 견해를 가진 자에게는 두 가지 가운데 하나의 태어날 곳[行處]만이 있다고 나는 말하나니, 그것은 지옥이거나 축생의 모태601)이니라."602)

11. "로힛짜여, 이를 어떻게 생각하는가? 빠세나디 꼬살라 왕은 까시꼬살라에 정착해 있는가?"

"그렇습니다, 고따마 존자시여."

"로힛짜여, 누가 말하기를 '빠세나디 꼬살라 왕은 까시꼬살라에 정착해 있다. 꼬살라에서 생산되는 것은 모두 그 빠세나디 꼬살라 왕이 혼자서 다 누린다. 그는 남들에게 하나도 주지 않는다.'라고 한다면 그렇게 말하는 자는 빠세나디 꼬살라 왕을 의지해서 살아가는 자들에게 장애를 주는 자인가, 주지 않는 자인가?"

"장애를 주는 자입니다, 고따마 존자시여."

"장애를 주는 자는 그들의 이익을 바라는 자인가, 손해를 바라는 자인가?"

"손해를 바라는 자입니다, 고따마 존자시여."

"손해를 바라는 자는 그들에 대해서 자애로운 마음을 확립하겠는가, 아니면 적대적인 마음을 확립하겠는가?"

"적대적인 마음입니다, 고따마 존자시여."

"적대적인 마음이 확립된다면 그것은 삿된 견해이겠는가, 바른 견

---

601) 지옥과 축생의 모태에 대해서는 본서 제2권 「대반열반경」(D16) §2.8의 주해들을 참조할 것.

602) 부처님은 삿된 견해를 가진 로힛짜 자신의 일에 비유하여 추상과 같은 말씀을 하신다. 좋고 유익한 것일수록 이웃들과 나누어 가지려는 것이 대인의 마음이다.

해이겠는가?"

"삿된 견해입니다, 고따마 존자시여."

"로힛짜여, 삿된 견해를 가진 자에게는 두 가지 가운데 하나의 태어날 곳만이 있다고 나는 말하나니, 그것은 지옥이거나 축생의 모태이니라."

12. "로힛짜여, 이처럼 '로힛짜 바라문은 살라와띠까에 정착해 있다. 살라와띠까에서 생산되는 것은 모두 그 로힛짜 바라문이 혼자서 다 누린다. 그는 남들에게 하나도 주지 않는다.'라고 한다면 그렇게 말하는 자는 그대를 의지해서 살아가는 자들에게 장애를 주는 자이고, 장애를 주는 자는 그들의 손해를 바라는 자이고, 손해를 바라는 자는 그들에 대해서 적대적인 마음을 확립하며, 적대적인 마음이 확립되면 그것은 삿된 견해이니라."

13. "로힛짜여, 그와 마찬가지로 '여기서 어떤 사문이나 바라문이 유익한 법을 증득했다 할지라도 유익한 법을 증득한 뒤 남에게 전해 주어서는 안된다. 참으로 남이 남에게 무엇을 할 수 있단 말인가? 그것은 마치 이전의 속박을 자른 뒤 다른 새로운 속박을 만드는 것과 같다. [남에게 전하는] 이것은 사악하고 탐욕스런 법이 되고 만다고 나는 말한다. 참으로 남이 남에게 무엇을 할 수 있단 말인가?'라고 말하는 자는 [다음 두 가지에] 장애를 주는 자이다.

이렇게 말하는 자는 여래가 선언한 법과 율을 전승하여 선남자들이 크나큰 탁월함을 증득하여 예류과를 실현하기도 하고 일래과를 실현하기도 하고 불환과를 실현하기도 하고 아라한됨을 실현하기도 하는 이러한 것에 장애를 준다. 그리고 천상의 존재들에 태어나기 위해서 천상의 모태603)에 대한 과보를 닦는 자들에게도 장애를 준다.

장애를 주는 자는 그들의 손해를 바라는 자이고, 손해를 바라는 자는 그들에 대해서 적대적인 마음을 확립하며, 적대적인 마음이 확립되면 그것은 삿된 견해이니라. 로힛짜여, 삿된 견해를 가진 자에게는 두 가지 가운데 하나의 태어날 곳만이 있다고 나는 말하나니, 그것은 지옥이거나 축생의 모태이니라."

14. "로힛짜여, 이처럼 '빠세나디 꼬살라 왕은 까시꼬살라에 정착해 있다. 꼬살라에서 생산되는 것은 모두 그 빠세나디 꼬살라 왕이 혼자서 다 누린다. 그는 남들에게 하나도 주지 않는다.'라고 한다면 그렇게 말하는 자는 빠세나디 꼬살라 왕을 의지해서 살아가는 자들에게 장애를 주는 자이고, 장애를 주는 자는 그들의 손해를 바라는 자이고, 손해를 바라는 자는 그들에 대해서 적대적인 마음을 확립하며, 적대적인 마음이 확립되면 그것은 삿된 견해이니라."

15. "로힛짜여, 그와 마찬가지로 '여기서 어떤 사문이나 바라문이 유익한 법을 증득했다 할지라도 유익한 법을 증득한 뒤 남에게 전해 주어서는 안된다. 참으로 남이 남에게 무엇을 할 수 있단 말인가? 그것은 마치 이전의 속박을 자른 뒤 다른 새로운 속박을 만드는 것과 같다. [남에게 전하는] 이것은 사악하고 탐욕스런 법이 되고 만다고

---

603) "천상의 모태(dibbā gabbhā)란 여섯 가지 천상의 세계[六欲天]의 동의어이다."(DA.ii.396) 천상의 모태라 하여 천상세계에 태로 태어남[胎生]을 말하는 것이 아니다. 육욕천을 천상의 모태라고 부르고 있을 뿐이다. 신들은 모두 화생(化生)을 한다. 이것은 여래의 설법을 듣고 예류과부터 아라한과까지의 성자의 경지에 도달하지 못하는 자들을 위해서 설하셨다고 주석서는 설명하고 있다.(Ibid)

나는 말한다. 참으로 남이 남에게 무엇을 할 수 있단 말인가?'라고
말하는 자는 [다음 두 가지에] 장애를 주는 자이다.

이렇게 말하는 자는 여래가 선언한 법과 율을 전승하여 선남자들
이 크나큰 탁월함을 증득하여 예류과를 실현하기도 하고 일래과를
실현하기도 하고 불환과를 실현하기도 하고 아라한됨을 실현하기도
하는 이러한 것에 장애를 준다. 그리고 천상의 존재들에 태어나기 위
해서 천상의 모태에 대한 과보를 닦는 자들에게도 장애를 준다.

장애를 주는 자는 그들의 손해를 바라는 자이고, 손해를 바라는 자
는 그들에 대해서 적대적인 마음을 확립하며, 적대적인 마음이 확립
되면 그것은 삿된 견해이니라. 로힛짜여, 삿된 견해를 가진 자에게는
두 가지 가운데 하나의 태어날 곳만이 있다고 나는 말하나니, 그것은
지옥이거나 축생의 모태이니라."

세 가지 질책받아 마땅한 스승

16. "로힛짜여, 물론 세상에는 질책 받을 만한 세 종류의 스승
이 있다. 이러한 스승들을 질책하더라도 그 질책은 사실이고 옳고 법
다워서 비난받지 않는다.604) 어떤 것이 셋인가?

로힛짜여, 여기 어떤 스승은 집을 나와 출가한 바로 그 출가생활
(사문됨)의 목적605)을 성취하지 못한다. 이런 그는 출가생활의 목적을

---

604) 이런 엉터리 스승에 대해서는 남에게 법을 전하려는 것 자체가 탐심의 발
     로라고 할 만하다. 그러나 세존께서는 이런 말이 해당되지 않는다는 것이 부
     처님의 자신에 찬 말씀이시다.

605) '출가생활의 목적'으로 옮긴 원어는 sāmaññattha이다. 『상응부 주석서』
     에서는 열반이 바로 출가생활의 목적이라고 설명하고 있으며(DA.iii.132)
     다른 곳에서는 출가생활(사문됨, sāmañña)을 성스러운 도(ariyamagga

성취하지 못했으면서도 '이것은 그대들의 이익을 위해서이고 이것은 그대들의 행복을 위해서이다.'라고 제자들에게 법을 설한다. 그러나 그의 제자들은 들으려 하지 않고 귀 기울이지 않고 구경의 지혜를 위해서 마음을 확립하지 않는다. 그리고 그들은 스승의 교법으로부터 벗어나 버린다.

그런 스승은 이와 같이 질책받아 마땅하다. '존자가 집을 나와 출가한 바로 그 출가생활의 목적을 그대는 아직 성취하지 못했다. 이런 그대는 출가생활의 목적을 성취하지 못했으면서도 '이것은 그대들의 이익을 위해서이고 이것은 그대들의 행복을 위해서이다.'라고 제자들에게 법을 설한다. 그러나 그대의 제자들은 들으려 하지 않고 귀 기울이지 않고 구경의 지혜를 위해서 마음을 확립하지 않는다. 그리고 그들은 스승의 교법으로부터 벗어나 버린다. 이는 마치 떠나는 여인에게 매달리는 것과 같고 얼굴을 돌리는 여인을 안으려는 것과 같다. 그와 같이 이것은 사악하고 탐욕스런 법이 되고 만다고 나는 말한다. 참으로 남이 남에게 무엇을 할 수 있단 말인가?'라고.

로힛짜여, 이것이 첫 번째 스승이다. 이러한 스승은 세상에서 질책받아 마땅하며, 이러한 스승을 질책하더라도 그 질책은 사실이고 옳고 법다워서 비난받지 않는다."

17. "다시 로힛짜여, 여기 어떤 스승은 집을 나와 출가한 바로 그 출가생활의 목적을 성취하지 못한다. 이런 그는 출가생활의 목적을 성취하지 못했으면서도 '이것은 그대들의 이익을 위해서이고 이것은 그대들의 행복을 위해서이다.'라고 제자들에게 법을 설한다. 그

)라고 설명하고 목적(attha)을 성스러운 과(ariyaphala)라고 설명하고 있다.(SA.ii.32)

러나 그의 제자들은 들으려 하고 귀 기울이고 구경의 지혜를 위해서 마음을 확립한다. 그리고 그들은 스승의 교법으로부터 벗어나지 않는다.

그런 스승은 이와 같이 질책받아 마땅하다. '존자가 집을 나와 출가한 바로 그 출가생활의 목적을 그대는 아직 성취하지 못했다. 이런 그대는 출가생활의 목적을 성취하지 못했으면서도 '이것은 그대들의 이익을 위해서이고 이것은 그대들의 행복을 위해서이다.'라고 제자들에게 법을 설한다. 그러나 그대의 제자들은 들으려 하고 귀 기울이고 구경의 지혜를 위해서 마음을 확립한다. 그리고 그들은 스승의 교법으로부터 벗어나지 않는다. 이는 마치 자신의 밭을 버리고 남의 밭에 김을 매는606) 것과 같다고 생각된다. 그와 마찬가지로 이것도 사악하고 탐욕스런 법이 되고 만다고 나는 말한다. 참으로 남이 남에게 무엇을 할 수 있단 말인가?'라고.

로힛짜여, 이것이 두 번째 스승이다. 이러한 스승은 세상에서 질책받아 마땅하며. 이러한 스승을 질책하더라도 그 질책은 사실이고 옳고 법다워서 비난받지 않는다."

18. "다시 로힛짜여, 여기 어떤 스승은 집을 나와 출가한 바로 그 출가생활의 목적을 성취한다. 이런 그는 출가생활의 목적을 성취한 뒤 '이것은 그대들의 이익을 위해서이고 이것은 그대들의 행복을 위해서이다.'라고 제자들에게 법을 설한다. 그러나 그의 제자들은 들

---

606) '김을 매다'로 옮긴 niddāyitabba는 nis(without)+√dā(to cut)에서 파생된 가능법(Pot.) 분사이다. 그래서 주석서에서는 "농작물의 모양을 한 잡초들을 제거하여 깨끗하게 한다는 뜻이다."(DA.ii.397)라고 설명하고 있다.

으려 하지 않고 귀 기울이지 않고 구경의 지혜를 위해서 마음을 확립하지 않는다. 그리고 그들은 스승의 교법으로부터 벗어나 버린다.

그런 스승은 이와 같이 질책받아 마땅하다. '존자가 집을 나와 출가한 바로 그 출가생활의 목적을 그대는 성취하였다. 이런 그대는 출가생활의 목적을 성취한 뒤 '이것은 그대들의 이익을 위해서이고 이것은 그대들의 행복을 위해서이다.'라고 제자들에게 법을 설한다. 그러나 그대의 제자들은 들으려 하지 않고 귀 기울이지 않고 구경의 지혜를 위해서 마음을 확립하지 않는다. 그리고 그들은 스승의 교법으로부터 벗어나 버린다. 이는 마치 이전의 속박을 자른 뒤 다른 새로운 속박을 만드는 것과 같다. 그와 마찬가지로 이것도 사악하고 탐욕스런 법이 되고 만다고 나는 말한다. 참으로 남이 남에게 무엇을 할 수 있단 말인가?'라고.

로힛짜여, 이것이 세 번째 스승이다. 이러한 스승은 세상에서 질책받아 마땅하며, 이러한 스승을 질책하더라도 그 질책은 사실이고 옳고 법다워서 비난받지 않는다."

질책받지 않아야 할 스승

19. 이와 같이 말씀하시자 로힛짜 바라문은 세존께 이렇게 말씀드렸다.

"고따마 존자시여, 그러면 세상에서 질책받지 않아야 할 스승이 있습니까?"

"로힛짜여, 세상에서 질책받지 않아야 할 스승이 있느니라."

20. ~**53.** "고따마 존자시여, 그러면 어떤 사람이 세상에서 질

책받지 않아야 할 스승입니까?"

"(1) 여기 여래가 이 세상에 출현한다.607) … 그는 법을 설하여 더할 나위 없이 완벽하고 지극히 청정한 범행을 드러낸다.

(2) 이런 법을 장자나 장자의 아들이나 다른 가문에 태어난 자가 듣는다. … 머리와 수염을 깎고 물들인 옷을 입고 집을 떠나 출가한다.

(3) 그는 이와 같이 출가하여 계목의 단속으로 단속하면서 머문다. …

(4) <짧은 길이의 계 - 모두 26가지로 계를 지님>

(5) <중간 길이의 계 - 모두 10가지로 잘못된 행위를 하는 것을 멀리함>

(6) <긴 길이의 계 - 모두 7가지로 삿된 생계를 멀리함>

(7) 이와 같이 계를 구족한 비구는 계로써 잘 단속하기 때문에 어느 곳에서도 두려움을 보지 못한다. … 그는 이러한 성스러운 계의 조목을 구족하여 안으로 비난받지 않는 행복을 경험한다.608)

(8) 비구는 감각의 대문을 잘 지킨다 …

(9) 비구는 마음챙김과 알아차림을 잘 갖춘다 …

(10) 비구는 [얻은 필수품으로] 만족한다 …

(11) 그는 세상에 대한 욕심을 제거하여 욕심을 버린 마음으로 … 악의가 없는 마음으로 … 해태와 혼침을 버려 … 들뜸과 후회를 제거하여 … 의심을 건너서 머문다.

그와 같이 비구는 자기 마음속에서 이들 다섯 가지 장애[五蓋]가 제

---

607) 이하 본문은 「사문과경」(D2)의 §§40~98과 내용이 일치한다. 여기서는 간추려서 적는다.

608) 이상은 「사문과경」(D2) §§41~63과 동일함.

거되었음을 자신에게서 관찰할 때, 비구는 스스로를 빚에서 벗어난 사람, 병이 쾌유한 사람, 감옥의 굴레에서 풀려난 사람, 자유인, 그리고 안전한 곳에 다다른 사람으로 여긴다.609)

54. "로힛짜여, 그와 같이 이들 다섯 가지 장애가 제거되었음을 자신에게서 관찰할 때 환희가 생긴다. 환희로운 자에게 희열이 생긴다. 희열을 느끼는 자의 몸은 경안하다. 몸이 경안한 자는 행복을 느낀다. 행복한 자의 마음은 삼매에 든다.

그는 감각적 욕망들을 완전히 떨쳐버리고 해로운 법[不善法]들을 떨쳐버린 뒤, 일으킨 생각[尋]과 지속적인 고찰[伺]이 있고, 떨쳐버렸음에서 생겼으며, 희열[喜]과 행복[樂]이 있는 초선(初禪)을 구족하여 머문다. 그는 떨쳐버렸음에서 생긴 희열과 행복으로 이 몸을 흠뻑 적시고 충만하게 하고 가득 채우고 속속들이 스며들게 한다. 온몸 구석구석 떨쳐버렸음에서 생긴 희열과 행복이 스며들지 않은 데가 없다."

55. "로힛짜여, 예를 들면 솜씨 좋은 때밀이나 그의 조수가 금속 대야에 목욕가루를 가득 담아 놓고는 물을 알맞게 부어가며 계속 이기면 그 목욕가루덩이 [반죽]에 물기가 젖어들고 스며들어 물기가 안팎으로 흠뻑 스며들 뿐, 그 덩이가 물기를 흘려보내지 않는 것과 같다. 로힛짜여, 그와 마찬가지로 비구는 떨쳐버렸음에서 생긴 희열과 행복으로 이 몸을 흠뻑 적시고 충만케 하고 가득 채우고 속속들이 스며들게 한다. 온몸 구석구석 떨쳐버렸음에서 생긴 희열과 행복이 스며들지 않은 데가 없다.

로힛짜여, 제자는 스승에게서 이러한 형태의 크나큰 탁월함을 증

---

609)   이상은 「사문과경」 (D2) §§64~74와 동일함.

득하나니 이런 사람은 세상에서 질책받지 않아야 할 스승이다. 그리고 이러한 스승을 질책하게 되면 그 질책은 사실이 아니고 옳지 않고 법답지 않아서 비난받게 된다."

56. ~*61.* "로힛짜여, 다시 비구는 일으킨 생각[尋]과 지속적인 고찰[伺]을 가라앉혔기 때문에 [더 이상 존재하지 않으며], 자기 내면의 것이고, 확신이 있으며, 마음의 단일한 상태이고, 일으킨 생각과 지속적인 고찰은 없고, 삼매에서 생긴 희열과 행복이 있는 제2선(二禪)을 구족하여 머문다. … 제3선을 구족하여 머문다. … 제4선을 구족하여 머문다. … 610)

로힛짜여, 제자는 스승에게서 이러한 형태의 크나큰 탁월함을 증득하나니 이런 사람은 세상에서 질책받지 않아야 할 스승이다. 그리고 이러한 스승을 질책하게 되면 그 질책은 사실이 아니고 옳지 않고 법답지 않아서 비난받게 된다."

62. ~*77.* "그는 이와 같이 마음이 삼매에 들고, 청정하고, 깨끗하고, 흠이 없고, 오염원이 사라지고, 부드럽고, 활발발(活潑潑)하고, 안정되고, 흔들림이 없는 상태에 이르렀을 때

(1) 지와 견으로 마음을 향하게 하고 기울게 한다. …

(2) 마음으로 이루어진 몸으로 마음을 향하게 하고 기울게 한다. …

(3) 신통변화[神足通]로 마음을 향하게 하고 기울게 한다. …

(4) 신성한 귀의 요소[天耳界, 天耳通]로 마음을 향하게 하고 기울게 한다. …

---

610)   이상 초선부터 4선까지의 정형구와 비유는 「사문과경」(D2) §§75~82의 정형구와 비유와 일치함.

(5) [남의] 마음을 아는 지혜[他心通]로 마음을 향하게 하고 기울게 한다. …

(6) 전생을 기억하는 지혜[宿命通]로 마음을 향하게 하고 기울게 한다. …

(7) 중생들의 죽음과 다시 태어남을 [아는] 지혜[天眼通]로 마음을 향하게 하고 기울게 한다. …

(8) 모든 번뇌를 소멸하는 지혜[漏盡通]로 마음을 향하게 하고 기울게 한다. …611)

로힛짜여, 제자는 스승에게서 이러한 형태의 광대한 탁월함을 증득하나니 이런 사람도 세상에서 질책받지 않아야 할 스승이다. 그리고 이러한 스승을 질책하게 되면 그 질책은 사실이 아니고 옳지 않고 법답지 않아서 비난받게 된다."

로힛짜의 귀의

78. 이렇게 말씀하시자 로힛짜 바라문은 세존께 이와 같이 말씀 드렸다. "고따마 존자시여, 마치 어떤 사람이 나락612)의 골짜기로 떨어지는 사람을 머리채를 쥐고 끌어올려서 땅바닥에 내려놓는 것과 같이 고따마 존자께서는 나락의 골짜기로 떨어지는 저를 끌어올려서 땅바닥에 내려놓으셨습니다. 경이롭습니다, 고따마 존자시여. 경이롭습니다, 고따마 존자시여. 마치 넘어진 자를 일으켜 세우시듯, 덮여있는 것을 걷어내 보이시듯, [방향을] 잃어버린 자에게 길을 가리

---

611) 이상 8가지 지혜는 「사문과경」 §§83~98의 정형구와 일치함.

612) '나락'으로 옮긴 원어는 naraka인데 '구덩이, 심연' 등의 뜻이며 중국에서 나락(奈落)으로 옮겼고 요즘 우리나라에서도 사용하고 있는 불교용어이다. 지옥(niraya)의 하나이다.

켜 주시듯, '눈 있는 자 형상을 보라.'고 어둠 속에서 등불을 비춰 주시듯, 고따마 존자께서는 여러 가지 방편으로 법을 설해주셨습니다. 저는 이제 고따마 존자께 귀의하옵고, 법과 비구 승가에 또한 귀의하옵니다. 고따마 존자께서는 저를, 오늘부터 목숨이 있는 날까지 귀의한 청신사로 받아 주소서."

「로힛짜 경」이 끝났다.

삼명경(三明經)

범천의 세상에 태어나는 길

Tevijja Sutta(D13)

삼명경(三明經)613)

범천의 세상에 태어나는 길

Tevijja Sutta(D13)

서언

1. 이와 같이 나는 들었다. 한때 세존께서는 500명 정도의 많은 비구 승가와 함께 꼬살라를 유행하시다가 마나사까따614)라는 꼬살라의 바라문 마을에 도착하셨다. 거기서 세존께서는 마나사까따의 북쪽에 있는 아찌라와띠 강 언덕의 망고 숲에 머무셨다.

2. 그 무렵에 잘 알려진 바라문의 큰 가문 출신들이 마나사까따에 많이 머물고 있었는데615) 그들은 짱끼 바라문616), 따룩카 바라

---

613) 본경은 삼베다에 능통한 바라문들의 주장을 설파하신 경이다. 그래서 경의 제목도 삼베다를 뜻하며 우리에게 삼명(三明)으로 알려진 tevijja를 써서 떼윗자 숫따(Tevijja Sutta)라고 불렀고, 이를 역자는 「삼명경」으로 옮겼다. 중국에서도 「삼명경」(三明經)으로 옮겨져서 『장아함』의 26번째 경으로 전해온다.

614) 아찌라와띠(Aciravatī) 강의 언덕에 있는 이 마나사까따(Manasākaṭa)는 다른 경에서는 나타나지 않는다.

615) 다른 경들과 본경의 주석서에 의하면 짱끼 바라문은 오빠사다(Opāsāda)에, 따룩카는 잇차낭깔라(Icchānaṅkala)에, 뽁카라사띠는 욱깟타(Ukka-

문617), 뽁카라사띠 바라문618), 자눗소니 바라문619), 또데야 바라문620)이었으며, 그 외에도 다른 잘 알려진 바라문의 큰 가문 출신들이 머물고 있었다.

와셋타와 바라드와자

3. 그때 와셋타와 바라드와자621)라는 [두 바라문 학도가]622)

ṭṭha)에, 자눗소니는 사왓티에, 또데야는 뚜디 마을(Tudigāma)에 살고 있었는데 마나사까따는 아름다운 곳이어서 이들 유명한 바라문들은 이곳 아찌라와띠 강의 언덕에 집(별장?)을 짓고 울타리를 만들어 남들이 접근하지 못하게 하여 여기서 만뜨라 공부(mantasajjhāya)를 하였다고 한다.(DA.ii.399) 한편 『중부 주석서』에 의하면 이들은 모두 꼬살라의 빠세나디 왕의 궁중제관(purohita)들이었다고 한다.(MA.iii.431)

616) 짱끼(Caṅkī) 바라문은 『중부』 「짱끼 경」(M98)을 통해서 부처님의 신도가 되었다.

617) 따룩카(Tārukkha) 바라문은 본경에 나타나는 바라드와자 바라문 학도의 스승이었다고 한다.(SnA.i.372; i.462; D.i.235; M.ii.202) 그러나 그와 부처님의 만남을 다룬 경은 나타나지 않는다.

618) 뽁카라사띠(Pokkharasāti) 바라문에 대해서는 본서 「암밧타 경」(D3)을 참조할 것.

619) 자눗소니(Jāṇussoṇi) 바라문은 『중부』 「바야베라와 경」(Bhayabherava Sutta, M4, 두려움과 공포)을 듣고 부처님의 신도가 되었다. 그는 다른 여러 경에도 등장하고 있다. 주석서에 의하면 자눗소니는 그의 개인 이름이 아니라 꼬살라의 빠세나디 왕의 궁중제관들 가운데서 서열을 나타내는 이름이라고 한다.(MA.i.90)

620) 또데야(Todeyya) 바라문에 대해서는 본서 「수바 경」(D10) §1.1의 주해를 참조할 것.

621) 와셋타(Vāseṭṭha) 바라문 학도와 바라드와자(Bhāradvāja) 바라문 학도는 본경 외에도 『중부』 「와셋타 경」(Vāseṭṭha Sutta, M98)과 본서 제3권 「세기경」(D27)에도 등장한다. 「세기경」에 의하면 이때 이 둘은 출

산책을 나와서 이리저리 포행하며 다니다가 도와 도 아닌 것에 대한 이야기623)를 하게 되었다.

4. 와셋타 바라문 학도는 이와 같이 말했다. "이것이야말로624) 곧은 도요 이것이야말로 바른 길이니 벗어남으로 인도하고625) 그대로 행하면 범천의 일원626)이 되게 한다. 이것은 뽁카라사띠627) 바라문이 설하신 것이다."

5. 바라드와자 바라문 학도는 이와 같이 말했다. "이것이야말

가하여 견습기간을 거치는 중이었다. 주석서에 의하면 이들은 「와셋타경」(M98)으로 부처님의 신도가 되었고 그 다음에 본경을 통해서 더욱 신심이 깊어졌으며 본서 제3권 「세기경」(D27)을 듣고 구족계를 받았으며 아라한이 되었다고 한다. 이 둘은 모두 아주 부유하였는데 4억의 재산을 버리고 출가하였다고 한다.(DA.ii.406; iii.860; 872)
그리고 와셋타는 뽁카라사띠의 상수제자였다고 하며 바라드와자는 따룩카의 제자였다고 한다.(DA.ii.399; SnA.ii.463)

622) PTS본에는 '두 바라문 학도가'에 해당하는 māṇavānaṁ이 없다. 그러나 미얀마본에는 있는데 문맥상 있어야 한다.

623) 어떠한 도닦음(paṭipadā)을 성취해야 범천의 세상에 가는지에 대한 도와 도가 아닌 것(magga-amagga)에 대한 이야기(kathā)라고 주석서는 설명하고 있다.(DA.ii.400)

624) 와셋타와 바라드와자가 각각 주장하는 곧은 도의 내용은 나타나지 않고 있다. 불교의 입장에서 보면 중요한 가르침이 아니라서 그냥 이것(ayaṁ)이라는 지시대명사로 그 전체를 지칭하고 있다.

625) 아래 §11에서 주해하고 있다.

626) '범천의 일원'은 brahma-sahavyatā의 역어이다. sahavyatā는 sahavya의 추상명사인데 sahavya는 '함께'를 뜻하는 saha의 곡용형 sāhāyya의 빠알리로 '함께 함'을 뜻한다. 그래서 전체를 '범천의 일원'으로 옮겼다.

627) 뽁카라사띠는 와셋타의 스승이었다.

로 곧은 도요 이것이야말로 바른 길이니 벗어남으로 인도하고 그대로 행하면 범천의 일원이 되게 한다. 이것은 따룩키[628) 바라문이 설하신 것이다."

6. 와셋타 바라문 학도는 바라드와자 바라문 학도에게 인식시킬 수 없었고 바라드와자 바라문 학도도 와셋타 바라문 학도에게 인식시킬 수가 없었다.

7. 그러자 와셋타 바라문 학도는 바라드와자 바라문 학도를 불러서 말했다. "바라드와자여, 사문 고따마 존자는 사꺄의 후예인데 사꺄 가문에서 출가하여 마나사까따 북쪽의 아찌라와띠 강 언덕에 있는 망고 숲에 머무십니다. 그분 고따마 존자께는 이러한 좋은 명성이 따릅니다. '이런 [이유로] 그분 세존께서는 아라한[應供]이시며, 완전히 깨달은 분[正等覺]이시며, 영지와 실천이 구족한 분[明行足]이시며, 피안으로 잘 가신 분[善逝]이시며, 세간을 잘 알고 계신 분[世間解]이시며, 가장 높은 분[無上土]이시며, 사람을 잘 길들이는 분[調御丈夫]이시며, 하늘과 인간의 스승[天人師]이시며, 부처님[佛]이시며, 세존(世尊)이시다.'라고. 바라드와자여, 우리 같이 사문 고따마께 가봅시다. 가서 사문 고따마께 이 뜻을 여쭈어봅시다. 그래서 사문 고따마께서 우리에게 설명해 주시는 대로 호지(護持)합시다."

"여보게, 그렇게 합시다."라고 바라드와자 바라문 학도는 와셋타 바라문 학도에게 대답했다.

---

628) 따룩카는 바라드와자의 스승이었다.

도와 도 아닌 것에 대한 이야기

8. 그러자 와셋타 바라문 학도와 바라드와자 바라문 학도는 세존께 다가갔다. 가서는 세존과 함께 환담을 나누었다. 유쾌하고 기억할 만한 이야기로 서로 담소를 나누고 한 곁에 앉았다. 한 곁에 앉아서 와셋타 바라문 학도는 세존께 이와 같이 말씀드렸다.

"고따마 존자시여, 여기 저희 둘은 산책을 나와서 이리저리 포행하며 다니다가 도와 도 아닌 것에 대한 이야기를 하게 되었습니다. 저는 '이것이야말로 곧은 도요 이것이야말로 바른 길이니 벗어남으로 인도하고 그대로 행하면 범천의 일원이 되게 한다. 이것은 뽁카라사띠 바라문이 설하신 것이다.'라고 말했습니다. 바라드와자 바라문 학도는 '이것이야말로 곧은 도요 이것이야말로 바른 길이니 벗어남으로 인도하고 그대로 행하면 범천의 일원이 되게 한다. 이것은 따룩카 바라문이 설하신 것이다.'라고 말했습니다. 고따마 존자시여, 여기에 대해서 분쟁이 있고 말다툼이 있고 이견이 있습니다."

9. "와셋타여, 참으로 그대는 '이것이야말로 곧은 도요 이것이야말로 바른 길이니 벗어남으로 인도하고 그대로 행하면 범천의 일원이 되게 한다. 이것은 뽁카라사띠 바라문이 설하신 것이다.'라고 이렇게 말했다. 그리고 바라드와자 바라문 학도는 '이것이야말로 곧은 도요 이것이야말로 바른 길이니 벗어남으로 인도하고 그대로 행하면 범천의 일원이 되게 한다. 이것은 따룩카 바라문이 설하신 것이다.'라고 이렇게 말했다. 와셋타여, 그러면 무엇에 대해서629) 분쟁이

---

629) 주석서는 다음과 같이 설명하고 있다. "그대는 이것이 도라고 자신의 스승의 교설을 움켜쥐고 있고 바라드와자도 자신의 스승의 교설을 움켜쥐고 있다. 각자는 각자 [자신의 교설]에 대해서는 아무런 의심이 없다. 이와 같

있고 무엇에 대해서 말다툼이 있고 무엇에 대해서 이견이 있단 말인가?"

10. "고따마 존자시여, 도와 도 아닌 것에 대해서 입니다. 고따마 존자시여, 앗다리야 바라문,630) 띳띠리야 바라문, 찬도까 바라문, 찬다와 바라문, 브라흐마짜리야 바라문과 같은 바라문들은 무엇이든 간에 여러 가지 도에 대해서 천명(闡明)합니다. 이런 여러 가지 도는 벗어남으로 인도하고 그대로 행하면 범천의 일원이 되게 합니다.

고따마 존자시여, 예를 들면 마을이나 성읍에서 멀지 않은 곳에 여러 가지 많은 길들이 있다면 그 길 모두는 마을에서 함께 만나는 것과 같습니다. 그와 마찬가지로 앗다리야 바라문, 띳띠리야 바라문, 찬도까 바라문, 찬다와 바라문, 브라흐마짜리야 바라문과 같은 바라

다면 그대들은 무엇에 대해서 분쟁이 있다고 질문하는가?"(DA.ii.400)

630) 여기 언급되는 바라문들의 이름을 산스끄리뜨로 적어 보면 앗다리야(Ad-dhariya)는 Adhvaryu이고 띳띠리야(Tittiriya)는 Taittirīyā이고 찬도까(Chandokā)는 Chandogyā이고 찬다와(Chandāvā)와 브라흐마짜리야(Brāhmacariyā)는 빠알리와 같다. 이 가운데 처음의 셋은 각각 『아이따레야 우빠니샤드』『따이띠리야 우빠니샤드』『찬도갸 우빠니샤드』 등 고층 우빠니샤드를 지은 자들과 그 이름이 일치한다. 그리고 브라흐마짜리야는 『브르하다란나까 우빠니샤드』와 관련이 있는지도 모른다. 적어도 분명한 것은 따이띠리야와 찬도갸는 『따이띠리야 우빠니샤드』와 『찬도갸 우빠니샤드』를 짓거나 결집한 바라문임에 틀림없다.
이들 우빠니샤드들은 모두 고층 우빠니샤드로 현존 우빠니샤드 가운데 가장 중요하게 취급되고 있으며, 특히 찬도갸, 브르하다란야까, 따이띠리야는 일찍부터 베단따 학파에서 가장 중요한 세 가지 우빠니샤드로 중시 하였고 우빠니샤드 철학의 백미이다. 우빠니샤드 철학의 핵심은 우리나라에서도 범아일여(梵我一如)라고 알려져 있듯이 브라만(궁극적 실체로서의 브라만 혹은 범천)과 하나 되는 것이다. 실제로 이러한 우빠니샤드들에는 브라만(혹은 범천)에 도달하는 여러 가지 도가 설해지고 있다.

문들은 무엇이든 간에 여러 가지 도에 대해서 천명을 합니다. 이런 여러 가지 도는 벗어남으로 인도하고 그대로 행하면 범천의 일원이 되게 합니다."

와셋타와의 대화 – 삼베다는 벗어남으로 인도하는가

11. "와셋타여, 그대는 벗어남으로 인도한다고 말하는가?"631)

"고따마 존자시여, 저는 벗어남으로 인도한다고 말합니다."

"와셋타여, 그대는 벗어남으로 인도한다고 말하는가?"

"고따마 존자시여, 저는 벗어남으로 인도한다고 말합니다."

"와셋타여, 그대는 벗어남으로 인도한다고 말하는가?"

"고따마 존자시여, 저는 벗어남으로 인도한다고 말합니다."

12. "와셋타여, 그런데 삼베다에 능통한 바라문632)들 가운데 어

---

631) '벗어남으로 인도하다'로 옮긴 원어는 niyyānikāni niyyanti인데 두 단어 모두 √nī(*to lead*)에서 파생되었다. 주석서에서는 "벗어나면서(niyyā-yanto) 벗어난다, 가면서 간다는 뜻이다."(*Ibid*)라고 설명하고 있다. 여기서는 '벗어남으로 인도한다'고 의역을 하였다. 본서에서 niyyānika는 문맥에 따라서 '출구'로 옮기기도 하였다.
이 구문은 다른 경들에서는 주로 "법은 제대로 설해졌고 잘 선언되고 벗어남으로 인도하고 고요에 이바지하고 바르게 깨달은 분에 의해서 선언된 것이기 때문이다."(D29)나 "성스러우며 벗어남으로 인도하며 그대로 실천하면 바르게 괴로움의 파괴로 인도한다."(M122)와 같은 문맥에서 나타나고 있듯이 모두 괴로움의 소멸이나 해탈·열반이나 바른 깨달음을 의미한다. 그래서 주석서에서도 "벗어남으로 인도함(niyānika)이란 도를 위하고 과를 위해서 인도한다는 뜻이다."(DA.iii.909)라고 설명하고 있다.
세존께서는 바라문들의 가르침이 벗어남으로 인도한다는 것을 인정하지 않으신다. 그래서 부처님께서는 아래 §15에서 그들은 장님 줄서기처럼 맹신을 하기 때문에 참 해탈의 길이 될 수 없다고 하시는 것이다.

632) '삼베다에 능통한 바라문'은 tevijja brāhmaṇa를 옮긴 것이다. 여기에 대

느 한 바라문이라도 범천을 직접 본633) 자가 있는가?"

"그렇지 않습니다, 고따마 존자시여."

"와셋타여, 그런데 삼베다에 능통한 바라문들의 스승들 가운데 어느 한 스승이라도 범천을 직접 본 자가 있는가?"

"그렇지 않습니다, 고따마 존자시여."

"와셋타여, 그런데 삼베다에 능통한 바라문들의 스승들의 스승들 가운데 어느 한 스승이라도 범천을 직접 본 자가 있는가?"

"그렇지 않습니다, 고따마 존자시여."

"와셋타여, 그런데 삼베다에 능통한 바라문들의 일곱 세대 전의 스승들의 계보 가운데 어느 한 스승이라도 범천을 직접 본 자가 있는가?"

"그렇지 않습니다, 고따마 존자시여."

13. "와셋타여, 바라문들의 선조가 되는 자들이 있었나니, 그들은 만뜨라를 만들고 만뜨라를 설한 선인(仙人)634)들이었다. 지금의 바라문들은 [그 선조들이] 노래하고 설하고 모은 오래된 만뜨라 구절들을 따라 노래하고, 따라 설하고, 설한 것을 다시 따라 설하고, 말

해서는 본서 「암밧타 경」(D3) §2.2의 주해를 참조할 것.

633) '직접 본'으로 옮긴 원어는 sakkhidiṭṭha이다. 여기서 sakkhi는 sva(자신의)+akkhi(눈)으로 분석되며 그래서 '눈으로'라는 뜻이고 diṭṭha는 √ dṛś(*to see*)의 과거분사이다. 그래서 '눈으로 직접 본'이라는 의미이다. 논리나 추론이 아니라 직접 대면하여 확인하는 것을 말한다. sacchi-kiriya(실현)도 '눈으로 행함'이라는 문자적인 의미를 살려 '실현'으로 옮기는데 같은 의미이다. 부처님께서 이런 표현을 사용하시는 이유는 그들의 베다는 모두 전승되어 온 것이지 아무도 직접 범천을 본 사람은 없다는 것을 강조하기 위해서이다.

634) 선인(仙人)에 대해서는 본서 「암밧타 경」(D3) §1.23 주해를 참조할 것.

한 것을 다시 따라 말하나니, 그들은 앗타까, 와마까, 와마데와, 웻사미따, 야마딱기, 앙기라사, 바라드와자, 와셋타, 깟사빠, 바구이다.635) 그런데 그들은 '나는 범천은 어디 있는지 범천은 어떻게 있는지 범천은 언제부터 있는지 이것을 알고 나는 이것을 본다.'라고 말하였는가?"

"그렇지 않습니다, 고따마 존자시여."

14. "와셋타여, 이와 같이 참으로 삼베다에 능통한 바라문들 가운데 어느 한 바라문도 범천을 직접 본 자가 없다. 삼베다에 능통한 바라문들의 스승들 가운데 어느 한 스승도 범천을 직접 본 자가 없다. 삼베다에 능통한 바라문들의 스승들의 스승들 가운데 어느 한 스승도 범천을 직접 본 자가 없다. 삼베다에 능통한 바라문들의 일곱 세대 전의 스승들의 계보 가운데 어느 한 스승도 범천을 직접 본 자가 없다.

바라문들의 선조들이 되는 자들이 있었나니, 그들은 만뜨라를 만들고 만뜨라를 설하는 선인들이었다. 지금의 바라문들은 [그 선조들이] 노래하고 설하고 모은 오래된 만뜨라 구절들을 따라 노래하고, 따라 설하고, 설한 것을 다시 따라 설하고, 말한 것을 다시 따라 말하나니, 그들은 앗타까, 와마까, 와마데와, 웻사미따, 야마딱기, 앙기라사, 바라드와자, 와셋타, 깟사빠, 바구이다. 그런데 그들도 '나는 범천은 어디 있는지 범천은 어떻게 있는지 범천은 언제부터 있는지 이것을 알고 나는 이것을 본다.'라고 말하지 않았다.

그러므로 삼베다에 능통한 바라문들은 결국 '우리는 우리가 알지 못하고 우리가 보지 못하는 것의 일원이 되게 하는 길을 가르친다. 이것이야말로 곧은 도요 이것이야말로 바른 길이니 벗어남으로 인도

---

635) 이들에 대해서는 본서 「암밧타 경」(D3) §2.8의 주해를 참조할 것.

하고 그대로 행하면 범천의 일원이 되게 한다.'라고 말하는 것이 되고 만다.

와셋타여, 이를 어떻게 생각하는가? 참으로 이와 같으므로 삼베다에 능통한 바라문들은 터무니없는 말을 한 것이 되고 말지 않겠는가?"

"고따마 존자시여, 분명히 그렇습니다. 참으로 이와 같으므로 삼베다에 능통한 바라문들은 터무니없는 말을 한 것이 되고 맙니다."

15.   "와셋타여, 참으로 삼베다에 능통한 그 바라문들은 '이것이야말로 곧은 도요 이것이야말로 바른 길이니 벗어남으로 인도하고 그대로 행하면 범천의 일원이 되게 한다.'라고 하면서 그들이 알지 못하고 그들이 보지 못하는 것의 일원이 되게 하는 길을 가르친다. 그러나 그런 경우란 존재하지 않는다.636)

와셋타여, 예를 들면 눈먼 자들이 줄을 지어서 서로서로 닿아 있는데 처음 사람도 보지 못하고 가운데 사람도 보지 못하고 마지막 사람도 보지 못하는 것과 같다.637) 와셋타여, 그와 같이 삼베다에 능통한

---

636)   본경에서 세존께서는 여러 비유를 들어가면서 아주 강한 어조로 범천의 세상에 태어나기 위해서는 거기에 태어날 도를 닦아야 하는 것이 상식인데도 바라문들은 그런 도는 닦지 않고 베다를 노래하고 찬미하기에 급급하다고 말씀하신다. 본서를 통해서 부처님께서는 네 가지 거룩한 마음가짐[四梵住, 四無量]이야말로 범천에 태어나는 길이며 계·정·혜의 실천이야말로 범천에 태어나는 길이라고 당시 인도의 지식계급인 바라문들에게 간곡히 가르치고 계신다. 이런 가르침이 참으로 합리적이고 타당하였기 때문에 사리뿟따, 목갈라나, 마하깟사빠, 마하깟짜야나 등 수많은 유능한 젊은 바라문들이 부처님 문하로 출가하여 아라한이 되었으며, 유명하고 연로한 바라문들도 부처님의 신도가 되었다. 이런 과정을 통해서 불교는 인도 사회에 정착이 된 것이다. 본경의 와셋타와 바라드와자 바라문 학도도 마침내 출가하여 아라한들이 되었다.

637)   이것이 유명한 장님 줄서기 비유이다. 본경과 같은 내용의 비유가 『중

바라문들이 설한 것은 장님 줄서기와 같다고 생각되는구나. 처음 사람도 보지 못하고 가운데 사람도 보지 못하고 마지막 사람도 보지 못한다. 그러므로 그들 삼베다에 능통한 바라문들의 이런 말은 웃음거리가 되고 만다. 오직 이름뿐임이 밝혀지고 만다. 허망하게 되고 만다. 공허하게 되고 만다."

16. "와셋타여, 이를 어떻게 생각하는가? 삼베다에 능통한 바라문들도 다른 보통 사람들과 마찬가지로 태양과 달을 보기도 하고 태양과 달이 뜨고 지는 곳에서 빌기도 하고 찬송하기도 하고 합장을 하기도 하고 절을 하면서 따라다니기도 하는가?"

"그렇습니다, 고따마 존자시여. 삼베다에 능통한 바라문들도 다른 보통 사람들과 마찬가지로 태양과 달을 보기도 하고 태양과 달이 뜨고 지는 곳에서 빌기도 하고 찬송하기도 하고 합장을 하기도 하고 절을 하면서 따라다니기도 합니다."

17. "와셋타여, 이를 어떻게 생각하는가? 삼베다에 능통한 바라문들은 다른 보통 사람들과 마찬가지로 태양과 달을 보기도 하고 태양과 달이 뜨고 지는 곳에서 빌기도 하고 찬송하기도 하고 합장을 하기도 하고 절을 하면서 따라다니기도 한다. 그러면서도 삼베다에 능통한 바라문들이 '이것이야말로 곧은 도요 이것이야말로 바른 길이니 벗어남으로 인도하고 그대로 행하면 태양과 달의 일원이 되게 한다.'라고 태양과 달의 일원이 되는 길을 가르치는 것이 가능하겠는가?"638)

부』「짱끼 경」(M95)과 「수바 경」(M99) 등에도 나타난다.

638)   즉 그들이 진정으로 태양과 달에 가는 길을 알고 있다면 그 길을 가면 되

"그렇지 않습니다, 고따마 존자시여."

18. "와셋타여, 이와 같이 참으로 삼베다에 능통한 바라문들은 다른 보통 사람들과 마찬가지로 태양과 달을 보기도 하고 태양과 달이 뜨고 지는 곳에서 빌기도 하고 찬송하기도 하고 합장을 하기도 하고 절을 하면서 따라다니기도 한다. 그러면서도 삼베다에 능통한 바라문들이 '이것이야말로 곧은 도요 이것이야말로 바른 길이니 벗어남으로 인도하고 그대로 행하면 태양과 달의 일원이 되게 한다.'라고 태양과 달의 일원이 되는 길을 가르치는 것은 가능하지 않다.

와셋타여, 이와 같이 참으로 삼베다에 능통한 바라문들 가운데 어느 한 바라문도 범천을 직접 본 자가 없다. 삼베다에 능통한 바라문들의 스승들 가운데 어느 한 스승도 범천을 직접 본 자가 없다. 삼베다에 능통한 바라문들의 스승들의 스승들 가운데 어느 한 스승도 범천을 직접 본 자가 없다. 삼베다에 능통한 바라문들의 일곱 세대 전의 스승들의 계보 가운데 어느 한 스승도 범천을 직접 본 자가 없다.

바라문들의 선조들이 되는 자들이 있었나니, 그들은 만뜨라를 만들고 만뜨라를 설하는 선인들이었다. 지금의 바라문들은 [그 선조들이] 노래하고 설하고 모은 오래된 만뜨라 구절들을 따라 노래하고, 따라 설하고, 설한 것을 다시 따라 설하고, 말한 것을 다시 따라 말하나니, 그들은 앗타까, 와마까, 와마데와, 웻사밋따, 야마딱기, 앙기라

지 태양과 달을 숭배할 필요가 없다는 말씀이다. 그들이 보통 사람들처럼 태양과 달을 숭배한다는 말은 거기에 이르는 길을 모른다는 것과 마찬가지며 그들 스스로 범부라고 인정하는 것에 지나지 않는다는 말씀이다.
한편, 『찬도갸 우빠니샤드』 등의 여러 우빠니샤드들과 『마하바라따』 등에서 태양은 신들에게로 가는 길(deva-yāna)이요 달은 조상들에게로 가는 길(pitṛ-yāna)이라고 언급되어 있다.

사, 바라드와자, 와셋타, 깟사빠, 바구이다. 그런데 그들도 '나는 범천은 어디 있는지 범천은 어떻게 있는지 범천은 언제부터 있는지 이것을 알고 나는 이것을 본다.'라고 말하지 않았다.

그러므로 삼베다에 능통한 바라문들은 결국 '우리는 우리가 알지 못하고 우리가 보지 못하는 것의 일원이 되게 하는 길을 가르친다. 이것이야말로 곧은 도요 이것이야말로 바른 길이니 벗어남으로 인도하고 그대로 행하면 범천의 일원이 되게 한다.'라고 말하는 것이 되고 만다.

와셋타여, 이를 어떻게 생각하는가? 참으로 이와 같으므로 삼베다에 능통한 바라문들은 터무니없는 말을 한 것이 되고 말지 않겠는가?"

"고따마 존자시여, 분명히 그렇습니다. 참으로 그와 같으므로 삼베다에 능통한 바라문들은 터무니없는 말을 한 것이 되고 맙니다."

"와셋타여, 참으로 삼베다에 능통한 그 바라문들은 '이것이야말로 곧은 도요 이것이야말로 바른 길이니 벗어남으로 인도하고 그대로 행하면 범천의 일원이 되게 한다.'라고 하면서 그들이 알지 못하고 그들이 보지 못하는 것의 일원이 되게 하는 길을 가르친다. 그러나 그런 경우란 존재하지 않는다."

나라 안에서 제일가는 미녀의 비유

19. "와셋타여, 예를 들면 어떤 사람이 '나는 이 나라 안에서 제일가는 미녀를 갈망하고 탐한다.'고 말한다 하자.639)

---

639) 이 경국지색의 비유와 다음의 사다리의 비유는 본서 「뽓타빠다 경」(D9) §35에서도 언급이 되었다. 거기서는 존재하지도 않는 자아를 두고 비유했고 여기서는 보지도 알지도 못하는 범천에다 비유했다.

그러면 그에게 '이 사람아, 그대는 그 나라에서 제일가는 미녀가 끄샤뜨리야인지 바라문인지 와이샤인지 수드라인지 알기는 하는가?'라고 말할 것이다. 이렇게 물으면 그는 '아니오.'라고 대답할 것이다.

그러면 그런 그에게 다시, '이 사람아, 그대는 나라에서 제일가는 미녀를 갈망하고 탐하는데 나라에서 제일가는 그 미녀의 이름이 무엇이고 성이 무엇인지, [키가] 큰지 작은지 중간인지, [피부가] 검은지 흰지 황색인지, 어떤 마을이나 성읍이나 도시에 사는지 아는가?'라고 말할 것이다. 이렇게 물으면 그는 다시 '아니오.'라고 대답할 것이다.

그런 그에게 다시, '이 사람아, 그대는 알지도 못하고 보지도 못한 [여인]을 갈망하고 탐하는가?'라고 말할 것이다. 이렇게 물으면 '그렇습니다.'라고 그가 대답할 것이다.

와셋타여, 이를 어떻게 생각하는가? 참으로 이러하다면 그 사람은 터무니없는 말을 한 것이 되고 말지 않겠는가?"

"고따마 존자시여, 분명히 그렇습니다. 참으로 그러하다면 그 사람은 터무니없는 말을 한 것이 되고 맙니다."

20. "와셋타여, 그와 마찬가지로 참으로 삼베다에 능통한 바라문들은 다른 보통 사람들과 마찬가지로 태양과 달을 보기도 하고 태양과 달이 뜨고 지는 곳에서 빌기도 하고 찬송하기도 하고 합장을 하기도 하고 절을 하면서 따라다니기도 한다. 그러면서도 삼베다에 능통한 바라문들이 '이것이야말로 곧은 도요 이것이야말로 바른 길이니 벗어남으로 인도하고 그대로 행하면 태양과 달의 일원이 되게 한다.'라고 태양과 달의 일원이 되는 길을 가르치는 것은 가능하지 않다.

와셋타여, 이와 같이 참으로 삼베다에 능통한 바라문들 가운데 어느 한 바라문도 범천을 직접 본 자가 없다. 삼베다에 능통한 바라문들의 스승들 가운데 어느 한 스승도 범천을 직접 본 자가 없다. 삼베다에 능통한 바라문들의 스승들의 스승들 가운데 어느 한 스승도 범천을 직접 본 자가 없다. 삼베다에 능통한 바라문들의 일곱 세대 전의 스승들의 계보 가운데 어느 한 스승도 범천을 직접 본 자가 없다.

바라문들의 선조들이 되는 자들이 있었나니, 그들은 만뜨라를 만들고 만뜨라를 설하는 선인들이었다. 지금의 바라문들은 [그 선조들이] 노래하고 설하고 모은 오래된 만뜨라 구절들을 따라 노래하고, 따라 설하고, 설한 것을 다시 따라 설하고, 말한 것을 다시 따라 말하나니, 그들은 앗타까, 와마까, 와마데와, 웻사밋따, 야마딱기, 앙기라사, 바라드와자, 와셋타, 깟사빠, 바구이다. 그런데 그들도 '나는 범천은 어디 있는지 범천은 어떻게 있는지 범천은 언제부터 있는지 이것을 알고 나는 이것을 본다.'라고 말하지 않았다.

그러므로 삼베다에 능통한 바라문들은 결국 '우리는 우리가 알지 못하고 우리가 보지 못하는 것의 일원이 되게 하는 길을 가르친다. 이것이야말로 곧은 도요 이것이야말로 바른 길이니 벗어남으로 인도하고 그대로 행하면 범천의 일원이 되게 한다.'라고 말하는 것이 되고 만다.

와셋타여, 이를 어떻게 생각하는가? 참으로 이와 같으므로 삼베다에 능통한 바라문들은 터무니없는 말을 한 것이 되고 말지 않겠는가?"

"고따마 존자시여, 분명히 그렇습니다. 참으로 이와 같으므로 삼베다에 능통한 바라문들은 터무니없는 말을 한 것이 되고 맙니다."

"와셋타여, 참으로 삼베다에 능통한 그 바라문들은 '이것이야말로 곧은 도요 이것이야말로 바른 길이니 벗어남으로 인도하고 그대로 행하면 범천의 일원이 되게 한다.'라고 하면서 그들이 알지 못하고 그들이 보지 못하는 것의 일원이 되게 하는 길을 가르친다. 그러나 그런 경우란 존재하지 않는다."

사다리의 비유

21. "와셋타여, 예를 들면 어떤 사람이 누각에 오르기 위해서 큰 사거리에서 사다리를 만드는 것과 같다.

이런 그에게 '이 사람아, 그대는 누각에 오르기 위해서 사다리를 만들고 있다. 그런데 그대는 그 누각이 동쪽 방향에 있다고 아는가? 아니면 남쪽 방향이나 서쪽 방향이나 북쪽 방향이나 위나 아래나 가운데 있다고 아는가?'라고 말할 것이다. 이렇게 물으면 그는 '아니오'라고 대답할 것이다.

이런 그에게 다시 '이 사람아, 그대는 그대가 알지도 못하고 보지도 못하는 그런 누각에 오르기 위해서 사다리를 만드는가?'라고 말할 것이다. 이렇게 물으면 '그렇습니다.'라고 대답할 것이다.

와셋타여, 이를 어떻게 생각하는가? 참으로 이러하다면 그 사람은 터무니없는 말을 한 것이 되고 말지 않겠는가?"

"고따마 존자시여, 분명히 그렇습니다. 참으로 그러하다면 그 사람은 터무니없는 말을 한 것이 되고 맙니다."

22. "와셋타여, 그와 마찬가지로 참으로 삼베다에 능통한 바라문들은 다른 보통 사람들과 마찬가지로 태양과 달을 보기도 하고 태양과 달이 뜨고 지는 곳에서 빌기도 하고 찬송하기도 하고 합장을 하기도 하고 절을 하면서 따라다니기도 한다. 그러면서도 삼베다에 능

통한 바라문들이 '이것이야말로 곧은 도요 이것이야말로 바른 길이니 벗어남으로 인도하고 그대로 행하면 태양과 달의 일원이 되게 한다.'라고 태양과 달의 일원이 되는 길을 가르치는 것은 가능하지 않다.

와셋타여, 이와 같이 참으로 삼베다에 능통한 바라문들 가운데 어느 한 바라문도 범천을 직접 본 자가 없다. 삼베다에 능통한 바라문들의 스승들 가운데 어느 한 스승도 범천을 직접 본 자가 없다. 삼베다에 능통한 바라문들의 스승들의 스승들 가운데 어느 한 스승도 범천을 직접 본 자가 없다. 삼베다에 능통한 바라문들의 일곱 세대 전의 스승들의 계보 가운데 어느 한 스승도 범천을 직접 본 자가 없다.

바라문들의 선조들이 되는 자들이 있었나니, 그들은 만뜨라를 만들고 만뜨라를 설하는 선인들이었다. 지금의 바라문들은 [그 선조들이] 노래하고 설하고 모은 오래된 만뜨라 구절들을 따라 노래하고, 따라 설하고, 설한 것을 다시 따라 설하고, 말한 것을 다시 따라 말하나니, 그들은 앗타까, 와마까, 와마데와, 웻사미따, 야마딱기, 앙기라사, 바라드와자, 와셋타, 깟사빠, 바구이다. 그런데 그들도 '나는 범천은 어디 있는지 범천은 어떻게 있는지 범천은 언제부터 있는지 이것을 알고 나는 이것을 본다.'라고 말하지 않았다.

그러므로 삼베다에 능통한 바라문들은 결국 '우리는 우리가 알지 못하고 우리가 보지 못하는 것의 일원이 되게 하는 길을 가르친다. 이것이야말로 곧은 도요 이것이야말로 바른 길이니 벗어남으로 인도하고 그대로 행하면 범천의 일원이 되게 한다.'라고 말하는 것이 되고 만다.

와셋타여, 이를 어떻게 생각하는가? 참으로 이와 같으므로 삼베다에 능통한 바라문들은 터무니없는 말을 한 것이 되고 말지 않겠는가?"

"고따마 존자시여, 분명히 그렇습니다. 참으로 그와 같으므로 삼베다에 능통한 바라문들은 터무니없는 말을 한 것이 되고 맙니다."

23. "와셋타여, 참으로 삼베다에 능통한 그 바라문들은 '이것이야말로 곧은 도요 이것이야말로 바른 길이니 벗어남으로 인도하고 그대로 행하면 범천의 일원이 되게 한다.'라고 하면서 그들이 알지 못하고 그들이 보지 못하는 것의 일원이 되게 하는 길을 가르친다. 그러나 그런 경우란 존재하지 않는다."

아찌라와띠 강의 비유

24. "와셋타여, 예를 들면 이 아찌라와띠 강이 까마귀가 마실 수 있을 만큼 넘실대는 물640)로 가득 차있다 하자. 그때 저 언덕을 원하고 저 언덕을 찾고 저 언덕으로 가려 하고 저 언덕으로 건너고자 하는 사람이 온다고 하자. 그는 이쪽 언덕에 서서 '저 언덕은 이쪽으로 오라. 저 언덕은 이쪽으로 오라.'고 저쪽 언덕을 부른다고 하자. 와셋타여, 이를 어떻게 생각하는가? 그 사람이 부른다고 해서, 빈다고 해서, 원한다고 해서, 기뻐한다고 해서 아찌라와띠 강의 저쪽 언덕이 이쪽 언덕으로 오겠는가?"

---

640) '까마귀가 마실 수 있을 만큼 넘실대는 물'로 옮긴 원어는 kākapeyyā이다. 여기서 kāka는 까마귀이고, peyya는 √pā(*to drink*)의 가능법(*Pot.*) 분사이다. 그래서 '까마귀가 마실 수 있는'이라는 뜻이다. 주석서에서는 "어떤 곳이든 까마귀가 언덕에 서서 물을 마실 수 있는 것"(DA.ii.402)이라고 설명하고 있다. 이것은 여성명사인 강(nadī)을 수식하는 형용사이며 그래서 여성형 어미로 나타난다. 이 표현법은 빠니니 문법서에도 나타난다.(Pāṇini.2.1.33) 초기경전에는 여러 곳에 나타나지만 역자가 과문한 탓인지 모르나 베딕이나 산스끄리뜨 문헌에서는 볼 수 없었던 표현법이다.

"그렇지 않습니다, 고따마 존자시여."

25. "와셋타여, 그와 마찬가지로 삼베다에 능통한 바라문들은 바라문들이 행하는 법들641)을 버려 버리고 바라문들이 행하지 않는 법들을 받아 지니면서 이렇게 말한다. '인드라를 소청(所請)하나이다.642) 소마를 소청하나이다. 와루나를 소청하나이다. 이사나를 소청하나이다. 빠자빠띠를 소청하나이다. 범천을 소청하나이다. 마힛디를 소청하나이다. 야마를 소청하나이다.'라고.

와셋타여, 삼베다에 능통한 바라문들은 바라문들이 행하는 법들을 버려 버리고 바라문들이 행하지 않는 법들을 받아 지니면서 소청한다고 해서, 빈다고 해서, 원한다고 해서, 기뻐한다고 해서 몸이 무너져 죽은 뒤에 범천의 일원이 될 것이라는 이런 경우는 존재하지 않는다."643)

---

641) "오계, 십선업도로 분류된 법들이 바로 바라문들이 행해야 하는 법이라고 알아야 한다."(*Ibid*) 오계는 살생·도둑질·음행·망어·불음주이고 십선업도는 살생·도둑질·음행, 망어·양설·악구·기어, 탐욕·성냄·사견의 반대이다. 십선업도와 십불선업도는 『아비담마 길라잡이』 5장 §§ 22~24를 참조할 것.

642) 원어는 indam avhayāma이다.
본서를 위시한 초기경들에서 인드라(*Sk.* Indra, Pali. Inda)는 대부분 삭까(Sakka)로 나타난다. 그러나 본경에서는 실제로 바라문들이 인드라에 헌공하는 것을 보이기 위해서 삭까라고 부르지 않고 인드라라는 베다 만뜨라에 나타나는 이름을 사용하고 있다.
'소청하나이다'로 옮긴 avhayāmam은 ā(이리로)+√hve(*to call, to invoke*)의 동사 1인칭 복수형이다. 신들을 부르는 것이므로 소청(所請)으로 옮겼다.

643) 강을 건너 저 언덕에 이르기 위해서는 실제로 올바른 길을 걸어가야 한다는 것은 상식 중의 상식이다. 마찬가지로 범천의 세상에 이르기 위해서는 실제로 거기에 이르는 도를 닦아야 한다. 그렇지 않고 마음은 새까맣게 다

26. "와셋타여, 예를 들면 이 아찌라와띠 강이 까마귀가 마실 수 있을 만큼 넘실대는 물로 가득 차있다 하자. 그때 저 언덕을 원하고 저 언덕을 찾고 저 언덕으로 가려 하고 저 언덕으로 건너고자 하는 사람이 온다고 하자. 그는 이쪽 언덕에서 단단한 사슬로 손을 뒤로 한 채 꽁꽁 묶여 있다 하자. 와셋타여, 이를 어떻게 생각하는가? 그런데도 그 사람이 아찌라와띠 강의 이쪽 언덕에서 저쪽 언덕으로 갈 수 있겠는가?"

"그렇지 않습니다, 고따마 존자시여."

27. "와셋타여, 그와 마찬가지로 다섯 가닥의 감각적 욕망이 있나니 성스러운 율에서는 이것을 사슬이라고도 부르고 얽매임이라고도 부른다. 무엇이 다섯인가? 눈으로 인식되는 형상들이 있으니, 원하고, 좋아하고, 마음에 들고, 사랑스럽고, 달콤하고, 매혹적인 것들이다. 귀로 인식되는 소리들이 있으니, … 코로 인식되는 냄새 들이 있으니, … 혀로 인식되는 맛들이 있으니, … 몸으로 인식되는 감촉[觸]이 있으니, 원하고, 좋아하고, 마음에 들고, 사랑스럽고, 달콤하고, 매혹적인 것들이다. 와셋타여, 이것이 다섯 가닥의 감각적 욕망이니 성스러운 율에서는 이것을 사슬이라고도 부르고 얽매임이라고도 부른다. 와셋타여, 삼베다에 능통한 바라문들은 이런 다섯 가닥의 감각적 욕망에 묶이고 홀리고 푹 빠져서 위험을 보지 못하고 벗어남에 무

섯 가지 장애로 대표되는 탐·진·치로 물들어서 마냥 여기에 주저앉아서 베다를 노래하고 제사를 지내봐야 소용이 없다. 이것이 본경을 통해서 부처님께서 힘주어 말씀하시는 핵심이다. 그 도닦음으로 부처님께서는 본경에서 네 가지 거룩한 마음가짐[四梵住, 四無量]을 닦는 것과 계·정·혜를 실천하는 것을 말씀하신다.

지하여 그것을 즐기고 있다."

28. "와셋타여, 삼베다에 능통한 바라문들은 바라문들이 행하는 법들을 버려 버리고 바라문들이 행하지 않는 법들을 받아 지니면서 다섯 가닥의 감각적 욕망에 묶이고 홀리고 푹 빠져서 위험을 보지 못하고 벗어남에 무지하여 그것을 즐기면서 감각적 욕망의 사슬과 얽매임에 묶여 있다가 몸이 무너져 죽은 뒤에 범천의 일원이 될 것이라는 이런 경우는 존재하지 않는다."

29. "와셋타여, 예를 들면 이 아찌라와띠 강이 까마귀가 마실 수 있을 만큼 넘실대는 물로 가득 차있다 하자. 그때 저 언덕을 원하고 저 언덕을 찾고 저 언덕으로 가려하고 저 언덕으로 건너고자 하는 사람이 온다고 하자. 그는 이쪽 언덕에서 머리까지 [덮개를] 뒤집어 쓰고 누워있다 하자. 와셋타여, 이를 어떻게 생각하는가? 그런데도 그 사람이 아찌라와띠 강의 이쪽 언덕에서 저쪽 언덕으로 갈 수 있겠는가?"

"그렇지 않습니다, 고따마 존자시여."

30. "와셋타여, 그와 마찬가지로 다섯 가지 장애[五蓋]가 있나니 성스러운 율에서는 이것을 덮개라고도 부르고 장애라고도 부르고 가리개라고도 부르고 씌우개라고도 부른다. 무엇이 다섯인가? 감각적 욕망의 장애, 악의의 장애, 해태·혼침의 장애, 들뜸·후회의 장애, 의심의 장애이다. 와셋타여, 이들 다섯 가지 장애[五蓋]가 있나니 성스러운 율에서는 이것을 덮개라고도 부르고 장애라고도 부르고 가리개라고도 부르고 씌우개라고도 부른다. 와셋타여, 삼베다에 능통한 바

라문들은 이들 다섯 가지 장애에 덮이고 방해받고 가리고 씌어 있다. 와셋타여, 삼베다에 능통한 바라문들은 바라문들이 행하는 법들을 버려 버리고 바라문들이 행하지 않는 법들을 받아 지니면서 이들 다섯 가지 장애에 덮이고 방해받고 가리고 씌어 있다가 몸이 무너져 죽은 뒤에 범천의 일원이 될 것이라는 이런 경우는 존재하지 않는다."

범천과의 합일

31. "와셋타여, 이를 어떻게 생각하는가? 그대는 늙고 나이 든, 스승들의 전통을 가진 바라문들이 말하기를 범천은 소유물644)이 있다고 들었는가, 범천은 소유물이 없다고 들었는가?"

"소유물이 없다고 들었습니다, 고따마 존자시여."

"원망하는 마음이 있다고 들었는가, 없다고 들었는가?"

"원망하는 마음이 없다고 들었습니다, 고따마 존자시여."

"적대하는 마음이 있다고 들었는가, 없다고 들었는가?"

"적대하는 마음이 없다고 들었습니다, 고따마 존자시여."

"오염된 마음이 있다고 들었는가, 없다고 들었는가?"

"오염된 마음이 없다고 들었습니다, 고따마 존자시여."

"자유자재하다고 들었는가, 자유자재하지 않다고 들었는가?"

---

644) 주석서에서는 여기서 소유물이란 여자(아내)를 소유하는 것(itthi-pari-ggaha)을 말하며, 범천이 소유물이 없다는 것은 감각적 욕망이 없기 때문에 아내를 소유하지 않는다는 뜻이라고 설명한다.(DA.ii.404)
즉 욕계 천상의 신들은 아내를 거느리고 있지만 범천의 신들은 이미 거친 감각적 욕망은 다하였기 때문에 아내를 거느리지 않는다는 말이다. 그래서 독신수행을 브라흐마짜리야(brahma-cariya, 梵行)라고 하며 본서에서는 청정범행으로 옮기고 있다. 청정범행의 일차적인 의미는 성행위를 완전히 여읜 삶(methuna-virati, MA.ii.68)을 말한다.

"자유자재하다고 들었습니다, 고따마 존자시여."

32. "와셋타여, 이를 어떻게 생각하는가? 삼베다에 능통한 바라문들은 소유물이 있는가, 소유물이 없는가?"

"소유물이 있습니다, 고따마 존자시여."

"원망하는 마음이 있는가, 없는가?"

"원망하는 마음이 있습니다, 고따마 존자시여."

"적대하는 마음이 있는가, 없는가?"

"적대하는 마음이 있습니다, 고따마 존자시여."

"오염된 마음이 있는가, 없는가?"

"오염된 마음이 있습니다, 고따마 존자시여."

"자유자재한가, 자유자재하지 않는가?"

"자유자재하지 않습니다, 고따마 존자시여."

33. "와셋타여, 참으로 삼베다에 능통한 바라문들은 소유물을 가졌고 범천은 소유물이 없다. 그런데도 소유물을 가진 삼베다에 능통한 바라문들이 소유물이 없는 범천과 합류하고 합일하겠는가?"645)

"그렇지 않습니다, 고따마 존자시여."

34. "와셋타여, 참으로 소유물을 가진 삼베다에 능통한 바라문들이 몸이 무너져 죽은 뒤에 소유물이 없는 범천의 일원이 될 것이라는 이런 경우는 존재하지 않는다."

---

645) 그러나 독신생활을 기본으로 하는 사문들과는 달리 바라문들은 결혼생활을 기본으로 한다. 그런데도 어떻게 독신생활을 하는 범천의 일원이 되겠는가라고 반문하고 계신다.

35. "와셋타여, 참으로 삼베다에 능통한 바라문들은 원망하는 마음을 가졌고 범천은 원망하는 마음이 없다. … 삼베다에 능통한 바라문들은 적대하는 마음을 가졌고 범천은 적대하는 마음이 없다. … 삼베다에 능통한 바라문들은 오염된 마음을 가졌고 범천은 오염된 마음이 없다. … 삼베다에 능통한 바라문들은 자유자재하지 못하고 범천은 자유자재하다. 그런데도 자유자재하지 못한 삼베다에 능통한 바라문들이 자유자재한 범천과 합류하고 합일하겠는가?"

"그렇지 않습니다, 고따마 존자시여."

36. "와셋타여, 참으로 자유자재하지 못한 삼베다에 능통한 바라문들이 몸이 무너져 죽은 뒤에 자유자재한 범천의 일원이 될 것이라는 이런 경우는 존재하지 않는다.

와셋타여, 여기서646) 참으로 삼베다에 능통한 바라문들은 [잘못] 들어가서는647) [진흙창에] 빠져버린다.648) 빠져서는 낙담한다.649) 그러면서도 그것이 건너기 쉬운 것이라 생각하며 건너려한다. 그러므로 삼베다에 능통한 바라문들이 처한 이런 것을 두고 삼베다의 사막이라고도 부르고 삼베다의 황무지라고도 부르며 삼베다의 재앙이라고도 부른다."

---

646) "여기란 여기 '범천의 세상에 [이르는] 도(brahmaloka-magga)에서'라는 뜻이다."(DA.ii.404)

647) "도가 아닌 것을 도라고 여기고 들어간 뒤"(*Ibid*)

648) "빠져버린다(saṁsīdanti)는 것은 표면이 평탄하다고 인식한 뒤에 진흙창(paṅka)에 들어가듯이 들어간다는 뜻이다."(*Ibid*)

649) "이와 같이 진흙창에 빠진 것처럼 되어서는 오물(visāra)이 온 사지에 덕지덕지 묻게 된다는 말이다."(*Ibid*)

37. 이렇게 말씀하시자 와셋타 바라문 학도는 세존께 이렇게 말씀드렸다. "고따마 존자시여, 저는 '사문 고따마께서는 범천의 일원이 되는 길을 알고 계신다.'라고 들었습니다."[650]

"와셋타여, 이를 어떻게 생각하는가? 여기서 마나사까따까지는 가깝고 멀지 않지 않은가?"

"그러합니다, 고따마 존자시여. 여기서 마나사까따까지는 가깝고 멀지 않습니다."

"와셋타여, 이를 어떻게 생각하는가? 여기 어떤 사람이 그 마나사까따에서 태어나서 자랐는데 그가 마나사까따에서 나오자마자 사람들이 그에게 마나사까따로 가는 길을 묻는다고 하자. 와셋타여, 그 사람이 그 마나사까따에서 태어나서 자랐는데 그에게 마나사까따로 가는 길을 물으면 그는 [대답하는 것이] 느리고 우물쭈물 대겠는가?"

"고따마 존자시여, 그렇지 않습니다. 그것은 무슨 이유 때문인가 하면, 그 사람은 마나사까따에서 태어나서 자랐기 때문에 마나사까따로 가는 길을 모두 다 잘 알고 있기 때문입니다."

38. "와셋타여, 참으로 그 사람이 그 마나사까따에서 태어나서 자랐는데 그에게 마나사까따로 가는 길을 물으면 설혹 그는 [대답하는 것이] 느리고 우물쭈물 댈 수가 있겠지만 여래에게 범천의 세상과 범천의 세상으로 인도하는 도닦음을 물으면 느리거나 우물쭈물 대지 않는다.[651] 와셋타여, 나는 범천을 잘 알고, 범천의 세상을 잘

---

650) 세존의 말씀을 바르게 이해하고 받아들인 와셋타는 드디어 범천에 이르기 위한 바른 길을 질문드린다.

651) 세존의 자신 있는 말씀은 언제나 당당하시다.

알고, 범천의 세상으로 인도하는 도닦음을 잘 알고, 그 도를 닦아 범천의 세상에 태어나는 것도 잘 안다."

범천의 일원이 되는 길

39. "고따마 존자시여, 저는 '사문 고따마께서는 범천의 일원이 되는 길을 설하신다.'라고 들었습니다. 고따마 존자께서 제게 범천의 일원이 되는 길을 설해 주시면 감사하겠습니다. 고따마 존자께서는 바라문 사람들을 구원하여 주시면 감사하겠습니다."

"와셋타여, 그렇다면 들어라. 마음에 잘 새겨라. 나는 설하리라."

"그러겠습니다, 고따마 존자시여."라고 와셋타 바라문 학도는 세존께 응답했다.

세존께서는 이렇게 말씀하셨다.652)

40. "와셋타여, 여기 여래가 이 세상에 출현한다. 그는 아라한[應供]이며, 완전히 깨달은 분[正等覺]이며, 영지(靈知)와 실천이 구족한 분[明行足]이며, 피안으로 잘 가신 분[善逝]이며, 세간을 잘 알고 계신 분[世間解]이며, 가장 높은 분[無上士]이며, 사람을 잘 길들이는 분[調御丈夫]이며, 하늘과 인간의 스승[天人師]이며, 부처님[佛], 세존(世尊)이다. 그는 신을 포함하고 마라를 포함하고 범천을 포함한 이 세상을 스스로 최상의 지혜로 알고, 실현하여, 드러낸다. 그는 법을 설한다. 그는 시작도 훌륭하고 중간도 훌륭하고 끝도 훌륭하게 [법을 설하

---

652) 이제 세존께서는 본서 제1권의 주제인 계와 네 가지 거룩한 마음가짐[四梵住, 四無量]으로 범천에 이르는 길을 설명하신다. 본서 「사문과경」(D2)에서 정리된 삼매[定]와 통찰지[慧]에 해당하는 정형구는 본경에서는 언급을 하지 않으신다. 와셋타의 관심과 질문이 범천에 이르는 방법이기 때문이다.

고), 의미와 표현을 구족하여 법을 설하여, 더할 나위 없이 완벽하고 지극히 청정한 범행(梵行)을 드러낸다.”

41. “이런 법을 장자나 장자의 아들이나 다른 가문에 태어난 자가 듣는다. 그는 이 법을 듣고서 여래에 믿음을 가진다. 그는 이런 믿음을 구족하여 이렇게 숙고한다. ‘재가의 삶이란 막혀있고 때가 낀 길이지만 출가의 삶은 열린 허공과 같다. 재가에 살면서 더할 나위 없이 완벽하고 지극히 청정한 소라고동처럼 빛나는 청정범행을 실천하기란 쉽지 않다. 그러니 나는 이제 머리와 수염을 깎고 물들인 옷을 입고 집을 떠나 출가하리라.’라고. 그는 나중에 재산이 적건 많건 간에 모두 다 버리고, 일가친척도 적건 많건 간에 다 버리고, 머리와 수염을 깎고, 물들인 옷을 입고 집을 떠나 출가한다.”

42. “그는 이와 같이 출가하여 계목의 단속으로 단속하면서 머문다. 바른 행실과 행동의 영역을 갖추고, 작은 허물에 대해서도 두려움을 보며, 학습계목들을 받아지녀 공부짓는다. 유익한 몸의 업과 말의 업을 잘 갖추고, 생계를 청정히 하고, 계를 구족하고, 감각기능들의 문을 보호하고, 마음챙김과 알아차림[正念正知]을 잘 갖추고 [얻은 필수품으로] 만족한다.”

43. ~*75.* “와셋타여, 그러면 비구는 어떻게 계를 구족하는가? 와셋타여, 여기 비구는 생명을 죽이는 것을 버리고 생명을 죽이는 것을 멀리 여읜다. 몽둥이를 내려놓고 칼을 내려놓는다. 겸손하고 자비로운 자가 되어 일체 생명의 이익을 위하고 연민하며 머문다. …

<짧은 길이의 계 - 모두 26가지로 계를 지님>

<중간 길이의 계 - 모두 10가지로 잘못된 행위를 하는 것을 멀리함>
<긴 길이의 계 - 모두 7가지로 삿된 생계를 멀리함>

이와 같이 계를 구족한 비구는 계로써 잘 단속하기 때문에 어느 곳에서도 두려움을 보지 못한다. … 그는 이러한 성스러운 계의 조목을 구족하여 안으로 비난받지 않는 행복을 경험한다.

비구는 감각의 대문을 잘 지킨다 …
비구는 마음챙김과 알아차림을 잘 갖춘다 …
비구는 [얻은 필수품으로] 만족한다 …

그는 세상에 대한 욕심을 제거하여 욕심을 버린 마음으로 … 악의가 없는 마음으로 … 해태와 혼침을 버려 … 들뜸과 후회를 제거하여 … 의심을 건너서 머문다.

그와 같이 비구는 자기 마음속에서 이들 다섯 가지 장애[五蓋]가 제거되었음을 자신에게서 관찰할 때, 비구는 스스로를 빚에서 벗어난 사람, 병이 쾌유한 사람, 감옥의 굴레에서 풀려난 사람, 자유인, 그리고 안전한 곳에 다다른 사람으로 여긴다.

와셋타여, 그와 같이 이들 다섯 가지 장애가 제거되었음을 자신에게서 관찰할 때 환희가 생긴다. 환희로운 자에게 희열이 생긴다. 희열을 느끼는 자의 몸은 경안하다. 몸이 경안한 자는 행복을 느낀다. 행복한 자의 마음은 삼매에 든다."653)

네 가지 거룩한 마음가짐[四梵住]

76. "그는 자애[慈]가 함께한 마음으로 한 방향을 가득 채우면서

---

653) 이상은 「사문과경」 (D2) §§41~74와 §75의 전반부와 동일함.

머문다. 그처럼 두 번째 방향을, 그처럼 세 번째 방향을, 그처럼 네 번째 방향을, 이와 같이 위로, 아래로, 주위로, 모든 곳에서 모두를 자신처럼 여기고, 모든 세상을 풍만하고, 광대하고, 무량하고, 원한 없고, 고통 없는 자애가 함께한 마음으로 가득 채우고 머문다."654)

77. "와셋타여, 예를 들면 고동을 부는 자가 힘이 세면 별 어려움 없이 사방에서 다 들을 수 있게 하는 것과 같다. 와셋타여, 그와 마찬가지로 이처럼 자애를 통한 마음의 해탈을 닦은 자에게, 제한된 [욕계의] 업655)은 여기에 더 이상 남아 있지 않고656) 여기에 더 이상

---

654) 세존께서 범천에 이르는 방법으로 자애·연민·같이 기뻐함·평온[慈悲喜捨]의 사무량심을 설하셨다는 것은 그 의미가 각별하다. 인도 바라문 수행 자들 하면 빼놓을 수 없는 것이 그들의 '저주(dhik, *curse*)'이다. 『숫따니빠따』5장도 바로 이 저주로부터 시작된다. 인도에서 제일가는 희곡인 『사꾼딸라』에서도 바라문의 저주가 희곡의 가장 중요한 전환점으로 나타나고 있다. 그 외 『라마야나』, 『마하바라따』 등 인도를 대표하는 문헌에서도 바라문의 위엄과 권위를 표시하는 것으로 반드시 등장하는 것이 바라문들의 저주이다.
　　이러한 저주에 대해서 내리신 세존의 처방이 바로 이 사범주(四梵住, brahmavihāra, 네 가지 거룩한 마음가짐)이다. 바라문들의 제일의 염원인 범천에 태어나려면 악의를 품고 저주를 할 게 아니라 저 자애[慈, mettā], 연민[悲, karuṇā], 같이 기뻐함[喜, muditā], 평온[捨, upek-khā]을 닦아야 한다는 말씀이다. 바라문과 관계된 경들에서 특히 4범주의 설법이 많이 등장하는 것은 우리가 눈여겨봐야 할 부분이다. 이것은 현대를 살아가는 한국 종교인들에게도 그대로 적용된다고 본다. 우리는 한편으로는 자비와 사랑을 외치면서도 신도들과 사회와 다른 종교를 향해서 온갖 악담과 저주를 혹시 늘어놓고 있지는 않는지 반성해 봐야 할 것이다. 네 가지 거룩한 마음가짐은 『청정도론』 IX.1 이하에 상세하게 설명되어 있으므로 참조하기 바람.

655) "제한된(pamāṇa-kata) 업을 짓는 것을 욕계라고 부른다. 무량한(appa-māṇa-kata) 업을 짓는 것을 색계와 무색계라고 부른다."(DA.ii.406) 그래서 '제한된 [욕계의] 업'이라고 풀어서 옮겼다.

정체해 있지 않는다. 와셋타여, 이것이 범천의 일원이 되는 길이다."

78. "다시 와셋타여, 비구는 연민[悲]이 함께한 마음으로 … 같이 기뻐함[喜]이 함께한 마음으로 … 평온[捨]이 함께한 마음으로 한 방향을 가득 채우면서 머문다. 그처럼 두 번째 방향을, 그처럼 세 번째 방향을, 그처럼 네 번째 방향을, 이와 같이 위로, 아래로, 주위로, 모든 곳에서 모두를 자신처럼 여기고, 모든 세상을 풍만하고, 광대하고, 무량하고, 원한 없고, 고통 없는 평온이 함께한 마음으로 가득 채우고 머문다."

79. "와셋타여, 예를 들면 고동을 부는 자가 힘이 세면 별 어려움 없이 사방에서 다 들을 수 있게 하는 것과 같다. 와셋타여, 그와 마찬가지로 이처럼 평온을 통한 마음의 해탈을 닦은 자에게, 제한된 [욕계의] 업은 여기에 더 이상 남아 있지 않고 여기에 더 이상 정체해 있지 않는다. 와셋타여, 이것도 범천의 일원이 되는 길이다."

한편 『청정도론』과 『아비담마 길라잡이』에서는 욕계의 마음을 제한된 (paritta) 마음이라 하고 색계와 무색계의 마음을 고귀한(mahaggata) 마음이라고 부른다. 욕계의 마음은 그 힘이나 지배력이 제한되어 있기 때문에 제한된(paritta) 마음이라 하고(DhsA.44), 색계·무색계의 마음은 장애가 제거되었기 때문에 고귀하고, 고귀한 禪에 의해서 얻어졌기 때문에 고귀하다(VT)고 설명한다. 『아비담마 길라잡이』 1장 §3의 해설과 §25의 해설 1을 참조할 것.

656) 욕계의 업은 제한되어 있고 색계·무색계의 업은 제한되어 있지 않다. 그러므로 네 가지 거룩한 마음가짐은 색계 혹은 무색계의 삼매의 경지에 속하는 제한되어 있지 않은 무량한 마음이라는 말이다. 그래서 주석서나 아비담마나 대승에서는 이를 사무량심(四無量心, appamaññā)이라 부른다. 사무량심을 닦는 삼매에 대한 상세한 설명은 『청정도론』 IX장 전체를 참조할 것.

80. "와셋타여, 이를 어떻게 생각하는가? 이와 같이 머무는 비구는 소유물이 있는가, 소유물이 없는가?"

"소유물이 없습니다, 고따마 존자시여."

"원망하는 마음이 있는가, 없는가?"

"원망하는 마음이 없습니다, 고따마 존자시여."

"적대하는 마음이 있는가, 없는가?"

"적대하는 마음이 없습니다, 고따마 존자시여."

"오염된 마음이 있는가, 없는가?"

"오염된 마음이 없습니다, 고따마 존자시여."

"자유자재한가, 자유자재하지 않는가?"

"자유자재합니다, 고따마 존자시여."

81. "와셋타여, 참으로 비구는 소유물이 없고 범천도 소유물이 없다. 그러면 소유물이 없는 비구가 소유물이 없는 범천과 합류하고 합일하겠는가?"

"그렇습니다, 고따마 존자시여."

"와셋타여, 참으로 소유물이 없는 비구가 몸이 무너져 죽은 뒤에 소유물이 없는 범천의 일원이 될 것이라는 이런 경우는 존재한다."

"와셋타여, 참으로 비구는 원망하는 마음이 없고 범천도 원망하는 마음이 없다. … 비구는 적대하는 마음이 없고 범천도 적대하는 마음이 없다. … 비구는 오염된 마음이 없고 범천도 오염된 마음이 없다. … 비구는 자유자재하고 범천도 자유자재하다. 그러면 자유자재한 비구가 자유자재한 범천과 합류하고 합일하겠는가?"

"그렇습니다, 고따마 존자시여."

"와셋타여, 참으로 자유자재한 비구가 몸이 무너져 죽은 뒤에 자유자재한 범천의 일원이 될 것이라는 이런 경우는 존재한다.[657]

와셋타와 바라드와자의 귀의

82. 이와 같이 말씀하시자 와셋타와 바라드와자 바라문 학도는 세존께 이와 같이 말씀드렸다. "경이롭습니다, 고따마 존자시여. 경이롭습니다, 고따마 존자시여. 마치 넘어진 자를 일으켜 세우시듯, 덮여있는 것을 걷어내 보이시듯, [방향을] 잃어버린 자에게 길을 가리켜 주시듯, '눈 있는 자 형상을 보라.'고 어둠 속에서 등불을 비춰 주시듯, 고따마 존자께서는 여러 가지 방편으로 법을 설해주셨습니다. 저는 이제 고따마 존자께 귀의하옵고, 법과 비구 승가에 또한 귀의하옵니다. 고따마 존자께서는 저를, 오늘부터 목숨이 있는 날까지 귀의한 청신사로 받아 주소서."

「삼명경」이 끝났다.

---

657) 소유물도 없고 원망도 없고 적대도 없고 오염원도 없고 자유자재한 출가 비구야말로 참으로 범천의 세상에 태어나게 된다는 부처님의 말씀을 이해 한 와셋타와 바라드와자는 나중에 부처님 아래로 출가하여 범천에 태어나 는 것과는 비견할 수조차 없는 번뇌 멸한 아라한이 되었다.

계온품은

범망경, 사문과경, 암밧타 경, 소나단다 경, 꾸따단따 경,
마할리 경, 잘리야 경, 깟사빠 사자후경, 뽓타빠다 경,
수바 경, 께왓다 경, 로힛짜 경, 삼명경의 13개 경이다.

계온품이 끝났다.

역자 · 각묵스님

1957년 밀양생. 1979년 화엄사 도광 스님을 은사로 사미계 수지. 1982년 범어사에서 자운 스님을 계사로 비구계 수지. 7년간 제방 선원에서 안거 후 인도로 유학, 인도 뿌나 대학교 (Pune University)에서 10여 년간 산스끄리뜨, 빠알리, 쁘라끄리뜨 수학. 현재 실상사 한주, 대한불교조계종 교육아사리, 초기불전연구원 지도법사.
역 · 저서로 「금강경 역해」(2001, 9쇄 2017), 「아비담마 길라잡이」(전2권, 대림 스님과 공역, 2002, 전정판 1쇄 2017), 「네 가지 마음챙기는 공부」(2003, 개정판 8쇄 2020), 「상윳따 니까야」(전6권, 2009, 6쇄 2021), 「초기불교 이해」(2010, 7쇄 2020), 「니까야 강독」(I/II, 2013), 「담마상가니」(전2권, 2016), 「초기불교 입문」(2017), 「위방가」(전2권, 2018), 「간화선과 위빳사나 무엇이 같고 다른가」「선우도량」제3호, 2003) 외 다수의 논문과 글이 있음.

디가니까야 제1권

2005년 12월 20일 초판 1쇄 인쇄
2025년 2월 17일 초판 9쇄 발행

옮긴이 | 각묵 스님
펴낸이 | 대림스님
펴낸곳 | 초기불전연구원
      경남 김해시 관동로 27번길 5-79
      전화 (055)321-8579
홈페이지 | http://tipitaka.or.kr
      http://cafe.daum.net/chobul
이 메 일 | chobulwon@gmail.com
등록번호 | 제13-790호.(2002.10.9)
계좌번호 | 국민은행 604801-04-141966 차명희
      하나은행 205-890015-90404 (구.외환 147-22-00676-4) 차명희
      농협 053-12-113756 차명희
      우체국 010579-02-062911 차명희

ISBN 89-91743-02-1 04220
ISBN 89-91743-01-3 (세트)

값 30,000원